Studien zum Wirtschaftsstrafrecht

herausgegeben von
Klaus Tiedemann / Bernd Schünemann

Band 28

Rodrigo Aldoney Ramírez

Der strafrechtliche Schutz von Geschäfts- und Betriebsgeheimnissen

Centaurus Verlag & Media UG 2009

Die Veröffentlichung wurde mit freundlicher Unterstützung der Konrad Adenauer-Stiftung gefördert.

Die Deutsche Bibliothek – CIP-Einheitsaufnahme

Aldoney Ramírez, Rodrigo:
Der strafrechtliche Schutz von Geschäfts- und Betriebsgeheimnissen /
Rodrigo Aldoney Ramírez. – Kenzingen: Centaurus-Verl., 2009
(Studien zum Wirtschaftsstrafrecht ; Bd. 28)
Zugl.: Freiburg (Breisgau), Univ., Diss., 2007

ISBN 978-3-8255-0705-3 ISBN 978-3-86226-339-4 (eBook)
DOI 10.1007/978-3-86226-339-4

ISSN 0938-9512

Satz: Vorlage des Autors
Umschlaggestaltung: Antje Walter, Titisee-Neustadt

Für Miguel, in memoriam

Vorwort

Die vorliegende Arbeit wurde im Wintersemester 2007 von der Rechtswissenschaftlichen Fakultät der Albert-Ludwigs-Universität Freiburg als Inauguraldissertation angenommen. Literatur und Rechtsprechung konnten bis zu diesem Zeitpunkt berücksichtigt werden. Die Arbeit wurde während eines mehrjährigen Aufenthalts am Institut für Kriminologie und Wirtschaftsstrafrecht erstellt und von Herrn Professor Dr. Dr. h.c. mult. Klaus Tiedemann betreut und begutachtet.

In chronologischer Reihenfolge bin ich zunächst meinen Eltern Isabel Ramírez und Gabriel Aldoney für die liebevolle Unterstützung vor und während meines Studienaufenthalts in Deutschland von ganzem Herzen dankbar. Insbesondere in ungewissen Zeiten hat mich das Vorbild ihrer stets positiven Lebenseinstellung, insbesondere während unseres ersten Aufenthalts in Deutschland, immer wieder darin ermutigt, die aufgetretenen Herausforderungen anzunehmen.

Zu besonderem Dank bin ich ferner meinem chilenischen Lehrer Professor Dr. Juan Bustos Ramírez verpflichet, der nicht nur mein Promotionsvorhaben in Deutschland tatkräftig unterstützt, sondern mein Interesse am Strafrecht entscheidend bestimmt hat.

Meinem Doktorvater Herrn Professor Dr. Dr. h.c. mult. Klaus Tiedemann möchte ich an dieser Stelle sehr herzlich für die ständige Unterstützung und Betreuung während meines Aufenthalts in Freiburg danken. Am Institut habe ich, wie schon vor mir eine lange Liste ausländischer Gäste, nicht nur einen wissenschaftlich sehr lehrreichen Aufenthalt erlebt, sondern auch seine besondere Gastfreundschaft genießen dürfen. Bei Herrn Professor Dr. Roland Hefendehl möchte ich mich besonders dafür bedanken, dass er mich anschließend, unter seiner Leitung des Instituts, stets in das akademische und außerakademische Institutsleben eingebunden hat.

Bei meinen chilenischen Weggefährten aus Freiburg, insbesondere Luis Rojas und Gonzalo Medina, habe ich mich für die vielen interessanten Gespräche über Strafrecht und vieles mehr zu bedanken. Macarena Aldoney und Tulio Acevedo gilt mein Dank für lehrreiche wirtschaftswissenschaftliche Hinweise. Für die zügige und sicherlich mühevolle Korrektur des Manuskripts danke ich Anna Katharina Mangold,

Lena Festerling und Dr. Anselm Thoma. Besonderer Dank gilt der Konrad-Adenauer-Stiftung, die meine Promotion mit einem Stipendium und einem großzügigen Druckkostenzuschuss für die vorliegende Arbeit unterstützt hat. Ebenso gilt mein Dank Herrn Professor Dr. Walter Perron für die rasche Erstellung des Zweitgutachtens.

Letztendlich und jenseits jeglicher chronologischer Einordnung gilt mein inniger Dank Dir, Alicia. Wir haben es geschafft, und dass wir rückblickend mit Sehnsucht an Freiburg denken, zeigt, dass es sich gelohnt hat. Ich bin mir sicher, dass es ohne Deine unermüdliche und großherzige Unterstützung nicht möglich gewesen wäre.

Santiago de Chile, August 2008 *Rodrigo Aldoney Ramírez*

Inhaltsverzeichnis

Einleitung

Der strafrechtliche Schutz von Geschäfts- und Betriebsgeheimnissen im UWG hat trotz seiner über einhundertjährigen Existenz bisher in der Literatur nur sehr wenig Aufmerksamkeit erhalten. Obgleich nach jeder Novellierung eine immer wiederkehrende Kritik an der Gestaltung des strafrechtlichen Schutzes im Schrifttum geäußert wird, kann im Vergleich zu anderen nebenstrafrechtlichen Regelungen und insbesondere anderen Tatbeständen aus dem UWG insgesamt von einer eher geringen Anzahl von spezifisch strafrechtlich ausgerichteten monographischen Abhandlungen oder Beiträgen gesprochen werden. Besonders auffällig ist dies im Zeitraum nach der letzten wichtigen Reform durch das 2. WiKG aus dem Jahre 1986, sodass praktisch nur in Kommentaren zum UWG Erläuterungen zur derzeitigen Rechtslage zu finden sind. Die Tatbestände zum Schutz von Geschäfts- und Betriebsgeheimnisse können geradezu als Beispiele von Tatbeständen des Wirtschaftsstrafrechts verstanden werden, die bisher nur sehr vereinzelt eine „strafrechtsdogmatische Durchdringung und Systematisierung" erfahren haben.[1] Stimmt man *Tiedemann* zu, dass dieser im Wirtschaftsstrafrecht verbreitete prekäre Zustand auf eine negative Frontenstellung nicht weniger Autoren zurückzuführen ist, die im Wirtschaftsstrafrecht eine Hypotrophie des Strafrechts erkennen wollen,[2] dann ist die Vernachlässigung des strafrechtlichen Unternehmensgeheimnisschutzes um so bemerkenswerter. Denn der Unternehmensgeheimnisschutz kann – schon angesichts seiner über einhundertjährigen Existenz – nicht als Bestandteil einer angeblichen *modernen* Tendenz zur Expansion des (Wirtschafts)Strafrecht gedeutet werden und wird im Schrifttum auch nicht hinsichtlich seiner Legitimität oder Verfassungsmäßigkeit grundsätzlich in Frage gestellt.

Geschäfts- und Betriebsgeheimnisse werden aber nicht nur im UWG strafrechtlich geschützt, sondern zum einen in mehreren weiteren Gesetzen aus dem Nebenstraf-

---

[1] Vgl dazu zuletzt *Tiedemann*, WStR BT, Einf. Rn 13.

[2] Vgl. dazu *Tiedemann*, a.a.O und *ders.*, FS-Müller-Diez, S. 916: „Wer in diesem Zusammenhang von einer neueren Hypotrophie des Strafrechts spricht, hat sich (...) mit Sicherheit nicht einmal flüchtig mit dem Nebenstrafrecht beschäftigt, das seit vielen Jahrzehnten außerhalb jeden Interesses der „gesamten" Strafrechtswissenschaft vor sich hinwuchert".

recht und zum anderen im Strafgesetzbuch, sei es durch ausdrückliche Erwähnung (§§ 203, 204 und 355 StGB), sei es im Rahmen anderer Tatbestände zum Schutz von Geheimnissen bzw. der Dispositionsbefugnis nicht notwendigerweise geheimer Informationen (§§ 201, 202 und 202a StGB), die dieses Begriffspaar erfassen.

Es ist zwar eindeutig, dass die Tatbestände aus dem UWG die zentralen Regelungen des strafrechtlichen Schutzes von Geschäfts- und Betriebsgeheimnissen darstellen, es ist aber bisher im Schrifttum nicht hinreichend konstatiert worden, dass das Strafgesetzbuch selbst und sehr viele weitere Gesetze des Nebenstrafrechts diesen Schutz in nicht unerheblicher Weise vervollständigen. Auch hinsichtlich des strafrechtlichen Schutzes außerhalb des UWG ist ein großes begriffliches und systematisches Bearbeitungsdefizit zu konstatieren.

Diese Vernachlässigung könnte zwar auf die geringe Bedeutung der Tatbestände in der Kriminalistik zurückzuführen sein, stimmt aber keineswegs mit der kriminologischen Relevanz, die dem Thema zugeschrieben wird, überein.

Einerseits berichtet *Otto* von einer bei Staatsanwaltschaften durchgeführten Umfrage, die ergab, dass in den Jahren 1980-1985 jeweils etwa 60-90 Verfahren eingeleitet wurden, bei denen mehr als die Hälfte eingestellt oder der Anzeigende auf den Privatklageweg verwiesen wurde.[3] In den letzten zwei Jahrzehnten hat sich die Situation trotz der Novellierung durch das 2. WiKG, insbesondere der Möglichkeit einer Verfolgung von Amts wegen bei einem besonderen öffentlichen Interesse, nicht sonderlich geändert. *Möhrenschlager* berichtet, dass die Polizeiliche Kriminalistik 1994 103 Strafverfahren wegen Geheimnisverrats und 41 wegen Verstoßes gegen § 17 Abs. 2 registrierte und diese Zahl im Jahre 2005 auf 183 bzw. 154 Fälle gestiegen ist.[4] Gleichzeitig ist zu vermerken, dass im Schrifttum in gewisser Hinsicht weder der präventiven noch der repressiven Funktion der Tatbestände viel zugetraut wird, da im Vergleich zu anderen strafrechtlichen Regelungsmaterien sehr häufig

---

[3] *Otto*, wistra 1988, 125 (125). Zusätzlich sei in der überwiegenden Zahl der verbleibenden Fälle die Einstellung gegen eine Geldzahlung im Rahmen von 1.000-5.000 DM erfolgt, in etwa 10% der Fälle sei eine Geldstrafe in der Höhe von 90-250 Tagessätzen verhängt worden. Zu Freiheitsstrafen sei es nur ausnahmsweise und in Fällen, in denen zugleich andere Delikte (§§ 246 und 266 StGB) abgeurteilt wurden, gekommen.

[4] W/J-*Möhrenschlager*, 13. Kap. Rn 2.

und eingehend Formen des Eigenschutzes und prophylaktische Maßnahmen behandelt werden.[5]

Andererseits wurde trotz alledem im Schrifttum der letzten Jahrzehnte sowohl dem Geheimnisbedarf wie auch dem Geheimnisverrat und der Spionage im wirtschaftlichen Bereich eine ansteigende Bedeutung zugeschrieben.[6] In der Literatur wird zum einen auf den erhöhten allgemeinen Geheimnisbedarf hingewiesen,[7] zum anderen werden, auf die wirtschaftliche Aktivität bezogen, meist drei Gründe für diesen Bedarf hervorgehoben. Erstens wird heute so sehr wie nie zuvor die durch ein Unternehmensgeheimnis implizierte faktische Monopolstellung als ausschlaggebend für die Wettbewerbsfähigkeit eines Unternehmens und von wirtschaftlicher Wichtigkeit empfunden und zwar nicht nur, weil diese Geheimnisse – zumindest teilweise – „als eine wichtige Art von Betriebsmittel, teilweise bedeutsamer als manche Maschine sind",[8] sondern auch weil meist mit der Entwicklung der Information ein Aufwand an Kapital und Arbeitskraft verbunden ist, der sich auszahlen soll.[9] Ferner wird heutzutage die Bedeutung der sogenannten negativen Informationen stärker berücksichtigt, die zu erheblichen materiellen Einbußen führen können, z.B. wenn in der Umweltschutzdiskussion Informationen über die Produktion oder Verwendung von Stoffen, die trotz Legalität negativ bewertet werden, an die sensibilisierte Öffentlichkeit gelangen.[10] Schließlich wird im Informationsbedarf der öffentlichen Verwaltung auch ein gesetzlicher Bereich erkannt, der einen erheblichen Einfluss auf die

---

[5] Vgl. *Amelunxen*, S. 39 ff.; *Dannecker*, BB 1987, 1614 (1616 ff.); *Kragler*, in Otto/Kragler (Hrsg.), Schützen Sie Ihr Unternehmen, S. 11 ff.; *ders.* Wirtschaftsspionage, *passim*; W/J-*Möhrenschlager*, 13. Kap. Rn 49 ff.

[6] So bereits *Tiedemann*, Gutachten, C 64, *ders.* Wirtschaftsstrafrecht und Wirtschaftskriminalität, BT, S. 41 ff.; später insb. *Kragler* in Kragler/Otto (Hrsg.), Schützen Sie Ihr Unternehmen, S. 11 ff. und *Lukes*, S. 14 ff.

[7] So erklärt *Lukes*, S. 14 ff., dieses Phänomen anhand des zunehmenden Individualismus als Ausdruck eines Verlangens nach einem persönlichen Freiheitsraum in Reaktion auf Vermassungserscheinungen, ferner durch die technische Entwicklung, die das Eindringen in wie auch immer umgrenzte Geheimbereiche der Individuen in früher unbekanntem Ausmaß ermögliche und schließlich durch die Entwicklung zur Informationsgesellschaft, die sich nicht nur in der technischen Entwicklung von Informationsmitteln, sondern insb. auch in dem wachsenden Informationsbedarf des Einzelnen und vor allem öffentlicher Institutionen widerspiegle. Grundlegend zu diesem letzten Aspekt auch *Sieber*, NJW 1989, 2569 (2569 ff.).

[8] *Schlüchter*, S. 129.

[9] W/J-*Möhrenschlager*, 16. Kap. Rn 1.

[10] Vgl. dazu *Taeger*, S. 45 f., m.w.N.

Aufmerksamkeit hinsichtlich des Unternehmensgeheimnisschutzes ausübt. Da die Gesamtheit der Normen, die Wirtschaftsunternehmen mit Rechtspflichten im Bereich der Informationsoffenlegung belasten und der Verwaltung Kontrollbefugnisse einräumen, kaum überschaubar geworden ist,[11] sind die Interessenkollisionssituationen enorm angestiegen, von denen sich Unternehmensgeheimnisse nicht ausschließen lassen.

Im Bereich der rechtswidrigen Erlangung der Geschäfts- und Betriebsgeheimnisse wird aus volkswirtschaftlicher Sicht von jährlichen Schäden in Milliardenhöhe gesprochen, die der Wirtschaft erwachsen,[12] ohne dass jedoch, soweit ersichtlich, präzise Schätzungen oder Untersuchung existieren. Es wird sogar in der globalisierten Wirtschaft z.T. von einem „Kalten Krieg" der privaten Wirtschaftsspionage gesprochen[13] und von nachrichtendienstlicher Wirtschaftsspionage berichtet,[14] die bekanntlich allgemein auch seitens verbündeter Staaten (sog. „friendly spy")[15] mit mehr oder weniger soliden Nachweisen, angenommen wird.[16]

---

[11] So *Taeger*, S. 46 und S. 207 ff. m.z.N.

[12] So *Otto*, wistra 1988, 125 (125), der jedoch gegenüber dieser Schadenssumme zu Vorsicht rät, da eine genaue Berechnung nicht möglich sei. Dem ist auch deswegen zuzustimmen, weil den Summen, die in der Literatur angegeben werden, meist nur noch eine geschichtliche Bedeutung zukommt und sie für die gleiche Zeitspanne variieren. Z.B. spricht *Tiedemann*, Wirtschaftsstrafrecht BT, S. 41, unter Verweis auf eine Antwort des Bundesministerium auf die kleine Bundestagsfrage im Jahre 1972 von annähernd 1 Mrd. DM; *Egli*, S. 114, dagegen zitiert *Zybon* (Wirtschaftskriminalität als gesamtwirtschaftliches Problem, S. 33), der im Jahre 1972 von einem Schaden von 3-4 Mrd. DM spricht; *Teufel*, Archiv für Kriminologie, 162 (1978), 129 (140), berichtet demgegenüber von Schätzungen, die den jährlichen Schaden mit 20 Mrd. DM beziffern; *Arians*, S. 321, spricht im Jahre 1982 von 3 Milliarden DM; schließlich bezieht sich *Többens*, NStZ, 2000, 505 (505), auf „Expertenmeinungen", die von einem den deutschen Unternehmen zugefügten Schaden von 10 bis 15 Mrd. DM und in anderen Schätzungen gar von 50 Mrd. DM ausgehen. Sichere, aber – weil aus der Kriminalistik stammend – nur hinsichtlich der kriminologischen Realität partielle Daten liefert W/J-*Möhrenschlager*, 13. Kap.Rn 2, aus einem Bericht des BKA aus dem Jahre 1997: für Straftaten aus § 17 Abs. 1 UWG DM 4.368.867, für Straftaten aus § 17 Abs. 2 DM 1.412.349.

[13] So *Kragler*, Schützen Sie Ihr Unternehmen, S. 58 ff.

[14] Vgl. etwa *Fritsche*, Kriminalistik 2001, 472 (472, 475), *Többens*, NStZ 2000, 505 (505).

[15] Es sei nur an den in der Öffentlichkeit auf starke Resonanz gestoßenen Bericht *Gerhard Schmids* für das Europäische Parlament vom 11. Juli 2001 erinnert, der ausführlich über die Existenz eines globalen Abhörsystems für private und wirtschaftliche Kommunikation berichtet, besser unter dem Namen ECHELON bekannt.

[16] Vgl. dazu *Nathusius*, Kriminalistik, 2001, 242 (242).

Wie bei anderen Straftaten aus dem Wirtschaftsstrafrecht sei auch hier von einer großen Dunkelziffer auszugehen,[17] die sich teilweise schon aus der Gefahr einer indirekten Lüftung der Geheimnisse durch das Strafverfahren ergebe.
Angesichts dieses Widerspruches zwischen angeblich ansteigender faktischer Bedeutung dieses Themenbereichs und ihrer unbegründeten mangelnden strafrechtsdogmatischen Würdigung macht es sich diese Untersuchung zunächst im ersten Teil zur Aufgabe, eine eingehende begriffliche Darstellung der Betriebs- und Geschäftsgeheimnisse vorzulegen. Es werden dabei die entscheidenden Eigenschaften des allgemeinen Geheimnisbegriffs für die rechtliche Erfassungen behandelt (Erster Teil A). Ferner wird der juristische Begriffsgebrauch in seinen herkömmlichen Merkmalen charakterisiert, hinsichtlich seiner Gestaltung durch die h.M. einer kritischen Würdigung unterzogen und, wie im Schrifttum bereits üblich, für die Untersuchung der Oberbegriff des Unternehmensgeheimnisses übernommen und begründet (Erster Teil B - D). Darüber hinaus werden, entgegen der gesetzlichen Einteilung in Geschäfts- und Betriebsgeheimnis, eingehend alternative Einteilungsformen der Unternehmensgeheimnisse dargestellt, um auf diese Weise dogmatisch verwertbare Eigenschaften dieser Geheimnisform hervorzuheben, die in der weiteren Analyse Anwendung finden (Erster Teil E). Eine der auffälligsten Konsequenzen dieser Darstellung ist bei der anschließenden Deutung des im Schrifttum umstrittenen Verwertungsbegriffs zu erkennen (Erster Teil E, V).
Weiterhin in der Absicht, dem Behandlungsdefizit der Einzel- und Besonderheiten und der systematischen Zusammenhänge des strafrechtlichen Schutzes der Unternehmensgeheimnisse zu begegnen, befasst sich der zweite Teil der Untersuchung mit der straftatbestandsmäßigen Erfassung des Unternehmensgeheimnisschutzes. Nach der Darstellung der geschichtlichen Entwicklung des Unternehmensgeheimnisschutzes (Zweiter Teil B) werden die Tatbestände aus dem UWG vorgestellt (Zweiter Teil C). Dabei ist mit großer Detailgenauigkeit vorzugehen, weil es sich um komplexe Tatbestandsgestaltungen handelt, die zum einen ihre Struktur nicht leicht zu erkennen geben und die zum anderen inhaltlich auch nicht einheitlich im

[17] So *Arians*, S. 321; W/J-*Möhrenschlager*, 13. Kap. Rn 2.

Schrifttum ausgelegt werden, so dass ein der Arbeit zugrunde gelegtes Verständnis entwickelt wird. Ferner ist diese eingehende Betrachtung geboten, um die Kenntnisvoraussetzung für das nächste Vorhaben der Untersuchung zu schaffen. Denn anschließend soll der über das UWG hinausreichende strafrechtliche Schutz der Unternehmensgeheimnisse – sowohl aus dem StGB wie auch aus anderen Tatbeständen des Nebenstrafrechts – dargestellt werden (Zweiter Teil D). Dies zum einen, um zu verdeutlichen, inwieweit die gesamte Rechtsordnung dem Unternehmen in seinen Geheimhaltungsbedürfnissen Schutz gewährt, zum anderen aber auch, um durch einen systematischen Vergleich mit der Regelung im UWG Rückschlüsse für die zentrale Aufgabenstellung der Untersuchung, der Rechtsgutsbestimmung, zu gewinnen.

Es wird sich bei der Rechtsgutsbestimmung, die den dritten Teil der Arbeit bildet, herausstellen, dass die h.M., wohl meist wegen der defizitären Durchdringung der Regelungsmaterie und wohl auch in Einklang mit der gewohnten Manier bei einer kritischen Betrachtung des Wirtschaftsstrafrechts, zu einem Schutz des Rechtsguts Vermögen vor abstrakten Gefährdungen gelangt, die sich bei näherer Betrachtung als nicht überzeugend erweist (Dritter Teil A, II). Es wird dagegen der Versuch unternommen, die Tatbestände zum Unternehmensgeheimnisschutz als zum Schutz der wettbewerblichen Entfaltungsfreiheit des Unternehmens zu deuten, wie es bereits in der Wettbewerbsrechtsdogmatik der Fall ist (Dritter Teil A, III).

Der vierte Teil der Arbeit behandelt zwei prominente Kernprobleme des Unternehmensgeheimnisschutzes, nämlich die zeitliche Reichweite des Schutzes vor Geheimnisverrat durch Beschäftigte (Vierter Teil A) und den Schutz sogenannter illegaler Geheimnisse (Vierter Teil B), und versucht, diese anhand der herausgearbeiteten Rechtsgutsbestimmung zu beleuchten.

Die Untersuchung schließt mit einem Resümee der wichtigsten Erkenntnisse.

Erster Teil: Vom allgemeinen zum juristischen Geschäfts- bzw. Betriebsgeheimnisbegriff

A. Der allgemeine Geheimnisbegriff

Würde man ein Geheimnis als eine *Wissensbeziehung einer Person zu einer nicht offenbarten Information* definieren, käme man anhand einer relativ präzisen und konzisen Formulierung zu einer Begriffsbestimmung, die *a priori* weitestgehend sowohl dem allgemeinen wie auch dem juristischen Sprachgebrauch genügt.
Aber schon die Tatsache, dass der Gesetzgeber in keiner strafrechtlichen[18] oder außerstrafrechtlichen Bestimmung das Geheimnis definiert, erscheint als Indiz dafür, dass sich das Recht mit diesem Regelungsobjekt schwer tut. *Von Liszt* berichtet, dass bei der ersten Lesung des Gesetzesentwurfs „gegen den Verrat von militärischen Geheimnissen" im Reichstag schon im Jahre 1913 übereinstimmend davon die Rede war, dass der Begriff des Geheimnisses ein „Geheimnis" sei.[19] Obwohl *von Liszt* deswegen einen Versuch der Klärung unternimmt, wird man heutzutage nicht von einem viel glücklicheren Zustand reden dürfen. So beginnt etwa *Rogall* seine Analyse des strafrechtlichen Schutzes von Privatgeheimnissen sogar mit der Bezeichnung „die Sphinx des § 203 StGB", meint aber zugleich, dass diese viel weniger geheimnisvoll sei, als man gemeinhin annehme, um schließlich erkennen zu müssen, dass die Lösung der Schwierigkeiten bei dem Begriff des Geheimnisses nicht ohne letzten Rest aufgeht und es daher mit dieser Charakterisierung der Vorschrift sein Bewenden haben muss.[20]
Wegen dieses unbefriedigenden juristischen – gesetzlichen wie auch dogmatischen – Definitionszustands ergibt sich die Notwendigkeit, bereits beim allgemeinen Sprachgebrauch anzuknüpfen.

---

[18] § 93 StGB enthält eine Legaldefinition der Staatsgeheimnisse, die aber nur in diesem begrenzten Bereich anwendbar und auch dort präzisionsbedürftig ist. Siehe dagegen die Legaldefinition in § 180 Abs. 6 AE.
[19] Vgl. *von Liszt*, FS-Brunner, S. 207.
[20] Vgl. *Rogall*, ZStW 1983, 1 (1).

I. Absolutes und relatives Geheimnis als Untergattungen eines Relationsbegriffes

1. Allgemeinsprachlicher Sinn: Unbekanntes

Obwohl wegen fehlender gesetzlicher Definition zum Teil von der Prämisse ausgegangen wird, dass der juristisch-technische Geheimnisbegriff dem allgemeinsprachlichen gleicht,[21] wird zugleich in der Literatur festgestellt, dass dieser in seiner weitesten Bedeutung, die man als *Nichtkennen von irgendetwas*, als *Verborgenes* definieren kann,[22] für juristische Zwecke zu weit reicht. Insoweit das Geheimnis nämlich Ausdruck des Unbekannten, des nicht Erklär- und nicht Erkennbaren, also dem lateinischen *mysterium* ähnlich ist,[23] kann es nicht von einer normativen Regelung erfasst werden, zumindest nicht von einer, die gerade die Kenntnisnahme bzw. Verwendung der der Vorschrift zugrunde liegenden Information zu regeln hat. Handelt es sich beim Geheimnisbegriff dagegen um ein Objekt, das nicht für die Öffentlichkeit bestimmt ist und innerhalb eines bestimmten Personenkreises bewahrt werden soll, ergibt sich aus dem allgemeinsprachlichen Begriff ein juristisch-technisch verwertbarer.[24] Im ersten, juristisch untauglichen Fall kann man von einem *absoluten* Geheimnis sprechen, da das Objekt des Geheimnisses von niemandem erfasst oder zumindest von niemandem rational erfasst werden kann[25], im zweiten Fall von einem *relativen* Geheimnis, da eine grundsätzlich variable Beziehung des Objektes zu verschiedenen Subjekten besteht: Nur einer oder wenige kennen die Existenz oder den Inhalt des Geheimnisses bzw. des Geheimnisobjekts, andere dagegen nicht.

2. Etymologischer Sinn: Relativer Begriff und Realtionsbegriff

Hauck weist nach, dass der etymologische Sinn des Wortes „Geheimnis" im Vergleich zum allgemeinsprachlichen Geheimnisbegriff für eine normative Regelung

---

[21] So etwa *Arians*, S. 325.
[22] *Arians*, S. 325.
[23] So *Daub*, S. 28.
[24] Vgl. dazu *Arians*, S. 325; *Daub*, S. 28; *Troller/Troller*, S. 89.
[25] *Arians*, S. 325.

sinnvoller ist, da aus jener Perspektive das Geheime schon einen relativen Begriff beschreibt.[26] Der Terminus stammt aus den Adjektiven „geheim“, „heimlich“ im Sinne von „zum Haus (Heim) gehörig, vertraut“ oder „im gleichen Hause sein“.[27] Er beschreibt, aus einer inneren Sicht, die Kenntnisnahme von einem Geheimnisobjekts und ferner die Ausschließung Dritter, daher nicht nur das bloße *Nichtkennen von irgendetwas,* sondern einen Zustand, in dem zugleich mindestens ein Subjekt das Geheimnis kennt und ein anderes nicht.[28]

Daraus ergibt sich ferner ein *Relationsbegriff*, der in einer Art Dreiecksverhältnis Geheimhaltenden, Information und Nichtkennenden in einen Bezug setzt. Der Blickwinkel lässt sich aber auch auf die Beziehung zwischen dem Subjekt und dem Objekt reduzieren und somit nur auf die Beschreibung der Kenntnis bzw. Unkenntnis einer Information. Aus dieser zweiten Perspektive wird das Geheimnis ebenfalls als ein Relationsbegriff beschrieben,[29] umfasst dann aber sowohl den absoluten wie auch den relativen Geheimnisbegriff.

Ferner beschreibt der etymologische Sinn eine weitere unerlässliche Eigenschaft des Geheimnisses, die für die juristische Begriffsbestimmung relevant ist. Die Eigenschaft der Unbekanntheit weist nämlich nur auf eine aleatorische Nichtkenntnis einer Information hin. Die Ausschließung Dritter stimmt mit dem aber nicht überein, denn bei einem solchen Verständnis des Geheimnisses handelt es sich um eine gewollte Kenntnisverteilung, einen Zustand des Vorenthaltens aus dem allgemein zugänglichen Bereich.

Wenn es sich beim hier relevanten relativen Geheimnisbegriff nicht nur um eine aleatorische Kenntnisverteilung handelt, sondern um eine vom Geheimhaltenden gewollte, ist der *Geheimhaltungswille* als begriffskonstituierendes Merkmal anzuse-

---

[26] *Hauck*, S. 25.

[27] *Kluge* in Etymologisches Wörterbuch der deutschen Sprache, S. 252.

[28] Auch in romanischen Sprachen und im Englischen ist laut *Hauck*, S. 25, das Relative am Begriff zu erkennen, jedoch aus einem anderen externen Blickwinkel, der den Zusammenhang von Trennung und Erkenntnis hervorhebt. Sowohl das italienische „segreto“, wie auch das spanische „secreto“ oder das englische und französische „secret“ entstammen dem lateinischen „secernere“, also übersetzt dem „Trennen“, „Absondern“, was wiederum das Ausschließen und Miteinbeziehen verschiedener Subjekte voraussetzt.

[29] So schon *E. Schmidt*, 36. DJT, Bd. 1 S. 121 f.

hen.[30] Das Geheimnis kann daher als eine durch den Willen des Geheimhaltenden *qualifizierte* Nichtkenntnis einer Information bezeichnet werden.[31]

Dieser gewollte Zustand ist das Regelungsobjekt jeder rechtlichen Vorschrift, die sich mit einem Geheimnis befasst, sei es, dass die Geheimhaltung erhalten werden *kann* (z.B. Schutz vor Verrat oder Ausspähung im Strafrecht) oder zerstört werden *soll* (z.B. Offenbarungspflichten im Verwaltungsrecht), sei es, dass ein Zustand der relativen Unkenntnis erhalten bleiben *soll* (z.B. Schutz des Geheimwettbewerbs im Kartellrecht).[32]

II. Die aus dem Relationsbegriff zu verbindenden Elemente

1. Das Geheimnisobjekt

1.1. Tatsachen oder Informationen

Wenn nun von einem Relationsbegriff ausgegangen wird, ist auch näher zu beschreiben, welche Elemente dabei verbunden werden. Zum Teil wird bei der Beschreibung des Geheimnis*objekts* von „Tatsachen“[33] gesprochen, und darunter nicht

[30] Kennt man etwa eine Telefonnummer nicht, spricht man auch von einer unbekannten und nicht von einer geheimen Nummer, da sie jederzeit durch das Telefonbuch in Erfahrung gebracht werden kann, es sei denn, jemand möchte diese nicht bekannt geben und sie als Geheimnummer nur gezielt offenbaren. Vgl. dazu *Arians*, S. 330; *Kersting*, S. 16; *v. Stebut*, S. 20. A.A. *Druey*, Information, S. 74, der Geheimnis als Nicht-Informierung versteht; WStR-*Ransiek*, VIII 2 Rn 14; *ders.*, Unternehmensstrafrecht, S. 165, der nur auf die Unbekanntheit abstellt.

[31] Daher stellt die eben beschriebene zweite Perspektive des Geheimnisses als Relationsbegriff eine exzessive Einengung der Betrachtungsperspektive dar, denn zumindest hinsichtlich des Nichtkennenden vermag die Ausblendung des (Willens des) Geheimhaltenden nicht zu erklären, ob sich die Relation nur auf eine unbekannte oder auch auf eine geheime Information bezieht.

[32] Preismeldesysteme können nach h.M. unter bestimmten Voraussetzungen Verstöße gegen das Kartellverbot aus § 1 GWB begründen, da die Ungewissheit der Marktteilnehmer über die Wettbewerbssituation verloren geht und somit die Preisinformationsverfahren tendenziell zu einer Beschränkung des Preiswettbewerbs führen. Die Wettbewerbsbeschränkung besteht in dem Ausschluss des unternehmerischen Aktionsparameters „Geheimwettbewerb“. Zum Ganzen vgl. nur *Zimmer* in Immenga/Mestmäcker (Hrsg.), GWB, § 1 Rn 391 f. Ferner kann die Amnestie als eine Form der Sicherung einer *absoluten* Unkenntnis verstanden werden, insofern sie als ein allgemeines Hindernis zur Aufdeckung (Ermittlung) von Straftaten konzipiert wird, wenn also die Amnestie i.S. eines „Vergessens“ und nicht nur eines „Vergebens“ verstanden wird.

[33] So *Arians*, S. 325; *Hefendehl*, in Spindler/Stilz (Hrsg.), AktG, § 404 Rn 19; *Lampe*, HWiStR, Stichwort: Geheimnisverrat, S. 2; Piper/*Ohly*, § 17 Rn 5; *v. Stebut*, S. 6.

nur rein objektiv erkennbare Fakten oder Vorkommnisse, sondern auch subjektive Empfindungen, sofern sie geäußert worden sind, verstanden.[34] Andererseits wird dieses Element der Relation als „Information“ bezeichnet, da gerade der Begriff „Tatsache“ missverstanden werden kann und nicht beweisbare Bewertungen von Vorgängen oder Kenntnissen fälschlicherweise ausgeklammert werden könnten.[35] Daher soll im Folgenden der neutrale und zugleich weite Begriff „Information“ bevorzugt werden. Da aber der Begriff der Information als kaum bzw. schwer definierbar bezeichnet wird,[36] mutet diese Wortwahl nicht als ein wünschenswerter Schritt in Richtung einer eindeutigen Begriffsbestimmung des Geheimnisses an. In der Tat kann man z.B. eine Information im Sinne eines *Inhalts*, eines *Vorgangs* oder eines *Zustandes* verstehen und alle drei Deutungen für den Geheimnisbegriff fruchtbar machen: Zum einen erklärt sich das Phänomen der Geheimhaltung meist aus dem Umstand, dass es sich auf eine Information als einen begehrten Wissensinhalt bezieht;[37] ferner kann das Geheimnis auch als Verhinderung der Information als Vorgang des Zuwachses an Wissen oder des Zustroms von einem Sender zu einem Empfänger verstanden werden;[38] wenn man die Information schließlich als Zustand des Wissens verstehen möchte, beschreibt das Geheimnis eine Asymmetrie, bei der sich Dritte im Gegensatz zum Geheimhaltenden in einem von diesem gewollten

---

[34] *Schneider*, S. 10.

[35] Vgl. dazu *Daub*, S. 29, der nach allgemeinem Sprachgebrauch unter Tatsache „etwas Feststehendes, etwas, woran nicht zu rütteln ist“, versteht. Ferner das Verständnis des Tatsachenbegriffs in der Rechtsprechung als etwas Geschehenes oder etwas Bestehendes, das zur Erscheinung gelangt und in die Wirklichkeit getreten ist und das daher dem Beweise zugänglich ist (RGSt. 41, 193; BGH NJW 1994, 2614; NJW 1998, 3047). Auf dieses mögliche Missverständnis weist auch *Rogall*, NStZ 1983, 1 (5), hin, mit dem weiteren Hinweis, es ginge in den Tatbeständen um eine bedeutungsvolle Kenntnis über Sachverhalte und Vorgänge und dies lasse der abstrakte Tatsachenbegriff nicht so plastisch erkennen; so auch *Taeger*, S. 19 ff. und LK-*Tiedemann*, § 263 Rn 142. *Tiedemann*, ZStW 1982, 299 (319), weist zu Recht darauf hin, dass auch der Begriff Tatsache nicht falsch ist, da die Kundgabe auch einer Nicht-Tatsache als Vorgang eine Tatsache darstellt. Ähnlich SK-*Hoyer*, § 203 Rn 12; S/S-*Lenckner*, § 203 Rn 5; LK-*Schünemann*, § 203 Rn 20.

[36] So *Kloepfer*, S. 24; wohl auch *Druey*, Information, S. 1

[37] Vgl. dazu *Druey*, Information, S. 5. Daran ändert nichts, dass man mit *Kloepfer*, S. 27, zwischen Information und Wissen unterscheiden kann, da letzteres ein komplexeres Phänomen einer organisierten und systematisierten Informationsmenge, welche Verstehens- und Interpretationsvorgänge erlaubt, darstellt. Bei einer Geheimhaltung rechnet man damit, dass es jemanden gibt, der letztendlich ein Interesse an einer zu Wissen verarbeiteten Information hat.

[38] *Kloepfer*, S. 26, beschreibt diesen Vorgang positiv durch die Tätigkeit des Informierens und passiv bzw. reflexiv des Informiertwerdens bzw. Sich-Informierens, die Geheimhaltung stellt dazu die negative Seite dar; näher dazu auch *Druey*, Information, S. 5.

„Stand der Unkenntnis" befinden. Hat aber eine Vorschrift die Information zum Gegenstand und soll sie dieser in Gestalt eines Geheimnisses Schutz verleihen, erscheint weder die Frage nach der Öffnung oder Schließung von Informationskanälen (Vorgang) noch die der Veränderung der asymmetrischen Kenntnisverteilung (Zustand) als zentrales Problem der Regelung, denn sie setzt die Verhinderung des Informationsflusses und die daraus resultierende Kenntnisasymmetrie voraus. Wie der Vergleich mit dem Begriff der Tatsache zeigt, lässt sich in diesem Regelungsmuster eher die Frage nach dem Informationsinhalt problematisieren.
Eine inhaltliche Festlegung des Informationsbegriffes erscheint daher im hiesigen Kontext nützlicher[39] und sollte im begrifflich-vorjuristischen Bereich auch nicht unnötigerweise verengt werden. Daher soll im Folgenden mit *B. Schünemann* darunter jede Angabe über einen Gegenstand oder Zustand der realen oder irrealen Welt verstanden werden.[40]

1.2. Die statische und die dynamische Seite der potentiellen Ubiquität als relevante Eigenschaften der Information

Aus der Fülle der Eigenschaften des Phänomens der Information lassen sich gewisse Eigentümlichkeiten erkennen, die für die Betrachtung als Gegenstand rechtlicher Regelungen relevant sind. Hier gilt es nur solche hervorzuheben, die für die Beschreibung des Geheimnisses und insbesondere für dessen juristische Begriffsbestimmung von Bedeutung sind und bereits seine besondere Schutzbedürftigkeit indizieren.
Zunächst ist hier die so genannte *potentielle Ubiquität* der Information von Interesse, die besagt, dass die Information als immaterielles Objekt unabhängig von Zeit und Raum existiert. Dies bedeutet, dass eine unbegrenzte Anzahl von Personen eine

---

[39] So auch *Druey*, Geheimsphäre, S. 15.
[40] LK-*Schünemann,* § 202a Rn 3. Dieser Ansatz fließt auch in die einzige, jedoch gebietsbedingt engere Legaldefinition der Information im UIG mit ein, da dort ebenfalls für die Umweltinformationen sowohl von Gegenständen wie auch Zuständen die Rede ist. Dennoch ist sie im hiesigen Kontext wenig hilfreich, da sie auf bereits materialisierte Information begrenzt ist. So § 2 Abs. 3 UIG: „Umweltinformationen sind unabhängig von der Art ihrer Speicherung alle Daten…" und bereits § 3 Abs. 2 UIG a.F.:„alle in Schrift, Bild oder auf sonstigen Informationsträgern vorliegende Daten". Eingehend zum Begriff der Information aus den verschiedensten Perspektiven, *Druey*, Information, S. 3 ff.

Information gleichzeitig an den verschiedensten räumlichen Stellen besitzen können und von ihr beliebig oft Gebrauch machen können, ohne dass die Information an Substanz oder Qualität verliert.[41]

Dabei ist zu beachten, dass diese Eigenschaft die Information nicht nur von körperlichen Gegenständen unterscheidet, sondern auch von anderen unkörperlichen Gegenständen. Sie dient nämlich auch der Abgrenzung von den *res incorporales*, die sich von den Informationen darin unterscheiden, dass sie den Gesetzen der körperhaften Welt unterliegen und somit an Ort und Zeit gebunden sind.

Dies lässt sich am Beispiel der Lehrtätigkeit eines Professors oder der Leitung eines Orchesters durch den Dirigenten (dies als Tun genommen und ohne das mit diesem Handeln geistig Geschaffene einzubeziehen) erkennen. Nicht nur die Forderung erlischt, wenn das Geld als Gegenwert ausgezahlt ist; auch der Anspruch auf eine Tätigkeit wird durch das Tun aufgezehrt.[42] Ferner können weder ein Professor noch ein Orchester zumindest in persönlicher Anwesenheit eine Leistung an unterschiedlichen Orten zur gleichen Zeit erbringen.[43]

Hinsichtlich der Gebrauchsmöglichkeiten von Information soll hier in der terminologisch-vorjuristischen Betrachtung mit *Druey* nach *Verwertung*, *Auswertung* und *Verarbeitung* von Informationen unterschieden werden. Der erste Begriff beschreibt ausschließlich die Umsetzung des Geheimnisses in ein unmittelbar wertbringendes Tun, der zweite Begriff die mittelbare Nutzung einzelner Informationen, indem diese in ein Informationsnetz eingefügt werden, das als Grundlage für bestimmte Entscheidungen dient und schließlich der dritte das Inbeziehung-Setzen zu anderen

---

[41] So *Troller/Troller*, S. 11 ff.

[42] Vgl. dazu *Troller/Troller*, S. 11 ff. m.w.N.

[43] Es soll von dieser Auffassung ausgegangen werden, weil sie am besten die hier relevante Besonderheit der Information als Gegenstand des Rechts wiedergibt. Insofern dies eine metajuristische Beschreibung der Information als ein nicht der physikalischen Beschreibung des materiellen Universums zugänglichen Phänomens impliziert, soll aber ebenfalls darauf hingewiesen werden, dass *Wiebe*, GRUR 1994, 233 (235), die Information als eine Entität der Natur bzw. „Naturkraft" versteht. Diese von *C. F. v. Weizsäcker*, Der Aufbau der Physik, 1985, S. 573, aus naturwissenschaftlicher Sicht zu einer Objektivierbarkeit auf der Ebene der Pragmatik entwickelte Auffassung berücksichtigt, dass der Freiheitsgrad des ausgelösten Handelns von naturgesetzlich determinierten Prinzipien bestimmt wird und Information daher als eine nach Methoden der Naturwissenschaft hinsichtlich Menge und Bedeutungsinhalt messbare, objektivierbare Größe zu verstehen ist, die neben die Maßgrößen Masse und Energie tritt. Information ist für diese Betrachtung eine Entität, die selbst von physikalischen Gesetzen beherrscht wird und die den Zustand des physikalischen Systems beeinflusst.

Informationen, ohne dass ein Konnex zu einem darauf bauenden Handeln hergestellt wird.[44]

Neben dieser statischen Betrachtung der potentiellen Ubiquität sind auch aus einer dynamischen Perspektive zwei Eigenschaften der Information zu beachten. Zum einen impliziert der Fluss von Information von einer Person zu einer anderen nicht einen Verlust der Information bei der ersten.[45] Ein Verlust entsteht lediglich hinsichtlich einer etwaigen *exklusiven Herrschaft* oder *Monopolstellung* des Eingeweihten über die Kenntnis, den Gebrauch oder die Weitergabe der Information. Dies spricht aber direkt eine Eigenschaft der *Geheimhaltung* und nicht der hier zunächst isoliert betrachteten Information an.

Einen Unterfall dieses Sachverhalts stellt auch die Konstellation dar, wenn sich der Informationsfluss auf eine offenkundige Information bezieht, es aber unbekannt ist, dass der Geheimhaltende diese ebenfalls kannte. In diesem Falle bezieht sich die durch den Verlust der Exklusivität oder Monopolstellung betroffene Information auf die *Kenntnis der Kenntnis bzw. Gebrauchs* eines Gegenstands oder Zustands. So wenn ein Unternehmen eine auf dem Markt schon seit langer Zeit bekannte Produktionsmethode anwendet, aber geheim hält, dass es sie anwendet. Über die Produktionsmethode selbst hat es keine – auch nur faktische – Monopolstellung, sowohl hinsichtlich der Weitergabe wie auch der Kenntnis oder des Gebrauchs; diese erstreckt sich nur auf die Kenntnis der Anwendung der Produktionsmethode.

Dass die Einwirkungsform des Informationsflusses entgegen den materiellen Gegenständen nicht mit dem Verlust der Information notwendigerweise verbunden ist, bedeutet aber nicht, dass eine zweite Einwirkungsform den Entzug der Information für den Informationsinhaber bedeuten kann. Wenn nämlich das in Kenntnis stehende Subjekt nicht Vorkehrungen trifft, damit die Information an ihm haftet – sei es im Gedächtnis oder auf einem materiellen Träger – kann diese sehr wohl vernichtet oder entzogen werden.

---

[44] Vgl. *Druey*, Geheimsphäre, S. 29; ihm folgend *Schneider*, S. 123 f.

[45] Dies scheint *Haft*, NStZ 1987, 6 (9), nicht zu berücksichtigen, wenn er meint, es müsse bei § 202a StGB anstatt von Datendiebstahl eher von Informationsdiebstahl die Rede sein, da im ersten Fall die Ursprungsdaten erhalten blieben. Gleiches geschieht nämlich hinsichtlich der Information beim Informationsdiebstahl.

Ebenfalls relevant ist bei dieser dynamischen Betrachtung, dass die Information, so wie sie aus einer statischen Perspektive unbegrenzt *gebraucht,* auch unbegrenzt *vermehrt* werden kann. Eine Information kann viele Male ohne Verlust an Substanz und Qualität reproduziert werden und dies meist ohne besonders relevanten Zeit-, Mittel- und Arbeitsaufwand.

Dies erklärt auch, warum die Einwirkungsform des Vernichtens oder des Entzuges faktisch eine geringere Bedeutung erlangt als die der Reproduktion in Form eines Informationsflusses: Sie kann meist mit geringerem materiellen Aufwand verhindert werden.[46]

Aus diesen beiden Eigenschaften lassen sich bereits einige, wenn auch noch sehr allgemeine, juristisch relevante Schlüsse ziehen.

1.3. Die Geheimhaltung der Information

Der Begriff des Geheimnisses ist notwendigerweise an eine Information gekoppelt, so dass zu erwarten ist, dass die Eigenschaften dieses Begriffes jenen beeinflussen. Da aber die Geheimniseigenschaft gerade die Exklusivität über eine Information beschreibt, ist zu erkennen, dass der Informationsfluss bei der Geheimniseigenschaft – anders als bei der isolierten Betrachtung der Information – sehr wohl eine Einbuße an Substanz und Qualität verursacht.

Unterschiedlich ist auch die Beziehung zu den körperlichen Gegenständen. Wenn bei der Information eine große Distanz zu verzeichnen war, weil die Übertragung im Ursprung keine Veränderung verursacht, wohingegen dies bei körperlichen Gegenständen der Fall ist, dann liegt es nahe, zwischen dem Geheimnis und den körperlichen Gegenständen diesbezüglich Übereinstimmung zu erkennen.

Wenn es eine wesentliche Eigenschaft des Geheimnisses ist, dass der Geheimhaltende die Kontrolle über die Information besitzt und nach seinem Willen einen ge-

[46] Neben der leichten Reproduzierbarkeit ist hier das Gedächtnis zu erwähnen, da eine solche Haftung zwar bei komplexen Information schwer oder gar unmöglich sein kann, sie aber insofern einen geringen Aufwand impliziert als sie nicht einmal einer materiellen Reproduktion bedarf. Ferner ist hier auch ein Entzug der Information kaum möglich. So kann man zwar eine Information vergessen, es kann aber dieser Entzug – zumindest ohne großen Aufwand – nicht von einem Dritten provoziert oder gar erzwungen werden. Wohl ist es sogar so, dass man die Information nicht willentlich vergessen kann.

wissen Personenkreis von der Kenntnis derselben ausschließt, werden beide Eigenschaften bei jedem Informationsfluss negativ beeinflusst. Zum einen wird dieser Kreis immer etwas kleiner, zum anderen kann auch bei sehr verlässlichen Personen schon wegen deren Autonomie nicht von einer gleichen, sondern nur von einer geringeren Kontrolle über einen möglichen weiteren Informationsfluss gesprochen werden.

Bildlich gesprochen kann man sagen, dass die Geheimniseigenschaft nicht die Information überall hin begleitet, ohne im Prinzip mit jedem Informationsfluss schwächer zu werden oder gar zu verschwinden. Die Geheimhaltung erfüllt aus Sicht des Geheimhaltenden die Funktion, den negativen Konsequenzen der potentiellen Ubiquität der Information in der realen Welt entgegenzuwirken. Als Vorgang betrachtet stellt daher auch die Geheimhaltung den Gegenbegriff zur Information dar.

Nun liegt der Einwand nahe, eine solche Überlegung bezüglich der Einbuße an Substanz und Qualität sei nicht nur auf die Geheimhaltung, sondern bereits auf die Information selbst anzuwenden, wenn man den wirtschaftlich elementaren Begriff der *Knappheit* heranziehe. Da sich ein Geheimnis notwendigerweise auf eine Information beziehe, könne eine Eigenschaft jenes Phänomens nicht getrennt von diesem betrachtet werden: Eine geheimgehaltene Information steht nur wenigen zur Verfügung und vermehrt sich mit jedem Informationsfluss.[47] Dennoch ist eine solche Objektivierung der Information in diesen allgemein begrifflichen Überlegungen zum Geheimnis nicht stichhaltig.[48] Denn der Begriff der Knappheit impliziert bereits, dass ein Gut nicht in genügender Menge zur allseitigen *Bedürfnisbefriedigung* zur Verfügung steht. Dies setzt voraus, dass es im potentiellen Adressatenkreis auch an der Information Interessierte gibt. Dies mag sicherlich oft der Fall sein, ergibt sich

---

[47] Dabei soll hier nicht die Knappheit der Information im Sinne eines Verteilungs*problems* thematisiert werden, sondern als ein Verteilungs*phänomen*. Erst aus dieser Beschreibung kann anschließend die geheime Information als Regelungsgegenstand des Rechts anhand verschiedener Strategien der Verbreitung, Verteilung oder des Schutzes problematisiert werden. Bei einer solchen Verteilungsstrategie spielt daher die Knappheit als ein Regelungs*ziel* eine andere Rolle. Zu dieser und den anderen strategisch-globalen Regelungsalternativen der Rechtsordnung aufschlussreich *Druey*, Information, S. 33 ff.

[48] Zweifelnd *Schneider*, S. 47 f., der als Vertreter einer solch allgemeinen Auffassung *Dessemontet*, Le Savoir-faire industriel (Définition et Protection du "Know-how" en droit américain), Genf 1974, S. 161, zitiert.

aber nicht zwingend aus dem Geheimnisbegriff und begründet auch nicht notwendigerweise das volitive Element der Geheimhaltung. Eine Information kann aus Scham vor Dritten abgeschirmt werden, obwohl gar niemand die Existenz dieser Information vermutet oder zwar jemand weiß, dass es sie gibt, sie ihm aber gleichgültig ist. Daher beschreibt die Knappheit bei einer geheimgehaltenen Information, die ein Wirtschaftsgut darstellt, eine immanente Eigenschaft der Information selbst, tut es aber allgemein bei einem Geheimnis nicht notwendigerweise.

Schließlich ist auch zu berücksichtigen, dass neben der Einwirkungsform des Informationsflusses auch die der Zerstörung bei Geheimnissen eine andere Rolle als bei der isolierten Betrachtung der Information spielt. Denn so wie die Zerstörung oder der Verlust der Information als ein praktisch selten durchführbares oder schier unmögliches Unterfangen bezeichnet wurde, ist gerade das Gegenteil hinsichtlich der Geheimhaltung der Fall. Sofern nämlich ein Informationsfluss möglich ist, spricht praktisch betrachtet im Prinzip kein Umstand gegen den kompletten Verlust oder gar die Zerstörung der Geheimniseigenschaft. Dafür bedarf es nur einer Veröffentlichung oder sogar Offenbarung an den einschlägigen Kreis von Nichtwissenden. Bei einem Offenbarungsakt ist es auch eine unerlässliche Konsequenz hinsichtlich des auf den Adressaten bezogenen Geheimhaltungsverhältnisses. In dieser Hinsicht ist es viel schwieriger, den *Wissens*willen – falls man von einem solchen sprechen kann – zu „brechen“ als den *Geheimhaltungs*willen.

2. Die Geheimnissubjekte

Bei der Beschreibung des Geheimnis*subjekts* muss wiederum zwischen denjenigen unterschieden werden, die ein positives Verhältnis zum Geheimnis – im Sinne von Kenntnis der Information – errichten und denen, die ein negatives Verhältnis zu diesem haben, also den Inhalt der Information oder deren Existenz selbst nicht kennen. Im Schrifttum wird üblicherweise nur die erste Relation mit den Begriffen „Geheimnisinhaber“ oder „Geheimnisherr“ beschrieben.

2.1. Die Benennung der Geheimnissubjekte

Nach einer geläufigen Auffassung sollte dagegen nicht von einem „Geheimnisbesitzer oder -eigentümer" die Rede sein. Im Prinzip erscheint es zutreffend, mit *Hauck* festzustellen, dass im Gegensatz zu körperlichen Gegenständen, Geheimnisse nicht *übertragen*, sondern typischerweise *mitgeteilt* werden und ferner ein Subjekt es nicht bei gleichzeitigem Verlust des anderen Subjekts gewinnt.[49] Dabei sind jedoch die oben erwähnten Präzisierungen geboten: Der Übertragungsakt bei körperlichen Gegenständen unterscheidet sich eindeutig von dem der Übertragung der Information selbst, da dort nicht notwendigerweise ein Verlust im Ursprung stattfindet, dagegen nicht in gleicher Weise hinsichtlich der Übertragung des Geheimnisses, da dort ein solcher stattfindet.[50]

Da aber das Eigentum einen stark juristisch geprägter Begriff darstellt, ist es angebracht, bereits hier darauf hinzuweisen, dass im Schrifttum eine bedeutsame Diskussion darüber geführt wird, ob die faktische Herrschaft über Geheimnisse subjektive Rechte begründet und diese anhand eines kurzen Exkurses darzustellen. Im Bereich der hier einschlägigen Geschäfts- und Betriebsgeheimnisse wird z.T. ein Recht auf das Know-how angenommen, weil er insofern rechtlich übertragbar sei, als der Know-how Geber zwar nicht von dem faktischen Wissen völlig entäußert werden könne, aber wohl doch der Know-how Nehmer vertraglich ein ausschließliches Verwertungsverbot erhalten könne, so dass letztendlich nicht das Know-how selbst, sondern die Berechtigung an ihm Objekt der Verfügung sei.[51] Dagegen wird auch

[49] Vgl. *Hauck*, S. 26.

[50] Desgleichen ist es auch nicht ratsam, bei Geheimnissen von einer Mitteilung zu sprechen. Diese Handlungsform kann nämlich in zweierlei Weisen ein Geheimnis *betreffen*. Dieser Vorgang kann sich sowohl auf die Existenz eines Geheimnisses wie auch auf die geheimgehaltene Information selbst beziehen. Es handelt sich auch nicht um eine gekünstelte Differenzierung. Es hat sich vielmehr in zahlreichen Branchen zu einer Marketingstrategie entwickelt, Innovationen an einem Produkt oder neue Produkte anzukündigen, bevor sie auf dem Markt erhältlich (*scil.* bekannt) werden. Wenn daher ein Mitarbeiter eines Unternehmens den Termin für die Veröffentlichung eines neuen (oder verbesserten) Produkts ankündigt, teilt er die Existenz eines Unternehmensgeheimnisses mit, nicht aber die geheimgehaltene Information selbst. Er spricht zwar das Geheimnis nicht aus, spricht aber über das Geheimnis. Daher ist für eine klare Differenzierung beider Vorgänge der Begriff der *Offenbarung* vorzugswürdig. Diese bezieht sich immer auf den hier relevanten Fluss der geheimgehaltenen Information.

[51] Vgl. *Tiedemann*, FS- von Caemmerer, S. 651 ff., m.N.. Vgl. auch *Henkels*, S. 42 ff.; *Paul*, NJW 1963, 2249 (2251); *Pfister*, S. 85 ff., 167.

die Auffassung vertreten, aus der korrekten Deutung der Geschäfts- und Betriebsgeheimnisse als verkehrsfähige Vermögensgegenstände könne nur geschlossen werden, dass sie übertragbar sind, ohne dass damit der Umfang des Deliktschutzes und der „Rechts"-charakter dieser übertragbaren Rechtspositionen entschieden werde.[52] Hinsichtlich eines Know-hows könne der Besitzer dieser Immaterialgüter nicht das Recht übertragen, sondern den Erwerber in der tatbestandlichen Situation, an die das Gesetz den Rechtsschutz anknüpfe, nachfolgen lassen[53]. Eine vermittelnde Position nehmen *Troller/Troller* ein,[54] wenn sie davon ausgehen, dass das Know-how nur ein unvollständiges Ausschließlichkeitsrecht begründe. Anhand absoluter Ausschließlichkeitsrechte könne der Berechtigte im Rahmen des objektiven Rechts in bezug auf die erfassten Immaterialgüter Geltungserklärungen abgeben und somit die Rechtslage gestalten: Er könne nicht nur seine Position auf andere übertragen oder einschränken, sondern auch durch Verbote Dritten die Benutzung untersagen oder gestatten. Durch unvollkommene Ausschließlichkeitsrechte sie eine Anwartschaft auf das ausschließliche Recht geschaffen, die erst durch den Eintrag der Rechte im Register zur ausschließlichen Herrschaft erstarkt. Der Eintrag lasse aber die Rechte nicht entstehen; sie blieben an die materielle Voraussetzung des schutzfähigen Immaterialguts gebunden; er bestätige aber nicht bloß eine schon bestehende Rechtslage, sondern vollende sie; er sei ein rechtsvollendender Formalakt. Die vor dem Eintrag bestehenden, in ihrer Abwehrwirkung beschränkten und vor der Anmeldung im Register leicht verwundbaren Rechte könne man als unvollkommene Exklusivrechte bezeichnen. Bei Geheimnissen stelle das Gesetz dem Geheimnisträger Abwehrmöglichkeiten gegen das Eindringen unbefugter Dritter und gegen ihre Mitbenützung des geheimen Wissens zur Verfügung (Persönlichkeitsrecht, UWG). Solange das Geheimnis bestehe, erfreue er sich einer faktischen, vom Recht unterstützten, aber nicht gewährten Exklusivität. Man könne also der Wirkung nach von unvollkommenen Ausschließlichkeitsrechten am Geheimnis sprechen. Es habe zwar kein Exklusivrecht als subjektives Recht, aber eine rechtliche Abwehrmacht.

---

[52] Vgl. *Maas*, S. 111; *Wolff*, NJW 1997, 98 (100) m.N. aus der Rechtsprechung.
[53] Vgl. *Böhme*, S. 26 ff.; *Kraßer*, GRUR 1977, 177 (189); *Möhring*, FS-Nipperdey, S. 417; *Pfaff*, BB 1974, 565 (567); *Troller*, GRUR-Ausl., 1958, 385 (387).
[54] Vgl. *Troller/Troller*, S. 10 f.

Aus all dem ist höchstens ein relatives Recht am Know-how zu erkennen, jedoch nicht ein absolutes subjektives Recht.[55] Ferner ist nicht zu vergessen, dass Geschäfts- und Betriebsgeheimnisse nicht nur das geheime Know-how erfassen. Darunter ist nämlich mit *Lampe* das Erfahrungswissen, technischer und kaufmännischer, administrativer und anderer Art, zu verstehen, sofern es für den Betrieb eines Unternehmens oder bei der Ausübung eines Berufes praktisch verwertbar ist.[56] Wie noch zu zeigen sein wird, fallen unter den Geschäfts- und Betriebsgeheimnisbegriff auch Informationen ohne jeglichen Immaterialgutcharakter,[57] bei denen keine Möglichkeit besteht, zu einem vollkommenen Ausschließlichkeitsrecht in der eben beschriebenen Form zu gelangen.

Aus all diesen Gründen erscheint es auch hier vorzugswürdig, für das Geheimnissubjekt den neutralen Begriff des *Geheimhaltenden* zu verwenden.

Indessen ist es nützlich, bei den Eingeweihten die Figur des sogenannten „Geheimnisträgers" oder „Geheimnisberechtigten" als Wahrer eines fremden Geheimnisses zu unterscheiden.[58] Diese Aufgliederung ist im Bereich des juristischen Verständnisses der Geschäfts- und Betriebsgeheimnisse von nicht unerheblichem Nutzen, da zum einen hinsichtlich der durch eine rechtswidrige Handlung unmittelbar betroffenen Person oft zwischen einem formellen und einem materiellen Schutz- und Verfügungsberechtigten unterschieden werden kann, so z.B. zwischen einem Bankangestellten und dem Kunden hinsichtlich seiner Bankgeheimnisse oder zwischen bestimmten Berufsträgern bzw. den Angestellten und dem Unternehmen hinsichtlich Unternehmensgeheimnissen.[59] Zum anderen kann auch die Person, die eine rechtmäßige Offenbarungshandlung durchführt, ein formell oder materiell Schutz- und Verfügungsberechtigter sein. Im ersten Fall erhält der Adressat der Handlung ein so genanntes „Drittgeheimnis".

[55] S o auch *Tiedemann*, FS-von Caemmerer, S. 654.
[56] *Lampe*, HWiStR, Stichwort: Know-how-Verletzung, S. 1.
[57] Dazu eingehend unten Zweiter Teil E, II.
[58] Dagegen noch *von Liszt*, FS-Brunner, S. 217.
[59] Vgl. dazu *Druey*, Geheimsphäre, S. 13 f.

2.2. Die Relevanz der Perspektive: Konkret adressierte und allgemeine Geheimhaltung

Meist wird es so sein, dass in einem bestimmten Universum eine zahlenmäßig geringere Gruppe an Subjekten auf Seiten der Eingeweihten existiert als auf der Seite der Nichtkennenden, doch ist dies nicht konstitutiv für die Existenz eines Geheimnisses.

Um dies an einem Beispiel darzustellen: Bei einem Quiz-Wettbewerb, das über das Fernsehen ausgestrahlt wird, ist es oft der Fall, dass nur dem oder den Spielern die Kenntnis einer Antwort zu einer gestellten Frage vorenthalten wird. Sowohl der Moderator, das Publikum im Fernsehstudium, manchmal sogar ein Spielpartner und sogar das zahlreiche Publikum vor dem Bildschirm kennen oft die Antwort. In diesem Universum kennt also lediglich eine Person die einschlägige Information nicht, so dass diese gewollte Situation ein Geheimnis für diese Person bereithält, obwohl die überwältigende Mehrheit nicht mit einem Geheimnis konfrontiert ist.

Umgekehrt kann es sich um eine solch komplexe Frage handeln, dass niemand die die Antwort darstellende Information kennt – auch noch nicht der mit der Bekanntgabe der Information beauftragte Moderator. Erlangt der ebenfalls mit einem Geheimnis konfrontierte Spieler auf irgendeine für den Geheimnisherrn (Veranstalter des Wettbewerbs) unerwünschte Weise Kenntnis von der Antwort, erlischt die Geheimniseigenschaft der Information ihm gegenüber, nicht aber gegenüber dem Rest des Universums.

Das Beispiel zeigt, dass die Definition einer Information wesentlich von der Betrachtungsperspektive abhängt, so dass die Antwort auf die Frage, wann ein Geheimnis besteht oder nicht besteht, nicht ausschließlich auf ein zahlenmäßiges Kriterium gestützt werden kann, sondern primär von der Perspektive der Nichteingeweihten abhängt. Inwiefern nach dieser Bestimmung das quantitative Kriterium relevant ist, soll weiter unten ausgeführt werden, im hiesigen Kontext ist relevant, dass für die Geheimnisdefinition die Bestimmung des Adressatenkreises unerlässlich ist. Hinsichtlich der Nichtkennenden muss daher zwischen einer konkreten oder bestimmten und einer abstrakten oder unbestimmten Perspektive unterschieden werden. Im ersten Fall ist zu untersuchen, ob hinsichtlich eines gezielten oder bestimmten Adressatenkreises – der auch aus einer einzigen Person bestehen kann – ein Geheimnis besteht, im zweiten Fall ob die Information allgemein oder abstrakt betrachtet ein solches darstellt. Im ersten Fall kann von einer konkret adressierten Geheimhaltung gesprochen werden.

Die Darstellung der Relevanz der Perspektivenfeststellung anhand des Beispiels des Fernsehwettbewerbs ist nicht nur illustrativ, sondern auch für das in dieser Arbeit zu analysierende Phänomen der rechtlichen Bewertung der Weitergabe oder Vorenthaltung wirtschaftlich relevanter Information nützlich, da sich die betriebliche Aktivität im Kontext des wirtschaftlichen Wettbewerbs abspielt und daher dem vorgetragenen Beispiel strukturell nahe liegt.

Auch im Wirtschaftswettbewerb ist im Prinzip für den Geheimnisherrn als Wettbewerber letztendlich nicht das zahlenmäßige Kriterium aus einer abstrakten oder allgemeinen Perspektive relevant, sondern eher aus einer bestimmten oder konkreten Perspektive. Es handelt sich insofern letztendlich ebenfalls um eine mehr oder weniger konkret adressierte Geheimhaltung.

III. Erste Annäherung zur normativen Erfassung des Geheimnisses

Wenn der Einwirkungsform des *Informationsverlustes* im Vergleich zu der des *Informationsflusses* relativ leicht mittels der eigenen Absicherung durch Vervielfältigung der Information entgegengewirkt werden kann, dann spricht dies zumindest für einen Unterschied zwischen der Dringlichkeit einer Normierung des Informationsverlustes (durch Entzug oder Vernichtung) und der des Informationsflusses (und der daran anschließenden Informationserlangung durch Dritte). Erwartungsgemäß spielt auch in der Rechtsordnung die Tangierung des Geheimnisses als eine Form des unerwünschten Informationsflusses eine zentrale Rolle beim Informationsschutz.

Wenn man ferner beide Einwirkungsformen auf die Information aus der Perspektive eines rechtlich relevanten Erfolges betrachtet, ist zu erkennen, dass der Informationsentzug einen rechtlich typischerweise relevanten Schaden beschreibt: den des

Verlustes eines Gegenstandes. Für die Einwirkungsform des Informationsflusses – als für die Geheimnisverletzung bedeutsamer Erfolg – kommt zunächst der Verlust von Dispositionsmöglichkeiten, die nun mit einem Dritten geteilt werden, in Betracht. Der Verlust von Dispositionsmöglichkeiten kann ihrerseits zwei Schädigungen beschreiben: zum einen die verlorene Möglichkeit zu bestimmen, ob der neu Eingeweihte die Information erhalten soll, und zum anderen, wann und unter welchen Voraussetzungen dies geschehen soll. Bei der grundsätzlichen Entscheidung, ob ein Dritter überhaupt Kenntnis von der Information erlangen soll ist aber für den Geheimhaltenden der Schaden letztendlich in der zu erwartenden Nutzung der Information seitens des neu Eingeweihten zu erkennen.[60]

Die Vorschriften zum Geheimnisschutz setzten aber bereits beim Verbot des Informationsflusses an, unabhängig von den Intentionen eventuell neu Eingeweihter. Sie verbieten daher eine *Verletzung* der Geheimhaltung, bieten jedoch hinsichtlich der materiellen Interessen, die sich hinter der Geheimhaltung verbergen, einen *vorverlagerten Schutz*.

Wenn dieser Unterschied auch auf normativ-strafrechtlicher Ebene Konsequenzen haben soll, dann kann es für die Charakterisierung des Grundes für den Schutz von Geschäfts- und Betriebsgeheimnisse mit der geläufigen Aussage, ein Betriebsgeheimnis sei oft eines der wichtigsten Bestandteile des Kapitals eines Unternehmens und bedürfe *daher* strafrechtlichen Schutzes,[61] nicht sein Bewenden haben. Der bloße Hinweis auf den inhaltlichen Wert der Information (z.B. eines Know-hows) besagt noch nicht, weshalb ein Geheimnisschutz existieren soll, da das Unternehmen keinen Kapitalbestandteil verliert. Der Grund kann nur in bestimmten zu erwartenden Handlungen des neu Eingeweihten bestehen (die weitere unerwünschte Informationsflüsse erfasst) oder in der entgangenen Möglichkeit, die Zeit und die Umstände seiner Kenntniserlangung zu bestimmen.

[60] Zu diesem Kriterium des Geheimnisschutzes eingehend *Hauck*, S. 33 ff.
[61] So etwa *Schlüchter*, S. 130.

B. Der allgemeine Geschäfts- und Betriebsgeheimnisbegriff

Meist wird die Spezifizierung des Geheimnisbegriffs auf dieses Begriffspaar im Schrifttum dahingehend beschrieben, dass Betriebsgeheimnisse Informationen technischer Natur erfassen und Geschäftsgeheimnisse solche, die sich auf kaufmännische Vorgänge beziehen.[62] Diese Antwort überzeugt aber mehr vom Ergebnis her als von dem Ansatz, möchte man dem dieser Untersuchung zugrunde Gelegten folgen. Erklärt man nämlich die Begriffe Geschäfts- und Betriebsgeheimnis im Sinne einer Konkretisierung des allen Geheimnissen strukturell immanenten Relationsbegriffes, bezieht sich die Lösung nicht auf die Information selbst, sondern auf den Grund der Nichtkenntnis von ihr, d.h. der nicht offenbarten Wissensbeziehung. Denn es geht hier ja um die Spezifizierung der Geheimhaltung. Vom Ergebnis her ist es sicherlich richtig, dass eine solche Relation hinsichtlich einer Information deswegen errichtet werden kann, weil sie technischer oder kaufmännischer Natur ist. Eine Geheimhaltung aus betrieblichen oder geschäftlichen Gründen, auf die es hier ankommt, kann aber auch andere Informationen als geheimhaltungsbedürftig betrachten. Ausschlaggebend ist daher für die Präzisierung dieses Begriffspaares, dass es sich um eine Geheimhaltung handelt, die aus einem betrieblichen oder geschäftlichen Interesse erfolgt. Damit wird erstens nicht nur gesagt, dass die Information geheimgehalten wird, um sie in einem Geschäft oder Betrieb zu nutzen, da sonst die Geheimhaltung innerbetrieblich negativer Ereignisse, die nicht weiter genutzt werden, nicht erfasst wären. Zweitens ist auch nicht bloß gemeint, dass das Geheimnis notwendigerweise etwas über das Geschäft oder den Betrieb selbst aussagen muss, sonst wäre die Situation nicht erfasst, in der ein Unternehmen eine volkswirtschaftliche Erkenntnis verbergen möchte. Schließlich ist es bei dieser Auffassung auch nicht notwendig, dass die Information durch den Willensträger dieses Betriebes oder Geschäftes geheimgehalten wird, so etwa, wenn ein Angestellter oder gar ein externer Prüfer eine Untreue entdeckt und dem betroffenen Unternehmen noch nicht mitgeteilt hat. All diese Situationen sind aber – unabhängig von ihrer juristischen Deutung – im allgemeinen

[62] Vgl. statt vieler UWG/GK-*Otto*, § 17 Rn 10. *Arians*, S. 324, spricht spezifischer jeweils von „kommerziell-ideeller“ und „technisch-industrieller“ Natur.

Sprachgebrauch ohne Schwierigkeiten dem Geschäfts- oder Betriebsgeheimnisbegriff zuzuordnen.

Aus einer solchen Interessenperspektive ist des Weiteren mit *Arians* festzustellen, dass im Grunde genommen keinem Geheimnis eine Ausschließlichkeitsfunktion zukommt.[63] Kaum eine Information ist *per se* nur für einen Lebensbereich relevant, so dass abstrakt betrachtet kaum bestimmte Inhalte für dieses Begriffspaar auszuklammern wären. Eine Einschränkung dieses sehr weiten Bereiches könnte zwar dadurch versucht werden, dass auf den wesentlichen Geheimhaltungsgrund abgestellt wird. Dieser ist bei intensiver sozialer Interaktion aber des Öfteren schwer zu identifizieren. So, wenn z.B. ein Staatsminister in einem mehrere Regierungsmitglieder betreffenden Korruptionsfall sein „Schmiergeld" erhält, dies seiner Familie vorenthält, aber seinem Psychologen offenbart. Sollte sich der *Geheimnisherr* anschließend wegen dieses Ereignisses das Leben nehmen, würde die Familie sicherlich im Unklaren bleiben, weil bei Befragung die Eingeweihten wohl unter Berufung auf ein – womöglich illegales – *Staats*geheimnis (so die Minister), ein – ebenfalls eventuell illegales – *Geschäfts*geheimnis (so die involvierten Unternehmer) und ein *Berufs*geheimnis (so der Psychologe) nicht zur Aufklärung beitragen würden. Hinsichtlich seiner Familie hat der Geheimnisherr ein *Intim*geheimnis mit in das Grab genommen. Unabhängig von der Frage, ob rechtswidrigen Geheimnissen juristisch Geltung zu gewähren ist,[64] kann die gleiche Information zumindest allgemeinsprachlich je nach Perspektive unterschiedlich bezeichnet werden, ohne dass es möglich ist, eine als relevanter als die andere zu bezeichnen oder, wenn dies doch der Fall ist, eine Sperrwirkung zur weiteren begrifflichen Einordnung in andere Kontexte auszuüben. Ob juristisch gleichermaßen verfahren werden kann oder ob anhand eines normativen Kriteriums gewisse Interessen ausschlaggebend sind, wird noch zu klären sein. Aber auch dort ist zu erwarten, dass das Geheimhaltungsinteresse eine zentrale Rolle für die Bestimmung spielt.

---

[63] *Arians*, S. 325; so auch *Kersting*, S. 11; *Kloepfer*, S. 369.
[64] Dazu eingehend unten Vierter Teil B.

C. Das juristische Konzept des Betriebs- und Geschäftsgeheimnisses

I. Begriffsgebrauch in Gesetzgebung und Literatur

Nicht nur bezüglich der Beschreibung und Charakterisierung des juristischen Geschäfts- bzw. Betriebsgeheimnisbegriffes bestehen Divergenzen, sondern auch schon bei der Bezeichnung dieses Themenbereiches selbst. So findet man in den verschiedenen Gesetzestexten verschiedene Begriffe für ein und dieselbe Regelungsmaterie: In § 17 UWG und mindestens über zwanzig weiteren Vorschriften[65] wird von *Geschäfts- oder Betriebsgeheimnissen* gesprochen; in sechs anderen Gesetzestexten ist von *Geschäfts- und Betriebsgeheimnissen* zu lesen;[66] vereinzelt wird nur auf *Geschäftsgeheimnisse* abgestellt.[67] Ferner werden auch *Geschäfts-, Betriebs-, Erfindungs- oder Steuergeheimnisse* erwähnt.[68] Darüber hinaus sind auch die Begriffe *Kunst- oder Gewerbegeheimnis,*[69] *Geschäfts- und Betriebsverhältnisse,*[70] *Handels-, Industrie-, Gewerbe- und Berufsgeheimnis sowie Geschäftsverfahren,*[71] oder *Herstellungs- und Betriebsgeheimnis*[72] zu finden. Die §§ 85 GmbHG, 93 Abs. 1 und 404 AktG verwenden als Oberbegriff den Ausdruck *Geheimnisse der Gesellschaft* und in § 99 Abs. 1 VwGO werden sowohl *Vorgänge, die nach einem Gesetz geheimgehalten werden müssen*, wie auch solche, die *ihrem Wesen nach* geheimgehalten werden müssen, genannt.

[65] §§ 30, 93 Abs. 1, 395 und 404 AktG; § 8 BArchG; § 15 BetrAVG; §§ 43 Abs. 2, 79 Abs. 1 und 120 BetrVG; §§ 10 und 27 BImSchG; §§ 39, 43 und 44 BRG; § 151 GenG; § 34 GenTG; § 85 GmbHG; §§ 71, 72 und 111 GWB; §§ 323 und 333 HGB; §§ 17a und 18c PflSchG; §§ 133a und 155 SGB IX; § 67 SGB X; §§ 29, 32 und 35 SprAuG; §§ 5, 203, 204 und 355 StGB; §§ 9 und 14 TechArbmG; § 75a TKG; § 8 UIG; § 315 UmwG; § 138 VAG; § 133b WiPrO.
[66] § 9 BBiG; §§ 53 Abs. 2 und 106 BetrVG; 78 SGB X; 22 ChemG; § 35 SGB I; § 30 VwVfG; § 33a SGB V.
[67] § 34 BDSG und § 22 StBerG.
[68] § 172 GVG.
[69] § 384 Ziff. 3 ZPO.
[70] § 139b GewO.
[71] § 117 AO.
[72] § 139 PatG.

Im Schrifttum geschieht ähnliches, da folgende Begriffe, außer den im UWG erwähnten Betriebs- oder Geschäftsgeheimnissen, verwendet werden:[73] Betriebs- und Geschäftsgeheimnisse,[74] Fabrikationsgeheimnisse,[75] Fabrikgeheimnisse,[76] Unternehmensgeheimnisse,[77] Unternehmungsgeheimnisse,[78] Produktionsgeheimnisse,[79] Technisches Geheimnis,[80] Berufs- und Geschäftsgeheimnis,[81] Entwicklungsgeheimnis,[82] Gesellschaftsgeheimnis,[83] Gewerbegeheimnis,[84] Wirtschaftsgeheimnis,[85] wirtschaftliche Geheimnisse[86] und Betriebliches Know-how.[87]

II. Definition aus Rechtsprechung und Literatur

Exemplarisch für das geläufige Verständnis des Begriffspaares der Geschäfts- und Betriebsgeheimnisse seien zwei neuere Entscheidungen der obersten Gerichte erwähnt. In einem Beschluss vom 14. März 2006, dem eine Verfassungsbeschwerde der Deutschen Telekom AG zugrunde lag, führte das Bundesverfassungsgericht aus: Als Betriebs- und Geschäftsgeheimnisse werden alle auf ein Unternehmen bezogenen Tatsachen, Umstände und Vorgänge verstanden, die nicht offenkundig, sondern nur einem begrenzten Personenkreis zugänglich sind und an deren Nichtverbreitung

[73] Da hier die vollständige Liste der Autoren irrelevant ist, soll bei der Aufzählung derselben exemplarisch vorgegangen werden.
[74] *Dannecker*, BB 1987, 1614 ff.; E/K-*Diemer*, U 43, § 17 Rn 5; HdBWettbR/*Harte-Bavendamm*, § 43, Rn 13; *Lukes*, S. 11 ff.; *Schafheutle*, S. 79; *Taeger*, *passim*.
[75] *Benkard/Bruchhausen*, Patentgesetz, § 9 Rn 43.
[76] *P. Schmidt*, Fabrik- und Geschäftsgeheimnisse, *passim*.
[77] *Daub*, *passim*; *Degen*, MuW 1927, 28 ff.; *ders.*, GRUR 1928, 586 ff.; W/J-*Mörenschlager*, 16. Kap Rn 2; *Nastelzki*, GRUR 1957, 1 ff.; *Platzer*, Schutz des Unternehmensgeheimnisses, *passim*; *Rützel*, GRUR 1995, 557 ff.; *Eb. Schmidt*, 36. DJT, Bd. 1, S. 108, jedoch auf S. 222 als Betriebsgeheimnis; *Többens*, NStZ 2000, 505 (506).
[78] *Callmann*, Wettbewerb, § 17 Rn 3.
[79] *Rüpke*, S. 135.
[80] *Pfister*, Das technische Geheimnis (Know how) als Vermögensrecht, *passim*.
[81] *B. Schünemann*, ZStW 90 (1978), 11 ff.
[82] *Bullinger*, NJW 1978, 2122 ff.
[83] BGHZ 64, 325 (329); *Klug*, Großkommentar, § 404 AktG, Rn 4.
[84] *Ringier*, S. 25.
[85] *Arians*, S. 307 ff.; *Burgstaller*, in Ruppe (Hrsg.), Geheimnisschutz, S. 13; *Hauck*, Wirtschaftsgeheimnisse, *passim*; *Honsell*, in Ruppe (Hrsg.), Geheimnisschutz, S. 46 ff; *Metzler*, S. 6; UWG/GK-*Otto*, § 17 Rn 10; *ders.*, wistra 1988, 125 (126); *Tuffner*, S. 7.
[86] *Bindschedler*, Der strafrechtliche Schutz wirtschaftlicher Geheimnisse, *passim*.
[87] *Lampe*, BB 1977, 1477 (1478 ff.).

der Rechtsträger ein berechtigtes Interesse hat.[88] Das Bundesverfassungsgericht definierte im Jahr 2005: Betriebs- und Geschäftsgeheimnisse sind im Zusammenhang mit dem Betrieb eines Unternehmens stehende Umstände oder Vorgänge, die nur einem begrenzten Personenkreis bekannt, für Außenstehende aber wissenswert sind, die nach dem bekundeten Willen des Betriebs- oder Geschäftsinhabers geheim zu halten sind und deren Kenntnis durch Außenstehende dem Geheimnisschutzträger zu einem Nachteil gereichen kann.[89]
Diese Definitionen stimmen völlig mit der im Schrifttum geläufigen überein, die – von Nuancen abgesehen – unter Geschäfts- und Betriebsgeheimnisse unternehmensbezogene Informationen versteht, die nur einem begrenzten Personenkreis bekannt bzw. nicht offenkundig sind und sowohl auf einem Geheimhaltungswillen wie auch einem Geheimhaltungsinteresse des Unternehmens beruhen.

III. Entbehrliche Unterscheidung zwischen Geschäfts- und Betriebsgeheimnissen

Nach ganz h.M. ist die im UWG gesetzlich festgelegte Einteilung in Geschäfts- und Betriebsgeheimnisse aus verschiedenen Gründen unnötig. Zum einen werden beide Begriffe durch identische Regelungen erfasst, zum anderen ist die Abgrenzung zwischen beiden nicht nur entbehrlich, sondern in vielen Bereichen auch nicht exakt durchführbar. Es wurde zwar oben darauf hingewiesen, dass im Schrifttum Geschäftsgeheimnisse mit Informationen, die den kaufmännischen Bereich betreffen, und die Betriebsgeheimnisse mit solchen aus dem technischen Bereich identifiziert werden. Gleichermaßen wird aber beanstandet, dass Beispiele existieren, die sich nicht eindeutig (nur) unter eine oder die andere Bezeichnung eingliedern lassen, wie es z.B. bei Computerprogrammen der Fall ist.[90] Eine gewisse Nützlichkeit der Verwendung dieses Begriffspaares wird nur insofern gesehen, als es einen *umfassenden*

[88] BVerfG, 1 BvR 2087/03 vom 14.3.2006, Absatz-Nr. (1 - 166), abrufbar unter http://www.bverfg.de/entscheidungen/rs20060314 1bvr208703.html
[89] BVerwG, VG 1 L 1870/04 vom 4.1.2005, abrufbar unter: http://www.bundesverwaltungsgericht.de oder direkt unter http://lexetius.com/2005,136.
[90] So *Schneider*, S. 27 Fn. 10.

Schutz hervorhebt.[91] Gleiches würde aber durch die Verwendung eines Oberbegriffes erreicht, z.B. des Unternehmensgeheimnisses oder des Wirtschaftsgeheimnisses. Deshalb ist die oben festgestellte Vielfalt an verschiedenen Begriffen im Schrifttum zwar merkwürdig, steht aber weder in den einschlägigen Fällen mit dem Gesetzeswortlaut des UWG oder des StGB noch mit der Regelungsmaterie selbst im Widerspruch, solange beide – wenn auch schwer auseinander zu haltenden – Teilbereiche erwähnt bzw. durch Oberbegriffe ersetzt werden.[92] Hier soll erst nach der Bestimmung der Merkmale des juristischen Begriffs eine solche Möglichkeit in Betracht gezogen werden.

D. Merkmale des juristischen Begriffs der Geschäfts- und Betriebsgeheimnisse

Da sich der Gesetzgeber bereits für die Einteilung in Geschäfts- und Betriebsgeheimnisse entschieden hat, diese aber zu Recht als entbehrlich bezeichnet wird, kommt es im Schrifttum oft direkt zur – vom Gesetzgeber nicht vorgenommenen und für die Bearbeitung der Vorschriften relevanten – Definition der Geschäfts- und Betriebsgeheimnisse anhand ihrer wesentlichen Merkmale.[93] Auch hier sollen diese Elemente – zum Teil unter einer anderen Bezeichnung als gewöhnlich in der Literatur – eingehend analysiert werden. Anschließend soll aber entgegen dieser gesetzlichen Klassifizierung in einem Begriffspaar zum einen der Einfachheit halber ein Oberbegriff herausgearbeitet werden und zum anderen weitere Gruppierungsmöglichkeiten dargestellt werden, die auf dogmatisch verwertbaren Kriterien aufbauen.

---

[91] Michalski/*Dannecker*, § 85 Rn 40; UWG/GK-*Otto*, § 17 Rn. 10; *ders*., Aktienstrafrecht, § 404 Rn 22. So auch bereits *Eb. Schmidt*, 36. DJT, Bd. 1, S. 121.

[92] Es sei denn, es soll nur ein Teilbereich der Regelungsmaterie durch die jeweilige Untersuchung erfasst werden, wie es teilweise bei der Analyse des geheimen Know-how der Fall ist. Auf das Übergewicht der Betriebsgeheimnisse in der Literatur weist *Schneider*, S. 27 f. hin. Häufig werden dagegen die spezifischen Gegenstände der sogenannten „Vorlagenfreibeuterei" in § 18 UWG nicht zusätzlich erwähnt. Daraus ergibt sich freilich eine Verengung des gesamten Regelungsbereiches des UWG. Wegen der Eigenart dieser Regelungsobjekte soll hier diesem Brauch gefolgt werden und unten Zweiter Teil C, V, einer gesonderten Betrachtung unterzogen werden.

[93] *Tiedemann*, Wirtschaftsstrafrecht und Wirtschaftskriminalität BT, S. 42, erkennt, dass die „Kommentaturliteratur ihre Auslegungsbemühungen weitgehend auf eine Erläuterung des Begriffes des *Geschäfts- oder Betriebsgeheimnisses* beschränkt" (Hervorhebung im Text).

I. Betriebs- oder Unternehmensbezogenheit

1. Die Schwächen des Begriffs

Dieses normalerweise als erstes im Schrifttum erläuterte Merkmal ist für die Begriffskonstitution nicht besonders ergiebig. Es wird sich zeigen, dass es sich zum einen um ein höchst unpräzises Merkmal handelt und zum anderen nicht wesentlich für die nähere Beschreibung des Begriffspaars der Geschäfts- und Betriebsgeheimnisse ist.[94] Ein Indiz für die geringe Aussagekraft dieses Merkmals ist sicherlich schon, dass die Konkretisierung des Begriffspaars im Schrifttum oft in erster Linie durch ausführliche Beispielskataloge bestimmter Informationen selbst versucht wird und nicht auf den durch die Betriebsbezogenheit angesprochenen Relationscharakter der Geheimnisse Bezug nimmt. Dies ist zwar für die Anschaulichkeit der Materie sicherlich hilfreich, aber für die abstrakte Begriffsbildung nicht weiter nützlich. Denn es vernachlässigt nicht nur den allen Geheimnissen innewohnenden Relationscharakter, sondern vermag auch andere Geheimbereiche nicht klar abzugrenzen, etwa, wenn Computerprogramme diesem Begriffspaar zugeordnet werden.[95] Denn diese können – selbst wenn sie in der Produktion anwendbar sind – genauso gut außerhalb des geschäftsbetrieblichen Kontexts, etwa in einem militärischen, als Staatsgeheimnis geheim gehalten werden.

Ferner zeugt auch von der Schwäche dieses Merkmals, zumindest in der Form, in der es im Schrifttum angewendet wird, dass nicht eindeutig ein entscheidendes Kriterium zu seiner Bestimmung isoliert wird. Dies wird auch deutlich, wenn etwa auf ein *Exklusivitätskriterium* abgestellt wird, das eher die fehlende Offenkundigkeit hervorhebt,[96] und nicht die Abgrenzung zu anderen Geheimbereichen bietet.

---

[94] Dies ist auch sicherlich der Grund, warum es teilweise im Schrifttum erst gar nicht analysiert wird. So etwa der Kommentar zu § 17 von *Otto* im UWG/GK oder *Schneider*, S. 45 ff.

[95] Vgl. statt vieler E/K-*Diemer*, U 43, § 17 Rn 11.

[96] So HdBWettbR/*Harte-Bavendamm*, § 43 Rn 8, und Harte/Henning/*Harte-Bavendamm*, § 17 Rn 2, wenn die Abgrenzung in der Frage gesehen wird, ob das Geheimnis hinreichend eindeutig einem konkreten Betrieb zuzuordnen ist, oder ob diese Beziehung entweder von vorneherein fehlt oder sich so gelockert hat, dass die betreffende Tatsache *den allgemeinen Marktverhältnissen oder anderen Unternehmen zuzurechnen ist* und somit eher die Offenkundigkeit angesprochen wird (Hervorhebung nicht im Text). Ebenfalls Baumbach/*Hefermehl*, 22. Aufl., § 17 Rn 4, der allgemein bekannte und für

Wie bereits oben zum allgemeinen Sprachgebrauch erläutert, kann die Betriebs- oder Unternehmensbezogenheit mit anderen Geheimbereichen konkurrieren oder gar mit einem Offenbarungswillen oder -interesse kollidieren. Entwickelt etwa ein Unternehmen eine Software im Auftrag der Bundeswehr, so wird allgemeinsprachlich sicherlich sowohl der Unternehmensgeheimnis- wie auch der Staatsgeheimnisbegriff anwendbar sein. Wenn aber nun Funktionäre der Bundeswehr an diesem Programm Änderungen vornehmen, stellt sich die Frage, wann die zweite Bezeichnung des Geheimnisses die erste völlig verdrängt. Kollisionen zwischen dem Bezug zur Privatheit und dem Unternehmen sind ebenfalls erkennbar. Berücksichtigt man die eindeutige Einbeziehung von Betrieben und Unternehmen in die Tatbestandsalternative des *besonders geschützten Raums* in § 201a StGB, die gerade dem engen privaten Bereich des höchstpersönlichen Lebensbereichs Schutz vor Indiskretion gewähren möchte, so sind nicht wenige Konkurrenz- und Kollisionsmöglichkeiten denkbar. Die Geheimhaltung des Aufenthalts einer bestimmten Person und deren Aktivität in einem Betrieb oder Unternehmen kann nämlich durchaus (auch) im Interesse des Betriebes erfolgen oder sogar entgegen dem Veröffentlichungsinteresse des durch die Aufnahme Betroffenen. Gleiches gilt für bestimmte Umstände aus der Privat- oder gar Intimsphäre der Mitarbeiter, die sich im Unternehmen abspielen. Eine bestimmte *räumliche* Beziehung der Information zum Unternehmen kann daher durchaus genügend, um Anlass für eine *betriebsbezogene* Geheimhaltung zu sein.

An den Beispielen ist zu erkennen, dass die Antwort zu diesem Problemfeld an anderer Stelle der Begriffsbildung zu lösen ist: Bei den erwähnten Konfliktsituationen ist ein überwiegendes *Interesse* oder ein entscheidender *Wille* zu ermitteln. Beide stellen eigene Merkmale des juristischen Geheimnisbegriffs dar. Das Begriffspaar der Geschäfts- und Betriebsgeheimnisse bedarf zu seiner Präzisierung daher der Betriebsbezogenheit in dieser Hinsicht nur für die Ermittlung des *möglichen* Bezugsbereiches des Merkmals. Für die genaue Bestimmung des (straf)rechtlich relevanten

---

den Stand der Technik nicht neue Herstellungsverfahren oder -vorrichtungen als Wirtschaftsgeheimnisse bezeichnet, weil nicht bekannt ist, dass ein Betrieb sie anwendet und diesen Zustand der *Betriebsbezogenheit* zuordnet. Im Ergebnis ist die Feststellung der Geheimniseigenschaft zwar richtig, ergibt sich aber daraus, dass diese Information auf dem Markt niemandem bekannt ist, sie also nicht *offenkundig* ist.

Schutzadressaten in Konfliktsituationen, etwa der Frage, ob das Unternehmen ein eigenes oder ein Drittgeheimnis zu wahren hat oder ob es wegen entgegenstehender Interessen über die Offenbarung disponieren kann, ist diese Merkmal wenig ergiebig und verweist vielmehr auf andere wesentliche Merkmale wie den Geheimhaltungswillen und/oder das objektive Geheimhaltungsinteresse.

2. Die positive Bestimmung der Betriebs- oder Unternehmensbezogenheit

Darüber hinaus ist auch festzustellen, dass im Schrifttum bei der Kommentierung des Geheimnisschutzes im UWG meist negativ abgegrenzt wird, indem die „Nicht-Betriebsbezogenheit“ beschrieben wird.[97] So, wenn reine Wissenschaftsgeheimnisse von Forschungsinstituten des Staates, der Universitäten und ähnlicher Einrichtungen[98] oder der öffentlichen Hand, sofern sie keine Wirtschaftsbetriebe unterhält,[99] ausgeklammert werden.[100] Dass dabei die hier mit dem Geheimnis üblicherweise in Bezug gesetzten Begriffe des *Betriebs*, des *Geschäftsbetriebs* oder des *Unternehmens* nicht definiert werden, ist angesichts der ausreichenden Bestimmung in der Literatur in Zusammenhang mit anderen Vorschriften im Prinzip nicht zu bemängeln. Es steht zu erwarten, dass aus anderen Kontexten hinreichend präzise Begriffe für die Straftatbestände des UWG gewonnen werden können. Im Kernstrafrecht ist folgender Betriebsbegriff zu den §§ 5 Nr. 7 und 14 StGB üblich: Eine nicht nur vorübergehende organisatorische, meist auch räumlich zusammengefasste Einheit von Personen und Sachmitteln unter einheitlicher Leitung zu dem arbeitstechnischen Zweck, bestimmte Leistungen hervorzubringen oder zur Verfügung zu stellen. Diese können sowohl materieller als auch immaterieller Art sein.[101] Dem in § 299 StGB verwendeten Begriff des Geschäftsbetriebs werden keine zusätzlichen Merkmale

---

[97] So *Daub*, S. 37; *Kersting*, S. 12; Hefermehl/*Köhler*/Bornkamm, § 17 Rn 5; W/J-*Möhrenschlager*, 13. Kap. Rn 9; *Schafheutle*, S. 82; *Többens*, NStZ 2000, 505 (506); auch schon *von Liszt*, FS-Brunner, S. 225.
[98] So E/K-*Diemer*, U 43, § 17 Rn 7.
[99] So E/K-*Diemer*, U 43 § 17 Rn 7; *Rupp*, WRP 1985, 676 (676).
[100] So *Daub*, S. 37; *Schafheutle*, S. 82; auch BGHSt 18, 336, 339.
[101] Vgl. nur S/S-*Lenckner/Perron*, § 14 Rn 28 f.

zugeschrieben.[102] Ferner wird dem Betriebsbegriff der Unternehmensbegriff gleichgestellt, da beide Begriffe in § 5 Nr. 7 und § 14 StGB undifferenziert gebraucht werden.[103] Auch in der Gestaltung der Tatbestände zum Schutz der Geschäfts- und Betriebsgeheimnisse im UWG lässt sich eine solche undifferenzierte Begriffsverwendung erkennen: Der Täter des Verrats muss ein Beschäftigter des *Unternehmens* sein, der *Geschäfts- und Betriebs*geheimnisse mitteilt und dies u.a. in der Absicht, dem Inhaber des *Unternehmens* Schaden zuzufügen.[104] Ferner wird auch in § 17 Abs. 6 UWG ohne weiteres auf die Regelung in § 5 Nr. 7 StGB verwiesen, die die Begriffe Betrieb und Unternehmen gleichstellt. Daher ist hinsichtlich des Gebrauchs all dieser Begriffe im Strafrecht einhellig anerkannt, dass sie nicht auf gewerbliche Betriebe beschränkt sind und es daher keiner Gewinnerzielungsabsicht bedarf. Auch gemeinnützige, kulturelle oder soziale Einrichtungen fallen unter diese Begriffe, sofern sie Leistungen austauschen, d.h. wirtschaftlich tätig sind.[105] Gleichfalls sind freiberufliche Tätigkeiten von Ärzten, Architekten, Rechtsanwälten, Notaren und Steuerberatern einbezogen.[106] Schließlich umfassen diese Begriffe auch öffentliche Behörden bei fiskalischem Handeln, wenn dadurch etwa für an der Handlung Interessierte Wettbewerb entsteht.[107] Nicht einbezogen sind die privaten Haushalte, die den eigentlichen wirtschaftlichen Gegenbegriff darstellen, da sie in der Wirtschaft die „verbrauchende Einheit" im Gegensatz zur „produzierenden Einheit" sind.[108]

---

[102] Vgl. etwa LK-*Tiedemann*, § 299, Rn 18.
[103] Eine pragmatische Sichtweise geht davon aus, dass der Begriff des Betriebs weit genug sei, um dem des Unternehmens keinen zusätzlichen Anwendungsbereich übrig zu lassen. Vgl. S/S-*Lenckner/Perron* Rn 28 f.; NK-*Marxen*, § 14 Rn 57; LK-*Schünemann* Rn 55; Um eine begriffliche Gegenüberstellung dieser Begriffe bemüht sich *Eidam*, S. 18 ff., ohne dabei relevante Unterschiede zu erkennen.
[104] Der Zusammenhang zwischen beiden Begriffen ist im Wortlaut des § 180 Abs. 6 AE eindeutiger zu erkennen, da es dort heißt: „...Betriebs- und Geschäftsgeheimnisse sind den Betrieb oder die Geschäftstätigkeit eines bestimmten Unternehmens betreffende Tatsachen oder Erkenntnisse...". Eine inhaltliche Gesetzesänderung wird durch diese Definition nicht beabsichtigt.
[105] Vgl. nur *Pfeiffer*, FS-v. Gamm, S. 134. Grundlegend auch BGHSt 2, 401 f. Nicht zutreffend insofern, *Roxin*, AT II, § 27 Rn 127, der keine wirtschaftliche Zwecksetzung verlangt und wohl die auch von ihm verlangte auf Dauer angelegte Hervorbringung oder Zurverfügungstellung von Gütern oder Leistungen nicht für die wirtschaftliche Aktivität ausreichen läßt.
[106] Vgl. nur LK-*Tiedemann*, § 299 Rn 18 , m.N. zu nicht eindeutigen Stellungnahmen.
[107] Vgl. statt vieler NK-*Dannecker*, § 299 Rn 26, der fälschlicherweise LK-*Tiedemann*, § 299 Rn 18 als anderer Auffassung versteht, obwohl dieser dort nur bei Bestechung eines Amtsträgers *im Ergebnis* anstatt § 299 StGB die §§ 331 ff. StGB für vorrangig ansieht.
[108] So *Rittner*, Wirtschaftsrecht, § 14 Rn 3.

Nun liegt der Einwand nahe, es müsse dem Umstand Rechnung getragen werden, dass die zentralen Strafvorschriften zum Schutz von Geschäfts- und Betriebsgeheimnissen nicht den Kernstrafrecht angehören, sondern im Wettbewerbsrecht vorgesehen sind und dass es der einmütigen Auffassung entspricht, nicht von einem einheitlichen Unternehmens- oder Betriebsbegriff in der gesamten Rechtsordnung auszugehen,[109] sondern dass vielmehr sogar die Literatur hinsichtlich bestimmter Rechtsgebiete ausdrücklich eine Unterscheidung zwischen beiden Begriffen vornimmt.[110]

Aber auch die Kommentarliteratur zum UWG gelangt zu gleichen Konsequenzen in der inhaltlichen Bestimmung der Begriffe und ihrer Übereinstimmung. Nach *Köhler* ist der Unternehmensbegriff in § 17 UWG im Sinne einer auf Dauer angelegten, selbstständigen, wirtschaftlichen Betätigung zu verstehen, die darauf gerichtet ist, Waren oder Dienstleistungen gegen Entgelt zu vertreiben. Anhand mehrerer Nachweise aus der Rechtsprechung bekräftigt *Köhler* die begriffliche Konsequenz, dass im Wettbewerbsrecht die Gewinnerzielungsabsicht nicht notwendig ist und der Unternehmensbegriff sich daher nicht auf Gewerbetreibende beschränkt.[111] Des Weiteren konkretisiert er den Begriff dahingehend, dass auch gemeinnützige Unternehmen dem Wettbewerbsrecht unterliegen. Maßgeblich sei nämlich nicht der Anlass und Grund für ein Tätigwerden im Wettbewerb, sondern die tatsächliche Stellung im Wettbewerb. Entsprechendes gelte für die öffentliche Hand.[112]

Für die notwendige Betriebs-, Betriebsgeschäfts- oder Unternehmensbezogenheit der Geheimnisse gilt daher, dass sowohl aus wettbewerbsrechtlicher wie auch strafrechtlicher Betrachtung ein weiter Tätigkeitsbereich als Bezugsobjekt in Frage kommt. Dies insbesondere auch dann, wenn man zu dem bereits Dargestellten die

---

[109] In diesem Zusammenhang spricht sich *Zimmer* in Immenga/Mestmäcker (Hrsg.), GWB, § 1 Rn 24, für einen „funktionalen" Unternehmensbegriff aus und beruft sich dabei auf die h.M.

[110] Vgl. zu den unterschiedlichen Unternehmensbegriffen etwa *Eidam*, S. 20 m.N.; zum Betriebsbegriff und dessen Abgrenzung zum Unternehmensbegriff im Betriebsverfassungsgesetz, etwa *Richardi*, § 1 Rn 16 ff. insb. 18 und zur Abgrenzung im Bürgerlichen Recht, Palandt/*Weidenkaff*, Einf v § 611 Rn 15.

[111] Hefermehl/*Köhler*/Bornkamm, § 2 Rn 8; BGH GRUR 1962, 254, 255; BGH GRUR 1974, 733, 734; BGH GRUR 1976, 370, 371; BGH GRUR 1981, 823, 825; BGHZ 82, 375, 395 = GRUR 1982, 425, 430; OLG Frankfurt GRUR 2004, 1042; vgl. auch BGHZ 95, 158, 160.

[112] Hefermehl/*Köhler*/Bornkamm, § 2 Rn 10.

wettbewerbsfunktionale Unterscheidung *Rittners* zwischen *absoluten* und *relativen* Unternehmen hinzufügt. Denn sowohl solche Unternehmen, die keinen nichtunternehmerischen Tätigkeitsbereich kennen (auch „Muss-Unternehmen" genannt), als auch solche, die nur für einen bestimmten Bereich ihrer Tätigkeit als Unternehmen in Frage kommen (auch „Kann-Unternehmen" genannt) sind von einem wettbewerbsfunktionalen Standpunkt aus gesehen relevant.[113] Dies bedeutet, dass die Aussage relativiert werden muss, reine Wissenschaftsgeheimnisse von Forschungsinstituten des Staates, der Universitäten und ähnlicher Einrichtungen[114] oder der öffentlichen Hand seien nicht betriebsbezogen. Sofern diese Geheimnisse angeboten werden oder Teil eines Vorhabens sind, dass insgesamt betrachtet Teil eines Leistungsaustausch auf dem Markt ist, spricht nichts gegen die Bewertung als Betriebs- oder Geschäftsgeheimnis, auch wenn die wesentliche Zielsetzung des Geheimhaltenden nicht die wirtschaftliche Betätigung ist. Insofern muss auch nicht das Geheimnis die auszutauschende Leistung darstellen.

II. Das faktische Merkmal der Unzugänglichkeit der Information und dessen Konkretisierungsmöglichkeiten

1. Kritik am zahlenmäßigen Kriterium

Nach der Bestimmung des allgemeinen Geheimnisbegriffs ist zunächst eine untere und obere Grenze des Begriffes zu erkennen: Die relative Unbekanntheit der Information setzt sowohl voraus, dass aus einem bestimmten Universum zumindest eine Person eine bestimmte Information kennt, als auch, dass diese nicht allen anderen bekannt ist.[115] Deshalb ist man geneigt, bei der Abgrenzung einer „noch geheimen" von einer „nicht mehr geheimen" Information auf ein zahlenmäßiges Kriterium abzustellen. Es wurde jedoch oben bereits dargestellt, dass dieses Kriterium, zumindest isoliert betrachtet, nicht im Stande ist, das hier zu analysierende Merkmal zu

---

[113] Vgl. *Rittner*, Wirtschaftsrecht, § 14 Rn 4 ff.
[114] So E/K-*Diemer*, U 43, § 17 Rn 7.
[115] Dazu oben Erster Teil A. I. 2.

bestimmen. Es bedarf einer vorherigen Bestimmung der Perspektive: Ein Geheimnis kann nur eine oder wenige Personen betreffen und einer großen Anzahl von Personen bekannt sein. Das mögliche Ausmaß der Bekanntheit wird auch vom einschlägigen Lebensbereich abhängen und kann sogar (nur) dem durch die Information Betroffenen vorenthalten werden. So kann z.B. ein ärztliches Geheimnis nur auf den Erkrankten bezogen existieren, aber allen ihm nahestehenden Personen bekannt sein, wohingegen ein Staatsgeheimnis wohl eher stets nur einer geringen Anzahl von Personen bekannt sein und der überwältigenden Mehrheit der Bevölkerung vorenthalten werden darf.[116]

Im Unternehmensbereich ist zunächst zu beachten, dass sowohl normativ wie auch faktisch meist von mehreren Geheimnisträgern auszugehen ist. Schon die Tatbestände der §§ 17 ff. UWG und §§ 203 f. StGB beschreiben meist Sachverhalte, die eine Mehrzahl von Geheimnisträgern voraussetzen, da lediglich die Tatbestandsvariante des „Sichverschaffens" von einer Information ausgehen kann, die nur ein einziger Geheimnisherr besitzt. Alle anderen Tatvarianten setzten voraus, dass neben dem Geheimnisherr der Täter die Information bereits vor der Tathandlung kennt oder zumindest besitzt.

Faktisch betrachtet ist in aller Regel in modernen Unternehmensstrukturen auch nicht von einem einzelnen exklusiven Geheimnisträger auszugehen, sondern von solchen, die nicht mehr ohne größeren Aufwand individualisierbar sind und deren Anzahl nicht mehr bestimmt werden kann oder deren Feststellung zumindest irrelevant ist. Denn um geheime Informationen nützlich anwenden zu können, auch bereits im Vorfeld der eigentlichen Verwertung, muss die Information mehr oder weniger in die Funktionsmechanismen des Unternehmens eingegliedert werden. Dies bedeutet, dass sowohl in der Entstehung wie auch im Umgang mit geheimer Information meist das Prinzip der Arbeitsteilung gilt, welches bei ansteigender Komplexität des Unternehmens dazu führen kann, dass Informationen in vielen und teilweise anonymen Kontakten weitergegeben und nicht durch eine einzige Person oder eine Abteilung „hergestellt" oder verwendet werden. Zum anderen wird es auch im

---

[116] Die Beispiele zeigen zugleich, dass der Adressat des Geheimnisses durchaus (nur) der durch die Information Betroffene sein kann.

Bereich der Veräußerung einer geheimen Information, i.S. einer Ware, oft nicht zu einem Vertrag kommen, sondern zu möglichst vielen Verträgen und oft wird als Vertragspartner nicht eine natürliche Person fungieren, sondern ein weiteres Unternehmen, mit einer wahrscheinlich ebenfalls komplexen internen Struktur. Man denke nur an die mit geheimem Know-how angereicherten Lizenzverträge.

Schließlich ist in diesem Geheimnisbereich die fehlende Offenkundigkeit auch zeitmäßig schwer zu fixieren, da in einer durch den Wettbewerb geprägten Wirtschaft jeder Teilnehmer kaum im Markt bestehen, d.h. konkurrenzfähig bleiben kann, wenn er nicht auf technische und betriebsorganisatorische Innovation ausgerichtet ist. Wie lange eine Information „noch nicht" und wann „nun doch" zu einer offenkundigen Information i.S. eines Allgemeingutes zu zählen ist, kann auf einem dynamischen Markt im Moment der Tatbegehung eine nicht leicht zu beantwortende Frage darstellen.

2. Die Mängel des Kriteriums des begrenzten Personenkreises

Möchte man es trotz dieser komplexen Sachlage bei der *relativen Unbekanntheit* nicht belassen, ist es notwendig, die herkömmliche Beschreibung im Schrifttum anhand des „begrenzten Personenkreises" zu präzisieren.[117] Ist nämlich damit nur eine geringe oder überschaubare Anzahl von Personen gemeint,[118] greift die Beschreibung zu kurz. Unter dem Einfluss dieser quantitativen Betrachtung kommt es dann auch zu höchst unscharfen oder gar tautologischen Beschreibungen wie der von *Hefermehl*, der meint, dass der Verrat dem Geheimnis seine Natur nur dann nehme,

---

[117] Zwar ist dieser Begriff in § 93 StGB zu lesen, er bezieht sich aber nicht primär auf den wirtschaftlichen Bereich, sondern auf Staatsgeheimnisse, bei denen schon angedeutet wurde, dass es sich in der Regel um ein zahlenmäßig begrenztes oder begrenzbares Phänomen handelt.

[118] So etwa *Arzt/Weber*, BT, § 8 Rn 33; *Joecks*, StGB, § 203 Rn 3; LK-*Schünemann*, § 203 Rn 22, der meint, dass der „Kreis der Wissenden" beschränkt sei, wenn er überschaubar, insb. bestimmt oder bestimmbar sei. Oft ist eine solche Darstellung in den Kommentierungen des § 203 StGB zu lesen. Sie ist aber nicht nur auf das Privatleben bezogen – wo diese Beschreibung öfter als im Unternehmensbereich zutreffend sein mag – weil sie im Kontext der allgemeinen Geheimnisbegriffbestimmungen durchgeführt wird und sich wegen des Regelungsinhalts dieses Paragraphen und mangels abweichender Präzisierungen auch auf Geschäfts- und Betriebsgeheimnissen beziehen muss.

„wenn damit das Geheimnis in so weiten Kreisen bekannt gemacht wird, dass eine Geheimhaltung praktisch nicht mehr vorliegt".[119]

Zwar wird dieses Element oft durch qualitative Korrektivkriterien angereichert, die jedoch die Grundauffassung nicht variieren und auch keine sachgerechte Begrenzung darstellen. So wurde schon früh durch *Friedländer*[120] und *Sauter*[121] und später durch *Eb. Schmidt*[122] versucht, für die Abgrenzungsfähigkeit des Begriffes neben dem begrenzten Personenkreis auf ein *notwendig gemeinsames Interesse* abzustellen.[123] Dies half jedoch nicht weiter, da zu Recht erkannt wurde, dass bei Austritt eines Geheimnisträgers aus dem Interessenkreis, z.B. bei Entlassung eines eingeweihten Arbeiters, sich nicht *per se* der *status quo* der Informationsverteilung verändert (etwa nicht notwendig Offenkundigkeit eintritt).[124]

Gleiches gilt, wenn auf die Möglichkeit der Kontrolle des Informationsflusses abgestellt wird.[125] Es handelt sich nämlich um ein höchst vages Kriterium. Eine physische Kontrolle ist wohl nicht gemeint. Und hinsichtlich einer psychologischen Kontrolle sind z.B. die Möglichkeiten, jemanden mit einem ethischen oder juristischen Tadel abzuschrecken oder mit einem Preis zur Geheimhaltung anzureizen, kaum abstrakt zu bestimmen. Die Lösung verfällt in eine für die abstrakte Begriffsbildung untaugliche Einzelfallbetrachtung.

3. Das Abstellen auf die Unzugänglichkeit

Akzentuiert man hingegen bei der Faustformel des *begrenzten Personenkreises* den Umstand der Unzugänglichkeit und verabschiedet sich von der einseitigen Fixierung

---

119 Vgl. Baumbach/*Hefermehl*, 22. Aufl., § 17 Rn 3 i.V.m. Rn 7. Nicht mehr so in der 24. Aufl. des nun von Hefermehl/Köhler/Bornkamm herausgegebenen Werks.

120 *Friedländer*, S. 187.

121 *Sauter*, S. 109.

122 *Eb. Schmidt*, 36. DJT, Bd. 1, S. 122 ff.

123 Ähnlich, nämlich auf die gegenseitige Verbundenheit abstellend, heute noch *Arzt/Weber*, BT, § 8 Rn 33.

124 Vgl. dazu *Arians*, S. 327; *Krüger*, S. 24.; *Metzler*, S. 13; LK-*Schünemann*, § 203 Rn 22; *Tiedemann*, GmbH-StR, § 85 Rn 11.

125 So HdBWettbR /*Harte-Bavendamm*, § 43 Rn 9; *Kraßer*, GRUR 1977, 177 (179); M/S-*Maiwald*, BT I, § 29 Rn 23; Piper/*Ohly*, § 17 Rn 8; *Többens*, NStZ 2000, 505 (506); wohl auch *von Stebut*, S. 11 ff. Kritisch dazu *Tiedemann*, ZStW 1982, 318 (320 f.).

auf ein quantitatives Kriterium und wohl auch von der Vermengung beider Aspekte, entsteht ein durchaus taugliches Kriterium.[126] Materiell ist gleiches der Fall, wenn ausdrücklich die Formel des begrenzten Personenkreises aufgegeben wird und durch die begrenzte Zugänglichkeit ersetzt wird.[127] Das Geheimnis erlischt daher, wenn für jeden Interessierten die Möglichkeit besteht, sich mit lauteren Mitteln ohne größere Schwierigkeiten und Opfer von der Information Kenntnis zu verschaffen.[128]

Um dies an einem aktuellen Fall zu verdeutlichen: Wenn ein Stromkraftwerk erfährt, dass ein Messgerät entwickelt wurde, das es ermöglicht, den präzisen Stromfluss, der aus seinem Betrieb in das Netz fließt, außerhalb des Betriebsgelände zu messen,[129] so kann es – etwa durch die Medien – ein eindeutiges objektives Geheimhaltungsinteresse an der Information begründen und zugleich einen dementsprechend ebenfalls eindeutigen Geheimhaltungswillen bekunden. Sobald die erfassten Daten im Internet angeboten werden, sind sie allen Interessenten zugänglich und es handelt sich nicht (mehr) um ein Betriebsgeheimnis, auch wenn die Konkurrenz des Unternehmens dieses Informationsangebot nicht tatsächlich wahrnimmt. Um für diese Daten weiterhin als Betriebsgeheimnisse rechtlichen Schutz zu erhalten, müsste das

---

[126] So *Brammsen* in Kragler/Otto (Hrsg.), Schützen sie ihr Unternehmen, S. 75; Michalski/*Dannecker*, § 85 Rn 29; E/K-*Diemer*, U 43 § 17 Rn 6; UWG/GK-*Otto*, § 17 Rn 12; *Tiedemann*, GmbH-StR, § 85 Rn 11.

[127] So *Arians*, S. 327 f.; nun auch Hefermehl/*Köhler*/Bornkamm, § 17 Rn 8; HdBWettbR/*Harte-Bavendamm*, § 43 Rn 9; *Krüger* S. 24 f.; *Schafheutle*, S. 81; *Schneider*, S. 46.

[128] Dieses Kriterium lässt sich auch in der Rechtsprechung wiederfinden: RG GR 39, 733, 735; OLG Celle GRUR 1969, 548 ff.; BGH GRUR 1966, 484 ff.; BayObLG GR 91, 694.

[129] Der Firma Powermonitor ist es im zweiten Halbjahr 2005 gelungen, unmittelbar außerhalb größerer Kraftwerke die Menge der elektromagnetischen Strahlung im Sekundentakt – und somit die Stromproduktion – zu ermitteln. So war es bisher den Stromhändlern der großen Energieunternehmen möglich, durch Insiderkenntnis über Ausfälle und Wartungen der Anlagen bei daraus resultierendem Anstieg des Marktpreises für Stromenergie durch den Verkauf vorher günstiger gekaufter Energie große Gewinne zu erzielen. Diese Insidergeschäfte sind – im Gegensatz zum Aktienhandel – in Deutschland nicht rechtswidrig. Da durch diese Erfindung diesem lukrativen Geschäft, wegen der nun allen am Stromhandel Interessierten zugänglichen Information (Powermonitor bietet diesen Informationsservice im Internet an) ein Ende droht, haben Energieunternehmen einen – insofern unzureichenden – Geheimhaltungswillen an dieser Information bekundet. Insb. EnBW hat rechtliche Schritte eingeleitet, die aber bisher erfolglos geblieben sind, da das Heilbronner Landgericht eine einstweilige Verfügung ablehnte. Vgl. zu diesem Konflikt die Informationen in Der Spiegel, 7.11.05; Die Zeit, 20.07.2006.

Unternehmen in dem relevanten Messbereich die Ausstrahlung abschirmen und so die Messung verhindern.[130]

Es ist dabei nicht zu verkennen, dass dadurch dem Maßstab der Kenntnis der Information und somit der eingangs verwendeten Formel der relativen Unbekanntheit eine endgültige Absage erteilt wird. Vielmehr wird eine andere faktische Betrachtungsweise vorgezogen, nach der es nicht mehr relevant ist festzustellen, wer kennt und wer nicht, sondern wer kennen kann.

Aus dieser Betrachtungsweise, aufgrund derer letztendlich nur Informationen Schutz erhalten, wenn sie auch faktisch geschützt werden, könnte eine viktimodogmatische Komponente. i.S. eines Entfallens des Geheimnischarakters einer Information im juristischen Geheimnisbegriff erkannt werden, sofern keine Selbstschutzmaßnahme getroffen wurde. Dies ist aber nicht zutreffend, weil des Öfteren die Unzugänglichkeit rein faktisch und unabhängig von einer Maßnahme des Geheimhaltenden existiert und nur die Bekundung des Geheimhaltungswillens – als ein separates (faktisches) Merkmal – die hinreichende Schrankensetzung darstellen würde. Dieses Merkmal ist aber bereits ein vorjuristisches Merkmal des Geheimnisbegriffs. Genuin viktimodogmatisch sind gewisse Tatbestandsmerkmale, die von der Bekundung des Geheimhaltungswillens und der Unzugänglichkeit abgekoppelt sind, wie es etwa beim Briefgeheimnisschutz der Fall ist. In § 202 StGB wird nicht nur die Unzugänglichkeit der Information verlangt, sondern eine zusätzliche Absicherungsmaßnahme: Es reicht nicht aus, wenn man ein Schriftstück nur zu Hause liest, damit niemand seinen Inhalt erfährt. Das Schriftstück (das freilich dann schon einen geheimen Brief darstellt) muss zusätzlich selbst verschlossen oder in einem verschlossenen Behältnis gegen Kenntnisnahme besonders gesichert sein. Wenn dagegen z.B. das Schriftstück auf einem Schreibtisch am Arbeitsplatz liegen gelassen wird, dann entfällt der strafrechtliche Schutz schon mangels Geheimniseigenschaft (fehlende Unzugänglichkeit); irrelevant ist dabei auch, ob der Geheimhaltungswille durch eine Aufschrift „vertraulich" oder „geheim" bekundet wurde.

---

[130] Freilich vorausgesetzt, dass es sich um eine technisch und wirtschaftlich mögliche Maßnahme handelt. Eine viktimodogmatische Komponente setzt ja auch voraus, dass die Selbstschutzmaßnahmen zumutbar sind.

4. Zur rechtswidrigen Aufhebung der Unzugänglichkeit

Durch die schlichte Betrachtung der Möglichkeit der Kenntniserlangung wird aber ein weiteres – sowohl kriminalpolitisches wie auch dogmatisches – Problem, das im Schrifttum weitestgehend vernachlässigt wird, noch nicht beseitigt.

Dieses Problem besteht darin, dass sowohl das allein zahlenmäßige Kriterium wie auch dasjenige der Unzugänglichkeit nicht auf den *Grund* dieses Zustandes abstellen, d.h. undifferenziert auch eine rechtswidrig erlangte Zugänglichkeit zur Aufhebung der Geheimniseigenschaft ausreichen lassen.[131] Auf diese Unzulänglichkeit – jedoch nur hinsichtlich des zahlenmäßigen Kriteriums – hat bereits *Cierniak* hingewiesen. Wenn man nämlich nur auf diesen Teilaspekt abstellt, erlischt der strafrechtliche Schutz von Geheimnissen, sobald eine gewisse Anzahl von Personen eine Information kennt oder kennen kann, unabhängig davon, ob die Kenntnisnahme (straf)rechtswidrig erlangt wurde, da dieser Gesichtspunkt das Handlungsobjekt des Tatbestands (mit)definiert, so dass in einer besonders schutzbedürftigen Situation Schutzlosigkeit eintritt. Eine geringe Auswirkung bei einer tatbestandsmäßigen Handlung (z.B. nur eine Person wird informiert) lässt den strafrechtlichen Schutz bestehen, eine große (z.B. viele Personen werden informiert) eliminiert ihn.[132] Gleiches gilt aber auch für die Charakterisierung dieses Merkmals als bloße Unzugänglichkeit der Information, da ebenfalls z.B. das an sich gravierendere Veröffentlichen der Information den Schutz sofort nimmt, das nur vereinzelte Mitteilen dagegen womöglich (noch) nicht.

Diese kriminalpolitische Erwägung deutet aber auch auf einen dogmatischen Mangel dieser Betrachtungsweisen hin, der darin besteht, dass der Tatbestand der sukzessiven Mitteilung aus § 17 Abs. 2 Nr. 2 UWG[133] des Öfteren ins Leere laufen würde. Wer nach einem Geheimnisverrat, als erste im Tatbestand vorausgesetzte Tat, anschließend die geheimgehaltene Information nochmals verrät, mag diese Handlung dann sowohl subjektiv wie auch in allen weiteren objektiven Merkmalen in tatbe-

---

[131] So etwa Piper/*Ohly*, § 17 Rn 2.

[132] Vgl. dazu MüKo-*Cierniak*, § 203 Rn 15, der sehr bildlich davon spricht, dass der Betroffene seines strafrechtlichen Schutzes beraubt würde.

[133] Dort wird u.a. der Verrat einer Information, die durch einen Verrat oder eine Ausspähung erlangt wurde, bestraft.

standsmäßiger Weise realisieren, sie aber nicht (mehr) an einem Geheimnis als Handlungsobjekt vollziehen. Es würde ausreichen, dass rein faktisch durch den ersten Verrat oder die erste Ausspähung die Unzugänglichkeit aufgehoben wird, damit Dritte weitere nun tatbestandslose Handlungen durchführen können.
Daher bedarf es einer weiteren Präzisierung der Unzugänglichkeit, die dem Umstand der *Schrankensetzung* als unerlässliches Merkmal Rechnung trägt. Wurde die Unzugänglichkeit durch den Geheimhaltenden „gesetzt", erlischt die Geheimniseigenschaft nicht durch die rechtswidrige Mitteilung oder die Ausspähung der Information.
Die Beachtung der Schrankensetzung bei der Begriffskonstitution mag als eine viktimodogmatische Komponente gedeutet werden, da der Opferschutz in dem hier dargestellten Sinn etwa durch *H.-L. Günther* ebenfalls als Berücksichtigung der Viktimodogmatik für die Strafrechtsdogmatik fruchtbar gemacht worden ist.[134] Wichtig ist aber zu erkennen, dass sie als Korrektur der Unzugänglichkeit nicht die meist vertretene Notwendigkeit einer Selbstschutzmaßnahme für den Geheimnisschutz darstellt, wie es vornehmlich *B. Schünemann* postuliert hat[135] und hier schon kurz beim Briefgeheimnis dargestellt wurde. Denn dort hat sie zum einen keinen Einfluss auf das Merkmal der Unzulänglichkeit und somit der Begriffskonstitution, zum anderen soll sie üblicherweise als ein Element zur Strafbarkeitseinengung und nicht – erweiterung, wie es hier der Fall ist, fungieren.
Schließlich ist nochmals darauf hinzuweisen, dass das zahlenmäßige Kriterium dennoch relevant ist, wenn es sich um einen Sachverhalt handelt, bei dem *alle* relevanten Personen Kenntnis erlangt haben. Diese äußerste Grenze ist aber schon durch das oben zugrunde gelegte Verständnis des allgemeinen Geheimnisses als Relationsbegriff, i.S. einer entgegengesetzten Beziehung zweier oder mehrerer Personen zu einer Information, herzustellen: Insofern keine Dreiecksbeziehung möglich ist, weil alle die gleiche Relation zu der Information aufgebaut haben, ist es sinnlos, die Mög-

[134] Vgl. *H.-L. Günther*, FS-Lenckner, S. 69 ff.
[135] Dazu näher unten Zweiter Teil, D. III. 1.4.

lichkeit eines Geheimnisses zu erwägen.[136] Diese äußerste Grenze schadet auch nicht den eben dargelegten kriminalpolitischen und dogmatischen Erwägungen. Da in einem solchen Sachverhalt weitere Handlungen sowieso ausscheiden, besteht auch keine Schutzbedürftigkeit, wie auch konkret keine Möglichkeit einer tatbestandsmäßigen Realisierung.

5. Zusammenfassung

Zusammenfassend ist aus der Perspektive dieses faktischen Merkmals der Unzugänglichkeit von einem Geheimnis auszugehen, wenn die Information nicht für alle Interessenten zugänglich ist. Dieses Merkmal ist aber normativ zu ergänzen, wenn durch eine rechtswidrige Handlung, eine Schrankensetzung des Geheimhaltenden (i.S. einer Selbstschutzmaßnahme) durchbrochen wurde, da in diesem Fall die Geheimniseigenschaft der Information bestehen bleibt. Darüber hinaus stellt die Kenntnis der Information seitens aller Interessenten stets die unterste unerlässliche faktische Grenze des Geheimnisbegriffs dar.

6. Einzelfragen

Da es sich bei dem Merkmal der Unzugänglichkeit um eine Tat- und Beweisfrage[137] handelt, entsteht durch das neu gebildete Kriterium ein weiterer Vorteil. Die anfangs erwähnte schwierige (auch in zeitlicher Hinsicht) Fixierung der genauen Anzahl der ein Geheimnis kennenden Personen wird durch die Feststellung einer effektiven Handlung ersetzt.[138] Ferner werden die häufigen Einzelfragen, die in diesem Bereich auftreten, leichter gelöst. Z.B. erscheint es eindeutig, dass die Veröffentlichung eines Geheimnisses in einer Fachzeitschrift den Geheimnischarakter einer Information ausschließt. Denn auch wenn sie im Moment der Bewertung des Geheimnischarak-

---

[136] Diesem Umstand möchte sicherlich auch die von *Bockelmann*, BT 2 § 34 II 2a, begründete und im Schrifttum des Öfteren rezipierte und in LK-*Schünemann*, § 203 Rn 22, als griffig bezeichnete Faustregel Rechnung tragen, nach der „die Grenze dort zu ziehen (ist), wo es aus der Sicht des Betroffenen nichts mehr verschlägt, wenn auch noch weitere Personen von der Tatsache Kenntnis erhalten".
[137] So E/K-*Diemer*, U 43 § 17 Rn 6; UWG/GK-*Otto*, § 17 Rn 13; *Rogall*, NStZ 1983, 1 (6).
[138] Ähnlich *Arians*, S. 328; *Krüger*, S. 25.

ters erst durch wenige Personen wahrgenommen wurde, besteht aufgrund der Veröffentlichung eine klare Möglichkeit der Kenntnisnahme durch jeden Interessierten, was auch gerade dem Zweck der Veröffentlichung entspricht.[139] Gleiches gilt zur Frage der Ausstellung eines Produktes und der daraus resultierenden Möglichkeit eines „reverse engineering" durch Dritte. In beiden Fällen ist der Geheimnischarakter der zum Produkt dazugehörigen und verborgenen Information allein daran zu messen, ob das Geheimnis durch den Kauf und die Nutzung bzw. die Besichtigung zugänglich geworden ist oder nicht.

Da die Information nicht „ohne größere Schwierigkeiten und Opfer" zu erhalten sein darf, um ein Geheimnis darzustellen, kann mit *Druey*[140] Offenkundigkeit auch dann angenommen werden, wenn die Information unentgeltlich erlangt werden kann und sogar, mit *Schneider*,[141] wenn für den Erwerb des Wissens ein relativ geringer Preis zu bezahlen ist.

Weil es sich um einen materiellen Geheimnisbegriff handelt, ist *Tiedemann* zuzustimmen, wenn er eine Angleichung des Begriffes der Offenkundigkeit in der strafrechtlichen Regelung an den der prozessualen in §§ 244 Abs. 3 und 291 StPO[142] mit dem Hinweis ablehnt, letzterer beziehe sich auf eine Unterscheidung zwischen dienstlichem und privatem Wissen des Richters und nicht auf ein materielles Kriterium.[143]

III. Das voluntative Merkmal des Geheimhaltungswillens

1. Kein Geheimnis ohne effektiven oder fingierten Geheimhaltungswillen

Hinsichtlich der begriffskonstituierenden Eigenschaft des Geheimhaltungswillens für den juristischen Geheimnisbegriff, i.S. eines Ausflusses der Dispositionsfreiheit

---

[139] So *Arians*, S. 329.
[140] *Druey*, Fabrikationsgeheimnis, S. 468.
[141] *Schneider*, S. 47, der auch auf das wirtschaftliche Kriterium der Knappheit hinweist.
[142] So E/K-*Diemer*, U 43, § 17 Rn 6; *Pfeiffer*, FS-Nirk, S. 866.
[143] *Tiedemann*, GmbH-StR, § 85 Rn 11.

des potentiellen Geheimhaltenden, bestehen im Schrifttum keine Bedenken.[144] Die Behauptung, dass die Rechtsordnung niemandem Geheimnisse aufzwingen könne, ist in den meisten Konstellationen ohne weiteres zutreffend. Dennoch wurde bereits oben anlässlich der Betriebsbezogenheit darauf hingedeutet, dass es in Konfliktsituationen, hier insbesondere zwischen der Privat- und Unternehmenssphäre, unter Umständen doch zu einer Oktroyierung der Geheimhaltung kommen kann. Berücksichtigt man, dass nichts gegen die gleichzeitige Anerkennung verschiedener *Geheimnisbezüge* spricht (vorliegend vor allem eines Betriebs- und Privatbezuges), ist die Möglichkeit zu erkennen, dass eine Privatperson einen Offenbarungswillen hat, der mit dem Geheimhaltungswillen eines Unternehmens in Konflikt gerät. Es spricht nichts dagegen, davon auszugehen, dass die Privatperson ihren Geheimhaltungswillen aufgeben kann, ihr Offenbarungswille aber durch eine Geheimhaltungspflicht hinsichtlich eines fremden Geheimnisses gehemmt werden kann.
Der einer solchen Situation zu Grunde liegende Interessenkonflikt zeigt hinsichtlich der oben gestellten Frage nach dem ausschlaggebenden Geheimbezug, dass die Betrachtung des Willensmerkmals nicht die Lösung geben kann, sondern die Antwort auf die Analyse des Geheimhaltungsinteresses als Merkmal des Geheimnisbegriffs verlagert werden muss.[145]

2. Das Problem der Willensvermutung oder des fingierten Willens

Als wesentlich heikler erweist sich die Frage nach der Möglichkeit der Willensvermutung oder eines fingierten Willens. Dazu stehen sich zwei Positionen gegenüber.

---

[144] Unpräzise ist jedoch die Auffassung *Daubs*, S. 43, bei fehlendem Willen bestehe kein Anlass zur juristischen Regelung, weil weder individuelle noch kollektive schützenswerte Interessen vorliegen. Denn eine juristische Regelung kann auch einer Person einen Informationsfluss hinsichtlich einer unbekannten Information ohne Geheimhaltungswillen bzw. gerade entgegen ihrem Offenbarungswillen verbieten. So z.B. die Tatbestände zum Verbot bestimmter Informationsverbreitung (z.T. auch als Tatbestände zum Verbot des Informationsbesitzes konzipiert!) in den §§ 184 ff. StGB, freilich zum Schutze anderer individueller und kollektiver Interessen.

[145] Deutlich lässt sich dies bei gleichgelagerten Interessen erkennen: Halten zwei Unternehmen eine aus einem *Joint-Venture* entstandene Information geheim, so kann ein Partner einen Offenbarungswillen hinsichtlich einer bei diesem Anlass generierten Information bekunden und der andere dagegen sein. Ist diese Situation nicht vertraglich geregelt, mag es zu einem komplizierten vermögensrechtlichen bzw. eventuell wettbewerbsrechtlichen Konflikt kommen. Entscheidend werden aber die dort geregelten Interessen sein und nicht mehr der jeweilige Wille der Partner.

Einerseits die Meinungen, die diese Möglichkeit ablehnen, weil dies gegen den *in dubio pro reo*-Grundsatz verstoße, da sie eine Umkehrung der Beweislast im Strafprozess bedeute.[146] Deshalb wird z. T. konsequenterweise verlangt, dass der Wille ausdrücklich oder durch eine konkludente Bekundung zum Ausdruck kommt.[147] Andererseits wird meist die Möglichkeit eines fingierten Willens bejaht und diese unter verschiedenen Gesichtspunkten konkretisiert. So wird bei Informationen über komplizierte Maschinen der Geheimhaltungswille ohne weiteres unterstellt[148] oder für alle innerbetrieblichen Vorgänge eine Vermutung für einen entsprechenden Geheimhaltungswillen vorausgesetzt.[149] Ferner soll dieser Wille sich ganz allgemein aus der Natur der geheim zu haltenden Tatsache[150] oder aus der großen gewerblichen Bedeutung und der allgemeinen Üblichkeit der Geheimhaltung[151] ergeben.
Diese nicht seltene Position[152] wird von *Otto* vertieft. Er geht davon aus, dass die Willensträger eines Unternehmens allgemein einen *Willen, die Unternehmensinteressen zu wahren* besitzen und nimmt an, dass dieser stets den Willen, die Unternehmens*geheimnisse* zu wahren, einschließt. Daraus zieht er zwei Konsequenzen. Zum einen meint er, dass allgemein zur Feststellung eines Unternehmensgeheimnisses eigentlich maßgeblich das objektive Geheimnisinteresse sei, und zum anderen,

---

146 So *Meyer/Möhrenschlager*, WiVerw, 1982, 21 (35 Fn. 80); W/J-*Möhrenschlager* (1.Aufl), 16. Kap Rn 2, Fn. 15, jedoch nicht mehr so in der 3. Aufl.; UWG/GK-*Otto*, § 17 Rn 18; *Tiedemann*, GmbH-StR, § 85 Rn 10.

147 *Ringier*, S. 40 verlangt, dass „der Wille ausdrücklich oder durch eine konkludente Handlung bekundet wird". *Tiedemann*, GmbH-StR, § 85 Rn 10, stellt auf eine „konkludente, aus den konkreten Umständen zu entnehmende Bekundung" ab. Die einzige ausdrückliche gesetzliche Regelung in dieser Hinsicht, die aber wegen ihres begrenzten Anwendungsgebiets nicht generalisierbar ist, findet sich in § 120 Abs. 1 BetrVG, wo verlangt wird, dass der Arbeitgeber das Unternehmensgeheimnis als geheimhaltungsbedürftig kennzeichnet.

148 RGZ 149, 329 333.

149 Hefermehl/*Köhler*/Bornkamm, § 17 Rn 10; *Reimer*, § 17 Rn 2.

150 *Schafheutle*, S. 83 f. Widersprüchlich Piper/*Ohly*, da er bei der Begriffsbestimmung des Geschäfts- und Betriebsgeheimnisses zunächst auf einen bekundeten Willen abstellt, § 17 Rn 5, dann aber, § 17 Rn 11, auch die Vermutung des Willens aus der Natur der geheim zu haltenden Tatsache ausreichen läßt.

151 *Brammsen* in Kragler/Otto (Hrsg.), Schützen Sie Ihr Unternehmen, S. 76.

152 Vgl. dazu auch *Daub*, S. 45 f.; Harte/Henning/*Harte-Bavendamm*, § 17 Rn 5; Baumbach/ *Hefermehl*, 22. Aufl., § 17 Rn 5; Hefermehl/*Köhler*/Bornkamm, § 17 Rn 10; UWG/GK-*Otto*, § 17 Rn 17 f.; *Többens*, NStZ 2000, 505 (506); v. *Stebut*, S. 29 f.

dass nur ein ausdrücklich oder konkludent erklärter Offenbarungswille des Geheimnisträgers ein konkretes Geheimnis beseitige.[153]

Bei dieser Position entsteht ein normativer Geheimnisbegriff, indem eine unbekannte Information nun durch bestimmte innerbetriebliche Umstände qualifiziert wird und nicht mehr durch den Willen des Geheimnisträgers. Insofern wird aus allgemeinsprachlicher Sicht von einem anderen Schutzobjekt ausgegangen, da es sich nicht mehr um ein Geheimnis im eigentlichen Sinne handelt, sondern um unbekannte Informationen, an denen ein *objektiv schutzwürdiges Interesse* besteht. Dadurch wird jedoch bereits ein anderes Merkmal des Geheimnisbegriffes angesprochen.

Eine Umkehrung der Beweislast entstünde dadurch, dass der Beschuldigte zwar, nach allgemeinen Regeln, nicht das objektive Interesse des Geheimnisherrn beweisen muss, dafür aber das Fehlen eines Geheimhaltungswillens, der bereits bei bewiesenem objektivem Interesse vermutet wird.

3. Eigener Vorschlag anhand einer Berücksichtigung der unterschiedlichen Kenntnisebenen

3.1. Defizite der bisherigen Lösungsansätze

Beiden Lösungsvorschlägen mangelt es an einer differenzierten Betrachtungsweise, denn sie unterscheiden nicht zwischen zwei verschiedenen Kenntnisebenen, aus denen sich zwei völlig unterschiedliche Sachverhalte und Rechtsprobleme ergeben. Die eine betrifft die Kenntnis oder Unkenntnis der Information seitens des potentiell Geheimhaltenden (der hier der Einfachheit halber als „Unternehmer“ bezeichnet

[153] UWG/GK-*Otto*, § 17 Rn 19; so auch *Hefendehl*, in Spindler/Stilz (Hrsg.), AktG, § 404 Rn 25 und Michalski/*Dannecker*, § 85 Rn 33. Ähnliche Auffassung bei *Daub*, S. 45 f., der meint, es müsse der allgemeine Wille genügen, alle im Unternehmen benötigten Informationen, die von Dritten auch verwertet werden können, geheim halten zu wollen. Für einen Schutz als Unternehmensgeheimnis genüge es, dass das zu schützende Arbeitsergebnis im Zusammenhang mit dem Dienstverhältnis entstand und somit der Arbeitgeber die Information als Unternehmensgeheimnis behandelt hätte, wäre sie zu seiner Kenntnis gelangt. Für einen auf zivilrechtlichen Gedanken beruhenden Lösungsansatz des Problems der Willensvermutung, nämlich unter Verweis auf die Willenserklärung beim Besitzerwerb bzw. -verlust, siehe *v. Stebut*, Geheimnisschutz, S. 29. Zur Kritik an dieser Auffassung siehe *Tiedemann*, ZStW 94 (1982), 318 (321 f.).

werden soll). Dieser kann sich nämlich zum einen in der Situation der Informationskenntnis befinden,[154] in der er keine Entscheidung hinsichtlich der Geheimhaltung trifft oder diese nicht hinreichend bekundet und zum anderen in der Situation der Informationsunkenntnis, in der er logischerweise weder im Stande ist, einen Geheimhaltungswillen zu haben, noch diesen hinzureichend zu bekunden.

Die andere Ebene bezieht sich auf die Kenntnis oder Unkenntnis des Wissenszustandes und der Willensäußerung des Unternehmers seitens des potentiellen Täters (der hier der Einfachheit halber „Angestellter" genannt werden soll). Denn dieser kann sowohl den Geheimhaltungswillen des informierten Unternehmers wie auch den Unkenntniszustand des Unternehmers verkennen.

Stellt man sich der Problematik der ersten Kenntnisebene, so ist zunächst zu beantworten, ob der Zustand der Kenntnis und der der Unkenntnis gleicher Behandlung bedarf. Dies ist aber eine Frage, die sich weder auf eine Willensvermutung noch auf den *in dubio pro reo*-Grundsatz bezieht, sondern auf die Möglichkeit, von dem allgemeinsprachlichen Geheimnisbegriff abzuweichen und unter Ausklammerung des begriffskonstituierenden Geheimhaltungswillens der Vorschrift einen normativen Geheimnisbegriff zu Grunde zu legen. Wenn nämlich klar feststeht, dass der Unternehmer die Information nicht kannte, besteht auch kein Zweifel, dass er keinen Geheimhaltungswillen hatte, so dass nicht im Zweifel (*in dubio*) für oder gegen den Angeklagten (*pro* oder *contra reo*) entschieden werden kann. Es geht vielmehr darum zu entscheiden (zu werten), ob in einem solchen Kenntniszustand, unter Beachtung der internen Informationsorganisationsstrukturen eines Unternehmens, das Handlungsobjekt nur unter Berücksichtigung des objektiven Geheimhaltungsinteresses definiert werden kann. Es handelt sich nicht um eine Tat-, sondern um eine Rechtsfrage, so dass der *in dubio pro reo*-Grundsatz gar nicht anwendbar ist.[155]

Ferner stellt sich auf dieser Kenntnisebene die Frage, wie vorzugehen ist, wenn der Unternehmer zwar informiert war, aber trotzdem keine Geheimhaltungsentscheidung getroffen wurde. Auch hier geht es darum zu entscheiden (zu werten), ob unter

[154] Hier werden auch noch nicht produzierte, aber zu erwartende Informationen, etwa aus einem Forschungsvorhaben, erfasst.

[155] Vgl. nur *Roxin*, Strafverfahrensrecht, § 15 Rn 41 und ferner BGHSt 14, 73.

Berücksichtigung der internen Informationsorganisationsstrukturen eines Unternehmens das Handlungsobjekt nur anhand des objektiven Geheimhaltungsinteresses definiert werden kann.

Nicht nur unbegründete Lösungsvorschläge, wie die von *Köhler* oder *Harte-Bavendamm*, ein allgemeiner oder hypothetischer Geheimhaltungswille genüge und der Verletzer müsse das Gegenteil beweisen,[156] oder der schablonenhafte Einwand von *Hefermehl*, es habe kein Geheimnis vorgelegen, sei misstrauisch zu betrachten,[157] pauschalieren den in Frage stehenden Sachverhalt auf unzulässiger Weise. Auch differenzierte Ansätze, wie der von *Otto*, unterscheiden nicht deutlich genug. Denn auch bei ihm ist zumindest nicht klar zu erkennen, ob sich der Unternehmer nur dann auf einen normativen Geheimnisbegriff stützen kann, wenn er nicht informiert wurde, oder auch dann, wenn er die Information kennt; ferner ist in seiner Stellungnahme wohl davon auszugehen, dass es in beiden Situation irrelevant ist, ob der Unternehmer fahrlässig oder gar willentlich zu dem Ausbleiben einer hinreichenden Mitteilung des Geheimhaltungswillens beigetragen hat.

Die Mindermeinung, die die Vorsatzfrage in den Mittelpunkt rücken möchte und meint, die Willensfrage sei insofern irrelevant, als es sich bei fehlender Kenntnis des Geheimhaltungswillens durch den Täter ohnehin mangels Vorsatz um eine tatbestandslose Handlung handle,[158] ist schließlich ganz aus dieser Diskussion auszugrenzen. Denn diese Argumentation geht an dem Problem auf beiden Ebenen vorbei: Zum einen geht sie davon aus, dass eine Informationskenntnis seitens des Unternehmers existiert, so dass die beschriebene notwendige Unterscheidung auf der ersten Kenntnisebene ausscheidet; zum anderen setzt sie voraus, dass es keinen Zweifel an der Existenz eines Geheimhaltungswillens gibt. Denn nur dann ist das Bezugsobjekt des Vorsatzes gegeben und es kann dieser – evidenterweise und insofern von niemanden angezweifelt – wegen Unkenntnis oder Irrtums ausscheiden, so dass keine Strafbarkeit in Betracht kommt.

---

[156] Hefermehl/*Köhler*/Bornkamm, § 17 Rn 10 bzw. Harte/Henning/*Harte-Bavendamm*, § 17 Rn 5.
[157] Baumbach/*Hefermehl*, 22. Aufl., § 17 Rn 5.
[158] *Arians*, S. 331 und *Eb. Schmidt*, 36. DJT, Bd. 1, S. 125,

3.2. Die viktimodogmatische Differenzierungsnotwendigkeit

Beachtet man, dass der Unternehmer bei Unkenntnis der Information gar nicht im Stande ist, eine Willenserklärung über sie abzugeben, dann leuchtet ein, dass er mangels möglicher Selbstschutzmaßnahmen, durch den Rekurs auf einen normativen Geheimnisbegriff Schutz seiner Interessen verdient. Da es sich hier nicht um ein Versäumnis des Unternehmers handelt, kann der Geheimnisbegriff nur auf dem objektiven Geheimhaltungsinteresse begründet werden. Hinsichtlich der zweiten Kenntnisebene ist selbstverständlich von der Strafverfolgungsbehörde oder dem Privatkläger zu beweisen, dass der Angeklagte diese Unkenntnis des Unternehmers kannte. Dies entspricht aber den allgemeinen Beweislastregeln. Im Zweifel ist zugunsten des Angestellten zu entscheiden, d.h. dass diese Unkenntnis des Unternehmers ihm nicht bekannt war. Es handelt sich nämlich um ein ungeschriebenes normatives Tatbestandsmerkmal, das darin besteht, dass das „Geheimhaltungsinteresse bei Unkenntnis der Information" den Geheimnisbegriff herstellt.

Anders hat die Wertung auszufallen, wenn der Unternehmer die Information kannte, da er dann aus viktimodogmatischen Gründen eine Selbstschutzmaßnahme in Form einer hinreichenden Äußerung des Geheimhaltungswillens zu treffen hatte. Nochmals sei darauf hingewiesen, dass hier die allgemeinen Beweislastregeln gelten, so dass der Unternehmer die Selbstschutzmaßnahme (Willensbekundung) zu beweisen hat, damit von einem schutzfähigen Geheimnis ausgegangen werden kann. Im Zweifel ist zugunsten des Angestellten zu entscheiden, d.h. dass die Willensbekundung dem Angeklagten nicht bekannt war. Wiederum handelt es sich um rein normatives Tatbestandsmerkmal, das darin besteht, dass „bei Kenntnis der Information nur ein bekundeter Geheimhaltungswille" den Geheimnisbegriff herstellt.

3.3. Empirische Bestätigung der Gebotenheit der normativen Differenzierung

Die hier vorgeschlagene Differenzierung des Problems ist auch deswegen geboten, weil sie Bezug auf relevante Vorgänge innerhalb eines Unternehmens nimmt. Es ist nämlich in dynamischen Arbeitsprozessen üblich, dass ein hoher Grad an innerbetrieblichem Informationsfluss entsteht, der realistischerweise nicht in einer zentralen Entscheidungsstelle zusammenfließen und verarbeitet werden kann[159] und aus betriebsorganisatorischen Gründen auch nicht soll. Dem ist auch nur in begrenztem Maße mit dem Einwand zu entgegnen, es reiche eine Entscheidungsdelegation aus. Denn eine solche Errichtung eines *Geheimnisträgers vor Ort* – womöglich schon bei demjenigen, der die Information generiert – ist nur durchführbar, wenn die Entscheidung nicht übergreifender Kenntnisse bedarf. So wenn es einer Verknüpfung mit anderen – übergreifenden oder gar geheimen(!) – Informationen oder einer globalen Evaluation des Sachverhalts bedarf.

Es bedarf daher einer Selektion der Informationsinhalte, die an den oder die Entscheidungsträger(n) gelangen müssen, ferner der Kennzeichnung der Informationskanäle für geheime Informationen, sowie der Dringlichkeit der Kommunikation. Dies zu bestimmen ist Aufgabe des potentiell Geheimhaltenden, es zu befolgen Aufgabe desjenigen, der mit der Information umgeht oder sie generiert.

Wenn dieser Organisationsbereich effizient funktioniert, kann es trotzdem vorkommen, dass kritische Situationen hinsichtlich des Informationsschutzes entstehen. Zum einen zum logisch vorgelagerten Zeitpunkt der Informationsgenerierung bezüglich der Mitteilung, denn auch bei einer sehr präzisen Definition der Dringlichkeit der Kommunikation besteht eine mehr oder weniger große Zeitspanne, in der nicht auf die konkrete Information Bezug genommen werden kann. Dem kann aber dadurch entgegengewirkt werden, dass sowohl typische – wenn auch hypothetische – Informationsinhalte, die einer vertraulichen Behandlung bedürfen, wie auch Informationskanäle, die für die Übertragung vertraulicher Informationen verwendet werden, präzise bestimmt werden.

Zum anderen kann es aber einer nachvollziehbaren Prophylaxe entsprechen, bestimmten kritischen Stellen weder die Information noch den Geheimhaltungswillen mitzuteilen. Denn auch ohne den Inhalt der geheimgehaltenen Information zu offenbaren, kann sich schon die Bekundung der Existenz eines Geheimnisses kriminogen auswirken. Ausscheidende Mitarbeiter oder solche, die kaum einen Grund haben, dem Unternehmen besondere Treue zu schenken, kommen hier in Betracht.

---

[159] Ähnlich Michalski/*Dannecker*, § 85 Rn 32.

An dieser Darstellung ist zu erkennen, dass auch im Bereich des Geheimhaltungswillens viktimodogmatische Erwägungen einschlägig sind. Kennt der Unternehmer die Information, ist im Prinzip keine faktische Notwendigkeit erkennbar, der den in weiten Teilen des Schrifttums vertretenen normativen Geheimnisbegriff rechtfertigt. Es handelt sich meist um ein Versäumnis, das der Unternehmer selbst zu verantworten hat und nicht dem Angestellten zur Last fallen darf. Diese Passivität bezieht sich nicht nur auf die Bekundung eines Geheimhaltungswillens, sondern an kritischen innerbetrieblichen Stellen bereits auf Aufbau und Prüfung der gebotenen internen Struktur. Eher ungewöhnlich ist die Situation, dass der Unternehmer aus vertretbaren Gründen bereits die Willensäußerung verschweigen muss, um nicht schon auf die Existenz des Geheimnisses hinzudeuten. Wenn der Unternehmer in der Lage ist Schranken zu setzen, hat er dies zu tun, es sei denn, sie würden sich gegen den geforderten Selbstschutz auswirken. In dieser Hinsicht stellt auch die „Verheimlichung“ des Geheimhaltungswillens eine solche Maßnahme dar.
Wenn ferner nach allgemeinen Beweislastregeln der Unternehmer die *hinreichende* Schrankensetzung zu beweisen hat, bedeutet dies keinesfalls, dem Unternehmer eine praktisch undurchführbare Maßnahmen zuzumuten, denn eine hinreichende Bekundung des Geheimhaltungswillens kann ohne Weiteres aus allgemeinen Rundbriefen oder aus Stellungnahmen zu zukünftigen oder hypothetischen Informationen, etc. bestehen.

4. Zusammenfassung

Es kann daher festgehalten werden, dass sich der juristische genauso wie der allgemeinsprachliche Geheimnisbegriff auf einen Geheimhaltungswillen gründen. Der so umrissende Geheimnisbegriff kann nur bei Unmöglichkeit der Willensäußerung mangels Informationskenntnis seitens des potentiellen Geheimhaltenden durch einen normativen Geheimnisbegriff ersetzt werden, der das objektive Geheimhaltungsinteresse als begriffskonstituierendes Merkmal ausreichen lässt. Dies bedeutet zum einen keine Umkehrung der Beweislast zuungunsten des potentiellen Täters und somit keine Verletzung des *in dubio pro reo*-Grundsatzes.

Ferner ist zu beachten, dass sich die Normativierung des Geheimnisbegriffs auf viktimodogmatischen Erwägungen stützt, die dem Unternehmer Selbstschutzmaßnahmen abverlangen, sofern diese möglich und sinnvoll sind, d.h. insofern er über hinreichende Ressourcen dafür verfügt. Diese Voraussetzungen des Schutzes reichen aber nicht über das Begriffsmerkmal des Geheimhaltungswillens hinaus. Wie noch zu zeigen sein wird, kennen verschiedene Tatbestände zum Geheimnisschutz Selbstschutzmaßnahmen zur Geheimhaltung, die nicht mit dem schlichten Ausdruck des Geheimhaltungswille identisch sind und daher darüber hinaus spezifische Wertungen zur Aufstellung des strafrechtlichen Unrechts darstellen.[160]

IV. Das normative Merkmal des Geheimhaltungsinteresses

1. Zweck des Merkmals

Durch die Festlegung eines objektiven Geheimhaltungsinteresses wird dem weiten Bereich an Informationen, die nach dem einseitigen Willen des Geheimhaltenden zum Geheimnis erklärt werden können, eine Grenze gezogen. Es wird mit diesem Element erst das Feld des eigentlich juristischen Geheimnisbegriffs betreten, denn allgemein definitorisch handelt es sich auch bei einer willkürlichen Bestimmung durch den Geheimnisherrn um eine geheime Information.

Obwohl dieses erste normative Merkmal ein allen juristischen Geheimnisbegriffen gemeines ist, wird sich zeigen, dass es hier im Vergleich zu anderen Privatgeheimnissen i.w.S. zum einen eine andere Struktur hat und zum anderen eine gewichtigere Funktion ausübt. Denn bei dem Begriff des Geschäfts- und Betriebsgeheimnisses wird dieses Interesse nicht negativ anhand der Informationen, an denen kein objektives Geheimhaltungsinteresse existiert, bestimmt, wie es beim Privatgeheimnisschutz nach den §§ 203 f. StGB der Fall ist, wo nach h.M. das Interesse nicht positiv zu begründen, sondern nur die reine Willkür auszuklammern ist.[161] Hier geht es viel-

---

[160] Dazu näher unten Zweiter Teil D, IV.

[161] Vgl. statt vieler S/S-*Lenckner*, § 203 Rn 7 und näher unten Zweiter Teil III. 1.5 bb). Das objektive Interesse an Geschäfts- und Betriebsgeheimnissen auch mit dem Zweck des Willkürausschlusses begründend nur Harte/Henning/*Harte-Bavendamm*, § 17 Rn 6.

mehr um eine positiv-materielle Begründung[162] anhand eines objektiven wirtschaftlichen Maßstabs.

Dieser materielle Wertungsmaßstab verleiht dem obigen Merkmal nicht nur eine entscheidende Bedeutung bei der begrifflichen Präzisierung des Handlungsobjekts der einschlägigen Vorschriften. Da es sich um eine Wertung handelt, die einen Grund für die Aufnahme von Geheimnissen in die Straftatbestände beschreibt, könnte es zugleich die entscheidenden Weichen für die Bestimmung des durch die gesamte Strafnorm geschützten Interessen stellen. Wegen der einhelligen Differenzierung zwischen Handlungsobjekt und Rechtsgut bzw. Rechtsgutsobjekt einer Strafnorm kann diese Übertragung des Interesses am Handlungsobjekt auf das durch die gesamte Strafnorm geschützte jedoch nicht ohne weiteres erfolgen.[163] Ob und inwiefern eine solche Übertragung möglich ist, kann ohnehin erst nach einer genauen Betrachtung des Inhalts des hier einschlägigen Wertungsmaßstabes bestimmt werden.

Ferner ist zu beachten, dass es Ziel dieser Darstellung ist, das Interesse an der Geheimhaltung selbst zu beschreiben und nicht an der (geheim gehaltenen) Information. Die Unterscheidung ist deswegen relevant, weil diese nicht immer identisch sind oder auch das Interesse an der Geheimhaltung ohne ein vergleichbares Interesse an der Information existieren kann.

Wenn zum Beispiel ein Unternehmen eine geheime Software erwirbt, dann setzt sich der Preis sowohl aus der erlangten Kenntnis (Interesse an der Information) wie auch aus der erlangten exklusiven Anwendung (Interesse am Geheimnis) zusammen, sofern eine solche ausgehandelt wurde. Wird diese ausgehandelte Geheimhaltung durch den Vertragspartner missachtet, erfährt das Unternehmen eine Interessenbeeinträchtigung hinsichtlich der Geheimhaltung, aber nicht hinsichtlich der erlangten Information, die weiterhin angewendet werden kann, wie bereits beim allgemeinen Geheimnisbegriff erläutert wurde.

Es besteht aber auch die Möglichkeit, dass das geheimhaltende Unternehmen kein Interesse am Inhalt der Information hat, sondern nur an deren Geheimhaltung. Dies

---

[162] Zu einer positiven, jedoch formellen Bestimmung des Interesse am Privatgeheimnis vgl. die Mindermeinung unten Zweiter Teil III. 1.5 bb) eee).

[163] Zum Ganzen näher unten Dritter Teil II. 7.2 a).

ist im Bereich der sogenannten *defensiven* und insbesondere den *negativen* Geheimnisse klar zu erkennen.[164] Denn hier ist das Interesse an der Geheimhaltung nicht an die exklusive Verwertung der Information gekoppelt: Sie wird nicht geheimgehalten, weil sie innerbetrieblich i.S. eines Produktionsfaktors Verwendung findet, oder um sich ihre Vermarktung i.S. einer Ware zu sichern, sondern idealiter sollte die Information gar nicht erst existieren oder vernichtet werden.

2. Inhalt des Merkmals

Die h.M. verbindet das Geheimhaltungsinteresse mit der Einflussmöglichkeit der Information auf die Wettbewerbsposition oder -fähigkeit des Unternehmens. In dieser Hinsicht besagt die ausführlichste, von *Otto* verfasste und von weiten Teilen des Schrifttums übernommene Formel, es bestehe ein objektives Interesse *an jenen Geheimnissen, deren Offenbarung geeignet sind, die Position der oder zumindest eines Konkurrenten im Wettbewerb zu verbessern und/oder die eigene Stellung im Wettbewerb zu verschlechtern.*[165] Zum Teil wird die Formel verkürzt und nur die Verschlechterung der Wettbewerbsposition oder -fähigkeit herangezogen.[166] Das heißt,

---

[164] Dazu näher unten Erster Teil E. I. 2 ff.

[165] UWG/GK-*Otto*, § 17 Rn 15. So auch *Arians*, S. 334; *Brammsen* in Kragler/Otto (Hrsg.), Schützen Sie Ihr Unternehmen, S. 75 f.; *Daub*, S. 48; E/K-*Diemer*, U 43, § 17 Rn 9; HdBWettbR/*Harte-Bavendamm*, § 17 Rn 12; Fezer/*Rengier*, Lauterkeitsrecht II, § 17 Rn 20; *Schafheutle*, S. 86; *Eb. Schmidt*, 36. DJT, Bd. 1, S. 140.

[166] Ebenfalls sehr verbreitet ist das Verständnis des objektiven Interesses als *schutzwürdiges wirtschaftliches Interesse* (Baumbach/*Hefermehl*, 22. Aufl., § 17 Rn 6), als *berechtigtes wirtschaftliches Interesse* (HdBWettbR/*Harte-Bavendamm*, § 43 Rn 12; Harte/Henning/*Harte-Bavendamm*, § 17 Rn 6; *Kersting*, S. 17; Hefermehl/*Köhler*/Bornkamm, § 17 Rn 9; *Kotthoff/Gabel*, in Ekey/Klippel/Kotthoff/Meckel/Plaß [Hrsg.], HKW, § 17 Rn 6; *Meyer/Möhrenschlager*, WiVerw, 1982, 21 [35]) oder als *wirtschaftlich begründetes Interesse* (*Lampe*, HWiStR, Stichwort: Geheimnisverrat, S. 2). Da im Schrifttum des Öfteren der Oberbegriff *Wirtschafts*geheimnis verwendet wird, haben diese Konkretisierungen nur einen sehr bescheidenen Erklärungswert. Deshalb wird auch diese Formel meist anhand der Bedeutung der Tatsache für die *Wettbewerbsfähigkeit* des Unternehmens konkretisiert. Vgl. dazu *Arians*, S. 334; WStR-*Ebert-Weidenfaller*, III 3 Rn 68; Harte/Henning/*Harte-Bavendamm*, § 17 Rn 6; Hefermehl/*Köhler*/Bornkamm, § 17 Rn 9 und bereits Baumbach/*Hefermehl*, 22. Aufl., § 17 Rn 6; *Krüger*, S. 35; W/J-*Möhrenschlager*, 13. Kap Rn 10; *Schafheutle*, S. 84 ff.; *Tiedemann*, GmbH-StR, § 85 Rn 2 und 12, jedoch gemäß dem Regelungsbereich auf das weitere Gesellschaftsgeheimnis (daher ist auch vom Gesellschaftsinteresse die Rede) bezogen; *Többens*, NStZ 2000, 505 (506); *Tuffner*, S. 57. Die weiteste, wohl kaum noch abgrenzungsfähige, Definition lässt sich bei *Sieber*, Computerkriminalität, S. 2/74, lesen, wo er von einer „besonderen Bedeutung" spricht, ohne diese zu konkretisieren. Dagegen restriktiv, nämlich direkt auf den Vermögenswert abstellend, *Taeger*, S. 68 und 80 und höchst restriktiv, jedoch für die in § 203 StGB erwähnten Geschäfts- und

dass die weitere gleichzeitige oder alternative Folge der Verbesserung dieses Wettbewerbsparameters bei dem oder den Konkurrenten ausgeklammert bleibt oder aber auch die ursächliche Handlung des Offenbarens nicht erwähnt wird.

Vergleicht man beide Formulierungen der h.M. ist auffällig, dass sie einheitlich das objektive Interesse an der wettbewerblich relevanten Konsequenz ausrichtet und insofern die Straftatbestände in die Nähe der gleichbegründeten wettbewerbsrechtlichen Tatbestände und Begriffe des Lauterkeitsrecht rückt, dafür aber einerseits eine sehr ausführliche und strukturell komplexe Formel aufstellt und sich andererseits zum Teil mit einer sehr schlichten begnügt. Eine ausführlichere Formulierung des objektiven Interesses, wie sie *Otto* vorschlägt, könnte den Vorteil haben, dass sie mehr Anhaltspunkte für ihre Auslegung liefert, sie kann aber auch den Nachteil haben, dass sie durch zusätzliche Elemente den Spielraum der Formel verengt. Genau betrachtet ist aber eine ausführliche Formulierung nicht notwendig. Als ein Versuch der sachgerechten Beschreibung der Wettbewerbsrelevanz des Geheimnisses, ist bei ihr zu bemängeln, dass sie zum Teil zu eng und zum Teil zu weit geraten ist.

3. Zur Behebung der Unzulänglichkeiten der ausführlichen Formulierung des objektiven Geheimhaltungsinteresses

Schon dass *Otto* bei der Beschreibung des objektiven Interesses eine tatbestandsähnliche Formulierung wählt,[167] erscheint für die gesamte Auslegung der Straftatbestände als nicht besonders dienlich. Es bedarf nämlich einer doppelten Auslegung – einmal beim Handlungsobjekt und ein weiteres Mal beim gesamten Tatbestand – gleicher Begriffe und ähnlicher Strukturen.

Betriebsgeheimnisse, SK-*Hoyer*, § 203 Rn 9, der ein Geheimhaltungsinteresse des Unternehmens an der betreffenden Information nur dann bejaht, wenn ihre Weiterverbreitung die Kreditwürdigkeit des Unternehmens i.S.d. § 187 StGB zu gefährden geeignet ist; dazu näher unten Zweiter Teil D. III. 1.5 a) ccc).

[167] Die Formel *Ottos* verknüpft mittels einer – bei den Gefährdungsdelikten üblichen – Eignungsklausel einen Erfolg mit einer als dessen Ursache fungierenden menschlichen Handlung (dazu eine bereits tatbestandsmäßige Handlung!). Zur Vervollständigung zu einem strafrechtlichen Verbot bedarf es nur einer an diesen Tatbestand anknüpfenden Strafe als Rechtsfolge.

Ferner beschreibt die Formulierung *Ottos* als mögliche Erfolge eine Vor- *oder* Nachteilzufügung zwischen Konkurrenten. Dem Verständnis, wonach diese voneinander abgekoppelt und daher als voneinander unabhängig möglich beschrieben werden, ist nicht zu folgen. Denn eine isolierte Förderung eines Konkurrenten ohne Nachteilszufügung beim geheimhaltenden Konkurrenten ist nicht möglich. Konkurrierende Unternehmen wenden sich mit einem gleichartigen Angebot an gleichartige Abnehmerkreise,[168] so dass zwischen den Vorteilen, die ein Konkurrent durch eine Maßnahme zu erreichen sucht, und den Nachteilen, die ein anderer Konkurrent dadurch erleidet, immer eine Wechselbeziehung besteht.[169] Insofern ist die Formulierung *Ottos* zu weit geraten.

Ebenfalls bedenklich an der Formel *Ottos* ist, dass die potentielle Auswirkung der geheimgehaltenen Information nur mit der Handlungsform des *Offenbarens* in Verbindung gebracht wird, als ob andere Einwirkungsformen irrelevant wären. Auch wenn in der Formel nur diese Handlungsform exemplarisch für einen Informationsfluss stehen sollte und daher z.B. das *Sichverschaffen* nicht ausschließt, wird immer noch etwa die ebenfalls wettbewerbsbeeinflussende *Zerstörung* der Information nicht erfasst.

Die Verwendung des Offenbarungsbegriffes mag zwar sehr plastisch sein, weil sie die übliche (tatbestandsmäßige) Einwirkungsart beschreibt. Tatbestandsmäßige Handlungen, die sich auf Geheimnisse über verschlüsselte Informationen oder ähnlich strukturierte Konstellationen[170] beziehen, betreffen aber nach der Formel *Ottos* mangels relevanten objektiven Interesses keine Handlungsobjekte und wären daher nicht strafbar. Dies, obwohl in einem solchen Fall die Offenbarung nicht die Wettbewerbsfähigkeit bzw. -position des geheimhaltenden Unternehmens beeinträchtigt, dagegen die Zerstörung sehr wohl diese Auswirkung hat.

Wären ferner die konkreten Tatbestände zum Schutze von Geschäfts- und Betriebsgeheimnissen ausschließlich als *Informationsfluss*tatbestände konzipiert, wäre die

---

[168] Vgl. etwa Harte/Henning/*Keller*, § 2 Rn 19.

[169] Vgl. statt vieler Baumbach/*Hefermehl*, 22. Aufl., Einl Rn 216.

[170] Z.B. wird ein Teilbereich eines Forschungsergebnisses entwendet, der dem „Dieb" keinen Vorteil verschafft, aber das verbleibende Informationsteil untauglich oder nur unter erheblichem Kosten- und Zeitaufwand wieder verwendbar macht.

Hervorhebung der eben dargestellten Variante der Tangierung von Geheimnissen irrelevant. Dies ist aber nicht der Fall, da § 17 Abs. 2 Nr. 1 (bzw. die Vorbereitungsform aus § 19) UWG auch Formen des Informations*entzuges* offen steht, die einen Verlust derselben bedeuten können. So wenn nach Buchstabe c) dieses Tatbestandes ein Dritter sich das Geheimnis *durch Wegnahme einer Sache, in der das Geheimnis verkörpert ist* verschafft oder sichert.

Es ist daher festzuhalten, dass die längere Formulierung *Ottos* hier zu eng geraten ist und eine weite Formulierung, z.B. anhand der *Einwirkung auf das Geheimnis,* vorzuziehen ist.

4. Die Charakterisierung der Wettbewerbsrelevanz als unerlässliches Element des objektiven Geheimhaltungsinteresses nach h.M.

Die Konsequenz des in der Formel der h.M. beschriebenen Informationsflusses liegt in der (positiven bzw. negativen) Veränderung der Wettbewerbsfähigkeit eines (oder mehrerer) Konkurrenten. In einigen Formulierungen ist auch von der Wettbewerbsposition oder -stellung die Rede.

Unterschiedliche Auswirkungen für das Verständnis des objektiven Geheimhaltungsinteresses sind diesen divergierenden Formulierungen nicht zu entnehmen.

Im UWG wird erwartungsgemäß der Begriff des *Wettbewerbs* an diversen Stellen verwendet,[171] nicht aber die Begriffe der Wettbewerbsfähigkeit oder -stellung.[172] Bereits diese Feststellung erweckt Zweifel an der Nützlichkeit einer Unterscheidung zwischen diesen spezifischen wettbewerblichen Parametern.

Ferner gibt es aber auch für den Begriff des Wettbewerbs weder eine Legaldefinition noch ist es üblich, eine solche in der Literatur zu finden. Z.B. lehnt es *Köhler* ab, präzise Definitionsversuche des wirtschaftlichen Wettbewerbs zu unternehmen, weil dieses Phänomen die Freiheit der Marktteilnehmer voraussetze und sich daher nicht

[171] Vgl. nicht nur den Namen des Gesetzes, sondern auch die Schutzzwecknorm des § 1 und das allgemeine wettbewerbsrechtliche Verbot aus § 3.

[172] Dagegen verwendet das GWB den Begriff der Wettbewerbsfähigkeit an zwei Stellen (§§ 3 Abs. 1 Nr. 2 und 42 Abs. 1); der Begriff der Wettbewerbsposition bzw. -stellung wird auch hier nicht erwähnt.

vorhersagen lasse, welche Art von Marktprozessen sich aus der Ausübung dieser Freiheit ergäben.[173] Jedoch ist nach *Köhler* das Wesen des Wettbewerbs im Verhalten selbständiger Unternehmen, die zum Geschäftsabschluss mit Dritten zu gelangen suchen, zu erkennen. Dies geschehe mit dem Ziel, das Unternehmen insbesondere durch Erzielung von Gewinn zu fördern.[174]

Da in einer freien Marktwirtschaft mehrere Unternehmen das gleiche Ziel verfolgen, entstehe ein Wettbewerb zwischen Mitbewerbern[175] (Konkurrenten), der – gemäß der erwähnten Zielsetzung – auf die Marktpartner (Abnehmer, Lieferanten), mit denen das Unternehmen zum Geschäftsabschluss gelangen möchte, gerichtet sei. Pointiert sieht *Köhler* das Kennzeichen des wirtschaftlichen Wettbewerbs daher im Bemühen zweier oder mehrerer Unternehmen um den „gewinngerichteten Leistungsaustausch" mit Marktpartnern zur „Förderung des Wirtschaftserfolges".[176] Die Gesamtheit der wirtschaftlichen Beziehungen zwischen Marktpartnern (Anbietern und Nachfragern) in Bezug auf ein bestimmtes Gut (einschließlich der Substitutionsgüter) stelle den „Markt" dar.[177]

Schließlich sei es für einen freien Wettbewerb auf einem Markt wesentlich, dass kein Mitbewerber einen Anspruch auf Wahrung seiner Position hat, sondern vielmehr der Konkurrenzkampf darin besteht, sich gegen eine Verschlechterung der eigenen Wettbewerbsstellung zu wehren oder diese zu verbessern. In welcher Form dieser Konkurrenzkampf stattfindet, ist auf dieser faktischen Ebene noch irrelevant. Daher ist *Köhler* zuzustimmen, dass der Wettbewerbsbegriff als solcher ein wertfreier, insbesondere ethisch neutraler, Begriff ist. Wo Wettbewerb stattfindet, kann er erwünscht oder unerwünscht, erlaubt oder unerlaubt, lauter oder unlauter sein.[178]

Nun könnte man beide Wettbewerbsparameter dahingehend unterscheiden, dass die (Wettbewerbs-)Position eines Unternehmens das – wenn auch nur momentane –

---

[173] Dies stelle auch einen Grund dar, warum weder im UWG noch im GWB Definitionen des Wettbewerbs zu finden seien, vgl. Hefermehl/*Köhler*/Bornkamm, Einl UWG, Rn 1.6, ferner *Rittner*, Wettbewerbs- und Kartellrecht, § 1 Rn 22.

[174] Vgl. Hefermehl/*Köhler*/Bornkamm, Einl UWG, Rn 1.5.

[175] Vgl. die Legaldefinition in § 2 UWG.

[176] Hefermehl/*Köhler*/Bornkamm, Einl UWG, Rn 1.5.

[177] Vgl. Hefermehl/*Köhler*/Bornkamm, Einl UWG, Rn 1.8.

[178] Hefermehl/*Köhler*/Bornkamm, Einl UWG, Rn 1.21.

Ergebnis oder die Ausgangssituation des Konkurrenzkampfes beschreibt, sich dagegen die (Wettbewerbs-)Fähigkeit auf die Voraussetzungen für die Beteiligung an diesem Konkurrenzkampf und daher die Voraussetzungen zur Erlangung dieser Stellung bezieht. Insofern beschreibt die Wettbewerbsfähigkeit gewissermaßen die interne Seite, das was das Unternehmen im Konkurrenzkampf zu leisten im Stande ist, und die Wettbewerbsstellung die externe Seite, das Ergebnis dieser Fähigkeit. Dies erscheint aber nach der Beschreibung *Köhlers* in diesem Kontext irrelevant, da ein Untermnehmen hinsichtlich beider Parameter ein wettbewerbliches Interesse hat. Selbst der Umstand, dass es nach der Beschreibung *Köhlers* wettbewerbssystemwidrig wäre, eine gewisse Wettbewerbsposition eines Konkurrenten *per se* gegen jegliche Beeinträchtigung rechtlich zu sichern, steht der Verwendung dieses Wettbewerbsparameters nicht entgegen. Denn es geht ja nur darum, gegen gewisse unerwünschte[179] Beeinträchtigungen der Wettbewerbsposition Schutz zu gewähren.[180] Obwohl keine grundsätzlichen Bedenken gegen die Wahl eines dieser Begriffe zu erkennen sind, erscheint es doch ratsam, einen beide vereinenden und geläufigeren Begriff zu wählen. Dafür käme der Begriff des *Wettbewerbs* selbst – ohne Zusatz – in Betracht. Denn dieser wird zwar in unterschiedlichen Beziehungen verwendet,[181] hier aber eindeutig in Bezug auf die Betätigung eines Unternehmens und daher im Sinne des eben beschriebenen Konkurrentenkampfes.

[179] Der normative Begriff der *Unlauterkeit* soll hier noch nicht Anwendung finden, weil er eine eigene wettbewerbsrechtliche Bedeutung hat, dessen Anwendbarkeit auf die Straftatbestände noch zu prüfen ist. Dazu unten Dritter Teil A, III 3.

[180] Es ist auch zu beachten, dass es hier noch nicht um die Analyse des (straf)rechtlichen Verbots geht, sondern zunächst nur um das Handlungsobjekt. Für die Würdigung des gesamten strafrechtlichen Tatbestands bedarf es der Betrachtung aller Tatbestandsmerkmale in einer Gesamtschau.

[181] Baumbach/*Hefermehl*, 22. Aufl., Allg. Rn 2, erwähnt zum einen den Bezug auf die gesamte Volkswirtschaft (Erzeugnisse oder Leistungen konkurrieren miteinander in einem marktwirtschaftlichen System), zum anderen auf den Markt für ein bestimmtes Erzeugnis oder einer Gruppe dieser Erzeugnisse (das Vorhandensein von Alternativen für die Marktgegenseite, i.S. von Substitutionsgütern, beeinflusst den Konkurrenzgrad eines bestimmten Marktes) und schließlich auf ein einzelnes Unternehmen (der Konkurrenzkampf mit Mitbewerbern um die Marktpartner).

5. Die Notwendigkeit einer Eignungsklausel

Eignungsklauseln lassen sich im Wettbewerbsrecht an den verschiedensten Stellen konstatieren. Es überrascht daher auch nicht, dass bei dem hier einschlägigen wettbewerblichen Sachverhalt auf eine solche zurückgegriffen wird, und es spricht somit auch einiges dafür, ihr hier wie dort den gleichen Sinn zu verleihen.

Das Schrifttum versteht die Eignungsklausel im Wettbewerbsrecht zunächst einmal als ein Rekurs, um den Umstand zu beschreiben, dass es für die Verwirklichung des Tatbestands nicht eines tatsächlichen Eintritts des beschriebenen Erfolges bedarf.[182] Es reiche die Gefahr eines solchen Erfolges aus.[183]

Betrachtet man nun den Sachverhalt, der dem objektiven Interesse nach der h.M. zu Grunde liegt, ist zunächst zu erkennen, dass die verschiedenen Einwirkungsformen alle – wenn auch unterschiedliche – zwingende unerwünschte Konsequenzen hinsichtlich der Informationsverteilung für den Geheimhaltenden haben. Wenn ein Geheimnis offenbart wird, hat dies notwendigerweise die Erweiterung des Kreises der die Information Kennenden als Konsequenz. Wird die geheimgehaltene Information vernichtet, ist die zwingende Konsequenz der Verlust der Information und des Geheimnisses.

---

[182] Vgl. Hefermehl/Köhler/*Bornkamm*, § 5 Rn 2.167; *Fezer*, Lauterkeitsrecht I, § 3 Rn 37; Hefermehl/*Köhler*/Bornkamm, § 3 Rn 53, § 4 Rn 1.8, Rn 2.15; Fezer/*Scherer*, Lauterkeitsrecht I, § 4-2 Rn 14. Ferner meint *Fezer*, Lauterkeitsrecht I, § 3 Rn 37, dass eine Prognoseentscheidung über die Auswirkungen der Wettbewerbshandlung auf dem Markt zu treffen sei.

[183] In diesem Sinn für § 4 Nr. 1 UWG, der sich auf Wettbewerbshandlungen bezieht, die geeignet sind, die Entscheidungsfreiheit zu beeinträchtigen, Hefermehl/*Köhler*/Bornkamm, § 4 Rn 1.8 (es reicht eine gewisse objektive Wahrscheinlichkeit) oder Harte/Henning/*Stuckel*, § 4 Rn 5 (es genügt eine konkrete Gefahr); für die Nr. 2, die solche Handlungen beschreibt, die geeignet sind, bestimmte persönliche Umstände bei den dort angesprochenen Verkehrskreisen auszunutzen, Fezer/*Scherer*, Lauterkeitsrecht I, § 4-2 Rn 14 (es muss die *erforderliche Feststellung* daher *abstrakt getroffen* werden) oder Harte/Henning/*Stuckel*, § 4 Rn 4 (es reicht aus, dass die Entschließungsfreiheit eines Verbrauchers derart beeinträchtigt werde, dass er voraussichtlich dazu veranlasst werde); für die Nr. 8, die eine Tatsachenbehauptung bzw. -verbreitung verbietet, die geeignet ist, den Betrieb des Unternehmens zu schädigen, Harte/Henning/*Bruhn*, § 4 Rn 24 zu Nr. 8. (es reicht die Bedrohung einzelner Elemente der Geschäftstätigkeit aus).
Schließlich enthält auch die irreführende Werbung eine solche Klausel, wenn in § 5 Abs. 2 letzter Satz UWG für die Beurteilung der Irreführung, des Verschweigens einer Tatsache, u.a. die Eignung zur Beeinflussung der Entscheidung zu berücksichtigen ist. Diesbezüglich meint Hefermehl/*Köhler*/Bornkamm, § 5 Rn 2.63, es liege ein Verstoß gegen das Irreführungsverbot nicht nur dann vor, wenn eine Täuschung des Verkehrs bereits eingetreten ist, und Harte/Henning/*Dreyer*, § 5 Rn 150 m.w.N. meint, „nicht die tatsächliche Irreführung von Verbrauchern, sondern (...) die Irreführungs*gefahr* sei dort ausschlaggebend“ (Hervorhebung im Text).

Dagegen beschreibt die Formel der h.M. einen relevanten Erfolg, *scil.* die Beeinträchtigung des Konkurrenzkampfes, der nicht zwingend als Konsequenz der Einwirkungsform zu Stande kommen muss. Dass es für die Verknüpfung der Elemente dieses wettbewerblichen Kausalzusammenhangs (Einwirkung auf das Geheimnis und Veränderung des Konkurrenzkampfes) geradezu unabdingbar ist, ebenfalls eine Eignungsklausel zu verwenden, da allenfalls von einer zwingenden Gefahr auszugehen ist, erklärt sich aus folgenden Gründen.

Zunächst einmal ist zu beachten, dass im Falle eines Informationsflusses das Geheimnis zwar ein den Konkurrenzkampf beeinflussendes Subjekt erreichen kann, so wenn er an einen Konkurrenten oder eine Behörde gerichtet ist. Desgleichen kann sich die Formel der h.M. aber auch auf eine Privatperson als Adressat beziehen, die eventuell keine Einflussmöglichkeit auf den Wettbewerb (da z.B. selbst ein Kind hier in Betracht kommt!) oder kein Interesse an dem hier relevanten Erfolg hat (z.B. ein Arbeitnehmer, der selbst durch die Kenntniserlangung durch einen Konkurrenten geschädigt würde). Es hängt daher von dem konkreten Adressaten ab, ob sich diese Potentialität realisiert oder realisieren kann.

Des Weiteren deuten die erwähnten Beispiele schon darauf hin, dass die Eignungsklausel auch deshalb notwendig ist, weil selbst dann, wenn man den Informationsfluss auf wettbewerbsrelevante Adressaten beschränken wollte, dies nicht den Erfolg der Formel der h.M. notwendigerweise implizieren würde. Denn auch in diesem Fall bedarf es für die Veränderung des Konkurrenzverhältnisses einer menschlichen Handlung und insofern einer Entscheidung, um diese Potentialität der Information zu realisieren. Insofern ist dieser Sachverhalt von der allgemeinen Eigenschaft menschlicher Entscheidung determiniert, die grundsätzlich frei ist und nicht zwangsmäßigen Gesetzmäßigkeiten unterliegt.

So wenn der Arbeitnehmer sich hinsichtlich einer ihm offenbarten Information erst entscheiden muss, diese an einen Konkurrenten oder allgemein auf dem Markt bekannt zu geben, oder wenn die Behörde erst eine wettbewerbsrelevante Maßnahme treffen muss oder sogar wenn der Konkurrent erst die Information in eine wettbewerbsrelevante Handlung oder Entscheidung umsetzen muss. In diesem letzten Fall trägt die Eignungsklausel zusätzlich dem Umstand Rechnung, dass sie sich in einen konkreten Sachverhalt einfügt, der sich im Rahmen des freien Wettbewerbs abspielt und somit durch das Wesensmerkmal der Entscheidungs- und Gestaltungsfreiheit seiner Akteure gekennzeichnet ist.[184]

Im Falle des Entzuges der Information ist ähnliches der Fall. Es wurde bereits oben beschrieben, dass durch diese Einwirkungsform auch ein Geheimnis vernichtet werden kann; da sich aber diese Handlungsform nur an materialisierten Informationen vollzieht, ist nicht auszuschließen und bei wichtigen Informationen eher anzunehmen, dass das geheimhaltende Unternehmen die einschlägige Information auf irgendeine Weise vervielfältigt und daher gesichert hat. Die notwendige Beeinflussung des Konkurrenzkampfes durch Entzug eines materialisierten Geheimnisses ist daher nicht gegeben.

Einige Zweifel kommen jedoch bei Informationen auf, die in solch einer Weise *objektiviert* sind, dass ihre Einflussmöglichkeit auf den Wettbewerb nicht von der Entscheidung eines Subjektes abhängt und gewissermaßen bei den diversen Einwirkungsalternativen zwangsläufig eintritt. Es handelt sich um Geheimnisse, die einen eindeutigen Vermögenswert besitzen und diesen zumindest teilweise aus der Geheimhaltung selbst gewinnen. Denn werden diese durch einen Informationsfluss tangiert, entfällt notwendigerweise die Monopolstellung, in der sich ihr Inhaber befand, und verringert sich bezüglich der Information ihre Knappheit. Konkret ausgedrückt kann man im Prinzip davon ausgehen, dass ein geheimes Know-how nicht nur einen größeren Wert hat als ein offenkundiges, sondern auch bereits an Wert verliert, wenn die implizite Information mit jemandem geteilt wird.

An anderer Stelle soll jedoch das Problem der Ermittlung des Vermögenswertes in Form eines Marktpreises analysiert werden, und der Einfluss des Informationsflusses auf ihn.[185] Hier soll nur darauf hingewiesen werden, dass die Verwendung einer Eignungsklausel auch an dieser Stelle aus zumindest zwei Gründen notwendig ist.

Zum einen ist die Monopolstellung eines Unternehmens und hinsichtlich der Information ihre Knappheit in Bezug auf einen relevanten Markt zu beurteilen, während

---

[184] Dazu oben Erster Teil D. IV. 4.

[185] Siehe unten Dritter Teil A. 6.

bei dem in der Formel der h.M. beschriebenen Informationsfluss dieser Bestimmungsort gerade nicht zwangsläufig vorausgesetzt wird.

Zum anderen bezieht sich diese Objektivierung auf einen anderen wirtschaftlichen Parameter als die Wettbewerbsfähigkeit, nämlich den des Preises. Die Minderung des Preises der Information kann einen Vermögensschaden begründen, der im Weiteren den Konkurrenzkampf beeinträchtigen kann. Es handelt sich daher nicht nur um eine vermittelte Auswirkung auf den in der Formel der h.M. beschriebenen Erfolg, sondern ebenfalls um einen nicht zwangsläufigen. Auch in dem Fall, dass eine Weitergabe auf dem Markt den Preis eines geheimen Know-how zwangsläufig um ein bestimmtes Quantum verringern sollte, muss es doch nicht auch zwangsläufig den Konkurrenzkampf beeinflussen. Daher ist es bei solchen objektivierten Informationen ebenfalls angebracht, Ursache und Folge der Formel in der h.M. anhand einer Eignungsklausel zu beschreiben.

6. Notwendigkeit einer Erheblichkeitsklausel ?

Da das objektive Geheimhaltungsinteresse einen wettbewerblichen Sachverhalt beschreibt, könnte erwogen werden, in Übereinstimmung mit der wettbewerbsrechtlichen Erfassung dieses Sachverhalts der Eignungsklausel auch eine bestimmte Erheblichkeit der wettbewerblichen Auswirkung des Sachverhalts hinzuzufügen, wie es im allgemeinen Verbot des § 3 UWG der Fall ist.[186] Dort wird eine unlautere Wettbewerbshandlung nur dann verboten, wenn sie geeignet ist, gewisse Interessen nicht nur unerheblich zu beeinträchtigen. Es würde sich um eine gewisse Anpassung des Verständnisses des objektiven Interesses an den neuen wettbewerbsrechtlichen Rahmen handeln.

Die Einführung der Erheblichkeitsschwelle des wettbewerbsrechtlichen Verbots auf der Ebene der Bestimmung des Handlungsobjektes ist aber schon aus systematischen Gründen nicht zwingend, zumal es hier noch nicht um die Beschreibung des strafrechtlichen Verbots geht.

---

[186] Näher dazu unten Dritter Teil A. III. 4.

Ferner steht nichts zu befürworten, weil die Ermittlung der Überwindung einer bestimmten Erheblichkeitsschwelle bei der Anwendung auf einen konkreten Fall einer wettbewerbs- oder straftatbestandsmäßigen Handlung durchaus möglich ist, dagegen abstrahiert vom konkreten Fall bei der abstrakten Begriffsbildung des Geheimnisbegriffs kaum mit hinreichender Verlässlichkeit durchführbar ist.

7. Zusammenfassung zum Begriff des objektiven Geheimhaltungsinteresses

Angesichts dieses Verständnisses des Wettbewerbs und der Modifikation der weiteren Elemente des objektiven Geheimhaltungsinteresses nach der Formulierung *Ottos*, kann dieses als das Interesse des geheimhaltenden Unternehmens an der Vermeidung eines (unerwünschten) Einflusses auf seinen Wettbewerb oder seiner Konkurrenten verstanden werden: kurz als das Interesse an der Vermeidung eines Einflusses auf den Konkurrenzkampf.

8. Selektionsfunktion des objektiven Interesses bei der Begriffsbildung

8.1. Kein notwendiges Vermögensinteresse

Wirtschaftliche Interessen eines Unternehmens sind letztendlich alle auf den Erfolg der Unternehmung gerichtet, der, wie oben erläutert, aus dem Austausch von Leistungen besteht. Dafür bedarf es u.a. einer erfolgreichen Teilnahme am Wettbewerb, die durch eigene faktische-wirtschaftliche und juristische Regeln bestimmt wird. Ein solches Zwischenziel des Unternehmens ist nicht mit dem der Erhaltung eines bestimmten Vermögensbestandes noch dem des Vermögenszuwachses identisch, so dass hier auch nicht notwendigerweise die genaue Bestimmung der Vermögensrelevanz der Geschäfts- und Betriebsgeheimnisse zu thematisieren ist. Diese Eigenschaft der Geheimnisse ist nur relevant, soweit sie wegen der Veränderung des Vermögens oder der Gefahr hierzu Einfluss auf den Konkurrenzkampf ausüben kann. Dies ist aber nicht zwingend. Die Geheimhaltung erweist sich somit als selbstständiger wettbewerblicher Aktionsparameter des Unternehmens neben anderen wie Forschung und Entwicklung, Einkauf, Herstellung, Personal, Finanzierung, Außendarstellung, Produktwerbung, Vertrieb, usw.[187] Diese beeinflussen sich gegenseitig und tragen zu dem bei der Beteiligung am Wettbewerb angestrebten Ziel der Förderung des eigenen Wirtschaftserfolges bei. Ob diese faktisch-wirtschaftlichen Erwägungen, die die unerlässliche Vermögensrelevanz bei der Bestimmung des Geheimhaltungsinteresse und somit der Begriffsbestimmung des Handlungsobjektes der Tatbestände verneinen, auch auf einer weiteren (straf)rechtlichen Ebene, nämlich der Bestimmung des Rechtsgutes des strafrechtlichen Verbots von Bedeutung sind, muss noch näher nachgegangen werden. Es ist aber hier festzuhalten, dass auf der Ebene des Handlungsobjektes die Wettbewerbsrelevanz eine vom Vermögen unabhängige strafrechtliche Würdigung erfährt.

8.2. Die Bedeutungslosigkeit weiterer wettbewerbsbestimmter Unternehmensinteressen

Des Weiteren ist zu berücksichtigen, dass nicht jede Wettbewerbsbeziehung in Frage kommt. Etwa, wenn eine innerbetriebliche Geheimhaltung einer Information nur der Förderung des innerbetrieblichen Wettbewerbs, z.B. zwischen Abteilungen, dient oder dazu, das Betriebsklima nicht zu stören. In diesen Fällen kann die inner-, aber auch außerbetriebliche Veröffentlichung berechtigte wirtschaftliche Interessen des Unternehmers betreffen, die nicht in einem unmittelbaren Zusammenhang mit dem marktbezogenen Wettbewerb stehen, wie etwa ein angenehmes Betriebsklima. Man muss daher konkret prüfen, ob jeweils ein hinreichenden objektives Interesses im Sinne der h.M. besteht.[188]

[187] Vgl. Hefermehl/*Köhler*/Bornkamm, § 1 Rn 7.

[188] Ähnlich *Taeger*, S. 68, der aber das „Betriebsklima" insgesamt aus dem Bereich der Geschäfts- und Betriebsgeheimnisse ausklammert, d.h. unabhängig davon, ob es in der Beziehung zu den Konkurrenten relevant ist oder nicht.

8.3. Die Bedeutungslosigkeit weiterer Interessen des Unternehmens im wirtschaftlichen Austausch

Ferner bezieht sich diese Formel des objektiven Interesses nicht auf alle möglichen Beziehungen zwischen Marktteilnehmern. Es ist nämlich mit dieser Eigenschaft nicht das Vertikalverhältnis zwischen Anbietern und Nachfragern betroffen, die konträre Ziele mit kontrahierender Tendenz (Geschäftsabschluss) verfolgen. Das hier angesprochene Konkurrenzverhältnis beschreibt im Gegensatz dazu eine horizontale Beziehung zweier oder mehrerer Marktteilnehmer, die ein gleiches Ziel in einem Spannungsverhältnis mit distrahierender Tendenz anstreben (in Austauschbeziehungen zu Abnehmern oder Anbietern zu gelangen).[189] Kurz ausgedrückt bezieht sich der Konkurrenzkampf auf *kompetitive Wettbewerber* und nicht auf *kooperierende Marktpartner*. Diese Unterscheidung ist z.B. relevant, wenn die Beeinträchtigung eines Geheimnisses nur das Interesse an einer günstigeren Preisbildung oder insgesamt an einem vorzugswürdigeren Geschäftsabschluss – sei es auf Seiten des Anbieters oder Abnehmers – beeinträchtigt, aber keinen Bezug auf ein Konkurrenzverhältnis hat bzw. den Konkurrenzkampf nicht beeinflussen kann. Die Verheimlichung einer relevanten Information aus einem reinen Vertragsverhandlungsinteresse mag ebenfalls wirtschaftlich relevant sein, solange es sich aber nur auf das Verhältnis zu einem Marktpartner und nicht eines Mitbewerbers auswirken kann, muss der einschlägigen geheimen Information nach der Formel der h.M. die Bezeichnung als Geschäfts- oder Betriebsgeheimnis verweigert bleiben. Um es an einem Beispiel darzustellen: Wenn die Vergabe eines Kredits geringer Größenordnung deswegen fehlschlägt oder unter belastenderen Bedingungen erteilt wird, weil eine geheimgehaltene Information bekannt geworden ist, kann dadurch zwar ein wirtschaftliches Interesse betroffen sein, aber die Veröffentlichung dennoch nicht geeignet sein, den Konkurrenzkampf zu beeinträchtigen. Die im Rahmen von Vertragsverhandlungen verheimlichten Informationen sind daher hinsichtlich der Auswirkungen ihrer Kenntnisnahme jeweils konkret zu prüfen und nicht pauschal als Geschäftsgeheimnisse zu bezeichnen.

---

[189] Vgl. dazu *Beater*, § 1 Rn 64 ff.; Hefermehl/*Köhler*/Bornkamm, Einl UWG Rn 1.10.

8.4. Die Bedeutungslosigkeit weiterer Ziele des Unternehmens

Bisher wurden nur wirtschaftliche Interessen des Unternehmens beleuchtet, die nicht mit dem wettbewerblichen Interesse desselben identisch sind. Schenkt man aber *Raisers* Überlegungen zum Unternehmensrecht Beachtung, so sind weiterreichende ebenfalls objektiv begründbare Interessen zu erkennen, die sich auf nichtwirtschaftliche Ziele des Unternehmens beziehen. Nach *Raiser* ist das Unternehmen eine „auf der organisatorischen Verbindung von Person und sachlichen Mitteln beruhende rechtliche Einheit, die nach ökonomischen Methoden arbeitet und wirtschaftliche Güter oder Dienstleistungen hervorbringt, um über den Markt die Nachfrage der Allgemeinheit nach ihren Produkten und mit dem Erlös die Einkommenswünsche und sonstigen Bedürfnisse seiner Anteilseigner, Arbeitnehmer und Unternehmensleiter zu befriedigen“.[190] Im Rahmen dieses juristischen Verständnisses des Unternehmens,[191] das zwar ausführlicher als der oben dargestellte weite Unternehmensbegriff, aber mit ihm vereinbar ist, meint *Raiser*, dass die Organisationssoziologie und die Wirtschaftswissenschaften erkannt hätten, dass das Streben nach maximalem Gewinn zugunsten der Anteilseigner nicht die alleinige Triebfeder unternehmerischen Handelns sei, sondern daneben auch noch andere Ziele verfolgt werden, namentlich die Erhaltung der Lebens- und Funktionsfähigkeit des Unternehmens, seine Expansion sowie die Befriedigung zahlloser materieller und immaterieller Bedürfnisse aller Beteiligten. Daraus ergebe sich, dass sich auch in den Rechtswissenschaften nicht mehr allein die Gewinnmaximierung als kennzeichnendes Merkmal des Unternehmens aufrechterhalten ließe. An ihrer Stelle sei heute die Betrachtung des ökonomischen Prinzips getreten, d.h. die Organisation aller unternehmerischen Tätigkeiten unter den Gesichtspunkt der Maximierung der Leistung und der Minimierung der Kosten bzw. der optimalen Relation zwischen Aufwand und Ertrag.[192] Dem hier zugrunde gelegten Unternehmensbegriff wohnt zwar nicht zwingend eine Gewinnerzielungsabsicht inne, so dass die Ausführungen *Raiser* nicht mit dem

---

[190] *Raiser*, § 6 Rn 8.

[191] *Raiser*, a.a.O., spricht insofern von einem Grundbegriff, der als Anknüpfungspunkt für das Unternehmensrecht dienen soll.

[192] *Raiser*, § 6 Rn 14, m.w.N.

hiesigen Begriff deckungsgleich sind. Dennoch ist entscheidend, dass selbst bei gewerblichen Betrieben, d.h. einem auf Gewinnerzielung gerichteten Unternehmen, die auch den größten Teil einschlägiger Unternehmen bilden, neben der Gewinnmaximierung weitere Ziele in Betracht kommen.

Insbesondere im Gesellschafts(straf)recht hat die Frage nach der Selbstständigkeit immaterieller Geheimhaltungsinteressen das Schrifttum beschäftigt, da dort auch der weitere Begriff der Gesellschaftsgeheimnisse aus den §§ 85 GmbHG und 404 AktG einschlägig ist. Ebenso wird auch im Kontext dieser Tatbestände allgemein erkannt, dass Geheimnisse auch auf einem lediglich immateriellen Interesse gründen können.[193] In diesen Bereich fallen z.B. soziale, ethische oder politische Interessen, die mit dem jedem Unternehmen eigentümlichen ökonomischen Prinzips nach *Raiser* vereinbar sind.

So wichtig und gar im konkreten Fall den wirtschaftlichen Zielen übergeordnet die daraus entstehende Geheimhaltungsinteressen auch sein mögen, sie können nicht als Betriebs- oder Geschäftsgeheimnisse i.S. der h. M. bezeichnet werden, soweit sie in keinem Zusammenhang zu wettbewerblichen Interessen des Unternehmens (bzw. der Gesellschaft) stehen.

Des Weiteren und für die hier faktisch wichtigen gewerblichen Unternehmen relevanter ist aber die auf den Ausführungen *Raisers* begründete Erkenntnis, dass selbst bei diesen Unternehmen Geheimhaltungsinteressen entstehen können, die weder mit der Gewinnmaximierung (so *Raiser*) noch mit der Wettbewerbsfähigkeit in unmittelbaren Zusammenhang stehen. Wird entschieden, gewisse Informationen geheimzuhalten, die für die Erhaltung der Lebens- und Funktionsfähigkeit des gewerblichen Unternehmens, für seine Expansion oder das Erreichen anderer materieller Bedürfnisse der am Unternehmen Beschäftigten relevant sind, die aber nicht wettbewerbliche Interessen tangieren, handelt es sich um Unternehmensgeheimnisse, die aber nach der h.M. nicht als Geschäfts- oder Betriebsgeheimnisse zu bezeichnen sind.

---

[193] Grundlegend *v. Stebut*, S. 39 ff., 52 f. Vgl. auch Michalski/*Dannecker*, § 85 Rn 39; KKAktG-*Geilen*, § 404 Rn 9, 20; *Kleindiek* in Lutter/Hommelhoff (Hrsg.), GmbHG, § 85 Rn 3; *Lutter*, S. 132 ff; WStR-*Ransiek*, VIII 2 Rn 13; Baumbach/Hueck-*Schulze-Osterloh*, § 85 Rn 10; *Tiedemann* GmbH-StR, § 85 Rn 6. Näher dazu unten Zweiter Teil D. III. 2.3.

So wenn ein Presseunternehmen bei einer bestimmten Entscheidung seine politischen Interessen vor der Förderung der Wettbewerbsposition Vorrang gibt oder wenn ein Unternehmen eine bestimmte wettbewerbsfördernde Entscheidung nicht trifft, um einen Konkurrenten, mit dem Mitglieder des Unternehmens in enger Beziehung stehen, nicht zu schädigen.

9. Die Neutralität des objektiven Interesse an der Geheimhaltung

Es ist auch hervorzuheben, dass die hier vorgeschlagene Formulierung zwar das Verständnis des objektiven Interesse der h.M. inhaltlich nicht verändert. Die Formel der h.M. wird aber durch die hier vorgeschlagene Wortwahl in gewisser Hinsicht eindeutiger dadurch, dass Begriffe wie die Wettbewerbsfähigkeit bzw. -stellung oder die Offenbarung durch solche ersetzt werden, die nicht irrtümlich als auf einen vermeintlich „technischen" Sinn oder Einengungseffekt hinweisend verstanden werden können . Dadurch gewinnt die Formel der h.M. in mehrerer Hinsicht an „Neutralität".
Zum einen ist hinsichtlich der (potenziellen) Auswirkungen des Handlungsobjekts an dieser Stelle nur eine faktische relevant, ohne diese Auswirkung schon rechtlich zu beurteilen, nämlich die Einwirkung auf den Konkurrenzkampf. Denn es geht noch nicht um das durch das (straf)rechtliche Verbot geschützte Rechtsgut an sich, sondern nur um eine faktische Voraussetzung für dessen Konfiguration.
Zum anderen ist das Vorliegen des Handlungsobjektes unabhängig von der konkreten Handlung zu prüfen. Es ist daher unwichtig, ob z.B. die Beeinträchtigung des Konkurrenzkampfes durch eine *befugte* Offenbarung erfolgt, diese hinreichend kompensiert wird oder im konkreten Fall keinen Konkurrenten erreichen kann. Der Sachverhalt kann sich wegen der Wettbewerbsrelevanz des Geheimnisses trotzdem auf ein Geschäfts- oder Betriebsgeheimnis beziehen. Um die Bedeutung der Akzentuierung der Neutralität des Handlungsobjektes an einem Beispiel darzustellen: Veräußert ein Manager eine geheime Information des Unternehmens an eine Zeitschrift

oder gar einen Konkurrenten,[194] kann es sich durchaus um eine vernünftige Entscheidung handeln, um z.B. akuten Liquiditätsproblemen entgegenzuwirken. Dass er durch diese Entscheidung das Unternehmen im Konkurrenzkampf benachteiligen kann und deswegen ein Geschäfts- bzw. Betriebsgeheimnis preisgegeben hat, ist isoliert zu untersuchen. Dass er des Weiteren dabei eventuell nicht strafbar handelt, weil andere Tatbestandsmerkmale unerfüllt bleiben, die Rechtswidrigkeit der Handlung nicht gegeben ist oder eventuell das – noch zu bestimmende – Rechtsgut nicht tangiert wird (insb., wenn man es am Vermögensschutz festmachen wollte), ist für die Bestimmung des Handlungsobjekts irrelevant.

Insgesamt ist aus all dem zu erkennen, dass das objektive Interesse zwar insofern ein normatives Merkmal des Geschäfts- bzw. Betriebsgeheimnisbegriffes darstellt, als nicht irgendein faktisch gegebenes objektives Interesse des Unternehmens dieses Handlungsobjekt mitdefiniert, sondern nur ein konkretes herausgegriffen, weiter konkretisiert und als wertendes Maßstab für die Begriffsbestimmung aufgestellt wird. Dennoch ist zu beachten, dass wegen der beschriebenen Eigenschaft der *Neutralität* des Wettbewerbs dieses Kriterium zur Konkretisierung des objektiven Interesses nur einen deskriptiven Inhalt hat: Wird die Geheimhaltung einer Information tangiert und dabei eine bestimmte Auswirkung bzw. dessen Gefahr festgestellt, trifft dieses Merkmal zu, unabhängig von wertenden Erwägungen, wie etwa Bagatellgedanken, Selbstschutzüberlegungen, etc.

V. Schlussbetrachtung zur Begriffsbildung

Zusammenfassend ist nach der Betrachtung der juristischen Begriffsmerkmale zu erkennen, dass die anfangs dargestellte allgemeine Definition des Geheimnisses i.S. der Wissensbeziehung einer Person zu einer nicht offenbarten Information in wesentlichen Elementen von dem juristischen Begriff abweicht und den spezifischen

[194] Ein Geheimnis käme auch bei einer solchen Mitteilung weiterhin in Betracht, weil die Veräußerung nicht zwangsläufig die Aufgabe des Geheimhaltungswillen oder den Verlust der relevanten Unbekanntheit bedeutet, da dem Käufer eine Geheimhaltungspflicht auferlegt wird und so weiterhin von einem Geheimnis die Rede sein kann.

Bereich der Geschäfts- und Betriebsgeheimnisse nicht hinreichend beschreiben kann. Auch wenn man den Geheimhaltungswillen in der Nichtoffenbarung als impliziert i.S. einer nicht gewollten Informationsverteilung und somit bereits als von dem allgemeinen Geheimnisbegriff erfasst verstehen könnte, kommt durch diese Definition nicht das notwendige Geheimhaltungsinteresse zum Ausdruck. Es wird auch nicht der dabei wesentliche Aspekt der Wettbewerbsrelevanz des Geheimnisses vermittelt. Ferner hat sich die Betriebsbezogenheit als weitgehend entbehrlich erwiesen, dagegen hat sich im Falle der Nichtoffenkundigkeit eine restriktive Betrachtungsweise als unabdinglich gezeigt, so dass von einer hergestellten Unzugänglichkeit auszugehen ist.

Ferner ist hervorzuheben, dass viktimodogmatische Erwägungen, die allgemein beim Geheimnisschutz zu erkennen sind, bei der Bestimmung der juristischen Deutung der Geschäfts- und Betriebsgeheimnisse eine spezifisch ausgeformte Relevanz erhalten haben.

Hinsichtlich der Möglichkeit, das Begriffspaar der Geschäfts- und Betriebsgeheimnisse, wie im Schrifttum üblich, durch einen Oberbegriff zu ersetzen, ist Vorsicht geboten. Denn nach der näheren Betrachtung bestimmter Merkmale des Geschäfts- und Betriebsgeheimnisbegriffes ist zu erkennen, dass dem üblichen Gebrauch der Oberbegriffe des *Wirtschaftsgeheimnisses* oder des *Unternehmensgeheimnisses* nicht uneingeschränkt zugestimmt werden kann.

Der Begriff des Wirtschaftsgeheimnisses ist deshalb zu weit, weil er auch den auf Verbrauch bzw. Befriedigung des Eigenbedarfs beschränkten privaten Haushalt einbezieht, wenngleich dies eher ein unüblicher Anwendungsbereich dieses Begriffes ist. Dennoch stellt die Bedürfnisbefriedigung in diesem Bereich auch eine wirtschaftliche Aktivität dar, die aber auf eine „verbrauchende Einheit" hinausläuft, die der „produzierenden Einheit" des Betriebes idealiter sowohl aus volkswirtschaftlicher wie auch juristischer[195] Betrachtungsweise gegenübersteht.[196]

---

[195] Siehe nur den Verweis in § 2 Abs. 2 UWG auf die gegensätzlichen Begriffe des Verbrauchers und des Unternehmers in den §§ 13 und 14 BGB.

[196] Vgl. dazu nur *Rittner*, Wettbewerbs- und Kartellrecht, § 6 Rn 4; *ders*. Wirtschaftsrecht, § 14 Rn 3.

Der Unternehmensgeheimnisbegriff erscheint dagegen treffender, weil beide Geheimnisformen, wie oben unter dem Merkmal der Betriebs- oder Unternehmensbezogenheit dargestellt, immer in Beziehung zu einem Unternehmen stehen.[197]
Dennoch hat die Untersuchung des Merkmals des objektiven Interesses an der Geheimhaltung gezeigt, dass kurz gesagt nur ein wettbewerbliches Interesse für die hier einschlägige Geheimnisart ausschlaggebend ist. Der Unternehmensbegriff ist daher weiter als der des Betriebs- und Geschäftsgeheimnisses, da jener Begriff auch andere objektiv begründbare Interessen des Unternehmens erfasst.
Aussagekräftiger wäre zudem die Verwendung des Begriffes des *Wettbewerbsgeheimnisses*. Da aber dieser Begriff dem Schrifttum fremd ist, der Unternehmensgeheimnisbegriff dagegen üblich, soll auch hier an ihm unter dem eben dargelegten Vorbehalt festgehalten werden. Dies auch, um bei der Analyse der Straftatbestände außerhalb des UWG den weitereichenden, aber dennoch unternehmensbezogenen Geheimnisschutz darstellen zu können.

E. Die Einteilung der Unternehmensgeheimnisse nach dogmatisch verwertbaren Kriterien

Neben der wenig ergiebigen gesetzlichen Einteilung in Geschäfts- und Betriebsgeheimnissen ist es möglich, die Unternehmensgeheimnisse in drei weitere Formen aufzuteilen.[198] Obwohl es sich jeweils um Klassifizierungen nach unterschiedlichen Kriterien handelt, deuten alle drei auf ähnlich strukturierte Unterschiede zwischen den verschiedenen Geheimnisarten hin. Die aus der Klassifizierung entstehenden Zäsuren ermöglichen allesamt die Hervorhebung des meist vernachlässigten Geheimnisbereiches ohne evidenten Vermögenscharakter. Ferner ermöglichen diese

[197] Ähnlich *Ploch-Kumpf*, S. 10.
[198] Bezüglich der von *Josef Kohler*, Der unlautere Wettbewerb, § 51, durchgeführten und von der gesetzlichen Einteilung nur minimal abweichenden Differenzierung in Geheimnisse der Industrie, der Erkundungstechnik und des Geschäftslebens ist Baumbach/*Hefermehl*, 22. Aufl., § 17 Rn 2, zuzustimmen, dass mit ihr nicht viel gewonnen ist.

unterschiedlichen Klassifizierungen die Darstellung der weiten Palette an Geheimnissen, die unter den Unternehmensgeheimnisbegriff nach der h.M. fallen.

I. Geheimnisse über positive, negative und „neutrale" Informationen

1. Allgemeines

Eine erste geläufige Einteilung wirtschaftlich relevanter Geheimnisse beschreibt sie anhand der Nützlichkeit für den Geheimhaltenden und unterscheidet nach Geheimnissen, die positive, negative oder neutrale Informationen verbergen.[199]
Dabei ist zu beachten, dass sich diese Einteilung zwar auf die Bewertung des Inhalts der Information seitens des Geheimhaltenden bezieht, aber diese Deutung nicht ohne Bezugnahme auf die Interessen Dritter erfolgen kann.[200] Denn könnte mit der Kenntnis einer negativen Information niemand etwas Nachteiliges für den Geheimnisherrn unternehmen, bestünde schon kein Geheimhaltungsgrund.

2. Geheimnisse über positive Informationen

In diesem Sinne versteht man unter *Geheimnisse über positive Informationen* solche, die Informationen erfassen, die durch das Unternehmen verwendet werden können und aus diesem Grund geheim gehalten werden. Die beiden grundsätzlichen Funktionen dieser Informationen sind zum einen interner Natur als Betriebs- oder Produktionsmittel, zum anderen externer Natur als Waren. Im ersten Fall stellen sie ein Wissen dar, das zur Herstellung bzw. Fertigung bestimmter Erzeugnisse erforderlich ist, stofflich nicht in die jeweiligen Endprodukte eingeht und in entsprechenden Produktionsprozessen wiederkehrend verwendet bzw. eingesetzt werden kann. Im zweiten Fall stellen sie Gegenstände dar, in denen menschliche Arbeit verkörpert ist und die für den Austausch hergestellt werden. Bei unternehmensinterner Anwendung

[199] Vgl. dazu *Druey*, Geheimsphäre, S. 134; *Schneider*, S. 34; *Taeger*, S. 65 ff., insb. 68.
[200] Dazu eingehend *Hauck*, S. 33 ff.

handelt es sich meist um Informationen, die auf längere Zeit geheimgehalten werden sollen, bei Vermarktungsabsicht dagegen um zeitlich begrenzte Geheimhaltungen. Diese Form von Unternehmensgeheimnissen wird auch bilanzrechtlich erfasst,[201] so dass nach § 266 HGB erstere Informationen Teil des Anlagevermögens und letztere des Umlaufvermögens und daher nach den Regeln der §§ 247 f. HGB zu bilanzieren sind.[202]

Damit diese Geheimnisse Unternehmensgeheimnisse darstellen, muss nach dem oben Dargestellten ihre Beeinträchtigung (Informationsfluss oder -vernichtung) geeignet sein, den Konkurrenzkampf zuungunsten des Unternehmens zu beeinflussen. Dies kann zum einen durch die Nutzung Dritter geschehen. Dabei ist es unerheblich, ob sie Konkurrenten oder eventuelle Marktpartner sind. Es muss sich aber wohl um Marktteilnehmer handeln, so dass hier z.B. Behörden oder andere staatliche Instanzen ausscheiden. Zum anderen kann der Konkurrenzkampf aber nicht nur durch einen Informationsfluss, sondern auch durch Verlust der positiven Informationen seitens des geheimhaltenden Unternehmens beeinträchtigt werden.

Ein klassisches Beispiel dieser Geheimnisart stellt sowohl das betriebliche als auch das geschäftliche Know-how dar,[203] etwa die in § 18 UWG erwähnten Zeichnungen, Modelle, Schablonen, Schnitte und Rezepte – sofern sie Geheimnisse darstellen,[204] wie auch Kalkulationslisten, Kundenlisten bzw. -daten, Absatz- oder Investitionsplanungen, Bilanzen, Marktuntersuchungen oder Reiseberichte.

---

201 Zur Bilanzierbarkeit von Unternehmensgeheimnissen eingehend *K. von Gamm,* S. 137 ff. und zu den Möglichkeiten für einen effektiven Schutz bei Bilanzierung insb. 267 ff.

202 Dabei besteht die wichtigste Regel aus § 248 HGB darin, dass diese nur als Aktivposten angesetzt werden können, wenn sie entgeltlich erworben worden sind. Informationen, die das Unternehmen selbst herstellt, unterliegen einem Bilanzierungsverbot. Darüber hinaus sind nach internationaler Rechtslegung gemäß IAS 38 neben entgeltlich erworbenen (38.25-32) auch selbst hergestellte (38.33-43) immaterielle Vermögensgüter („intangible assets") unter Umständen aktivierbar. Zum Ganzen näher unten Dritter Teil A. II. 7.7 b).

203 Bei diesen Geheimnisarten kommt sowohl eine Zuordnung zu den Waren, wie auch den Produktionsmitteln in betracht. So wenn das Know-how für die Veräußerung im Rahmen eines Lizenzvertrages entwickelt wird oder zur innerbetrieblichen Nutzung. Gleiches gilt für die Computerprogramme.

204 Dazu näher unten Zweiter Teil C, V, 2.2.

3. Geheimnisse über negative Informationen

Geheimnisse über negative Informationen sind solche, die nicht wegen eigener Nutzungsmöglichkeiten geheim gehalten werden, sondern aus dem Grund, dass deren Verwendung durch Dritte meist mit einer unmittelbaren Schädigungsabsicht verbunden ist.

Beispiele dieser Kategorie stellen Geheimnisse dar, die rufschädliche Informationen oder Schwachstellen im Unternehmen verbergen. Ob darüber hinaus auf rechtswidrige Inhalte Bezug nehmende Geheimnisse (sogenannte illegale oder rechtswidrige Geheimnisse) auch unter diese Kategorie fallen, soll im vierten Teil dieser Untersuchung eingehend analysiert werden.

Insbesondere hinsichtlich rechtswidriger Vorgänge besteht auch die Möglichkeit der Nachahmung, doch auch hier ist das größere wettbewerbliche Schädigungspotenzial in der gezielten Mitteilung oder Veröffentlichung zu erkennen und stellt sicherlich meist den wesentlichen Geheimhaltungsgrund dar. Charakteristisch ist daher, dass die Information bei Erreichen von Dritten (Kunden, Vertragspartnern, Behörden) wegen deren Entscheidungen ihr Schädigungspotenzial entfaltet.

Ein daraus resultierender weiterer Unterschied ist zunächst darin zu erkennen, dass nur ein Informationsfluss in Frage kommt, da der bloße Informationsverlust hinsichtlich dieser Geheimnisart den Konkurrenzkampf nicht beeinflussen kann. Ferner, dass hinsichtlich des Adressatenkreises dieses Informationsflusses nicht nur Marktteilnehmer in Frage kommen, sondern auch andere Dritte, wie z.B. Behörden, die auf den Konkurrenzkampf Einfluss ausüben können. Dies betrifft insbesondere die unten eingehend analysierten illegalen Geheimnisse.

Schließlich besteht zu den Geheimnissen über positive Informationen ein rechtlicher Unterschied darin, dass diese Geheimnisart nicht Teil bilanzrechtlich relevanter Gegenstände ist.

4. Geheimnisse über neutrale Informationen

Im Schrifttum werden häufig eine Reihe von Unternehmensgeheimnissen aufgezählt, die nicht eindeutig zu den positiv oder negativ begründeten Geheimnissen gezählt werden können. So z.B. wenn sie Informationen über die Betriebsorganisation, Bezugsquellen, Entwicklungsvorhaben, Konditionen im Bezug oder Absatz von Waren oder Dienstleistungen, Personalpolitik oder Produkt- und Preispolitik, Messevorbereitungen oder gewisse Beziehungen verbergen.

Diese Geheimnisse werden nicht dadurch charakterisiert, dass ihr Informationsgehalt für das geheimhaltende Unternehmen von Nützlichkeit ist. Dieses verwendet die Informationen nicht im Produktionsprozeß und veräußert sie auch nicht als Waren. So ist das Entwicklungsvorhaben für das Unternehmen relevant und muss sehr gut durchdacht worden sein, die Information darüber ist dagegen nebensächlich. Gleiches gilt ferner für bestimmte Vorgehensweisen, z.B. die Nutzung bestimmter Beziehungen für das schnellere Erreichen eines Vorhabens: Wichtig ist, dass diese vorteilhafte Beziehung existiert, nicht die Information darüber; so auch, dass bei bestimmten Vertragsverhandlungen, bestimmte Konditionen zu Stande kommen oder bei geplanten Vorhaben, wie Messevorbereitungen, dass sie gelingen.

Gleichfalls charakterisieren sich diese Geheimnisse nicht dadurch, dass ein Dritter sie direkt oder unmittelbar *gegen* das geheimhaltende Unternehmen anwenden kann, denn sie sagen nichts „Schlechtes" über das Unternehmen aus.

Im Gegensatz zu den auf negativen Informationen begründeten Geheimnissen besteht hier das Schädigungspotenzial nicht darin, dass beliebige auf den Konkurrenzkampf einflussfähige Dritten von ihnen erfahren, sondern vielmehr darin, dass sie bei Konkurrenten Anwendung finden. Sie unterscheiden sich aber gleichzeitig von den auf positiven Informationen begründeten Geheimnissen darin, dass ihre Anwendung nicht die gleiche wie die im geheimhaltenden Unternehmen ist, denn dort finden zwar diese Vorgänge, aber nicht die Information über sie Anwendung.

Um bei der gleichen Kategorisierung zu bleiben, bietet sich für diese Geheimnisart der Begriff der *Geheimnisse über neutrale Informationen* an. Sie stellen weiterhin Unternehmensgeheimnisse dar, weil ihre Kenntnis seitens Konkurrenten diese zu

vorteilhafte Entscheidungen bewegen können, die – über diesen Vorgang vermittelt – sich zuungunsten des geheimhaltenden Unternehmens auswirken können.
Schließlich könnten noch zwei Eigenschaften – subjektiver bzw. objektiver Art – gegen eine sinnvolle Differenzierung dieser auf neutralen Informationen begründeten Geheimnisse sprechen. Diese gilt es zu entkräften.
Das Geheimnis selbst kann zwar einen nur vermittelten Vorteil begründen, wenn die Nachahmung oder eine andere Vorteil versprechende Verwendungsform entschieden wird. Es kann aber ebenfalls insoweit einen direkten „Gewinn“, sowohl für das geheimhaltende Unternehmen, als auch für einen Kenntnis erlangenden Konkurrenten bedeuten, wenn die Information veräußert wird.
Eine weitere Eigenschaft der involvierten Subjekte relativiert ebenfalls diese Unterteilung. Konkurrenten stehen definitionsbedingt in einer Wechselbeziehung, die darin besteht, dass jeder Vorteil eines Konkurrenten einen Nachteil für den anderen bedeutet und umgekehrt, so dass für das geheimhaltende Unternehmen der Kenntnisstand eines Konkurrenten nie neutral i.S. von gleichgültig sein kann.
Doch so richtig diese Erkenntnisse auch sind, verhindern sie nicht die differenzierte Ermittlung des entscheidenden Geheimhaltungsgrundes einer Geheimhaltung. Würde man nicht auf diesen Aspekt abstellen, wäre auch keine Differenzierung zwischen positiv und negativ begründeten Geheimnissen möglich. Denn letztendlich ist es für jedes Unternehmensgeheimnis konstitutiv, dass die Kenntnis durch Konkurrenten negativ ist, die Gründe dafür unterscheiden sich aber voneinander. Gleiches gilt für die Veräußerungsmöglichkeit, denn auch negative, gar illegale Informationen können veräußert werden. Darin besteht aber nicht der entscheidende Geheimhaltungsgrund, sondern in dem informationell-negativen Potenzial.

II. Geheimnisse über Informationen mit bzw. ohne Immaterialgutcharakter

Eine weitere wenig verbreitete, jedoch sehr fruchtbare und zugleich stärker juristisch begründete Systematisierungsalternative ist insbesondere durch *Schneider*[205] eingehend analysiert worden. Sie basiert auf der Unterscheidung der Rechtsnatur der von Unternehmensgeheimnissen erfassten Information. Es handelt sich um die Unterscheidung zwischen Unternehmensgeheimnissen mit und ohne Immaterialgutcharakter.[206] Dadurch entsteht ein Querschnitt durch die gesetzliche Einteilung, da nach *Schneider* zwar alle Betriebsgeheimnisse[207] Immaterialgüter darstellen, aber nicht alle Geschäftsgeheimnisse einen solchen Charakter aufweisen. Ein Teilbereich der Geschäftsgeheimnisse basiert auf so genannten *unternehmensbezogen Informationen*, die etwas über durchgeführte Aktionen, Zustände und Absichten einer Person bzw. eines Unternehmens aussagen[208] und in Gestalt eines Geheimnisses von *Callmann* bereits 1932 unter dem Begriff *Beziehungsgeheimnis* beschrieben wurden.[209] Nach *Schneider* fehlt diesen Geheimnissen die entscheidende Eigenschaft, ein Geistes*werk* zu sein, um als Immaterialgüter verstanden werden zu können.[210] Die allen Immaterialgütern innewohnende Eigenschaft, „eine *Schöpfung*, die auf einer *Arbeitsleistung* beruht"[211] zu sein, fehlt gerade den Beziehungsgeheimnissen, die in einem Unternehmen oder einer Person lediglich *anfallen*. Anleitungen zu einem technischen Handeln (Betriebsgeheimnis), Kundenlisten oder Organisationsprinzipien eines Unternehmens (Geschäftsgeheimnisse) sind Produkt einer geistigen Arbeitsleistung bzw. Schöpfung, potentiell zugleich vom geheimhaltenden Unter-

[205] Vgl. dazu *Schneider*, Schutz des Unternehmensgeheimnisses vor unbefugter Verwertung, Eine rechtssystematische Untersuchung, S. 26 ff.

[206] *Schneider*, S. 30 ff. So auch *Bindschedler*, S. 18 f.; *Troller/Troller*, S. 107. *Kraßer*, GRUR 1970, 588 (591) spricht von Tatsachen die nicht einer Verwertung zugänglich sind.

[207] Von *Schneider* als Fabrikationsgeheimnisse benannt und in der Sache übereinstimmend.

[208] *Troller/Troller*, S. 107, sprechen von Geheimnissen, die Verhältnisse des Unternehmens betreffen.

[209] Vgl. *Callmann*, 36. DJT, Bd. II., S. 465 ff. So auch *Forkel*, FS-Schnorr, S. 117; *Kraßer*, GRUR 1977, 177 (181); *Meili*, S. 13; *Pfister*, S. 7; *Stadtmüller*, S. 287.

[210] *Schneider*, S. 31. *Troller/Troller*, S. 107, meinen sogar, dass sie für den Geheimnisträger kein selbstständiges Gut darstellen.

[211] *Schneider*, S. 31 (Hervorhebung im Text). Für den einschlägigen Geheimnisbereich spricht *Meili*, S. 13, von einem Leistungserstellungs-Prozess und *Maas*, S. 95, von Ideen.

nehmen und von der Konkurrenz einsetzbar und haben deshalb Immaterialgutcharakter. Dagegen sind geplante Investitionen oder Personalverpflichtungen (generell: geplante Tätigkeiten) oder Beziehungen zu einflussreichen Personen (generell: Zustände) Geheimnisse, die zwar auch eventuell als Informationen vom Geheimnisherrn und von der Konkurrenz verwertet werden können, jedoch als Information nicht das Ergebnis einer Schöpfungsleistung sind, sondern lediglich im Unternehmen anfallen.[212]

Allerdings ist zu verzeichnen, dass die Bezeichnung dieser Kategorie als *Beziehungsgeheimnis* oder alternativ als *unternehmensbezogenes Geheimnis* im Hinblick auf den oben beschriebenen „Beziehungscharakter“ aller Geheimnisse und der allgemein anerkannten „Betriebsbezogenheit“ aller Unternehmensgeheimnisse und schließlich der terminologischen Nähe zu diesem Oberbegriff nicht sehr geglückt ist. Genau betrachtet, deutet sie aber auch auf eine weitere interessante Eigenschaft hin, die darin besteht, dass sich Beziehungsgeheimnisse bei Verwendung durch Dritte immer auf den originären Geheimnisherrn beziehen, daher nicht von diesem Ursprung trennbar sind,[213] was ein zusätzliches Unterscheidungskriterium ausmacht.[214] *Schneider* meint, dieses Systematisierungsmodell sei dem gesetzlichen überlegen, weil es sowohl die unterschiedliche Interessenlage wie auch die verschiedenen Verwendungsmöglichkeit zwischen geheimhaltenden Unternehmen und den (legitimen oder illegitimen) Erwerbern (Konkurrenten) der einschlägigen Information erkennbar macht. Bei Geheimnissen mit Immaterialgutcharakter erwächst dem Benutzer – sei es dem geheimhaltenden Unternehmen oder einem Dritten – durch die Verwendung des Wissens ein unmittelbarer wirtschaftlicher Vorteil. Der Dritte erfährt dar-

[212] Ähnliche Beispiele bei *Schneider*, S. 32. Gleiches gilt für den Personen- bzw. Berufsbereich: Die psychische Erkrankung kann ein Psychiater vor anderen Kollegen (Konkurrenten) geheim halten wollen, dieser Zustand ist aber durchaus keine voluntative geistige Schöpfung.

[213] *Müller*, S. 69, spricht auch von unselbstständigen Fabrikations- und Geschäftsgeheimnissen. Nach dem hier Vorgetragenen ist jedoch die Bezeichnung für Fabrikationsgeheimnisse, *scil.* Betriebsgeheimnisse, nicht zutreffend.

[214] Dies ist beim Grenzfall der Kundenliste anzuerkennen, die zwar Geschäftsbeziehungen zwischen Kunden und einem bestimmten Geheimnisherrn beschreiben, aber kein Beziehungsgeheimnis darstellen, da sie in erster – wirtschaftlich verwertbarer – Linie über potentielle Kunden und deren Nachfrage(bedingungen) informieren und daher auch ohne Bezugnahme auf den Geheimnisherrn verwertet werden können.

über hinaus einen zusätzlichen wirtschaftlichen Vorteil, der in der Einsparung von Entwicklungskosten für dieses Wissens besteht. Im Falle von Beziehungsgeheimnissen ist dieser Vorteil regelmäßig weniger evident und dann meist mittelbar, denn die Information dient nur als Grundlage für eine Entscheidung, von der zwar positive finanzielle Auswirkungen erwartet werden können, die aber nicht unbedingt eintreten müssen.[215]

Hinsichtlich der unterschiedlichen Interessenlage ist bei Unternehmensgeheimnissen mit Immaterialgutcharakter – wegen ihrer vom Unternehmen losgelösten wirtschaftlichen Werthaltigkeit – ein Interesse an der *Exklusivität der Verwertbarkeit des Wissens*[216] zu erkennen und nicht an der bloßen Kenntnisnahme durch Dritte, sofern die Information nicht verwertet wird oder für sie eine Kompensation gezahlt wird. Allgemein ausgedrückt ist die Kenntnisnahme an sich noch nicht schädlich, der Schaden entsteht erst durch die nicht kompensierte Verwertung durch Konkurrenten. Wie *Schneider* zu Recht bemerkt, besteht selbstverständlich daneben auch ein Interesse an der Geheimhaltung an sich, da dies die beste Prophylaxe gegen unbefugte Verwertung durch Mitwisser ist.[217] Dagegen besteht bei Beziehungsgeheimnissen ein unabdingbares Interesse an der Geheimhaltung bzw. der freien Bestimmung der Zeit und Art der Veröffentlichung selbst,[218] da Wissen nicht zurückgegeben werden kann und die daraus folgenden Entscheidungen als Gedankenprodukte nicht (rechtlich) verhindert werden können.[219]

---

215 *Schneider*, S. 38 f. Als Ausnahme eines solch vermittelten Vorteils nennt *Schneider*, a.a.O., die Verwertung von Insiderkenntnissen an der Börse durch einen Dritten. Der Unterschied bleibt aber bestehen, da auch hier erst der Handel mit Papieren auf Grundlage dieser Informationen gewinnbringend ist. Möchte man noch nicht die Verwendungsmöglichkeit auf eine Verwertung verengen, einem Begriff, der in der Literatur unterschiedliche Deutungen erhält, kann eine zusätzliche, unmittelbare, finanzielle Auswirkung auch bei Beziehungsgeheimnissen erkannt werden, nämlich in ihrer Veräußerung. Eingehend zum Verwertungsbegriff unten Erster Teil E V.

216 *Schneider*, S. 41 (Hervorhebung im Text); so auch *Druey*, Geheimsphäre, S. 127.

217 *Schneider*, S. 41

218 So *Druey*, Geheimsphäre, S. 133; *Forkel*, FS-Schnorr, S. 117; *Schneider*, S. 40 f.; *Troller/Troller*, S. 107.

219 Vgl. dazu *Schneider*, S. 42. Sowohl die Beseitigungs- bzw. Unterlassungsklage gemäß § 8 UWG wie auch aus § 282 Abs. 2 BGB sind hier untauglich. Vgl. dazu *Graßer*, GRUR 1977, 177 (178 ff.).

III. Offensive und defensive Geheimnisse nach M. M. Kohler

Die bisher dargestellten Einteilungsmöglichkeiten der Unternehmensgeheimnisse leiden darunter, dass sie sich nicht direkt am Geheimnis orientieren, sondern sich auf Eigenschaften der verborgenen Informationen beziehen. Dagegen stellte *Michael Martin Kohler* bereits im Jahre 1901 mit der bildlichen Unterscheidung zwischen *offensiven* und *defensiven* Geheimnissen direkt auf den Geheimhaltungsgrund ab. Offensive Geheimnisse beziehen sich dabei auf Informationen, die für den Betriebsinhaber positiv-nützlich sind und einen Wettbewerbsvorsprung sichern, defensive dagegen beziehen sich auf Informationen, die Schwächen des eigenen Betriebs offenlegen und den Konkurrenten Angriffsmöglichkeiten bieten.[220]
Das entscheidende Differenzierungskriterium besteht darin, dass bei Einwirkung auf das Geheimnis (Informationsfluss oder –vernichtung) dem Geheimhaltenden bei offensiven Geheimnissen Handlungsalternativen entfallen, bei defensiven Geheimnissen dies nicht der Fall ist, sondern solche vielmehr einem Dritten entstehen.
Jedoch ist zu bemängeln, dass bei der Beschreibung der defensiven Geheimnisse zwei unterschiedliche Kriterien, nämlich die „Angriffsmöglichkeiten" und die „Schwächen", die auf unterschiedliche Geheimnisarten zielen, vermengt werden. Denn in diesem Bereich beschränken sich die „Angriffsmöglichkeiten" eines Konkurrenten im Wettbewerb nicht nur auf „Schwächen" eines Konkurrenzbetriebs, sondern erfassen auch Informationen, die sich zwar aus der Perspektive des geheimhaltenden Unternehmens weder positiv noch direkt negativ auswirken, für den Konkurrenten jedoch nützlich sein können und bereits als *auf neutralen Informationen begründete Geheimnisse* charakterisiert wurden. *Kohler* nennt sie auch als Beispiel eines defensiven Geheimnisses: die Information über die Richtung, in der ein Unternehmen Forschung betreibt.[221]

---

[220] Vgl. *M. M. Kohler*, Das Verbrechen des unlauteren Wettbewerbs, S. 181 ff. Ein Beispiel offensiver Geheimnisse seien Fabrikationsmethoden, eines für defensive Geheimnisse, die Richtung, in der ein Unternehmen Forschung betreibt.

[221] Die Forschung ist zwar „positiv-nützlich", die geheimgehaltene Information darüber aber in nur sehr geringem Maße (z.B. durch eine Veräußerung) und sichert keinen Wettbewerbsvorsprung, so dass sie nicht unter die offensiven Geheimnisse fällt. Ferner bezieht sich dieses Geheimnis auf keine „Schwäche" des Unternehmens, eröffnet aber einem Konkurrenten eine Angriffsmöglichkeit, da er

Die Unterscheidung zwischen diesen zwei Geheimnisformen lässt sich auch anhand der bildlichen Erklärung, die *Möhring* in einem anderen Zusammenhang formuliert, beschreiben. Danach kommt es darauf an, „ob dritte Personen von diesem Geschäfts- oder Betriebsgeheimnis Gebrauch machen und versuchen würden, das Konkurrenzunternehmen *mit seinen eigenen Waffen zu schlagen*".[222]

IV. Gegenüberstellung der Systematisierungsmodelle

Zunächst ist hervorzuheben, dass es sich bei diesen Einteilungen um idealtypische Klassifizierungen handelt, die im konkreten Fall nicht immer zu evidenten Ergebnissen führen können. Ferner verwenden die beschriebenen Systematisierungsalternativen Kriterien, die sehr nahe beieinander liegen. Dennoch gelangen sie nicht zu kongruenten Ergebnissen, z.B. sind nicht alle Geheimnisse über positive Informationen zugleich notwendigerweise solche mit Immaterialgutcharakter. Denn jene Informationen können im Unternehmen auch lediglich anfallen (Beziehungsgeheimnisse), aber z.B. eventuell bei Börsengeschäfte durch das geheimhaltende Unternehmen Anwendung finden. Defensive Geheimnisse beziehen sich nicht nur auf negative Informationen, sondern auch auf neutrale. Dass die Gruppierungen nicht genau übereinstimmen ergibt sich daraus, dass sie von unterschiedlichen Gesichtspunkten ausgehen. Die Einteilung in Geheimnisse über positive, negative und neutrale Informationen geht von der *Verwendungsmöglichkeit für das Unternehmen* aus, die Einteilung in Informationen mit bzw. ohne Immaterialgutcharakter von der *auf der Entstehungsform begründeten rechtlichen Bewertung der Information* und schließlich die Einteilung in offensive und defensive Geheimnisse vom *Zweck der Geheimhaltung*.

Da es hier um die Beschreibung des Phänomens der Geheimhaltung wirtschaftlich relevanter Information geht, ist diese letzte Einteilung gegenüber den vorher dargestellten zu bevorzugen. Dies auch, weil diese Einteilung zwar genauso wie diejenige

---

auf dieser Kenntnis Entscheidungen zur Verbesserung seiner Wettbewerbsposition treffen kann (z.B. Nachahmung der Forschung).

[222] Vgl. *Möhring*, FS-Nipperdey, S. 417 (Hervorhebung nicht im Text).

in Geheimnisse über positive Geheimnisse (und entgegen den Geheimnissen mit Immaterialgutcharakter) nicht auf die für den Geheimnisschutz irrelevante Entstehungsform der Information abstellt, sondern nur auf ihren Nutzen. Die Einteilung in offensive und defensive Geheimnisse ist aber nicht den Bedenken bei der Unterscheidung zwischen Geheimnissen über negative und neutrale Informationen ausgesetzt, da diese immer defensive Geheimnisse darstellen.
Dass diese Einteilungsalternative im Schrifttum in Vergessenheit geraten ist,[223] erscheint wegen der Einfachheit bei gleichzeitigem Erklärungspotential merkwürdig.

V. Exkurs: Die Verwertbarkeit der unterschiedlichen Arten von Unternehmensgeheimnisen

1. Der (straf)rechtliche Verwertungsbegriff

Stellt man bei der Klassifizierung der Unternehmensgeheimnisse auf den Grund der Geheimhaltung ab, stehen nach *M. M. Kohler* die Handlungsmöglichkeiten (sowohl des Geheimhaltenden als auch der Konkurrenten) im Mittelpunkt, die sich konkreter auf die Nutzungsmöglichkeiten der geheimgehaltenen Information beziehen: Bei offensiven Geheimnissen sollen dem Geheimhaltenden keine informationellen Nutzungsmöglichkeiten entfallen, bei defensiven Geheimnissen entfallen dem Geheimhaltenden zwar nicht diese Nutzungsmöglichkeiten, es sollen einem Dritten aber auch keine informationellen Nutzungsmöglichkeiten eröffnet werden. Gleichzeitig ist jedes Unternehmensgeheimnis dadurch charakterisiert, dass es objektiv wettbewerbsrelevant ist, so dass die offensiven Geheimnisse wettbewerbsrelevante Nutzungsmöglichkeiten der Information schützen sollen, defensive Geheimnisse Dritte daran hindern sollen, wettbewerbsrelevante Nutzungsmöglichkeiten zu eröffnen. Diese Handlung läßt sich allgemeinsprachlich ohne weiteres als eine Verwertung beschreiben, denn darunter versteht man, „den Nutzen aus etwas ziehen". Bei der vorjuristischen Darstellung der Anwendungsmöglichkeiten geheimgehaltener In-

[223] Nicht so bei *Kersting*, S. 8, Fn. 8.

formation wurde ebenfalls zwischen *Verwertung*, *Auswertung* und *Verarbeitung* von Informationen unterschieden und dabei der erste Begriff ausschließlich auf die Umsetzung des Geheimnisses in ein unmittelbar wertbringendes Tun beschränkt: Die im Geheimnis enthaltene Information stellt an sich einen Wert dar, sie ist Anleitung zu einem unmittelbaren wertbringenden Tun.[224] Jedoch knüpft dieser Begriff im Schrifttum – im Zusammenhang mit verschiedenen Straftatbeständen, die diese Handlungsform vorsehen[225] – nicht etwa schon an diesem üblichen Sprachgebrauch an, sondern normativiert diesen mehr oder weniger. Daraus ergibt sich eine engere Deutung des Verwertungsbegriffs, dem an dieser Stelle nachgegangen werden soll, um klarzustellen, inwiefern der juristische Gebrauch des Begriffs der Verwertungshandlung alle beschriebenen Unternehmensgeheimnisarten betreffen kann.

Allgemeine Übereinstimmung besteht in der Literatur darüber, dass unter der Verwertung von Informationen die *Realisierung* des in dem Geheimnis verkörperten wirtschaftlichen Wertes für eigene oder fremde Zwecke zu verstehen ist.[226] Nach einem solchen Verständnis liegt das Verwerten des Geheimnisses nicht schon in jeder Tätigkeit, die im Zusammenhang mit dem Geheimnis auf Vermögensvorteile abzielt.[227] Entscheidend ist nach dieser Auffassung, dass das Geheimnis einen Vermögenswert besitzt und das Potential zur Gewinnerzielung daraus stammt.[228]

Diese Auffassung bejaht z.B. bei der Errichtung eines Unternehmens auf einem fremden Kundenstamm ein Verwerten.[229]

Besonders strittig ist dagegen die Frage, ob der Verwertungsbegriff darüberhinaus voraussetzt, dass die wirtschaftlichen Nutzungsmöglichkeiten in der Absicht reali-

---

[224] *Druey*, Geheimsphäre, S. 29. Näher dazu oben Erster Teil A. II. 1.2.

[225] Vgl. etwa § 17 Abs. 2 Nr. 2 oder § 18 UWG, § 85 Abs. 2 GmbHG, § 204 StGB.

[226] So etwa zum Strafgesetzbuch MüKo-*Cierniak*, § 204 Rn 10; S/S-*Lenckner*, § 204 Rn 4; LK-*Schünemann*, § 204 Rn 6; zum Gesellschaftsstrafrecht *Otto*, Aktienstrafrecht, § 404 Rn 27; WStR-*Ransiek*, VIII 2 Rn 20; *Tiedemann*, GmbH-StR, § 85 Rn 15; zum Wettbewerbsrecht E/K-*Diemer* U 43 § 17 Rn 46; Harte/Henning/*Harte-Bavendamm*, § 17 Rn 35; Baumbach/*Hefermehl*, 22. Aufl., § 17 Rn 37;so auch schon RGSt 63, 205, 207.

[227] *Tiedemann*, GmbH-StR, § 85 Rn 15.

[228] Vgl. Gössel/*Dölling*, 7.Kap. Rn 184; T/*Fischer*, § 204 Rn 3; SK-*Hoyer*, § 204 Rn 2 und 5; S/S-*Lenckner*, §204 Rn 5; LK-*Schünemann*, § 204 Rn 6. MüKo-*Cierniak*, § 204 Rn 11 und *Tiedemann*, GmbH-StR, § 85 Rn 15 sprechen von einem „wirtschaftlichen Wert“ in einem dem Vermögenswert identischen Sinn.

[229] Vgl. statt vieler, *Tiedemann*, GmbH-StR, § 85 Rn 16.

siert werden müssen, *auf Kosten* des – dadurch entsprechend „entreicherten" – Geheimnisträgers Gewinn zu ziehen.[230] Da nach dieser Auffassung „der Unrechtsgehalt der Tat darin liegt, dass der Täter wirtschaftliche Vorteile, die eigentlich dem Geheimhaltungsberechtigten zustehen, unter Mißbrauch seines Wissens dem eigenen Vermögen oder dem eines Dritten zuleitet",[231] muss der erstrebte Vermögensvorteil mit einem Vermögensnachteil auf der Seite des Geheimhaltenden korrespondieren. Wie auch beim Vermögensvorteil, der nicht tatsächlich eingetreten sein muss, reiche auch hier bereits die abstrakte Eignung, eine solche Vermögensverschiebung herbeizuführen. Darüber hinaus sei auch nicht die Gefahr völliger Entwertung des Geheimnisses für den Geheimnisträger notwendig.[232]

Die Gegenauffassung meint, dass diese Verengung der Verwertung nicht dem Wortlaut zu entnehmen sei, so dass eine Vermögensverschiebung nicht notwendig sei.[233] Betreibe jemand z.B. ein *Insider-Trading,* könne er sich durch die Information bereichern, ohne das betroffene Unternehmen in seinem Vermögensbestand zu schädigen oder zu gefährden.[234] Diese Handlung erfülle ebenfalls den tatbestandsmäßigen Verwertungsbegriff. *Cierniak* deutet aber zu Recht darauf hin, dass gerade im für die Insidergeschäfte einschlägigen WpHG der Gesetzgeber diese Handlungsform nicht mit dem *Verwerten* beschreibe, sondern mit dem *Ausnutzen* oder *Verwenden.*[235] In der Tat verweist die Strafvorschrift aus § 38 WpHG auf das Verbot von Insiderge-

---

[230] So MüKo-*Cierniak*, § 204 Rn 11; T/*Fischer*, § 204 Rn 3; *Hefendehl*, in Spindler/Stilz (Hrsg.), AktG, § 404 Rn 38; NK-*Jung* (Stand: 1997), § 204 Rn 3; S/S-*Lenckner*, § 204 Rn 5/6; WStR-*Ransiek*, WStR VIII 2 Rn 21; *ders.* Unternehmensstrafrecht, S. 167 f;; LK-*Schünemann*, § 204 Rn 6; *Tiedemann*, GmbH-StR, § 85 Rn 17; *Niemeyer* in Müller-Gugenberger/Bieneck, § 33 Rn 171. Nicht eindeutig auf einen Vermögensschaden gerichtet M/S/*Maiwald*, BT I, § 29 III Rn 26 und *Kindhäuser* BT I, § 31 Rn 21 und *Otto*, BT, § 34 Rn 42, die nur auf eine *Interessenverletzung* gegenüber dem Rechtsgutträger abstellen.

[231] LK-*Schünemann*, § 204 Rn 6.

[232] Vgl. S/S-*Lenckner*, § 204 Rn 5.

[233] Vgl. SK-*Hoyer*, § 204 Rn 3; NK-*Kargl*, § 204 Rn 6. Ferner zum Gesellschaftsrecht Michalski/*Dannecker*, § 85 Rn 51; KKAktG-*Geilen* § 404 Rn 63 f.; *Hachenburg/Kohlmann*, § 85 Rn 40; *Lutter/Kleindiek* in Lutter/Hommelhoff (Hrsg.), GmbH, § 85 Rn 6; *Roth/Altmeppen*, § 85 Rn 22; *Rowedder/Fuhrmann/Schaal*, § 85, Rn 10; Baumbach/Hueck-*Schulze-Osterloh*, GmbHG, § 85 Rn 42; GK/AktG-*Otto* § 404 Rn 29.

[234] A.A. *Hefendehl*, in Spindler/Stilz (Hrsg.), AktG, § 404 Rn 38, der in einer solchen Handlung „nicht nur theoretische wirtschaftliche Risiken für das Unternehmen" erkennt und dies mit einem weiten Vermögensbegriff bzw. -gefährdung verbindet.

[235] MüKo-*Cierniak*, § 204 Rn 11.

schäften (§ 14 WpHG), welche vor der Reform durch das Anlegerschutzverbesserungsgesetz aus dem Jahr 2004 das *Ausnutzen* der Kenntnis einer Insidertatsache und nun die *Verwendung* einer Insiderinformation verlangen.[236] Vor dieser Änderung bestand Übereinstimmung darin, dass die tatbestandsmäßige Handlung eine Gewinnerzielungsabsicht des Täters erforderte,[237] so dass auch nicht argumentiert werden könnte, im WpHG werde eine solch weiter Begriff deswegen benutzt, um die Handlung nicht auf das Gewinnstreben zu reduzieren. Die Änderung in den Begriff der Verwendung sollte jedoch u.a. eine Ausweitung in dem Sinne bewirken, dass nun nicht mehr auf ein zweckgerichtetes Handeln abgestellt werde musste. Dies beweist aber, dass der Gesetzgeber bei der Wahl unterschiedlicher Begriffe zur Beschreibung der Nutzung nicht offenkundiger Informationen unterschiedliche Anforderungen an die Handlungen stellen möchte.
Diese Erkenntnis bekräftigt auch die Gebotenheit der systematischen Auslegung verwandter Tatbestände, die allesamt Unternehmensgeheimnisse erfassen bzw. erfassen können. Die Verwertungshandlung sollte daher einer engeren Handlungsform vorbehalten werden, die darauf gerichtet ist, den Wert aus der Information dahingehend zu ziehen, dass eine Gewinnerzielung angestrebt wird, die wechselseitig geeignet ist, dem Geheimhaltenden einen Vermögensschaden zuzufügen.

2. Anwendung des (straf)rechtlichen Verwertungsbegriff auf die unterschiedlichen Unternehmensgeheimnisarten

Unabhängig von der Entscheidung zugunsten einer dieser beiden unterschiedlichen Normativierungsreichweiten des Verwertungsbegriffs ist zu erkennen, dass keine der beiden Auffassungen sämtliche Unternehmensgeheimnisarten erfassen kann. Geht es darum, durch diesen Begriff den aus der Handlung unmittelbar (wechselseitig) effektiven oder drohenden Vermögensnachteil für den Geheimhaltenden miteinzu-

[236] Vgl. BGBl. I 2004, S. 2630 ff. Diese Änderung sollte in einer hier nicht relevanten Weise die Handlungsform erweitern. Es ging darum, Schwierigkeiten in der Beweisführung zu beheben, indem nicht mehr auf ein zweckgerichtetes Handeln abgestellt wurde, und die Deutung als ein Alleinstellungsmerkmal zu vermeiden, da das Hinzutreten weiterer, oft kaum zu wiederlegender Motive des Täters zur Straflosigkeit führte. Vgl. den Regierungsentwurf, BT-Drs. 15/3174, S. 34.
[237] Vgl. statt vieler *Hilgendorf*, in Park (Hrsg.), Kapitalmarktstrafrecht, S. 197. m.w.N.

beziehen, so kann er sich nur auf offensive Unternehmensgeheimnisse beziehen. Denn nur diese gewähren dem geheimhaltenden Unternehmen Nutzungsmöglichkeiten im Wettbewerb, die durch die Nutzung eines Dritten dezimiert werden. Aufgrund der Nutzung defensiver Geheimnisse durch Konkurrenten entfallen dem geheimhaltenden Unternehmen keine informationellen Handlungsmöglichkeiten. Dies bedeutet zugleich, dass Dritte nicht negative oder neutrale Informationen, als Inbegriff der defensiven Geheimnisse, verwerten können; dies bedeutet auch, dass Beziehungsgeheimnisse, denen der Geheimhaltende keine realistischen Vermögensvorteile entnehmen kann, nicht durch Dritte verwertet werden können.

Geht man in den Ansprüchen an den Verwertungsbegriff einen Schritt zurück, also davon aus, dass die Handlung hinsichtlich ihrer Vermögensrelevanz nicht wechselseitig sein muss, dann sind weiterhin bestimmte Arten von Unternehmensgeheimnissen nicht miteinbezogen. Wenn der Verwertungsbegriff keine unmittelbar negative Auswirkung auf das Vermögen haben muss, könnte man annehmen, dass Beziehungsgeheimnisse und allgemein defensive Geheimnisse verwertet werden können. Diese Auffassung der Verwertung verlangt aber auch, dass die Handlung den Vermögenswert des Geheimnisses realisiert. Beziehungsgeheimnisse und allgemein defensive Geheimnisse dienen aber immer nur als Grundlage für weitere Entscheidungen, die ihrerseits erst den eigentlichen Gewinn ermöglichen.

Zusammenfassend ist zu erkennen, dass zunächst einmal in der Rechtsordnung verschiedene Nutzungsmöglichkeiten verboten werden und dabei verschiedene Begriffe verwendet werden. Daher erscheint es angebracht, auch dem Verwertungsbegriff eine spezifische, von anderen Nutzungsmöglichkeiten abgrenzbare Handlung zuzuordnen. Anders als nach dem allgemeinsprachlichen Sinn des Begriffes muss strafrechtlich mit der Verwertung eine Gewinnerzielung angestrebt werden, die wechselseitig geeignet ist, dem Geheimhaltenden einen Vermögensschaden zuzufügen. Aber auch wenn man die Normativierung des Verwertungsbegriff nicht so eng zieht, ist diese Handlungsform nicht auf sämtliche Unternehmensgeheimnisse anwendbar: Beziehungsgeheimnisse oder allgemeiner defensive Geheimnisse sind im strafrechtlichen Sinn nicht verwertbar.

Schließlich wäre noch zu untersuchen, ob die Verwertungshandlung tatsächlich auf eine Interessenverletzung des Geheimhaltenden abzielt, die einen Vermögensschaden im strafrechtlichen Sinne darstellt. Diese letzte den Verwertungsbegriff konkretisierende Frage muss aber hier noch offen bleiben, da sie erst im Rahmen der Untersuchung des Vermögenscharakters der Unternehmensgeheimnisse klargestellt werden kann.[238]

---

[238] Siehe dazu unten Dritter Teil A. II. 7.6 a) ff).

Zweiter Teil: Die Strafvorschriften zum Unternehmensgeheimnisschutz

A. Zielsetzung und Gang der Untersuchung

Nach der Betrachtung des Unternehmensgeheimnisbegriffes, der Merkmale, die den juristischen Begriff bestimmen und schließlich der Möglichkeiten, die unterschiedlichen Unternehmensgeheimnisformen sinnvollerweise einzuteilen, soll nun der straftatbestandsmäßige Schutz dieser Geheimnisse, ebenfalls in einiger Detailliertheit, vorgestellt werden. Zunächst soll die geschichtliche Entwicklung beschrieben werden, die schon erkennen läßt, wie sehr heterogene rechtspolitische Vorhaben die Evolution des Unternehmensgeheimnisschutzes bestimmt haben. Ferner soll der gegenwärtige Stand des strafrechtlichen Schutzes in all seinen Bestandteilen ausnahmslos analysiert werden, um ein komplettes Bild dieses zentralen – aber eben im meist von der Strafrechtsdogmatik vernachlässigten Nebenstrafrecht befindlichen – Tatbestandskomplexes zum Unternehmensgeheimnisschutz zu vermitteln. Anschließend soll der über das UWG hinausreichende strafrechtliche Schutz der Unternehmensgeheimnisse – sowohl aus dem StGB wie auch aus anderen Tatbeständen aus dem Nebenstrafrecht – dargestellt werden. Zum einen soll dadurch verdeutlicht werden, inwieweit die gesamte Rechtsordnung dem Unternehmen in seinen Geheimhaltungsbedürfnissen Schutz gewährt, zum anderen soll auch der Versuch unternommen werden, in einem systematischen Vergleich mit den Regelungen aus dem UWG Rückschlüsse für die zentrale Aufgabenstellung der Untersuchung, nämlich die Rechtsgutsbestimmung, zu gewinnen. Dabei sollen aber nur diejenigen Aspekte der Tatbestände behandelt werden, die für diesen Vergleich aufschlussreich sind.

B. Die geschichtliche Entwicklung des strafrechtlichen Schutzes von Geschäfts- und Betriebsgeheimnissen

I. Die Entstehung der Tatbestände zum Schutz von Geschäfts- und Betriebsgeheimnisse

Der Schutz von Geschäfts- und Betriebsgeheimnissen entstand im Kontext der Institutionalisierung der Gewerbefreiheit,[1] der Aufhebung der strengen Bindungen an die Grundsätze der Kaufmannsgilden und Handwerkerzünfte[2] sowie des Rückzuges des Staates aus seiner dominierenden Rolle im wirtschaftlichen Leben und unter dem Einfluss der Ideen des ökonomischen Liberalismus (Abbau von Zollschranken, Aufgabe von Staatsmonopolen),[3] wodurch die Voraussetzungen für einen Leistungswettbewerb[4] geschaffen waren. Vorher gab es zwar Geschäfts- und Betriebsgeheimnisse,[5] doch die Gefahr der Enthüllung solcher Geheimnisse bestand – wegen des Fehlens eines freien Wettbewerbs auf den jeweiligen internen Märkten – hauptsächlich bezüglich ausländischer Märkte.

Unter dieser neuen wirtschaftlichen Realität entstanden zuerst auf der Ebene der Partikulargesetzgebung[6] und in Nachbarländern[7] ausdrückliche Bestimmungen zum Schutz der Geschäfts- und Betriebsgeheimnisse. Das preußische Recht enthielt jedoch keine derartige Regelung, so dass der Norddeutsche Bund und im Jahre 1871

---

[1] *Arians*, S. 347.
[2] *Krüger*, S. 6.
[3] *Metzler*, S. 110.
[4] So *Arians*, S. 347.
[5] Vgl. dazu die Beispiele aus der Seiden- und der Porzellanherstellung in *Tiedemann*, Wirtschaftsstrafrecht und Wirtschaftskriminalität AT, S. 35. So auch *Hauck*, S. 13, mit anderen Beispielen aus antiker Zeit, sowie *Schafheutle*, S. 4. A.A. *Metzler*, S. 108, der meint, dass damals „Geschäfts- und Betriebsgeheimnisse im nennenswerten Umfang nicht existierten".
[6] *Taeger*, S. 26, verweist auf Nachweise in *Prein* (Der Geheimnisschutz im wirtschaftlichen Wettbewerb nach deutschem Recht, 1932). Danach hieß es z.B. im Badischen Strafgesetzbuch vom 6.3.1845: „Gehilfen in Fabriken, welche die ihnen im Berufe anvertrauten Fabrikgeheimnisse zum Nachteil ihres Dienstherrn unbefugterweise Andern offenbaren, werden auf Anzeige des Beschädigten, ohne Unterschied, ob solches während des Dienstverhältnisses oder nach dem Austritt aus demselben geschah, … bestraft." Vgl. ferner die Art. 285, 320 thür. StGB und §§ 372, 373 sächs. StGB. Dagegen sollen diese Rechtsordnungen keinen zivilrechtlichen Schutz geboten haben.
[7] Z.B. die in *Taeger*, S. 26, genannten Beispiele des Art. 418 französischer *code pénal* von 1810 und Art. 1382, 1383 französischer *code civil*.

auch das Deutsche Reich, wegen der Übernahme dieses Rechtes, keinen strafrechtlichen Schutz von Geschäfts- und Betriebsgeheimnissen kannte.[8] Zwar enthielten sowohl das RStGB[9] als auch andere Reichsgesetze auf Geschäfts- und Betriebsgeheimnisse anwendbare Vorschriften,[10] sie konnten aber wegen ihres Charakters als Sonderdelikte oder ihrem begrenzten Anwendungsbereich nur Einzelfälle erfassen und keinen umfassenden Schutz gewähren.

Eine Begründung für diese Rechtssituation lässt sich nicht eindeutig aus der Literatur entnehmen, doch wird hauptsächlich auf die „landwirtschaftsfreundliche Einstellung des preußischen Gesetzgebers“,[11] auf ein fehlendes öffentliches Interesse[12] und den Einfluss des reinen Liberalismus[13] abgestellt.

Die entscheidende Anregung zu einer Diskussion über den strafrechtlichen Schutz der Geschäfts- und Betriebsgeheimnisse ist der Chemieindustrie[14] zu verdanken. Diese plädierte zwar für einen umfangreichen Schutz der Geschäfts- und Betriebsgeheimnisse, konnte sich aber vorerst in der Diskussion nicht durchsetzen. Sowohl einige Industrie- und Handelskammern, wie auch im Schrifttum die Meinung *Freudensteins*,[15] insbesondere aber der Verein Deutscher Ingenieure lehnten entschieden eine Pönalisierung in diesem Bereich ab. Die Reichsregierung ließ im Jahre 1885 eine Enquête darüber anstellen, ob die Missstände auf dem Gebiet des Geheimnis-

---

[8] Laut *Arians*, S. 348 und *Krüger*, S. 8 konnten die landesrechtlichen Vorschriften diese Situation nicht ändern, da nach allgemeiner Ansicht die Vorschriften des RStGB den Geheimnisschutz abschließend regelten.

[9] §§ 299, 300 RStGB bezogen sich auf den Schutz des Briefgeheimnisses bzw. auf die Verletzung von Privatgeheimnissen durch bestimmte Berufsgeheimnisträger (Ärzte, Anwälte, Apotheker, usw.). Eingehend zu diesen Vorschriften *Sauter*, S. 1, 20 ff.; aufschlussreiche Analyse zur Genese dieser Tatbestände bei M/S-*Maiwald*, BT I, § 29 Rn 1 und *Rogall*, NStZ 1983, 1 (2 f.).

[10] Etwa Art. 69 Nr. 5, 81, 84 HGB oder die §§ 139 b, 145 GewO. Nach h.M. bezogen sich jedoch die Vorschriften des Strafgesetzbuches auf Tatsachen des Privatlebens. So etwa *Binding*, Lb. Bd. I, S. 126; v. Liszt-*Schmidt*, Lb., S. 589; w.N. bei *Rogall*, NStZ 1983, 1 (3 Fn. 36).

[11] So *Arians*, S. 347; *Tiedemann*, Gutachten, C 64; *ders*. Wirtschaftsstrafrecht und Wirtschaftskriminalität A.T., S. 35.

[12] So *Friedlaender*, S. 168; *Schafheutle*, S. 23.

[13] So *Metzler*, S. 112.

[14] Laut *Krüger*, S. 25 und *Schafheutle*, S. 25, war dieser Industriezweig insofern der Nachahmung (durch Verrat und Spionage) besonders ausgesetzt, als ihre Produkte aufgrund mangelnder Patentfähigkeit nicht geschützt werden konnten. *Tuffner*, S. 8, verweist auf die Gründung des „Vereins zur Wahrung der Interessen der chemischen Industrie“, die dem Reichskanzler eine Eingabe mit der Bitte übergab, „dahin wirken zu wollen, dass der Industrie gesetzlicher Schutz des geistigen Eigentums an Fabrik- und Geschäftsgeheimnissen baldmöglichst zuteil werde“.

[15] *Freudenstein*, GA 1884, S. 265 ff.

schutzes ein Tätigwerden des Gesetzgebers erforderlich machten. Der 19. Deutsche Juristentag befasste sich 1888 mit dieser Frage und fand zwar immer noch Gegner zu dieser Strafbarkeitsinitiative,[16] entschied sich jedoch – nach erfolgreichem Vortrag von *Katz* –[17] mit großer Mehrheit für die Ergänzung der Strafvorschriften durch die Ahndung des Verrates von Geschäfts- und Fabrikationsgeheimnissen unter dem Gesichtspunkt des Vertrauensbruchs.[18]

Schließlich wurden im Jahre 1894 von den Reichsämtern des Innern und der Justiz und 1895 durch die Regierung Entwürfe eines Gesetzes zur Bekämpfung des unlauteren Wettbewerbs vorgelegt, die den Verrat von Geschäfts- und Betriebsgeheimnissen „vor Ablauf von fünf Jahren seit Beendigung des Dienstverhältnisses" bzw. zwei Jahren bestraften.[19]

Nach mehreren Lesungen im Reichstag und der Ablehnung dieser „unerträglichen Bestimmung für Handlungsgehilfen" durch die Sozialdemokraten,[20] wurde der Geheimnisverrat durch Angestellte endgültig auf die Dauer des Dienstverhältnisses reduziert und weder die Ausspähung noch der Versuch des Geheimnisverrats pönalisiert. Das Gesetz gegen den unlauteren Wettbewerb wurde am 27. 5. 1896 verkündet, jedoch schon bald im Bereich des Geheimnisschutzes unter den erwähnten Argumenten als unzureichend kritisiert, so dass ein neues UWG erlassen wurde, das am 1. 10. 1909 in Kraft trat.[21] Wichtigste Innovation stellte der neu eingeführte § 18 dar, in dem die sogenannte Vorlagenfreibeuterei geregelt wurde.[22]

---

[16] Vgl. dazu *André*, Verhandlungen des 19. DJT Bd. 1, S. 71 ff.

[17] *Katz*, Verhandlungen des 19. DJT Bd. 3, S. 256, 258.

[18] So *Eb. Schmidt*, Gutachten, S.148. *Schafheutle*, S. 26, spricht vom Gesichtspunkt der Untreue.

[19] Vgl. dazu *Schafheutle*, S. 27. Aus dieser Zeit sind ebenfalls nennenswert zum einen der von *Schafheutle*, S. 28 zitierte Änderungsvorschlag *Scherers* anlässlich des 23. DJT, der die Strafbarkeit des Angestellten über die Dauer des Dienstverhältnisses hinaus ablehnte und dagegen den Unternehmer strafbar machte, der sich von Angestellten des Konkurrenzunternehmens – auch nach ihrer Entlassung – ein Betriebsgeheimnis mitteilen ließ oder sie dazu vorsätzlich verleitete, und zum anderen die Regelungen aus Entwürfen der Regierung aus dem gleichen Zeitraum, die die Strafbarkeit einer Geheimnisverletzung des Angestellten nach Beendigung des Dienstverhältnisses auf den Fall erweiterten, dass diese entgegen einer schriftlichen Zusicherung zustande gekommen sei.

[20] So der Sprecher der Sozialdemokraten *Singer*, zitiert durch *Schafheutle*, S. 31.

[21] RGBl., S. 499.

[22] Auf Vorhalt der Stickerei- und Spitzenindustrie, um ihren Schablonen, Mustern und Entwürfen ausreichenden Schutz zu verschaffen. Vgl. statt vieler *Tiedemann*, FS -v. Caemmerer, S. 646.

Zusammenfassend kann festgehalten werden, dass mit der Fassung des UWG aus dem Jahre 1909 eine erste Regelungsetappe, mit beachtlichem Vorbehalt des Schrifttums, abgeschlossen wurde, wobei der Regelungsbereich des *internen* Schutzes gegen Verrat unter dem individuellen Vertrauensgesichtspunkt im Vordergrund stand und der *externe* Schutz gegen Spionage noch weitgehend vernachlässigt wurde. Ganz in diesem Sinne bewegte sich auch die Auseinandersetzung um die etwaige Berücksichtigung der Geschäfts- und Betriebsgeheimnisse beim Schutz der Privatgeheimnisse in dem als Sonderdelikt Geheimhaltungspflichtiger konzipierten § 300 RStGB.[23] Dagegen wurde nicht thematisiert, ob der allgemeine Schutz von außen durch den Briefgeheimnisschutz des § 299 RStGB ausreichte.

II. Die Entwicklung nach dem ersten Weltkrieg

Eine zweite Entwicklungsrichtung erhielt die Diskussion um den Schutz von Geschäfts- und Betriebsgeheimnissen nach Beendigung des ersten Weltkrieges. Die Weltwirtschaftskrise und die prekäre wirtschaftliche Situation Deutschlands, die protektionistisch geprägte Wirtschaftspolitik der Nationalstaaten[24] und nicht zuletzt die praktische Aufhebung der Geschäfts- und Betriebsgeheimnisse für die deutsche Industrie durch den Versailler Vertrag,[25] führten zu einem regelrechten „Wirtschaftskrieg" zwischen Deutschland und Frankreich.[26] Dabei wurde die französischen Besetzung des Ruhrgebiets und die häufigen Verratsfälle – militärischer und

---

[23] Dazu *Ortloff*, Jb. f. Gesetzgebung, Verwaltung und Volkswirtschaft im Dt. Reich, Bd. 7 (1883), S. 229 ff.

[24] So *Metzler*, S. 126.

[25] Nach Art. 172 des Versailler Vertrages hatte das Deutsche Reich den Alliierten Mächten Beschaffenheit und Herstellungsart aller chemischen Präparate mitzuteilen, die im 1. Weltkrieg verwendet worden waren. Nach der Anlage zu den Art. 231-244 desselben Vertrages musste das Deutsche Reich dem Wiedergutmachungsausschuss der Alliierten Mächte ein Bezugsrecht auf Farbstoffe und chemische sowie pharmazeutische Erzeugnisse der deutschen Industrie einräumen. Zwar durfte dieser Ausschuss nach Ziffer 4 des Zusatzprotokolls nicht die Bekanntgabe von Fabrikationsgeheimnissen oder anderen vertraulichen Mitteilungen verlangen, doch die Errichtung von alliierten Überwachungskommissionen nach Art. 203-210 und das Verweigerungsverbot des Exequatur für alliierte Konsuln nach Art. 279 ermöglichten eine straflose Ausspionierung der deutschen Industrie. *Schafheutle*, S. 4, m.w.N., meint, dass so das deutsche technische Know-how preisgegeben werden sollte.

[26] So *Schafheutle*, S. 36.

wirtschaftlicher Art – zugunsten der französischen Geheimpolizei Sûreté besonders beanstandet.[27] Dadurch verlagerte sich die Diskussion vom Geheimnisverrat auf die Wirtschaftsspionage und die gesetzliche Regelung wurde nicht mehr unter dem Kriterium des unlauteren Wettbewerbs betrachtet, sondern unter dem des wirtschaftlichen Landesverrats analysiert.[28] Im Rahmen des „passiven Widerstandes" der deutschen Regierung gegen diese Besetzung wurde vom Reichspräsidenten am 3. 3. 1923 eine Verordnung erlassen, die die Spionage in wirtschaftlichen, politischen oder militärischen Angelegenheiten während der Besetzung des deutschen Gebiets zu Friedenszeiten zugunsten fremder Mächte bestrafte und hohe Zuchthaus- und Geldstrafen festlegte.

In dieser Phase tritt also der *externe* Schutz vor Spionage in den Vordergrund, jedoch nicht unter einer individuellen oder überindividuell-wirtschaftlichen Schutzrichtung, sondern – historisch bedingt – auf den Staatsschutz ausgerichtet.[29]

III. Die Entwicklung nach dem zweiten Weltkrieg

Die Geschäfts- und Betriebsgeheimnisse wurden vom Gesetzgeber sowohl in den Reformarbeiten zum StGB wie auch zum UWG für fünf bzw. sechs Jahrzehnte vernachlässigt. Es wurden zwar weiterhin bedeutende Beiträge verfasst, unter denen die Analysen *de lege lata* von *Eb. Schmidt*[30] und *de lege ferenda* von *Kohlrausch*[31] her-

---

[27] So *Schafheutle*, S. 35; *Tuffner*, S. 10.

[28] Laut *Schafheutle*, S. 34, stammt die erste Arbeit, die den Verrat wirtschaftlicher Geheimnisse unter diesem neuen Aspekt behandelte, aus dem Jahre 1922: *Fischer*, Die feindliche Handels- und Industriespionage und der wirtschaftliche Landesverrat.

[29] Nach *Schafheutle*, S. 36, wurde die Wirtschaftsspionage zugunsten des Auslandes auf eine gleiche Ebene mit der politischen oder militärischen Spionage gestellt. Sobald der Anlass für diese Notverordnung nicht mehr bestand, wurde sie durch eine zweite Verordnung vom 27.9.1923 (RGBl I, S. 911) zurückgenommen und die Spionagefälle amnestiert (nach dem Londoner Abkommen vom 29. 8. 1924, RGBl II, S. 345).

[30] Vgl. *Eb. Schmidt*, 36. DJT, Bd. 1, S. 152 ff.

[31] Vgl. *Kohlrausch*, ZStW 1930, 30 ff. Dieser plädiert für eine gründliche Erweiterung der §§ 17 ff. UWG, die nicht nur das „Wesen" des Geheimnisverrats i.S. einer Aneignung fremder Arbeit, sondern auch das überindividuelle Interesse am Wohl der deutschen Volkswirtschaft und der Leistungsfähigkeit der deutschen Industrie berücksichtige. U.a. sollte die Strafbarkeit zum einen auch über das Vertragsende - erstmals auch ohne ausdrückliche vertragliche Vereinbarung – hinausreichen und zum anderen auch auf den Versuch erweitert werden. Ferner sollten die Vorschriften in das StGB einge-

vorzuheben sind. Doch erst als Teile des Schrifttums auf den erheblichen Anstieg der wirtschaftlichen Spionage aus den Ostblock-Staaten als neues kriminologisches Phänomen des „kalten Krieges" hinwiesen[32] und für eine spezifische Typisierung in dieser Hinsicht plädierten, erhielt dieser Regelungsbereich wieder Aufmerksamkeit. Dennoch stammt der einzige eingehende Reformvorschlag von den Verfassern des Alternativ-Entwurfes eines Strafgesetzbuches[33] (AE-StGB) aus dem Jahre 1977, da sich zunächst das 1. WiKG[34] gar nicht mit dem Schutz von Geschäfts- und Betriebsgeheimnissen befasste und später das 2. WiKG[35] keine systematische und umfassende Regelung traf, sondern lediglich den dringlichsten neuen Herausforderungen nachkam.

Zwar hatte der Gesetzgeber bereits eine einschlägige Gesetzesänderung durchgeführt, indem er im Jahre 1974 durch das EGStGB bei der Neufassung der Privatgeheimnisse in den §§ 203 und 204 StGB ausdrücklich den Schutz von Geschäfts- und Betriebsgeheimnissen erwähnte. Dadurch wurde aber nur der Vorteil geschaffen, die Schutzbedürftigkeit der Privatgeheimnisse im Rahmen von Genehmigungen, Überwachung und Versicherung gewerblicher Tätigkeit aus den zahlreichen Nebengesetzen in einer Vorschrift zu vereinigen. Der geforderten „Modernisierung" des Schutzes von Geschäfts- und Betriebsgeheimnissen wurde dadurch nicht nachgekommen. Dies mag auch ein Grund dafür sein, dass diese Änderung im Schrifttum weitgehend ignoriert wurde.[36]

Im Rahmen eines umfassenden Konzepts zur Neugestaltung des im Strafgesetzbuch zu regelnden Wirtschaftsstrafrechts[37] bemühte sich das AE-StGB hauptsächlich dar-

---

gliedert werden, aber nicht mehr im Bereich des Landesverrats, um auch inländische Betriebe voreinander zu schützen (S. 69).

[32] Vgl. *Lampe* in Müller-Dietz (Hrsg.), Strafrechtsdogmatik und Kriminologie, S. 87 ff. m.N. So auch *Tiedemann*, Gutachten, C 64; *ders.*, Wirtschaftsstrafrecht und Wirtschaftskriminalität BT, S. 42 f.

[33] Vorgelegt von den Professoren *Lampe*, *Lenckner*, *Stree*, *Tiedemann* und *Weber*.

[34] Das Erste Gesetz zur Bekämpfung der Wirtschaftskriminalität, BGBl I, 2034, vom 26.7.1976 trat am 1.9.1976 in Kraft.

[35] Das Zweite Gesetz zur Bekämpfung der Wirtschaftskriminalität, BGBl I, 721, wurde am 15.5.1986 verkündet und trat am 1.8.1986 in Kraft. In dieser Reform wurden lediglich Teilgebiete des Wirtschaftsstrafrechts erfasst (Subventions- und Krediterschleichung, Konkursdelikte und Wucher).

[36] Meist wurde nur die systematische Platzierung unter den Privatgeheimnissen beanstandet. So schon AE-StGB, S. 49; später *Rogall*, NStZ 1983, 1 (3); *B. Schünemann*, ZStW 1978, 11 (11).

[37] AE-StGB, S. 3.

um, die einschlägigen Sachverhalte von den traditionellen Tatbeständen loszulösen und selbständig zu typisieren und dadurch mit dem Vermögensstrafrecht im StGB zu harmonisieren.[38]

Im Vordergrund der Befassung mit dem Geschäfts- und Betriebsgeheimnisschutz scheint jedoch eher ein zweites zentrales Vorhaben des AE-StGB zu stehen, nämlich die unmittelbare Auseinandersetzung mit der Problematik des Spannungsverhältnisses zwischen Tatbestimmtheit und Praktikabilität, Verhältnismäßigkeit und Effizienz im Bereich der Wirtschaftskriminalität.[39] Daher wird bei der Kommentierung des vorgeschlagenen § 180 AE (Verrat von Wirtschaftsgeheimnissen) besonders die mangelnde Wirksamkeit der strafrechtlichen (und strafprozessualen) Mittel hervorgehoben und der bisherige Tatbestand sogar als „stumpfe, kaum gehandhabte Waffe zur Verbrechensbekämpfung" bezeichnet.[40] Die Diagnose der Verfasser spricht von einem Tatbestand, der mit Merkmalen überfrachtet, in seinen Grenzen unsachgemäß und in seinen Voraussetzungen schwer beweisbar ist. Dieses Effizienzproblem soll einerseits durch eine Legaldefinition der Betriebs- und Geschäftsgeheimnisse (§ 180 Abs. 6 AE) und andererseits durch eine Neubestimmung des Täters und zugleich der Aufhebung der zeitlichen Grenze des Geheimnisverrats mittels der Einfügung des Elements der (gesetzlichen oder vertraglichen) Pflichtverletzung[41] (§ 180 Abs. 1 AE) gelöst werden. Des Weiteren soll diesem Problem durch die Bestrafung der Spionage im Vorfeld der Verwertung oder Weitergabe des Geheimnisses durch (Vollendungs-) Strafbarkeit des (erfolgreichen) Auskundschaftens (§ 180 Abs. 3 AE) begegnet werden. Ebenfalls soll eine unsachgemäße Einschränkung der Strafbarkeit[42] bei § 17 Abs. 1 UWG und der Geheimnishehlerei durch die Streichung der

[38] So heißt es im Vorwort des AE-StGB, S. 3, es gehe darum, die Tatbestände der Untreue und des Betruges durch Schaffung von Sondertatbeständen im Vorfeld dieser Figuren von Ausdehnungen und zweifelhaften Konstruktionen zu entlasten. So auch *Tiedemann*, JZ 1986, 865 (865 f.), der in diesem Entwurf den Versuch sieht, die Frage nach der Beziehung des Wirtschaftsstrafrechts zu den traditionellen Vermögensstraftatbeständen zu beantworten.

[39] Wobei die Verfasser in diesem Bereich nicht eine abschließende Lösung bereitstellen, sondern eher einen konstruktiven Beitrag leisten wollen (vgl. dazu AE-StGB, S. 4).

[40] AE-StGB, S. 49.

[41] Damit wird die Figur der Vorlagenfreibeuterei (§ 18 UWG) - die auf einer vertraglichen, unternehmensexternen Kenntnisnahme beruht - mit leichten Veränderungen in den Tatbestand eingegliedert.

[42] AE-StGB, S. 53.

Absichtsmerkmale und durch eine weitere Formel der fahrlässigen Herbeiführung einer Gefahr eines wirtschaftlichen Nachteils für das Unternehmen (§ 180 Abs. 1 bzw. Abs. 4 AE) vermieden werden. Darüber hinaus soll das berufliche Fortkommen des Angestellten durch eine Limitierung der Strafbarkeit des Verwertens von Geschäfts- und Betriebsgeheimnissen ausdrücklich in Form eines Erlaubnistatbestands der Interessenabwägung geschützt werden (§ 180 Abs. 2 AE). Schließlich wird eine Strafbarkeit der versuchten Tat eingefügt (§ 180 Abs. 5 AE) und das Erfordernis des Strafantrages beseitigt. Als Rechtsgut wird das Vermögen des Unternehmens (bereits durch eine Gefahr eines wirtschaftlichen Nachteils) in den Vordergrund gerückt.[43]

IV. Die Änderungen durch das 2. WiKG

Dieser Analyse *de lege lata et ferenda* wurde jedoch durch das 2. WiKG nicht Rechnung getragen. Der Schutz von Geschäfts- und Betriebsgeheimnissen stellte keineswegs eine Priorität der Diskussion dar, so dass zunächst die Bundesregierung in den ersten Entwürfen keine Reform einer UWG-Vorschrift vorsah.[44] Erst in den Beratungen zum 2. WiKG wurde im Rechtsausschuss die Reformbedürftigkeit der progressiven Kundenwerbung (§ 6c UWG n. F.) und die Notwendigkeit einer effektiven Strafvorschrift gegen die Wirtschaftsspionage (§ 17 Abs. 2 UWG n. F.) anerkannt.[45] Die eingehende Diskussion um die Computerkriminalität als Hauptthema der Reform und der zu diesem Zeitpunkt als unzureichend empfundene Schutz vor Computerspionage und Software-Diebstahl, veranlassten die Novellierung des

[43] Vgl. dazu AE-StGB, S. 49, 53.

[44] Weder der Entwurf der Regierung *Schmidt-Genscher* vom 4.6.1982, noch die der anschließenden Regierung *Kohl-Genscher* vom 8.4.1983 legten dem Bundestag Vorschläge bezüglich irgendeiner UWG-Vorschrift vor. *Achenbach*, NJW 1986, 1835 (1836) zitiert die aussagekräftige Meinung des Bundesjustizministers *Engelhart*: „Nicht für alles und jedes Gesetze". Zwar wurde schon 1978 ein Regierungsentwurf zur Reform des UWG vorgelegt, der auch die bloße Ausspähung von Daten bestrafte und das Strafantragserfordernis strich, doch verließ die Initiative schon vor der 8. Wahlperiode des Bundestages im Herbst 1980 die parlamentarische Diskussion. Eingehend dazu *Reinbothe*, WRP 1982, 387 ff.

[45] Vgl. Nachweise in *Achenbach*, NJW 1986, 1835 (1836); *Weber*, NStZ 1986, 481 (486).

UWG.[46] Die Änderungen im Bereich des Schutzes der Geschäfts- und Betriebsgeheimnisse beziehen sich in erster Linie auf die im Schrifttum[47] einstimmig verlangte Pönalisierung der bloßen Ausspähungshandlungen (§ 17 Abs. 2 Nr. 1 UWG), jedoch begrenzt auf bestimmte „Verkörperungen" des Geheimnisses und den Einsatz bestimmter technischer Mittel. Daneben wurde durch die Einführung der Modalität des „Handelns zugunsten Dritter" der ideologisch motivierte, den Interessen fremder Staaten dienende Täter beim Geheimnisverrat (§ 17 Abs. 1 UWG) und der Geheimnisspionage (§ 17 Abs. 2 UWG) erfasst. Weitere Strafverschärfung stellen der nun strafbare Versuch (zunächst nur in § 17 Abs. 3 UWG vorgesehen) und die besonders schweren Fälle mit einer Strafe von bis zu 5 Jahren Freiheitsstrafe (§ 17 Abs. 4 UWG) dar. Als Strafverfolgungsverschärfung wurde die Verfolgung von Amts wegen eingeführt (seit dem UWG 2004 nicht mehr generell in § 22 vorgesehen, sondern nun bei den jeweiligen Tatbeständen, d.h. §§ 17 Abs. 5; 18 Abs. 3; 19 Abs. 4), wenn es die Strafverfolgungsbehörde wegen besonderer öffentlicher Interessen für geboten hält.

V. Die Tatbestände seit dem neuen UWG 2004

Diese Novellierung stellt nicht nur weitestgehend den heutigen Stand des Schutzes von Geschäfts- und Betriebsgeheimnissen dar, sondern ist im Ergebnis eine weitaus relevantere als die bescheidenen Änderungen, die mit dem In-Kraft-Treten des jahrelang erwarteten neuen UWG im Jahre 2004 zu Stande kamen.[48] In diesem für das Wettbewerbsrecht kaum zu überschätzenden Reformvorhaben spielten die Strafvorschriften eine sekundäre Rolle. Der Straftatbestand der geschäftlichen Verleumdung

[46] Vgl. dazu *Dannecker*, BB 1987, 1614 (1616).

[47] Abgesehen von den aktualisierten Kommentaren zum UWG stammt die Mehrheit der strafrechtlichen Monographien aus der Zeit vor der Reform des 2. WiKG, so dass sie meistens mit einem Reformvorschlag enden. So z.B. *Arians*, S. 401 ff.; *Krüger*, S. 102 ff.; *Schafheutle*, S. 189 ff.; *Tuffner*, S. 125 ff.

[48] Instruktive Übersichten zum neuen UWG bei *Henning-Bodewig*, GRUR 2004, S. 713 ff.; *Köhler*, NJW 2004, S. 2121 ff.; *Münker*, Das reformierte UWG im Überblick – Die Sicht der Praxis, BB 2004, S. 1689 ff. Für Hintergründe zu diesem Gesetz siehe das Gutachten von *Fezer*, WRP 2001, S. 989 ff. und das Gutachten von *Köhler/Bornkamm/Henning-Bodewig*, Vorschlag für eine Richtlinie zum Lauterkeitsrecht und eine UWG-Reform, WRP 2002, S. 1317 ff.

des § 15 UWG a.F. wurde, aufgrund des Einwandes einer ausreichenden Regelung in § 187 StGB, ersatzlos gestrichen. Da ferner nun die Straftatbestände der irreführenden Werbung (§ 4 UWG a.F.) und der progressiven Kundenwerbung (§ 6c UWG a.F.) modifiziert und in einer Vorschrift über strafbare Werbung in § 16 UWG vereinigt wurden, stellt diese mit dem Schutz der Geschäfts- und Betriebsgeheimnisse die einzigen beiden im UWG verbleibenden Straftatkomplexe dar. Soweit ersichtlich war es dem Gesetzgeber nur wichtig, die unlautere mit der strafbaren Werbung im neuen Gesetz zu harmonisieren. Hinsichtlich des Geheimnisschutzes war es jedoch weder für den Gesetzgeber noch für die Gutachter und bisher auch nicht im Schrifttum von Interesse, sich mit der Abstimmung der Straftatbestände mit dem neuen wettbewerbsrechtlichen Umfeld zu befassen. Daher hat sich sowohl der gesetzliche wie auch der wissenschaftliche Stand im Vergleich zum UWG a.F. wenig verändert. Der Gesetzgeber hat sich im Bereich des Schutzes von Geschäfts- und Betriebsgeheimnissen weitestgehend mit Änderungen in der Regelungstechnik und Redaktion begnügt.[49] Dabei sind aber auch einige materielle Änderungen entstanden. Nun ist auch der Versuch der so genannten Verwertung von Vorlagen nach § 18 UWG strafbar und die Regelbeispiele der besonders schweren Fälle des § 17 UWG werden um die Fallgruppe des gewerbsmäßigen Handelns erweitert (§ 17 Abs. 4 Nr. 1 UWG). Zu diesen Änderungen gehören aber auch eigenartige Bestimmungen bei den Vorbereitungstatbeständen zur Beteiligung im neuen § 19 UWG. Nun ist zusätzlich zu den bereits existierenden Vorbereitungshandlungen auch zum einen das *Bestimmen zur Anstiftung* zu einem Vergehen nach den §§ 17 oder 18 UWG und zum anderen das Verabreden zur Begehung eines Vergehens nach §§ 17 oder 18 UWG wie auch die *Verabredung zu ihrer Anstiftung* strafbar. Diese extremen Vorverlagerungen der Strafbarkeit werden vom Gesetzgeber nicht begründet. Nach *Mitsch* verursacht ferner die Veränderung der Bezeichnung der beabsichtigten Tat von einem *Vergehen* zu einer *Straftat* eine verhängnisvolle Ungereimtheit, die zu

[49] Beispielhaft: Anstatt einer Aufzählung ist nun der Täter des § 17 UWG als *eine bei einem Unternehmen beschäftigte Person* beschrieben; anstatt *vermöge* des Dienstverhältnisses heißt es nun *im Rahmen* dieses; die Verfolgung von Amts wegen wird nun nicht mehr in einem auf alle Tatbestände anwendbaren § 22 sondern jeweils in einem eigenen Absatz vorgesehen.

einer Einführung der im Strafrecht längst aufgegeben strengen Akzessorietät führt. Denn für die im deutschen Strafrecht geltende limitierte Akzessorietät bedarf es für die strafbare Teilnahme nur einer rechtswidrigen Haupttat, nicht einer auch schuldhaften, wie es der neu eingeführte Begriff der „Straftat" zumindest suggeriert.[50]
In dieser Hinsicht ist zu beachten, dass das ursprünglich weitestgehend strafrechtlich mitgeprägte Lauterkeitsrecht durch sukzessive Novellierungen und Übernahmen der Regelungsmaterie im StGB in seiner strafrechtlichen Komponente im Schrifttum immer geringeres Interesse erweckt. Die neu entstandenen §§ 16-19 UWG, insbesondere unter Berücksichtigung des neuen wettbewerbsrechtlichen Kontextes, bekräftigen aber ihren Status eines außergewöhnlichen Straftatkomplexes, so dass ein neues Interesse an der Materie wünschenswert und auch wohl zu erwarten wäre.

C. Die Tatbestände im UWG

I. Der Geheimnisverrat durch Beschäftigte nach § 17 Abs. 1[51]

1. Der objektive Tatbestand

1.1. Der Täter: Sonderdelikt unter Einschließung der Organmitglieder des Gesellschaftsrecht?

Die gesetzlichen Aufzählung der tauglichen Täter im alten UWG wird nun im neuen Gesetz durch die Figur der *im Unternehmen beschäftigten Person* ersetzt und somit die einhellige Auslegung der früheren Gesetzeslage festgeschrieben.[52] Damit wird freilich weder der verbreiteten Kritik eines zu eng geratenen Sonderdeliktes noch der

[50] Eingehend *Mitsch*, wistra 2004, S. 161 ff. *Mitsch* sieht in den Geheimnisschutzvorschriften des UWG „grundlegende Divergenzen zur Strafrechtsdogmatik des auslaufenden 20. und des jungen 21. Jahrhunderts" und bezeichnet den damaligen Gesetzesentwurf als „ein weiteres Zeugnis des beklagenswerten Schwundes juristischen Sachverstandes und handwerklicher Sorgfalt" (S. 161).
[51] Paragraphen ohne Angabe des Gesetzes sind im Folgenden solche des UWG.
[52] Die Aufzählung des alten UWG wurde unstrittig als eine exemplarische verstanden, so Baumbach/*Hefermehl*, 22. Aufl., § 17 Rn 10; *Kissling*, S. 70; *Reimer*, Kap 100 Anm. 8; *Rosenthal*, § 17 Anm. 4; *Schafheutle*, S. 88, oder sogar als überflüssige, so *Kissling*, S. 70; *Rosenthal*, § 17 Anm. 1; *Tetzner*, § 17 Anm. 2.

unpräzisen Reichweite des Begriffes des Beschäftigten entgegengewirkt. Eine Mindermeinung erstreckt den Tatbestand nur auf Personen, die arbeitsrechtlich der Arbeitnehmerseite zugerechnet werden können, d.h., sich unter der, durch das Weisungsrecht des Arbeitgebers bedingten, persönlichen Abhängigkeit des Dienstverpflichteten befinden.[53] Daraus ergäbe sich, dass gesetzliche Vertreter juristischer Personen, wie etwa Vorstands- oder Aufsichtsratmitglieder einer Aktiengesellschaft oder Genossenschaft, nicht zum Täterkreis gehören können,[54] da sie Willensträger der Gesellschaft seien und gegenüber den Arbeitnehmern die Funktion des Arbeitsgebers ausübten. Die h.M. dagegen beschreibt den Beschäftigten nicht unter einem arbeitsrechtlichen, sondern unter einem stärker wirtschaftlichen Gesichtspunkt,[55] i.S. der Widmung der Arbeitskraft zugunsten eines fremden Geschäfts.[56] Damit werden Vorstandsmitglieder einer AG, Geschäftsführer (auch der faktische) einer GmbH sowie Aufsichtsratsmitglieder erfasst.[57]

Anhand eines normativen Kriteriums wird der Fall der Handelsvertreter gelöst, die nach h.M. nur dann dem Täterkreis zugerechnet werden, wenn sie nach § 84 Abs. 2 HGB als Angestellte bezeichnet werden können.[58] Diese Regelung stellt auf die Möglichkeit einer im Wesentlichen freien Tätigkeitsgestaltung und Arbeitszeitbestimmung ab, ein Kriterium, das insgesamt nicht nur für die Entscheidung des Grenzfalles der Agententätigkeit interessant erscheint, sondern auch andere Fälle entscheiden könnte. Eine derartige Erklärung versucht *Krüger* für die Organmitglieder einer Gesellschaft. Er meint, dass die Entscheidung der Tätertauglichkeit anhand der Möglichkeit eigennützigen unternehmerischen Handelns oder anhand dessen Verlusts getroffen werden muss, so dass, insbesondere bei eigenverantwortlicher

---

[53] Vgl. *Arians*, S. 351.
[54] So *Arians*, S. 352, der auch auf die Ausführungen von *Schramm*, MuW 30/339 und von *v. Stebut*, DB 1974, 613 ff., verweist; ferner *Nordemann*, Rn 459.
[55] So ausdrücklich E/K-*Diemer*, U 43, § 17 Rn 13.
[56] Vgl. dazu E/K-*Diemer*, U 43, § 17 Rn 13; HdBWStR/*Ebert-Weidenfeller* § 17 Rn 69; HdBWettbR/*Harte-Bavendamm*, § 43 Rn 17 (zum UWG a.F.); Harte/Henning/*Harte-Bavendamm*, § 17 Rn 8 (zum UWG 2004); Hefermehl/*Köhler*/Bornkamm, § 17 Rn 14; UWG/GK-*Otto*, § 17 Rn 23; *Schafheutle*, S. 88 ff.; *O.-F. von Gamm* I Rn. 22.
[57] Statt vieler Piper/*Ohly*, § 17 Rn 13.
[58] So E/K-*Diemer*, U 43, § 17 Rn 13; Baumbach/*Hefermehl*, 22. Aufl., § 17 Rn. 10; W/J-*Möhrenschlager*, 13. Kap Rn 11; UWG/GK-*Otto*, § 17 Rn 24.

Selbstvorsorge, keine Arbeitnehmereigenschaft erkannt werden könne.[59] Dies sei bei Personengesellschaften der Fall, während bei Kapitalgesellschaften zu unterscheiden sei: Aufsichtsratmitglieder, die nicht an der Möglichkeit eigenverantwortlicher Selbstvorsorge gehindert sind, müssten der Arbeitgeberseite zugerechnet werden, dagegen könnten Vorstandsmitglieder, bei denen nach § 88 AktG dies nicht der Fall sei, taugliche Täter sein.[60]

Die Entscheidung, ob diese Organmitglieder durch das UWG erfasst werden, ist insofern nicht ausschlaggebend, als sowohl das GmbHG als auch das AktG und das GenG in ihren Straftatbeständen zum Geheimnisschutz diese Mitglieder erfassen, jedoch mit einem geringeren – deshalb systematisch betrachtet eher zu niedrigen – Strafrahmen.[61] Deshalb scheint die Lösung *Tiedemanns* mit Annahme von Idealkonkurrenz zutreffend, da zwar beide – wettbewerbsrechtliche und gesellschaftsrechtliche – Regelungen weitgehend im Rechtsgutsbereich übereinstimmen, jedoch das UWG durch die Absichtsmerkmale ein höheres Handlungsunrecht ausdrücken möchte, so dass nach § 52 Abs. 2 StGB der Strafrahmen des UWG angewendet wird.[62] Den gesellschaftsrechtlichen Tatbeständen kommt nur dann eine exklusive Anwendung zu, wenn die Offenbarung nach Ausscheiden aus dem Unternehmen erfolgt oder sich auf Geheimnisse des Unternehmens bezieht, die nicht die Schwelle des oben beschriebenen objektiven wettbewerblichen Interesses überschreiten. Dagegen findet das UWG nach § 17 Abs. 3 ausschließliche Anwendung, wenn dieses Vergehen im Versuchsstadium endet.

---

[59] So *Krüger*, S. 41 ff. Der Verlust dieser Autonomie rechtfertige die arbeitsrechtlichen Schutzmaßnahmen zugunsten des Arbeitnehmers.

[60] Jedoch wird seine Auffassung unter einem *Risikotragungskriterium* noch komplexer: Solche Organmitglieder, die am Risiko des Unternehmens aktiv und passiv teilnehmen, können nicht als Arbeitnehmer bezeichnet werden, wie es bei Personengesellschaften für alle Organmitglieder der Fall sei. Umgekehrt sei dies bei Kapitalgesellschaften möglich, da Mitglieder zumindest nicht für die Schulden der Gesellschaft haften würden. Man könne diese Mitglieder nur dann nicht uneingeschränkt der Arbeitnehmerseite zurechnen, wenn sie kraft hoher Kapitalbeteiligung den Organwillen bildeten oder mit deren Stimme Beschlüsse des Organs verhindern könnten, so dass sie automatisch ihre Tätigkeit selbst bestimmten. Zum Ganzen vgl. *Krüger*, S. 43 ff.

[61] Dazu näher unten Zweiter Teil D. III. 2.

[62] Vgl. dazu *Tiedemann*, GmbH-StR, § 85 Rn 37; a.A., da von einem Vorrang des § 85 GmbHG ausgehend, *Kohlmann*, Rn 72.

In Bezug auf den gesellschafts(straf)rechtlichen Schutz von Unternehmensgeheimnissen von Innen, d.h. bei befugter Kenntnisnahme von der geheimen Information, ist hervorzuheben, dass er – im Vergleich zu § 17 Abs. 1 – dort weiter reicht. Denn dort bestehen auch Verbote von Verwertungshandlungen, denen ein „normaler" *Beschäftigter* nicht unterliegt: Nach den Tatbeständen des UWG besteht hinsichtlich dieser Handlungsform nur ein sehr begrenztes Verbot durch die Generalklausel des § 17 Abs. 2 Nr. 2, die eine Verwertung bei befugter Erlangung, aber unbefugter Sicherung eines Geheimnisses erfasst. Dem Beschäftigten nach § 17 Abs. 1 ist daher grundsätzlich nicht strafrechtlich verboten, befugt erlangte Geheimnisse während oder nach Beendigung des Dienstverhältnisses unbefugt zu verwerten. Es ist aber daran zu erinnern, dass sich dieser Schutz im Gesellschaftsstrafrecht, bedingt durch den engen Verwertungsbegriff, nicht auf alle Geheimnisarten bezieht.[63]

Insgesamt ist jedoch an der Bestimmung des § 17 Abs. 1 zu bemängeln, dass heutzutage das Unternehmen viele Dienstleistungen freiberuflich Tätigen anvertrauen muss[64] und auch diese oft mit Unternehmensgeheimnissen in Kontakt kommen. Deren Offenbarung könnte höchstens unter den im Täterbereich eng gefaßten Geheimnisverrat nach § 203 StGB[65] oder die Untreue gemäß § 266 StGB subsumiert werden.

In diesem Kontext ist darauf hinzuweisen, dass der Verrat von Geheimnissen, die im Rahmen externer juristischer oder finanzieller Unternehmensberatungen oder einer *Due Diligence* anvertraut werden, durch § 203 Abs. 1 Nr. 3 i.V.m. Abs. 3 abgedeckt ist. Der Geheimnisschutz aus den §§ 203 f. StGB ist genauso strukturiert wie der bereits erwähnte des Gesellschaftsstrafrechts, so dass hier der Schutz vor Verrat ebenfalls weder zeitlich noch hinsichtlich bestimmter Absichtsmerkmale eingeschränkt ist, sich aber auch auf die Verwertungshandlung erstreckt.

---

[63] Zum Verwertungsbegriff näher oben Erster Teil E. V. und zum Vergleich zwischen Geheimnisschutz im Gesellschaftsstrafrecht und im UWG näher unten Zweiter Teil D. III. 2.

[64] Dazu näher *Metzler*, S. 4 und 160 ff.

[65] Zum Vergleich zwischen Geheimnisschutz in den §§ 203 f. und im UWG näher unten Zweiter Teil D. III. 1.

Im UWG 2004 wurde der Begriff des Geschäftsbetriebes[66] durch den der Angehörigkeit zu einem Unternehmen ersetzt, so dass auf die obigen Ausführungen zum Unternehmensbegriff verwiesen werden kann. Es bleibt daher dabei, dass die Gewinnabsicht nicht zwingend ist und somit auch Anstalten und Körperschaften des öffentlichen Rechts erfasst werden, solange sie nicht ausschließlich im Rahmen ihrer hoheitlichen Zweckbestimmung tätig werden und ein Leistungsaustausch mit Dritten besteht.[67] *Otto* versteht die Voraussetzung der Angehörigkeit zu einem Gewerbebetrieb aus dem alten UWG in einem wirtschaftlichen und nicht in einem rechtlichen Sinn, welche Auslegung zum UWG 2004 weiterhin berechtigt ist, so dass Täter auch ein Angehöriger einer Tochter- oder Muttergesellschaft sein könne.[68]

1.2. Die tatbestandliche Erlangung der geheimen Information insbesondere bei Arbeitnehmererfindungen

Das Geheimnis muss dem Täter *im Rahmen*[69] des Dienstverhältnisses *anvertraut* oder *zugänglich* geworden sein. Eines solch einengende Ursächlichkeit[70] in der Kenntniserlangung ist mit der Struktur des Tatbestandes als *Schutz von Innen* kongruent. Eine Kenntnis, die auch außerhalb oder ohne das Beschäftigungsverhältnis erreicht wäre, schließt die Strafbarkeit aus. Dagegen weiten die tatbestandsmäßigen Formen der Kenntniserlangung (anvertraut oder zugänglich) die Strafbarkeit erheblich und aus folgenden Gründen auf kritisierbare Weise aus.

Zum einen ist die Verwendung der Alternative des Anvertrauens überflüssig. Das Zugänglichwerden stellt eindeutig den Oberbegriff dar und beinhaltet bereits jene

---

[66] Diesen hatte schon das Reichsgericht, RGSt 50, 118, durch eine präzise Beschreibung festgelegt: „Jede im Verkehr und Handel betriebene, dauernde mit der Erzielung von Einnahmen verbundene Tätigkeit, die weder den Gesetzen noch den guten Sitten zuwider läuft".

[67] Vgl. dazu *Arians*, S. 353; *Krüger*, S. 45; *Kissling*, S. 77. Dabei stellt die Auffassung der ersten beiden Autoren, Ärzte, Rechtsanwälte und Notare könnten wegen ihrer öffentlichrechtlichen Pflichtenstellung nicht unter den Begriff des Geschäftsbetriebs subsumiert werden, eher eine Mindermeinung dar.

[68] UWG/GK-*Otto*, § 17 Rn 25. So auch E/K-*Diemer* U 43, § 17 Rn 13; Hefermehl/*Köhler*/Bornkamm, § 17 Rn 14.

[69] Auch die Änderung vom Begriff *vermöge* auf *im Rahmen* bleibt ohne Konsequenz, ihre Notwendigkeit ist auch schwer zu begründen.

[70] So E/K-*Diemer*, U 43, § 17 Rn 15 und Hefermehl/*Köhler*/Bornkamm, § 17 Rn 15. *Arians*, S. 354, und *Krüger*, S. 48, sprechen von einer Kausalität.

Kenntniserlangungsform. Zum anderen bedeutet das Anvertrauen die konkludente oder ausdrückliche Mitteilung des Geheimhaltungswillens des Geheimhaltenden. Dieser Wille konstituiert – bei Informationen, die dem Geheimhaltenden bekannt sind – bereits den Geheimnis*begriff* und ist daher schon Voraussetzung der vorsätzlichen Begehung.[71] Daraus ergibt sich die Überflüssigkeit dieser Alternative der Kenntniserlangung und es ist nur notwendig, dass die Information (in ihrer Geheimniseigenschaft) dem Täter zugänglich geworden ist. Darüber hinaus verleitet das Anvertrauen zu einer unrichtigen – historisch jedoch vertretenen – Rechtsgutsbestimmung anhand des Vertrauensbruchs.[72]

Aber auch die Verwendung der als Oberbegriff fungierenden Alternative des Zugänglichwerdens ist zu kritisieren, da sie den Eindruck erweckt, dass eine Arbeitnehmererfindung – entgegen der h.M.[73] – kein Unternehmensgeheimnis darstellen könne. Eine erste Annäherung zu dieser Informationsherstellungsweise durch eine Erfindung (bzw. technische Verbesserung) hinterläßt zwar den Eindruck, dass nicht davon die Rede sein kann, dem Angestellten werde etwas *vermittelt*, wenn er die Erfindung selbst geschaffen hat. Insofern ist nämlich ein Unterschied zwischen dem Produzieren einer Information und dem Zugangerlangen zu dieser unverkennbar.[74] Des Weiteren wird eher dem Unternehmen durch die Erfindung (bzw. technische Verbesserung) eine Information im Rahmen des Dienstverhältnis *zugänglich*, nämlich gemeldet (§ 5 ArbEG)[75] und ferner zunächst sogar *anvertraut* (Geheimhaltungspflicht des Arbeitgebers aus § 24 Abs. 1 ArbEG!). Diese Situation stellt aber noch nicht die „Produktion" eines Unternehmensgeheimnisses seitens des Unternehmens dar.[76] Dies ist eindeutig daran zu erkennen, dass in Unternehmen auch ge-

[71] Zu dem normativen, auf einem fingierten Geheimhaltungswillen aufbauenden Unternehmensgeheimnisbegriff bei unbekannter Information, siehe eingehend oben Erster Teil D. III.

[72] Dazu unten Dritter Teil A. I.

[73] Vgl. dazu E/K-*Diemer*, U 43, § 17 Rn 16; Harte/Henning/*Harte-Bavendamm*, § 17 Rn 9; Hefermehl/*Köhler*/Bornkamm, § 17 Rn 17; *Metzler*, S. 22; W/J-*Möhrenschlager*, 13. Kap Rn 12; Piper/*Ohly*, § 17 Rn 14; UWG/GK-*Otto*, § 17 Rn 30; *Schafheutle*, S. 91. So auch BGH GRUR 1995 402 f. (Anreisegerät); GRUR 1977, 439 f. (Prozessrechner).

[74] Vgl. dazu *Krüger* S. 49 ff.; *Lampe*, Gutachten, S. 77; *Tetzner*, § 17 Rn. 20.

[75] Ähnlich *Poth*, Mitteilungen der deutschen Patentanwälte 1981, 114 (115).

[76] Bemerkenswert ist, dass der Arbeitnehmer hinsichtlich dieser Information als Geheimnis schon deshalb keinen strafrechtlichen Schutz genießt, weil der einschlägige *Schutz von Innen* sowohl in

nau das Eintreten der entgegengesetzten Situation in dem Sinne möglich ist, dass Erfindungen dem Erzeuger überlassen werden und dies gar vertraglich für alle zukünftigen Erfindungen festgeschrieben werden könnte. In solchen Fällen kann mangels (effektiven oder fingierten) Geheimhaltungswille des Unternehmens in keinem Moment von einem Unternehmensgeheimnis gesprochen werden. Erst eine (eventuelle) doppelte Entscheidung des Unternehmens, sich eine Arbeitnehmererfindung (bzw. technische Verbesserung) aneignen und geheimhalten zu wollen, stellt das Handlungsobjekt des § 17 Abs. 1 her.

Auf einer (doppelten) normativen Basis ist daher das Geheimnis dem Beschäftigten durchaus zugänglich geworden. Zum einen, weil die Zuordnung einer Arbeitnehmererfindung nach einem rechtlich geregelten Verfahren des ArbEG, das einer Willensäußerung bedarf, zugunsten des Arbeitgebers entschieden wird, und zum anderen, weil eine weitere Willensäußerung zur Geheimhaltung – nun gemäß den Verratsvorschriften des UWG – das Regelungsobjekt des Unternehmensgeheimnisses herstellt. Der Beschäftigte aus § 17 Abs. 1 erfindet nicht das Unternehmensgeheimnis, sondern stellt lediglich die faktische Voraussetzung dafür her, dass das Unternehmen das Handlungsobjekt des § 17 Abs. 1 herstellt, so dass er das entstandene Unternehmensgeheimnis durchaus tatbestandsmäßig verraten kann.

Insgesamt ist die Beantwortung der Frage, wie die Information erlangt werden muss, um verraten werden zu können, in der gesetzlichen Formulierung sehr missglückt, da die Ursächlichkeit zu rein zufälligen Lösungen führt. Eine Weitergabe eines Geheimnisses wäre strafbar, wenn der Täter noch im Betriebsgebäude Zugang zu einem Gespräch von Kollegen hatte, aber nicht mehr, wenn er das Gespräch Minuten später etwa im Supermarkt zufällig mithörte. Wie schon die Regelung des AE hervorhebt, kommt es vielmehr darauf an, ob die Mitteilung gesetzliche oder vertragliche Regelungen missachtet, die den relevanten Zugang zur Information beschreiben.[77]

---

§ 17 UWG wie auch in § 203 StGB nur in Form von Sonderdelikten vorgesehen ist, die nicht den Arbeitgeber einbeziehen.

[77] Vgl .dazu AE, S. 53 und näher unten Vierter Teil A.

1.3. Die Tathandlung: Mitteilung durch Tun und Unterlassen

Das *Mitteilen* als aktive Tathandlung wird im Schrifttum weit verstanden, so dass „jede Bekanntgabe des Geheimnisses an einen Dritten, die die Ausnutzung des Geheimnisses in irgendeiner Form ermöglicht“[78] die Tathandlung erfüllt.[79] Es bedarf daher einer Wissensvermittlung und beim Adressaten einer Kenntniserlangung. Es ist also unerheblich, ob das Mitgeteilte effektiv ausgenutzt wird. Der Empfänger muss nicht einmal im Stande sein, das Geheimnis selbst auszunutzen, sondern lediglich dazu, es Personen weitergeben zu können, die es ausnutzen oder selbst weitergeben können. Deshalb muss der Empfänger nicht derjenige sein, der den Wettbewerb betreiben soll, es reicht, wenn er Vermittler ist.[80]

Da die Handlung nach § 17 Abs. 3 auch im Versuchstadium strafbar ist, bedarf es einer genauen Grenzziehung des rücktrittstauglichen Versuchs zu der (immer strafbaren) vollendeten Handlung. *Tiedemann* postuliert im Gesellschaftsrecht (§ 85 GmbHG), dass ein „Ermöglichen“ der Kenntnisnahme von der Informationen oder sogar das „Zugänglichmachen“ nicht für eine Strafbarkeit ausreiche und sieht dort einen Fall des im Gesellschaftsrecht straflosen und nach § 17 Abs. 3 strafbaren Versuchs.[81] Dagegen ist die Auffassung *Geilens* nicht überzeugend, die entsprechend den Regelungen in §§ 94 StGB (Landesverrat) und 353b Abs. 2 StGB (Verletzung des Dienstgeheimnisses) hier ebenso geringe Anforderungen des Gesetzgebers an die Tathandlung erkennen möchte[82] und daher bei den eben beschriebenen Handlungen bereits eine vollendete Tat erkennt. Die Formulierungen dieser Tatbestände stimmen mit denen des UWG oder Gesellschaftsrecht aber nicht überein, sondern

[78] Baumbach/*Hefermehl*, 22. Aufl., § 17 Rn 16, ebenso bei UWG/GK-*Otto*, § 17 Rn 32.

[79] Im Schrifttum wird häufig als Beispiel die Übergabe eines Tonbandes, einer Diskette, oder das Mitteilen in der Presse, Fachzeitschriften oder wissenschaftlichen Werken genannt. So bei *Arians* S. 357; E/K-*Diemer*, U 43, §17 Rn 18; UWG/GK-*Otto*, § 17 Rn 32.

[80] So Baumbach/*Hefermehl*, 22. Aufl., § 17 Rn 16. Im gleichen Sinn E/K-*Diemer*, U43, § 17 Rn 18; UWG/GK-*Otto*, § 17 Rn 34; so auch RGSt 51, 189.

[81] Vgl. dazu *Tiedemann*, GmbH-StR, § 85 Rn 14. Zwar bezieht sich die Argumentation auf den in § 85 GmbHG verwendeten Begriff des *Offenbarens*, doch ist dieser Begriff mit dem des *Mitteilens* aus dem UWG identisch. Nur im Falle der Verschaffung des Gewahrsams bei einem „verkörperten“ Geheimnis, z.B. in einem Schriftstück, liege eine vollendete Tat vor.

[82] Dies mit der Begründung, der Täter habe durch die Tathandlung alles seinerseits Erforderliche für die Weitergabe der Information getan. Ferner liege dadurch die Aufnahme der Information in einer vom Täter nicht mehr zu beeinflussenden Weise ausschließlich in der Sphäre des Empfängers. Vgl. dazu KKAktG-*Geilen*, § 404 Rn 66.

stellen die Mitteilungshandlung gerade neben die Handlung des *Gelangenlassens*, so dass davon auszugehen ist, dass diese Handlungsformen nicht identisch sind. Daher ist eine gleiche Auslegung nicht akzeptabel und wird auch, so weit ersichtlich, im StGB auch nicht gefordert. Vielmehr verlangt das *Gelangenlassen* keine Kenntniserlangungen des Adressaten und erfasst etwa bereits das Liegenlassen.[83] Gewährt ein Beschäftigter Zugang zu einer Information, bleibt es daher dabei, dass sich die Handlung im strafbaren Versuchsstadium befindet, so lange niemand von der Information Kenntnis erlangt.

Ferner muss das Geheimnis *an jemanden* mitgeteilt werden, so dass die eigene Verwertung durch den Mitarbeiter nicht unter den Tatbestand fällt und in diesem Falle nur eine Untreue nach § 266 StGB in Betracht kommt.[84]

Diese gezielte Mitteilungsform wurde im Jahre 1932 auf Grund eines kuriosen Verständnisses der damaligen Gesetzesredaktion eingeführt. Das Reichsgericht nahm an, dass die damalige Mitteilung „an andere" den Eigenschutzmaßnahmen durch einen Lockspitzel in der Industrie in unerwünschter Weise entgegenwirkte. Denn der „agent provocateur" wurde in dem Sinne als Vertreter des Geheimhaltenden verstanden, dass eine Mitteilung an ihn durch einen Angestellten straflos bleiben mußte, weil sie nicht die Tatbestandsvoraussetzung einer Mitteilung an einen anderen als den Unternehmer erfüllte.[85]

Heutzutage ist aber bedenklicher als diese sehr zu bezweifelnde und höchstens marginale Gesetzeslücke, dass diese Redaktion in Schwierigkeiten mit modernen Verbreitungsmöglichkeiten mit enormen Schädigungspotential geraten könnte, wie etwa dem „Setzen" ins Internet oder die Veröffentlichung in Massenmedien. Denn mit *Lampe* könnte behauptet werden, dass eine solche indiskriminierte und auf keinen präzisierten Adressaten gerichtete Veröffentlichung der Information bei einer engen Auslegung nicht die spezifische *Mitteilung an jemanden* genüge.[86] Um Missverstände zu vermeiden, sollte die Handlungsform an die Redaktion bei anderen

[83] Vgl. etwa S/S-*Stree-Sternberg-Lieben*, § 94 Rn 9.
[84] So Baumbach/*Hefermehl*, 22. Aufl., § 17 Rn 17.
[85] Vgl. RGSt 57, 13; 61, 274.
[86] Vgl. *Lampe*, BB 1977, 1477 (1489). Anders jedoch die h.M., vgl. statt vieler Hefermehl/*Köhler*/Bornkamm, § 17 Rn 19 f.

Geheimnisschutztatbeständen in Form einer schlichten Offenbarung angepasst werden.

Im Bereich des Unterlassens der Verhinderung der Kenntnisnahme wird hinsichtlich der Garantenstellung gemäß § 13 StGB teilweise eine generelle Pflicht angenommen, die in der Regel aus dem vertraglichen Dienstverhältnis und der Treuepflicht stammt.[87] Teilweise wird vertreten, dass diese Pflicht nur bei spezifischen Vertrauensstellungen innerhalb des Betriebes besteht bzw. sich auf Fälle erstreckt, in denen jemand ausdrücklich oder stillschweigend mit dem Geheimnis betraut wurde.[88]

1.4. Die systematische Stellung der Unbefugtheit bei der Mitteilung

Ein allgemeines Problem der Geheimnisschutztatbestände stellt die Frage nach der Funktion der Unbefugtheit dar. Ein Teil des Schrifttums sieht bei der systematischen Eingliederung dieses Elements immer eine Frage der Rechtfertigung,[89] ein anderer Teil unterscheidet nach dem Motiv der Aufhebung der Unbefugtheit. Entfällt die Unbefugtheit infolge einer Einwilligung oder Zustimmung des Geheimnisherrn, wird zum Teil richtigerweise bereits ein Fall des Entfallens der Tatbestandsmäßigkeit erkannt.[90] Dies ist zunächst zutreffend, „wenn auf Geheimhaltung gänzlich verzichtet wird und mit dem dadurch aufgegebenen Geheimhaltungswillen das für den Fortbestand des Geheimnisses notwendige voluntative Merkmal entfällt“.[91] Nicht

---

[87] So E/K-*Diemer*, U 43, § 17 Rn 18.

[88] So Hefermehl/*Köhler*/Bornkamm, § 17 Rn 19; UWG/GK-*Otto*, § 17 Rn 32. Insgesamt a.A. ist *Arians*, S. 356, der keine Begehungsmöglichkeit durch Unterlassen anerkennt, weil bereits im Bereich der Gleichwertigkeit von Tun und Unterlassen der Wortsinn des „Mitteilen“ durch ein Unterlassen nicht erfüllbar sei; dieser verlange eine „irgendwie geartete Entäußerung eines Gedankeninhaltes“.

[89] So *T/Fischer*, § 203 Rn 27; MükoAktG-*Fuhrmann*, § 404 Rn 12; *Haft*, BT, S. 70; *Harte-Bavendamm* in Harte/Henning, § 17 Rn 11; SK-*Hoyer*, § 203 Rn 67; *Kissling*, S. 95, Hefermehl/*Köhler*/Bornkamm, § 17 Rn 21; HK-*Kotthoff/Gabel*, § 17 Rn 15; *L/Kühl*, Vor § 201 Rn 2; *Rowedder/Fuhrmann*, Rn 9, 76. Zögernd LK-*Schünemann* § 203 Rn 92 f. Dort auch weitere Literaturhinweise zum Meinungsstreit.

[90] So *Arians*, S. 358; *Arzt/Weber*, AT, § 8 Rn 32; MüKo-*Cierniak*, § 203 Rn 54; Michalski/*Dannecker*, GmbHG, § 85 Rn 58; KKAktG-*Geilen*, § 404 Rn 76; NK-*Jung* (Stand: 1997), § 201 Rn 6; Hachenburg/*Kohlmann*, GmbHG, § 85 Rn 44; S/S-*Lenckner*; § 203 Rn 21 ff.; Piper/*Ohly*, § 17 Rn 15; MüKoHGB-*Quedenfeld*, § 333 Rn 21; WStR-*Ransiek*, VIII 2 Rn 15; Baumbach/Hueck-*Schulze-Osterloh*, GmbHG, § 85 Rn 13; *Tiedemann*, GmbH-StR, Rn 19 f.

[91] KKAktG-*Geilen*, § 404 Rn 76; So auch E/K-*Diemer* U 43, § 17, Rn 20; UWG/GK-*Otto*, § 17 Rn 49 f.; *ders.* wistra 1988, 125 (128).

zuzustimmen ist der Auffassung *B. Schünemanns*, dass in diesem Fall „das Rechtsgut gewissermaßen von der Privatsphäre in die geschützte Sozialsphäre katapultiert" werde.[92] Denn hier betrifft die Zustimmung das Geheimnis als Handlungsobjekt des Tatbestandes, die Frage ist daher auf einer anderen systematischen Ebene anzusiedeln.[93]

Folglich eliminiert in diesem Kontext streng betrachtet eine Zustimmung zu einer begrenzten Offenbarung die Tatbestandsmäßigkeit der Mitteilung,[94] wenn man den Relationscharakter des Geheimnisbegriffs berücksichtigt. Die oben beschriebene notwendige Dreiecksbeziehung (Geheimhaltender-Information-Nichteingeweihter) ist bei einer begrenzten Zustimmung zur Offenbarung nicht mehr gegeben. Daher beschreibt z.B. das in der betrieblichen Praxis im Vormarsch befindliche *Compliance-System* hinsichtlich des sogenannten „internen Whistleblowing" (d.h. der internen Mitteilung von Missständen oder Rechtswidrigkeiten im Unternehmen) nicht einen „Rechtfertigungscodex", sondern eine Zustimmung des Arbeitgebers zu einer tatbestandslosen Mitteilung an den *Compliance-Officer*.[95]

Im Bereich der unumstrittenen einschlägigen Rechtfertigungsgründe[96] ist die prozessuale Aussagepflicht hervorzuheben. Sie entfällt, wenn ein Zeugnisverweigerungsrecht nach § 53 StPO (für einzelne Berufsgruppen), ein Gutachtenverweigerungsrecht nach § 76 StPO (für Sachverständige) oder nach §§ 383 Abs. 1 Nr. 6 und 384

---

[92] LK-*Schünemann*, § 203 Rn 93; auf der Ebene des Rechtsgut argumentiert auch etwa NK-*Kargl*, Vor §§ 201 ff, Rn 14, § 203 Rn 50. Dabei ist der Verweis *Kargls* auf ein gleichangesiedelte Argumentation bei MüKo-*Cierniak*; § 203 Rn 56 und LK-*Jähnke* (10. Aufl.), § 203 Rn 56 nicht ganz richtig, da an beiden Stellen auch auf das Handlungsobjekt Bezug genommen wird.

[93] Dies einmal davon abgesehen, dass *B. Schünemann* selbst das Geheimnis als Angriffsobjekt und die Individualsphäre als Rechtsgut versteht (vgl. LK-*Schünemann*, § 203 Rn. 14), die wohl nicht „in eine andere Sphäre katapultiert werden kann". Wegen dieser Ebeneninkongruenz sollten auch die nach LK-*Schünemann*, § 203 Rn 93, *funktionalen Erwägungen* zur Aufhebung der Rechtsgutsverletzung in anderen Tatbeständen wie dem Hausfriedensbruch (§ 123StGB) oder der Freiheitsberaubung (§ 239 StGB) hier nicht ohne weiteres berücksichtigt werden, auch wenn sie dort zutreffen. Dass es sich dort um eine andere Konstellation handelt, ist schon daran zu erkennen, dass dort die Zustimmung des Opfers nicht die *Wohnung* oder den *Menschen* als Handlungsobjekte der jeweiligen Tatbestände modifizieren kann, wie es hier hinsichtlich des Begriffes des Geheimnisses der Fall ist.

[94] So auch WStR-*Ransiek*, VIII 2 Rn 15; *Roxin*, AT § 13 Rn 1 ff.

[95] Dazu eingehend unten Vierter Teil B. V. 3.

[96] Komplette Übersicht in *Tiedemann* GmbH-StR, § 85 Rn 21, so z.B. die gesetzlichen oder verwaltungsrechtlichen Auskunftspflichten aus dem Gesellschaftsrecht und dem Insolvenzrecht bzw. dem Außenwirtschaftsgesetz oder der Gewerbeordnung und Abgabenordnung sowie der gesetzlichen Anzeigepflichten.

Nr. 3 ZPO besteht. Nach h.M.[97] wirkt dieses Recht nicht nur rechtfertigend, sondern muss ausgeübt werden, um sich nicht wegen Geheimnisverrats strafbar zu machen.[98] Der Strafbarkeit wegen Geheimnisverrats aufgrund der außerhalb dieser Fälle bestehenden Pflicht, etwaige Unternehmensgeheimnisse mitzuteilen, kann nur durch einen Ausschluss der Öffentlichkeit, gemäß § 172 Nr. 2 GVG, entgegengewirkt werden.[99]

Jedoch ist zu beachten, dass bei den Aussagepflichtfällen und allgemein bei der Wahrung höherrangiger Interessen, die Strafbarkeit oft an den subjektiven Tatbestandsmerkmalen scheitern wird.[100]

1.5. Der Tatzeitpunkt

Bei der Frage nach der zeitlichen Reichweite der Strafbarkeit der Mitteilung geht es um den seit jeher umstrittensten Bereich des strafrechtlichen Schutzes von Unternehmensgeheimnissen.[101] Dabei bestehen bei der Auslegung des geltenden Rechts nur wenige Zweifel: So ist sowohl unstreitig, dass der Geheimnisverrat während der Geltungsdauer des Dienstverhältnisses erfolgt sein muss, als auch die Begründung für diese zeitliche Begrenzung. Dadurch soll den Beschäftigten nicht die Möglichkeit genommen werden, die während der Ausübung seines Berufes erlangten Kenntnisse, Fertigkeiten und Erfahrungen auch nach einem Wechsel seines Arbeitsplatzes auszunutzen. Dass es bei dieser Regelung um die Privilegierung des Interesses am beruflichen Fortkommen des Beschäftigten gegenüber dem Geheimhaltungsinteresse des Unternehmens geht, ist auch in ständiger Rechtsprechung bestätigt worden.[102]

Lediglich eine Mindermeinung versucht de *lege lata* die zeitliche Dauer des Arbeitsverhältnisses dadurch auszudehnen, dass sie den Zeitraum einer vertraglich vereinbarten Schweigepflicht, die über die Arbeitszeit hinaus reicht, als Teil des Ar-

---

[97] Vgl. dazu *Baumbach/Hefermehl*, 22. Aufl., § 17 Rn 18; UWG/GK-*Otto*, § 17 Rn 52; *Tiedemann* GmbH-StR, § 85 Rn 21.

[98] Über den Vorrang des Strafprozessrechts gegenüber dem materiellen Strafrecht in diesem Fall vgl. *Tiedemann* GmbH-StR, § 85 Rn 23, m.w.N.

[99] So *Tiedemann* GmbH-StR, § 85 Rn 23.

[100] So E/K-*Diemer*, U 43 § 17 Rn 20; HdBWettbR /*Harte-Bavendamm*, § 43 Rn 21.

[101] Zur Diskussion *de lege ferenda* siehe unten Vierter Teil A.

[102] RGSt 33, 62, 65; 44, 152, 154; 61, 273, 274; 75, 75, 80; BGHZ 38, 391, 395 f.; BGH NJW 1955, 463=GRUR 1955, 402, 405; BGH NJW 1984, 239, 240.

beitsverhältnisses ansehen möchte.[103] Zu Recht wird dem aber entgegengehalten, dass dies zum einen nur zivilrechtliche Folgen haben könne,[104] da die Parteien eines Vertrages nicht strafrechtliches Unrecht festlegen können, und zum anderen, dass daraus ein zweites Verhältnis entstehe, das schwerlich als Dienstverhältnis bezeichnet werden könne.[105] Zudem existiere hier auch keine, selbst weit verstandene, Kausalität zur Kenntniserlangung[106] und schließlich würde der Verrat an einen neuen Arbeitgeber ein doppeltes Arbeitsverhältnis voraussetzen, was eine seltsame Annahme bedeute.[107]

Ebenfalls ist nach ganz h.M. und einheitlicher Rechtsprechung der rechtliche Bestand des Vertrages gemeint und nicht der rein faktische.[108] Dies bedeutet, dass ein vertragswidriges Verhalten, wie z.B. der Nichtantritt des bestehenden Dienstverhältnisses, nicht eine unbefugte Offenbarung gestatten und folglich eine Strafbarkeit des Geheimnisverrats mit sich zieht. Auf die Gründe der Beendigung kommt es nicht an, so dass die Handlung auch nicht tatbestandsmäßig ist, wenn der Täter die Beendigung provoziert hatte, um nachher einen Geheimnisbruch begehen zu können.[109]

2. Der subjektive Tatbestand

Der subjektive Tatbestand des § 17 Abs. 1 ist, wie alle weiteren Tatbestände zum Unternehmensgeheimnisschutz im UWG, als Straftat mit überschießender Innentendenz konzipiert und ist daher nur erfüllt, wenn neben dem Vorsatz eines von vier Absichtsmerkmalen vorliegt. Der Vorsatz selbst genügt nach ganz h.M. in Form

---

[103] Vgl. dazu *Rosenthal/Leffmann*, § 17, Rn. 28 und *v.Godin/Hoth*, Wettbewerbsrecht, § 17 UWG, Anm. 6, die in solchen Fällen eine beschränkte Fortsetzung des Dienstverhältnisses sehen. *Von Godin*, Wettbewerbsrecht, U § 17 Anm. 5, sieht in der 2. Auflage dieses Werkes keine Strafbarkeit bei unentgeltlicher Fortsetzung der Schweigepflicht.

[104] So *Arians*, S. 355; Baumbach/*Hefermehl*, 22. Aufl., § 17 Rn 14

[105] So *Kohlrausch*, ZStW 50 (1930), 30 (47): „Ein Dienstverhältnis einen Vertrag zu nennen, bei dem die Dienstleistung lediglich in der Nichtmitteilung eines Geheimnisses zu bestehen hätte, ist unmöglich".

[106] So sinngemäß *Krüger*, S. 56.

[107] So *Arians*, S. 355.

[108] Vgl. statt vieler Hefermehl/*Köhler*/Bornkamm, § 17 Rn 22; Ebenso RGSt 50, 130, 131; BGH GRUR 1955, 404 ff.

[109] Hefermehl/*Köhler*/Bornkamm, § 17 Rn 22, so auch BGH GRUR 1955, 402 (Anreißgerät).

eines *dolus eventualis*,[110] so dass der Täter wissen bzw. sich der konkreten – unmittelbaren – Gefahr bewusst sein muss, dass er als Beschäftigter eines Geschäftsbetriebs ein Geheimnis dieses Betriebs, das ihm anvertraut oder sonst zugänglich geworden ist, einem Dritten mitteilt.[111]

Das *Handeln zu Zwecken des Wettbewerbs* ist nicht nur subjektiv zu verstehen.[112] Deshalb reicht es nicht aus, die eigene oder eine fremde[113] Wettbewerbssituation zum Nachteil des angegriffenen Mitbewerbers verbessern zu wollen, da die Handlung auch objektiv dazu geeignet sein muss.[114] Die Rechtsprechung hat dieses Motiv weitgehend konkretisiert. So ist es gleichgültig, ob es sich um ein exklusives Motiv handelt, ob es mit anderen konkurriert (solange es nicht hinter den anderen völlig zurücktritt),[115] ob es nur das Mittel ist, um einen darüber hinaus verfolgten Endzweck zu erreichen,[116] oder schließlich, wann der Wettbewerb beginnen soll, also während der Dienstdauer oder nach seiner Beendigung.[117] Dagegen ist dieses Tatbestandsmerkmal nicht erfüllt, wenn nur private Zwecke, z.B. die Erschließung günstiger Bezugsquellen für den privaten Verbrauch,[118] verfolgt werden.

Wesentlich weiter reicht die *Schädigungsabsicht*, da davon auch Situationen erfasst werden, die nicht nur den Wettbewerb oder das Vermögen betreffen, etwa wenn die Herabsetzung der Ehre bezweckt wird.[119] Es kann allgemein ein immaterieller Schaden verfolgt werden.[120]

---

[110] Vgl. *Arians* S. 358; E/K-*Diemer*, U 43 § 17 Rn 22; Hefermehl/*Köhler*/Bornkamm, § 17 Rn 23; *Krüger* S. 74; UWG/GK-*Otto*, § 17 Rn 40.

[111] So UWG/GK-*Otto*, § 17 Rn 40.

[112] *Arians* S. 359; UWG/GK-*Otto*, § 17 Fn 41.

[113] Ob die Wettbewerbsfähigkeit des Verräters oder eines anderen gefördert werden soll und ob die Mitteilung gerade dem Wettbewerb des Empfängers zugute kommt oder ob dieser bloß Vermittler ist, ist nach Rechtsprechung und h.M. unerheblich. Vgl. RGSt 51, 184 ff.; *Arians*, S. 359; E/K-*Diemer*, U 43, § 17 Rn 25; *Harte-Bavendamm* in Harte/Henning, § 17 Rn 14; HK-*Kotthoff/Gabel*, § 17 Rn 14; Hefermehl/*Köhler*/Bornkamm, § 17 Rn 24; UWG/GK-*Otto*, § 17 Rn 42.

[114] So *Arians*, S. 359; E/K-*Diemer*, U 43 § 17 Rn 25; UWG/GK-*Otto*, § 17 Rn 41.

[115] BGHZ 3, 276; 14, 171; GR 1968, 95 ff.

[116] RGSt 47, 128, 129.

[117] RGSt 51, 184, 192.

[118] RGSt 32, 27, 28.

[119] So *Arians*, S. 360 f.; Baumbach/*Hefermehl*, 22. Aufl., § 17 Rn 22; E/K-*Diemer*, U 43, § 17 Rn 28; W/J-*Möhrenschlager*, 13. Kap Rn 18; UWG/GK-*Otto*, § 17 Rn 48.

[120] Vgl. HdBWStrR/*Ebert-Weidenfeller*, III 3 Rn 73; *Harte-Bavendamm* in Harte/Henning; § 17 Rn 17; Hefermehl/*Köhler*/Bornkamm, § 17 Rn 27; HK-*Kotthoff/Gabel*, § 17 Rn 17; *Többens*, WRP 2005, 552 (557).

Bei der Handlung zum *Eigennutz* muss ein personeller Vorteil angestrebt werden, jedoch nicht zwingend einen Vermögensvorteil.[121] Dabei ist es nicht erheblich, ob sich die Situation des Verräters sachlich verbessert hat, es reicht aus, dass er es so empfindet.[122] Die Einführung dieses Motivs ist durch die Notverordnung aus dem Jahre 1932, infolge der schwierigen Nachweisbarkeit der anderen Absichtsmerkmale, eingeführt worden.[123]

Schließlich wird die größte Reichweite der Handlungsmotive durch das *Handeln zugunsten eines Dritten* erreicht, da dadurch zwar der ideologisch motivierte Täter, der im Interesse fremder Staaten handelt, erfasst werden sollte,[124] aber letztendlich auch sehr viele alternative Fallkonstellationen strafbar sind.

Die Absichtsmerkmale werden im Schrifttum meist kritisiert,[125] weil es bei diesen schwierig sei, den Beweis aufzubringen, und weil es eigentlich darauf ankommen müsse, ob ein Schaden oder eine Gefahr herbeigeführt werde, unabhängig von der Absicht des Verräters.[126] Mit der Ausnahme *Arians*, der für eine Einordnung dieser Merkmale in einen qualifizierten Tatbestand plädiert,[127] wird meist die Abschaffung dieser Merkmale gefordert. Dem ist insbesondere auch deswegen zuzustimmen, weil seit der Reform durch das 2. WiKG, d.h. der Einführung des Merkmals zugunsten eines Dritten, kaum Situationen vorstellbar sind, die nicht erfasst werden können. Welche realistischen Ziele in der Vorstellung des Gesetzgebers nicht durch den Tatbestand erfaßt werden sollen, wenn bereits die Absicht des Eigennutzes, des Fremdnutzes und die weite Schädigungsabsicht tatbestandsmäßig sind, ist nicht ersichtlich. Sollten die Tatbestände einen weiteren spezifischen Erfolg außerhalb des im objek-

---

[121] UWG/GK-*Otto*, § 17 Rn 46, stellt jedoch bei immateriellen *Vorteilen* höhere Anforderungen, da zu fordern sei, dass ihnen eine Erheblichkeit derart zukommt, dass die erstrebte Besserstellung des Täters im Gewicht der durch einen erheblichen materiellen Vorteil vergleichbar ist. So auch W/J-*Möhrenschlager*, 13. Kap Rn 16; Piper/*Ohly*, § 17 Rn 25.

[122] So Baumbach/*Hefermehl*, 22. Aufl., § 17 Rn 20.

[123] So *Arians* S. 359.

[124] Vgl. BT-Drs. 10/5058, S. 40.

[125] So schon *Kohlrausch*, ZStW 50 (1930), 30 (71); auch AE, S. 49; *Arians* S. 404; *Krüger* S. 77 ff.; *Lampe*, Gutachten, S. 82; *ders*. BB 1977, 1480 (1481); *Oehler*, S. 391; *Schafheutle*, S. 210 ff.; *Eb. Schmidt*, 36. DJT, Bd 1, S. 207; *Tiedemann*, Gutachten C 64; *Tuffner*, S. 65. Zuletzt eingehend *Noak*, wistra, 245 (249).

[126] Die Kritik lief lange Zeit darauf hinaus, auch den ideologischen Täter durch ein besonderes Absichtsmerkmal zu bestrafen, doch scheidet diese seit der Reform durch das 2. WiKG aus.

[127] *Arians*, S. 404.

tiven Tatbestand beschriebenen Erfolgs bereits in den subjektiven Bereich vorverlagern, so ist diese Zielsetzung durch die weite Palette an möglichen Absichten absolut verloren gegangen. Sollte dagegen der im objektiven Tatbestand beschriebene Erfolg durch spezifische Absichten eingeengt werden, so ist dies aus demselben Grund völlig verschwommen. Ob der Vorschlag, die Absichtsmerkmale durch eine *konkrete Gefahr eines wirtschaftlichen Nachteils* zu ersetzen,[128] mit dem Rechtsgüterschutz des Tatbestands in Einklang zu bringen ist, ist erst noch zu ergründen.

II. Die Geschäfts- und Betriebsspionage nach § 17 Abs. 2 Nr. 1

1. Allgemeines

Der Schutz *von Außen*, d.h. vor Handlungen durch nicht in ein Geheimnis eingeweihte Personen, wurde in seiner klassischen Begehungsform, des Ausspähens, als letzter Tatbestand in das UWG eingeführt.[129] Gemäß der gewöhnlichen Typisierung solcher Angriffsformen handelt es sich um ein Jedermannsdelikt. Der Tatbestand ist daher primär auf einen Schutz vor Angriffen von außen auf das Unternehmen gerichtet, erfasst aber auch Beschäftigte im Sinne des § 17 Abs. 1.

Die Vorschrift sieht auch einen Vorfeldschutz *von Innen* vor, der darin besteht, dass bestimmte Formen des unbefugten Sicherns bereits bekannter Informationen strafbar sind. Daraus kann anschließend ein Geheimnisverrat aus § 17 Abs. 1 oder eine eigene Verwertung entstehen. Für sich gesehen stellt die tatbestandsmäßige Handlung des unbefugten Sicherns keine Spionagehandlung i.e.S. dar.

Dieser Ausweitung wird durch die Tatbestandsmäßigkeit nur bestimmter *Modi Operandi* entgegengewirkt, denn nicht alle Formen der Spionage werden durch § 17 Abs. 1 Nr. 1 erfaßt. Straflos sind etwa auf Täuschung begründete Informationserlan-

[128] So § 180 AE und die einschlägige Kommentierung; *Lampe*, Gutachten, S. 82 f.; *Oehler*, S. 392 und schon *Eb. Schmidt*, 36. DJT, Bd 1, S. 222. Zuletzt hat *Noak*, wistra 2006, 245 (248), vorgeschlagen, die Absichtsmerkmale gewissermaßen „wettbewerbsrechtlich“ zu korrigieren, in dem die Absicht *zu Zwecken des Wettbewerbs* vor alle Absichtsmerkmale gezogen wird und der Begriff „wettbewerblich“ in die bereits existenten Absichtsmerkmale integriert wird. Daraus ergibt sich aber eine sehr unübersichtliche Textfassung, die den Absichtsmerkmalen alle möglichen Funktionen nimmt.

[129] Durch das 2. WiKG im Jahre 1986 eingeführt.

gungen.[130] Schließlich soll durch die Ausklammerung vereinfachter Informationsverschaffungsformen, die für Beschäftigte schwer von neutralen Handlungen abgrenzbar und ohnehin oft schwer nachweisbar sind, eine gewisse Rechtssicherheit geschaffen werden.[131]

2. Der objektive Tatbestand

2.1. Die Tathandlungen

Die Tathandlung wird zunächst weit gefasst und bezieht sich auf ein unbefugtes *Sichverschaffen* oder *Sichern* eines Unternehmensgeheimnisses.[132] Ersteres bedeutet die Erlangung der Verfügungsgewalt über das Unternehmensgeheimnis durch eine Handlung, mit der der Täter bei körperlichen Gegenständen, die das Geheimnis verkörpern, Gewahrsam (ohne Rücksicht auf Kenntnis), in den übrigen Fällen Kenntnis erlangt. Dies bedeutet, dass die Tathandlung kein Verständnis von der Bedeutung der Information verlangt.[133] Das *Sichern* bedeutet dagegen, ein bereits bekanntes Geheimnis zu „materialisieren“,[134] was im Schrifttum als das Verschaffen einer genauen oder bleibenden Kenntnis durch Aufzeichnungen, Kopien oder sonst Verkörperung in jederzeit verfügbaren Formen verstanden wird[135] und daher ein Schutz von Innen darstellt.

Der Tatbestand wird aber dadurch eingeengt, dass nur bestimmte Tathandlungsmodalitäten strafbar sind. Nämlich zum ersten durch *Anwendung technischer Mittel*

---

[130] Die traditionelle Form der Spionage durch Einschleusen von Personen, die dann mit Informationen vertraut werden, kann nur dann bei Mitteilung der Information bestraft werden, wenn sie dem Täterkreis des § 17 Abs. 1 unterfällt.

[131] So *Dannecker*, BB 1987, 1614 (1616) und BT-Drs. 10/5058, S.40.

[132] Laut E/K-*Diemer*, U 43, § 17 Rn 29, wurde in anderen Gesetzesentwürfen erst das Verschaffen oder Sichern der „Kenntnis“ von Geheimnissen typifiziert.

[133] So E/K-*Diemer*, U 43, § 17 Rn 31; Harte/Henning/*Harte-Bavendamm*, § 17 Rn 20; Hefermehl/*Köhler*/Bornkamm, § 17 Rn 30; HK-*Kotthoff/Gabel*, § 17 Rn 17; UWG/GK-*Otto*, § 17 Rn 66; *Schlüchter*, S. 131; *Többens*, WRP 2005, 552 (557).

[134] So UWG/GK-*Otto*, § 17 Rn 67; *Schlüchter*, S. 131. Sinngemäß ebenso *Dannecker*, BB 1987, 1614 (1616) mit Beispielen.

[135] So Baumbach/*Hefermehl*, 22. Aufl., § 17 Rn 25; E/K-*Diemer*, U 43, § 17 Rn 32; W/J-*Möhrenschlager*, 13. Kap Rn 20.

(Abs. 2 Nr. 1 a), das heißt, die Benutzung jeglicher technischer Vorrichtungen, die dem Täter das Geheimnis verschaffen können, z.B. Ablichtungsgeräte, Fotoapparate, Filmkameras, Abhörvorrichtungen, Kleinsende- oder Empfangsgeräte,[136] sowie der Abruf oder der Ausdruck von gespeicherten Daten mittels einer EDV-Anlage.[137] Sogar die Verwendung des Sichtanzeigegeräts zum Ablesen des Geheimnisses oder die Ermittlung des aktuellen Stands eines Geldspielautomaten durch Einsatz einer erlangten Programmdiskette fällt darunter.[138]

Zum zweiten ist die Handlung in Form der *Herstellung einer verkörperten Wiedergabe* (Abs. 2 Nr. 1 b) möglich, d.h. jede Form einer verkörperten Festlegung, die es ermöglicht, das Geheimnis ganz oder teilweise einem anderen zu offenbaren.[139] Als Beispiele können Ablichtungen, Fotographien, Bandaufzeichnungen, Zeichnungen, Abschriften, Kopien, Computerausdrucke, Übertragungen auf andere Daten- bzw. Softwareträger[140] genannt werden, wie auch der Bau einer Maschine, in der das Geheimnis verkörpert wird.[141]

Da diese zweite Alternative auf das Ergebnis gerichtet ist und für diese Materialisierung in den meisten Fällen – wenn auch nur rudimentäre – technische Mittel im Sinne der ersten Alternative verwendet werden müssen, entsteht ein Überschneidungsbereich. Dies sogar in den einfachsten Fällen wie der Abzeichnung oder dem Abschreiben mittels Bleistift.[142] Deshalb bleibt dieser zweiten Alternative eigentlich kaum Raum für eine selbstständige Anwendung, vor allem weil die bloße Gedächtnisleistung nicht strafbar ist, sondern erst nach einer Verkörperung (z.B. Aufzeichnung) gemäß dieser Alternative strafbar wird.[143]

---

[136] BT-Drs. 10/5058, S. 40.

[137] So E/K-*Diemer*, U 43, § 17 Rn 34; UWG/GK-*Otto*, § 17, Rn 69; *ders*., wistra 1988, 125 (128).

[138] So E/K-*Diemer*, U 43, § 17 Rn 34; Baumbach/*Hefermehl*, 22. Aufl., § 17 Rn 26; W/J-*Möhrenschlager*, 13. Kap Rn 21. Letzteres OLG Celle NStZ 1989, 367, 368=wistra 1989, 355; BayObLG NJW 1991, 438, 439=wistra 1994, 149; LG Freiburg CR 1991, 794.

[139] So Baumbach/*Hefermehl*, 22. Aufl., § 17 Rn 27.

[140] Vgl. BT-Drs. 10/5058, S. 40.

[141] BGH NJW 1984, 240.

[142] So wenn man die erste Alternative weit auslegt. Vgl. E/K-*Diemer*, U 43, § 17 Rn 35. A.A. W/J-*Möhrenschlager* 13. Kap 16 Rn 22.

[143] So zutreffend *Dannecker*, BB 1987, 1614 (1616), der von einer straflosen „einfachen" Kenntnisnahme spricht. So auch UWG/GK-*Otto*, § 17 Rn 70.

Kein Konkurrenzproblem erkennt *Hefermehl*,[144] der die erste Alternative auf alle nicht verkörperten und die zweite auf alle verkörperten Verschaffungen bezieht. Doch ergibt sich dies weder aus dem Gesetzestext noch aus der Zielsetzung des Gesetzgebers, der nur jede Form der Vergegenständlichung des Geheimnisses erfassen wollte.[145]

Die letzte Alternative besteht in der *Wegnahme einer das Geheimnis verkörpernden Sache*. Damit ist das Ansichbringen eines das Geheimnis verkörpernden Gegenstandes gemeint, das es ermöglicht, das Geheimnis selbst zu verwerten oder es an einen anderen weiterzugeben. Dies bedeutet, dass der Täter sich nicht schon im Besitz des Geheimnisses oder der verkörperten Wiedergabe befinden darf. Nach h.M. soll die Wegnahme im Sinne des § 242 StGB verstanden werden, also als Bruch fremden und Begründung neuen, nicht unbedingt tätereigenen Gewahrsams.[146]

2.2. Die Unbefugtheit und mögliche Konsequenzen aus der Rechtsgutsbestimmung

Durch den Begriff unbefugt wird die Rechtswidrigkeit der Handlung angesprochen und zugleich der weite Tatbestand schon im objektiven Bereich eingeengt.

An dieser Stelle äußert *Otto* Überlegungen zur Rechtsgutsbestimmung, indem er meint, dass bei einem schuldrechtlichen Anspruch auf Überlassung des Unternehmensgeheimnisses auch bei unerlaubter oder sogar strafbarer Verschaffung keine Strafbarkeit nach diesem Tatbestand in Frage komme, da dem Geheimnisherr kein rechtswidriger Vermögensschaden (oder eine Gefährdung) erwachse.[147] Ohne hier die Rechtsgutsdiskussion antizipieren zu wollen, soll nur darauf hingewiesen werden, dass eine Vermögensschutzauffassung, wie *Otto* sie vertritt, und eine des

---

[144] Vgl. dazu Baumbach/*Hefermehl*, 22. Aufl., § 17, Rn 25, 26.

[145] Vgl. BT-Drs. 10/5058, S. 40.

[146] So E/K-*Diemer*, U 43, § 17 Rn 36; W/J-*Möhrenschlager*, 16. Kap Rn 23; *Schlüchter*, S. 132; BayObLG NJW 1992, 1777, 1779. *Otto*, Jura 1992, 666 (668), möchte die Auslegung des Wegnahmebegriffs nicht einheitlich von einem durch § 242 StGB geprägten Sinn für alle Tatbestände vornehmen, sondern gemäß einem sinnvollen Rechtsgüterschutz. Dies bedeute für die Wirtschaftsspionage, dass mit dem Wegnehmen lediglich die Entfernung der „Geheimsache" aus dem Betrieb oder dem Unternehmen gemeint sei, d.h. aus dem betrieblichen Herrschaftsbereich des Geheimnisberechtigten gegen dessen Willen.

[147] So UWG/GK-*Otto*, § 17 Rn 76.

Schutzes des Wettbewerbs wie die hier vertretene zu unterschiedlichen Ergebnissen gelangen können. Denn nach einhelliger Auffassung im Wettbewerbsrecht ist zumindest eine Spionagehandlung wegen ihres Aktunwertes und unabhängig von ihrem Erfolgsunwert immer wettbewerbswidrig.[148]

Beide Deutungen sind jedenfalls mit der Gesetzesbegründung, „dass nicht jede Informationssammlung in einem Betrieb, die die übrigen Voraussetzungen der Nr. 1 erfüllt, die berechtigten Geheimhaltungsinteressen des Geschäftsinhabers in strafwürdiger Weise verletzt“[149] vereinbar.

3. Subjektiver Tatbestand

Dieser ist mit dem des Absatz 1 identisch und verlangt deshalb eine vorsätzlich (*dolus eventualis* genügt) durchgeführte Handlung, die zu Zwecken des Wettbewerbs, aus Eigennutz, zugunsten eines Dritten oder in schädlicher Absicht gegenüber dem Geschäftsinhaber durchgeführt werden muss.[150]

III. Die Verwertung oder Mitteilung eines unbefugt erlangten oder gesicherten Unternehmensgeheimnisses: die so genannte Geheimnishehlerei nach § 17 Abs. 2 Nr. 2.

1. Allgemeines

Die Geheimnishehlerei ist in Form eines zweiaktigen Tatbestands konzipiert.[151] Der erste Handlungsabschnitt erfaßt vier Erlangungsmöglichkeiten des Geheimnisses, die in zwei Konstellationen aufgeteilt werden können: Der Täter kann an das Geheimnis durch die Grundtatbestände des Verrats (§ 17 Abs. 1) oder durch eine eigene oder fremde Ausspähungshandlung (§ 17 Abs. 2 Nr. 1) *erlangt* haben oder sich

[148] So schon Baumbach/*Hefermehl*, 22.Aufl. vor §§ 17-20a Rn 4.
[149] BT-Drs. 10/5058, S. 40
[150] Dazu näher oben Zweiter Teil C. I. 2.
[151] So auch BGH NJW 1995, 2301, 2302.

das Geheimnis – durch Verwirklichung eines Auffangtatbestandes[152] – *sonst unbefugt verschafft oder gesichert* haben. Der zweite notwendige Handlungsabschnitt verlangt, dass der Täter das so erlangte Geheimnis unbefugt *verwertet* oder jemandem *mitteilt*. Diese komplexen Tathandlungsformen müssen zusätzlich mit einem der bereits dargestellten Absichtsmerkmale realisiert werden.

2. Der objektive Tatbestand

2.1. Handlungsalternativen des ersten Begehungsabschnitts

a) Erste Handlungsalternative: Das Erlangen durch Realisierung eines Grundtatbestandes

Bezüglich der Auslegung des Geheimnisverrats bzw. der Geheimnisausspähung gilt das bereits Erläuterte. Jedoch muss noch klargestellt werden, dass ein *Erlangen* erst vorliegt, wenn eine genaue und sichere Kenntnis erzielt ist, die es ermöglicht, die geheime Information selbst zu verwerten oder inhaltlich weiterzugeben. Im Falle eines verkörperten Geheimnisses geschieht dies, wenn der Täter den Gegenstand in seinen Gewahrsam gebracht hat.[153] Bei der ersten Alternative (Erlangung gemäß § 17 Abs. 1) muss der Verrat lediglich kausal für die Erlangung sein, kann deshalb durch einen Dritten vermittelt werden. Bei der zweiten Alternative (Erlangung gemäß § 17 Abs. 2 Nr.1) kann der Täter selbst oder durch einen Dritten handeln. Letzteres bezieht sich auf ein freies, vollverantwortliches Handeln des Vortäters, da sonst ein eigenes Handeln in mittelbarer Täterschaft vorläge.

b) Zweite Handlungsalternative: Die Generalklausel des unbefugten Verschaffens oder Sicherns

Die erste Handlungsalternative hat lediglich Beispielfunktion, da die Handlungen gemäß den bereits vorher beschriebenen Tatbeständen (§ 17 Abs. 1 oder Abs. 2

[152] E/K-*Diemer*, U 43, § 17 Rn 43; diese Alternative wird auch als Generalklausel bezeichnet, so etwa Harte/Henning/*Harte-Bavendamm*, § 17 Rn 31; UWG/GK-*Otto*, § 17 Rn 89.
[153] RGSt 33, 62, 66; 57, 12.

Nr.1), durch die das Geheimnis erlangt wird, eindeutig Erscheinungsformen der „unbefugten Verschaffung oder Sicherung“ darstellen.[154]

Im Falle der durch das 2. WiKG eingeführten Generalklausel handelt es sich um den Versuch, die Anwendungsschwierigkeiten der alten Formel „durch eine gegen das Gesetz oder gegen die guten Sitten verstoßende eigene Handlung“ zu vermeiden und zugleich um eine Erweiterung des Tatbestands.[155] Jedoch muss zunächst festgestellt werden, dass die Ersetzung der problematischen Begriffs der „guten Sitten“ durch eine nicht besonders glückliche doppelte Verwendung des Begriffs „unbefugt“ im Gesetzestext, die Auslegung des Tatbestands nicht besonders vereinfacht hat. Eine klare Ausweitung ergibt sich zunächst daraus, dass mit der neuen Fassung keine Kenntnisnahme mehr nötig ist.

Da eine *sonstige Unbefugtheit* hinsichtlich des *Verschaffens* oder des *Sicherns* sich auf jedes rechtswidrige oder ungerechtfertigte Verhalten bezieht,[156] kommen hier Verstöße gegen deutsche Rechtsvorschriften oder gegen Recht der EU,[157] vertragswidriges Verhalten oder Anstiftung zu einem solchen Verhalten in Betracht, so dass eine zusätzliche Erweiterung zustande kommt.

Darüber hinaus ist eine erweiternde strafrechtliche Erfassung der Spionage darin zu erkennen, dass die Handlungsform nicht mehr wie in § 17 Abs. 2 Nr. 1 auf bestimmte *Modi Operandi* beschränkt ist, sondern sich auch auf Erlangung der Information durch Täuschung oder Auswendiglernen (d.h. ohne technischer Mittel oder Verkörperung) bezieht.

Da dieser Folgetatbestand älteren Ursprungs ist als der Grundtatbestand der Ausspähung, kann hinter der fehlenden Abstimmung der Reichweite beider Spionagekonstellationen ein Versäumnis des Gesetzgebers vermutet werden. Daher liegt es auch nahe, die moderneren kriminalpolitischen Begründungen des Grundtatbestands der gesamten strafrechtlichen Erfassung der Spionageaktivität zu Grunde zu legen

[154] Vgl. statt vieler E/K-*Diemer*, U 43, § 17 Rn 43.
[155] BT-Drs. 10/5058 S. 40, 41.
[156] So E/K-*Diemer*, § 17 Rn 43; *Harte-Bavendamm* in Harte/Henning/*Harte-Bavendamm*, § 17 Rn 31; Hefermehl/*Köhler*/Bornkamm, § 17 Rn 47; UWG/GK-*Otto*, § 17 Rn 90; *Pfeiffer*, FS-Nirk, S. 885.
[157] So E/K-*Diemer*, U 43, § 17 Rn 44.

und mit *Köhler* für die Auslegung des bedenklich unbestimmten Merkmals des *sonstigen Verschaffens oder Sicherns* bei der Ausspähungshehlerei einen dem Grundtatbestand vergleichbaren Unrechtsgehalt zu verlangen.[158]

Jenseits traditioneller Spionageaktivität ist ferner wichtig, dass hier die Generalklausel einen Geheimnisschutz *von Außen* vorsieht, der bei vielen unvollständigen Verwirklichungen anderer Tatbestände einschlägig ist, sofern es sich freilich um Unternehmensgeheimnisse handelt.[159] Dabei ist interessant festzustellen, dass sich diese Generalklausel auch auf andere Geheimnisschutzkonstellationen aus dem StGB oder dem Nebenstrafrecht bezieht, sich insbesondere auch auf Vermögensstraftaten erstreckt. So, wenn z.B. ein Brief mitgelesen oder ein nichtöffentlich gesprochenes Wort mitgehört wird (jeweils ohne Anwendung der in den §§ 202 bzw. 201 StGB beschriebenen technischen Mitteln) oder unter Täuschung Informationen in Erfahrung gebracht werden, die keinen dem Schaden gleich stehende Vermögensgefährdung verursachen (und daher § 263 StGB nicht erfüllen).

Schließlich erhält die Erweiterung durch die Generalklausel besondere Bedeutung bei der Verwertung oder dem Verrat (sowohl während als auch nach Beendigung des Dienstverhältnisses) von unbefugt erlangten Unternehmensgeheimnissen durch Arbeitnehmer. Denn die privilegierte Stellung kann zur Folge haben, dass der Beschäftigte nicht auf die besonderen Vorgehensweisen aus § 17 Abs. 2 Nr. 1 rekurrieren muss, um an Geheimnisse im Unternehmen zu gelangen. *Harte-Bavendamm* beschreibt eine Fülle von praktisch relevanten Sachverhalten von während der Beschäftigungsdauer unredlich verschafften Geheimnissen, die bei einer Verwertung nur unter diesen Tatbestand fallen.[160] Die Tathandlung kann sich z.B. durchaus im Rahmen des normalen eigenen Aufgabenkreises des Beschäftigten abspielen, soweit es sich um eine außerhalb des üblichen Weges erfolgende Kenntnisverschaffung handelt und diese daher unbefugt erfolgt.

---

[158] Hefermehl/*Köhler*/Bornkamm, § 17 Rn 47.

[159] Insofern wird im Schrifttum auf die Erfassung der Unterschlagung, Diebstahl, Hausfriedensbruch, Nötigung, Betrug, Erpressung oder Bestechung hingewiesen. Vgl. Hefermehl/*Köhler*/Bornkamm, § 17 Rn 47; GK/UWG-*Otto*, § 17 Rn 90.

[160] Eingehend Harte/Henning/*Harte-Bavendamm*, § 17 Rn 32 ff., m.z.N. aus der Rechtsprechung.

2.2. Handlungsalternativen des zweiten Begehungsabschnitts

Die zweite Tathandlung besteht aus einer *unbefugten Verwertung* oder *Mitteilung an jemanden*. Das *Mitteilen* wird im Sinne des § 17 Abs. 1 verstanden, so dass auf diese Kommentierung verwiesen werden kann.

Nach dem oben Dargelegten liegt eine *Verwertung* dann vor, wenn zunächst einmal eine Tätigkeit ausgeübt wird, die darauf gerichtet ist, das Geheimnis wirtschaftlich zu nutzen.[161] Dabei kann die Nutzung sowohl auf die Gewinnerzielung als auch auf die Kostensenkung gerichtet sein.[162] Da es sich lediglich um eine Zielsetzung handelt, genügt schon die Herstellung oder Verbesserung von Objekten, ohne jegliche Veräußerung oder Inbetriebnahme[163] – ein Vermögensvorteil muss noch nicht eingetreten sein. Der angestrebte Vermögensvorteil kann ein eigener oder fremder sein, er kann durch eigenes oder fremdes Handeln verfolgt werden und kann im eigenen oder fremden Namen geschehen.[164]

Des Weiteren wurde oben dargelegt, dass die Verwertungshandlung im Gegensatz zu der Verwendungshandlung gleichzeitig in der Absicht realisiert werden muss, *auf Kosten* des – dadurch entsprechend „entreicherten"–, Geheimnisträgers Gewinn zu ziehen.[165]

Bei der Frage, ob die entgeltliche Offenbarung der Mitteilungs- oder Verwertungshandlung zuzuschreiben ist, wird dies – entgegen der Literatur zum Geheimnisschutz im Gesellschaftsrecht oder des Privatgeheimnisschutzes i.e.S. aus § 203 f. StGB -[166] im UWG nicht eindeutig verneint. Es sind auch bejahende Meinungen zu erkennen, und meistens wird die Frage offengelassen.[167] Eine Entscheidung ist aber wichtig, weil im Unterschied zu den Vorschriften zu den Privatgeheimnissen i.e.S.

---

[161] RGSt 63, 205, 207 und statt vieler Hefermehl/*Köhler*/Bornkamm, § 17 Rn 41; a.A. *Arians* S. 367; *Kissling* S. 129, die das Verwerten i.S. eines „Nutzen aus der Sache ziehen" verstehen und daher einen irgendwie gearteten Vorteil ausreichen lassen.

[162] Hefermehl/*Köhler*/Bornkamm, § 17 Rn 41.

[163] RGSt 40, 406, 409

[164] So E/K-*Diemer*, U 43, § 17 Rn 46; UWG/GK-*Otto*, § 17 Rn 84.

[165] Vgl. dazu oben Erster Teil E. V. mit Nachweisen.

[166] Dazu näher unten Zweiter Teil D. III. 1.6. und 2.4.

[167] Für ein Verständnis der entgeltlichen Offenbarung als Mitteilung UWG/GK-*Otto*, § 17 Rn 85; für ein Begünstigung des Verwertens Hefermehl/*Köhler*/Bornkamm, § 17 Rn 42; *Többens*, WRP 2005, 552 (558).

in §§ 203 und 204 StGB und denen aus dem Gesellschaftsrecht in § 85 GmbHG oder § 404 AktG die Situation nicht ausdrücklich in einer besonderen Handlungsvariante geregelt ist. Man könnte zwar meinen, die Diskussion sei irrelevant, weil ebenso im UWG sowohl das Mitteilen als auch das Verwerten erfasst würden und ferner hier kein ausdrücklicher Differenzierungsbedarf bestehe, weil beide Handlungsformen mit gleicher Strafe belegt seien. Dies ist aber nicht richtig, weil im UWG die beiden Tathandlungen in völlig verschiedenen Tatbeständen verwendet werden. Der dem Geheimnisschutz aus § 203 f. StGB und §§ 85 und 404 GmbHG bzw. AktG äquivalente Schutz von Innen mittels eines Sonderdelikts in § 17 Abs. 1 verbietet den Beschäftigten nämlich bei befugt erlangten Geheimnissen in keiner Situation das Verwerten. Dies stellt eine konsequenzreiche Besonderheit des UWG dar, die im hiesigen Kontext darauf hinausläuft, dass das Offenbaren gegen Entgelt nur tatbestandsmäßig ist, soweit es der Mitteilungshandlung zugeschrieben wird. Versteht man die entgeltliche Mitteilung als Verwertungshandlung des Beschäftigten, ist es eindeutige Entscheidung des Gesetzgebers, dass weder während der Geltungsdauer des Dienstverhältnisses noch nach dieser die Verwertungshandlung nicht tatbestandsmmäßig ist. Das Offenbaren gegen Entgelt ist naturgemäß auf sämtliche Geheimnisarten anwendbar, so dass es einer besonderen Begründung bedürfte, wollte man es als ein nur auf bestimmte Geheimnisformen anwendbares Verwerten verstehen. Vielmehr muss die Besonderheit, nämlich die grundsätzliche Zulässigkeit der Verwertung nach dem UWG, eine restriktive Auslegung erfahren, so dass das Offenbaren gegen Entgelt nicht erfasst sein kann.

3. Der subjektive Tatbestand

Da dieser mit dem subjektiven Tatbestand der Wirtschaftsspionage aus § 17 Abs. 2 Nr. 1 identisch ist, kann auf die jeweiligen Erläuterungen verwiesen werden.

Es muss aber beachtet werden, dass bei eigener Realisierung des ersten Begehungsabschnittes in zwei verschiedenen Momenten derselbe Täter mit einem der einschlägigen Absichtsmerkmale gehandelt haben muss, diese Merkmale aber nicht identisch sein müssen. Da aber nicht erforderlich ist, dass der erste Handlungsabschnitt zum Zwecke des zweiten durchgeführt wird, ist eine Änderung der Absicht von einem Begehungsabschnitt zum anderen durchaus denkbar und daher die Statuierung der Strafbarkeit trotz der Realisierung abweichender Absichtsmerkmale vertretbar. Es soll hier lediglich zu der formulierten Kritik an den Absichtsmerkmalen hinzugefügt werden, dass hinsichtlich der Verwertungshandlung das Vorsehen der reinen Schädigungsabsicht keinen Sinn macht. Es ist kaum vorstellbar, dass diese Absicht bei einer solchen Handlung nicht hinter denen des Eigennutzes oder der Begünstigung eines Dritten völlig zurückbleibt.

IV. Die Strafe in besonders schweren Fällen nach § 17 Abs. 4

Die Auslandsbeziehung der Tat wurde durch das 2. WiKG von einem Qualifikationstatbestand zu zwei Regelbeispielen der *Kenntnis der geplanten Verwertung im Ausland* und *eigener Verwertung im Ausland* umgeformt und im Zuge der UWG-Reform des Jahres 2004 um ein drittes Beispiel, das *gewerbsmäßige Handeln,* erweitert. Die Verwendung dieser Regelungstechnik hat zur Folge, dass nicht immer eine höhere Strafe zu Stande kommt, denn ein besonders schwerer Fall liegt bei diesen auslandsbezogenen Beispielen nur „in der Regel“ vor. Zum einen kann es durchaus vorkommen, dass eine Mitteilung oder Verwertung in besonders entfernten Ländern, die nicht mit dem Geheimnisträger oder der deutschen Wirtschaft in Wettbewerb stehen, gerade besonders bedeutungslose Situationen darstellen, in denen sogar nach den generellen Regeln der Strafzumessung gemäß § 46 Abs. 2 StGB eher eine Strafmilderung in Betracht kommt. Zum anderen kann eine Straferhöhung auch dann außer Betracht bleiben, wenn sich andere Strafmilderungsgründe kompensierend auswirken.
Schließlich lässt es die Bestimmung im Gegensatz zum Qualifikationstatbestand des § 17 Abs. 3 in der Fassung vor dem 2.WiKG zu, auch andere Verschärfungsgründe zu berücksichtigen, insbesondere bei hohem volkswirtschaftlichem Schaden oder individuellen existenzbedrohenden Unternehmensschäden.[168]

[168] Vgl. dazu UWG/GK-*Otto*, § 17 Rn 114, mit allgemeinen Nachweisen aus der Rechtsprechung zur rechtlichen Natur und den Auswirkungen der Regelbeispiele.

Bezüglich einiger Fragen, die sich hinsichtlich der Bestimmung des Auslandsbegriffes ergeben, kann festgehalten werden, dass im Schrifttum behauptet wird, es sei irrelevant, ob der Verrat einem Deutschen oder einem Ausländer zu Gute kommt.[169] Des Weiteren ist es strittig, ob diese räumliche Zäsur gegenüber allen ausländischen Staaten durchzuführen ist oder ob sie sich nur im EU-Ausland ergibt, um den Diskriminierungsverboten des EU-Rechts gerecht zu werden.[170]

V. Der Schutz des betrieblichen Know-hows nach § 18

1. Allgemeines

Dieser Tatbestand weicht von den vorher beschriebenen wesentlich ab, da schon das Handlungsobjekt nicht notwendigerweise mit dem des § 17 übereinstimmt. Zum Teil reicht es über den Bereich des Unternehmensgeheimnisses hinaus, da § 18 nur eine fehlende Offenkundigkeit der Information voraussetzt. Zum Teil ist das Handlungsobjekt dieser Vorschrift zu eng, um alle Unternehmensgeheimnisformen zu erfassen, weil § 18 nur Objekte technischer Natur erfasst, so dass weder kommerzielles Know-how noch positive, offensive Geheimnisse oder Beziehungsgeheimnisse in Betracht kommen können.[171] Da sich der Tatbestand nur auf Informationen mit Immaterialgutcharakter bezieht, tritt auch hier der Vermögensschutz in den Vordergrund.

Folgt man der üblichen – jedoch wohl nicht richtigen – Darstellung des Tatbestandes als eines Jedermannsdeliktes,[172] ist auch darin eine Besonderheit zu erkennen, da die Strafrechtsordnung den *Schutz von Innen* stets mittels der Errichtung von Sonderdelikten beschränkt, wenn sie, wie hier, nicht nur auf den Schutz kollektiver Rechtsgüter zielt.[173]

---

[169] So *Arians*, S. 368; E/K-*Diemer*, U 43, § 17 Rn 54.

[170] So UWG/GK-*Otto*, § 17 Rn 113; a.A. Hefermehl/*Köhler*/Bornkamm, § 17 Rn 66; W/J-*Möhrenschlager*, 13. Kap Rn 38.

[171] Näher dazu anschließend im Text.

[172] Vgl. *Arians*, S. 371; UWG/GK-*Otto*, § 18 Rn 5 f.

[173] Bei exklusivem Schutz kollektiver Rechtsgüter, wie etwa § 94 StGB, sind durchaus auch Jedermannsdelikte vorgesehen.

2. Der objektive Tatbestand

2.1. Der Täter

Die geläufige Deutung des Tatbestandes als Jedermannsdelikt[174] ist schon deshalb bedenklich, weil dieser selbstverständlich durch die Voraussetzung beschränkt wird, dass es sich um einen Vertragspartner handelt. Dieses rechtlich andauernde Verhältnis zu dem Opfer „qualifiziert“ den Täter in sehr ähnlicher Weise, wie es bei der Untreue der Fall ist. Auch dort versteckt sich hinter der für Jedermannsdelikte üblichen Verwendung des Pronomens „Wer“ ein Sonderdelikt, dessen Täter eine sehr ähnliche Verbundenheit zum Opfer aufweist wie in § 18. Sie begründet sich nämlich ebenfalls auf einer Interessenwahrungspflicht und bezieht sich auf das Vermögen des Opfers, wie auch das in § 18 erfasste technische Know-how nichts anderes als ein konkretes Vermögensobjekt darstellt.

Daran ändert auch nichts, dass die zutreffenden Präzisierungen im Schrifttum auf einen weiten Täterkreis hindeuten. Nach ganz h.M. ist es deshalb nicht nötig, dass eine *beidseitige Geschäftsmäßigkeit* besteht, so dass es sich auch um einen Abnehmer handeln kann und dieser kein Konkurrent sein muss.[175] Täter kann daher auch ein Privatmann sein.[176] Es kommen weiterhin Unternehmen der öffentlichen Hand in Betracht, soweit sich diese nicht hoheitlich, sondern erwerbswirtschaftlich betätigen.[177] Hingegen kommt ein Angestellter als Täter nicht in Betracht, es sei denn, dieser unterhält zusätzlich geschäftliche Beziehungen zum Geschäftsinhaber.[178]

---

[174] Vgl. Nachweise in der folgenden Fn.

[175] So *Arians*, S. 373; Baumbach/*Hefermehl*, 22.Aufl., § 18 Rn 2; UWG/GK-*Otto*, § 18 Rn 7; a.A. *Meyer/Möhrenschlager*, WiVerw, 1982, 21 (39), jedoch wie die h.M. W/J-*Möhrenschlager*, 13. Kap Rn. 32. Es besteht keine einheitliche Rechtsprechung: befürwortend RGSt 48, 76, 78; 44, 152, 153; OLG Karlsruhe WRP 1986, 623, 625; dagegen OLG Hamm MuW 1934, 215, 216 und OLG Hamm NJW-RR 1990, 1380.

[176] Hefermehl/*Köhler*/Bornkamm, § 18 Rn 12.

[177] So UWG/GK-*Otto*, UWG-GK, § 18 Rn 7.

[178] Vgl. statt aller, E/K-*Diemer*, U 43, § 18 Rn 4.

2.2. Die Tatobjekte

Gegenstand der Tat ist nicht das Begriffspaar der Geschäfts- und Betriebsgeheimnisse wie in den anderen Vorschriften, sondern *Vorlagen und Vorschriften technischer Art*. Unter den ersten Begriff fallen nach h.M. alle Gegenstände, die bei der Herstellung neuer Sachen als Vorbild dienen sollen.[179] Dagegen sieht *Hefermehl* von diesem Begriff auch immaterielle Vorbilder erfasst, wie es z.B. bei Reklameslogans der Fall sei.[180]

Hier ist das Handlungsobjekt auch nicht mit den Betriebsgeheimnissen der anderen Tatbestände identisch, da es nicht direkt ein Geheimnis darstellt, sondern dessen Verkörperung.

Unter den zweiten Begriff fallen mündliche oder schriftliche Anweisungen über einen technischen Vorgang.[181] Soweit es sich um den in der Praxis wohl eher ungewöhnlicheren Fall mündlicher Vermittlung handelt, bezieht sich der Tatbestand wieder unmittelbar auf Geheimnisse als Handlungsobjekte.

In der Literatur wird zutreffend von einem Tatbestand zum Schutze des (technischen) Know-hows gesprochen, so dass, entgegen den anderen Vorschriften, nur Betriebsgeheimnisse erfasst werden.[182] Die beiden Begriffe des § 18 können sich überschneiden, da auch Vorlagen technische Vorschriften enthalten können, so dass die im Gesetz genannten Beispiele unter beide Begriffe fallen können.

Schließlich müssen nach h.M., wie oben schon angedeutet, weder die Vorlagen noch die Vorschriften technischer Art Unternehmens*geheimnisse* darstellen.[183] Es reicht aus, dass diese nicht offenkundig sind, denn etwas Offenkundiges kann nicht anvertraut werden. Dass eine Information, die nicht offenkundig ist, nicht notwendiger-

[179] So *Arians*, S. 371; E/K-*Diemer*, U 43, § 18 Rn 6; HdBWettbR/*Harte-Bavendamm*, § 43 Rn 55; W/J-*Möhrenschlager*, 13. Kap Rn 33; UWG/GK-*Otto*, § 18 Rn 9.

[180] Baumbach/*Hefermehl*, 22. Aufl., § 18 Rn 3, spricht anstatt von „Gegenständen" oder „Dingen" von „allem", was ein Vorbild sein kann.

[181] Vgl. statt aller Harte/Henning/ *Harte-Bavendamm*, § 18 Rn 4.

[182] So *Lampe*, BB 1977, 1477 (1480), der auch im kaufmännischen Bereich ein nicht geringer einzuschätzendes Know-how erkennt und es darum *de lege ferenda* für genauso schutzbedürftig hält.

[183] So *Arians*, S. 370; E/K-*Diemer*, U 43, § 18 Rn 8; HdBWStR/*Ebert-Weidenfeller*, § 18 Rn 81; Harte/Henning/*Harte-Bavendamm*, § 18 Rn 5; Baumbach/*Hefermehl*, 22. Aufl., § 18 Rn 4 (nicht mehr eindeutig in Hefermehl/*Köhler*/Bornkamm, § 18 Rn 11); W/J-*Möhrenschlager*, 13. Kap Rn 33; UWG/GK-*Otto*, § 18 Rn 12 und 15; *Többens*, WRP 2005, 552 (559); a.A. *Kraßer*, GRUR, 1977, 177 (180).

weise ein Geheimnis darstellen muss, weil es am Geheimhaltungswillen fehlen kann, wurde oben schon dargelegt.[184] Ebenfalls ist es nach der Rechtsprechung nicht nötig, dass die Vorlage einen patentrechtlich neuen Gedanken enthält[185] oder dass der Täter durch eigenes Nachdenken und eigene Arbeit ähnliche Vorlagen hätte herstellen können.[186]

2.3. Das Anvertrauen insbesondere als implizite Bestimmung der zeitlichen Tatbestandsmäßigkeit der Handlungen

Im Gegensatz zu § 17 Abs. 1 und in Übereinstimmung mit anderen Vorschriften (etwa § 203 StGB oder § 85 GmbHG) zum *Schutz von Innen* sieht § 18 keine taxative zeitliche Grenze für die Tatbestandsmäßigkeit der Handlungen vor. Da aber die Vorlagen und Vorschriften technischer Art dem Täter anvertraut worden sein müssen, ist doch eine zeitliche Dauer des Rechtsschutzes gegeben, die zwar nicht ausdrücklich im Gesetz festgelegt, aber im Schrifttum einheitlich auf die Beendigung des Vertrauensverhältnisses fixiert wird. Dies wird auf das Argument gestützt, dass der Tatbestand in der Ahndung eines Vertrauensbruches bestehe. Ebenfalls besteht Einigkeit darin, dass das Vertrauensverhältnis über die Vertragsdauer hinaus reichen kann und der Tatbestand somit auch die Strafbarkeit der Offenbarung begründet. Ferner wird bei Eintritt der Offenkundigkeit, bei Wegfall des Willens des Berechtigten, den Schutz aufrechtzuerhalten, oder bei Wegfall des Interesses des Berechtigten an einer Nutzung des Gegenstandes ebenfalls das Ende des Vertrauensverhältnisses angenommen.[187] *Lampe* betont, dass im Falle eines vorvertraglichen Anvertrauens der strafrechtliche Schutz in Einklang mit der gesetzlichen Regelung nur dann auf dieses Feld auszudehnen ist, wenn sich der „Know-how-Geber" selbst durch den Abschluss eines „Vorvertrages zum Zwecke der Prüfung, ob der Abschluss eines Know-how-Vertrages in Betracht kommt" um den Schutz seines geheimen Wissens und seiner Unterlagen bemüht hat.[188]

---

[184] Dazu oben Erster Teil D. III. 1.
[185] Vgl. BGH GRUR 1958, 297, 298.
[186] Vgl. BGH GRUR 1960, 554, 556.
[187] So *Arians* S. 373, 374; Hefermehl/*Köhler*/Bornkamm, § 18 Rn 13; UWG/GK-*Otto*, § 18 Rn 15.
[188] *Lampe*, BB, 1977, 1477 (1480).

Die Vorlagen und Vorschriften technischer Art sind dem Täter dann anvertraut worden, wenn sie mit der Verpflichtung überlassen wurden, sie nur nach Weisungen oder im Interesse des Anvertrauenden zu verwenden. Die Verpflichtung kann mündlich oder schriftlich, ausdrücklich oder konkludent, innerhalb eines bestehenden oder in Vorbereitung befindlichen Vertragsverhältnisses oder sogar außervertraglich entstanden sein.[189] Dabei muss der Anvertrauende nicht unbedingt der Inhaber des Handlungsobjektes sein, denn auch ein Dritter, dem die Vorlage oder die Vorschrift anvertraut wurde, kann sie nach Weisungen oder im Interesse des Inhabers anvertrauen.[190] Ebenfalls ist es unerheblich, wie der Anvertrauende in den Besitz des Tatgegenstandes gelangt ist, weshalb er auch unrechtmäßiger Besitzer sein kann.[191]

2.4. Die Tathandlungen

Die Tathandlung besteht in einem *Mitteilen an jemanden* oder einem *unbefugten Verwerten*, so dass auf die früheren Beschreibungen verwiesen werden kann.

3. Der subjektive Tatbestand

Im subjektiven Bereich reicht *dolus eventualis* aus; zusätzlich muss *zu Zwecken des Wettbewerbs* oder *aus Eigennutz* gehandelt werden. Dazu gelten die vorangehenden Ausführungen. Auffällig ist, dass der Gesetzgeber hier nicht das Absichtsmerkmal des Handelns zugunsten eines Dritten oder das der Schädigungsabsicht gegenüber dem Inhaber des Geschäftsbetriebs eingeführt hat. Dafür gibt es keine Begründung des Gesetzgebers, und es ist auch kein evidenter Grund hierfür ersichtlich, so dass nahe liegt, einen relativ willkürlichen Gebrauch der Absichtsmerkmaleanzunehmen,

---

[189] So *Arians*, S. 372, E/K-*Diemer*, U 43, § 18 Rn 7; HdBWettbR/*Harte-Bavendamm*, § 43 Rn 55; UWG/GK-*Otto*, § 18, Rn 13; RG MuW 1941, 139; RG GRUR 1990, 657, 663.

[190] So z.B. der Inhaber eines Zulieferungsbetriebes, der die erhaltenen Vorlagen seinen Beschäftigten anvertraut Vgl. dazu E/K-*Diemer*, U 43 § 18 Rn 7; UWG/GK-*Otto*, § 18 Rn 13.

[191] So z.B. durch Verletzung eines fremden Urheberrechts. Vgl. dazu *Arians*, S. 372; E/K-*Diemer*, U 43, § 18 Rn 7; UWG/GK-*Otto*, § 18 Rn 13.

der die Forderung nach der Änderung des subjektiven Tatbestandes im Unternehmensgeheimnisschutz weiter verstärkt.[192]

Auch hier gilt hinsichtlich des Verwertens, dass weder eine reine Schädigungsabsicht noch eine Absicht vorstellbar ist, die nicht völlig hinter den anderen Absichten zurücktritt.

VI. Versuchstrafbarkeit

Nach § 17 Abs. 3 gehören die Tatbestände aus diesem Paragraphen zu den Vergehen, die auch im Versuchsstadium strafbar sind. Das UWG 2004 erweitert die Versuchsstrafbarkeit nach § 18 Abs. 2 auch auf die Mitteilung oder Verwertung von Vorlagen und Vorschriften.[193]

VII. Versuch der Beteiligung nach § 19

1. Allgemeines

Durch die Einführung dieser Tatbestände hat der Gesetzgeber besonders gefährliche Formen erfolgloser Vorbereitung der Geheimnisverletzung unter Strafe gestellt, die laut *Otto* weit in den Gefährdungsbereich des geschützten Rechtsgutes hineinreichen.[194]

Zunächst ist darauf hinzuweisen, dass sich diese Vorschriften an § 30 StGB anlehnen und die zuletzt durchgeführte Umgestaltung im UWG 2004 zu einer präziseren Abstimmung mit diesem Paragraphen führen sollte.[195] Wie zu sehen sein wird, handelt es sich nicht nur um eine weitestgehend missglückte Anpassung, sondern § 19 weicht auch grundsätzlich von der normativen Struktur des § 30 StGB ab. Denn

---

[192] Vgl. *Lampe*, BB 1977, 1477 (1480), kritisiert auch, dass diese engere Festlegung einen wirtschaftlichen Schaden nicht umfassend verhindern könne, wobei noch untersucht werden muss, ob dies im Sinne eines Vermögensschaden auch das einzige zu schützende Interesse des Tatbestands darstellt.

[193] Dagegen wurde in dieser letzten Novellierung § 18 nicht hinsichtlich der „besonders schweren Fälle“ an die Tatbestände aus § 17 angepasst.

[194] So UWG/GK-*Otto*, § 20 Rn 1.

[195] Vgl. Begr. des Gesetzesentwurfes der BReg., BT-Drs. 15/1487, S. 26.

wird hinsichtlich § 30 StGB postuliert, er stelle keine eigene Straftat dar,[196] ist hier genau das Gegenteil zu konstatieren. Nicht nur, weil es sich um eine Vorschrift des Besonderen Teils der Strafrechtsordnung handelt, sondern auch, weil er nicht an eine Haupttat angelehnt ist,[197] sondern eigene Tathandlungen, selbstständige Absichtsmerkmale und eine eigene Strafe vorsieht und daher nicht allein Regeln zur Anwendung des Versuchs und der Beteiligung aufstellt – sondern eben einen eigenen Tatbestand.

Die erhebliche Erweiterung der strafbaren Handlungen in § 19 wird zum Teil – zumindest hinsichtlich der Tatbestände der versuchten Verleitung zu § 17 und § 18 – im Schrifttum begrüßt. So meint *Arians*, durch sie könne verhindert werden, dass sich Mitbewerber, ohne ein strafrechtliches Risiko einzugehen, immer wieder an Angestellte eines Konkurrenzunternehmens „heranmachen können", um so Unternehmensgeheimnisse eines fremden Betriebes zu erfahren.[198] Dagegen ist *Lampe* der Auffassung, dass die Vorschrift des § 20 insgesamt in „kriminalpolitisch unverantwortlicher Weise" erheblich über die allgemeine Regel des § 30 StGB hinausgehe, da im UWG bereits die versuchte Anstiftung zu einem Vergehen und nicht erst wie im StGB zu einem Verbrechen unter Strafe gestellt werde, die selbst dort in vielen Fällen fragwürdig erscheine.[199]

Mit In-Kraft-Treten des UWG haben sich die kriminalpolitischen und dogmatischen Bedenken bezüglich dieser Vorschrift verschärft. Schon zu Zeiten des Gesetzesentwurfes hat *Mitsch* auf redaktionelle Mängel hingewiesen, die unbeabsichtigte, aber gravierende Folgen mit sich bringen. Aus nicht ersichtlichem Grund – und gerade im Gegensatz zum Vorbild des § 30 StGB – hat der Gesetzgeber im neuen UWG den Begriff des *Vergehens* durch den der *Straftat* ersetzt. Nach *Mitsch* hat dies zur Konsequenz, dass in § 19 die *strenge Akzessorietät* wieder eingeführt wird.[200]

---

[196] Vgl. S/S-*Cramer/Heine*, § 30 Rn 1; *Jescheck/Weigend*, AT, S. 701 f.; B/W/*Mitsch*, AT, § 32 Rn 40; LK-*Roxin*, § 30 Rn 1.

[197] Die Erwähnung der Haupttaten in § 19 hat nur eine normausfüllende Funktion.

[198] So Arians, S. 375.

[199] Vgl. dazu *Lampe*, BB 1977, 1477 (1481). Die zusätzliche Kritik einer Inkongruenz wegen des straflosen Versuchs in den §§ 17 f. entfällt nach der Reform durch das 2. WiKG. So auch bei *Tuffner*, S. 71 ff.

[200] Vgl. *Mitsch*, wistra 2004, 161 (161 f.).

Möchte nämlich der Gesetzgeber die Strafbarkeit des Anstifters oder des Gehilfens nicht von einer schuldhaften Haupttat abhängig machen (so die *strenge Akzessorietät*), sondern gemäß den §§ 26 und 27 StGB von einer objektiv-tatbestandsmäßigen, vorsätzlichen und rechtswidrigen Haupttat (*limitierte Akzessorietät*), könne er nicht einen Begriff verwenden, der notwendigerweise die Erfüllung aller materiellstrafrechtlichen Strafbarkeitsvoraussetzungen impliziere, d.h. eine „strafbare Tat" oder eben wie in § 19 eine „Straftat" beschreibe. Deshalb sei auch in § 30 StGB von *Verbrechen* und in § 20 a.F. von *Vergehen* die Rede. *Mitsch* zufolge ist nun unter § 19 die Subsumtion von schuldlos begangenen Taten unter dem Tatbestandsmerkmal „Straftat" nicht möglich, sondern notwendigerweise nur die Subsumtion von tatbestandsmäßigen, rechtswidrigen und schuldhaften Taten.[201]

Ebenfalls bemerkenswert ist – und war es schon unter der Geltung des § 20 a.F. – die „Härte" der Bestrafung, die sich daraus ergibt, dass der Verweis auf die Anwendbarkeit der Regeln aus § 30 Abs. 1 S. 2 und 3 StGB in § 19 UWG fehlt, so dass weder die Strafe nach § 49 StGB gemildert wird noch beim Versuch „aus grobem Unverstand" gemildert bzw. von Strafe abgesehen werden kann. Daraus ergibt sich ferner der Widerspruch, dass der Anstifter bei der Vorfeldtat einer versuchten Anstiftung schlechter steht als bei einer geglückten Anstiftung zu einer versuchten Straftat.[202]

2. Die objektiven Tatbestände

Der erste Tatbestand des § 19 Abs. 1 wurde mit Einführung des UWG 2004 von einer versuchten *Verleitung zu einem Vergehen* zu einer versuchten *Bestimmung zu einer Straftat* nach § 17 oder § 18 geändert. Damit stimmt die Vorschrift nun auch hinsichtlich der Handlung begrifflich mit dem identischen Tatbestand aus § 30 StGB überein.[203] Wendet man konsequenterweise die Auslegung zur Norm aus dem StGB an, ist zum einen jedes Mittel zur Bestimmung geeignet und zum anderen stets ein

[201] *Mitsch*, wistra 2004, 161 (163).
[202] Vgl. dazu *Mitsch*, wistra 2004, 161 (164).
[203] So schon die Auslegung zum UWG a.F. W/J-*Möhrenschlager*, 13. Kap. Rn 35; UWG/GK-*Otto*, § 20 Rn 5.

geistiger Kontakt mit dem Ziel der Verursachung des Tatentschlusses notwendig. Die Schaffung einer zur Tat anreizenden Situation genügt nicht.[204] Täter kann jeder – auch ein Angestellter – sein. Die Tat braucht nicht in allen Einzelheiten, jedoch in groben Umrissen, bestimmt zu sein, und es ist irrelevant, warum es nicht zur Tat kommt. Kommt es zur Tat, haftet der Täter als Anstifter zu dem entsprechenden Delikt gemäß § 26 StGB.[205]

Nach *Arians* ist es bei einer Bestimmung zu einem Geheimnisverrat weder notwendig, dass zu diesem Tatzeitpunkt der zu Verleitende bereits Beschäftigter ist, noch, dass er das Geheimnis bereits kennt.[206] Gleiches müsste für die geschäftliche Beziehung hinsichtlich § 18 gelten.

Der zweite Tatbestand des gleichen Absatzes beschreibt unter gleichen Voraussetzungen eine *Kettenanstiftung*, die im UWG a.F. nicht ausdrücklich vorgesehen war und zur näheren Anlehnung an § 30 StGB geführt hat.

Der erste Tatbestand des § 19 Abs. 2 bestraft das *Bereiterklären* zur Begehung oder Anstiftung einer Straftat nach den §§ 17 oder 18. Der Auslegung des gleich formulierten § 30 StGB folgend erfasst dieser Begriff sowohl das Sicherbieten als auch die Annahme der Aufforderung, ein Vergehen oder eine Anstiftung zu einem Vergehen zu begehen.[207] Somit wurden diese beiden im UWG a.F. einzeln aufgezählten Alternativen in eine zusammengefasst.

Der zweite Tatbestand bezieht sich auf die *Annahme des Erbietens* eines Dritten, eine Straftat nach den §§ 17 oder 18 zu begehen oder dazu anzustiften. Darunter versteht man die Erklärung, das Angebot eines anderen zu einem Vergehen nach den §§ 17 oder 18 oder der Anstiftung dazu anzunehmen, wobei nur die Annahme, nicht aber das Erbieten selbst, ernst gemeint sein muss.[208]

Schließlich wird auch das *Verabreden*, eine Straftat nach den §§ 17 oder 18 zu begehen oder dazu anzustiften, bestraft. Darunter ist die Willenseinigung von mindestens zwei Personen zur gemeinsamen mittäterschaftlichen Ausführung eines Verge-

---

[204] Vgl. statt vieler LK-*Roxin*, § 26 Rn 12.
[205] So *Arians*, S. 375 f.; UWG/GK-*Otto*, § 20 Rn 7 f.
[206] So *Arians*, S. 375.
[207] Vgl. S/S-*Cramer/Heine*, § 30 Rn 23.
[208] Vgl. UWG/GK-*Otto*, § 20 Rn 21.

hens oder einer gemeinsamen Anstiftung hierzu zu verstehen.[209] Dies erfordert, dass die sich verabredenden Personen gleichrangig zueinander stehen, so dass eine „Verabredung“ von Täter und Teilnehmer nicht in Betracht kommt.[210] Nach *Cramer/ Heine* sind an die Bestimmtheit der Verabredung zumindest die Anforderungen zu stellen, die für die Annahme eines Verbrechensplanes (hier Vergehensplanes) bei der Mittäterschaft als erforderlich angesehen werden.[211]

3. Die subjektiven Tatbestände

Bei allen Tatbeständen ist *dolus eventualis* ausreichend und zusätzlich das *Handeln zu Zwecken des Wettbewerbes* oder *aus Eigennutz* erforderlich.[212] Wie auch in § 30 StGB ist hier ein doppelter Vorsatz erforderlich: Zum einen muss sich der Täter bewusst sein, dass seine Handlung nach § 19 strafbar ist, zum anderen, dass sich diese auf tatbestandliche Handlungen gemäß den §§ 17 oder 18 bezieht.

Auffällig abweichend von der Vorschrift des Allgemeinen Teils des StGB zum Versuch der Beteiligung ist der Umstand, dass auch der erfolglose Anstifter, den es nach § 19 zu bestrafen gilt, die Absichtsmerkmale des angestrebten Vergehens erfüllen muss.

Diesbezüglich seien hier einige „Merkwürdigkeiten“ hervorgehoben. Zunächst ist es genauso wie schon bei § 18 nicht ersichtlich, warum der Gesetzgeber zwei Absichtsmerkmale nicht berücksichtigt. Ferner ist hinsichtlich der Bestimmung zu einer Straftat eines der vorgesehenen Absichtsmerkmale bei einer versuchten Anstiftung (§ 19 Abs. 1, 1. Alt), nicht aber bei einer vollendeten Anstiftung notwendig. Des Weiteren bemerkt *Mitsch*, dass bei der Kettenanstiftung nur hinsichtlich des durch § 19 Abs. 1 zu bestrafenden „Erst-Anstifter“ eines dieser Absichtsmerkmale zu verlangen ist. Dagegen braucht der „jemand“, den er zur Anstiftung zu bestimmen ver-

---

[209] Vgl. S/S-*Cramer/Heine*, § 30 Rn 25.
[210] Vgl. LK-*Roxin*, § 30 Rn 7.
[211] S/S-*Cramer/Heine*, § 30 Rn 25, mit Nachweisen aus der Rechtsprechung.
[212] Zu den Absichtsmerkmalen oben Zweiter Teil C. I. 2.

sucht, diese nicht zu erfüllen, da hier der Anstiftungsbegriff des § 26 StGB gilt.[213] *Mitsch* führt weiter aus, dass der angestiftete „Zweit-Anstifter“ den Vorsatz haben muss, dass der anzustiftende Täter den subjektiven Tatbestand vollständig erfüllt. Dazu genüge aber z.B. auch der Bestimmungsvorsatz bezüglich eines Täters, der in der Absicht handelt, dem Inhaber des Unternehmens Schaden zuzufügen, was für den „Erst-Anstifter“ nicht ausreicht. All dies müsse auch vom Vorsatz des „Erst-Anstifters“ umfasst sein.[214]

Merkwürdigkeiten sind auch beim *Bereiterklären* zu erkennen, da – ähnlich wie schon bei § 17 Abs. 2 Nr. 2 – zunächst nichts dagegen spricht, dass der Täter beim Bereiterklären ein Absichtsmerkmal aufweist, dass er nicht in der Begehung des § 17 bzw. 18 wiederholen würde. *Mitsch* erkennt zu Recht, dass in diesem Fall zwar die Konstellation möglich ist, in der sich jemand aus Eigennutz zu einer Tat bereit erklärt, bei der er nur noch „in der Absicht, dem Inhaber des Unternehmens Schaden zuzufügen“ handeln würde. Merkwürdig ist aber dann, dass im Gegensatz dazu die Konstellation nicht strafbar ist, in der der Bereiterklärende schon von vorneherein ausschließlich „in der Absicht, dem Inhaber des Unternehmens Schaden zuzufügen“ handelt.

Insgesamt ist daher festzuhalten, dass § 19 hohe Kohärenzdefizite aufweist. Wenn der Gesetzgeber durch diese eigenartige Typisierung vorverlagerter Handlungen zu einem Vergehen einer besonderen Gefährlichkeit Rechnung tragen wollte, so ist die Einführung der beiden Absichtsmerkmale nicht als eine vertretbare Einengung hinsichtlich der – doch weitestgehend unabhängigen – Grundtatbestände zu verstehen, sondern lediglich als eine im Ergebnis kaum praktikable Vorschrift.

[213] Streng betrachtet muss nicht einmal auf § 26 rekurriert werden. Da die „Zweit“-Anstiftung gar nicht stattfinden darf, stellt sie insofern nur eine fingierte Denkhilfe dar. Es ist daher auch denkbar, dass die zweite Anstiftung z.B. im Versuchsstadium bliebe. So etwa, wenn der „Erst“-Anstifter jemanden dazu zu bestimmen versucht, dass er einen Bekannten zum Verrat von Geheimnissen anstiftet, die dieser gar nicht kennt.

[214] *Mitsch*, wistra 2004, 161 (164).

VIII. Betriebsverrat im Ausland durch Anwendung des § 5 Nr. 7 StGB

Wie *Möhrenschlager* zu Recht feststellt, handelt es sich bei der Anwendbarkeit des § 5 Nr. 7 StGB nach den §§ 17 Abs. 6, 18 Abs. 4 und 19 Abs. 5 (bzw. § 21a UWG a.F.) nicht nur um eine klarstellende Regelung, sondern um eine erweiternde.[215] Da nämlich in § 5 Nr. 7 StGB nur von der *Verletzung* von Geschäfts- und Betriebsgeheimnissen die Rede ist, liegt bei der Betrachtung nur dieser Vorschrift der Schluss nahe, dass die §§ 17 und 18 erfasst werden sollen, nicht aber die in § 19 geregelten Straftaten zum Versuch der Beteiligung, die ebenfalls auf Auslandstaten anzuwenden sind. Somit sind Tathandlungen nach §§ 17, 18 und 19 auch solche, die ein Deutscher oder ein Ausländer im Ausland begeht, wenn zum einen der Betrieb im Inland liegt, zum zweiten das Unternehmen seinen Sitz im Inland hat, auch wenn es sich in ausländischen Händen befindet, und schließlich drittens, wenn das Unternehmen zwar seinen Sitz im Ausland hat, aber von einem Unternehmen mit Sitz im Inland abhängig ist und mit diesem einen Konzern bildet.[216] Schließlich meint *Möhrenschlager*, dass es rechtspolitisch angebracht wäre, den Schutz dieser Vorschriften zumindest für den Bereich des Binnenmarktes auch auf ausländische Betriebe und Unternehmen auszudehnen. Es ist ferner hervorzuheben, dass zwar im Rahmen des TRIPS-Abkommens Regelungen zum Schutz von Geheimnissen gegeben sind, diese aber den Staaten keine Verpflichtung zu Strafmaßnahmen auferlegen.[217] Dieses Abkommen stellt auch keine besonderen internationalen Strafverfolgungsaufforderungen auf, wie es dagegen in der im Europarat am 23.11.2001 beschlossene „Cyber-Crime-Convention" (CCC) der Fall ist. Die CCC wurde bisher jedoch von Deutschland zwar unterzeichnet, aber noch nicht ratifiziert und verfolgt nur die Bekämpfung der Computerkriminalität.[218] Dieses Abkommen verlangt nicht nur die Bestrafung des unerlaubten Zugriff auf Rechensysteme (Art. 2 f.) und dadurch auch auf Unternehmensgeheimnisse auf nationaler Ebene, sondern sieht auch weit gefasste Zustän-

---

215 So W/J-*Möhrenschlager*, 13. Kap Rn 40.
216 So W/J-*Möhrenschlager*, 13. Kap Rn 39.
217 Vgl. BGBl Teil II/1994, S. 1730 ff. insb. die Art. 39 und 61.
218 Dieses Abkommen ist unter <www.conventions.coe.int> (SEV-Nummer 185) in Englisch abrufbar.

digkeitsregeln in Art. 22 vor, die u.a. durch Nationale begangene Auslandstaten unabhängig vom Sitz des Unternehmens erfassen. Ferner ist auch ein weiter internationaler Schutz dadurch gegeben, dass im Kapitel 3 zur zwischenstaatlichen Zusammenarbeit Vorschriften zur Auslieferung und der gegenseitigen Unterstützung bei der Verfolgung von Straftaten vorgesehen werden.

IX. Strafverfolgung

Seit der Novellierung durch das 2. WiKG ist eine Strafverfolgung bei den Tatbeständen aus §§ 17, 18 und 19 auch ohne Vorliegen eines Strafantrags von Amts wegen möglich, wenn die Strafverfolgungsbehörde eine Strafverfolgung wegen des besonderen öffentlichen Interesses für geboten hält. Abgesehen von eindeutig nur überindividuellen Rechtsgütern dienenden Tatbeständen wie den §§ 94 ff. und 206 StGB oder § 38 WpHG stellen die Tatbestände der §§ 17 ff. UWG somit die einzigen Straftatbestände sowohl zum ausdrücklichen als auch zum impliziten Geheimnisschutz dar, die eine Verfolgung von Amts wegen vorsehen.
Zur Bestimmung des besonderen öffentlichen Interesses sind die Richtlinien für das Strafverfahren und das Bußgeldverfahren einschlägig.[219] Spezifisch auf die Unternehmensgeheimnisse bezogen ist nach Nr. 260a ein besonderes öffentliches Interesse an der Strafverfolgung bei deren Verletzungen[220] insbesondere dann anzunehmen, wenn der Täter wirtschaftsstrafrechtlich vorbestraft ist, ein erheblicher Schaden droht oder eingetreten ist, die Tat Teil eines gegen mehrere Unternehmen gerichteten Plans zur Ausspähung von Geschäfts- oder Betriebsgeheimnissen ist oder den Verletzten in seiner wirtschaftlichen Existenz bedroht. Darüber hinaus kann in einem besonders schwerem Fall (§ 17 Abs. 4 UWG) das besondere öffentliche Interesse an der Verfolgung nur ausnahmsweise verneint werden. Das gleiche gilt, auch bezüglich § 18 UWG, wenn der Täter davon ausgeht, dass das Geheimnis im Ausland verwertet werden soll oder er es selbst im Ausland verwertet.

---

[219] Vgl. RiStBV vom 1. 1. 1977 geändert mit Wirkung vom 1. 8. 2006.
[220] Darunter werden auch die Tatbestände aus § 19 UWG gezählt.

D. Darstellung der Tatbestände zum Unternehmensgeheimnisschutz außerhalb des UWG

I. Zielsetzung

Das Ziel dieses Teils der Untersuchung ist in erster Linie, die Reichweite des strafrechtlichen Schutzes von Unternehmensgeheimnissen in der gesamten Rechtsordnung zu ermitteln. Bereits die obige Aufzählung[221] lässt erkennen, dass es neben den Tatbeständen aus dem UWG noch andere Strafvorschriften – sei es aus dem Strafgesetzbuch oder aus dem Nebenstrafrecht – gibt, die ebenfalls den Geschäfts- und Betriebsgeheimnissen ausdrücklich Schutz gewähren. Darüber hinaus sieht die Rechtsordnung jedoch noch weitere Tatbestände – sei es zu einem weiterreichenden Geheimnisschutz oder zum Informations- bzw. Datenschutz – vor, die Unternehmensgeheimnisse erfassen.[222] Bei all diesen Tatbeständen soll nun im Folgenden festgestellt werden, inwiefern sie im Vergleich mit dem UWG aufgrund einer von diesem abweichenden Tatbestandsgestaltung einen weiter gefassten Unternehmensgeheimnisschutz gewähren. Dafür bedarf es der Betrachtung der vom UWG abweichenden Tatbestandsmerkmale, wie etwa dem Täterbereich, der Handlungsformen oder der zeitlichen Reichweite des Geheimnisschutzes. Gleichzeitig soll auch der Versuch unternommen werden, Strukturen zu erkennen, die allen Straftatbeständen gemeinsam sind und die eine gewisse Systematisierung des gesamten Regelungsbereiches ermöglichen.

Darüber hinaus soll bei den Tatbeständen, die bezüglich des Handlungsobjektes weiterreichen als der Geheimnisschutz des UWG, untersucht werden, ob sie unternehmensbezogenen Geheimnissen, die nicht den Unternehmensgeheimnisbegriff des

---

[221] Vgl. oben Erster Teil C. I.

[222] Dieser indirekte Schutz von Unternehmensgeheimnissen wird aber nicht nur auf Tatbestände erstreckt, die im Bereich des Handlungsobjektes nicht spezifisch auf Informationen Bezug nehmen, da sonst die einschlägigen Vorschriften den Rahmen der Arbeit sprengen würden. Dies bedeutet aber nicht, dass bei der anschließenden Darstellung des geschützten Rechtsgutes beim ausdrücklichen Unternehmensgeheimnisschutz Ergebnisse erreicht werden können, die bei der genauen Abgrenzung des Geheimnisschutzes, etwa bei Vermögensstraftaten wie dem Betrug oder der Untreue, von Nutzen sein könnten.

UWG erfüllen, Schutz gewähren. Hierfür bedarf es einer genauen Bestimmung der Reichweite der jeweiligen Handlungsobjekte, insbesondere der Geheimnisbegriffe. Dadurch soll der gesamte strafrechtliche Geheimnisschutz eines Unternehmens, d.h. unabhängig von der Wettbewerbsrelevanz des Geheimnisses, dargestellt werden.

Neben diesem primären Ziel, die Reichweite des Schutzes unternehmensbezogener Geheimnisse in der gesamten Rechtsordnung zu ermitteln, soll die Analyse auch Aufschlüsse zur Rechtsgutsbestimmung bei den §§ 17 ff. UWG ermöglichen. Geht man davon aus, dass das Rechtsgut im Sinne eines ungeschriebenen Tatbestandsmerkmals[223] in irgendeiner Beziehung zum Handlungsobjekt *Unternehmensgeheimnis* stehen muss,[224] können, falls in anderen Tatbeständen mit gleichem Handlungsobjekt eine offensichtliche Relation zwischen diesen beiden Größen besteht, daraus Erkenntnisse für die Tatbestände der §§ 17 ff. UWG gewonnen werden.

Zusammenfassend soll die folgende systematische Betrachtung die globale Reichweite des Unternehmensgeheimnisschutzes darstellen, dabei aber gleichzeitig als Auslegungsmethode für die Rechtsgutsbestimmung der §§ 17 ff. UWG dienen.

II. Systematisierung der Vorschriften

1. Allgemeines

Gemäß dieser Zielsetzung soll bei der Beschreibung der Tatbestände nicht nach dem herkömmlichen Schema vorgegangen werden, wonach zunächst die Vorschriften des Strafgesetzbuches – in der Reihenfolge seiner Paragraphen – und dann des Nebenstrafrechts dargestellt werden, sondern es sollen anhand der jeweiligen Tatbestandsgestaltungen Gruppierungen gebildet werden. Zunächst sollen die Geheimnis- bzw. Informationstatbestände zum Schutze von Innen beschrieben werden, d.h. solche, die einen bestimmten Umgang mit befugt erlangter Information verbieten,. Anschließend folgen diejenigen Tatbestände zum Schutze von Außen, d.h. solche, die

[223] Dazu etwa *Gössel*, FS-Oehler, S. 97 ff.

[224] Allgemein zur Problematik der Beziehung zwischen Rechtsgut und Handlungsobjekt, *Hefendehl*, Kollektive Rechtsgüter, S. 39 ff. Zur Beziehung des Unternehmensgeheimnis zum Rechtsgut bzw. den Rechtsgütern des Tatbestände eingehend unten Dritter Teil A. II. 7.2. c).

eine unbefugte Erlangung der Information verbieten.[225] Dabei soll mit den Tatbeständen zum ausdrücklichen Unternehmensgeheimnisschutz begonnen werden und den diesbezüglich zentralen Vorschriften aus den §§ 203 und 204 StGB besonderes Interesse geschenkt werden.

2. Eingrenzung der Darstellung auf den selbstständigen, d.h. eigentlichen, Schutz der Privatheit

Hinsichtlich der zu behandelnden Strafvorschriften sollen ferner nur diejenigen zum Schutze der (materiellen oder formellen) Privatheit[226] behandelt werden. Solche zum Schutze (kollektiver) Staats- bzw. Amtsinteressen (oder des Staatsgeheimnisschutzes i.w.S.) bleiben – wenn auch nur in diesem Bereich der Untersuchung – hingegen ausgeklammert.[227] Diese Aufteilung der Geheimnisschutzvorschriften soll mit *B. Schünemann* als die Anerkennung eines gewissen Kontrastprogramms in der Rechtsordnung verstanden werden.[228] Dieser erkennt grundsätzliche – nicht notwendigerweise auf die Dichotomie individueller/kollektiver Rechtsgüter bezogene[229] – Unterschiede zwischen den beiden Tatbestandsgruppen. Vor allem liegt der Unterschied in der selbstständigen Anerkennung privater (Geheimhaltungs-)Interessen nicht nur im Rechtsgutbereich, sondern schon bei der Gestaltung des konkreten Geheimnisbegriffs, wohingegen die Tatbestände zum Schutze von Staats- bzw. Amtsgeheimnissen keinen selbstständigen Schutz von Unternehmensgeheimnissen im strafrechtlichen Sinn gewährleisten. Dieser Schutz stellt bei ihnen nur eine Reflex-

---

[225] Vorschriften, die beide Schutzrichtungen aufweisen, wie etwa § 201 StGB, müssen einer der beiden Gruppen zugeordnet werden, um sie nicht zuungunsten einer übersichtlichen Darstellung auseinander zu nehmen.

[226] Dazu grundlegend *Gallas* ZStW 1963, 16 (21 f.): Die formelle Privatheit ist bei der Missachtung eines formellen Tabus oder dem Anspruch auf Respektierung eines alleinigen Verfügungsrechtes über Sachverhalte des Betroffenen verletzt. Dagegen ist es die materielle Privatheit nur bei der Lüftung bestimmter Sachverhalte oder gewisser Inhalte eines Bereichs des Betroffenen. Darauf aufbauend, *Rogall*, NStZ 1983, 1 (4 ff.).

[227] Insb. die begriffliche Regelung beim strafrechtlichen Schutz von Staatsgeheimnissen (§§ 93 ff. StGB) soll bei der Bestimmung der Tatbestandsmäßigkeit illegaler Geheimnisse näher betrachtet werden. Dazu unten Vierter Teil B. II.

[228] Vgl. *B. Schünemann*, ZStW 1978, 11 (11).

[229] Gerade die etwaige kollektivrechtliche Ausrichtung des Privatgeheimnisschutzes i.e.S. aus § 203 ff. StGB wird intensiv im Schrifttum diskutiert.

wirkung kraft Überschneidung gleicher Informationsinhalte und der daneben unabhängig bestehenden Geheimhaltungsinteressen dar. Es wird sich zeigen, dass im Gegensatz dazu die Tatbestände zum Schutz der Privatheit einen – wenn auch nicht ausdrücklichen, so doch stets selbstständigen – Unternehmensgeheimnisschutz gewähren. Dies wird besonders deutlich bei der Verletzung des Dienstgeheimnisses und einer besonderen Geheimhaltungspflicht nach § 353b StGB. Diese Vorschrift sieht durchgehend einen Schutz von Innen vor, der gemäß der üblichen Struktur des Geheimnisschutzes ein Sonderdelikt darstellt.[230] Im ersten Absatz wird das unbefugte Offenbaren von Geheimnissen verboten, im zweiten das unbefugte Gelangenlassen oder öffentliche Bekanntmachen von Gegenständen oder Nachrichten, gegenüber denen eine im Tatbestand gesondert dargelegte Geheimhaltungspflicht besteht.[231] Eine Besonderheit dieser Tatbestände ist, dass sie als einzige Geheimnisschutzvorschrift zum Schutz der Privatheit als konkrete Gefährdungsdelikte konzipiert sind und somit durch die Handlung wichtige öffentliche Interessen gefährdet werden müssen.

Bei der Bestimmung des Rechtsguts besteht zwar Einigkeit hinsichtlich der kollektiven Ausrichtung des Schutzes, nicht aber hinsichtlich der konkreten Gestaltung dieses kollektiven Rechtsgüterschutzes: Geschützt werden sollen nach einer Auffassung das Vertrauen der Allgemeinheit in die Amtsverschwiegenheit,[232] nach einer anderen die gefährdeten wichtigen öffentlichen Interessen[233] und schließlich nach einer dritten die geschützten Geheimnisse selbst.[234] Der ersten Auffassung wird zu Recht vorgeworfen, sie reproduziere nur die allgemeine Erschütterung der Vertrauenskomponente als mittelbare Folge aller Amtsdelikte.[235] Ferner sei die Verletzung des Ver-

---

230 So die h.M., vgl. T/*Fischer*, § 353b Rn 1; *Kindhäuser*, StGB-LPK, § 353b Rn 1; NK-*Kuhlen*, § 353b Rn 43; L/*Kühl*, § 353b Rn 3; LK-*Träger*, § 353b Rn 42.; z.T auch als echtes Amtsdelikt verstanden, vgl. etwa *Otto*, BT § 94 Rn 8; a.A. S/S-*Lenckner/Perron*, § 353b Rn 23.

231 Ein notwendiger Beschluss eines Gesetzgebungsorgans (Nr. 1) oder durch förmliche, auf die Strafbarkeit der Verletzung der Geheimhaltungspflicht verweisende amtliche Verpflichtung (Nr. 2)

232 Vgl. L/*Kühl*, § 353b Rn 1 (aber auch Schutz wichtiger öffentlicher Interessen); *Laufhütte*, GA 1974, 52 (58 f.);

233 So SK-*Hoyer*, § 353b Rn 2; *Kindhäuser*, StGB-LPK, § 353b Rn 1; S/S-*Lenckner/Perron*, § 353b Rn 1; *Otto* BT, § 94 Rn 1; LK-*Träger*, § 353b Rn 2.

234 So T/*Fischer*, § 353b Rn 1 (aber auch das Vertrauen der Allgemeinheit in die Verschwiegenheit amtlicher und anderer Stellen); NK-*Kuhlen*, § 353b RN 6; *Maiwald*, JuS 1977 353 (360).

235 Vgl. S/S-*Lenckner/Perron*, § 353b Rn 6a.

trauens für die Realisierung des § 353b StGB weder notwendig noch hinreichend, da die Mitteilung der Bevölkerung nicht bekannt werden muss. Außerdem könne dadurch nur eine mittelbare, nicht aber die vom Tatbestand verlangte unmittelbare Gefährdung begründet werden.[236] Der direkten Gefährdung wichtiger öffentlicher Interessen wird entgegengehalten, die verschiedenen, von den einzelnen Geheimhaltungsvorschriften geschützten Interessen seien von äußerster Heterogenität und kämen deshalb nicht als gemeinsames Schutzgut der Vorschrift in Betracht. Demgegenüber stelle das jeweilige (geschützte) Geheimnis selbst ein gleichermaßen einheitliches wie konturiertes Rechtsgut des § 353b StGB dar, so dass dessen unbefugte Offenbarung den materiellen „Unrechtskern des § 353b" bilde.[237] *Hoyer* meint hingegen, das Geheimbleiben einer Tatsache habe niemals einen Eigenwert, sondern könne seinen Wert immer nur daraus ableiten, dass als Folge des Offenbarens bestimmte innere oder äußere Reaktionen bei anderen drohen.[238]

Hinsichtlich der Abgrenzung zu den Tatbeständen zum Schutz von Privatgeheimnissen in dem hier verwendeten weiten Sinne ist hier relevant, dass alle Auffassungen anerkennen, dass sich das Handlungsobjekt – wie schon bei § 203 Abs. 2 StGB – sehr wohl auf Privatangelegenheiten beziehen kann.[239] Die erforderliche Notwendigkeit der Gefährdung wichtiger öffentlicher Interessen steht dem nicht im Weg. Diese konkrete Gefährdungseigenschaft beschreibt nämlich nur den Erfolg der Tathandlung, der sich nicht nur aus dem Informationsgehalt des Handlungsobjektes (Geheimnis, Gegenstand, Nachricht) ergibt, sondern auch aus anderen konkreten Umständen des Falles (Zahl der Adressaten der Handlung, Zeitpunkt der Offenbarung, etc.).[240] § 353b StGB ist aber – anders als § 203 Abs. 2 StGB – dann nicht einschlägig, wenn es nur um die Gefährdung privater Interessen geht.[241]

---

[236] Dazu eingehend NK-*Kuhlen*, § 353b Rn 25 ff.
[237] NK-*Kuhlen*, § 353b Rn 6; *Maiwald*, JuS 353 (360). So auch *Gössel*/Dölling, BT I, § 78 Rn 2.
[238] SK-*Hoyer*, § 353b Rn 2.
[239] Vgl. SK-*Hoyer*, § 353b Rn 5; S/S-*Lenckner/Perron*, § 353b Rn 5; L/*Kühl*, § 353b Rn 6; *Kindhäuser*, StGB-LPK, § 353b Rn 5; LK-*Träger*, § 353b Rn 34.
[240] Anders insofern S/S-*Lenckner/Perron*, § 353b Rn 6a, die in der notwendigen Gefährdung öffentlicher Interessen ein geheimniskonstituierendes Merkmal sehen, das bereits die Geheimnisbedürftigkeit ausmacht. So wohl auch *Kindhäuser*, StGB-LPK, § 353b Rn 13 und *Otto*, BT, § 94 Rn 1.
[241] Vgl. nur S/S-*Lenckner/Perron*, § 353b Rn 9.

Wenn ein Unternehmen sich Gemeinwohlinteressen zu eigen macht oder individuelle Interessen, die jedoch eine volkswirtschaftliche Dimension haben, geheim halten möchte und dadurch wichtigen öffentlichen Interessen i.S. des § 353b StGB Schutz verleiht, könnte der Schutz eines privaten Interesses nahe liegen.
Es handelt sich dabei aber nur um einen unselbstständigen oder reflexartigen Schutz dieser Interessen durch § 353b StGB, weil nicht der Geheimhaltungswille des Unternehmens, sondern der des Staates (mittels einer dienstlichen Anordnung oder einer Rechtsvorschrift)[242] ausschlaggebend ist. Die Aufhebung des Geheimhaltungswillens oder gar ein Offenbarungswille des Unternehmens nimmt der Offenbarung des als Täter tauglichen Geheimhaltungsverpflichteten nicht die Tatbestandsmäßigkeit nach § 353b StGB.[243] Es könnte sich nur dann um einen unmittelbaren Schutz unternehmensbezogener Geheimnisse handeln, wenn ein wichtiges öffentliches Interesse an der Wahrung des Geheimhaltungswillens des Unternehmens bestünde und dieser der Grund der tatbestandsmäßigen Geheimhaltungsverpflichtung wäre. Dabei würde aber das gefährdete wichtige öffentliche Interesse notwendigerweise in der Wahrung des allgemeinen Vertrauens in die Verschwiegenheit der Amtsträger bestehen, dass bereits oben als untaugliches Rechtsgut des § 353b StGB bezeichnet wurde.
Ähnliches gilt für den Staatsgeheimnisschutz aus den §§ 93 ff. StGB. Auch hier wird des Öfteren auf den wirtschaftlichen Inhalt der Staatsgeheimnisse (bzw. der illegalen Geheimnisse aus § 97a i.V.m. § 93 Abs. 2 StGB) hingewiesen und dieser eingehend in der Kommentierung der Tatbestände gewürdigt.[244] Dass bei einem doppelten Geheimnis zugunsten des Staates und eines privaten Unternehmens, z.B. im Rahmen militärischer Forschung oder Produktion im Auftrag des Staates, gleichzeitig ein Schutz aus den §§ 94 ff. StGB und den §§ 17 ff. UWG oder § 203 StGB bestehen kann und ferner das Unternehmen – aber auch der Repräsentant des Staates

[242] Vgl. nur *Otto*, BT, § 94 Rn 3.
[243] Vgl. L/*Kühl*, § 353b Rn 13; S/S-*Lenckner/Perron*, § 353b Rn 21; LK-*Träger*, § 353b Rn 34.
[244] Vgl. aus der Kommentarliteratur nur LK-*Täger*, Vor 93 Rn. 4 ff. m.N. zum Schutz von Knowhow, durch das Patent- und Gebrauchsmustergesetz, und die monographischen Behandlung *Tuffners*, Der strafrechtliche Schutz von Wirtschaftsgeheimnissen im Staatsschutzrecht und Wettbewerbsrecht, S. 39 ff.

– eventuell nicht ohne Einwilligung des Geheimnispartners offenbaren darf, auch wenn sein Geheimhaltungsinteresse nicht mehr besteht, ist nur Ausdruck der allgemeinen Möglichkeit kollidierender Geheimhaltungsinteressen bzw. -willen.[245] Der hier relevante *unselbständige* Unternehmensgeheimnisschutz ergibt sich dagegen in besonders krasser Weise bei Informationen, die ein Unternehmen produziert, an denen aber ein objektives Geheimhaltungsinteresse des Staates bzw. eine Geheimhaltungsbedürftigkeit im Sinne des §§ 93 StGB besteht. In diesem Fall hat sich das Offenbarungs- oder Geheimhaltungsinteresse des Unternehmens dem des Staates unterzuordnen. Reflexartig ist daher durch die §§ 93 ff. StGB auch ein Unternehmensgeheimnisschutz gegeben, diesen gibt es allerdings nur, solange die eigentlich zu schützenden Staatsgeheimnisse bestehen.

3. Die Tatbestände zum Privatgeheimnisschutz i.w.S.

Möchte man die Vorschriften zum Schutz der Privatheit in Hinblick auf den Geheimnisschutz benennen, kann man ohne weiteres den Begriff des Privatgeheimnisschutzes im weiteren Sinne verwenden und den gesetzlich in §§ 203 ff. StGB als Privatgeheimnis benannten als einen im engeren Sinne bezeichnen. Die Tatbestände, die (auch) Privatgeheimnissen i.w.S. Schutz gewähren, befinden sich hauptsächlich im 15. Abschnitt des Strafgesetzbuches. Diese gewähren Schutz sowohl gegen Angriffe von Außen in den §§ 202 (Briefgeheimnisschutz) und 202a (Schutz vor Ausspähen von Daten) StGB, als auch von Innen in den §§ 203 und 204 StGB (Privatgeheimnisschutz i.e.S.). § 201 StGB (Schutz der Vertraulichkeit des Wortes) stellt dabei ein Mischtatbestand dar. In dieser Untersuchung soll auch § 355 StGB aus dem 30. Abschnitt beim Schutz von Innen dargestellt werden.

Dagegen kennt das Nebenstrafrecht hauptsächlich Vorschriften zum Schutz von Innen, so etwa die §§ 404 AktG, 85 GmbHG, 151 GenG, 333 HGB, 120 BetrVG, 38 WpHG, 55a und 55b KWG. Nur § 44 BDSG stellt eine Vorschrift dar, die beide Schutzrichtungen vorsieht.

[245] Dabei ist aber auch zu beachten, dass die Offenbarung seitens eines Staatsrepräsentanten nur eine Zuwiderhandlung gegen die Straftatbestände aus dem Privatgeheimnisschutz i.w.S. darstellt und nicht mehr gegen die §§ 94 ff. StGB.

III. Der Privatgeheimnisschutz i.w.S. von Innen

1. Der Privatgeheimnisschutz nach §§ 203 ff. StGB

1.1. Allgemeine Darstellung der Tatbestände

Die zentrale Bestimmung zum Verbot des Offenbarens und der unbefugten Verwertung von Privatgeheimnissen aus den §§ 203 bzw. 204 StGB ist für diese Untersuchung von besonderem Interesse, weil sie neben dem § 355 StGB die einzigen Vorschriften des Besonderen Teils des Strafgesetzbuches darstellen, die Unternehmensgeheimnisse ausdrücklich erwähnen. Die §§ 203 f. StGB stellen gemäß der üblichen Täterstruktur beim Geheimnisschutz von Innen durchgehend Sonderdelikte dar, die zunächst genauso wie im UWG die Offenbarung (bzw. dort die Mitteilung) der anvertrauten oder sonst bekannt gewordenen Geheimnisses verbieten. Anders als im UWG, aber übereinstimmend mit dem Gesellschaftsrecht, ist die Verwertung der Geheimnisse verboten. Dieser Unterschied und weitere noch zu erläuternde Unterschiede zu den §§ 17 ff. müssen notwendigerweise andere – eventuell erweiternde – Schutzvarianten der Unternehmensgeheimnisse ergeben. Da aber in den §§ 203 ff. StGB nicht nur – und angesichts des auf die Informationsbedürfnisse natürlicher Personen zugeschnittenen Täterkreises wohl nicht einmal hauptsächlich – Unternehmensgeheimnisse geschützt werden, ist ebenfalls evident, dass zumindest aus dem Wortlaut der Handlungsobjekte sich ein Feld ergibt, das auch andere unternehmensbezogene Geheimnisse, d.h. nicht wettbewerbsrelevante, erfassen kann. Diese beiden Vergleichsversuche – des ausweitenden Unternehmensgeheimnisschutzes und des Schutzes weiteres unternehmensbezogener Geheimnisse – zum UWG stellen aber keine einfach zu bewältigende Aufgaben dar, weil die Tatbestände aus § 203 f StGB zu den wohl umstrittensten des Geheimnisschutzes in unserer Rechtsordnung gehören. Sie sind dies nicht nur im Bereich ihrer kriminalpolitischen Würdigung, sondern auch in ihrer dogmatischen Analyse.[246] In diesem letzten Bereich

---

[246] Zwar wird die Notwendigkeit der Existenz des Tatbestandes, soweit ersichtlich, nirgendwo beanstandet, doch bereits über die Gelungenheit der Typifizierung und der aus ihr resultierenden Auslegungskomplexität gehen die Meinungen erheblich auseinander. Z. B. spricht *B. Schünemann*, ZStW

erweisen sich die bei der hiesigen Aufgabensetzung besonders relevanten Bereiche der Bestimmung des Handlungsobjektes und der geschützten Rechtsgüter als oftmals besonders polemisch behandelt.

1.2. Zur Vorfrage des Unternehmens als Schutzsubjekt der §§ 203 f. StGB

Zunächst einmal ist aber festzuhalten, dass der Begriff des Unternehmensgeheimnisses im Bereich der §§ 203 f. StGB einhellig an die Begriffsbestimmung aus dem UWG angelehnt wird.[247] Des Weiteren lässt sich die fundamentale Frage, ob Geheimnisse des Unternehmens darüber hinaus auch von dem weiteren Handlungsobjektbereich der § 203 f. StGB erfasst werden können, relativ leicht lösen. Grundsätzlich steht nämlich der Wortlaut der §§ 203 f. StGB einer Anwendbarkeit des Geheimnisschutzes für Unternehmen über den Unternehmensgeheimnisbegriff des UWG nicht entgegen. Einigkeit besteht weitestgehend darüber, dass sich diese Tatbestände nicht nur auf Geheimnisse natürlicher Personen beziehen, da die Tatbestände nur von einem *fremden Geheimnis* sprechen und die Abschnittsvorschrift auf einen *persönlichen Geheimbereich* verweist, und somit der Zuordnung aller Personen der Rechtsordnung nicht entgegensteht. Der ausdrücklich erwähnte Bereich der Betriebs- und Geschäftsgeheimnis bliebe sonst auch beinahe ohne Träger, da sich Unternehmen meist als juristische Personen organisieren.[248] Zudem ist zu beachten, dass genauso wie die Erwähnung des *Betriebs- und Geschäftsgeheimnisbereichs* auch der eindeutig nicht für Unternehmen einschlägige *persönliche Lebensbereich*

1978, 11 (63), von einem Schutz, der – von einigen Randkorrekturen abgesehen – rechtspolitisch befriedige und der dogmatischen Arbeit eine vernünftige Grundlage biete. Dagegen meint *Rogall*, NStZ 1983, 1 (1), § 203 StGB gehöre zu den problemträchtigsten Straftatbeständen des StGB, Unsicherheiten und Unklarheiten bei der sich aus § 203 StGB ergebenden Rechtslage seien gegenwärtig die Regel. Ferner handle es sich um ein *Musterbeispiel der extensiven Gesetzesinterpretation* durch Rechtsprechung und Lehre gegen die Vorstellungen und den historischen Willen des Gesetzgebers. Daraus ergebe sich ein „nahezu uferloser Tatbestand"; ferner *ders.* Anm. zu OLG Köln, NStZ 1983, 412 (413).

[247] Vgl. statt aller S/S-*Lenckner*, § 203 Rn 11.

[248] Zum Ganzen, MüKo-*Cierniack*, § 203 Rn 27; T/*Fischer*, § 203 Rn 4; SK-*Hoyer*, § 203 Rn 17; L/*Kühl*, § 203 Rn 14; *Rogall*, NStZ 1983, 1 (6); LK-*Schünemann*, § 203 Rn 31; a.A. nur *Behm*, Juristische Personen als Schutzobjekte von § 203 StGB?, *passim* und wohl auch *Gössel*/Dölling, § 37 Rn 133: „(E)in Betriebs- oder Geschäftsgeheimnis welches einen geborenen Menschen betrifft".

nur ein Beispiel („namentlich") des durch die Vorschrift erfassten Geheimbereichs darstellt.[249]

1.3. Unternehmensgeheimnisse als Drittgeheimnisse

Darüber hinaus ist ebenfalls zu beachten, dass hinsichtlich eines Unternehmensgeheimnisses der Täter des § 203 StGB nur bei einer autonomen Informationsbeschaffung („sonst bekanntgeworden ist"), etwa der Rechtsanwalt bei der Untersuchung von Akten, unmittelbar geheimhaltungsbedürftige Informationen (zu denen z.B. die Verantwortlichen eines Unternehmens keinen Zugang hatten) aus dem Unternehmen erhält. Meist wird aber der Täter wegen des notwendigen Kommunikationsaktes („anvertraut worden ist") eine natürliche Person als unmittelbaren Kommunikationspartner haben, so dass er dann so genannte *Drittgeheimnisse* vermittelt bekommt[250], folglich also nach §§ 203 f. StGB strafbar offenbart. Damit diese Drittgeheimnisse jedoch unter den Schutz dieser Tatbestände fallen, müssen sie unter eine von zwei tatbestandsmäßigen Konstellationen fallen: Mitteilungen, die im Rahmen einer Sonderbeziehung des Mitteilenden zum Mitteilungsempfänger erfolgen, oder solche, die im Rahmen einer Sonderbeziehung des Geheimnisbetroffenen zum Mitteilungsempfänger stattfinden.[251] Ersteres ist der Fall, wenn die natürliche Person ein das Unternehmen betreffendes Geheimnis – etwa seinem Psychologen oder Rechtsanwalt – offenbart. Geschieht dies entgegen einer ihr auferlegten Geheimhaltungspflicht, handelt es sich um ein doppeltes Geheimnis: Der Täter des § 203 StGB sollte nach Willen der mitteilenden natürlichen Person sowohl das Unternehmensgeheimnis (Drittgeheimnis) als auch den Umstand seiner Mitteilung geheim halten (eigenes Privatgeheimnis der natürlichen Person). Unter die zweite tatbestandsmäßige Alternative fallen die Situationen, die eine notwendige Willens- und Interessenvertretung eines Unternehmens seitens eines Organs oder Beschäftigten des Unternehmens bei einem Kommunikationsakt betreffen. So, wenn das vertretungsberech-

[249] Vgl. statt aller SK-*Hoyer*, § 203 Rn 9 f.
[250] Nach SK-*Hoyer*, § 203 Rn 23, handelt es sich bei Drittgeheimnissen um Fälle, in denen Mitteilender und Geheimnisbetroffener „personenverschieden" sind.
[251] So z.B. SK-*Hoyer*, § 203 Rn 24.

tigte Organ oder der von ihm beauftragte Mitarbeiter einem Rechtsanwalt vertrauliche Unterlagen überlässt: Der Täter der §§ 203 f. StGB offenbart anschließend nur ein Geheimnis des Unternehmens und nicht der für dieses kommunizierenden natürlichen Person.

1.4. Die Rechtsgutsbestimmung

a) Allgemeine Darstellung

In der Kontroverse um die Rechtsgutsbestimmung in § 203 f. StGB haben sich die verschiedensten Konstellationen herausgebildet.[252] Bezogen auf den hier relevanten Kontext ist eine genaue Bestandsaufnahme aller vertretenen Meinungen nicht notwendig, so dass sich die Darstellung der Rechtsgutdiskussion auf die zentrale Frage, der sich alle Vorschläge stellen, beschränken kann, nämlich ob die §§ 203 f. StGB nur einem individuellen Rechtsgüterschutz dienen[253] oder auch einem überindividuellen.[254] Diese Frage ist hier bedeutsam, weil in Anschluss an ihre eventuelle grundsätzliche Bejahung erörtert werden müsste, ob bei den Tatbestandsalternativen zum Schutz von Unternehmensgeheimnissen oder darüber hinaus zum Schutz jeglicher

---

[252] Für eine monistische Auffassung etwa SK-*Hoyer*, § 203 Rn 1. Für eine dualistische S/S-*Lenckner*, § 203 Rn 3: individueller und kollektiver Rechtsgüterschutz; dagegen für einen zweifachen individuellen Rechtsgüterschutz etwa *Rogall*, NStZ 1983, 1 (3 f.): Privatheit und Vermögen. Für eine dreifachen Rechtsgüterschutz T/*Fischer*, § 203 Rn 1b: Geheimbereich, Vermögen und Allgemeininteresse am Vertrauen in bestimmte Berufe. Dabei werden bei pluralem Rechtsgüterschutz verschiedene Rangverhältnisse postuliert. So etwa vorrangiger kollektiver Rechtsgüterschutz bei S/S-*Lenckner*, § 203 Rn 3; gleichrangiger individueller und kollektiver Rechtsgüterschutz, *Otto*, BT, § 34 Rn 26; neuerdings in Fusion von Elementen des Individualschutzes und des Gemeinschaftsschutzes, MüKo-*Cierniak*, § 203 Rn 5.

[253] Vgl. *Bullinger*, NJW 1978, 2173 (2176, 2178 f.); *Gössel*/Dölling, BT II, § 37 Rn 127; SK-*Hoyer*, § 203 Rn 1 ff.; NK-*Kargl*, § 203 Rn 3;; L/*Kühl*, § 203 Rn 1; *Maas*, Information und Geheimnis im Zivilrecht, 1970, passim REV; *Michalowski*, ZStW 1997, 519 (522); *Niedermair* in: Roxin/Schroth (Hrsg.), Medizinstrafrecht 2000, S. 388; *Rogall*, NStZ, 1983, 1 (4); *Schmidhäuser* BT, 6. Kap Rn 27; *Schmitz*, JA 1996, 772 (772); LK- *Schünemann*, § 203 Rn 14; *ders.*, ZStW 1978, 11 (51 ff.); wohl auch *Wessels/Hettinger*, BT I, Rn 522.

[254] Vgl. *Arzt/Weber*, BT § 8 Rn 29; *T/Fischer*, § 203 Rn 1b; *Joecks*, StGB 2001, § 203 Rn 1; *Kindhäuser*, StGB-LPK, § 31 Rn 1;*Krey* BT I Rn 457; S/S-*Lenckner*, § 203 Rn 3; M/S-*Maiwald*, BT 1 2003, § 29 Rn 4; *Otto*, BT 2002, § 34 Rn 26; *Eb. Schmidt*, NJW 1962, 1745 (1747); *ders.*, Der Arzt im Strafrecht, S. 29 ff.; *ders.*, JZ 1951, 213; *ders.*, Brennende Fragen des ärztlichen Berufsgeheimnisses 1951, S. 17 ff.

unternehmensbezogener Geheimnisse diese auch zum Schutze eines kollektiven Rechtsguts fungieren könnten.

Der individuelle Rechtsgüterschutz wird im Schrifttum immer als ein nicht wegzudenkendes Substrat der Tatbestände verstanden, das eine Konkretisierung des Schutzes des allgemeinen Persönlichkeitsrechts vor Eingriffen in die informationelle Selbstbestimmung darstellt,[255] sei es in Gestalt einer Individualsphäre oder in Form eines Verfügungsrechts über bestimmte Informationen, nämlich über „Geheimnisse".

Darüber hinaus wird ein überindividuelles Rechtsgut erkannt, das im Schutz der Funktionstüchtigkeit bestimmter Berufe oder Ämter besteht, oder, anders ausgedrückt, im Vertrauen in die Verschwiegenheit der Angehörigen bestimmter Berufe oder Ämter.[256]

b) Die unterschiedlichen Positionen

Ob dieser zusätzliche Schutzaspekt zutreffend ist oder nicht, wird hauptsächlich anhand zweier Argumente diskutiert.

Zum einen wird behauptet, die Auswahl der Sondertäter erfolge nicht zur Berücksichtigung kollektiver Schutzinteressen, sondern aus viktimodogmatischen Gründen bzw. aus Selbstschutzerwägungen.[257] Insbesondere *B. Schünemann* hat diese Position auf Grundlage einer viktimodogmatischen Auslegungsmaxime zu erklären versucht. Diese besagt, dass all diejenigen Verhaltensweisen im Rahmen methodisch zulässiger Tatbestandsauslegung aus dem Strafbarkeitsbereich zu eliminieren seien, gegenüber denen sich das Opfer in einfacher und ohne weiteres zumutbarer Weise selbst schützen könne.[258] Der Täterkreis in §§ 203 f. StGB sei deshalb auf unerläss-

---

[255] Vgl. BVerfGE 54 148 (153); 65, (1 ff.)

[256] In § 204 StGB geht es nach S/S-*Lenckner*, § 204 Rn 1, anstatt um das Vertrauen in die Verschwiegenheit bestimmter Berufsgruppen um das Vertrauen in ihre Integrität dergestalt, dass die Angehörigen dieser Berufe aus den ihnen anvertrauten Geheimnissen nicht selbst Kapital schlagen.

[257] Vgl. LK-*Schünemann*, § 203 Rn 16; *ders.*, ZStW 1978, S. 54 ff.; so auch, jedoch nicht unter Bezugnahme auf die Viktimodogmatik, SK-*Hoyer*, § 203 Rn 3; *Rogall*, § NStZ 1983, 1 (4).

[258] Vgl. zuletzt zur allgemeinen Begründung der viktimodogmatischen Auslegungsmaxime und Nachweisen zur Anwendung auf § 203 StGB, *B. Schünemann*, in ders. (Hrsg.) Strafrechtsystem und Betrug; S. 61 ff. Ferner bereits in *ders.*, ZStW 1978, S. 54 ff.; *ders.*, in Schneider (Hrsg.) Das Verbre-

liche Kommunikationspartner des Opfers begrenzt, weil das Strafrecht „sozialen Luxushandlungen“ keinen Schutz gewähren dürfe.[259] In der Erfassung nur bestimmter Beratungsberufe sei eine Qualifikation zu erkennen, die sich einerseits aus ihrer staatlichen Anerkennung ergebe, andererseits aus der gesellschaftlichen Aufgabenzuschreibung, die den Geheimnisträger in einen faktischen Zwang zur Geheimnis--offenbarung versetzen würde.

Die Stichhaltigkeit dieser Argumentation wird jedoch zu Recht bezweifelt, da Offenbarungshandlungen in anderen sozialen Kontexten ebenfalls auf einem besonderem faktischen Zwang begründet werden können, diese aber nicht von § 203 StGB erfasst werden. So meint *Lenckner*, dass es wohl nicht als eine soziale Luxushandlung zu verstehen sei, wenn der Arbeitsuchende dem Arbeitgeber bestimmte Information offen legen müsse, die im Sinne des § 203 StGB Geheimnisse darstellten, aber mangels Täterqualifikation nicht vom Tatbestand erfasst würden.[260]

Gleichermaßen ließe sich aber diese Erweiterung des Täterkreises auf den Arbeitgeber hinsichtlich der Information des Arbeitsuchenden unter den von *Lenckner* postulierten überindividuellen Gesichtspunkt vermissen. Wenn nämlich *Lenckner* den Einbezug des privaten Kranken-, Unfall- oder Lebensversicherungsbereichs nach § 203 Abs. 1 Nr. 6 StGB im sozialen Interesse an der Funktionstüchtigkeit dieser Bereiche begründet, ist es nicht mehr ersichtlich, warum der in der Arbeitsvergabe ebenfalls eine sozial gewichtige Aufgabe erfüllende Arbeitgeber nicht gleichsam unter diesem Gesichtspunkt erfasst werden sollte. Zumal die Funktionstüchtigkeit dieses sozial relevanten Ereignisses ebenfalls einer gewissen Vertrauenskomponente bedarf. Das Interesse an der sachgerechten Bewältigung der Arbeitslosigkeit und der daraus entstehenden Minderung vielfältiger sozialer Kosten kann den Kosten im Gesundheitswesen durchaus gleichgestellt werden.

Die weitere von *B. Schünemann* für die viktimodogmatische Begründung angegebene Täterqualifikation anhand der staatlichen Anerkennung der in § 203 StGB erfass-

chensopfer in der Strafrechtspflege, S. 407 ff.; *ders.*, FS-Faller, S. 357, 362 ff; *ders.*, NStZ 1986, 193 (439 ff.); *ders.*, FS-Schmitt, S. 117, 125 ff., *ders.*, LK, § 203 Rn 3, 16 ff.

[259] Vgl. LK-*Schünemann*, § 203 Rn 16; *ders.*, ZStW 1978, 11 (54 ff.).

[260] Vgl. S/S-*Lenckner*, § 203 Rn 3.

ten Berufe muss wohl in dem Sinne verstanden werden, dass diese Anerkennung dem Opfer eine größere Garantie der Seriosität gewährt als andere Berufe und somit von einer leichtfertigen – weil strafrechtlich nicht abgesicherten – Offenbarung von Privatangelegenheiten an andere Berufe abrät.[261] Dies läuft aber positiv formuliert darauf hinaus, das Vertrauen in bestimmte, staatliche Berufe durch strafrechtliche Mittel zu fördern, worin ebenfalls eine Argumentation für eine überindividuelle Begründung im Sinne *Lenckners* gesehen werden könnte.

Insgesamt mutet der Versuch der Rechtsgutsbestimmung – sowohl auf viktimodogmatischer als auch kollektivrechtlicher Basis – anhand der konkreten Ausgestaltung des Täterkreises durch den Gesetzgeber etwas gekünstelt an und lässt sich kaum auf eindeutige Argumente stützen. Somit erscheint es notwendig, nach anderen Ansatzpunkten für die Rechtsgutsbestimmung zu suchen.[262]

Das zweite Argument gegen eine Berücksichtigung kollektiver Schutzinteressen basiert auf systematischen Überlegungen: Der Strafrahmen in § 203 StGB sei zu niedrig, um dem Schutz kollektiver Interessen zu dienen und der Schutz kollektiver Geheimhaltungsinteressen sei im Strafgesetzbuch auf den 30. Abschnitt beschränkt. Jedoch können auch diese systematisch begründeten Argumente den Auslegungsstreit nicht eindeutig lösen. *B. Schünemann* meint, den Schutz kollektiver Interessen hinsichtlich des § 203 Abs. 2 StGB mit dem Hinweis darauf verneinen zu können, dass das Vertrauen der Bürger in die Verschwiegenheit der Amtsträger durch die Straftaten des 30. Abschnittes, insbesondere der Verletzung des Dienstgeheimnisses nach § 353b StGB, und nicht im 15. Abschnitt geregelt werde.[263] *Lenckner/Perron*,

---

[261] Vgl. *B. Schünemann*, ZStW 1978, 11 (55), beschreibt hinsichtlich des Gebiets der Gesundheits- und Rechtspflege die in § 203 StGB erfassten Berufstätigen als „kompetent ausgebildete Personen", dagegen die nicht dort erfassten als „staatlich geduldete Außenseiter".

[262] Die vorgetragene Skepsis bei der Begründung des Rechtsgutes anhand einer viktimodogmatischen Auslegung des Täterkreises bei diesem Tatbestand soll aber nicht eine allgemeine Verneinung dieses Prinzips darstellen. Es ist nämlich bereits dargestellt worden, dass viktimodogmatische Erwägungen oder Selbstschutzgesichtspunkte schon den strafrechtlichen Geheimnisbegriff selbst mitbestimmen. Daher stellen sie keineswegs eine Besonderheit der strafrechtlichen Erfassung des Privatgeheimnischutzes i.e.S. dar, sondern lassen sich im Geheimnisschutz allgemein wiederfinden, selbst bei Straftatbeständen, die eindeutig kollektiven Rechtsgüter dienen, wie z.B. § 353b StGB.

[263] Vgl. *B. Schünemann*, ZStW 1978, 11 (56), der dies dadurch untermauert, dass im 30. Abschnitt mit den § 353b und 355 StGB auch die Tatbestände mit pluralem Rechtsgüterschutz ihren Platz haben; so auch SK-*Hoyer*, § 203 Rn 3, wo es wohl 30. anstatt 20. Gesetzesabschnitt heißen soll. Systematische Erwägungen auch bei *Rogall*, NStZ 1983, 1 (4).

wie auch eine verbreitete Auffassung im Schrifttum, betrachten aber als Rechtsgut des § 353b StGB gar nicht in erster Linie das Vertrauen in spezifisch Geheimhaltungspflichtige, wie es in § 203 StGB der Fall sein soll, sondern lediglich die Gefährdung wichtiger öffentlicher Interessen.[264] Daraus ergibt sich ein fundamentaler Unterschied in der Zielsetzung beider Vorschriften. In § 203 StGB geht es um die Vermeidung von Kommunikationsstörungen, sei es in der Vermittlung der Information oder bereits in der Kommunikationsbereitschaft, und auch hinsichtlich der Kommunikation Privater mit dem Staat in Abs. 2. Dagegen knüpft § 353b StGB nicht an dieser Vertrauenskomponente an, sondern direkt am Interesse der Nichtverbreitung bestimmter staatlich wichtiger Informationen. Unter dem Gesichtspunkt der Vertrauenskomponente müsste § 253b StGB ebenfalls die Offenbarung wichtiger Informationen, die *nur* einen Bürger betreffen und ein Dienstgeheimnis darstellen, weil *er* einen Geheimhaltungswillen geäußert hat, bestrafen. Dies ist aber nicht der Fall, da ein Amtsträger durchaus den Geheimhaltungswillen des Bürgers straflos nach § 353b StGB (nicht so nach § 203 Abs. 2 StGB) durch eine Offenbarung missachten und somit das ihm tatsächlich entgegengebrachte Vertrauen enttäuschen kann, sofern kein wichtiges öffentliches Interesse konkret gefährdet wird.

Schließlich bietet die systematische Argumentation anhand des Strafrahmens genausowenig eine Lösung an. *Hoyer* meint, dass dem § 203 StGB angesichts des ohnehin geringen Strafrahmens nicht neben dem Geheimnisschutz auch noch die Wahrung gewichtiger Kollektivgüter zugemutet werden könne.[265] Im Prinzip erscheint dies ein gewichtigeres Argument, da auch bei einer Differenzierung zwischen den zu schützenden kollektiven Interessen (d.h. zwischen § 203, insb. Abs. 2, und § 353b StGB) davon auszugehen ist, dass diese wichtiger sind als solche individueller Natur. Doch die Prämisse der unterschiedlichen Strafrahmen ist nicht ganz berechtigt. So stimmt der Strafrahmen des Tatbestandes der verbotenen Mitteilung von Gerichtsverhandlungen (§ 353d StGB) aus dem 30. Abschnitt mit dem in § 203 StGB überein. Dieser Tatbestand ist übrigens auch ein Beleg dafür, dass durch Verschwiegenheitspflichten unterschiedliche kollektive Interessen geschützt werden können,

---

[264] Dazu näher unten Zweiter Teil V 1.2.
[265] Vgl. SK-*Hoyer*, § 203 Rn 3.

deren Verletzung oder Gefährdung mit unterschiedlichen Strafrahmen erfasst werden können (etwa § 353b StGB: wichtige öffentliche informationelle Interessen; 353d: Rechtspflege oder Staatssicherheit; § 206: Vertrauen in die Sicherheit und Zuverlässigkeit des Post- und Telekommunikationsverkehrs). Weiterhin können diese auch ohne weiteres in unterschiedlichen Abschnitten, vermengt mit Vorschriften zum Schutz individueller Interessen, geregelt werden.

c) Das entscheidende Argument der Disposition über die Verfolgung der Straftat

Schließlich wird gegen die kollektive Schutzvariante vorgebracht, dass allein dem individuell Verletzten ein Strafantragsrecht in § 205 StGB eingeräumt wird.[266] Hierin ist der eigentliche Grund zur Verneinung des Schutzes kollektiver Interessen zu erkennen. Wenn nämlich *Lenckner* versucht, diese Auffälligkeit des § 203 StGB dadurch zu begründen, dass es ungeachtet der verletzten Allgemeininteressen darum gehe zu verhindern, dass das fragliche Geheimnis gegen den Willen des unmittelbar Betroffenen zum Gegenstand eines trotz § 171b GVG (Ausschluss der Öffentlichkeit) grundsätzlich öffentlichen Strafverfahrens gemacht werden könne,[267] gerät seine Argumentation in Schwierigkeiten. Denn gelangt eine Verrats- bzw. Verwertungsaffäre ins öffentliche Licht, ist es dem Schutze der Vertraulichkeit der Amts- und Funktionsträger aus § 203 StGB geradezu schädlich, wenn der unmittelbar Betroffene als Verletzter über das Aufklärungsinteresse der Allgemeinheit disponieren kann.[268]

---

[266] Vgl. SK-*Hoyer*, § 203 Rn 3.

[267] S/S-*Lenckner*, § 203 Rn 3.

[268] Übrigens kann § 171b GVG auch als ein Hinweis gegen die kollektive Rechtsgutsbestimmung *Lenckners* verstanden werden, zumal die in Abs. 1 vorgesehene Abwägung zwischen dem Schutz der Privatsphäre und dem Interesse der Allgemeinheit an der Unterrichtung über bestimmte Umstände der Straftat nach Abs. 2 nicht stattfindet, weil bei Antrag auf Ausschluss der Öffentlichkeit durch den Betroffenen diesem immer stattgegeben werden muss. Auch wenn im konkreten Fall (etwa einem öffentliches Aufsehen erregenden Missbrauch eines Amtes) die Notwendigkeit der öffentlichen Bekanntgabe bestimmter Umstände des Falles für die Stärkung des Vertrauens der Allgemeinheit bestünde, könnte der Betroffene dies nach seinem Willen und im Sinne seiner individuellen Interessen verhindern.

Entgegen etwa den §§ 17 ff. UWG kann hier die Strafverfolgungsbehörde auch nicht bei einem besonderen öffentlichen Interesse durch eine Strafverfolgung von Amts wegen die Aufklärung der Straftat forcieren.[269]

d) Anwendung des Ergebnisses auf den Unternehmensgeheimnisschutz

Es bedarf zwar noch der Prüfung, ob der Unternehmensgeheimnisschutz im Rahmen des UWG einem kollektiven *wettbewerblichen* Rechtsgüterschutz dient[270] und eventuell daher die §§ 203 f. StGB doch an einem überindividuellen Rechtsgut hinsichtlich dieses Handlungsobjektes teilhaben. Der im Rahmen des § 203 StGB diskutierte kollektive Rechtsgüterschutz ist zumindest, aufgrund der hier allgemein erteilten Absage, nicht für den Unternehmensgeheimnisschutz einschlägig. Weitere über das Unternehmensgeheimnis reichende Geheimhaltungsinteressen eines Unternehmens sind ebenfalls nicht kollektivrechtlich zu würdigen, sondern beruhen nur auf dem Schutz der Privatsphäre über einen informationellen Bereich (auch) für Unternehmen. Die Argumentation zugunsten eines Vermögensschutzes in § 203 StGB[271] soll bei der Darstellung des strafrechtlichen Vermögens(objekt)begriffes näher beleuchtet werden.

1.5 Der über das UWG reichende Schutz unternehmensbezogener Geheimnisse

Die §§ 203 f. StGB gehen von einem weiten Handlungsobjekt aus, das nicht nur *fremde Geheimnisse* umfasst, sondern ebenfalls in § 203 Abs. 2 Satz 2 StGB die, im Prinzip weiteren, *Einzelangaben über persönliche oder sachliche Verhältnisse* eines anderen. Daher bedarf es für die Präzisierung des über den Unternehmensgeheimnisbegriff hinausreichenden Bereiches unternehmensbezogener Geheimnisse einer

---

[269] Die Gestaltung der §§ 203 f. StGB als exklusive Antragsdelikte stellt somit ein hinreichendes Argument zur Verneinung des kollektiven Rechtsguts dar. Ob eine grundsätzliche Unvereinbarkeit zwischen dieser Rechtsgutform und der Einwilligung des Geheimhaltenden in die Offenbarung der Information existiert, soll in der Analyse der kollektiven Komponente des Rechtsgüterschutzes bei den Tatbeständen aus den §§ 17 ff. UWG geprüft werden. Vgl. dazu unten Dritter Teil B, I, 3.
[270] Dazu eingehend unten Dritter Teil A III.
[271] So etwa *Rogall*, NStZ 1983, 1 (3).

separaten Darstellung dieser beiden Handlungsobjektvarianten aus den §§ 203 f. StGB.

a) Fremde Geheimnisse nach den §§ 203 f. StGB

aa) Der Geheimhaltungswille und der normativ erweiterte Geheimhaltungsbegriff

Hinsichtlich des allgemeinen Geheimnisbegriffes aus den §§ 203 f. StGB ist das Verständnis des Merkmals des Geheimhaltungsinteresses besonders strittig und bei der Anwendung des Geheimnisbegriffs auf unternehmensbezogene Geheimnisse, die nicht Betriebs- und Geschäftsgeheimnisse im engeren Sinne des UWG darstellen, von besonderem Interesse.

Im Bereich des Handlungsobjektes wird zunächst einhellig von einem normativ erweiterten Geheimnisbegriff ausgegangen, da auch bei Unkenntnis einer Information seitens des Betroffenen die Information auf tatbestandsmäßige Weise offenbart oder verwertet werden kann. Das Fehlen eines realen Geheimhaltungswillens wird hier durch ein aus der *Natur der in Betracht kommenden Tatsache*[272] zu entnehmendes objektives Geheimhaltungsinteresse ersetzt und somit eine Willensvermutung für ausreichend erklärt.[273]

Da nach ebenfalls einhelliger Auffassung das Verständnis des Begriffspaars Geschäfts- und Betriebsgeheimnis auch im Kontext der §§ 203 f. StGB dem Wettbewerbsrecht zu entnehmen ist,[274] hat dies keine Folgen hinsichtlich der Auslegung des Unternehmensgeheimnisbegriff und es ist in diesem Bereich eine solch weite Willensvermutung abzulehnen, wie bereits oben dargelegt wurde.[275] Die dort formu-

---

272 So MüKo-*Cierniak*, § 203 Rn 17; LK-*Schünemann*, § 203 Rn 19 und 24 (Hervorhebung nicht im Text).

273 Vgl. für den Bereich der Privatgeheimnisse LK-*Schünemann*, § 203 Rn 19, 24 ff., mit Verweisen auf Literatur zum UWG; ferner MüKo-*Cierniak*, § 203 Rn 17; *Joecks*, StGB, § 203 Rn 2; *Jung*, FS-Constantinesco, S. 362; *L/Kühl* 2004, § 203 Rn 14; *Küper* BT, S. 152; S/S-*Lenckner*, § 203 Rn 7; *Otto*, BT 2002, § 34 Rn 39. A.A., nämlich den Geheimhaltungswille grundsätzlich nicht als Merkmal des tatbestandsmäßigen Geheimnisbegriff betrachtend, SK-*Hoyer*, § 203 Rn 11; *Rogall*, NStZ 1983, 1 (6).

274 Vgl. statt aller S/S-*Lenckner*, § 203 Rn 11.

275 Vgl. oben Erster Teil D, III, 3.

lierte Normativierung hat ferner im Privatgeheimnisbereich i.e.S. nicht notwendigerweise zu greifen, vielmehr bedarf es dort einer eigenen Wertung. Bei Unkenntnis des Betroffenen wird der Willensvermutung hier ebenfalls zuzustimmen sein. Darüber hinaus erscheint eine allgemeine Willensvermutung bei den §§ 203 f. StGB deswegen verständlicher, weil die gesamte Kommunikation zwischen dem durch die Information Betroffenen und dem Berufsträger meist auf einer Vertraulichkeitsbeziehung beruht, so dass die Vertraulichkeit der Information die Regel darstellt. Ähnliches gilt bei der Kommunikation mit Amtsträgern, die gewöhnlich datenschutzrechtlich geschützte Informationen in Empfang nehmen. Insofern ist das viktimodogmatische Prinzip als Voraussetzung schon durch die Wahl des Kommunikationsadressaten erfüllt und bedarf keiner weiteren Schutzmaßnahme seitens des Betroffenen. Im Unternehmensbereich ist der permanente Informationsstrom nicht gleichermaßen zu charakterisieren und unterfällt schon gar nicht datenrechtlichem Schutz. Interessant ist aber dennoch festzustellen, dass außerhalb wettbewerbsrechtlicher Interessen eines Unternehmens in den §§ 203 f. StGB[276] ein vereinfachter Schutz gewährt wird, da auch bei Kenntnis der Information seitens des Unternehmers keine weitere Selbstschutzmaßnahme notwendig ist.

bb) Das Geheimhaltungsinteresse und der normativ verengte Geheimnisbegriff

Gleichzeitig befasst sich jedoch das Schrifttum eingehend mit der Frage, inwiefern der Geheimnisbegriff mittels eines qualifizierten Geheimhaltungsinteresses normativ verengt werden muss.

aaa) Das vertretbare Geheimhaltungsinteresse und die Bagatellklausel nach h.M.

Nach h.M. ist auch im Rahmen des § 203 StGB ein objektives Interesse bei der Geheimhaltung notwendig, um den Geheimnisbegriff zu konstituieren. Aufgabe dieses

[276] Dazu näher anschließend im Text.

„sachlich begründeten“[277] Interesses ist es, dem freien Willen des Geheimhaltenden Schranken zu setzen. Unerhebliche Informationen[278] werden durch den Geheimnisbegriff nicht erfasst, so dass reine Willkür des Geheimhaltenden nicht ein Geheimnis als Handlungsobjekt begründen kann.[279] *B. Schünemann* meint, dass die Maßgeblichkeit des Geheimhaltungswillens zu einer Überspitzung des Geheimnisschutzes führen kann, welche der Überzeugungskraft des Strafrechts Abbruch tut, so dass es deshalb der Ausfilterung von Belanglosigkeiten bedürfte, die unter keinem Gesichtspunkt die Zuwendung der Rechtsordnung verdienen.[280]

Es handelt sich daher um die Aufstellung einer Erheblichkeits- oder Bagatellklausel, die eine primär negativ formulierte Definition des objektiven Interesses dadurch herstellt, dass sie bestimmte Informationen, nämlich „belanglose“, aus dem Geheimnisbegriff ausklammert.

Dagegen übt das objektive Interesse an der Geheimhaltung für die h.M. keine positive Funktion aus, denn das höchst vage Kriterium der „sachlichen Berechtigung“ des Geheimhaltungsinteresses ist für eine weitere positive Bewertung untauglich.[281]

bbb) Vergleich mit dem Geheimhaltungsinteresse beim Unternehmensgeheimnisbegriff

Diese Auffassung über das objektive Geheimhaltungsinteresse unterscheidet sich aus zwei Gründen strukturell von der Deutung der h.M. des gleichen Merkmals bei Unternehmensgeheimnissen. Betrachtet man einerseits die positive Seite des objektiven Interesse, übt dieses Merkmal bei den Unternehmensgeheimnissen eine begriffskonstituierende Funktion aus, die darin besteht, das genaue Auswirkungspoten-

[277] Teilweise auch als „verständliches“, „berechtigtes“ oder „schutzwürdiges“ Interesse bezeichnet.. MüKo-*Cierniak*, § 203 Rn 20, spricht von einer „Vernünftigkeitskontrolle“; *Kindhäuser*, StGB-LPK, § 203 Rn 4 von „objektiver Geheimhaltungsbedürftigkeit“. Vgl. auch S/S-*Lenckner*, § 203 Rn 7 m.w.N.

[278] So z.B. eine Präferenz für bestimmte Gerichte, eine Urlaubsgegend oder eine bestimmte Kunstform.

[279] Vgl. MüKo-*Cierniak*, § 203 Rn 21 f., T/*Fischer*, § 203 Rn 5; *Gössel*/Dölling, BT I § 37 Rn 106; *Joecks*, StGB, § 203 Rn 4; S/S-*Lenckner*, § 203 Rn 7; M/S/*Maiwald*, BT I, § 29 III, Rn 24; LK-*Schünemann*, § 203 Rn 27; *ders.*, ZStW 1978, 11, 13; S/S-*Lenckner*, § 203 Rn 7.

[280] Vgl. LK- *Schünemann*, § 203 Rn 27. In diesem allgemeinen Sinn schon *v. Liszt*, FS-Brunner, S. 221.

[281] Vgl. vor allem S/S-*Lenckner*, § 203 Rn 7.

tial (*scil.* die Wettbewerbsrelevanz) des Geheimnis inhaltlich zu beschreiben und darauf den Geheimnisbegriff aufzubauen.

Zum anderen kennt der Unternehmensgeheimnisbegriff keine Bagatellklausel im eigentlichen Sinne. Das Schrifttum unternimmt bei der Bestimmung des Unternehmensgeheimnisbegriffs den Versuch zu begründen, wann ein wettbewerblich *begründetes* Interesse (Begründungsgedanke) besteht und nicht – erst darauf aufbauend –, wann ein *schutzwürdiges* wettbewerbliches Interesse (eigentlicher Bagatellgedanke) besteht.

Es handelt sich insofern im UWG nicht um eine „kleine" oder „große" Wettbewerbsrelevanz und daraus folgend nicht um ein geringes oder großes (objektive) Interesse. Zu Recht lautet der in weiten Teilen der Literatur übernommene Leitsatz *Hefermehls* zur Definition des Unternehmensgeheimnis: „es bedarf einer Beeinträchtigung"[282] und nicht „es bedarf einer nicht geringfügigen Beeinträchtigung".

Sieht man einmal von dieser – sehr theoretisch anmutenden – strukturellen Inkongruenz zwischen beiden Geheimnisbegriffsbestimmungen der h.M. ab und konzentriert sich auf den konsequenzreicheren Unterschied bei der materiellen Reichweite der erfassten Geheimnisse, so ergibt sich ein weiterreichender Schutz solcher unternehmensbezogener Geheimnisse, die zwar wirtschaftlich, aber nicht wettbewerblich begründet sind, wie auch solcher, die jenseits wirtschaftlicher Erwägungen aufgestellt werden. Es ist auf die oben angeführten Beispiele zu verweisen: Wirtschaftlich begründete Geheimnisse stellen etwa auch Informationen dar, die auf Grund eines gewissen betriebsinternen Wettbewerbs oder insgesamt aus betriebsorganisatorischen Gründen geheim gehalten werden. Ferner gehören zu dieser Kategorie Informationen, die den Marktpartnern (vertikales kontrahierendes Wirtschaftsverhältnis) vorenthalten und nicht zugleich aus wettbewerblichen Gründen (horizontales distrahierendes Wirtschaftsverhältnis) geheimgehalten werden. Es bedarf hier immer der Betrachtung des konkreten Sachverhalts, um bestimmen zu können, ob ein Geheimnis geeignet ist, beide Bereiche der wirtschaftlichen Aktivität zu beeinträchtigen. Nicht wirtschaftliche, aber nach der h.M. sachlich vertretbare Geheimnisse eines

282 Vgl. Baumbach/*Hefermehl*, 22. Aufl., § 17 Rn 2.

Unternehmens stellen etwa auch Nachrichten dar, die ein Presseunternehmen aus Gründen politischer Verantwortlichkeit oder sonstigen ethischen Erwägungen (noch) nicht bekannt geben möchte – die aber durchaus eine enorme wettbewerbsfördernde Auswirkung haben könnten – oder solche, die ein Unternehmen aus familiär- oder freundschaftsbedingten Gründen nicht bekannt geben möchte, um einem Loyalität geschuldeten Konkurrenten nicht wettbewerblichen oder wirtschaftlichen Schaden zuzufügen.

ccc) Die auf die Sensibilität der Information abstellende Mindermeinung

Rogall möchte das objektive Interesse nicht nur von der reinen Willkür des Geheimhaltenden befreien, sondern meint darüber hinaus, dass das Interesse an der Geheimhaltung die *Sensibilität der Information* ansprechen müsse, d.h. die Eignung, den Betroffenen bloßzustellen, ihn in seiner sozialen Geltung zu beeinträchtigen oder sein Vermögen zu schädigen.[283] Dabei bezieht sich die Eignung zur Schädigung des Vermögens offensichtlich auf die Geschäfts- und Betriebsgeheimnisse.[284] Ob es richtig ist, dass alle Unternehmensgeheimnisse zum Schutze des Vermögens aufgestellt werden, ist bei der Darstellung des geschützten Rechtsguts noch zu analysieren Jedenfalls schließt *Rogalls* Geheimnisbegriff im Rahmen des § 203 StGB nicht aus,[285] dass juristischen Personen ein weiterreichender Schutz gewährt wird, der sich dann auf den Bereich bloßstellender Informationen beschränkt.
Auf der gleichen Linie, jedoch unter einem anderen Begründungsansatz, bewegt sich die Auffassung *Hoyers*. Anhand einer systematischen Erwägung meint er, dass es nicht verständlich sei, warum unwahre Informationen in den §§ 186 f. StGB höheren Anforderung unterliegen, indem dort die Erheblichkeitsschwelle anhand der Ehrenrührigkeit und Kreditgefährdung definiert wird, demgegenüber die wahren Tatsachen bei § 203 StGB nur einer niedrigen Bagatellgrenze unterliegen. Dies laufe auf eine – kriminalpolitisch unvernünftige – Privilegierung des Lügners oder des un-

[283] Vgl. *Rogall*. NStZ 1983. 1 (6). Hervorhebung im Text.
[284] Vgl. *Rogall* NStZ 1983, 1 (3).
[285] Vgl. *Rogall*. NStZ 1983. 1 (6): „Geheimnisse (sind) wahre (richtige), exklusive und sensible Einzelangaben (Informationen) über persönliche oder sachliche Verhältnisse einer bestimmten oder bestimmbaren natürlichen oder juristischen Person".

sorgfältig Ermittelnden hinaus, da bei § 203 StGB die Wahrheit, bei § 186 f. StGB hingegen die Unwahrheit der Information verlangt werde. Dieser unsystematische Zustand führe ebenfalls zu einem weiteren kriminalpolitisch Widerspruch, da das Tatopfer insoweit besser gegen das Erstellen eines wahren Bildes über seine Person geschützt sei als gegen das Verfälschen dieses Bildes.[286]

Hoyer schließt mit einer Definition, die unter einem Geheimnis i.S. des § 203 StGB nur Informationen versteht, deren Mitteilung im Falle ihrer Unwahrheit den objektiven Tatbestand der §§ 186 f. StGB verwirklichen.[287] Die Parallele zu *Rogall* kommt hier deutlich zum Ausdruck, da auch dieser der Meinung ist, dass bei unwahren (geheim gehaltenen) Informationen nur die §§ 185 ff. StGB einschlägig seien.[288]

Auf den Inhalt des Geheimnisses bezogen, bedeutet dies, dass der Geheimnisbegriff *Hoyers* nur *verächtliche, herabwürdigende* oder *kreditgefährdende* Informationen erfasst.

Die h.M. schließt dagegen nicht aus, auch *positive Aussagen* als Geheimnisse zu betrachten, soweit nur die Geheimhaltung verständlich erscheint. Konkret ausgedrückt: Für die h.M. ist es genauso „vertretbar", dass jemand einem Rechtsanwalt eine Geheimhaltungspflicht bezüglich einer Spende auferlegt, die sich an eine kriminelle Vereinigung richtet, wie wenn sie sich an eine Wohltätigkeitsinstitution richtet. Es ist gleichgültig, ob diese Information den Geheimhaltenden im sozialen Verständnis als unmoralisch oder extrem solidarisch dastehen lässt, beide können ein tatbestandsmäßiges Geheimnis nach § 203 StGB begründen, soweit nur ein nachvollziehbares Interesse die Geheimhaltung begründet.

Hoyers Auffassung, genauso wie diejenige *Rogalls*, unterscheidet sich in einem grundsätzlichen Aspekt von der h.M. Sie begründen nämlich den Geheimnisbegriff in § 203 f. StGB nicht mehr auf einem *für Dritte verständlichen* Interesse, sondern objektivieren ihn auf ein für Dritte *wegen des aus der Kommunikation resultierenden negativen Bildes* verständliches Interesse des Geheimhaltenden. Dieses Bild ergibt sich stets aus *Informationen mit einem negativen Inhalt* hinsichtlich des Ge-

[286] Vgl. SK-*Hoyer*, § 203 Rn 8.
[287] Vgl. SK-*Hoyer*, § 203 Rn 8.
[288] Vgl. *Rogall*, NStZ 1983, 1 (6).

heimhaltenden. Diese Folgerung ist auch deswegen zwingend, weil *Hoyer* die Herabwürdigung nicht schon im Geheimnisverrat sehen kann. Denn die Offenbarung eines Geheimnisses muss nicht notwendigerweise die Geheimniseigenschaft der Information zum Ausdruck bringen. Insofern muss sie nicht zwingend eine die Herabwürdigung begründende Mißachtung des Geheimhaltungswillens kommunizieren. Daher kann die von *Hoyer* und *Rogall* geforderte kommunizierte Missachtung nur aus dem Informationsinhalt stammen.

ddd) Die Anwendung des Geheimhaltungsinteresse auf unternehmensbezogene Geheimnisse

Der Unterschied bezogen auf das Unternehmen zwischen diesen beiden Autoren ist darin zu erkennen, dass *Rogall* Informationen, die ein Unternehmen betreffen und die Eigenschaften eines Geschäfts- und Betriebsgeheimnisses erfüllen, direkt dem Vermögen zuordnet. Daher ist nur der darüber hinausreichende Geheimnisbereich eines Unternehmens durch sein allgemeines Geheimhaltungsinteresse betroffen. Dagegen differenziert *Hoyer* nicht im Unternehmensbereich, sondern versucht seine Auffassung ohne weiteres auf diesen Bereich anzuwenden. Dabei kommen die Unzulänglichkeiten seines Verständnisses des Geheimhaltungsinteresses besonders deutlich zum Vorschein. Bei der direkten Anwendung seiner Auffassung auf das Unternehmen heißt es bei *Hoyer*: „Ein Geheimhaltungsinteresse des Unternehmens an den betreffenden Informationen besteht aber nur dann, wenn ihre Weiterverbreitung i.S.d. § 187 die Kreditwürdigkeit des Unternehmens zu gefährden geeignet ist. Werden nur wirtschaftlich bedeutungslose Informationen offenbart, von denen Börsenkurs und Wettbewerbsfähigkeit des Unternehmens nicht abhängen, so entfällt § 203 also“.[289] Dieser Beschreibung ist aus verschiedenen Gründen nicht zu folgen. Zunächst einmal erweckt das Zitat den Eindruck, zwischen wirtschaftlich bedeutungslosen und kreditgefährdenden Tatsachen käme kein anderer Informationsbereich in Frage, der sich negativ auf das Unternehmen auswirken könne. Dies entspräche aber nicht der Realität. Wie etwa *Lampe* in dem verwandten Kontext des

[289] SK-*Hoyer*, § 203 Rn 9.

§ 15 UWG a.F. (Verleumdung im geschäftlichen Verkehr) hinreichend dargelegt hat, ist zwischen den betrieblichen Bereichen der Leistungserstellung, der Leistungsverwertung und der Finanzierung zu unterscheiden, so dass die *Kredit*verleumdung nur ein Unterfall der *Geschäfts*verleumdung darstellt.[290] Folgende Beispiele zur Geschäftsverleumdung belegen diese größere Reichweite. Die Angaben, ein Unternehmen habe wegen Rohstoffmangels Lieferschwierigkeiten[291] oder es habe die Produktion bestimmter Wahren eingestellt oder lasse einen bestimmten Bezirk nicht mehr anfahren,[292] bedeuten nicht notwendigerweise und wohl in der Regel nicht eine Kreditgefährdung.

Auch im Rahmen der wettbewerbsrechtlichen Kreditschädigung aus § 14 UWG a.F. war die Erwähnung der *Eignung zur Schädigung des Betriebs des Geschäftes* keineswegs auf die Kreditbeschaffung zugespitzt.[293]

Das Problem der unsachlichen Einengung unternehmensbezogener Geheimhaltungsinteressen ließe sich aber auch durch eine Erweiterung auf andere negative Informationen nicht beheben, denn es würde weiterhin ein weiter Bereich positiver Informationen eines Unternehmens durch den Geheimnisbegriff des § 203 StGB nicht erfasst. Dies ist für die undifferenzierte Auffassung Hoyers *besonders* gravierend, weil sie nicht einmal den – oben bereits eingehend dargestellten – gesamten Bereich der Geschäfts- und Betriebsgeheimnisse erfassen kann. Diese stellen nach der gesetzlichen Bestimmung gerade Beispiele von Geheimnissen im Sinne des § 203 StGB dar und sollen soweit ersichtlich – auch bei *Hoyer* – mit dem weiten Verständnis dieser Begriffe im Rahmen des UWG übereinstimmen und daher gerade nicht auf einen Teilbereich reduziert werden.

---

[290] Vgl. *Lampe*, FS-Oehler, S. 289.

[291] *Tiedemann/Sasse*, S. 64.

[292] UWG/GK-*Messer*, § 15 Rn 22; RGSt 44, 158, 159 f..

[293] Vgl. statt vieler Baumbach/*Hefermehl*, 22. Aufl., § 14 Rn 22: „Die gesamte zur Ausübung des Gewerbes nötige Tätigkeit, also alles was Herstellung oder Absatz der Ware oder die Beziehung des Inhabers zu seinem Personal betrifft, wie die Behauptung, im Geschäft streike man oder man habe die Arbeiter eingesperrt".

eee) Die von einem objektiven Geheimhaltungsinteresse absehende Mindermeinung

Schließlich wird auch eine Mindermeinung vertreten, die der Eigenschaft dieses Geheimnisbereiches als Konkretisierung des allgemeinen Persönlichkeitsrechts konsequent Rechnung tragen möchte und bei der Bestimmung des Handlungsobjekts von einem objektiven Geheimhaltungsinteresse gänzlich absieht.[294] Dargestellt am Beispiel des ärztlichen Geheimnisbereichs meint *Jung*, dass selbst ein niedrig angesetzter objektiver Maßstab bei der Würdigung des Willens des Betroffenen eine Bevormundung des konkreten Patienten bedeute. Nur diesem müsse zustehen, über die Geheimhaltungsbedürftigkeit zu entscheiden.[295]

Darüber hinaus sieht *Kargl* einen Widerspruch darin, das verständliche Interesse an der Geheimhaltung von Tatsachen zwar vom Standpunkt des Betroffenen aus zu beurteilen, zugleich aber die Bewertung des Geheimnisses nach belangvoll oder belanglos, nach nebensächlich oder bedeutsam, nicht ebenfalls dem Betroffenen zu überlassen. Eine Grenze sieht er diesbezüglich mit *Jung* nur hinsichtlich der Persönlichkeitsrelevanz der Information.[296] Diese sei aber als Anknüpfungspunkt für eine Gegenkontrolle des Willens des Schutzbetroffenen nicht tauglich, weil unter Umständen schon der gesamte Kontakt mit dem betreffenden Berufs- und Funktionsträgern „persönlichkeitsrelevant" sein könnte.[297] Schließlich wird auch eine Entkräftung der in der reinen Willkür begründeten Missbrauchgefahr darin gesehen, dass gerade das exklusive Abstellen auf den Geheimhaltungswillen dem Normadressaten eine klare Verhaltenslinie vorgebe. Der Geheimhaltungswille selbst trage zu einer gewissen Objektivierung insoweit bei, als er nicht nur zum Zeitpunkt der Tat vorhanden, sondern für den Kommunikationspartner auch intersubjektiv feststellbar sein müsse.

---

[294] Vgl. *Jung*, FS-Constantinesco, S. 361 (auch NK-*Jung*, § 203 Rn 4, [Stand: 1997]); NK-*Kargl*, § 203 Rn 7; SK-*Samson*, § 203 Rn 26 (Stand: 1989).

[295] Vgl. *Jung*, FS-Constantinesco, S. 361. Die Bezugnahme auf ärztlich anvertraute Geheimnisse stellt nur ein Beispiel in seiner Argumentation dar, wie sich später in NK-*Jung*, § 203 Rn 4 (Stand: 1997), herausstellt.

[296] Vgl. NK-*Kargl*, § 203 Rn 8 (auch schon NK-*Jung*, § 203 Rn 4, [Stand: 1997]).

[297] Vgl. NK-*Jung*, § 203 Rn 4, (Stand: 1997).

Das Einbeziehen des Geheimhaltungsinteresses laufe auf eine komplexe Interessenabwägung hinaus, die im Geheimnisbegriff den falschen dogmatischen Standort habe und wie die Abwägungen zur mutmaßlichen Einwilligung strafrechtssystematisch der Rechtfertigungsebene zuzuordnen sei.[298]

Daher wird auch zum Teil bevorzugt, von einem *subjektiven Geheimhaltungsinteresse* zu sprechen,[299] obwohl dies in der Sache nichts daran ändert, dass anstatt auf einen dreigliedrigen Geheimnisbegriff (Unzugänglichkeit-Geheimhaltungswille-Geheimhaltungsinteresse) auf einen zweigliedrigen abgestellt wird (Unzugänglichkeit-Geheimhaltungswille bzw. subjektives Geheimhaltungsinteresse).

fff) Vergleich mit dem Geheimhaltungsinteresse beim Unternehmensgeheimnisbegriff

Vergleicht man nach dieser Auffassung das Handlungsobjekt mit dem Unternehmensgeheimnis nach § 17 ff. UWG, ist zunächst zu erkennen, dass die Begründung des objektiven Interesses anhand der Persönlichkeitsrelevanz der Geheimhaltung auch unter der Variante einer bedingungslosen Respektierung der Dispositionsbefugnis über persönliche Informationen, dem Unternehmensgeheimnisbegriff *strukturell* näher liegt. Denn das objektive Interesse begründet *positiv* den Privatgeheimnisbegriff und sieht ebenfalls – hier ausdrücklich – konsequent von einer Bagatellklausel ab. Daraus ergibt sich jedoch der materiell weitmöglichste Geheimnisbegriff, der aber zugleich aus der Perspektive der Bestimmtheit kaum zu überbieten ist.

Gegen eine solche Auffassung sind aber erhebliche praktische wie auch dogmatische Einwände zu erheben. Jeder Bürger bzw. jedes Unternehmen könnte einen für ihn unerwünschten Informationsaustausch stark beeinträchtigen, indem jegliche, persönliche Informationsabgabe mit einem strafrechtlich geschützten Geheimhaltungswille versehen werden. Die anschließende Weitergabe mag dann eventuell nicht objektiv zurechenbar oder gerechtfertigt sein, diese uneingeschränkte und rein willkürliche Auferlegung von strafrechtlich abgesicherten Geheimhaltungspflichten würde aber

---

[298] Vgl. *Jung*, FS-Constantinesco, S. 361 (auch NK-*Jung*, § 203 Rn 4, [Stand: 1997]); NK-*Kargl*, § 203 Rn 7; SK-Samson, § 203 Rn 26 (Stand: 1989).

[299] Vgl. NK-*Kargl*, § 203 Rn 7.

viele routinäre und auf schnelle Abwicklung konzipierte Kommunikationsabläufe erheblich verkomplizieren. Des Weiteren sieht sich diese Auffassung auch dem Vorwurf ausgesetzt, sie ermögliche eine willkürliche, auf den Willen einer Person begründete Herstellung strafrechtlichen Unrechts. Denn erst der Wille des Betroffenen – aber eben auch nur dieser – stellt das tatbestandsmäßige Handlungsobjekt her.[300] Es reicht daher nicht mit *Kargl* eine intersubjektive *Feststellung* aus, sondern es bedarf einer intersubjektiven *Würdigung*.
Letztendlich ist hervorzuheben, dass alle von dieser Auffassung vorgehaltenen relevanten Beispiele aus dem gesundheitlichen Bereich auch solche zur Wahrung einer *materiellen* Privatheit darstellen, die nach der h.M. ohnehin uneingeschränkt Schutz genießen.

cc) Ergebnis zum weitereichenden Schutz unternehmensbezogener Geheimnisse

Es stellt sich heraus, dass die Unterscheidung zwischen den verschiedenen Auffassungen des objektiven Interesses an der Geheimhaltung bei § 203 StGB durchaus relevant bei der Bestimmung der Erweiterung des strafrechtlichen Schutzes von unternehmensbezogenen Geheimnissen im Vergleich zu § 17 ff. UWG ist.
Sachgerecht erscheint es nur, den Geheimnisbegriff mit der h.M. anhand einer Bagatellklausel zu begrenzen, da weiterreichende Versuche nicht einmal in der Lage sind, die – in § 203 StGB ausdrücklich als Beispiele erwähnten – Unternehmensgeheimnisse zu erfassen (*Hoyer*) oder jenseits dieser Geheimnisse einen Bereich positiver Informationen ausklammern (*Rogall*), die sowohl bei natürlichen Personen als auch bei Unternehmen nicht minder schutzbedürftig sind.
Einer Auffassung, die i.S. einer formellen Privatheit argumentiert, ist zwar aus prinzipiellen Gründen eine Absage zu erteilen, vor allem weil sie für die Begründung des Unrechts eines Verhaltens nur die subjektiv-willkürliche Bestimmung des Be-

[300] Dies mag bei Tatbeständen zum formellen Geheimnisschutz etwa aus §§ 202, 202a StGB auch der Fall sein, dort handelt es sich aber um einen das Unrecht begründenden Angriff von Außen, der zusätzlich nur tatbestandsmäßig ist, wenn bestimmte Sicherungsvorkehrungen getroffen worden sind. Dazu näher unten Zweiter Teil IV.

troffenen heranzieht. Sie wird aber darüber hinaus im Unternehmensbereich schwerlich (insb. unter Heranziehung ihres wichtigsten Argument, der Bevormundung des Opfers) Fälle nennen können, die nicht durch die h.M. gleichfalls erfasst werden und dennoch schutzwürdig sind.

Bei einer Ausgrenzung von Geheimnissen, die nicht die Erheblichkeitsschwelle der h.M. erreichen, ergibt sich für das Unternehmen ein erweiterter Schutz von Geheimnissen, der nicht durch das UWG gewährt wird. Dieser kann sich sowohl auf wirtschaftliche Sachverhalte jenseits der Wettbewerbsrelevanz beziehen, als auch auf solche, die aus anderen „verständlichen" (politischen, ethischen, etc.), d.h. nicht nur willkürlichen Gründen geheim gehalten werden sollen.

b) Der Datenschutz in § 203 Abs. 2 Satz 2 StGB

aa) Notwendigkeit einer teleologischen Reduktion?

Neben den eben dargestellten Geheimnisbereich sieht § 203 Abs. 2 Satz 2 StGB im Amtsträgerbereich oder bei gewissen amtsträgernahen Personen einen Schutz für *Einzelangaben über persönliche oder sachliche Verhältnisse, die für Aufgaben der öffentlichen Verwaltung erfasst worden sind,* vor. Unter Einzelangaben sind Umstände, Merkmale oder Kennzeichen zu verstehen, die einer bestimmten natürlichen oder juristischen Person zugeordnet sind oder zugeordnet werden können.[301]

Daher schützt § 203 StGB in dieser Tatbestandsalternative nach h.M. nicht nur Geheimnisse im materiellen Sinn, sondern auch nicht geheime Daten. Es reicht, dass sie nicht offenkundig sind.[302] Darauf deutet bereits der Wortlaut dieser Tatbestandsalternative hin, da zunächst *Einzelangaben* über bestimmte *Verhältnisse* nicht notwendigerweise geheim sein müssen und nur den Datenbegriff erfüllen. Ferner müs-

---

[301] Vgl. BT-Drs. 7/550, S. 242.

[302] So aus unterschiedlichen Gründen (dazu gleich im Text), *Arzt/Weber*, BT, § 8 Rn 40, die eine Erweiterung von Innen hinsichtlich des § 202a (Datendiebstahl) erkennen; MüKo-*Cierniak*, § 203 Rn 99; *Joecks*, StGB 2001, § 203 Rn 11; L/*Kühl*, § 203 Rn 15; S/S-*Lenckner*, § 203 Rn 48; M/S-*Maiwald*, BT I, § 29 Rn 71; LK-*Schünemann*, § 203 Rn 44 ff.; undeutlich NK-*Kargl*, § 203 Rn 26, der zunächst nur auf die fehlende Offenkundigkeit abstellt, anschließend aber Geheimhaltungsinteresse und -willen prüft.

sen diese *einem Geheimnis gleichstehen*. Daher sind sie nicht mit einem Geheimnis identisch.

Außerdem ist das Handlungsobjekt im Vergleich zum strafrechtlichen Datenschutz weiter gefasst, da sich die Einzelangaben entgegen § 3 Abs. 1 BDSG („einer natürlichen Person") auch auf juristische Personen („eines anderen") beziehen können.

Wegen dieser auffälligen Weite hinsichtlich des Handlungsobjektes ist es ebensowenig verwunderlich, dass diese Tatbestandsalternative im Schrifttum zum Teil scharfe Kritik erfahren hat und eine restriktive Auslegung bemüht wird. In diesem Tatbestand seien die Nachteile eines Blankettgesetzes[303] und einer Generalklausel[304] kombiniert worden, da einerseits die entscheidende Frage, was geschützt sei, nach wie vor nicht dem StGB, sondern den Gesetzen zur Regelung der Datenerhebung entnommen werden müsste und andererseits die weite Fassung der Vorschrift keinerlei begrenzende Funktion ausüben könne, da sogar die Zuschneidung des Begriffes der „personenbezogenen Daten" aus dem BDSG auf die Privatsphäre als begrenzendes Moment hier durch die Erwähnung der *sachlichen Verhältnisse* entfalle.[305]

B. Schünemann vertritt hinsichtlich dieser Kritik die radikalste Lösung, die darin besteht, das Handlungsobjekt nur im Sinne eines Geheimnisses zu verstehen und dadurch dieser Tatbestandsalternative keine Ausweitungsfunktion zuzuerkennen. Dies sei unter Vernachlässigung einer rein grammatikalischen und mittels einer verfassungskonformen Auslegung – begründet auf die Prinzipien der Gesetzesbestimmtheit und der Verhältnismäßigkeit – möglich und notwendig.[306] Wollte man die Missachtung der verfassungsrechtlichen Mindestanforderungen bei der strafrechtlichen Gesetzgebung nicht aus dem Datenschutzrecht[307] ins Strafgesetzbuch importieren, könne man die Regelung aus § 203 Abs. 2 Satz 2 StGB nur als eine „bloß überflüssige Spezialregelung zu Satz 1" verstehen. Auch bei den Einzelanga-

[303] Vgl. LK-*Schünemann*, § 203 Rn 48.
[304] Vgl. S/S-*Lenckner*, § 203 Rn 46; *B. Schünemann*, ZStW 1978, 11 (26).
[305] So *Arzt/Weber*, BT, § 8 Rn 41.
[306] Vgl. LK-*Schünemann*, § 203 Rn 48.
[307] Da die Gesetzesbestimmtheit und Verhältnismäßigkeit des § 44 BDSG n.F. mit der des § 43 BDSG a.F. übereinstimmt, ist davon auszugehen, dass die Kritik in LK-*Schünemann*, § 203 Rn 48, auch auf die neue Gesetzeslage im Datenschutz anzuwenden ist. Dazu schon vorher *ders.* ZStW 1978, 11 (23), wie auch *Tiedemann*, NJW 1981, 945 ff.; *Tiedemann/Sasse*, S. 121 ff.

ben in § 203 StGB muss daher nach *B. Schünemann* die „Höhenmarkte" des verständlichen Interesses des Betroffenen an der Nichtoffenbarung der Information verlangt werden.

Arzt/Weber bemängeln ebenfalls den uferlosen Datenbegriff, suchen aber, eine brauchbare Grundlage für diese Tatbestandsalternative gerade dadurch zu gewinnen, dass sie eine solch restriktive Auslegung vornehmen, dass die Information nur durch ein vernünftiges oder so starkes Interesse an der Geheimhaltung ermittelt wird, dass Strafschutz angebracht sei. Dafür seien die durch das EGStGB aufgehobenen, nebenstrafrechtlichen Bestimmungen zur Datenerhebung weiterhin bedeutsam, da sie die Reichweite des Interesses explizitierten.[308] Dennoch bliebe bei neu geregelten Bereichen eine besonders große Unsicherheit. Insgesamt sei zu bemängeln, dass durch diese missglückte Definition der Daten alles von der Bestimmung, wann das Offenbaren *unbefugt* sei, abhänge, so dass eine Unbekannte lediglich durch eine andere ersetzt werde.[309]

Einen anderen Lösungsansatz schlägt *Hoyer* vor, der ebenfalls erkennt, dass grammatikalisch in dieser Tatbestandsvariante des § 203 StGB keine Geheimniseigenschaft verlangt wird und folglich auch kein – seiner Auffassung nach sogar strenger als das Bagatellprinzip zu bewertendes[310] – Geheimhaltungsinteresse einschlägig ist. Anstatt aber den Begriff der Einzelangaben an den Geheimnisbegriff zu assimilieren, versucht *Hoyer* jenen Begriff durch ein anderes Tatbestandsmerkmal zu kompensieren, um die gesetzliche Gleichstellung mit dem Geheimnis rechtfertigen zu können. Dieses ausgleichende Merkmal sieht er in der notwendigen *Erfassung zu Aufgaben der öffentlichen Verwaltung*, das eine eingrenzende Funktion ausübe, wenn man nur Informationen einbeziehe, bei denen die öffentliche Verwaltung einen Rechtsanspruch auf Mitteilung der betreffenden Angaben bzw. Eingriffsbefugnisse zu deren Erhebung besitze. Wenn hier, im Gegensatz zu der reinen Obliegenheit der potentiellen Täter des Abs. 1, eine echte rechtliche Befugnis zur Erhebung bestimmter Einzelangaben zu erkennen sei, ergebe sich daraus eine verschärfte Schutzbe-

[308] Vgl. *Arzt/Weber*, BT 2000, § 8 Rn 41.
[309] Vgl. *Arzt/Weber*, a.a.O.
[310] Vgl. dazu oben Zweiter Teil D. III. 1.5. aaa).

dürftigkeit des Opfers: Diese Umstände einer vom Willen des Opfers unabhängigen rechtlichen Einforderbarkeit der Information und einer daraus resultierenden höheren Schutzbedürftigkeit gegenüber den restlichen – geheimen – Informationen aus § 203 legitimiere einen weiterreichenden Schutz.[311]

Hinsichtlich der von *Hoyer* vorgeschlagenen, kompensierenden Auslegung leuchtet zunächst die Begründung der ersten *Kompensationsgröße* einer echten Offenbarungspflicht und somit der größeren Schutzbedürftigkeit des Opfers ein. Diese Argumentation ist auch mit der allgemeinen *B. Schünemanns* vereinbar, wenn dieser eindringlich dafür plädiert, die viktimodogmatische Komponente als spezifisches Auslegungskriterium anzuwenden. Wenn er in der Notwendigkeit, bestimmte Berufsgruppen aufzusuchen, ein interpretatorisches Kriterium sieht, dann erscheint es nur konsequent, die Notwendigkeit der Informationsweitergabe als viktimodogmatisch gravierenderen Umstand bei der Auslegung dieses Tatbestandes zu würdigen.

Auch allgemein auslegungsmethodisch erscheint diese Vorgehensweise vorzugswürdig, da sie entgegen *B. Schünemanns* Vorschlag nicht *a priori* eine teleologische Reduktion unter Tangierung des klaren Wortlauts vornimmt und damit nicht als Konsequenz die Bedeutungslosigkeit einer gesamten Tatbestandsalternative bewirkt, ohne den Versuch vorzunehmen, diese Bestimmung – auch unter verfassungsrechtlichen Ansprüchen – fruchtbar zu machen. Ferner ist sie auch dem von *Arzt/Weber* formulierten Vorschlag vorzuziehen, weil dieser es vermeidet, auf schwer nachvollziehbare Erwägungen des Gesetzgebers in anderen, noch dazu außer Kraft getretenen Vorschriften zurückzugreifen. Es handelt sich bei *Hoyer* um den Versuch, dem durch den Gesetzgeber gewählten Wortlaut ein verfassungskonformes Argument zugrunde zu legen, das darin besteht, durch die rechtliche Verpflichtung zur Mitteilung einerseits den Bereich der einschlägigen Einzelangaben zu beschränken (Bestimmtheitsgebot), andererseits auf einen annehmbaren Schutzbedürftigkeitsgrund zu stellen (Verhältnismäßigkeitsgebot).

---

[311] Vgl. SK-*Hoyer*, § 203 Rn 29.

bb) Die aus dem Datenschutz in § 203 Abs. 2 Satz 2 StGB resultierende Erweiterung unternehmensbezogener Informationen

Die von *Hoyer* vorgeschlagene Einengung der Handlungsobjekte des § 203 Abs. 2 Satz 2 StGB stellt gegenüber seiner sehr engen Auffassung des Geheimnisbegriffs für § 203 StGB eine klare Erweiterung des strafrechtlichen Schutzes dar, die aber für die hier bevorzugte Auffassung der h.M. nicht in gleichem Maße eine zusätzliche Einbeziehung von Informationen in den strafrechtlich geschützten Bereich bedeutet. Die Ausweitung ist aber dennoch insofern gegeben, als kein begründbares Geheimhaltungsinteresse notwendig ist, sondern grundsätzlich der gesamte unternehmensbezogene Informationsbereich. Dabei ist freilich zu beachten, dass auch die Datenweitergabe nur dann strafbar ist, wenn sie unbefugt durchgeführt wird und dabei auch Willensvermutungen einschlägig sind. Ferner ist auch zu beachten, dass nach § 203 Abs. 2 Satz 3 StGB der inner- bzw. zwischenbehördliche Informationsaustausch nicht strafrechtlich geahndet wird, soweit er nicht ausdrücklich gesetzlich verboten ist.

1.6. Der Schutz von Unternehmensgeheimnissen aus den §§ 203 ff. StGB

Wie bereits oben erläutert, stellt § 203 StGB den klassischen Schutz von Innen – d. h. bei befugter Erlangung durch den Täter – gegen Offenbarung dar. Dieser wird gemäß dem üblichen Schutz von Privatgeheimnissen i.w.S. etwa in § 17 Abs. 1 UWG als echtes Sonderdelikt konzipiert ist.[312] Anders als im UWG wird aber zusätzlich dieser Schutz von Innen – insofern übereinstimmend mit dem Geheimnisschutz aus dem Gesellschaftsrecht – in § 204 StGB durch das Verbot des Verwertens flankiert. Denn im UWG werden Unternehmensgeheimnisse von Innen nur gegen Offenbarung geschützt, so dass ein Beschäftigter selbst ein während des Dienstverhältnisses befugt erlangtes Geheimnis straflos verwerten kann.[313] Folgt man der

[312] Im Schrifttum wird lediglich die konkrete Gestaltung des Täterkreises kritisiert. *Rogall*, NStZ 1983, 1 (4), spricht hier von einem ausgeprägten gesetzgeberischen Dezisionismus, der sich aus der Schwierigkeit erklärt, eine „scharf umrissene Generalklausel" zu finden.

[313] Ein sehr begrenztes Verbot der Verwertungshandlung bei befugt erlangten Geheimnissen ergibt sich bei einer Verwertung nach einer unbefugten Sicherung befugt erlangter Geheimnisse nach § 17 Abs. 2 Nr. 2 UWG und in der Verwertungshandlung aus § 18 UWG, wo das Handlungsobjekt jedoch nicht notwendigerweise ein Unternehmensgeheimnis darstellen muss.

oben dargestellten Erkenntnis, dass sich die Verwertungshandlung bei allen Geheimnistatbeständen nur auf offensive Unternehmensgeheimnisse (bzw. positive oder solche mit Immaterialgutcharakter) erstrecken kann,[314] ergibt sich im Rahmen des § 204 StGB jedoch wiederum eine begrenzte Erweiterung des Unternehmensgeheimnisschutzes. Des Weiteren ist in § 203 Abs. 5 StGB im Gegensatz zum UWG die Frage nach der korrekten Eingliederung des *Offenbarens gegen Entgelt* gesetzlich gelöst. Diese Handlungsform wird einzeln aufgezählt und ist daher nicht unter das schlichte Offenbaren subsumierbar. Sie wird mit einer der Verwertung gleichen und somit einer höheren Strafe als die Offenbarung belegt. Daraus ergibt sich eine systematische Ungereimtheit, da die im StGB als gravierender verstandenen Angriffsformen von Innen im UWG zum Teil gar nicht vorgesehen werden (Verwerten) oder zum Teil nicht als solche identifiziert werden (Offenbaren gegen Entgelt).

Ein weiterer bedeutender Unterschied ergibt sich daraus, dass der Schutz von Innen nach § 203 StGB keine zeitliche Begrenzung kennt, so dass Unternehmensgeheimnisse auch Schutz genießen kann, nachdem sich die Beziehung zwischen Täter und Unternehmen aufgelöst hat. Ferner ist in § 203 StGB die Offenbarungshandlung nicht an bestimmte Absichten des Täters gebunden. Diese Erweiterung des Schutzes ist aber zu relativieren, da oben bereits dargestellt wurde, dass die Überfrachtung mit Absichtsmerkmalen im UWG kaum noch eine Selektionsfunktion auszuüben vermag.

Schließlich ist hervorzuheben, dass der Strafrahmen der § 203 f. StGB insgesamt unter dem des UWG liegt. Selbst die qualifizierten Formen des Angriffes, d.h. das Offenbaren gegen Entgelt und das Verwerten, erreichen nur den Strafrahmen des besonderen Tatbestands aus § 18 UWG. Im StGB ist für den Unternehmensgeheimnisschutz außerdem auch keine Straferhöhung bei besonders schweren Fällen ausdrücklich vorgesehen, so dass hier die Regeln des Allgemeinen Teil anzuwenden sind.

Wendet man sich dem wohl auffälligsten Unterschied, nämlich dem der Gestaltung des Täterkreises beider Regelungsbereiche zu, so ist zu erkennen, dass dieses Tatbe-

[314] Dazu näher oben Erster Teil E. V.

standsmerkmal eine praktisch gewichtige Erweiterung des Unternehmensgeheimnisschutzes aus § 17 Abs. 1 UWG bedeutet:
Unternehmensgeheimnisse müssen des Öfteren auch im normalen Arbeitsablauf insbesondere an wirtschafts- und rechtsberatende Berufe (§ 203 Abs. 1 Nr. 3 i.V.m. Abs. 3 StGB) sowie an Amtsträger (§ 203 Abs. 2 StGB) mitgeteilt werden. § 203 StGB stellt daher einen Schutz von Innen gegenüber dem Unternehmen Außenstehenden dar, die befugt zu Kenntnissen über wichtige wirtschaftliche Betätigungsbereiche des Unternehmens gelangt sind und die nicht durch das UWG erfasst werden. Aber auch außerhalb des normalen Arbeitsablaufs gewährt § 203 f. StGB bei wichtigen Ereignissen, namentlich einer *Due Diligence*, dem Unternehmen einen strafrechtlichen Schutz für die mitgeteilten Geheimnisse (insb. § 203 Abs. 1 Nr. 3 StGB), die das UWG nicht vorsieht.

2. Der Schutz der Unternehmensgeheimnisse im Gesellschaftsstrafrecht

2.1. Allgemeines

Verschiedene Gesellschaftsformen erhalten einen gesonderten – von gebietsbedingten Einzelheiten abgesehen – identisch strukturierten strafrechtlichen Schutz ihrer Geheimnisse von Innen. Es werden sowohl Offenbarungs- als auch Verwertungshandlungen verboten, gleichzeitig aber auch qualifizierte Handlungsformen. Wie in der gesamten Rechtsordnung üblich, ist dieser Schutz von Innen im Täterbereich auf Sonderdelikte reduziert. Ferner beschränken das AktG, GmbHG, GenG, VAG und HGB den Schutz nicht auf Unternehmensgeheimnisse, sondern auf einen jeweils unterschiedlich bezeichneten Kreis von Geheimnissen und erwähnen nur beispielhaft („namentlich“) Geschäfts- und Betriebsgeheimnisse.[315] Somit gewähren sie im

[315] In den §§ 85 und 404 GmbHG bzw. AktG als *Geheimnisse der Gesellschaft* bezeichnet; in § 333 HGB als *Geheimnisse der Kapitalgesellschaft* (i.V.m. § 340m HGB auch auf Kreditinstitute oder Finanzdienstleistungsinstitute, die nicht in der Rechtsform einer Kapitalgesellschaft betrieben werden, und i.V.m. § 335b HGB auch auf offene Handelsgesellschaften und Kommanditgesellschaften bezogen), *des Tochterunternehmens, des gemeinsam geführten oder des assoziierten Unternehmens* bezeichnet; in § 151 GenG als *Geheimnis der Genossenschaft* und in § 138 VAG als *Geheimnisse des Versicherungsunternehmens oder Pensionsfonds* bezeichnet.

Vergleich zum UWG zumindest theoretisch einen erweiterten Schutz unternehmensbezogener Geheimnisse.[316]

2.2. Die Rechtsgutsbestimmung

Nach verbreiteter Auffassung dienen die strafrechtlichen Regelungen aus dem Gesellschaftsrecht zum Schutz der Gesellschaftsgeheimnisse – vor allem ihres Vermögenswertes wegen – primär dem Interesse der Gesellschaft, daneben dem der Gesellschafter und zusätzlich dem allgemeinen Vertrauen in die Funktionsfähigkeit der einschlägigen Gesellschaftsformen als Institutionen des Wirtschaftslebens.[317]

Grundsätzlich besteht hier nicht die Möglichkeit, den Schutz eines kollektiven Rechtsguts in gleicher Weise wie bereits oben beim Privatgeheimnisschutzes aus § 203 StGB zu thematisieren, da hier zum einen nach einhelliger Auffassung der individuelle Rechtsgüterschutz im Vordergrund steht. Ferner trifft die zentrale Diskussion um die Bedeutung des Täterkreises hier nicht zu, da die konkrete Gestaltung des Täterkreises nicht zur Begründung des Schutzes eines kollektiven Rechtsguts herangezogen wird.

Strukturell ist aus Sicht des Täterkreises auch der Angriff auf das Rechtsgut nicht mit dem in § 203 StGB vergleichbar, da der im Tatbestand erwähnte Repräsentant der jeweils geschützten Institution in § 203 StGB dem Täterbereich (der Berufs- bzw. Amtsträger), hier aber dem Opferbereich (das Unternehmen in einer bestimmten Gesellschaftsform) zuzuordnen ist. Daraus ergibt sich auch, dass es nicht widersprüchlich ist, beim Privatgeheimnisschutz aus § 203 StGB wegen des exklusiven Antragsrechts des Opfers das kollektive Rechtsgut zu verneinen, hier aber nicht gleichermaßen zu argumentieren. Denn das Opfer ist in § 203 StGB kein Repräsen-

[316] Im Zusammenhang mit dem Gesellschaftsgeheimnisschutz kann der in seiner Tatbestandsstruktur identische Schutz von Geschäfts- und Betriebsgeheimnissen aus § 120 BetrVG erwähnt werden, der sich auf die in § 120 Abs. 1 Nr. 1-4 BetrVG aufgezählten Geheimhaltungspflichtigen aus der Mitwirkung in einem Betriebsrat bezieht. Nennenswert ist hier lediglich, dass es nach § 120 Abs. 1 BetrVG nur zu einem strafrechtlichen Schutz kommt, wenn der Arbeitgeber das Geheimnis ausdrücklich als geheimhaltungsbedürftig bezeichnet.

[317] Zum Ganzen vgl. *Tiedemann*, GmbH-StR, § 85, Rn. 2; ferner KKAktG-*Geilen*, § 404 Rn 11, der aber auch einen Schutz der Arbeitnehmer erkennt. *Otto*, Aktienstrafrecht, § 404 Rn 2 f. und *Hefendehl*, in Spindler/Stilz (Hrsg.), AktG, § 404 Rn 4, postulieren einen Vermögensschutz ohne Einbezug des Institutionenschutzes.

tant der Institution, die durch die Straftat in seiner Funktionstüchtigkeit erschüttert (oder gefährdet) ist. Demgegenüber wird hier durch das Antragsrecht der Gesellschaft als Repräsentant der zu schützenden Institution geradezu ein Instrument gegeben, die Nützlichkeit der Ermittlung abzuwägen (mit der dazugehörigen Weiterverbreitungsgefahr der Information), das der Funktionstüchtigkeit der einschlägigen Gesellschaftsformen zu Gute kommt. Mit anderen Worten sollen bei gewissen Gesellschaftsformen sowohl die Strafbarkeit bestimmter Angriffe als auch die Entscheidung, die Strafverfolgung in Gang zu setzen, deren Funktionstüchtigkeit garantieren.

2.3. Der über das UWG hinausreichende Schutz unternehmensbezogener Geheimnisse

Der begrifflich eindeutig über das (wettbewerbsrelevante) Unternehmensgeheimnis hinausreichende Schutz der Gesellschaftsgeheimnisse wird im Schrifttum über wirtschaftliche Interessen hinaus auch auf immaterielle Bezugspunkte erstreckt.[318] Dieser stimmt auch mit der bereits dargestellten Möglichkeit eines Unternehmens überein, andere Geheimhaltungsinteressen zu verfolgen.

Nach *Tiedemann* bleiben aber angesichts eines weiten Verständnisses wirtschaftlicher Bezüge der Gesellschaftsgeheimnisse kaum Fälle übrig, in denen die Offenbarung nicht auch wirtschaftliche Folgen hat.[319] Diese Auswirkung sei nämlich grundsätzlich bei allen Umständen, die zur Geschäftstätigkeit der Gesellschaft gehörten, ihr Ansehen erhöhen, mindern oder erhalten könnten, gegeben.[320] Wie bereits oben

---

[318] Vgl. Roth/*Altmeppen*, § 85 Rn 1; Michalski/*Dannecker*, § 85 Rn 39; KKAktG-*Geilen*, § 404 Rn 9, 20; *Lutter*, S. 132 ff; *Lutter/Hommelhoff*, GmbHG, § 85 Rn 5; HWSt-*Ransiek*, VIII 2 Rn 13; Baumbach/Hueck-*Schulze-Osterloh*, § 85 Rn 10; *Tiedemann* GmbH-StR, § 85 Rn 6; *v. Stebut*, S. 39 ff., 52 f.; a.A. GK/AktG-*Otto*, § 404 Rn 12, der Gesellschaftsgeheimnisse und Unternehmensgeheimnisse gleichsetzt und *Hefendehl*, in Spindler/Stilz (Hrsg.), AktG, § 404 Rn 4 f., der von einer „Zweifelsregelung" spricht.

[319] *Tiedemann*, GmbH-StR, § 85 Rn 6. So auch Michalski/*Dannecker*, § 85 Rn 39; KKAktG-*Geilen*, § 404 Rn 20; *v. Stebut*, 52 f.

[320] *Tiedemann* GmbH-StR, § 85 Rn 2. So auch MükoAktG-*Fuhrmann*, § 404 Rn 6; *Kohlmann*, Rn 131; *Otto*, Aktienstrafrecht, § 404 Rn 12 und eingehend *v. Stebut*, S. 39 ff und 52 ff. Wenn die einschlägigen Gesellschaftsformen von wissenschaftlichen oder künstlerischen Vereinigungen genutzt werden, wie auch *Tiedemann* GmbH-StR, § 85 Rn 35 hervorhebt, dann sind zwar Geheimnisse rein immaterieller Natur leicht erkennbar, der im hiesigen Kontext notwendige Unternehmensbezug geht aber verloren.

dargelegt, können diese Geheimnisformen ohne jeglichen materiellen Bezug ferner nur durch die erste tatbestandsmäßige Handlungsalternative des Offenbarens erfasst werden, da sich die ebenfalls tatbestandsmäßige Verwertungshandlung nur auf die Nutzung des einem Geheimnis inhärenten Vermögenswertes bezieht.[321] Dadurch werden dann beim Schutz von Gesellschaftsgeheimnissen auch unterhalb oder neben dem wettbewerblichen Bereich liegende Geheimnisse erfasst. Insbesondere kommen die bereits oben dargestellten Interna ohne Wettbewerbsbezug und die geheim gehaltenen Informationen im Vertikalverhältnis zu Abnehmern oder Anbietern, die sich nicht auf den Konkurrenzkampf auswirken, in Betracht. Desgleichen kann aber ein Unternehmen unter Umständen sowohl seinen Konkurrenzkampf als auch seine gesamte wirtschaftliche Entwicklung anderen übergeordneten Interessen unterordnen. Nochmals sei auf das Beispiel verwiesen, nachdem ein Presseunternehmen für eine Geheimhaltung auf Grund politisch bedingter Rücksichtsnahme oder wegen der sozialen Auswirkungen einer Indiskretion sich für eine Geheimhaltung entscheidet, obwohl sich die Veröffentlichung konkurrenzfördernd auswirken würde.

Etwas vage fällt dann aber die in der Literatur beschriebene untere Grenze des objektiven wirtschaftlichen Interesses an der Geheimhaltung aus, welches auch in diesem Rahmen für den Geheimnisbegriff verlangt wird. Sollen hier Geheimnisse der Gesellschaft erfasst werden, die weiter als die Unternehmensgeheimnisse des UWG reichen, müsste an ihnen ein Interesse bestehen, das sich nicht auf die Vermeidung ungünstiger Auswirkungen auf den Wettbewerb bezieht. Wenn dann aber beim objektiven Interesse auf die Faktoren, die für die jeweilige Gesellschaft eigentümlich sind und Teil ihres Ansehens sowie ihrer Wettbewerbsfähigkeit ausmachen oder die zu einem Vertrauensverlust führen können, abgestellt wird,[322] ist nicht deutlich zu erkennen, worin ein weiterreichender Geheimnisbereich liegen könnte. Besser ist es daher, in Anlehnung an die eingehende obige Auseinandersetzung im Rahmen des ohne weiteres auf juristische Personen anwendbaren § 203 StGB ein vertretbares

---

[321] Dazu bereits oben Erster Teil E. V. mit Nachweisen zum Gesellschaftsstrafrecht.

[322] Vgl. *Dittrich* in Müller-Gugenberger/Bieneck (Hrsg.), WStR, § 33 Rn 100; *Tiedemann*, GmbH-StR, § 85 Rn 12.

objektives Geheimhaltungsinteresse als untere Grenze der Gesellschaftsgeheimnisse zu betrachten.

2.4. Der Schutz von Unternehmensgeheimnissen im Gesellschaftsstrafrecht

Im Gesellschaftsrecht bezieht sich der Schutz von Innen in Übereinstimmung mit der gesamten Systematik der Rechtsordnung hinsichtlich privater Geheimnisse i.w.S. auf bestimmte Personenkreise, so dass alle Tatbestände als echte Sonderdelikte aufgebaut sind. Die Sonderdeliktstruktur erfasst zum Teil Organmitglieder,[323] zum Teil aber entgegen § 17 Abs. 1 auch Außenstehende.[324] Dabei ist zu verzeichnen, dass die Straftat in Konkordanz mit dem Privatgeheimnisschutz aus den §§ 203 f. StGB nicht zeitlich begrenzt ist, was der Sonderregelungscharakter des § 17 Abs. 1 UWG hervorhebt.[325]

Die Handlungsformen stimmen ebenfalls mit §§ 203 und 204 StGB überein. Deshalb wird neben dem Grundtatbestand des Offenbarens zum einen diese Handlung gegen Entgelt, in der Absicht, sich oder einen anderen zu bereichern oder einen anderen zu schädigen mit höherer Strafe belegt.[326] Zum anderen wird das Verwerten ebenfalls als qualifizierte Handlungsform erfasst. Somit stimmen diese Tatbestände mit denen des UWG weder in den Absichtsmerkmalen noch in der dort weitestgehend straflosen Verwertung befugt erlangter Unternehmensgeheimnissen überein. Der Schutz von Innen gegen Verwertungshandlungen im UWG beschränkt sich nämlich unternehmensintern nur auf den sehr engen Bereich der Generalklausel aus

---

323 Im GmbHG und GenG können nur Geschäftsführer, Liquidatoren oder Mitglieder des Aufsichtsrats Täter sein; im AktG zusätzlich auch Abwickler. Zum Schutz vor Verrat durch diese Organmitglieder im UWG eingehend oben Zweiter Teil C. I. 1.1.

324 Das HGB, AktG, GenG erfassen in den erwähnten Paragraphen Angehörige bestimmter Prüfstellen. Ferner sind auch die gleichen Tatbestände für Umwandlungsprüfer in § 315 Abs. 1 Nr. 2 UmwG und in § 10 PublG für den Prüfer nach diesem Gesetz vorgesehen. Des Weiteren bezieht sich das UmwG auf die Organmitglieder, Gesellschafter oder Partner der Rechtsträger der geschützten Unternehmen.

325 Dieser Unterschied erklärt sich laut *Tiedemann*, GmbH-StR, § 85 Rn 4, aus dem umfassenden Einblick in die Angelegenheiten der Gesellschaft und nach KKAktG-*Geilen*, § 404, Rn. 16, auch aus dem Gewicht der von ihnen wahrgenommenen Führungs- bzw. Kontrollaufgaben. Diese „rigorose Besonderheit" (vgl. *Tiedemann*, GmbH-StR, § 85 Rn 4) mag auch den niedrigeren Strafrahmen im Vergleich zu § 17 Abs. 1 UWG erklären.

326 In § 404 Abs. 2 AktG mit dem Zusatz einer Erhöhung der Strafe bei einer solchen Handlung gegen eine börsennotierte Gesellschaft.

§ 17 Abs. 2 Nr. 2, die auch das Verwerten befugt erlangter, aber unbefugt gesicherter Geheimnisse erfasst. Unternehmensextern beschränkt sich der Schutz auf das Verwertungsverbot durch Geschäftspartner nach § 18.

Allen Tatbeständen ist im Gegensatz zum UWG gemein, dass sie nur auf Antrag der betroffenen Gesellschaft[327] verfolgt werden können, nie aber von Amts wegen.

Zusammenfassend ist festzuhalten, dass der Geheimnisschutz eines Unternehmens von Innen durch das Gesellschaftsstrafrecht hinsichtlich der geheim gehaltenen Informationen, teilweise des Täterkreises, der zeitlichen Reichweite und der Handlungsform des Verwertens erweitert wird. Auffällig ist in Bezug auf die Unternehmensgeheimnisse zum einen die grundsätzliche Entscheidung des Gesetzgebers, das strafrechtliche Verwertungsverbot befugt erlangter Informationen nur auf die leitenden Stellen zu begrenzen und nicht allen Beschäftigten aufzuerlegen und ferner den leitenden Stellen auch die Offenbarungshandlung ohne zeitliche Begrenzung zu verbieten.

3. Der Steuergeheimnisschutz nach § 355 StGB

3.1. Allgemeines

Der Tatbestand zum Steuergeheimnisschutz ist neben denen aus den §§ 203 f. StGB der einzige des Besonderen Teils des Strafgesetzbuches, der die Geschäfts- und Betriebsgeheimnisse – freilich als Unterfälle eines weiteren Handlungsobjektes – ausdrücklich erwähnt.

Der auch hier nach üblicher Gesetzestechnik als Sonderdelikt konzipierte Schutz von Innen stellt zum Teil durch das Verbot der Offenbarung einen Informationsflusstatbestand dar, bestraft aber auch – entgegen § 17 Abs. 1 UWG, wie sonst aber beim Schutz von Innen üblich – die Verwertung bestimmter Informationen.[328]

---

[327] Bzw. im UmwG auf Antrag des Rechtsträgers.

[328] Ein Schutz von Außen ist daher im Gegensatz zu § 30 Abs. 2 Nr. 3 AO in Form des unbefugten Abrufs von Daten im automatisierten Verfahren nicht vorgesehen.

Wie auch beim Privatgeheimnisschutz nach § 203 StGB kommen wieder ein individuelles und ein kollektives Rechtsgut in Betracht: Auf der einen Seite das Geheimhaltungsinteresse des Steuerpflichtigen, auf der anderen das Vertrauen der Allgemeinheit in die Verschwiegenheit bestimmter Amtsträger als Voraussetzung für ein funktionstüchtiges und gesetzmäßiges Steuerwesen. Der doppelte Rechtsgüterschutz scheint hier im Gegensatz zum Wettbewerbsrecht ganz h. M. zu sein.[329]

Bemerkenswert ist, dass im Gegensatz zu § 203 f. StGB hier das Schrifttum der Erwähnung der Geschäfts- und Betriebsgeheimnisse keine Konsequenz für die Bestimmung des Rechtsgutes beimisst. Daher wird, soweit ersichtlich, keine Position vertreten, die einen Vermögensschutz postuliert.

3.2. Der über das UWG hinausreichende Schutz unternehmensbezogener Geheimnisse

Der in diesem Tatbestand verwendete Begriff der *Verhältnisse eines anderen* ist „denkbar weit".[330] Er erfasst nach *Otto* alle für die steuerliche, finanzielle, wirtschaftliche und persönliche Lage einer Person relevanten Umstände.[331] Dabei ist ihre Bedeutung für die Besteuerung unerheblich.[332] Unumstritten muss es sich dabei nicht um Geheimnisse handeln, denn es bedarf weder eines Geheimhaltungswillens noch eines Geheimhaltungsinteresses.[333] Nach h.M. scheiden jedoch offenkundige Informationen aus, da diese nicht offenbart oder verwertet werden können.[334] Im Ergebnis ist dies richtig, der Begründung kann aber nicht gefolgt werden, weil Offenbaren nur verlangt, dass der Adressat der Tathandlung die Verhältnisse nicht schon tatsächlich kennt. Dabei kann die Information durchaus offenkundig sein, weil dies nur die ungehinderte Möglichkeit der Kenntniserlangung bezeichnet. Ferner

---

329 Vgl. T/*Fischer*, § 355 Rn 1; SK-*Hoyer*, § 355 Rn 1 f.; *Kindhäuser*, StGB-LPK, § 355 Rn 1; NK-*Kuhlen*, § 55 Rn 4; L/*Kühl*, § 355 Rn 1; S/S-*Lenckner/Perron*, § 355 Rn 2; *Otto*, BT, § 34 Rn 59; LK-*Träger*, § 355 Rn 4.

330 NK-*Kuhlen*, § 355 Rn 7.

331 *Otto*, BT, § 34 Rn 61; ähnlich *Kindhäuser*, StGB-PLK, § 355 Rn 4; L/*Kühl*, § 355 Rn 3; LK-*Täger*, § 355 Rn 6 mit zahlreichen Beispielen.

332 Vgl. statt aller L/*Kühl*, § 355 Rn 3.

333 So T/*Fischer*, § 355 Rn 7; NK-*Kuhlen*, § 355 Rn 7; S/S-*Lenckner/Perron*, § 355 Rn 5; *Otto*, BT, § 64 Rn 31; LK-*Täger*, § 355 Rn 7.

334 So LK-*Täger*, § 355 Rn 7.

kann auch durchaus eine Information verwertet werden, die offenkundig ist, wenn etwa die in Betracht kommende Nutzung nicht allgemein bekannt ist. Vielmehr geht es darum, die funktionale Deutung der Informationsbeschaffung des Amtsträgers nicht nur dahingehend zu verstehen, dass ihm der freie Umgang mit anderweitig erhaltenen Informationen nicht verboten ist, sondern sie auch auf die Weitergabe der Information zu erstrecken. Mit der Folge, dass er Informationen, die er an einem anderen Ort ohne weiteres hätte erlangen können, ebenfalls frei für beliebige Zwecke verwenden darf, weil er dadurch keine Vorteile aus seiner privilegierten Position gewinnt.

Aus dieser Deutung des Handlungsobjektes aus § 355 StGB ergibt sich ein informationeller Schutz des Unternehmens, der weit über den bisher erläuterten Geheimnisschutz hinaus reicht. Dieser ist aber gleichsam dadurch gerechtfertigt, dass einerseits die nicht offenkundigen Informationen in Verfahren in Steuersachen üblicherweise eine hohe Sensibilität für das Unternehmen aufweisen und andererseits, weil das „Steuergeheimnis" das „Gegenstück" zu den weitgehenden Mitwirkungs- und Offenbarungspflichten des Steuerpflichtigen und auskunftspflichtiger Dritter darstellt[335] und daher hier die gleichen Gründe wie schon in § 203 Abs. 2 Satz 2 StGB einschlägig sind. Da aber diese Mitwirkungspflichten hinsichtlich nicht offenkundiger Informationen für das Unternehmen meist erheblich sind, ist wohl im Ergebnis nicht von einer besonderen Ausdehnung des Datenschutzes bei § 203 Abs. 2 Satz 2 StGB auszugehen.

3.3. Der Unternehmensgeheimnisschutz aus § 355 StGB

Im Vergleich zum UWG erweitert § 355 StGB den Schutz von Unternehmensgeheimnissen auf unternehmensexterne Sondertäter, denen das Unternehmen in den im Tatbestand erwähnten Verfahren begegnet. Die Tatbestandsgestaltung ähnelt darüber hinaus vielmehr dem Schutz von Innen aus § 203 f. StGB oder dem Gesellschaftsrecht als dem des UWG. Denn der strafrechtliche Schutz reicht über die Amts- oder Funktionsträgerzeit des Täters hinaus, da die Information zwar in einem

[335] So etwa S/S-*Lenckner/Perron*, § 355 Rn 2.

Verfahren gemäß § 355 Abs. 1 Nr. 1 a-c StGB als Amts- oder Funktionsträger bekannt geworden sein muss,[336] aber nicht zusätzlich während dieser Zeit offenbart worden sein muss. Ferner ist diese Parallele gegeben, weil die Tathandlung des Verwertens bei befugt erlangter Information – im Gegensatz zum UWG – uneingeschränkt strafbar ist. Schließlich bedarf es hier zur Erfüllung des Grundtatbestandes keiner Absichtsmerkmale, die dagegen das UWG verlangt.

Hinsichtlich der Strafverfolgung ist entgegen dem UWG keine Verfolgung von Amts wegen möglich. Antragsberechtigt ist jedoch nicht nur der Verletzte, sondern auch der Dienstvorgesetzte. Letzteres wird dadurch begründet, dass die Vorschrift auch einem kollektiven (dem Verletzten nicht disponiblen) Rechtsgut dient.[337]

Zusammenfassend kann festgehalten werden, dass der Steuergeheimnisschutz nochmals mehr Ähnlichkeiten mit dem Privatgeheimnisschutz aus § 203 StGB und dem Gesellschaftsrecht aufweist als mit demjenigen aus dem UWG. Bei Straftatbeständen zum ausdrücklichen Unternehmensgeheimnisschutz wird der Schutz weiterreichender unternehmensbezogener Geheimnisse wie schon in den vorherigen Vorschriften eindeutig erweitert, nun aber in einer kaum zu überbietenden Weise. Der Geheimnisschutz wird im Vergleich zum UWG, wie auch schon bei den anderen Vorschriften, bezüglich der zeitlichen Reichweite und um die Handlungsform des Verwertens erweitert. Außerdem wird er hinsichtlich des Täterkreises, nämlich der außerhalb des Unternehmens Stehenden, wie schon in § 203, auf den Amtsträgerbereich erstreckt.

4. Die Verletzung von Bankgeheimnissen nach § 55a und 55b KWG

4.1. Begriffsbestimmung

Der Begriff des Bankgeheimnisses ist doppeldeutig. Unter einem Bankgeheimnis versteht man zum einen die *Verpflichtung* einer Bank, keine Auskünfte zu erteilen über Konten eines Kunden oder sonstige Tatsachen, die aufgrund der Geschäftsbe-

[336] Vgl. etwa T/*Fischer*, § 355 Rn 5a; S/S-*Lenckner/Perron*, § 355 Rn 16; NK-*Kuhlen*, § 355 Rn 6.
[337] Vgl. etwa NK-*Kuhlen*, § 355 Rn 4.

ziehung bekannt geworden sind.[338] Zum anderen handelt es sich nach *Petersen* um ein *Recht* der Bank, entsprechende Auskünfte zu verweigern. Insofern soll das Bankgeheimnis zugleich auch die Anerkennung des Geschäfts- und Berufsgeheimnisses für das Kreditgewerbe beinhalten.[339] Aus einer strafrechtlichen Betrachtung heraus ist dies aber zu relativieren.[340]

Denn der Kunde kann an gewissen, der Bank überlassenen Daten, ein berechtigtes Geheimhaltungsinteresse haben, an denen aber wiederum die Bank nicht gleichzeitig ein wettbewerbsrelevantes Geheimhaltungsinteresse hat. So, wenn der Kunde der Bank rechtswidrige Information mitteilt, die sogar ein Offenbarungsinteresse der Bank in Form einer Anzeige begründen. Solche Bankgeheimnisse des Kunden sind keine Geschäftsgeheimnisse der Bank und könnten höchstens unter den weiterreichenden Gesellschaftsgeheimnisbegriff, z.B. aus § 85 GmbHG oder § 404 AktG, fallen, wenn ein berechtigtes und bekundetes Interesse an der Geheimhaltung bestünde und der einschlägige Sonderdeliktscharakter der Vorschriften erfüllt wäre.[341]

Anders gestaltet sich die Situation, wenn es sich etwa um Kundendaten handelt, die direkt die Kreditwürdigkeit des Kunden ansprechen. So etwa Informationen, die im Rahmen des § 14 Abs. 2 KWG von der Bundesbank an Kreditinstitute zum Zwecke der Einschätzung der Verschuldungsstruktur eines Kunden weitergegeben wer-

---

[338] *Nack* in Müller-Gugenberger/Bieneck (Hrsg.), WStR, § 66 Rn 190; *Bruchner* in Schimansky/Bunte/Lwowsi (Hrsg.), Bankrecht-Handbuch, § 39 Rn 1, hebt hervor, dass sich das Bankgeheimnis gemäß einem weiten Tatsachenbegriff auch auf Werturteile sowie persönliche Tatsachen aus dem privaten Bereich des Kunden erstreckt. Siehe dazu AGB-Banken Nr. 2 Abs. 1. Zivilrechtlich ist bei diesem Geheimnis des Kunden nach *Canaris*, Rn 48 f., bei einem tatsächlichen Geheimhaltungswillen auch kein vernünftiges Geheimhaltungsinteresse notwendig und nur dann maßgeblich, wenn kein mutmaßlicher Wille zu erkennen ist. Im Folgenden sollen aber nur die strafrechtlichen Begrifflichkeiten relevant sein.

[339] *Beckhusen* in Derleder/Knops/Bamberger (Hrsg.), HdB z. deutschen und europäischen Bankrecht, § 5II Rn 3; *Bruchner* in Schimansky/Bunte/Lwowsi (Hrsg.), Bankrecht-Handbuch, § 39 Rn 4, m.w.N.; *Petersen*, S. 22. Kein Geheimnis der Bank erkennt dagegen *Schwintowski*/Schäfer, § 3 Rn 2.

[340] Dabei geht es nicht um das Interesse der Bank an der Geheimhaltung der Informationen über den Kunden, um nicht als unsicheres Kreditinstitut dazustehen. Denn in diesem Fall handelt es sich um eine andere Information, die auch nicht bei der Offenbarung der Kundeninformation preisgegeben werden muss, nämlich die des Geheimnisbruches selbst. So wenn etwa eine Bank Daten eines Kunden dessen Geschäftspartner mitteilt und dabei einen Geheimhaltungswillen hinsichtlich der Offenbarung selbst bekundet. Diese von den Kundendaten zu trennende Information stellt aber ebenfalls ein Geschäftsgeheimnis – über negative Informationen – dar, weil sie geeignet ist, den Konkurrenzkampf zuungunsten der Bank, nämlich durch Kundenverluste, zu beeinträchtigen.

[341] Anders aber hinsichtlich des Gesellschaftsgeheimnisses *Tiedemann*, FS-Kohlmann, S. 311.

den.[342] Bei diesen von *Tiedemann* als *gemeinschaftliches Geheimnis* bezeichneten Kundeninformationen[343] sind neben dem Bankgeheimnis des Kunden Geschäftsgeheimnisse der Bank zu erkennen, weil deren Offenbarung an Mitbewerber diese vor riskanten Kreditgewährungen warnen oder umgekehrt, bei positiven Informationen, günstigere Kreditvergaben anregen können.[344] Ferner sind diese Geheimnisse trotz des Auseinanderfallens des Betroffenen (Kreditnehmer) und des Mitteilenden (Bundesbank) nicht als *Drittgeheimnisse* im eigentlichen Sinne zu bezeichnen. Bei solchen Geheimnissen hat nämlich der geheimhaltungspflichtige Täter kein eigenes Interesse an der Nichtverbreitung der Information. Dagegen hat das Kreditinstitut im Rahmen des § 14 Abs. 2 KWG ein eigenes Geheimhaltungsinteresse, weil es sich um ein gemeinschaftliches Geheimnis handelt.

Dabei ist aber nicht zu verkennen, dass es sich für die Bank nur um ein unvollkommenes Geschäfts- bzw. Bankgeheimnis handelt. Möchte das betroffene Unternehmen diese gemeinschaftlichen Geschäfts- und Bankgeheimnisse mitteilen, ist das Geheimhaltungsinteresse bzw. der Geheimhaltungswille der Bank dieser Entscheidung untergeordnet. Im umgekehrten Sinne geschieht dies nicht.

4.2. Allgemeine strafrechtliche Regelung

Verlässt man diesen rein begrifflichen Bereich, um sich mit dem strafrechtlichen Schutz dieser Geheimnisse zu befassen, ist zunächst hervorzuheben, dass allgemein in der Rechtsordnung keine umfassende Ausgestaltung des Bankgeheimnisses zu finden ist. Weder das deutsche Strafrecht noch das deutsche Zivilrecht kennen ein eigenes Institut des Bankgeheimnisses.[345] § 203 Abs. 2 StGB kann nach einhelliger Auffassung nur auf öffentlich-rechtliche Kreditinstitute, etwa Sparkassen, Anwendung finden,[346] eine Gesetzesgestaltung, die seit jeher als unzureichend kritisiert wird.[347]

---

[342] Dazu näher anschließend im Text.

[343] *Tiedemann*, WStR BT, § 5 Rn 238 und 302.

[344] Zum Ganzen eingehend *Tiedemann*, FS-Kohlmann, S. 311 ff. *ders.* WStR BT, § 5 Rn 234 ff.

[345] Vgl. *Tiedemann*, FS- Kohlmann, S. 309. Eingehende Darstellung aller Vorschriften zum Geheimnisschutz und deren Grundlagen zuletzt in *Petersen*, *passim*.

[346] Vgl. *Beckhusen* in Derleder/Knops/Bamberger (Hrsg.), HdB z. deutschen und europäischen Bankrecht, § 5 II Rn 64; *Bruchner* in Schimansky/Bunte/Lwowski (Hrsg.), Bankrecht-Handbuch, § 39 Rn

Darüber hinaus sehen die §§ 55a und 55b KWG strafbewehrte Geheimhaltungsvorschriften vor, die den Banken auferlegt werden im Gegenzug für die Möglichkeit, von der Deutschen Bundesbank im Interesse der Planungssicherheit Kreditauskünfte im Rahmen der Erteilung von sogenannten Millionenkrediten (§ 14 Abs. 1 KWG) einzuholen. Demnach wird bestraft, wer eine von der Bundesbank übermittelte Angabe hinsichtlich der Gesamtverschuldung des Kreditnehmers nach Kreditarten und Anzahl der beteiligten Unternehmen sowie – unter bestimmten Bedingungen – des Schuldenstandes des Kreditnehmers verwertet (§ 55a KWG) oder offenbart (§ 55b KWG). Dabei beruht der hier schon zusammengelesene Straftatbestand auf einer Binnenverweisung,[348] die – seit dem 4. Finanzmarktförderungsgesetz vom 21. Juni 2002 – fälschlicherweise auf § 14 Abs. 2 Satz 5 KWG anstatt Satz 10 verweist. Dabei handelt es sich jedoch nicht um einen Verstoß gegen das Bestimmtheitsgebot, weil eine fehlende Vorhersehbarkeit und Gesetzesklarheit den „Leser der Norm in die Irre führen" könne.[349] Wie *Tiedemann* nachweist, ist entsprechend dem allgemeinen Zweck des Art. 103 Abs. 2 GG die Gesetzesklarheit als Erkennbarkeit des Straftatbestandes durchaus gegeben. Es handelt sich vielmehr nur um ein Redaktionsversehen, das der Richter als offensichtlichen Schreib- oder Fassungsfehler nach Ansicht des BVerfG in seiner Entscheidung berichtigen darf.[350]

Es handelt sich um einen klassischen Schutz von Innen, demzufolge auch um Sonderdelikte. Dabei ist der Täterkreis in zweierlei Hinsicht eingeschränkt, da die einschlägigen Informationen ohnehin nur anzeigepflichtigen Unternehmen nach § 14 Abs. 1 KWG erteilt werden und ferner nur bei ihnen beschäftigte Personen strafbar sind. Die Tatbestände kennen keine zeitliche Begrenzung, sodass auch nach Aus-

---

121; T/*Fischer*, § 203 Rn 24; SK-*Hoyer*, § 203 Rn 55; W/J-*Knierim*, 8. Kap Rn 37; *Kümpel*, 2.138; *Otto*, wistra 1999, 201 (202 f.); *Petersen*, S. 65; undifferenziert die Strafbarkeit verneinend dagegen *Arzt/Weber*, § 8 Rn 29.

[347] *Petersen*, S. 65 verweist auf *Jellinek*, MschKrim, 1907, 653 (693) und *Rech*, ZKW 1962, 156 (157); vgl. auch L/*Kühl*, § 203 Rn 7; S/S-*Lenckner*, § 203 Rn 44; LK-*Schünemann*, § 203 Rn 71 und zuletzt eingehend *Tiedemann*, FS-Kohlmann 317; *ders.* NJW 2003, 2213 (2214 f.); *ders.* ZBB 2005, 190 (190).

[348] Vgl. *Tiedemann*, ZBB 2005, 190 (191). Ungenau daher die Bezeichnung als Blankettstrafgesetz bei *Achenbach/Schröder*, ZBB 2005, 135 (136) und *Hellmann/Beckemper*, § 5 Rn 515.

[349] So aber *Achenbach/Schröder*, ZBB 2005, 135 (137); *Hellmann/Beckemper*, § 5 Rn 515.

[350] Vgl. *Tiedemann*, ZBB 2005, 190 (192), m.z.w.N.

scheiden aus dem Arbeitsverhältnis das Offenbarungs- bzw. Verwertungsverbot fortbesteht.
Bei der Rechtsgutsbestimmung wird in Einklang mit § 203 StGB das individuelle Rechtsgut der Geheimnissphäre oder des Verfügungsrechts über bestimmte Informationen (materielles Geheimnis) des Betroffenen (Kreditnehmer oder voraussichtlicher Kreditnehmer) erkannt.[351]

4.3. Der über das UWG hinausreichende Schutz unternehmensbezogener Geheimnisse

Die §§ 55a und 55b KWG beziehen sich nicht auf alle möglichen Bankgeheimnisse. Nach *Otto* umfassen diese nämlich alle Tatsachen, die der Kunde geheim zu halten wünscht.[352] Die Tathandlungen aus dem KWG müssen sich demgegenüber auf die bereits oben erläuterten Angaben zur Gewährung von Millionenkrediten beziehen, die dem Unternehmen nach § 14 Abs. 2 KWG mitgeteilt wurden. Dass die Angaben ein materielles Geheimnis darstellen, wird auch vom Gesetzgeber hervorgehoben, indem für die Begründung der Strafandrohung in der Gesetzesbegründung zur 6. KWG-Novelle darauf abgestellt wird, dass es sich um „sehr sensible Daten über Kunden" handelt.[353]
Auf den Geheimnisschutz des UWG bezogen, verbergen diese Geheimnisse allesamt Informationen, die geeignet sind, das betroffene Unternehmen im Konkurrenzkampf zu beeinträchtigen, so dass die Bankgeheimnisse aus den §§ 55a und 55b KWG durchgehend Unternehmensgeheimnisse i.S. des UWG darstellen.[354] Eine Erweiterung auf andere unternehmensbezogene Geheimnisse über das UWG hinaus ergibt sich daher aus diesen Tatbeständen nicht.

---

[351] Vgl. *Janssen* in Park (Hrsg.), Kapitalmarktstrafrecht, § 55a KWG Rn 3, § 55b KWG Rn 2; zweifelnd hinsichtlich eines zusätzlichen kollektiven Rechtsgutes der Funktionsfähigkeit der Bundesbank, jedoch deren Antragsbefugnis verneinend, *Lindemann* in Boos/Fischer/Schulte-Mattler (Hrsg.), KWG, § 55a Rn 9.
[352] *Otto*, wistra 1999, 201 (202), m.z.w.N.
[353] BT-Drs. 13/7142, S. 97.
[354] So auch *Tiedemann*, WStR BT, § 8 Rn 302.

4.4. Der Schutz von Unternehmensgeheimnissen nach den §§ 55a und 55b KWG

Gemäß allen Tatbeständen zum Schutz von Innen ist nach § 55b KWG das Offenbaren der geheim gehaltenen Information eine verbotene Tathandlung. Bei der Frage, ob die Tathandlung stets die von der Deutschen Bundesbank dem anzeigenden Kreditinstitut zur Verfügung gestellten Angaben wiedergeben muss oder ob ihre schlussfolgernde inhaltliche Zusammenfassung ausreicht,[355] bedarf es einer differenzierten Betrachtung auf Grundlage der *ratio* des Tatbestandes.[356] Dem Verbot des *Offenbarens* von Daten, Einzelangaben, Angaben, Informationen, etc. ist bei allen Geheimnisschutzvorschriften gemein, dass es sich um ein Verbot des Informationsflusses handelt. Dass es sich in § 55b KWG bei diesem ausdrücklichen Informationsflussverbot notwendigerweise um ein Geheimnis handeln muss, ergibt sich aus dem weiteren Kontext der Vorschrift, aber auch schon aus der Bezeichnung der Handlung nicht als *Mitteilung,* sondern als *Offenbarung*. Ferner kann der Geheimnisbegriff in einem Straftatbestand in einem formellen, aber auch in einem materiellen, d.h. inhaltlichen, Sinn geschützt werden. Im ersten Fall geht es darum, den Vorgang der Informationsweitergabe (Erklärungsvorgang) abzuschirmen, im zweiten Fall, den Vorgang der Inhaltsweitergabe (Erklärungsinhalt) zu verhindern.[357] Im ersten Fall bezieht sich der Geheimhaltungswille auf den Erklärungsvorgang selbst und ist für den strafrechtlichen Schutz ausreichend, ohne das ein (objektiv) vertretbares Geheimhaltungsinteresse existieren muss. Im zweiten Fall bezieht sich der Geheimhaltungswille auf den Erklärungsinhalt und erhält nur dann strafrechtlichen Schutz, wenn er sich auf ein (objektiv) vertretbares Geheimhaltungsinteresse bezieht. Besonders deutlich lässt sich diese allgemeingültige Verbotsratio an § 201 StGB erkennen. Nach h.M. handelt es sich bei der Tatbestandsalternative aus Abs. 2 Nr. 2 – entgegen dem Schutz der formellen Dispositionsbefugnis über die Reichwei-

---

[355] Für die Tatbestandsmäßigkeit der Handlung, *Tiedemann*, WStR BT, § 8 Rn 304; *ders.* FS-Kohlmann, S. 314 f.; *ders.*, ZBB 2005, 190 (191); dagegen *Achenbach/Schröder*, ZBB 2005, 135 (140).

[356] So übrigens auch *Achenbach/Schröder*, ZBB 2005, 135 (139), bei der zweiten Handlungsalternative des Verwertens. Bei der Offenbarung stellen sie dagegen nur auf eine am Wortlaut orientierte Auslegung ab.

[357] Vgl. dazu etwa SK-*Hoyer*, § 201 Rn 4.

te der Äußerung bei den weiteren Tatbestandsalternativen – tendenziell um einen (materiellen) Geheimnisschutz, weil es nicht notwendig ist, das gesprochene Wort im Wortlaut mitzuteilen, sondern schon die inhaltliche Weitergabe verboten ist.[358]
Wie bereits dargestellt, handelt es sich bei der Mitteilung durch die Bundesbank an das Kreditinstitut gleichzeitig um die Aufstellung eines materiellen Geheimnisses, dessen Erklärungsinhalt nicht durch das geheimhaltungspflichtige Kreditinstitut (bzw. dessen Beschäftigten) offenbart werden soll.

Wie *Tiedemann* zu Recht bemerkt, würde jede andere Auslegung der Umgehung des Strafschutzes Tür und Tor öffnen, indem anstelle der unmittelbar mitgeteilten Information durch Hinzufügen oder Weglassen einzelner Bestandteile formal (sprachlich) andere Informationen offenbart würden.[359] Ferner ist auch zu beachten, dass die geheim zu haltenden Inhalte selbstverständlich nicht anhand bestimmter Äußerungen – etwa zusammenfassende (aber auch nicht zusammenfassende) Schlussfolgerungen – mitgeteilt werden dürfen. So, wenn der Arzt der Presse mitteilt, er könne aus Angaben des Patienten – die er nicht mitteilen möchte – eine bestimmte Krankheit erkennen (§ 203 Abs. 1 Nr. 1 StGB), wenn der Angestellte der Bundesbank der Presse mitteilt, er könne aus den erhaltenen Informationen zur Verschuldung eines Unternehmens – die er nicht mitteilen möchte – eine Überschuldung erkennen (§ 203 Abs. 2 StGB) oder wenn der Angestellte einer Bank, der die eben erwähnte Information seitens des Bundesbank erhalten hat, sie nicht mitteilen möchte, aber der Presse mitteilt, das betroffene Unternehmen sei erheblich überschuldet oder nicht kreditwürdig (§ 203 Abs. 2 StGB bei Beschäftigung in einem öffentlich-rechtlichen Kreditinstitut bzw. § 55b KWG bei Beschäftigung in einem privaten Kreditinstitut).

Anders gestaltet sich die Situation bei Schlussfolgerungen, die keinerlei geheim zu haltenden Inhalte vermitteln. Denn in diesem Fall kann es sich durchaus um eine geheimhaltungswürdige Information handeln, die auch – bei notwendiger Tätereigenschaft – durch § 203 StGB geschützt ist. Sie ist aber als eine andere Information geschützt als die anvertraute bzw. verschieden vom anvertrauten Informationsinhalt.

---

[358] Vgl. dazu mit Nachweisen eingehend oben Zweiter Teil D. V. 1.
[359] Vgl. *Tiedemann*, FS-Kohlmann, S. 315.

Tatbestandsmäßig ist die Offenbarung dabei nur deshalb, weil sie dem Täter *sonst bekanntgeworden* ist. Da aber § 55b KWG diese Variante der Kenntnisnahme der geheim zu haltenden Information nicht vorsieht, sondern nur bei einer Kenntnisnahme mittels eines Kommunikationsaktes eine tatbestandsmäßige Handlung erfüllt sein kann, ist in diesem Fall keine strafbare Offenbarung gegeben.

Aus all dem ergibt sich, dass § 55b KWG den Schutz von Innen auf außerhalb des Unternehmens Stehende hinsichtlich des einschlägigen Täterkreises über § 203 StGB hinaus erweitert, nicht aber hinsichtlich der Tathandlung des Offenbarens. Diese Tathandlung ist aber dahingehend eingeengt, dass sie nur bei einer auf Kommunikation begründeten Kenntnisnahme der Information strafbar ist, nicht aber bei einer autonomen Kenntniserlangung, wie es etwa das weite *sonstige Bekanntwerden* ermöglicht.

Wie auch sonst beim Geheimnisschutz von Innen üblich, aber entgegen § 17 Abs. 1 UWG, ist in § 55a KWG auch das Verwerten verboten. Dabei wird dieser Begriff in einem in anderen Strafvorschriften unüblichen Sinn verwendet. Denn nach h.M. ist hier die Ausnutzung zu anderen als bankinternen Zwecken der Kreditgewährung oder -verweigerung zu verstehen.[360] Dies wird damit begründet, dass es sinnlos wäre, diesen Begriff nur auf die Nutzung des dem Geheimnis innewohnenden wirtschaftlichen Wertes zum Zweck der Gewinnerzielung (und gleichzeitiger Nachteilzufügung) zu reduzieren, weil das Wissen über den Schuldenstand dazu nicht anwendbar ist. Dies ergibt sich aus der Natur der hier einschlägigen Unternehmensgeheimnisse als negative Geheimnisse im oben erläuterten Sinne, die dem sonst üblichen Verwertungsbegriff im Strafrecht nicht zugänglich sind.[361] Auch die Veräußerung der Information – die wohl angesichts der privilegierten Wissensposition gegenüber anderen, nicht eingeweihten Kreditinstituten als durchaus mögliche Alternative denkbar wäre – ist nicht als eine Verwertung zu betrachten, da sonst der qualifizierte Tatbestand des Offenbarens gegen Entgelt aus § 55b Abs. 2 KWG überflüssig

[360] *Hellmann/Beckemper*, § 5 Rn 515; *Janssen* in Park (Hrsg.), Kapitalmarktstrafrecht, § 55a Rn 5; HWSt-*Schröder*, X 3 Rn 112 ff.; *Tiedemann*, WStR BT, § 8 Rn 306; *ders.* FS-Kohlmann, S. 315, *ders.* ZBB 2005, 190 (191); a.A., nämlich auf die wirtschaftliche Nutzung des Informationsgehalts abstellend, *Lindemann* in Boos/Fischer/Schulte/Mattler (Hrsg.), KWG, § 55a Rn 5 f.

[361] Eingehend dazu oben Erster Teil E. V.

wäre. Daher bedarf es auch hier einer an der *ratio* der Vorschrift orientierten Auslegung des Tatbestandes. Der Zweck der Erteilung der Information im Rahmen des § 14 Abs. 2 KWG liegt eindeutig in ihrer Verwendung zu bankinternen Zwecken.[362] Strittig bleibt aber, ob ein weit verstandener – selbst mittelbarer – wirtschaftlicher Nutzen aus der Information entstehen oder beabsichtigt werden muss.[363] Verlässt man die übliche normative Deutung des Begriffes, ist zunächst im natürlichen Sprachgebrauch diese Verengung nicht zu erkennen, da dort der Begriff lediglich die Bedeutung hat, „den Nutzen aus etwas zu ziehen". Auf dieser allgemeinsprachlichen Ebene wäre selbst eine Äußerung, die auf der durch das Geheimnis erlangten Kenntnis basiert, als Verwertung des Geheimnisses zu verstehen.

Besteht jedoch die *ratio* des § 14 Abs. 2 KWG, wie einhellig angenommen wird, in der bankinternen Bewertung der Kreditfähigkeit des Kunden, dann erscheint eine Auslegung des Verwertens als jegliche anders ausgerichtete Nutzung des Geheimnisses diesbezüglich nur kongruent. Schlussfolgerungen aus einer Information zu ziehen, die für andere Zwecke, z.B. öffentlich, mitgeteilt worden ist, ist daher entgegen *Achenbach/Schröder*[364] nach § 55a KWG tatbestandsmäßig.

Die besonders strikte strafrechtliche Absicherung des Umgangs mit dem mitgeteilten Bankgeheimnis aus § 14 Abs. 2 ist auch dadurch gerechtfertigt, dass der Betroffene in keiner Weise den Informationsfluss – einerseits zur Bundesbank hin, andererseits vervielfacht zum Kreditinstitut zurück – veranlasst oder sonst beeinflussen kann.[365] Freilich wäre zu bevorzugen, wenn im Wege einer Gesetzesänderung der Wortlaut gemäß der *ratio* des strafrechtlichen Schutzes, die in einem weitreichenden Handlungsverbot besteht, auch durch einen für diese Zwecke üblicheren Begriff, etwa des *Verwendens*, ersetzt würde.

Daraus folgt, dass Unternehmensgeheimnisse in Gestalt von Bankgeheimnissen nicht nur einen im UWG bei befugt erlangter Information nicht vorgesehenen Schutz

---

[362] Vgl. etwa HWSt-*Schröder*, X 3 Rn 112 ff.

[363] Für diese Anwendung *Achenbach/Schröder*, ZBB 2005, 135 (139); dagegen *Tiedemann*, WStR BT, § 8 Rn 306; *ders.*, FS-Kohlmann, S. 315; *ders.* ZBB 2005, 190 (191).

[364] Vgl. *Achenbach/Schröder*, ZBB 2005, 135 (140).

[365] Nur bei voraussichtlichen Kreditnehmern bedarf es nach § 14 Abs. 2 Satz 5 KWG einer Einwilligung für die Mitteilung durch das Kreditinstitut an die Bundesbank.

vor Verwertung im üblichen Sinne erhalten, sondern wegen der weiten Auslegung auch vor weitreichenderen Handlungen als in anderen Tatbeständen schützen.

5. Geheimnisschutz durch das Wertpapierhandelgesetz gemäß § 38 WpHG

5.1. Allgemeines

Der Versuch einer auch nur knappen Darstellung des strafrechtlichen Geheimnisschutzes ist ohne eine „Reise durch das WpHG"[366] nicht möglich. Das liegt daran, dass die Strafvorschriften als unechte Blankette strukturiert sind,[367] die ein Zusammenlesen nicht nur der Verhaltensnormen (§ 14) und der strafrechtlichen Sanktionsnorm (§ 38) bedürfen. In einem weiteren Schritt muss seit der Novellierung durch das AnSVG[368] auch die Bußgeldsanktionsnorm (§ 39) miteinbezogen werden, da nun die Straftatbestände aus § 38 Abs. 1 Nr. 2 WpHG zum Teil auf sie Bezug nehmen. Ferner ist es notwendig, die durch das AnSVG modifizierten Legaldefinitionen der Insiderpapiere aus § 12 und der Insiderinformationen aus § 13 teilweise neu auszulegen.

Die Tatbestände beschreiben nur teilweise einen Informationsfluss, da neben dem *Mitteilen* oder *Zugänglichmachen* als Kerntatbestand auch das Erwerben oder Veräußern von Insiderpapieren unter *Verwendung* einer Insiderinformation vorgesehen ist. Selbst das *Empfehlen* oder *sonstige Verleiten* setzen als Kommunikationstatbestände keine Weitergabe der nicht öffentlichen Insiderinformation voraus. Bei den Informationsflusstatbeständen liegt daher auch eine Verwandtschaft zum Geheimnisverrat nahe, bei den restlichen Tathandlungen eher zur Geheimnisverwertung. Außerdem ist zu beachten, dass die Insiderinformation zum Teil nicht das unmittel-

---

[366] So HWSt-*Schröder*, X 2 Rn 92.

[367] *Cramer/Vogel* in Assmann/Schneider (Hrsg.), WpHG, § 38 Rn 7, weisen zu Recht auf die Ungenauigkeit der üblichen Bezeichnung als Blanketttatbestände hin, da die Inbezugnahme von Vorschriften in ein und demselben Gesetz, das von ein und demselben Gesetzgeber erlassen worden ist, weder einen Normgeber- noch einen Normebenensprung beinhaltet.

[368] Das Anlegerschutzverbesserungsgesetz, BGBl. I 2004, S. 2630, setzt die Richtlinie 2003/6/EG des Europäischen Parlaments und des Rates vom 28.1.2003 um (so genannte Marktmissbrauchrichtlinie, ABlEG v. 12.4.2003 Nr. L 96, S. 16 ff.).

bare Handlungsobjekt der Tatbestände darstellt. So bestraft Abs. 1 Nr. 1 den Erwerb oder die Veräußerung von *Insiderpapieren* unter Verwendung einer Insiderinformation.[369] Abs. 1 Nr. 2 stellt zwar durchgehend Kommunikationstatbestände dar, bezieht die Handlung jedoch nur teilweise direkt auf die Insiderinformation: Der Verweis auf die Tathandlung aus § 39 Abs. 2 Nr. 3 WpHG verbietet etwa direkt die Mitteilung oder das Zugänglichmachen einer *Insiderinformation*, der Verweis auf die Tathandlung aus § 39 Abs. 2 Nr. 4 hingegen die Empfehlung oder die sonstige Verleitung zum Erwerb oder Veräußerung von Insiderpapieren *auf Grundlage* einer Insiderinformation.[370] Sowohl das *Handeln auf Grundlage* als auch *unter Verwendung* einer Insiderinformation verlangen jedoch, dass die Information zumindest in dem Sinne mitursächlich für die Begehung der Straftat ist, dass der Täter die Information in sein Handeln miteinfließen lässt.[371] Folglich kann auch bei diesen Tatbestandsvarianten ein indirekter Geheimnisschutz in Form eines Nutzungsverbotes der geheimen Information zu Stande kommen, der dem oben erwähnten Verwertungsverbot nahekommt.

Seit der erwähnten Novellierung wird ferner nicht mehr in der Verhaltensnorm, sondern erst im Bereich der Sanktionsnormen zwischen Primär- und Sekundärinsidern unterschieden, so dass nun der Insiderhandel beide Tätergruppen erfasst. Strafbar ist dadurch das Verbot der Mitteilung und des Zugänglichmachens sowie das Verbot der Empfehlung oder des sonstigen Verleitens zum Insiderhandel nur hinsichtlich eines damit erweiterten Kreises von Primärinsidern. Bezüglich des Sekundärinsiders stellt dies eine Ordnungswidrigkeit dar.

Aus Sicht des Geheimnis- bzw. des Informationsschutzes ist man zunächst geneigt, § 39 WpHG dem Schema des Schutzes von Innen zuzuordnen, weil das Gesetz nicht die Kenntniserlangung bestraft, sondern diese beim Insider voraussetzt. Daraus fol-

[369] Die gesetzliche Definition der Insiderpapiere aus § 12 WpHG hat ebenfalls eine Erweiterung durch das AnSVG erfahren, die sich nun allgemeiner auf Finanzinstrumente bezieht. Vgl. dazu *Ziouvas*, S. 229 f.

[370] Zum Vergleich dieser Handlungsformen mit denjenigen des Geheimnisschutzes im Folgenden im Text.

[371] Z.B reicht die reine Erfüllung einer Verbindlichkeit, welche in gleicher Weise auch ohne Kenntnis der Insiderinformation erfolgt wäre, für die Verwirklichung des Tatbestands nicht aus. Vgl. nur *Nack* in Müller-Gugenberger/Bieneck (Hrsg.), WStR, § 69 Rn 17.

gend müsste eine Inkongruenz zum allgemeinen Geheimnisschutz erkannt werden, da § 39 WpHG als Jedermannsdelikt (Primär-, aber auch Sekundärinsider) vorgesehen ist. Die Schutzmodalität von Innen setzt aber zusätzlich eine befugte Kenntnisnahme von dem Geheimnis durch den Täter voraus, was in § 39 WpHG nicht stets der Fall ist, wie schon die neu eingeführte Form des Primärinsiders kraft Vorbereitung oder Begehung einer Straftat aus § 38 Abs. 1 Nr. d WpHG zeigt. In diesen Fällen und solchen der unbefugten Informationserlangung seitens des Sekundärinsiders bestraft das WpHG aus Sicht des Geheimnisschutzes Folgetaten zu Angriffen von Außen, zur Harmonisierung mit der üblichen Geheimnisschutzstruktur wäre daher nur teilweise ein Sonderdeliktscharakter notwendig.

Hinsichtlich der Rechtsgutsbestimmung besteht Einigkeit darüber, dass § 38 WpHG lediglich ein kollektives Rechtsgut schützt, nämlich die Funktionsfähigkeit der organisierten Kapitalmärkte[372] oder spezifischer des Wertpapiermarktes.[373]

5.2. Der über das UWG hinausreichende Schutz unternehmensbezogener Geheimnisse

Unter dem Vorbehalt, dass die Insiderinformation nur zum Teil das eigentliche Handlungsobjekt der Tatbestandsalternativen aus § 38 WpHG darstellt, aber dennoch immer, wie bereits beschrieben wurde, in die Handlung des Täters miteinfließen muss, ergibt sich aus § 38 WpHG eine im Folgenden dargestellte Erweiterung bei dem Schutz unternehmensbezogener Geheimnisse.

Seit der Novellierung des WpHG ist in diesem Gesetz von der Insiderinformation die Rede, ein Begriff, der wesentlich weiter reicht als die Auslegung der bisher im Gesetz verwendeten Insidertatsache.[374] Zwar muss sich die Handlung immer noch auf Umstände beziehen, die nicht öffentlich bekannt sind und die sich wiederum auf

---

[372] *Cramer/Vogel* in Assmann/Schneider (Hrsg.), WpHG, § 38 Rn 1; *Otto*, Madrid-Symposium, S. 354; HWSt-*Schröder*, IX 2 Rn 91; ferner *Hild*, S. 153, der dieses Rechtsgut jedoch als „ungenau" und „schwammig" bezeichnet; a.A., *Hellmann/Beckemper*, § 1 Rn 28, die das Vermögen der Anleger als Rechtsgut betrachten.

[373] *Hilgendorf* in Park (Hrsg.), Kapitalmarktstrafrecht, § 38 etc. Rn 4 m.w.N.; *Tiedemann*, WStR BT, § 9 Rn 356, sieht zusätzlich die Chancengleichheit im Zugang zu kursrelevanten Informationen geschützt.

[374] Vgl. *Diekmann*, NZG 2004, 929 (931). A.A. wohl *Kuthe*, ZIP 2004, 883 (884), der nur von einer formalen Umbenennung spricht.

einen oder mehrere Emittenten von Insiderpapieren oder auf die Insiderpapiere selbst beziehen, und sie muss geeignet sein, im Falle ihres öffentlichen Bekanntwerdens den Börsen- oder Marktpreis der Insiderpapiere erheblich zu beeinflussen. In Umsetzung des Art. 1 Abs. 1 der Marktmissbrauchsrichtlinie sollen aber nun durch die Verwendung des Begriffs der Information statt Tatsachen auch nicht dem Beweis zugängliche Geschehnisse oder Zustände der Vergangenheit oder Gegenwart,[375] sondern auch überprüfbare Werturteile und Prognosen erfasst werden.[376] Denn nach der neuen Legaldefinition muss die Insiderinformation eine konkrete Information über (nicht öffentlich) bekannte Umstände darstellen, auch wenn diese noch nicht gegeben sind, sondern es ausreicht, dass mit hinreichender Wahrscheinlichkeit davon ausgegangen werden kann, dass sie in Zukunft eintreten werden.[377] Insofern entspricht der Informationsbegriff dem oben erläuterten, auf Geheimnisse anwendbaren allgemeinen Informationsbegriff.[378]

Wie aber schon die Insidertatsache muss auch die Insiderinformation selbst kein Geheimnis darstellen. Sie darf nach § 13 WpHG lediglich nicht öffentlich bekannt sein.[379] Daraus ergibt sich die erste erhebliche Erweiterung hinsichtlich des Unternehmensgeheimnisschutzes. Es bedarf im WpHG insbesondere keines Geheimhaltungswillens seitens des Betroffenen.

Bei dem Adressaten des Geheimnisschutzes kann es sich um irgendein Unternehmen handeln. Dies rührt daher, dass die Insiderinformation auf Umstände, die sich direkt auf Insiderpapiere beziehen, gerichtet sein kann und somit ein beliebiger Unternehmer sie produzieren kann, wie es auch schon das Regelbeispiel aus § 13 Abs. 1 Nr. 1 über Umstände zeigt, die sich auf Aufträge von anderen Personen über den Kauf oder Verkauf von Finanzinstrumenten beziehen. Ferner kann die Insiderinformation

---

[375] Vgl. nur *Nack*, in Müller-Gugenberger/Bieneck (Hrsg.), WStR, § 69 Rn 5,

[376] Vgl. dazu eingehend *Hilgendorf* in Park (Hrsg.), Kapitalmarktstrafrecht, §§ 38 etc. Rn 58, zwar noch zur früheren Gesetzeslage, aber mit zutreffenden Überlegungen zur richtlinienkonformen Auslegung anhand des Informationsbegriffes.

[377] Zu den Regelbeispielen und Fällen, die keine Insiderinformation darstellen, siehe § 13 Abs. 1 Satz 4 Nr. 1 und 2 bzw. Abs. 2 WpHG.

[378] Näher dazu oben Erster Teil A. II. 1.1.

[379] Vgl. *Assmann* in Assmann/Schneider (Hrsg.), WpHG, § 13 Rn 39; *Hilgendorf*, in Park (Hrsg.), Kapitalmarktstrafrecht, §§ 38 etc. Rn 85; *Nack* in Müller-Gugenberger/Bieneck (Hrsg.), WStR, § 69 Rn 10; *Schäfer* in Schäfer, WpHG, § 13 Rn 44.

auch auf den Emittenten des Insiderpapiers gerichtet sein. In diesem Fall werden nicht nur das die Emission durchführende Unternehmen, sondern auch über dieses Unternehmen berichtende Unternehmen – etwa aus der Sparte der Wirtschaftsanalyse – geschützt.

Zudem muss die Information, auch wenn sie ein Geheimnis darstellt, geeignet sein, im Falle ihres öffentlichen Bekanntwerdens den Börsen- oder Marktpreis der Insiderpapiere erheblich zu beeinflussen. Nach § 13 Satz 1 ist dies dann der Fall, wenn ein verständiger Anleger die Information bei seiner Anlageentscheidung berücksichtigen würde. Diese neue Gesetzesformulierung hatte jedoch schon in der etwas abweichenden Fassung der Durchführungsrichtlinie 2003/124/EG Anlass zu erheblicher Kritik gegeben.[380]

Im diesem Kontext ist aber festzuhalten, dass diese erforderliche Schwelle sowohl hinsichtlich des Emittenten als auch des Inhabers der Papiere oder gar des am Erwerb Interessierten eine enge Verbindung mit dem Interesse an der Wahrung ihrer Wettbewerbssituation aufweisen kann. Da sich der daraus resultierende Geheimnisschutz aus § 38 WpHG auch auf Unternehmen erstreckt, die weder Emittenten noch am Handel von Insiderpapiere interessiert sind, gewährt die Strafnorm gleichsam Schutz für Geheimnisse, an denen der Geheimhaltende ein anderes oder niedrigeres objektives Interesse als das beim Unternehmensgeheimnisbegriff einschlägige hat. So etwa, wenn ein in der Finanzanalyse tätiges Unternehmen eine Information produziert, z. B. eine Unternehmensbewertung,[381] die es aus politischen Gründen zurückhält oder aus rein innerbetrieblichen Gründen – wie der Überprüfung – (noch) nicht bekannt geben möchte. Dies zeigt nochmals, dass der Informationsschutz des WpHG sich nicht unmittelbar auf den Geheimnisschutz bezieht, denn es bedarf nicht nur keines Geheimhaltungswillens und somit keines Geheimhaltenden, sondern es muss auch nicht im Falle der Geheimhaltung der Information die dadurch bezweckte mit der durch die Strafnorm bezweckten Interessenwahrung in Verbindung stehen.

---

[380] Vgl. eingehend HWSt-*Schröder*, X 2 Rn 138 ff.; zur neuen Gesetzeslage und mit Bedenken hinsichtlich den strafrechtlichen Bestimmtheitsanforderungen *Bürgers*, BKR 2004, 424 (425); *Holzborn/Israel*, WM 2004, 1948 (1951), weniger skeptisch dagegen *Nack* in Müller-Gugenberger/Bieneck (Hrsg.), WStR, § 69 Rn 14.

[381] Dazu *Hilgendorf* in Park (Hrsg.), Kapitalmarktstrafrecht, §§ 38 etc Rn 83.

Zusammenfassend kann festgehalten werden, dass § 38 WpHG Geheimnisse erfassen kann, die keine Unternehmensgeheimnisse darstellen, weil sie keinen Bezug zur Wettbewerbsfähigkeit des Geheimhaltenden haben, sondern aus anderen Gründen geheim gehalten werden. In diesem Bereich handelt es sich daher um Tatbestände, die den Schutz unternehmensbezogener Geheimnisse ausweiten.

5.3. Der Schutz von Unternehmensgeheimnissen im WpHG

a) Täterkreis

Die Tatbestandsalternative des Erwerbs oder der Veräußerung von Insiderpapapieren unter Verwendung der Insiderinformation (§ 38 Abs. 1 Nr. 1 WpHG) beschreibt ein Jedermannsdelikt, weil sie nicht auf den sogenannten Primärinsider begrenzt ist, sondern sich auf jeden erstreckt, der auf irgendeinem Weg die Insiderinformation erlangt hat (sog. Sekundärinsider).[382] Es wurde bereits dargelegt, dass dieser Aufbau nicht unbedingt von der üblichen Täterstruktur des Geheimnisschutzes abweicht, weil selbst der Primärinsider nicht immer auf der Basis einer einwandfreien Informationserlangung agiert und dies beim Sekundärinsider insgesamt nicht vorausgesetzt wird und daher in solchen Fällen unbefugter Informationserlangung eher ein Schutz von Außen zu erkennen ist. Nicht zu leugnen ist jedenfalls, dass das WpHG bei befugt erlangter Information das strafrechtliche Verwertungs(ähnliche)verbot nicht auf Sondertäter reduziert.

Dagegen stimmt die Tatbestandsalternative des Mitteilen oder Zugänglichmachen als Sonderdelikt, das nur durch die status-, beteiligungs-, tätigkeits- und straftatbezogenen Adressaten aus § 38 Abs. 2 Buchstabe a-d begangen werden kann, mit der üblichen Typifizierungsform des Geheimnisschutzes strukturell überein.[383] Die konkrete Gestaltung der Tatbestandsalternative aus dem WpHG stimmt freilich nicht mit der des Geheimnisschutzes aus dem UWG oder dem Gesellschaftsrecht überein.

---

[382] Vgl. etwa die Begr. des Regierungsentwurfes, BT-Drs. 15/3174, S. 40.

[383] Es ist jedoch darauf hinzuweisen, dass diese Tatbestandsalternative in Form einer Ordnungswidrigkeit (§ 39 Abs. 2 Nr. 2 und 3 WpHG) – sogar bei leichtfertiger Durchführung – auch Sekundärinsider erfasst.

Denn der beteiligungsbezogene Adressat ist in Form eines Gesellschafters oder am Kapital des Emittenten Beteiligten sonst nicht strafbar. Gleiches gilt für den tätigkeitsbezogenen Adressaten in Form einer unternehmensexternen Person, die nicht von den Geheimnisschutzvorschriften des Gesellschaftsrechts erfasst ist. Dabei ist zu beachten, dass dieser Sondertäter die Information „bestimmungsgemäß" erhalten haben muss, so dass rein zufällige oder private Mitteilungen aus dem Täterkreis ausscheiden. Der straftatbezogene Adressat ist dagegen durch § 17 Abs. 2 Nr. 2 erfasst, da dort jede unbefugte Erlangung des Geheimnisses ausreicht. Er kann aber auch in der Tatbestandsalternative des WpHG für weitere Handlungen, nämlich dem Zugänglichmachen, dem Empfehlen oder dem Verleiten strafrechtlich geahndet werden.

b) Tathandlung

Die tatbestandsmäßige Handlung aus § 38 Abs. 1 Nr. 1 WpHG stellt nur unter dem Aspekt des Verbots der Geheimnis*verwertung* einen – erweiterten – Geheimnisschutz dar. Die Handlungsalternative des Veräußerns hat keine Beziehung zu dem im Geheimnisschutz typischen Verbot der *Mitteilung gegen Entgelt* (vgl. etwa § 204 StGB), da sie sich auf das Insiderpapier und nicht direkt auf die Insiderinformation bezieht.[384] Diese Handlungsalternative hat daher im Falle eines Unternehmensgeheimnisses (bzw. eines unternehmensbezogenen Geheimnisses im eben erläuterten Sinne) keine Beziehung zum Verbot des Geheimnisverrats. Die Handlungsform der Verwendung, die mit der Verwertung verwandt ist, stellt eine den strafrechtlichen Geheimnisschutz erweiternde Handlung dar. Denn schon die Handlungsform des Ausnutzens, die im neuen Gesetzestext von der Verwendung abgelöst wurde, setzte nur voraus, dass aus ihr ein Vermögensvorteil gewonnen wird. Wie aber bereits oben ausführlich dargelegt wurde, entspricht diese Konsequenz keiner gegenteiligen Entreicherung wie es der Verwertungsbegriff üblicherweise verlangt,[385] so dass mehr Transaktionskonstellationen möglich sind. Diese Gewinnabsicht ist nun aber

[384] Zur näheren Auslegung der Veräußerungs- und Erwerbshandlung vgl. zusammenfassend *Hilgendorf* in Park (Hrsg.), Kapitalmarktstrafrecht, §§ 38 etc. Rn 106 ff.
[385] Zum Ganzen oben Erster Teil E. V.

durch die *Verwendung* der Insiderinformation ebensowenig notwendig, so dass es auch eine strafbare Handlung darstellt, wenn nur andere Motive vorliegen.[386] Dadurch wird ein weiterer Geheimnisbereich erfasst, nämlich der der defensiven, negativen oder neutralen Geheimnisse bzw. derer ohne Immaterialgutcharakter.

Die tatbestandsmäßige Handlung des *Mitteilens* aus § 38 Abs. 1 Nr. 2 WpHG lässt weiterhin eine Parallele zum Geheimnisschutz erkennen. Sie ist im Falle eines Unternehmensgeheimnisses (oder eines unternehmensbezogenen Geheimnisses) mit dem Offenbaren aus den ausdrücklichen Unternehmensgeheimnistatbeständen (§§ 17 UWG, 203 StGB, 85 GmbHG oder 404 AktG) identisch. Diese Handlung wird im Schrifttum zum WpHG hinsichtlich des Insiderhandels richtigerweise als ein Vorfeldtatbestand verstanden,[387] stellt aber hinsichtlich des Geheimnisschutzes eine Verletzungshandlung dar. Die Handlungsalternative des *Zugänglichmachens* stellt demgegenüber sowohl hinsichtlich des *Insidertradings* als auch der oben erwähnten Tatbestände zum ausdrücklichen Geheimnisschutz eine Vorverlagerung der Strafbarkeit dar. Sie stimmt lediglich mit der Handlungsform des § 201 StGB überein, die aber nicht auf Geheimnisschutz abgestellt ist, sondern diesem nur als Begleiteffekt dient.[388]

Schließlich sind durch § 38 Abs. 1 Nr. 2 die Handlungen des Empfehlens (sog. *Tipping*) und – seit dem AnSVG darüber hinaus – des sonstigen Verleitens auf der Grundlage einer Insiderinformation erfasst. Das *Tipping* stellt zwar eine vorverlagerte Handlungsform hinsichtlich des verbotenen Insiderhandels dar, weil es nicht erfordert, dass der Adressat wie empfohlen erwirbt oder veräußert. Dieser Vorfeldschutz zum verbotenen Insiderhandel wirkt sich aber nicht gleichsam vorverlagernd hinsichtlich des Geheimnisschutzes in Form eines Verwertungsverbotes aus.[389]

---

[386] Vgl. die Begr. des Regierungsentwurfes, BT-Drs. 15/3174, S. 34; *Diekmann/Sustmann*, NZG 2004, 929 (931); *Holzborn/Israel*, WM 2004, 1948 (1951); *Kuhn*, ZIP 2004, 883 (884); *Nack* in Müller-Gugenberger/Bieneck (Hrsg.), § 69 Rn 17. Kritisch gegenüber der neuen Gesetzesfassung *Ziouvas*, S. 239 f.

[387] Vgl. nur *Cramer/Vogel* in Assmann/Schneider (Hrsg.), WpHG, § 38 Rn 6.

[388] Näheres dazu unten Zweiter Teil D, V, 1.

[389] Im Schrifttum zum WpHG, vgl. nur *Assmann/Cramer* in Assmann/Schneider (Hrsg.), WpHG, § 14 Rn 69, wird diese Figur auch als eine zur Lückenschließung hinsichtlich des Mitteilungsverbot verstanden, da dieses vorgelagerte Verbot eines Insiderhandels durch eine Empfehlung ohne Mitteilung der Information umgangen werden kann. Diese beim allgemeinen Insiderhandelsverbot zutref-

Denn im Vergleich zur direkten Veräußerung oder dem Erwerb für einen anderen unter Verwendung der Insiderinformation (verbotener Insiderhandel) kann die Empfehlung auf Grundlage der Insiderinformation (verbotenes Tipping) zum einen ein Geheimnisverwertungsverbot darstellen, wenn die Handlung geeignet ist, einen Vermögensnachteil beim Geheimhaltenden zu verursachen, oder sich zum anderen gleichermaßen von einer Verwertung distanzieren, soweit keine der beiden Handlungsformen schon eine Nutzung der Insiderinformation mit Gewinnerzielungsabsicht voraussetzt. In der neuen Gesetzesfassung ist unter der *Verwendung der Insiderinformation* (beim Insiderhandel) und der Handlung auf *Grundlage der Insiderinformation* (beim Tipping) kein Unterschied mehr zu erkennen, da beide nur mitursächlich für den Insiderhandel sein müssen, indem der Täter die Information bei beiden Alternativen in sein Handeln miteinfließen lassen muss.

Hinsichtlich der neu eingeführten Variante *auf sonstige Weise zum Erwerb oder der Veräußerung zu verleiten*, ist eine erhebliche Erweiterung der tatbestandsmäßigen Handlungen zu konstatieren, da jede Form der Willensbeeinflussung durch alle möglichen Mittel ausreicht.[390] Diese Erweiterung erfüllt entgegen *Diekmann/ Sustmann*[391] nicht die strafrechtlich übliche Funktion eines besonders geregelten Falles der mittelbaren Täterschaft. Denn die gesonderte Aufnahme dieser Handlungsform ist im Strafgesetzbuch dann vorgesehen, wenn ohne sie die Veranlassung zu einer Straftat aus irgendeinem Grund nicht die Bestrafung des Veranlassenden als mittelbaren Täter ermöglichte und dadurch eine Strafbarkeitslücke entstünde. So, wenn in § 160 StGB das Verleiten zu den eigenhändigen Delikten der Falschaussage gesondert unter Strafe gestellt wird oder in § 357 StGB der bloße Urheber zu einer Straftat seines Untergebenen, der sonst wegen fehlender Täterqualifikation ausscheiden würde, bestraft wird. Da dies aber in § 38 Abs. 1 Nr. 2 WpHG nicht der Fall ist, weil der Verleitende bereits die Eigenschaften eines Sondertäters (Primärinsider) erfüllen muss, wohingegen der zum Erwerb oder zur Veräußerung Verleitete

---

fende Deutung ist aber aus Perspektive des Geheimnisschutzes nicht einschlägig, da es gerade nicht zu einem Informationsfluss kommt.

390 Vgl. die Begr. des Regierungsentwurfes, BT-Drs. 15/3174, S. 34

391 Vgl. *Diekmann/Sustmann*, NZG 2004, 929 (932).

keine Straftat zu begehen braucht, bedarf es keiner lückenfüllenden besonderen Regelung der mittelbaren Täterschaft. Hier wird durch diese neue Handlungsform der der Anstiftung vorgelagerte Bereich des Empfehlens lediglich um weitere Alternativen erweitert.

Die in § 38 Abs. 1 Nr. 2 WpHG erwähnte Voraussetzung der *Verwendung* der Insiderinformation lässt sich nicht wie in Nr. 1 dieses Absatzes mit der Verwertungshandlung des Geheimnisverbots in Verbindung setzen, weil sie nur der Beschreibung des tauglichen Täterkreises (Sonderdelikt) dient.[392]

c) Sonstige Erweiterungen

In Umsetzung der Marktmissbrauchsrichtlinie[393] wird nun gemäß § 38 Abs. 3 WpHG auch die Realisierung der Tatbestände im Versuchsstadium bestraft, die Strafbarkeit aller nicht durch den ausdrücklichen Unternehmensgeheimnisschutz erfassten Handlungen auch in dieser Hinsicht erweitert. Weiterhin in Umsetzung der Marktmissbrauchsrichtlinie[394] werden im subjektiven Bereich leichtfertig durchgeführte Handlungen im Falle des Insiderhandels wie die vorsätzlich begangene Handlung als Straftat – jedoch mit niedrigerem Strafrahmen – und im Falle der restlichen Handlungsformen als Ordnungswidrigkeit bestraft. Diese dem Unternehmensgeheimnisschutz fremde Begehungsform erweitert im Vergleich zum UWG ebenfalls die Strafbarkeit.

d) Zusammenfassung

Hat ein Unternehmen Insiderinformationen geheimgehalten, erfährt dieses Geheimnis durch das WpHG eine beachtliche Schutzerweiterung im Vergleich zum UWG. Dies nicht nur wegen den weiteren Handlungsformen, insbesondere des Tippings und sonstigen Verleitens und des Verwendens, bis hin zu leichtfertigen Handlungen, sondern auch hinsichtlich der Geheimnisformen, die hier nicht durch eine Verwertungshandlung auf offensive Geheimnisse reduziert sind. Auch im Täterbereich wird

---

[392] Vgl. die Begr. des Regierungsentwurfes, BT-Drs. 15/3174, S. 40.
[393] Siehe dort den Art. 2 Abs. 1 Satz 1 und Art. 14.
[394] Siehe dort Art. 4 i.V.m. Art 2 und 3.

ein Schutz vor Handlungen am Unternehmen Beteiligter statuiert, der über das UWG – und auch das Gesellschaftsstrafrecht – hinausreicht.

IV. Der Privatgeheimnisschutz i.w.S. von Außen

1. Briefgeheimnisschutz nach § 202 StGB

1.1. Allgemeines

Die Tatbestände zum so genannten Briefgeheimnisschutz gehören zu denjenigen, die einen Schutz von Außen gewähren. Daher konzipieren sie zwar den Geheimnisschutz im Täterbereich im Einklang mit anderen Geheimnisschutzbestimmungen gleicher Art zwar in Form von Jedermannsdelikten weitreichend, sie schränken diesen jedoch dann im Opferbereich wieder durch gewisse vertypte Selbstschutzmaßnahmen des Opfers ein. Diese viktimodogmatische Tatbestandsstruktur ist hingegen im UWG nicht wiederzuerkennen, denn in § 17 Abs. 2 Nr. 1 UWG wird keine Selbstschutzmaßnahme verlangt, sondern es werden alle – auch völlig ungesicherte – Geheimnisse geschützt. Daran ändert auch der Umstand nichts, dass im UWG ein gewisser technischer *Modus Operandi* verlangt wird, da diese Voraussetzung nur aus Gründen der Rechtssicherheit vorgesehen wurde, um nämlich dem Angestellten (der zudem keineswegs der einzige Normadressat ist) die Unterscheidung zwischen neutralem und unrechtmäßigen Verhalten zu erleichtern.[395]

In § 202 StGB ist die Paragraphenüberschrift hinsichtlich des Handlungsobjektes zu kurz geraten. Denn es muss sich weder um ein Schriftstück handeln – Abbildungen sind ebenfalls Handlungsobjekte – und wenn es ein solches ist, muss es auch keinen Kommunikationszweck verfolgen.[396] Klärungsbedürftig ist die allgemeine Aussage, dass das Handlungsobjekt des § 202 StGB kein Geheimnis im engeren oder materiellen Sinne darstellen müsse.[397] Es ist zwar richtig, dass am Geheimnis – entgegen

[395] Vgl. BT-Drs. 10/5058, S. 40.
[396] Vgl. statt aller LK-*Schünemann*, § 202 Rn 2.
[397] Vgl. MüKo-*Graf*, § 202, Rn 10; SK-*Hoyer*, § 202 Rn 4; *Kindhäuser*, BT I, § 29 Rn 3; M/S/*Maiwald*, BT I, § 29 Rn 5; LK-*Schünemann*, § 202 Rn 2.

§ 203 StGB – kein objektives Geheimhaltungsinteresse bestehen muss,[398] jedoch ist oben bei § 203 StGB dargestellt worden, dass der Inhalt der geheim gehaltenen Information nicht für die Bezeichnung als Geheimnis ausschlaggebend ist, da sogar das Verbergen öffentlich bekannter Informationen ein Geheimnis darstellen kann, sofern nicht bekannt ist, dass sie geheim gehalten werden. Daher stellt das Wegschließen eines Zeitungsausschnittes mit Geheimhaltungsabsicht ein ganz „normales" Geheimnis dar und genießt als solches Schutz aus § 202 StGB. Aus diesem Grund ist es auch ungenau, wenn etwa *Haft* oder *Küpper* undifferenziert meinen, das Handlungsobjekt müsse kein Geheimnis darstellen.[399] Die tatbestandsmäßige Handlung muss immer auf unbefugte Kenntniserlangung gerichtet sein und nicht nur auf unbefugte Öffnung eines Verschlusses. Wenn z. B. eine Sekretärin eine vertrauliche Besprechung eines Unternehmensorgans niederschreibt und nach dessen Anweisung anschließend in einem abgeschlossenen Schrank oder Umschlag vor fremden Zugang aufbewahren soll, handelt sie nicht tatbestandsmäßig, wenn sie das Schriftstück – unter Öffnung des Schrankes oder des Verschlusses – nochmals liest,[400] weil sie nicht zu dem Kreis von Personen gehört, der keine Kenntnis vom Schriftstück erlangen soll.

Richtig ist es daher auch, wenn die h.M. das Rechtsgut in der (informationellen) Dispositionsbefugnis über die Kenntnis des Inhalts eines Schriftstückes oder einer Abbildung sieht.[401] Insofern bezieht sich diese Dispositionsbefugnis auch nicht auf den notwendigen Verschluss, dieser ist nur konkludenter Ausdruck des Geheimhaltungswillens.

Dient der Verschluss anderen Zwecken als der Geheimhaltung, etwa dem Transport (Verpackung), dann kann zwar das Handlungsobjekt durch die Tat tangiert worden sein; der Tatbestand aus § 202 StGB ist aber nicht erfüllt, weil keine Rechtsgutgefährdung bzw. -verletzung zu Stande kommen kann.

---

[398] So auch ausdrücklich *Arzt/Weber*, BT, § 8 Rn 27, SK-*Hoyer*, § 202 Rn 4.

[399] Vgl. *Haft*, BT, 74; *Küpper*, BT I; § 5 Rn 29.

[400] Anders jedoch *Küpper*, BT I, § 5 Rn 29: „Hier kommt es entscheidend darauf an, daß er (scil. der Täter) nach dem Willen des Verfügungsberechtigten (…) nicht mehr Einsicht nehmen soll."

[401] Vgl. MüKo-*Graf*, § 202 Rn 2; SK-*Hoyer*, § 202 Rn 2; *Joecks*, StGB, § 202 Rn 1; NK-*Kargl*, § 202 Rn 2; L/*Kühl*, § 202 Rn 1; S/S-*Lenckner*, § 202 Rn 2; LK-*Schünemann*, § 202 Rn 2.

1.2. Der über das UWG hinausreichende Schutz unternehmensbezogener Geheimnisse

Da § 202 StGB hinsichtlich des Handlungsobjektes kein objektives Geheimhaltungsinteresse verlangt, sondern nur einen durch einen Verschluss signalisierten Geheimhaltungswillen, werden sämtliche unternehmensbezogenen Informationen unabhängig von ihrem Wettbewerbsbezug geschützt. Dieser enormen Ausweitung des strafrechtlichen Schutzes könnte höchstens durch die verengende Auslegung eines Teils des Schrifttums entgegengewirkt werden. Dieser fordert nämlich einen Persönlichkeitsbezug.[402] Das wird aber nirgendwo im Tatbestand verlangt, viel mehr reicht, unter Berücksichtigung des oben erläuterten Rechtsguts, die durch den Geheimhaltungswille getätigte – und insofern als ein Ausdruck der Persönlichkeit zu verstehende – Dispositionsbefugnis über jegliche Informationen aus.[403]

Enger gefasst ist § 202 StGB wegen der notwendigen Materialisierung des Geheimnisses dagegen im Handlungsobjektbereich. Ferner ist er aber auch deswegen enger gefasst, weil es sich um eine funktionale – zur Geheimhaltung vorgenommene – und insofern um eine im Sinne einer Selbstschutzmaßnahme zu verstehende Abschirmung handeln muss (Verschluss und besondere Sicherung gegen Kenntnisnahme durch ein verschlossenes Behältnis).[404] Hier entfällt daher auch die Diskussion um den fiktiven Geheimhaltungswillen aus dem UWG völlig. Entsprechende Vorkehrungen zum Schutz vor Spionage werden im UWG nicht verlangt, denn die auf technische – wenn auch minimale – Anstrengungen konzipierten Verschaffungshandlungen in diesem Kontext (siehe § 17 Abs. 1 a bis c) haben keine Relation zu dem Handlungsobjekt und erfüllen auch den Tatbestand, wenn sie sich auf ungeschützte materialisierte oder nicht materialisierte Geheimnisse beziehen.

---

402 Vgl. *Blei*, JA 1974, 601, 605 f., *ders.* BT I, § 32 I 2; *Küpper*, BT I, § 5 Rn 29; L/*Kühl*, § 202 Rn 2; Wessels/*Hettinger*, BT I, Rn 548; S/S-*Lenckner*, § 202 Rn 4 f.; M/S-*Maiwald*, BT I, § 29 Rn 15.

403 So auch *Gössel*/Dölling, BT I, § 37 Rn 82; MüKo-*Graf*, § 202 Rn 9; SK-*Hoyer*, § 202 Rn 8; *Kindhäuser*, BT I, § 29 Rn 3; zögernd LK-*Schünemann*, § 202 Rn 10; missverständlich *Haft*, BT, S. 74, wenn er einen Bezug zur Person verlangt und dies als ein Argument darstellt, welches sich aus dem Rechtsgut *Privatsphäre* herleiten lässt.

404 § 18 UWG verlangt auch eine Materialisierung, die aber zum einen keinen Verschluss darstellt und zum anderen nicht Ausdruck des Geheimhaltungswillen sein muss.

1.3. Der Unternehmensgeheimnisschutz durch den § 202 StGB

Die in § 202 StGB beschriebenen Geheimnisangriffe von Außen stellen nur hinsichtlich der ersten Tatbestandsalternative des Öffnens des Verschlusses ohne notwendige Kenntniserlangung eine nicht abgeschlossene tatbestandsmäßige Ausspähungshandlung dar, da bei § 17 Abs. 2 Nr. 1 UWG das Sichverschaffen entweder die Kenntniserlangung vom Geheimnis oder bei körperlichen Gegenständen die Gewahrsamerlangung (ohne Rücksicht auf Kenntnis) voraussetzt. Daraus folgt, dass das bloße Öffnen des ein Geheimnis materialisierenden Gegenstandes für sich alleine unzureichend ist. Dagegen sind die Kenntnis voraussetzenden Tatbestandsalternativen aus § 202 Abs. 1 Nr. 2 oder Abs. 2 StGB vollständige Ausspähungshandlungen nach dem UWG, die sogar enger als § 17 Abs. 2 Nr. 1 sind, weil das UWG bei materialisierten Geheimnissen keine Kenntnisnahme von der Information verlangt.

Weiter ist der Geheimnisschutz aus § 202 StGB auch im subjektiven Bereich, da neben dem Vorsatz keine Absichtsmerkmale verlangt werden.

Zusammenfassend kann daher festgehalten werden, dass, wie schon beim Geheimnisschutz von Innen, dieser Tatbestand strukturelle Unterschiede zwischen dem allgemeinen Geheimnisschutz und dem des UWG zum Vorschein bringt. Zum einen bestehen diese darin, dass das UWG bei Angriffen von Außen keine Selbstschutzmaßnahmen verlangt,[405] zum anderen darin, dass das UWG bei gleichen Angriffen sowohl die Folgetaten des Verwertens oder Mitteilens (§ 17 Abs. 2 Nr. 2) als auch hinsichtlich unvollständiger Ausspähungshandlungen die misslungene Beteiligung an diesen Handlungen (§ 19) bestraft. Schließlich verlangt das UWG bei materialisierten Geheimnissen nicht notwendigerweise eine Kenntniserlangung. Diese Unterschiede zeigen zugleich, dass der Schutz von Außen des UWG im Vergleich zum Briefgeheimnis den strukturell weiterreichenden Geheimnisschutz darstellt.

[405] HWSt-*Heghmanns*, VI 1 Rn 41, hebt dies im Zusammenhang mit § 202a StGB ebenfalls hervor.

2. Der Datenschutz nach § 202a StGB

2.1. Allgemeines

Da diese Straftat in erster Linie entstand, um dem technologischen Fortschritt beim Umgang mit Informationen mittels EDV-Systemen Rechnung zu tragen,[406] hat der Gesetzgeber, wie schon bei anderen älteren Tatbeständen zum Schutz von Außen, diesen als Jedermannsdelikt konzipiert. Eine viktimodogmatische Komponente, nämlich die Selbstschutzmaßnahme zur Absicherung des Zugangs zu den Daten, engt den Tatbestand wird ein. Im Vergleich zu ihrem Vorbild, dem traditionellen Briefgeheimnisschutz aus § 202 StGB, ist jedoch zu bemerken, dass in § 202a StGB schon das Verschaffen der Daten und nicht erst das Verschaffen *der Kenntnis* von einer Information bestraft wird. Teilweise wird auch auf eine Relation zu den Eigentumsdelikten in Form eines sogenannten *Daten- oder Informationsdiebstahls* hingewiesen, ohne dass es hier freilich einer „Enteignung" des Opfers, sondern lediglich eines „Teilens" der Daten bedarf.

Daher ist auch der h.M. dahingehend zuzustimmen, dass § 202a StGB schon die Dispositionsherrschaft über Daten schützt[407] und nicht etwa, wie *Haft* behauptet, erst das Vermögen angesichts einer besonderen Werthaltigkeit der geschützten Daten.[408] Auf eine besondere Werthaltigkeit der Information könnte zwar der Umstand hindeuten, dass bei relativ ähnlicher Tatbestandsstruktur das Ausspähen von Daten einen höheren Strafrahmen besitzt als der einfache Briefgeheimnisschutz – dabei handelt es sich jedoch um ein Argument, das nicht von *Haft* verwendet wird. Ferner lässt sich die Werthaltigkeit aber auch darauf begründen, dass zum einen § 202a StGB durchgehend *besondere* Selbstschutzmaßnahmen des Opfers verlangt, und

---

[406] Der Tatbestand wurde zusammen mit den Computertatbeständen der §§ 263a, 269, 303a und 303b StGB, die unterschiedliche Rechtsgüter schützen, durch das 2. WiKG eingeführt. Dennoch erfasst er auch Informationsspeicherungen oder -übermittlungen außerhalb dieses Bereiches, etwa CDs oder DVDs. Dazu klarstellend *Meurer*, FS-Kitagawa, S. 975; zuletzt, MüKo-*Graf*, § 202a Rn 14.

[407] Vgl. *Arzt/Weber*, § 8 Rn 50; W/J-Bär, § 12. Kap. Rn 50; MüKo-*Graf*, § 202a Rn 2; *Hilgendorf*, JuS 1996, 509 (511); SK-*Hoyer*, § 202a Rn 1; *Kindhäuser*, BT I, § 30 Rn 1; L/*Kühl*, § 202a Rn 1; S/S-*Lenckner*, § 202a Rn 1; *Möhrenschlager*, wistra 1986, 128 (140); *Tiedemann*, WStR BT, § 10 Rn 476; vgl. auch die auf ein materiell begründbares Verfügungsbefugnis reduzierte Auffassung mit kritischen Anmerkungen zur h.M. bei HWSt-*Heghmanns*, VI 1 Rn 22.

[408] Vgl. *Haft*, NStZ 1987, 6 (9).

zum anderen darauf, dass die Daten auf Grund ihrer technologisch bedingten Erfassbarkeit selbst schon eine Besonderheit darstellen. Diese Umstände verlangen wohl meist eine Handlung, die eine höhere kriminelle Energie erfordert, als die einfache Betrachtung oder Lektüre von Abbildungen bzw. Schriftstücken nach Öffnung eines Verschlusses.

2.2. Der über das UWG hinausreichende Schutz unternehmensbezogener Geheimnisse

Handlungsobjekt des § 202a StGB sind Daten. Der Begriff der Daten wird in § 202a StGB nicht etwa definiert, sondern schon vorausgesetzt und durch zusätzliche Merkmale eingegrenzt.[409] Der Norm DIN 44300 folgend versteht die h.M. darunter Gebilde aus Zeichen oder kontinuierliche Funktionen, die auf Grund bekannter oder unterstellter Abmachungen Informationen darstellen.[410] Die aus Informationen bestehenden Unternehmensgeheimnisse werden daher zunächst im vollen Umfang durch den Tatbestand erfasst. Da diese Daten nach § 202a Abs. 2 StGB jedoch elektronisch, magnetisch oder sonst nicht unmittelbar wahrnehmbar gespeichert sein oder übermittelt werden müssen, ist der Bereich der durch einfache sinnliche Wahrnehmung charakterisierten Geheimnisse, wie z.B. normale Abbildungen oder Schriftstücke, nicht erfasst.[411]

Erweiternd ist § 202a StGB insofern, als es sich nicht um materielle, d.h. von ihrem Inhalt her bestimmte Geheimnisse handeln muss, sondern lediglich um Informationen, die einem Geheimhaltungswillen unterliegen, der durch Sicherung gegen unberechtigten Zugang ausgedrückt wird. Daher wird – wie schon beim Briefgeheimnis – sämtlichen unternehmensbezogenen Informationen Schutz gewährt, ohne das ihr Bekanntwerden dazu geeignet sein muss, den Wettbewerb zuungunsten des Unter-

---

[409] Vgl. BT-Drs. 10/5058, S. 59 und statt vieler SK-*Hoyer*, § 202a, Rn 3.

[410] Vgl. MüKo-*Graf*, § 202a Rn 8; SK-*Hoyer*, § 202a Rn 3; NK-*Kargl*, § 202a Rn 4; *Kindhäuser*, BT II, § 30 Rn 3; *Kloepfer*, § 1 Rn 59; S/S-*Lenckner*, § 202a Rn 3; LK-*Schünemann*, § 202a Rn 3. Eingehend zum Datenbegriff W/J-Bär, 12. Kap Rn 53.

[411] Im Grenzbereich wird meist das Beispiel der Lochkarten angeführt, denen lediglich die Deutungsmöglichkeit fehlt (a.A. jedoch MüKo-*Graf*, § 202a Rn 12). Ein wichtigeres Beispiel stellt sicherlich die moderne Scanner-Technik dar, bei der die verarbeiteten Daten ein System von Strichen und damit optisch wahrnehmbare Daten darstellen. Dazu eingehend *Schulze-Heiming*, S. 50 ff.; LK-*Schünemann*, § 202a Rn 4; LK-*Tiedemann*, § 263a Rn 1 y 20.

nehmens zu beeinflussen, noch irgendeinen weiteren wirtschaftlichen Wert haben muss.[412]

2.3. Der Schutz von Unternehmensgeheimnissen nach § 202a StGB

Neben der Ausklammerung von Unternehmensgeheimnissen, die unmittelbar durch die Sinne wahrnehmbar sind, setzt § 202a StGB eine besondere Sicherung gegen unberechtigten Zugang voraus. Genauso wie beim Briefgeheimnisschutz stellt diese Voraussetzung eine dem UWG fremde viktimodogmatische Komponente des Tatbestandes dar. Es wird sich daher meist um Sicherheitsmaßnahmen handeln, die in EDV-Systemen entwickelt werden (z.B. Software mit Passwörtern). Es reicht aber z.B. auch aus, dass Tonbandträger in einem Schrank abgeschlossen aufbewahrt werden. Relevant ist nur, dass es sich wie in § 202 StGB um eine funktionale Abschirmung der Daten handelt.

Die Tathandlung des Verschaffens ist mit der aus § 17 Abs. 1 Nr. 2 UWG nicht identisch. Sie erfordert zwar gleichfalls keine Kenntniserlangung von der Information, sondern lediglich eine Herrschaftserlangung über sie (bzw. über die Daten), etwa durch ihre materialisierte Reproduktion. Das UWG verlangt aber zusätzlich bestimmte Vorgehensweisen, die nicht Voraussetzung des § 202a StGB sind. Selbst bei notwendiger Überwindung der Selbstschutzmaßnahme bedarf es nicht immer der Anwendung technischer Mittel (§ 17 Abs. 2 Nr. 1 a UWG) – denkbar ist etwa die Täuschung einer Person[413] –, einer Materialisierung (§ 17 Abs. 2 Nr. 1 b UWG) oder der Wegnahme einer das Geheimnis verkörpernden Sache (§ 17 Abs. 2 Nr. 1 c UWG), möglich ist auch das Auswendiglernen der Daten nach Kenntniserlangung. In dieser Hinsicht erweitert § 202a StGB den Schutz von Unternehmensgeheimnissen vor Ausspähungen.

---

[412] Vgl. statt vieler *Schlüchter*, S. 59; A. A. nur *Haft*, NStZ 1987, 6 (9).

[413] Nicht überzeugend *Arzt/Weber*, BT, § 8 Rn 59, wenn sie diese Form der Herstellung von Verfügungsgewalt oder andere wie Bestechung oder Nötigung ausschließen, weil sie nicht die „Überwindung der computerspezifischen Sperre" beinhalten. Einmal davon abgesehen, dass § 202a StGB nicht nur auf EDV-eigene Sperren beschränkt ist, bedeuten diese Handlungsformen durchaus eine Überwindung der durch den Tatbestand verlangten besonderen Sicherung.

Im Vergleich zu dem traditionellen Briefgeheimnisschutz ist aber eine größere Nähe zum UWG darin zu erkennen, dass § 202a StGB nicht wie § 202 StGB immer auf Kenntnis abstellt – sei es auch in vorverlagerter Form des Öffnens eines Verschlusses (§ 202 Abs. 1 Nr. 1 StGB).

Schließlich ist hinsichtlich des strittigen Problems der Tatbestandmäßigkeit des einfachen *Hackings* festzustellen, dass die Ausspähungshandlung des UWG z.T., wie schon § 202a StGB, die grundsätzliche Entscheidung des Gesetzgebers gegen eine Strafbarkeit dieses Verhaltens[414] unterläuft. Denn realistischerweise gibt es kaum Hackinghandlungen, bei denen nur in ein fremdes EDV-System eingedrungen wird, ohne dabei nicht auch Kenntnis von Daten zu erlangen.[415] Die demzufolge geforderte teleologische Reduktion des § 202a StGB ermöglicht zwar, dass unter der tatbestandsmäßigen Handlung des Verschaffen der Daten nur *Kenntniserlangung fremder Daten unter Weiterverwendungsabsicht*[416] oder *Reproduzierbarkeit oder sichere Kenntnis*[417] verstanden wird und somit das Hacking mit einfacher Kenntnisnahme nicht strafbar ist.[418] In § 17 Abs. 2 Nr. 1 a UWG wird dieses aber zu Recht nicht gefordert – u.a., um der anschließenden Tatbestandsalternative aus Nr. 2 (Sichern) nicht teilweise den Sinn zu nehmen –, so dass hier das nach h.M. nicht strafbare *Hacking* aus § 202a StGB, d.h. nur bei Kenntniserlangung, durchaus strafbar ist. Denn es handelt sich dann um eine Kenntniserlangung durch Anwendung technischer Mittel, die meist zum Eigennutz (nicht notwendigerweise mit Bereicherungsabsicht) durchgeführt wird. Das UWG bestraft daher den nur neugierigen oder Ansehen suchenden Hacker, dem es nur auf die Überwindung von technischen Hindernissen ankommt, nicht jedoch gerade auf den spezifischen Inhalt der Information.

---

[414] Vgl. BT-Drs. 10/5058, S. 28 f.

[415] Vgl. dazu etwa *Gössel*/Dölling, BT I, § 37 Rn 124; MüKo-*Graf*, § 202a Rn 50; *Hilgendorf*, JuS 1996, 702 (704); *Meurer*, FS-Kitagawa, S. 976; *Schmitz* JA 1995, 478 (483); *Tiedemann*, JZ 1986, 865 (868); *ders.*, WStR BT, § 10 Rn 492. Zu den unterschiedlichen Erscheinungsformen siehe *Sieber* in Hoeren/Sieber (Hrsg.), HdB-Multimediarecht, 12/2001, Teil 19 Rn 30 ff; eingehend auch zu den Meinungstand im Schrifttum *Schmid*, S. 122 ff.

[416] So etwa L/*Kühl*, § 202a Rn 5; *Tiedemann*, JZ 1986, 865 (871); *ders.*, WStR BT, § 10 Rn 492.

[417] Vgl. *Hilgendorf*, JuS 1996, 702 (704).

[418] Kritisch dazu etwa *Gössel*/Dölling, BT I, § 37 Rn 124; des Weiteren sieht *Sieber*, CR 1995, 100 (103), im Hacking ohne weitere Zielsetzung eine praxisrelevante Deliktform.

Dies zeigt auch nochmals die Untauglichkeit der im Geheimnisschutz des UWG zusätzlich verlangten, aber weit gefassten Absichtsmerkmale, die kaum im Stande sind, bestimmte Vorgehensweisen aus dem Tatbestand zu filtern.
Zusammenfassend sind hier ähnliche strukturelle Unterschiede zum Geheimnisschutz von Außen im UWG zu erkennen wie sie schon hinsichtlich des Briefgeheimnisses dargestellt wurden. Hier entfällt aber der Unterschied bezüglich der Notwendigkeit der Kenntniserlangung von der Information, da § 202a StGB in dieser Hinsicht dem Geheimnisschutz des UWG näher liegt.

V. Der Privatgeheimnisschutz i.w.S. sowohl von Innen als auch von Außen

1. Verletzung der Vertraulichkeit des Wortes nach § 201 StGB

1.1. Allgemeines

Das nicht öffentlich gesprochene Wort wird in § 201 StGB vor zwei Arten von technischen Eingriffen (Aufnahme auf Tonträger und Abhören mittels Abhörgerät) und zwei Folgetaten (Gebrauchen oder Zugänglichmachen der Aufnahme sowie die öffentliche Mitteilung des Aufgenommenen oder Abgehörten) geschützt. § 201 StGB sieht daher wie § 17 UWG sowohl einen Schutz von Innen wie auch von Außen vor. Jedoch unterscheidet § 201 StGB entgegen der üblichen Geheimhaltungsstruktur nicht jeweils die Reichweite des Täterkreises, da die Tatbestände generell als Jedermannsdelikte konzipiert sind und nur § 201 Abs. 3 StGB einen Qualifikationstatbestand für Amtsträger und für den öffentlichen Dienst besonders Verpflichtete vorsieht. Im Unterschied zu den anderen Straftatbeständen des 15. Abschnittes ist in § 201 StGB der Versuch strafbar. Hinsichtlich der Strafverfolgung stellt der erwähnte Qualifikationstatbestand eine Besonderheit im strafrechtlichen Geheimnisschutz dar, weil nach § 205 StGB eine uneingeschränkte Verfolgung von Amts wegen möglich ist, obwohl Informationen aus dem privaten Bereich betroffen sind.[419]

[419] Für die §§ 17 ff. UWG ist eine Verfolgung von Amts wegen nur bei besonderem öffentlichen Interesse möglich.

1.2. Das geschützte Rechtsgut

Die Typisierungen sind allesamt Ausdruck des strafrechtlichen Schutzes des allgemeinen Persönlichkeitsrechts,[420] da sich in jedem Gespräch die Persönlichkeit des Sprechers mitteilt, wie es *Wessels/Hettinger*[421] treffend formulieren. Allerdings ist die Präzisierung der genauen Schutzrichtung der einzelnen Tatbestände z.T. strittig. Eindeutig ist, dass die ersten drei Tatbestände, die den gesetzgeberischen Ausgangspunkt des heutigen § 201 StGB darstellen, auf den Schutz der Unbefangenheit und Flüchtigkeit mündlicher Äußerungen gerichtet sind.[422]

Daher ist *Kargl* zuzustimmen, dass die amtliche Paragraphenüberschrift mit der Bezeichnung der „Vertraulichkeit" den Inhalt des § 201 StGB nur verkürzt wiedergibt, denn sowohl die Entstehungsgeschichte als auch das überwiegende Schrifttum beschränken das Handlungsobjekt nicht nur auf vertrauliche Äußerungen, also auf Geheimnisse.[423] Es geht hier beim Schutz der Entfaltung der Persönlichkeit um den Aspekt der Möglichkeit, „ins Unreine sprechen" zu können.[424] Mit *Kindhäuser* kann die gesetzliche Wortwahl freilich auch dahingehend interpretiert werden, dass es sich um das Vertrauen auf eben diese Flüchtigkeit und damit die Unbefangenheit der Rede handelt.[425]

Hinsichtlich des vierten und zuletzt eingeführten Tatbestandes[426] wird zum Teil die gleiche, lediglich vertiefte Schutzrichtung erkannt, da eine Folgeverletzung unter Strafe gestellt wird, die durch die Verwendung technischer Gerätschaften möglich wurde.[427]

---

420 Vgl. dazu LK-*Schünemann*, § 201 Rn 2.

421 *Wessels/Hettinger*, BT I, Rn 525.

422 Vgl. T/*Fischer*, § 201 Rn 52; MüKo-*Graf*, § 201 Rn 2; *Haft*, BT, S. 70; NK-*Kargl*, § 201 Rn 2; SK-*Hoyer*, § 201 Rn 3; *Kattanek*, S. 529; L/*Kühl*, § 201 Rn 1; *Küpper*, BT I, § 5 Rn 19; S/S-*Lenckner*, § 201 Rn 2; M/S/*Maiwald*. BT I, § 29 Rn 6; LK-*Schünemann*, § 201 Rn 2.

423 Grundlegend *Gallas*, ZStW 1963, 16 (19), vgl. auch *Arzt/Weber*, § 8 Rn 14; MüKo-*Graf*, § 201 Rn 1; NK-*Kargl*, § 201 Rn 3; *Kindhäuser*, BT I, § 28 Rn 6; *B. Schünemann*, ZStW 1978, 11 (11 ff.).

424 Vgl. *Arzt/Weber*, § 8 Rn 14.

425 Vgl. *Kindhäuser*, BT I, § 28 Rn 1; ähnlich *Dittrich* in Müller-Gugenberger/Bieneck (Hrsg.), WStR, § 33 Rn 3.

426 Eingeführt durch das 25. StÄG vom 20.8.1990.

427 Vgl. NK-*Kargl*, § 201 Rn 2; so auch schon eingehend NK-*Jung*, § 201 Rn 2, 11 und 13 (Stand: 1997); ähnlich T/*Fischer* , § 201 Rn 8; wohl auch MüKo-*Graf*, § 201 Rn 3 f. Auf dieser Linie auch die Gesetzesmaterialien, wenn es dort heißt, dass diese „mittelbare Verletzungshandlung vielfach dem unbefugten Aufnehmen oder Abhören erst ihren Sinn" gebe, und dass die Verletzungen des

Insbesondere *Lenckner* und *Hoyer* sehen dagegen in der Möglichkeit, die öffentliche Mitteilung des wesentlichen Inhalts des Geäußerten zu bestrafen, eine andere Schutzrichtung, nämlich tendenziell die des Geheimnisschutzes.[428]

Wie *Arzt/Weber* zieht auch *Lenckner* daher eine Parallele zur Hehlerei,[429] bei der nicht nur der Aspekt des Anreizes zur Vortat zu tragen komme, sondern auch die Erkenntnis, dass die Handlung *per se* schon strafwürdiges Unrecht darstelle. Nachdem er die Tatvariante der Veröffentlichung von den restlichen Tatbeständen des Paragraphen abgekoppelt hat, postuliert *Lenckner* ferner, dass Abs. 2 Nr. 2 einen Fremdkörper in § 201 StGB darstelle. *Lenckner* meint:, Was „durch eine nur *berichtende* Veröffentlichung (...) des unbefugt aufgenommenen oder abgehörten nichtöffentlich gesprochenen Wortes eines anderen verletzt werden kann, ist vielmehr eine andere Seite des Persönlichkeitsrechts, nämlich das Rechtsgut eines Indiskretionsdelikts, wie immer dies auch näher bestimmt und umschrieben werden mag".[430] In diesem Sinne sieht *Hoyer* einen Tatbestand einerseits zur Abschirmung des Erklärungsvorgangs und andererseits des Erklärungsinhalts.[431]

Durch diese Deutung fällt es der h.M. auch leichter, die Bagatellklausel des Abs. 2 Satz 2 systematisch in den Paragraphen einzugliedern, da bei den Erläuterungen zu § 203 StGB festgestellt wurde, dass im Schrifttum der Privatgeheimnisschutz meist durch die Notwendigkeit eines berechtigten Interesses inhaltlich beschränkt wird. Daraus aber einen systematischen Auslegungsgesichtpunkt zugunsten der restriktiven h.M. zum objektiven Geheimhaltungsinteresse in § 203 StGB gewinnen zu wollen, erscheint deshalb unangebracht, weil § 201 Abs. 2 S. 2 StGB aus spezifischen Gründen auf diese Einschränkung des tatbestandsmäßigen Geheimnisses – wie auch

---

Abhörens oder des Aufnehmens durch die Veröffentlichung „erheblich" bzw. „nachhaltig verstärkt" werde. Vgl. BT-Drs. 11/6714, S. 3.

[428] Vgl. *Lenckner*, FS-Baumann, S. 143 f.; *ders.* in Schönke/Schröder, § 201 Rn 2 bzw. SK-*Hoyer*, § 201 Rn 2 ff.

[429] Vgl. *Lenckner*, FS-Baumann, S. 138; so auch *Arzt/Weber*, BT, § 8 Rn 16 und 23; MüKo-*Graf*, § 201 Rn 33; *Rogall*, FS-Hirsch, S. 678.

[430] *Lenckner*, FS-Baumann, S. 144. So auch MüKo-*Graf*, § 201 Rn 33; SK-*Hoyer*, § 201 Rn 4; *Kattanek*, S. 29; M/S/*Maiwald*, § 29 I Rn 7; *Otto*, BT, § 34 Rn 1; *Rogall*, FS-Hirsch, S. 667 f.; LK-*Schünemann*, § 201 Rn 23; *Suppert*, S. 142. Tendenziell schon die Unterscheidung bei *Gallas*, ZStW 1963, 16 (21 f.) zwischen formeller und materieller Privatheit.

[431] SK-*Hoyer*, § 201 Rn 4.

auf die anschließende Interessenabwägung mit der Wahrnehmung überragender öffentlicher Interessen – rekurriert, nämlich dem der Wahrung der Meinungs- und Pressefreiheit. Die Bagatellklausel hat daher auch in § 201 StGB keine Beziehung zur Struktur des juristischen Begriffs des Geheimnisses.

1.3. Der über das UWG hinausreichende Schutz unternehmensbezogener Geheimnisse

Ein so verstandenes Handlungsobjekt des § 201 StGB führt dazu, dass je nach Tatvariante der Schutz unternehmensbezogener Geheimnisse ausgehend vom UWG eine unterschiedlich große Erweiterung erfährt. Werden gewisse unternehmensbezogene Informationen unbefugt auf einem Tonträger aufgenommen oder solche Aufnahmen gebraucht oder einem Dritten zugänglich gemacht (§ 201 Abs. 1 Nr. 1 StGB), so ist es unerheblich, welcher womöglich auch sehr unbedeutete Inhalt (nichtöffentlich) geäußert wurde. Solche Informationen genießen hinsichtlich dieser Tatvarianten immer strafrechtlichen Schutz. Gleiches gilt für das Abhören mittels Abhörgerät (§ 201 Abs.2 Nr. 1 StGB). Dies impliziert eine bedeutende Erweiterung des unternehmerischen Geheimnisbereichs, da ein berechtigtes Interesse an der Geheimhaltung bei einem solchen *Modus Operandi* irrelevant ist. Dagegen ist die Folgetat der öffentlichen Mitteilung nicht auf beliebige Informationen bezogen, sondern nach § 201 Abs. 2 Nr. 2 StGB nur auf Geheimnisse, bei denen ein berechtigtes Interesse des Unternehmens beeinträchtigt werden kann.

1.4. Der Schutz von Unternehmensgeheimnissen nach § 201 StGB

Entgegen der üblichen Gestaltung des Geheimnisschutzes ist § 201 StGB beim Schutz von Innen (Aufnahme auf Tonträger) im Täterbereich nicht auf ein Sonderdelikt beschränkt. Ferner wird bei dieser Schutzform auch – im Prinzip entgegen dem UWG, aber gemäß der üblichen Gestaltung des Geheimnisschutzes – ein nach dem Informationsfluss zusätzlicher Umgang mit dieser Information in Form eines *Gebrauchens* oder *Zugänglichmachens* bestraft. Hier ist aber nicht erst die *Verwertung*, sondern schon das *Gebrauchen*, das bezogen auf die Aufnahme bereits deren

Abspielen impliziert,[432] strafbar. Der Schutz von Innen weicht aber deshalb nur im Prinzip vom UWG ab, weil dort nicht nur in § 17 Abs. 1 ein Schutz von Innen vorgesehen ist, sondern auch, zwar nicht so offensichtlich, aber mit § 201 StGB in gewisser Weise vergleichbar, in § 17 Abs. 2 Nr. 1. Denn das *Sichern* in dieser Tatbestandsalternative ermöglicht eine bleibende Informationserlangung, wie es auch für die *Aufnahme auf dem Tonträger* der Fall ist. In dieser Hinsicht sind beide Tatbestände durch die Strafbarkeit anschließender Umgangsformen (Gebrauchen bzw. Verwerten und Zugänglich machen bzw. Mitteilen) gleich strukturiert. Bei den Angriffen von Außen (Abhören mit Abhörgerät) ist eine Erweiterung bezüglich des allgemeinen Geheimnisschutzes insofern zu erkennen, als das *Abhören* ausreicht und daher keine bleibende Kenntnisnahme, wie beim *Verschaffen*, notwendig ist.[433] Auch die *Mitteilungshandlung* ist in § 201 StGB nicht in ihrer üblichen Form tatbestandsmäßig, sondern entweder schon in Form eines *Zugänglichmachens* oder erst bei der inhaltlichen Wiedergabe in Form einer *öffentlichen Mitteilung*. Ersteres bedarf nicht des Erfolges der Kenntniserlangung des Adressaten, um vollzogen zu sein, letzteres lediglich der Möglichkeit der Kenntniserlangung.

Unerheblich sind bei den Tatbeständen des § 201 StGB – entgegen den Geheimnisvorschriften des UWG – jegliche über den Vorsatz hinaus reichenden subjektiven Merkmale.

Die Beschreibung des § 201 StGB zeigt, dass nicht alle Straftatbestände beim Schutz von Außen besondere Selbstschutzmaßnahmen des Opfers verlangen. Die Restriktion der Strafbarkeit ergibt sich dann durch die Voraussetzung bestimmter technischer *Modi Operandi*. In dieser Variante des Schutzes von Außen ist auch § 17 Abs. 2 Nr. 1 UWG anzusiedeln. Die Handhabung des Schutzes von Innen ist dagegen mit keiner weiteren Strafvorschrift zu vergleichen, denn der Charakter eines Jedermannsdelikts wird sonst nirgendwo durch bestimmte Handlungsmodalitäten kompensiert – sei es im Umgang mit der befugt erlangten Information (Sichern auf Tonträger) oder in der Weitergabe (schlichtes Zugänglichmachen oder öffentliches Mitteilen). Insofern ist § 201 StGB auch nicht mit den Vorschriften des UWG ver-

[432] Vgl. nur NK-*Kargl*, § 201 Rn 13.
[433] Zum Verwertungsbegriff eingehend oben Erster Teil E. V.

gleichbar. Ebenfalls abweichend vom Geheimnisschutz des UWG sind die Tathandlungen so festgelegt, dass daraus ein vorverlagerter Geheimnisschutz resultiert.

2. Datenschutz gemäß § 44 BDSG

2.1. Die Vorfrage der Anwendbarkeit auf Unternehmensgeheimnisse

Das BDSG erfasst nach der Definition der personenbezogenen Daten aus § 3 Abs. 1 nur Einzelangaben über persönliche oder sachliche Verhältnisse einer bestimmten oder bestimmbaren natürlichen Person. Daraus ergibt sich zunächst, dass Betroffener kein als juristische Person gestaltetes Unternehmen sein kann. Dies verengt den Anwendungsbereich des BDSG zwar erheblich, ermöglicht aber dennoch die Erfassung von Geschäfts- und Betriebsgeheimnissen eines Menschen. Bei einem Unternehmen, das in Form einer sog. Einmann-GmbH organisiert ist,[434] mag hinsichtlich einer bestimmten Information noch eine – jedoch sehr gekünstelt anmutende – Trennung zwischen dem Geheimhaltungsinteresse bzw. -willen der juristischen und der natürlichen Person denkbar sein. Diese verschmilzt praktisch aber angesichts der Eigenschaft als alleiniger Inhaber und Geschäftsführer der natürlichen Person. Darüber hinaus muss ein Unternehmen jedoch nicht zwangsläufig in einer Gesellschaftsorganisation ausgeübt werden, sondern kann im Sinne des Wettbewerbsrechts auch Ausdruck der selbstständigen beruflichen Tätigkeit einer Person sein.[435] In diesen Fällen betrifft das Geschäfts- oder Betriebsgeheimnis unmittelbar eine natürliche Person.

Hinsichtlich des einschlägigen Lebensbereichs der Person ist das BDSG nicht eingeschränkt. Es wird nicht nur die Intim- oder Privatsphäre geschützt, sondern auch die berufliche und geschäftliche Sphäre.[436] Aus Sicht des Unternehmens müssen sich ferner die unternehmensbezogenen Einzelangaben nicht notwendigerweise auf sachliche Verhältnisse des Betroffenen beschränken, da bereits dargelegt wurde, dass

---

[434] Vgl. dazu etwa *Tinnefeld/Ehmann*, S. 184; *Gola/Schomerus*, § 3 Rn 11.

[435] Dazu näher oben Erster Teil D. I. 2.

[436] Vgl. nur *Dammann* in Simitis u.a. (Hrsg.), BDSG, § 3 Rn 7.

sich die Unternehmensgeheimnisse nicht nur auf Kenntnisse technischer Natur oder über kaufmännische Vorgänge beschränken, sondern allgemeiner auf die geschäftlichen und betrieblichen wettbewerbsrelevanten Auswirkungen einer Information, so dass auch persönliche Verhältnisse in Frage kommen.[437]

2.2. Allgemeines zum strafrechtlichen Datenschutz aus § 44 BDSG

Die in § 44 BDSG[438] festgelegten Tatbestände stellen Mischtatbestände dar, die sich auf die Ordnungswidrigkeiten aus § 43 Abs. 2 des gleichen Gesetzes beziehen. Demnach werden nur noch qualifizierte Formen bestimmter, vorsätzlich begangener Ordnungswidrigkeiten bestraft. Es ist daher nicht mehr grundsätzlich jede Form des unzulässigen Datenumgangs wie früher als Grundtatbestand strafbar,[439] sondern jetzt nur noch als Bußgeldtatbestand. Dies beruht wohl nicht zuletzt auf den weit verbreiteten Bedenken hinsichtlich der verfassungsmäßigen Bestimmtheit und Erforderlichkeit oder Verhältnismäßigkeit der früheren Strafnorm.[440] Die verbleibenden Tatbestandsalternativen unterliegen aber weiterhin beachtlichen Zweifeln,[441] denen mit *Dammann* solche hinzugefügt werden müssen, die sich auf das Kriterium zur Aufstufung zur Straftat beziehen, da die Qualifikationsmerkmale nicht die schwere der Verletzung des geschützten Rechtsguts betreffen.[442] Handlungsobjekt der Straftat ist nicht notwendigerweise ein Geheimnis, da es sich höchstens um *nicht allgemein*

---

[437] Dies, soweit es überhaupt sinnvoll ist, zwischen diesen beiden im BDSG erwähnten Bereichen zu unterscheiden, da nach *Tinnefeld/Ehmann*, S. 184, die Grenzen zwischen sachlichen und persönlichen Angaben wohl eher fließend sind und nach *Gola/Schomerus*, § 3 Rn 4, die Unterscheidung insofern gar nicht erforderlich ist, als das Gesetz an eine solche keine unterschiedlichen Rechtsfolgen anknüpft.

[438] Das zuletzt neu gefasste Gesetz wurde am 14.1.2003 bekanntgemacht. Vgl. BGBl. 2003 I S.66. Die geltende Regelung der Straftaten geht zurück auf des Gesetz zur Änderung des BDSG, das am 23.5.2001 in Kraft getreten ist und der Umsetzung der Richtlinie 95/46/EG (ABI EG NR. L 281, S. 31 ff.) dient.

[439] Vgl. § 43 Abs. 1 BDSG a.F.

[440] Vgl. schon *Tiedemann/Sasse*, S. 121 ff., 139; ferner *Dannecker*, BB 1996, 1285 (1287), *Höft*, S. 34 ff.; LK-*Schünemann*, § 203 Rn 48; *ders.* ZStW 1978, 11 (23); *Tiedemann*, NJW, 1981, 945 (946).

[441] Zumindest die wirtschaftliche Ausnutzung fremder Daten bzw. die Absicht dazu (Handeln gegen Entgelt oder mit Bereicherungsabsicht) stellt nicht *per se* ein (strafrechtliches) Unrechtsmerkmal da, vermeidet daher auch nicht die Suche nach diesem Merkmal mittels einer Gesamtanalyse der generalklauselartig gestalteten außerstrafrechtlichen Vorschriften des BDSG und vermag somit nicht die im Unrechtsbereich unbestimmte Fassung der Straftatbestände zu verbessern.

[442] Näher dazu *Dammann* in Simitis u.a. (Hrsg.), BDSG, § 44 Rn 3 f. A.A. wohl *Schaffland/Wiltfang*, BDSG-Kommentar 5001 § 43 Rn 1.

zugängliche Daten handeln muss.[443] Wie schon bei der fehlenden Offenkundigkeit dürfen die Daten lediglich nicht von jedermann ohne Aufwand zur Kenntnis genommen werden können. Wenn sich der Datenschutz auf Geheimnisse bezieht, stellen die Tatbestände zum Teil einen Schutz von Innen (unbefugtes Verarbeiten, Bereithalten, Weitergabe, Deanonymisierung und eventuell auch das Abrufen) und zum Teil auch von Außen (Erheben, Verschaffen und eventuell auch das Abrufen) dar. Dabei sind die Tatbestände durchgehend als Jedermannsdelikte gestaltet und erzeugen dadurch hinsichtlich des Geheimnisschutzes von Innen einen erweiterten Schutz.

Dass es sich beim Datenschutz nicht zwingend um Geheimnisschutz handelt, lässt sich auch aus dem geschützten Rechtsgut erkennen, das gemeinhin in dem nicht notwendigerweise auf einen Geheimbereich zugespitzten Recht auf informationelle Selbstbestimmung als Ausdruck des Persönlichkeitsrechts verstanden wird.[444]

2.3. Der über das UWG reichende Schutz unternehmensbezogener Geheimnisse

Da der Begriff der Einzelangaben den Informationsbegriff in vollem Umfang erfasst, ist im Prinzip keine Information auszuklammern, die eine natürliche Person betrifft und gleichzeitig unternehmensbezogen ist, und auch wirtschaftliche, jedoch wettbewerbsirrelevante, Geheimnisse können erfasst werden. Darüber hinaus unterliegt der Bezug auf jegliche Verhältnisse des Betroffenen keiner inhaltlichen Begrenzung,[445] beschränkt sich der Datenschutz also nicht auf die Sensibilität der Information oder gar auf ihre Schutzbedürftigkeit im Sinne eines Geheimnisses.[446] Der Betroffene muss weder einen Geheimhaltungswille noch –interesse hinsichtlich der unternehmensbezogenen Information haben. Es ist aber immer zu berücksichtigen, dass die Daten auf eine bestimmte oder bestimmbare natürliche Person bezogen sein müssen.

---

443 Die Tatbestandsalternativen aus § 43 Abs. 2 Nr. 5 und 6 verlangen nicht einmal diese Begrenzung. HWSt-*Heghmanns*, VI 1 Rn 74, befürwortet aber auch hier eine solche Begrenzung, um einen zu geringen Unrechtsgehalt der Daten zu vermeiden.

444 Vgl. dazu *Dammann* in Simitis u.a. (Hrsg.), BDSG, § 44 Rn 2; HWSt-*Heghmanns*, VI 1 Rn 69.

445 Vgl. nur *Gola/Schomerus*, § 3 Rn 4.

446 Vgl. *Dammann* in Simitis u.a. (Hrsg.), BDSG, § 43 Rn 51.

2.4. Der Unternehmensgeheimnisschutz durch § 44 BDSG

Die im Vergleich zum UWG weiterreichenden Handlungsformen sind z.T. in § 3 Abs. 3 und 4 BDSG definiert. Hinsichtlich des Schutzes von Außen ist unter dem unbefugten *Erheben* nach der Legaldefinition jedes Beschaffen von Daten über den Betroffenen zu verstehen. Sie stimmt insofern mit dem Sichverschaffen aus § 17 Abs. 2 Nr. 1 überein, als auch hier sowohl das Erhalten der Kenntnis als auch die Begründung der Verfügung über die Information ausreicht.[447]

Die Handlungsalternative des unbefugten *Datenabrufs* beschreibt nach *Schaffland/ Wiltfang* eine Form des Sichverschaffens bei automatisierten Datenverarbeitungsanlagen auf technischem Wege mittels Eingabe von Programmbefehlen.[448] Sie ist aber insofern mit dem Sichverschaffen aus dem UWG nur zum Teil vergleichbar, als zum einen die Gewahrsamsverschaffung über körperliche Gegenstände, die Daten beinhalten, nicht ausreicht, sondern ein direkter Zugang zu den Daten notwendig ist, und zum anderen die Handlung sich eben nur auf Daten beziehen kann, die in automatisierter Form vorgehalten werden. In dieser Hinsicht ist diese Handlungsform enger als im UWG. Andererseits ist es weder notwendig, dass der Abruf Kenntnis verschafft, noch dass die Daten nicht für den Täter bestimmt waren. Ausreichend ist, dass der Täter seine Befugnis überschreitet.[449] Unter diesem Aspekt reicht die Handlung weiter als im UWG und stellt sogar eine Schutzform von Innen dar. Daher übt die anschließende Handlungsalternative des *Verschaffens* von Daten aus automatisierten Verarbeitungen oder nicht automatisierten Dateien eine Auffangfunktion aus. Das *Erschleichen durch unrichtige Angaben* ist vollständig unter das unbefugte Verschaffen subsumierbar und hat daher keinen eigenständigen Anwendungsbereich. Die Vorschrift soll das *Hacking* erfassen, ist aber in ihrer Ausgestaltung missglückt, da der *Hacker* nicht eindeutig erfasst werden kann, der sich die personenbezogenen Daten anhand richtiger Angaben verschafft.[450]

---

447 Vgl. *Dammann* in Simitis u.a. (Hrsg.), BDSG, § 3 Rn 108, 112 und 115 mit Beispielen.
448 *Schaffland/Wiltfang*, BDSG_Kommentar 5001 § 43 Rn 9.
449 Vgl. etwa *Gola/Schomerus*, § 43 Rn 22.
450 So auch *Gola/Schomerus*, § 43 Rn 23.

Hinsichtlich des Schutzes von Außen ist daher durch das BDSG keine besondere Erweiterung des Unternehmensgeheimnisschutzes zu erkennen. Selbst die Absichtsmerkmale aus dem UWG sind hier durch die Schädigungs- und Bereicherungsabsicht (und zusätzlich der wohl in dieser Hinsicht indiziellen Handlung gegen Entgelt) in engerer Form vorgesehen. Eine Strafbarkeit bei Versuch oder bei § 19 UWG äquivalenten vorgelagerten Handlungsformen ist hier nicht vorgesehen.

Im Bereich des Schutzes von Innen ist zunächst das *Bereithalten* zum Datenabruf mittels automatisierten Verfahrens strafbar. Diese Handlungsform ist nicht gesetzlich definiert und stellt jedenfalls noch keine Übermittlung dar, sondern nur eine Vorbereitungshandlung in dieser Hinsicht.[451] Da es, wie bei allen weiteren Tatbestandsalternativen, um eine unbefugte Handlung geht, ist sie mit der korrespondierenden Vorschrift des § 10 Abs. 1 BDSG in Verbindung zu setzen, welche die Zulässigkeit der Einrichtung eines automatisierten Verfahrens zur Übermittlung personenbezogener Daten durch Abruf regelt. So ist nach *Heghmanns* auch eine Zugangsgewährung für einen nicht eng genug begrenzten Nutzerkreis strafbar,[452] was schon die Schwierigkeiten bei der Abgrenzung zwischen rechtmäßigen und strafrechtlich unrechtmäßigen Handlungen zeigt. Da der Tatbestand voraussetzt, dass der Bereithaltende alles seinerseits Notwendige getan hat, damit es dem Empfänger der Daten möglich ist, die Daten abzurufen, kann die Alternative als eine spezifische Form des Zugänglichmachens betrachtet werden, die im UWG nicht vorgesehen ist.[453]

Schließlich beziehen sich das *Weitergeben* an Dritte und das *Zusammenführen* auf Situationen, in denen die Daten zwar legal erhalten, jedoch gesetzeswidrig weiter gegeben oder deanonymisiert[454] werden.

Die *Verarbeitung* stellt nach dem Gesetz einen Sammelbegriff für die ebenfalls in § 3 Abs. 4 definierten Begriffe des *Speicherns*, *Veränderns*, *Sperrens* und *Löschens* von Daten dar. Es handelt sich somit um eine besonders umfangreiche Tatbestands-

---

[451] Vgl. statt vieler *Dammann* in Simitis u.a. (Hrsg.), BDSG, § 43 Rn 55.

[452] HWSt-*Heghmanns*, VI 1 Rn 79.

[453] Dazu näher oben Zweiter Teil, C. I. 1.3.

[454] Das heißt, die Zusammenfügung von getrennt gespeicherten anonymisierten Daten- und Identifikationsmerkmalen. Vgl. dazu *Niemeyer*, in Müller-Gugenberger/Bieneck (Hrsg.) WStR, § 33 Rn 196.

alternative, die aus Sicht des Geheimnisschutzes höchst heterogen ist. Denn es werden nicht nur gleichzeitig Schutzformen von Innen und von Außen sowie informationsdynamische und informationsstatische Varianten vorgesehen, sondern auch die im Geheimnisschutz sonst nicht vorgesehene Variante der Informationsvernichtung oder -manipulation. Dabei muss die Handlung freilich keinen Informationsentzug für den Betroffenen bedeuten. Die Legaldefinition umfasst auch in § 3 Abs. 4 Nr. 3 das *Übermitteln*. Nur diese Handlungsform und annäherungsweise die des *Speicherns* stellen auch Tathandlungen des UWG dar, nämlich in Form des *Mitteilens* und des *Sicherns*. Dass bei einer solchen Gesetzeslage die strafbare, unbefugte Verarbeitung eines höchst komplexen gesetzlichen Interpretationsverfahrens bedarf, das zudem eine Vielzahl unbestimmter Begriffe miteinbeziehen muss, zeigt mit aller Deutlichkeit die Berechtigung der verfassungsrechtlichen Bedenken. Das konkrete Ergebnis dieses Zusammenlesens und Ausfüllens kann hier nicht nachgezeichnet werden und wird auch in der Literatur üblicherweise nicht vorgenommen.

Im Bereich des Schutzes von Innen gewährt das BDSG im Vergleich zum UWG zumindest bezüglich des Handlungsbereichs eine Erweiterung des Unternehmensgeheimnisschutzes. Es sind nämlich neben den Handlungsformen des Mitteilens und Sicherns – wenngleich diese in gewissem Maße abweichend formuliert sind – auch unbefugte Umgangsformen vorgesehen, die keinen Informationsfluss bedeuten und sowohl dem § 17 Abs. 1 UWG als auch anderen Geheimnisschutzvorschriften fremd sind. Hervorzuheben ist, dass im BDSG wie im UWG die Verwertungshandlung – entgegen der üblichen Regelung in anderen Geheimnisvorschriften – nicht vorgesehen ist. Dennoch ist, wie schon beim Schutz von Außen, hier zu beachten, dass der Unternehmensgeheimnisschutz nur in der qualifizierten Form des Handelns in Schädigungs- oder Bereicherungsabsicht und gegen Entgelt strafbar ist, hingegen im Versuchsstadium oder bei dem § 19 UWG äquivalenten vorgelagerten Handlungsformen nicht bestraft wird.

VI. Zusammenfassung zum Unternehmensgeheimnisschutz und dem auf unternehmensbezogene Geheimnisse erweiterten Schutz in der Rechtsordnung und dessen Vergleich mit dem Geheimnisschutz aus dem UWG

1. Der Geheimnisschutz von Innen

Die sonst in der Rechtsordnung hinsichtlich des notwendigen Geheimhaltungsinteresses deutlich weniger anspruchsvollen Tatbestände zum Geheimnisschutz erweitern ersichtlich den geschützten Geheimbereich der Unternehmen. Geschützt werden grundsätzlich auch andere als wettbewerbsrelevante, wirtschaftliche sowie immaterielle Interessen des Unternehmens. Darüber hinaus schützen einige Datenschutztatbestände auch weitere unternehmensbezogene nicht geheime Informationen, die dem UWG fremd sind. Darin ist ein – zwar durch verschiedene engere Tatbestandsmerkmale wiederum begrenzter – umfangreicher Geheimnisschutz zugunsten des Unternehmens in der Rechtsordnung zu erkennen, der die Besonderheit des Geheimnisschutzes aus den §§ 17 ff. UWG auch innerhalb des Unternehmensschutzes hervorhebt.

Ein Merkmal, das allen strafrechtlichen Geheimnisschutzvorschriften gemein ist, stellt der auf den Gedanken einer viktimodogmatischen Gestaltung zurückzuführende Sonderdeliktscharakter der Tatbestände dar. Abhängig von der jeweiligen Gestaltung des Täterkreises ergibt sich dadurch eine wichtige Erweiterung des strafrechtlichen Schutzes von Unternehmensgeheimnissen, insbesondere hinsichtlich des für die Entfaltung des Unternehmens notwendigen externen Kommunikationsbereiches.

Des Weiteren ist im Bereich der strafrechtlich verbotenen Handlungen geradezu eine Sonderstellung des UWG zu erkennen, die darin besteht, dass praktisch keine strafbare Verwertungshandlung während oder nach dem Anstellungsverhältnis vorgesehen ist, wohingegen die Rechtsordnung ansonsten ein umfangreiches Verwertungsverbot beim Geheimnisschutz von Innen vorsieht. Im Bereich des WpHG ist dieser Schutz ferner durch die weite Wortwahl des Verwendens nicht nur auf offensive Unternehmensgeheimnisse begrenzt. Außerdem sind in diesem nicht in erster Linie auf Geheimnisschutz ausgerichteten Gesetz noch weiterreichende Umgangsformen verboten. Desgleichen ist im KWG der Verwertungsbegriff durch eine im Ergebnis weite Auslegung nicht allein auf offensive Geheimnisse begrenzt. Die individuelle Rechtsgutsbestimmung zielt stets ab auf den Schutz der informationellen Selbstbestimmung über bestimmte Inhalte oder des Verfügungsrechts über bestimmte Informationen.

Ferner ist anhand der Untersuchung des gesamten Geheimnisschutzes in der Rechtsordnung hinsichtlich der für das UWG noch nicht präzisierten Rechtsgutsbestimmung zu erkennen, dass ein kollektiver durchaus neben einem individuellen Rechtsgüterschutz möglich ist, und zwar trotz des Verfügungsbefugnisses über die Einleitung der Strafverfolgung durch den Betroffenen, sofern diese Befugnis der Funktionstüchtigkeit einer bestimmten Institution zu Gute kommt. Aus diesem Grund ist auch die kollektive Rechtsgutvariante beim Privatgeheimnisschutz i.e.S. nach § 203 f. StGB zu verneinen. Die Verfolgung ist demzufolge im Gegensatz zum UWG nie von Amts wegen vorgesehen.

Schließlich ist hervorzuheben, dass es zur Voraussetzung von Absichtsmerkmalen schon im Grundtatbestand und zur Vorverlagerung aus § 19 keine Äquivalente im sonstigen Geheimnisschutz gibt. Insgesamt sieht das UWG außerdem einen höheren Strafrahmen vor.

2. Der Geheimnisschutz von Außen

Die Einschränkung des Geheimnisschutzes von Außen im UWG auf wettbewerbsrelevante Geheimnisse stellt hinsichtlich aller weiteren Geheimnisschutztatbestände eine Besonderheit dar. Denn im Übrigen kennt die Rechtsordnung keinerlei Begrenzung auf schutzwürdige Informationsinhalte. Kompensierend wirkt dagegen die allgemein vorgesehene Voraussetzung bestimmter Selbstschutzmaßnahmen des Geheimhaltenden, die im UWG nicht verlangt werden. Im UWG wird der Angriff von Außen lediglich auf bestimmte – nicht viktimodogmatisch begründete – Vorgehensweisen beschränkt.[455]

---

[455] So auch bei dem ebenfalls nicht auf Selbstschutzmaßnahmen beschränkten Schutz von Außen in § 201 StGB (Aufnahme auf Tonträger).

Darüber hinaus spielt die zum Teil sogenannte Geheimnishehlerei nur im Zusammenhang mit dem Schutz von Außen im UWG eine Rolle, da sonst in der Rechtsordnung diese Schutzform grundsätzlich nur auf die Verschaffung der Information begrenzt ist.[456]

Wie schon hinsichtlich des Schutzes von Innen hervorgehoben wurde, sind die im subjektiven Tatbestand notwendigen Absichtsmerkmale aus dem UWG sonst in der Rechtsordnung nicht wieder zu finden, bewirken aber wegen ihrer Heterogenität keine praktische Eingrenzung des weiten Geheimnisschutz von Außen im UWG. Auch die Vorverlagerung aus § 19 kennt kein Äquivalent im sonstigen Geheimnisschutz. Insgesamt sieht das UWG beim Schutz von Außen einen höheren Strafrahmen vor.

Hinsichtlich des Rechtsgutes wird beim Geheimnisschutz von Außen durchgehend nur ein individueller Rechtsgüterschutz postuliert, der immer auf die Dispositionsbefugnis über Informationen abstellt, sei es in Form einer Verfügbarkeit über die Gestaltung des Informationsvorgangs oder über die Kenntnis vom Informationsinhalt. Letztere Dispositionsbefugnis könnte auch im UWG in Frage kommen, wäre dann aber jedenfalls auf einen gewissen, durch ihr objektives Gefahrenpotential gekennzeichneten Informationsinhalt beschränkt. Der Geheimnisschutz von Außen ist daher im UWG materieller und nicht nur wie bei den rechtlichen Strafvorschriften formeller Natur.

---

[456] Die öffentliche Mitteilung in § 201 StGB stellt eine Ausnahme dar. Dabei ist aber auch hervorzuheben, dass diese Vorschrift ein Mischform darstellt, da sie sowohl einen Schutz von Innen als auch von Außen vorsieht.

Dritter Teil: Die Rechtsgutsbestimmung

A. Der Schutz individueller Rechtsgüter

I. Historisch und gegenwärtig minderheitlich vertretene Rechtsgutsauffassungen

Unter dem Einfluss des ökonomischen Liberalismus und der entstehenden Gewerbefreiheit, die dem freien Spiel der individuellen Initiative Raum verschaffen musste,[1] wurden bei Entstehung des UWG zunächst in erster Linie die Unternehmensgeheimnisdelikte als Ahndung eines Vertrauens- und Vertragsbruches verstanden, um der individuellen und privaten Beziehung Schutz zu gewähren.[2]
Doch schon Anfang der dreißiger Jahre des letzten Jahrhunderts wurde diese Auffassung von *Kohlrausch* abgelehnt, und zwar nicht nur, weil sie wegen ihrer zeitlichen Begrenztheit seinen Vorschlägen zur Erweiterung des Geheimnisverratstatbestandes entgegenstand, sondern auch, weil sie der damaligen Gesetzesgestaltung nicht entsprach. Laut *Kohlrausch* gibt es auch andere Vertrauensverhältnisse, die nicht aus Angestelltenverhältnissen entstehen – wie z.B. bei Sachverständigen -, die nicht den Tatbestand des § 17 erfüllen.[3] Zudem seien die restlichen Tatbestände des UWG zum Schutz von Unternehmensgeheimnissen nicht auf Vertrauensbeziehungen zu Angestellten ausgerichtet, so dass sie überhaupt nicht unter dieses Schutzgut subsumiert werden könnten. Zu Recht stellte *Kohlrausch* fest, dass der Vertrauens- oder Vertragsgedanke „teils nicht zu Ende gedacht, teils übertrieben worden" sei.[4] *E. Schmidt* bezeichnete diese Auffassung sogar als „voreilige Verlegenheitslösung" und fügt den Beispielen von *Kohlrausch* die sich aus Sozietätsverträgen und Agententätigkeiten ergebenden Verhältnisse hinzu.[5] Ein zweites Argument wurde von

[1] Dazu oben Zweiter Teil B. I.
[2] Vgl. die Nachweise bei *Eb. Schmidt*, 36. DJT, Bd 1, S. 148 Fn. 127. Als Begründer dieser Auffassung sieht er *Katz*, insb. in seinem Vortrag beim 19. DJT.
[3] *Kohlrausch*, ZStW 1930, 30 (43).
[4] *Kohlrausch*, a.a.O.
[5] *Eb. Schmidt*, 36. DJT, Bd 1, S. 149.

Kissling angeführt und vom Großteil des Schrifttums anerkannt, nämlich die Ungewöhnlichkeit einer strafrechtlichen Ahndung bloßer Vertragsbrüche.[6]
Schon bald nach der Entstehung des zunächst stark durch die Straftatbestände geprägten UWG dominierte jedoch die auf *von Gierke*[7] zurückzuführende Ansicht des Unternehmensgeheimnisbegriffs als einer Konkretisierung des allgemeinen Persönlichkeitsrechts.[8] Doch bereits *Eb. Schmidt* formulierte den Vorwurf, dass sie auf einem „vagen und vieldeutigen" Persönlichkeitsrechtsbegriff basiere.[9] Der Kritik kann insofern zugestimmt werden, als die damaligen Versuche einer *strafrechtlichen* Präzisierung des konkreten und einzelnen Persönlichkeitsrechts oder zumindest der konkreten Erscheinungsform des allgemeinen Persönlichkeitsrechts bei den Tatbeständen der §§ 17 ff. sehr vage blieben. So spricht z.B. *Kohlrausch* bezüglich dieser Tatbestände von einer Persönlichkeitsrechtschutzform, die als „Verletzung des Rechts auf Verwertung des Ergebnisses eigener Arbeit" konkretisiert werden könne. Dieses Recht sei aber nicht unter den Begriff des geistigen Eigentums einzuordnen, da es in der Strafrechtsdogmatik nicht anerkannt und deshalb vielmehr mit dem Verrat von Privatgeheimnissen verwandt sei, „jedoch mit diesem Tatbestand auch nur das Eindringen in die fremde Geistessphäre gemeinsam" habe.[10] Heutzutage meinen auch *Arzt/Weber*, dass die Allgemeinheit dieses Rechts seinen Anwendungsbereich als außerordentlich unbestimmt erscheinen ließe, so dass das Strafrecht deshalb den Privatbereich nur gezielter und zugleich weniger weitgehend als das Zivilrecht schützen könne.[11] Zusätzlich kann festgehalten werden, dass auch in Teilbereichen des allgemeinen Persönlichkeitsrechts, z.B. im 15. Abschnitt des StGB dem persön-

---

[6] *Kissling* S. 45, so auch *Arians*, S. 340.

[7] So *Arians*, S. 341, unter Verweis auf *von Gierke*, Zeitschrift für den gewerblichen Rechtsschutz, IV. Jahrgang, S. 109 ff.

[8] Hinsichtlich der Anhänger dieser Auffassung bis zu den dreißiger Jahren vgl. die Nachweise bei *Eb. Schmidt*, 36. DJT, Bd 1, S. 149 Fn 130. Jedoch lässt sich in diesen Stellungnahmen oft keine eingehende Behandlung der Problematik finden. So z.B. bei *Rosenthal*, § 17 Note 1.

[9] Vgl. *Eb. Schmidt*, 36. DJT, Bd 1, S. 151 f., m.N. aus der Rechtsprechung des Reichsgerichts und insb. hinsichtlich der damals sehr unterschiedlichen herrschenden Auffassungen *Lobes* und *von Gierkes* zum Persönlichkeitsrechtsbegriff.

[10] Vgl. *Kohlrausch*, ZStW 1930, 30 (70)

[11] *Arzt/Weber*, BT, § 8 Rn 2. *Kienapfel*, S. 47, stellt fest: „Es gibt keine einzige Bestimmung des geltenden oder künftigen Strafrechts, welche die Privatsphäre in ihrer gesamten Breite und Tiefe abschirmt".

lichen Lebens- und Geheimbereich nicht nur kein umfassender Schutz gewährt,[12] sondern diese Zielrichtung nur mit „Randunschärfen“ und unter Ausweitungen des Schutzes typisiert wird.[13] Hinsichtlich des Unternehmensgeheimnisschutzes wird bei den §§ 203 f. StGB ohnehin keine Annäherung zum allgemeinen Persönlichkeitsrecht mehr bemüht, sondern ausdrücklich postuliert, dass die Unternehmensgeheimnisse dem Vermögensschutz dienen[14] und somit nicht der Rechtsgutsbestimmung bei den anderen Privatgeheimnisschutzvarianten i.w.S. zuzuordnen sind.[15]

Eb. Schmidt hat schließlich im Versuch, der fehlenden Prägnanz des Persönlichkeitsrechtbegriffes auszuweichen, die Auffassung vertreten, dass die §§ 17 ff. das Recht am eingerichteten und ausgeübten Unternehmen schützen.[16] Er sieht in dieser Rechtsgutsauffassung eine sachgerechte Beschreibung des eigentlichen Inhabers des Geheimnisses, der nicht mehr im Unternehmer als individueller Person zu sehen sei, sondern im Unternehmen selbst. Dabei bezeichnet er das Unternehmensgeheimnis als „Ausdruck der Individualität des Geschäftsbetriebes im Bereiche der wettbewerblichen Beziehungen“.[17] Diese Überlegungen ausbauend hat *Arians* auf den unabhängigen Deliktschutz hingewiesen, den § 823 Abs. 1 BGB dem allgemeinen Persönlichkeitsrecht und dem „eingerichteten und ausgeübten Gewerbebetrieb“ als „sonstiges Recht“ gewährt. Darauf gründend erkennt er nicht nur einen Schutz des Gewerbebetriebs in seinem Bestand, sondern auch in seinen einzelnen Erscheinungsformen, so dass auch die freie Entfaltung des Unternehmens erfasst sei. Unter Heranziehung der *Schmidt'schen* Formel eines Unternehmensgeheimnisses als Individualisierungsmoment des Unternehmens im Bereich der wettbewerblichen Beziehungen, erkennt *Arians* darin einen Bestandteil des Unternehmens selbst, der diesem als Immaterialgut anhaftet und mit dem Begriff „Recht am Unternehmen“ zu bezeichnen sei.[18]

[12] So LK-*Schünemann*, Vor § 201 Rn 6.
[13] So NK-*Jung*, Vor § 201 Rn 4 (Stand: 1997).
[14] So *Arzt/Weber*, BT, § 8 Rn 3; *Ploch-Kumpf*, S. 33; *Rogall*, NStZ 1983, 1 (3).
[15] So NK-*Jung*, § 203 Rn 2 (Stand: 1997); M/S/*Maiwald*, BT/1, § 29 Rn 2; LK-*Schünemann*, Vor 201 Rn 9.
[16] Vgl. *Eb. Schmidt* 36. DJT, Bd 1, S. 152 ff.; so auch *Arians*, S. 342; E/K-*Diemer*, U 43 § 17 Rn 2; *Kissling*, S. 48 ff.
[17] *Eb. Schmidt*, 36. DJT, Bd 1, S. 152.
[18] Vgl. zum Ganzen *Arians*, S. 342.

Das Recht am Unternehmen weist aber in seinem Ursprungsgebiet bestimmte Eigenschaften auf, die es kaum als einen tauglichen Strafrechtsgutbegriff erscheinen lassen. Zum einen wird bereits im Zivilrecht auf den *Subsidiaritätsgedanken* des Rechts am Unternehmen hingewiesen,[19] so dass nach *Stadtmüller* im UWG dieses Recht nur Anwendung findet, wenn Sondertatbestände bestimmte Sachverhalte ungeregelt lassen und nach Sinn und Zweck der Norm Lücken bestehen, die nach § 823 Abs. 1 BGB zu schließen sind.[20] Die privatrechtliche Anwendbarkeit des Rechts am Unternehmen wird daher gerade bei einem wettbewerblichen Verstoß gemäß dem UWG unter Hinweis auf den „Auffangtatbestandscharakter" dieses Rechtes verneint.[21] Gleiches muss bei einem strafrechtlichen Verstoß nach dem UWG zur Geltung gebracht werden, so dass es bei diesen Bestimmungen vielmehr darum gehen muss, einen davon abzugrenzenden Schutz bestimmter Unternehmensinteressen festzulegen.
Zum anderen ist das Recht am Unternehmen nicht nur aufgrund dieser formalen, sondern auch aufgrund inhaltlicher Überlegung als Rechtsgut untauglich, da dieses Recht als „offener Haftungstatbestand"[22] oder Rahmenrecht[23] gerade generalklauselartig und daher präzisionsbedürftig konzipiert wird und so der Auslegung eines strafrechtlichen Tatbestands keine genauen und eindeutigen Konturen verleihen kann.

II. Der Vermögensschutz

1. Darstellung der Auffassung und Problembeschreibung

Aus der unbestreitbaren wirtschaftlichen Bedeutung der Unternehmensgeheimnisse schließt die heutzutage eindeutig h.M., dass die Tatbestände zum Unternehmensge-

---

[19] Daher wird dieses Recht auch als *Auffangtatbestand* bezeichnet. Vgl. dazu *Stadtmüller*, S. 18, m.N. aus der Rechtsprechung.
[20] *Stadtmüller*, S. 74 ff., insb. S. 100.
[21] Vgl. nur Hefermehl/*Köhler*/Bornkamm, Einl UWG Rn 7.4.
[22] So *Stadtmüller*, S. 18, m.N. aus der Rechtsprechung.
[23] So *Fikentscher/Heinemann*, Schuldrecht, § 103 II, S. 634; *Fikentscher*, Wirtschaftsrecht, Bd II, § 21 III 3.

heimnisschutz einen exklusiven oder zumindest einen mit kollektiven Interessen vorrangig konkurrierenden Vermögensschutz verfolgen.[24] Obwohl die Literatur es meist unterlässt, sich eingehend mit der Beschreibung der konkreten vermögensstrafrechtlichen Ausgestaltung der Tatbestände zu befassen, ist dennoch evident, dass alle Vertreter dieser Auffassung zunächst von einem ausnahmslosen Vermögenscharakter aller Unternehmensgeheimnisse ausgehen, ferner von einem durchgehenden, d.h. auf alle Tatbestandsvarianten bezogenen Vermögensschutz und schließlich wohl einhellig davon, dass es sich dabei um Vermögensgefährdungsdelikte handelt.

Dass zum einen alle Unternehmensgeheimnisse einen wirtschaftlichen Wert besitzen und somit das Vermögen betreffen und angesichts der weit verbreiteten Bezeichnung als Wirtschaftsgeheimnisse deshalb Vermögensdelikte beschreiben, mag auf den ersten Blick selbstverständlich, ja sogar fast als eine tautologische Aussage anmuten. Dem ist aber nicht so, da zunächst nur die Wettbewerbsrelevanz sämtlicher Unternehmensgeheimnisse feststeht,[25] die eindeutig einen wirtschaftlichen Gesichtspunkt darstellt, aber nicht ohne weiteres auf den Vermögenscharakter eines Objektes

---

[24] Der Einfachheit halber hier noch ohne die Erwähnung des teilweise ebenfalls postulierten konkurrierenden kollektiven Rechtsgüterschutzes: *Arzt/Weber*, BT, § 8 Rn 3; *Brammsen*, in Kragler/Otto (Hrsg.) Schützen Sie Ihr Unternehmen, S. 75 (bei Unternehmensgeheimnissen stehe der wirtschaftliche Aspekt im Vordergrund; Charakteristikum des Geheimhaltungsinteresses ist der Bezug zum Vermögen des Unternehmens), S. 76 (die Eignung zur Herbeiführung von Vermögensschäden), S. 77 (vermögensbezogener Schutzaspekt der Unternehmensgeheimnisse); T/*Fischer*, § 263, Rn 59, (Unternehmensgeheimnisse als Immaterialgüter) und *ders.* und Rn 59 *undpassim* (Unternehmensgeheimnis als Vermögensbestandteile); MüKo-*Hefendehl*, § 263 Rn 407 (Unternehmensgeheimnisse gehören zum rechtlich geschützten Vermögen); *ders.* in Spindler/Stilz (Hrsg.), AktG, § 404 Rn 4 (das Vermögen der AG in einem extensiven Umfang); NK-*Kindhäuser*, § 263 Rn 235 (übertragbare Betriebs- und Geschäftsgeheimnisse, die rechtlichen Schutz genießen, gehören zum Vermögen ihres berechtigten Inhabers); *Lampe*, HWiStR, Stichwort: Geheimnisverrat, S. 2 (geeignet, einen wirtschaftlichen Nachteil herbeizuführen), *ders.* BB 1977, 1477 (1480) (Schutz um des wirtschaftlichen Wertes willen); *Nestoruk*, S. 113 (im Interesse des individuellen Vermögensschutzes); UWG/GK-*Otto*, § 17 Rn 4 (eigener wirtschaftlicher Wert der Unternehmensgeheimnisse), *ders.* wistra 1988, 125 (126) (individueller Vermögensschutz); Fezer/*Rengier*, Lauterkeitsrecht II, § 17 Rn 4 (die Vorschrift schützt das sich aus wirtschaftlichen und insoweit vermögensrechtlichen Interessen ergebende Geheimhaltungsinteresse des Unternehmers); *Schlüchter*, S. 130 (Art von Betriebsmitteln mit Verweisung auf eine ausführliche Behandlung der Produktionsfaktoren und des Produktionsprozesses); *Nelles*, S. 442 (Geschäftsgeheimnisse als Vermögensbestandteile); LK-*Tiedemann*, § 263 Rn 142 (Unternehmensgehimnisse als Immaterialgüter), Rn 188 (Unternehmensgeheimnis als Vermögensbestandteile); *ders.* WStR BT, Einf. Rn 22 (Immaterialgut des Unternehmens).

[25] Vgl. dazu oben Erster Teil D. IV.

schließen lässt. Ferner erscheint angesichts der im Strafrecht vielfältigen Vermögenslehren eine Prüfung des weiten Unternehmensgeheimnisbegriffs unter den bei diesen Lehren vertretenen Vermögensobjektbegriffen notwendig. Darüber hinaus wurden die Unternehmensgeheimnisse bisher nur als Handlungsobjekte der Tatbestände gedeutet, so dass noch festgestellt werden muss, ob dadurch die Antwort auf die Rechtsgutfrage notwendigerweise präjudiziert wird. Andere Tatbestände mit eindeutigeren Handlungsobjekten mit Vermögenscharakter werden nämlich nicht zu den Vermögensdelikten gezählt, wie etwa die Brandstiftungsdelikte nach den §§ 306 ff. StGB, die als abstrakte Gefährdungsdelikte gegen das Leben und die körperliche Unversehrtheit verstanden werden.[26]

Daraus ergeben sich zwei Aufgabenstellungen: zum einen die Bestimmung des strafrechtlichen Vermögenscharakters aller Unternehmensgeheimnisse und zum anderen die Feststellung einer kohärenten Vermögensgefährdungsstruktur der Tatbestände zum Unternehmensgeheimnisschutz. Letzteres ist auch zu prüfen, wenn die erste Analyse den Vermögenscharakter sämtlicher Unternehmensgeheimnis verneinen sollte, da die Rechtsordnung auch Vermögensgefährdungsdelikte kennt, deren Handlung sich nicht an Vermögensobjekten vollzieht, wie etwa die Kreditgefährdungsalternative der Verleumdung aus § 187 StGB. Diese zumindest nach h.M. als Vermögensgefährdungsdelikt verstandene Tatbestandsvariante wird durch unwahre Tatsachenbehauptungen verwirklicht,[27] die wohl nicht als Bestandteil des Opfervermögens zu verstehen sind.[28]

2. Der Vermögenscharakter sämtlicher Unternehmensgeheimnisse

Für die Bestimmung des Vermögenscharakters sämtlicher Unternehmensgeheimnisse ist weder der bereits angesprochene, stets durch neue Erklärungsansätze bereicherte Meinungsstreit um den im Strafrecht anzuwendenden Vermögensbegriff be-

---

[26] Insofern nehmen die Vermögensdelikte an der allgemeinen Erkenntnis teil, dass Handlungsobjekt und Rechtsgut auseinanderfallen können, daher unabhängig zu bestimmende Kategorien darstellen. Vgl. dazu zunächst nur *Roxin*, AT, § 2 Rn 65 und eingehend unten Dritter Teil A. II. 7.2. a).
[27] Vgl. nur S/S-*Lenckner*, § 187 Rn 2.
[28] Zu der Deutung dieser Tatbestandsstruktur näher unten Dritter Teil A II. 7.2. a).

sonders dienlich,[29] noch die Tatsache, dass in der Diskussion meist Fragen zur juristischen oder ökonomischen *Zuordnung* von Vermögensobjekten oder die objektive oder subjektive Vermögens*schadens*ermittlung im Mittelpunkt stehen und nicht die zumindest logisch vorrangige Frage[30] nach dem Vermögens*objekt*begriff. Schließlich ist zu bemerken, dass die Strafrechtsliteratur zwar einhellig davon ausgeht, dass im Strafrecht ein einheitlicher Vermögensbegriff anzuwenden ist,[31] aber die Analyse zu diesem nicht etwa in einem allgemeinen Teil der Vermögensdelikte erörtert wird sondern meist bei der Behandlung des Tatbestandes des Betruges zu finden ist und dadurch die allgemeinen Problemfelder tendenziell deliktspezifisch angegangen werden.[32]

Hinsichtlich der verschiedenen Vermögensobjektbegriffe soll eine an der erläuterten Aufgabenstellung ausgerichtete und nicht eine chronologische, alle verschiedenen Problemfelder aufführende Darstellung der Vermögenslehren durchgeführt werden.[33] Vielmehr erscheint es hier nützlicher, die Darstellung so weit wie möglich auf Aussagen zum Vermögensobjektbegriff zu fokussieren und dabei die Auffassungen nach ihrer – für dieses Vorhaben wesentlichen – Unterscheidung zwischen einer juristischen oder einer wirtschaftlichen Fundierung zu beschreiben.[34]

---

[29] Nach – oder gar gleichzeitig mit – dem Erreichen einer anscheinend konsensfähigen Kombinationslösung anhand der juristisch-ökonomischen Vermittlungslehre haben nämlich neue Ansätze wie die personale, integrierte, modern-juristische, funktionale und intersubjektiv-juristische Vermögenslehre immer wieder für neuen Diskussionsstoff gesorgt. Dazu gleich im Text.

[30] So MüKo-*Hefendehl*, § 263 Rn 293; *ders.*, Vermögensgefährdung, S. 83; *Thiele*, S. 19; S/S-*Cramer/Perron*, § 263 Rn 78; M/S/*Maiwald*, BT I, § 41 Rn 76 und 86; *Samson*, JA 1989, S. 510 f.; LK-*Tiedemann*, § 263 Rn 126.

[31] Dazu eingehend *Hefendehl*, Vermögensgefährdung, S. 84 ff.; *Nelles*, S. 332 ff.

[32] So in den Kommentierungen zum Strafgesetzbuch oder den Lehrbüchern. Auch Auffassungen, die nicht der h.M. zuzuordnen sind, gehen in dieser Weise vor: Die von *Kindhäuser*, BT II, § 26 Rn 12, postulierte *Bereicherungsfunktion*, ist nicht auf sämtliche Vermögensdelikte, sondern nur auf Vermögensverschiebungsdelikte anwendbar; zuletzt dazu *Kindhäuser/Nikolaus*, JuS 2006, 193 (197). Ebenfalls ist dies bei monographischen Abhandlungen zum allgemeinen Vermögensschadensbegriff zu erkennen. So etwa *Thiele*, S. 13 , der die Maßstäbe zur allgemeinen Ermittlung des Vermögensschadens darstellen möchte, diese aber an verschiedenen Stellen nur auf den Betrug bezieht, und auch *Hefendehl*, Vermögensgefährdung, S. 23 und *passim*.

[33] Für eine gesamte Darstellung der Vermögenslehren vgl. nur LK-*Tiedemann*, Vor § 263 Rn 26 ff.; § 263 Rn 127 ff.

[34] Die Bestimmung des Vermögens*subjektes* ist bei den Unternehmensgeheimnissen nicht besonders wichtig, da Unternehmen diesbezüglich alle Voraussetzungen sowohl aus juristischer wie auch wirtschaftlicher Perspektive erfüllen. Für Fragen zur Zuordnung von Unternehmensgeheimnissen siehe

3. Das Verständnis des Vermögensobjektbegriffes durch die rein juristischen Vermögenslehren

3.1. Die klassische juristische Vermögenslehre

Die klassische juristische Vermögenslehre, versteht unter Vermögen die Gesamtheit der einer Person zustehenden subjektiven Vermögensrechte und -pflichten ohne Rückgriff auf wirtschaftliche Erwägungen.[35] Durch eine streng akzessorische Begriffsbildung[36] auf Basis der subjektiven Rechte des Zivilrechts und der öffentlich-rechtlichen „Zuteilungsordnung"[37] werden faktische Machtpositionen über bestimmte Objekte, die sich nicht auf ein subjektives Recht verdichten, im strafrechtlichen Vermögensbegriff nicht berücksichtigt. Dadurch sollen Normwidersprüche zu anderen Rechtsgebieten vermieden werden.[38]

Diese Lehre gilt nach ganz h. M. als überholt[39] und wird in der Literatur auch nicht mehr vertreten, hat aber als Extremposition einen Wert als Erklärungsmodell.[40]

Die Radikalität dieser Lehre besteht nicht so sehr in der Ausblendung wirtschaftlicher Gegebenheiten, da auch moderne juristische Vermögenslehren so vorgehen, noch in der Vermeidung von Normwidersprüchen, da dies auch Anliegen aller weiteren Lehren mit Ausnahme der rein wirtschaftlichen ist. Die Eigenart dieser Lehre liegt vielmehr in der Konkretisierung ihres Grundpostulats der strengen Akzessorietät. Denn dabei möchte sie nicht nur wirtschaftliche Kriterien gänzlich bei der Begriffsbestimmung ausklammern, sondern knüpft unmittelbar an ein bestimmtes Zuordnungskriterium des herangezogenen Rechtsgebiets an, so dass sich die Bestimmung der strafrechtlichen Vermögensobjekte erst als Konsequenz der Erfüllung die-

---

zur begriffskonstituierenden Betriebsbezogenheit oben Erster Teil D. I. und des Weiteren zum spezifischen Problemfeld der illegalen Geheimnisse eingehend unten Vierter Teil B.

[35] Wichtigste Vertreter dieser Auffassung waren *Binding*, Lehrbuch des gemeinen deutschen Strafrechts BT I, S. 237 f, 341, *Gerland*, Deutsches Reichsstrafrecht, S. 560, 637; *Köstlin*, Abhandlungen aus dem Strafrechte, S. 142 f.; *Merkel*, Kriminalistische Abhandlungen II, 1867, S. 101, 199.

[36] So *Nelles*, S. 426; LK-*Tiedemann*, § 263 Rn 128.

[37] Vgl. statt vieler LK-*Tiedemann*, § 263 Rn 128.

[38] MüKo-*Hefendehl*, § 263 Rn 294; *ders.*, Vermögensgefährdung, S. 93 und *Nelles*, S. 348 sehen darin eines der Ziele dieser Lehre.

[39] Vgl. statt vieler LK-*Tiedemann*, § 263 Rn 127.

[40] Dies heben hervor *Nelles*, S. 347, *Niggli*, S. 69, SK-*Samson*, § 263 Rn 102 (Stand: 1996) und LK-*Tiedemann*, § 263 Rn 127.

ser Zuordnungskriterien ergibt: Das Vermögen besteht nicht aus „faktischen Objekten“, sondern nur „im Recht auf sie oder an ihnen“.[41] Wenn daher die Geschäftsgeheimnisse[42] und der (geheimgehaltene) Kundenstamm[43] des Öfteren als Paradebeispiele für die Kritik vorgetragen werden, die klassische juristische Vermögenslehre versage wertvollen Positionen den Schutz und sei daher zu eng, dann liegt der Grund dafür zunächst darin, dass die Unternehmensgeheimnisse gar nicht unmittelbares Bezugsobjekt des Vermögensbegriffs nach klassischer juristischer Vermögenslehre sein können. Denn es wurde bereits dargelegt, dass sie keine subjektiven Rechte begründen.[44]

In einer auf diesen Aspekt der Lehre gerichteten grundsätzlichen Kritik erkennt *Nelles* eine Schwachstelle der Lehre darin, dass die allgemeine Kategorie der subjektiven Rechte als Kernstück der Zivilrechtslehre des 19. Jahrhunderts gelte. Diese gehöre aber heutzutage nicht mehr zum gesicherten Stand der Begriffsbildung und ihre begriffliche Geschlossenheit werde mittlerweile in Frage gestellt.[45] Da die juristische Vermögenslehre auf einer zivilrechtsakzessorischen Begriffsbildung basiere, entstünde konsequenterweise auch ein Grund und Anlass, die strafrechtliche Theorie in dieser Hinsicht in Frage zu stellen.[46]

Dies zeigt aber auch schon, dass die klassische juristische Vermögenslehre mittels einer „Modernisierung“ durchaus dieser Kritik begegnen könnte, ohne ihr Grundpostulat einer akzessorischen Begriffsbildung aufzugeben.[47] Daher meinen *Pawlik* und *Niggli*, dass sich die Kritik an dieser historischen Auffassung hinsichtlich ihrer Enge – aber wohl auch hinsichtlich ihrer begrifflichen Unsicherheiten – überwinden ließe, indem man sie von den engen Fesseln der subjektiven Rechte befreit und auf andere, ebenfalls zivilrechtlich oder auch öffentlichrechtlich fundierte Rechtspositi-

---

[41] Vgl. *Nelles*, S. 349.

[42] So MüKo-*Hefendehl*, § 263 Rn 295; *ders.*, Vermögensgefährdung, S. 99; *Kindhäuser*, BT II, § 26 Rn 14; *Kindhäuser/Nikolaus*, JuS 2006, 193 (197); *Nelles*, S. 349; *Niggli*, S. 71; LK-*Tiedemann*, § 263 Rn 128 (so auch LK-*Lackner*, 10. Aufl., § 263 Rn 121).

[43] So *Kindhäuser*, BT II, § 26 Rn 14; *Nelles*, S. 349; LK-*Tiedemann*, § 263 Rn 127.

[44] Vgl dazu oben Erster Teil A, I, 2.1.

[45] Vgl. *Nelles*, S. 357 mit Nachweisen aus der zivilrechtlichen Literatur.

[46] Vgl. *Nelles*, S. 357.

[47] Insofern bemängelt NK-*Kindhäuser*, § 263 Rn 19, an der Kritik, dass sie die juristische Vermögenslehre - entgegen der wirtschaftlichen – statisch und nicht dynamisch interpretiere.

onen erweitere.[48] Bei einem solchen Vorgehen könnte wieder der Vermögenscharakter der Unternehmensgeheimnisse erwogen werden. Diesen Wandel bei der juristischen Begründung des Vermögensbegriffs vollziehen auch die modernen juristischen Vermögenslehren. Dabei stützen sie den Vermögensobjektbegriff auf ein anderes juristisches Fundament, das ihnen auch ermöglicht, die zweite übliche Kritik an der klassischen juristischen Vermögenslehre zu entkräften.

Diese Kritik bemängelt die Weite des Vermögensbegriffes, da er auch höchstpersönliche Rechte umfasse, denen kein Vermögenswert zugeschrieben werden könne. Dahinter steckt aber eine innere Inkonsistenz der Begründung dieser klassischen Lehre, die sich nicht korrigieren lässt, ohne das Grundpostulat des exklusiven Rekurses auf ein Zuordnungskriterium zu verlassen. Wird nämlich der Versuch unternommen, der Kritik dadurch auszuweichen, dass bei der Begriffsbestimmung auf subjektive *Vermögens*rechte abgestellt wird, um höchstpersönliche auszuklammern, so ist den Kritikern zuzustimmen, dass diese Begrenzung auf eine zirkuläre Definition hinausläuft, da das zu definierende Vermögen in Gestalt seiner Definition als subjektives *Vermögens*recht wiederkehrt.[49] Bereits *Gallas* hat darauf hingewiesen, dass diese Tautologie nur überwunden werden könne, wenn auf einen anderen Bezugsrahmen, nämlich den Bereich des Wirtschaftlichen verwiesen werde.[50] *Nelles* stellt ebenfalls fest, dass das (Zivil-)Recht selbst für die Abgrenzung subjektiver Vermögensrechte von den Nicht-Vermögensrechten keine zuverlässigen Kriterien bereitstelle.[51]

Der Einwand *Kindhäusers*, diese Kritik ließe sich leicht dadurch entkräften, dass das formale Abgrenzungskriterium der Übertragbarkeit herangezogen werde und deshalb höchstpersönliche Rechte auszuscheiden haben,[52] ist deshalb schon mit Skepsis zu betrachten, weil mit *Tiedemann* zu erkennen ist, dass hinsichtlich geradezu klassischer Persönlichkeitsrechte wie dem Namen einer natürlichen Person zunehmend

[48] Vgl. *Niggli*, S. 71 f.; *Pawlik*, S. 254 f.
[49] Vgl. *Gallas*, FS-Eb. Schmidt, S. 407. So auch *Bommer*, S. 10; *Nelles*, S. 353, 358, 407; *Niggli*, S. 76 Fn 269; *Pawlik*, S. 254.
[50] So *Gallas*, FS-Eb. Schmidt, S. 407.
[51] Vgl. *Nelles*, S. 359 und auch 349 f., 358 f.
[52] NK-*Kindhäuser*, § 263 Rn 19.

kommerzielle Verwertungsmöglichkeiten entstehen, die dazu führen, dass auch im Zivilrecht der Begriff des *wirtschaftlichen Persönlichkeitsrechts* verstärkt Verwendung findet.[53] Legitime wirtschaftliche Interessen, die im heutigen Zivilrecht Berücksichtigung finden, müssten dann beim strafrechtlichen Vermögensbegriff ausgeblendet bleiben.[54]

Aus all dem folgt, dass die an der Kategorie der subjektiven Rechte gebundene klassische juristische Vermögenslehre ihre Stärke der eindeutigen Bestimmung des relevanten Zuordnungskriteriums bei der genauen Bestimmung der Vermögensobjekte wieder einbüßen muss. Sie ist in diesem Bereich nämlich nicht im Stande, anhand der gewählten Zuteilungsordnung ein eindeutiges Kriterium zur scharfen Abgrenzung zwischen Vermögensobjekten und Nichtvermögensobjekten zu liefern, ohne entgegen ihrer Grundauffassung auf ein externes System zurückgreifen zu müssen. Dass sie Unternehmensgeheimnisse nicht als Vermögensobjekte betrachten kann, weil diese keine subjektiven Rechte begründen, kann daher aus diesen grundsätzlichen Überlegungen heraus in der weiteren Untersuchung vernachlässigt werden.

3.2. Die modernen juristischen Vermögenslehren

Die moderne juristische Vermögenslehre löst sich von der zivilrechtlichen Akzessorietät und bemüht sich um eine autonome juristische Begriffsbildung. Sie misst insofern der zivilrechtlichen Begriffsbildung keine rechtsgebietsübergreifende Eigenschaft zu. Sie ist des Weiteren insofern konsistent, als ihre Begründung weiterhin gänzlich ohne einen Rekurs auf wirtschaftliche Aussagen auskommt und dabei einen Vermögensobjektbegriff entwickelt, der sich nicht aus Zuordnungskriterien deduzieren muss.

---

[53] Vgl. LK-*Tiedemann*, § 263 Rn 156 unter Verweis auf *Götting*, Persönlichkeitsrechte als Vermögensrechte, 1995, *passim*. Vgl. ferner *Ahrens*, Die Verwertung persönlichkeitsrechtlicher Positionen, 2002, *passim*; *Beuter*, Die Kommerzialisierung des Persönlichkeitsrechts, 2000, *passim*. Zur Kommerzialisierung der Privatsphäre auch *Arzt/Weber*, BT, § 8 Rn 3 ff.; MüKo-*Hefendehl*, § 263 Rn 405.

[54] Wenn NK-*Kindhäuser*, § 263 Rn 19 an der Kritik an der klassischen juristischen Vermögenslehre bemängelt, dass sie diese Lehre statisch und nicht dynamisch interpretiere, könnte man ihm dies hinsichtlich seiner strikten Ausklammerung von höchstpersönlicher Rechten genausogut vorhalten.

Nach *Pawlik* ist Vermögen vergegenständlichte Handlungsfreiheit.[55] So sollen dem strafrechtlichen Vermögensbegriff – ohne Rücksicht auf Geldwert oder Verkehrsfähigkeit – alle Positionen zugeschlagen werden, die unmittelbare Ausprägungen des Selbstdarstellungsrechts ihres Inhabers sind.[56] Dies impliziere, dass jeder Vermögensgegenstand der Rechtsperson *rechtlich zugeordnet* sein müsse, weil sich ihre Identitätsdarstellung, um rechtlich anerkennungsfähig zu sein, innerhalb des Rechtsgesetzes bewegen müsse. Dabei sei diese Zuordnung wesentlich durch die *Rechtszuweisungen des bürgerlichen und öffentlichen Rechts* vorgeprägt. Dies habe nur die *negative* Funktion, faktische Positionen ohne rechtliche Fundierung aus dem strafrechtlichen Vermögensbegriff auszuschließen.[57] Des Weiteren bedeute dies, dass sie mittels der Handlungsfreiheit weggebbar sind, ohne dass dies als Verzicht auf ein konstitutives Merkmal von Personalität begriffen werde. Gegenstände, die aus anderen Gründen nicht veräußert werden dürfen, beträfen nicht diese Restriktion, sondern seien äußerlicher Natur, so dass die Verkehrsfähigkeit nicht das entscheidende Kriterium darstelle.[58]

Für *Kindhäuser* charakterisieren sich Vermögensdelikte dadurch, dass sie Rechtsgüter schützen, die einer Person Chancen freier Entfaltung vermitteln. Solche Güter sind – entgegen den höchstpersönlichen Gütern, die einer Person schon kraft ihres Personseins im Recht zukommen – nicht konstitutiv für die „rechtliche Existenz" einer Person. Dieser Vermögensbegriff sei daher ein (rechtlich) formeller Vermögensbegriff, der nur besagt, dass die dem Vermögen unterfallenden Güter der Form nach übertragbar und als Mittel beliebiger Interessenwahrnehmung einsetzbar sind.[59] Ferner meint *Kindhäuser*, dass dieser Vermögensbegriff funktional konkretisiert werden müsse, so dass im Ergebnis das Vermögen als die Verfügungsmacht einer

[55] *Pawlik*, S. 263.
[56] Vgl. *Pawlik*, S. 260.
[57] *Pawlik*, S. 259 (Hervorhebung im Text).
[58] *Pawlik*, S. 261, als Beispiele der Nichtübertragbarkeit „aus anderen Gründen" werden Bewirtschaftungsvorschriften oder der Gedanke des Kulturgutes erwähnt.
[59] Zum Ganzen, *Kindhäuser*, BT II, § 1 Rn 1 ff.

Person über die (Gesamtheit der) ihr rechtlich zugeordneten übertragbaren (abstrakt geldwerten) Güter zu verstehen ist.[60]

Nach diesen Auffassungen ließen sich im Prinzip Unternehmensgeheimnisse ohne weiteres als Vermögensobjekte verstehen, da sie sich unabhängig von ihrem noch zu präzisierenden Geldwert von einer Person zur anderen übertragen lassen. Problematisch erscheint dagegen insbesondere bei *Kindhäuser* die zusätzliche Notwendigkeit einer rechtlichen Zuordnung des Vermögensgegenstandes. Ein Unternehmen ist zwar etwa hinsichtlich der geheimgehaltenen Information über interne Schwachstellen gegen bestimmte (zum Teil nur straftatbestandsmäßige) Handlungen geschützt, diese Information ist ihm aber nur faktisch zugeordnet. *Kindhäuser* erklärt dieses Kriterium bei der Behandlung der Betriebs- und Geschäftsgeheimnisse dahingehend, dass nur solche dem Vermögen angehören, die rechtlichen Schutz z.B. durch §§ 826 BGB, 1 und 17 UWG, 404 AktG oder 85 GmbHG genießen.[61] *Pawlik* sieht ebenfalls einen Ausklammerungsgrund für rechtlich nicht fundierte faktische Positionen.

4. Das Verständnis des Vermögensobjektbegriffes durch die wirtschaftlich begründeten Vermögenslehren

4.1. Die rein wirtschaftlich begründete Vermögenslehre

Entgegen den rein juristisch fundierten Vermögens(objekts)lehren definiert die rein wirtschaftliche Vermögenslehre das Vermögen als *Summe der geldwerten Güter, über die eine Person faktisch verfügen kann*[62] oder, nur auf den Vermögensobjektbegriff bezogen, als *Summe der geldwerten Güter nach Abzug der Verbindlichkeiten*[63] oder schließlich als *Gesamtheit der einer Person zustehenden wirtschaftlichen*

[60] Bei dieser funktionalen Deutung spielt für die Definition des Vermögensobjektes die Kohärenzfunktion eine entscheidende Rolle, da die für *Kindhäuser*, BT II, § 26 Rn 10, systematisch notwendigerweise ausnahmslose Eingliederung des Eigentums in die Vermögensdelikte auch Güter ohne konkreten Geldwert (zu diesem Begriff unten im Text) in den Vermögens(objekts)begriff eingliedert. Näher zur funktionalen Konkretisierung und zum Kohärenzkriterium NK-*Kindhäuser*, § 263 Rn 29, und zuletzt *Kindhäuser/Nikolaus*, JuS 2006, 193 (198).

[61] Vgl. NK-*Kindhäuser*, § 263 Rn 235.

[62] Vgl. *Krey/Hellmann*, BT II Rn 433; Sinngemäß bei *Preisendanz*, § 263 V 1 („Verfügungsgewalt").

[63] T/*Fischer* § 263 Rn 55; BGHSt 3, 99, 102; 15, 83, 86; 16, 220, 221; 34, 199, 203; 34, 394, 395.

Werte.[64] Paradigmatisch für diese extrem wirtschaftliche Auffassung ist die Aussage der Rechtsprechung, es gäbe kein rechtlich ungeschütztes Vermögen.[65]

Da diese Theorie unter dem Leitgedanken der „Befreiung des Strafrechts vom zivilistischen Denken" entwickelt wurde[66] und bei der Definition des strafrechtlich geschützten Vermögens gänzlich auf Einschränkungen der Rechtsordnung verzichten und nur die faktische Verfügungsgewalt berücksichtigen möchte, stellt sie der klassischen juristischen Vermögenslehre zunächst ein *Zuordnungs*modell für Vermögensgüter gegenüber. Die daraus resultierende Weite des Vermögensobjektbegriffes unterliegt daher auch einer der klassischen juristischen Vermögenslehre vergleichbaren grundsätzlichen Kritik über die Unzulänglichkeit des gewählten Zuordnungskriteriums der faktischen Macht. Auch hier hat *Gallas* frühzeitig auf die Unmöglichkeit der komplett autonomen Begriffsbestimmung anhand des oft zitierten Beispiels des Obstbaumes hingewiesen. Demnach sei es auch für einen Wirtschaftler nicht ohne Rekurs auf die Rechtsordnung zu erklären, warum die schiere Möglichkeit, die Obstbäume des verreisten Nachbarn unbemerkt und ungestört abzuernten, nicht bereits diese Objekte dem Vermögen des aberntenden Nachbarn zuwachsen läßt.[67] Daher sieht sich diese Lehre der Notwendigkeit ausgesetzt, die faktische Betrachtungsweise rechtlich zu korrigieren.

Diese Korrektur der ursprünglich rein wirtschaftlichen Lehre wird durch die weiteren wirtschaftlich begründeten Lehren durchgeführt, so dass die Subsumtion der Unternehmensgeheimnisse erst nach einer die maßgeblichen wirtschaftlichen Kriterien konkretisierenden Betrachtung dieser Lehren durchgeführt werden soll.

[64] Vgl. *Blei*, BT, § 58 V 1. Vgl. auch weitere Nachweise aus älterer Literatur bei *Thiele*, S. 21 Fn. 25.

[65] BGHSt 2 364, 366, obwohl dies laut LK-*Tiedemann*, § 263 Rn 130, in der späteren BGH-Rechtsprechung nicht wirklich durchgehalten wurde.

[66] Vgl. insb. *Bruns*, Die Befreiung des Strafrechts vom zivilistischen Denken, S. 227 und passim; *ders*. FS-Mezger, S. 335, 343 f. *Pawlik*, S. 255, spricht von einer Lehre, die sich aus der Kritik an einer juristischen Lehre *à la Binding* ergibt.

[67] Vgl. *Gallas*, FS-Eb. Schmidt, S. 408; ferner zu diesem Problem auch M/S/*Maiwald*, BT I, § 41 Rn 94; *Niggli*, S. 76 ff.

4.2. Die juristisch begrenzten wirtschaftlichen Vermögenslehren

a) Die juristisch-ökonomische Vermittlungslehre

Da eine wirtschaftliche Vermögenslehre im Ergebnis zu nicht minderen Exzessen führt als die klassisch juristische Lehre, wird sie heutzutage, soweit ersichtlich, nur in einer korrigierten Form vertreten. Die sogenannte juristisch-ökonomische Vermittlungslehre ordnet aus Gründen der Kohärenz zur restlichen Rechtsordnung nur die in rechtlich schutzwürdiger Weise einbezogenen wirtschaftlichen Positionen dem Vermögen einer Person zu.[68] Dieser Auffassung wird kritisch entgegengehalten, dass es sich um eine Kombinationstheorie handle,[69] da sie „Teilgesichtspunkte"[70] gegenüberstelle (wirtschaftlich vs. rechtlich)[71] und somit die wirtschaftliche Betrachtungsweise lediglich extern korrigiere. Da diese Lehre weiterhin von einem einseitig wirtschaftlichen Ansatzpunkt ausgeht,[72] ist sie hinsichtlich der wirtschaftlichen Begründung des Vermögensobjektbegriffes mit der rein wirtschaftlichen Vermögenslehre übereinstimmend.

b) Die normativ-ökonomische oder integrierte Vermögenslehre

Den Versuch, diese kombinierten, aber dennoch jeweils einseitigen Betrachtungsweisen zu überwinden, unternimmt die sogenannte integrierte oder normativ-ökonomische Vermögenslehre.[73] Sie definiert – im Gegensatz zu den Kombinations-

---

[68] *Kindhäuser*, BT II, § 26, Rn 19. Zu den hier nicht ausschlaggebenden Varianten im Schrifttum zusammenfassend SK-*Hoyer*, § 263 Rn 92, die sich nach *Küper*, BT, S. 345, allesamt mit drei Problembereichen befassen: Mit der Frage, ob „nichtige Ansprüche" aus verbotenen/sittenwidrigen Geschäften als Bestandteile des Vermögens anzuerkennen sind, bei dem Problem, ob ein zur Erreichung eines rechtlich missbilligten Zwecks (Erfüllung eines verbotenen Geschäfts) eingesetzter wirtschaftlicher Wert – einschließlich der „Arbeitskraft" – noch am strafrechtlichen Vermögensschutz teilnimmt und schließlich bei der Frage, ob und inwieweit der „unrechtmäßige Besitz" – oder sonst eine in missbilligenswerter Weise erlangte wirtschaftliche Position – einen schutzwürdigen Vermögensbestandteil darstellt.

[69] So *Nelles*, S. 402; *Pawlik*, S. 258.

[70] So *Pawlik*, S. 258.

[71] Zur Auffassung von Recht und Wirtschaft als antinomische Begriffe siehe *Nelles*, S. 386.

[72] So *Samson*, JA 1989, 510 (513): „Der juristisch-ökonomische Vermögensbegriff ist im Ausgangspunkt und in aller erster Linie ein wirtschaftlicher Vermögensbegriff. (…) Auch nach ihm sollen nur solche Positionen geschützt werden, die wirtschaftlichen Wert besitzen."

[73] Die Bezeichnung als integrierter Vermögensbegriff lässt sich auf LK-*Schünemann*, § 266, Rn 134 f., zurückführen, der die Auffassung seines Schülers *Hefendehl* in allen wesentlichen Aspekten über-

theorien – das Vermögen unter Anerkennung der inhärenten Schranken, die, bereits aus der Rechtsordnung entstehend, jeden wirtschaftlichen Vermögens- bzw. Vermögensobjektbegriff bestimmen. Das Vermögen wird dadurch zu einer rechtlichen Institution geformt.[74] Es sei nicht möglich, ein Vermögensobjekt nur in Anlehnung an eine wirtschaftliche Betrachtungsweise zu konzipieren, da Recht und Wirtschaft nicht trennbare Bereiche darstellten.[75] In dieser Hinsicht meint *Nelles*, dass diese inkorrekt getrennte Betrachtungsweise für die Kombinationstheorien geradezu zwingend sei. Sie ist der Auffassung, die Behauptung dieser Lehren, die „wirtschaftliche" Betrachtung (im Sinne der rein wirtschaftlichen Vermögenslehren) müsse notwendig in „unauslösbare" Spannungen zur Gesamtrechtsordnung geraten, sei allerdings nur dann berechtigt, wenn „Wirtschaft" und „Recht" antinomische Begriffe seien, da sonst nicht von einem rechtsfreien Raum oder einem dem Recht sogar entgegengesetztem Bereich der Gesellschaftsordnung die Rede sein könne.[76]

Diese Harmonisierung ist je nach konkreter Auffassung dann auch unterschiedlich intensiv auf wirtschaftliche oder juristische Überlegungen gestützt. So muss bei *Tiedemann* die faktische Sicht nicht nur – wie bei den juristischen Kombinationslehren – juristisch korrigiert, sondern durch Berücksichtigung außerstrafrechtlicher Wertungen konkretisiert und ergänzt werden,[77] dagegen muss bei *Nelles* die faktische Sicht nur bei Positionen berücksichtigt werden, die Gegenstand eines Rechtsgeschäfts in einer bestimmten Wirtschaftsordnung sein können,[78] bei *Hefendehl* ist von einem zivilrechtlich konstituierten Herrschaftsmodell auszugehen,[79] und nach

---

nimmt. Diesem Begriff stimmt *Hefendehl* in B. Schünemann (Hrsg.), Strafrechtssystem und Betrug, S. 229, zunächst zu, bevorzugt aber in MüKo-*Hefendehl*, § 263 Rn 333 ff., die Bezeichnung des normativ-ökonomischen Vermögensbegriffs. Ebenfalls Vertreter dieser Lehre sind *Nelles*, S. 429 ff., wohl auch *Kargl*, JA 2001, 714 ff., LK-*Schünemann*, § 266 Rn 134; LK-*Tiedemann*, Vor § 263 Rn 31, § 263 Rn 132 und 158 und laut LK-*Tiedemann*, § 362 Rn 132, auch *Vogel*, Betrugsstrafrecht, § 4 III 1 (unveröff. Habilitation).

[74] Vgl. LK-*Tiedemann*, Vor § 263 Rn 31.

[75] Nach *Nelles*, S. 387 ff. m.w.N., ist dies nicht einmal auf systemtheoretischer Grundlage möglich, da die Systeme des Rechts und der Wirtschaft zwar normativ geschlossen, aber kognitiv offen sind, deshalb Veränderungen in anderen Systemen erkennen und auf sie reagieren können.

[76] *Nelles*, S. 386; dazu auch zuletzt MüKo-*Hefendehl*, § 263 Rn 310.

[77] Vgl. LK-*Tiedemann*, § 263 Rn 132.

[78] Vgl. *Nelles*, S. 432 ff.

[79] *Hefendehl*, Vermögensgefährdung, S. 117 und zuletzt MüKo-*Hefendehl*, § 263 Rn 334.

Kargl ist für den strafrechtlichen Vermögensbegriff die am Zivilrecht orientierte Zuordnung der Positionen maßgebend.[80]
Bei noch so weitreichenden Normativierungen des Vermögensbegriffes wird auch hier stets der Bestimmung der Vermögensobjekte eine wirtschaftliche Betrachtungsweise zu Grunde gelegt[81] oder, wie es *Hefendehl* ausdrückt, „die Regeln des Wirtschaftsverkehrs" für diese Auffassung als maβgebend betrachtet.[82]

c) Die personale Vermögenslehre

Ausgehend von einem Rechtsgutsbegriff als die tatsächliche Beziehung einer Person zu einem Objekt im weitesten Sinne, die durch eine Rechtsnorm geschützt wird,[83] ist das Vermögen als geschütztes Rechtsgut nur *die Beziehung* des Vermögenssubjekts selbst zu einem Vermögensobjekt.[84] Demzufolge sei das Vermögen als wirtschaftliche Potenz einer Person oder als eine personal strukturierte Einheit zu verstehen, die die Entfaltung der Person im gegenständlichen Bereich gewährleiste.[85] Sie konstituiere sich in von der Rechtsordnung anerkannten Herrschaftsbeziehungen der Person zu Objekten (Vermögensgütern), die von der Rechtsgesellschaft als selbstständige Gegenstände des wirtschaftlichen Verkehrs anerkannt werden.[86] Diese Lehre unterscheidet sich darin grundsätzlich von den vorherigen wirtschaftlich fundierten Vermögenslehren, dass sie – ausgehend von einem anderen Verständnis des durch die Vermögensdelikte geschützten Rechtsguts[87] – zu einem durch die funktional bezogene (wirtschaftliche) Zwecksetzung des Vermögensinhabers bestimmten Wert des Vermögens gelangt. Im Ergebnis läuft dies auf eine stark kritisierte Subjektivierung der Vermögensschadensermittlung hinaus,[88] die aber auch bei der Vermögensob-

---

[80] *Kargl*, JA 2001, 714 (716).
[81] So ausdrücklich *Nelles*, S. 444.
[82] MüKo-*Hefendehl*, § 263 Rn 338.
[83] Vgl. schon *Otto*, Struktur, S. 33, als z.Z. prominentester Vertreter dieser Lehre.
[84] Vgl. *Otto*, Struktur, S. 36.
[85] *Otto*, Struktur, S. 69 f. Vertreter dieser Lehre sind *Bockelmann*, FS-Kohlrausch, S. 288 ff, *ders.* FS-Mezger, 378 ff.; *Hardwig*, GA 1956, 6 (17 ff.); *Heinitz*, JR 1968, 387 f.; *Labsch*, S. 323 ff.; *Geerds*, S. 116; *ders.*, Jura 1993, 311; *Schmidhäuser*, BT, Kap. 11 Rn 2 f.
[86] *Otto*, BT, § 38 Rn 7.
[87] So *Nelles*, S. 417.
[88] Vgl. statt vieler, *Hefendehl* Vermögensgefährdung, S. 112 ff. *Nelles*, S. 423, versteht diese Lehre sogar als eine Schadenslehre, weil die entscheidende Differenz zu den anderen ökonomisch-juris-

jektbestimmung zu erkennen ist, soweit sie auch den Vermögensobjektbegriff nach Maßgabe der wirtschaftlichen Interessen des Vermögenssubjektes bestimmt. Dafür sind aber nur Objekte tauglich, die das allgemeine Substrat aufweisen, selbstständig Gegenstand des Wirtschaftsverkehrs[89] oder eines Rechtsgeschäfts „Tausch gegen Geld“ sein zu können.[90]

5. Nähere Bestimmung der wesentlichen Merkmale des Vermögensobjektbegriffes bei den wirtschaftlich begründeten Vermögenslehren

Trotz der unterschiedlichen Gestaltungen und Erklärungsansätze der wirtschaftlich begründeten Vermögenslehren bleibt zunächst festzuhalten, dass sie den Vermögensobjektbegriff schon seit der rein wirtschaftlichen Vermögenslehre anhand des *wirtschaftlichen Wertes* bzw. des *Geldwertes* bestimmen wollen. Dabei legen sie aber Begrifflichkeiten zu Grunde, die, in den Worten *Lackners*, sowohl in der Substanz als auch in den Konturen für Zwecke des Strafrechts unbestimmt sind und sich nach *Hefendehl* des Begriffs des „Wirtschaftlichen“ bedienen, ohne dass dies klar ist oder zumindest eindeutig definiert wird.[91] In der Diskussion um die genaue Bestimmung dieser Begriffe wirft sogar *Otto* den anderen wirtschaftlichen Vermögenslehren vor, dass sie von einer *laienhaften Vorstellung vom Wirtschaften* ausgehen und keineswegs für sich in Anspruch nehmen können, mit einem *wirtschaftswissenschaftlich* gebildeten Begriff zu operieren.[92] Ähnliches wird von *Niggli* postuliert, wenn er bemängelt, dass gerade ein Vermögensbegriff, der sich „wirtschaftlich“ nenne, mit dem wirtschaftswissenschaftlichen Vermögensbegriff nicht harmoniere.[93] Deshalb gilt es die verschiedenen Konkretisierungen der wirtschaftlichen Eigenschaften der Vermögensobjekte nachzuzeichnen, um anschließend an ihnen den Vermögenscharakter der Unternehmensgeheimnisse zu bestimmen.

---

tischen Vermögenslehren in den Ableitungen für den Schadensbegriff zu erkennen sei; ähnlich LK-*Tiedemann*, § 263 Rn 30.

[89] Vgl. *Otto*, Struktur, S. 45.

[90] Vgl. *Otto*, BT, § 38 Rn 7.

[91] MüKo-*Hefendehl*, § 263 Rn 299; ähnlich schon *ders.*, Vermögensgefährdung, S. 103.

[92] *Otto*, BT, § 51 Rn 59.

[93] *Niggli*, S. 124 Fn 426.

Die Bestimmung des wirtschaftlichen Wertes eines Objektes geht zunächst von einer Betrachtung der Wirtschaft als soziales Subsystem aus,[94] dessen notwendiger sozialer Kontakt die Interaktion mindestens zweier Subjekte voraussetzt.[95] Ebenfalls ist es eine elementare Voraussetzung, dass diese Subjekte im Stande sind, einen Mangel zu empfinden, den sie beseitigen oder zumindest verringern wollen („Bedürfnis"), und ferner, diesen in Form eines konkreten Begehrens gegenüber einem Partner zu artikulieren bzw. zu materialisieren (quantifizieren), so dass ein Bedarf entsteht.[96] Nach *Burghard* entsteht erst durch das Zusammenfinden beider Phänomene, anhand einer Umformung zu einem Quantenphänomen (als Bedarf artikuliertes Bedürfnis[97]), eine wirtschaftlich-immanente Größe, deren Kriterien ökonomischer Natur sind.[98] Dieses Nachfragen (bzw. Anbieten) bezieht sich auf ein Medium, das heißt auf materielle und immaterielle Wirklichkeiten (konkret: Leistung oder Gegenstand). Dieses Medium muss nicht nur einen Nutzen stiften (konkret: einen Bedarf befriedigen), sondern in der Interaktion zwischen Anbieter und Nachfrager *verschiebbar* sein.[99] Die Eigenschaft eines Mediums, Objekt des wirtschaftlichen Handelns zu sein, bezeichnet das Schrifttum mit dem Begriff der „Tauschbarkeit"[100] und ist eine für alle wirtschaftlich begründeten Vermögenslehren unerlässliche Eigenschaft des Vermögensobjektes.

Dagegen bedarf es für die Bestimmung der *Geldwertigkeit* vorerst einer begrifflichen Differenzierung. Bekanntlich wird dem Geld, als quantifizierbarem Medium im wirtschaftlichen Austausch, die Funktionen eines Tausch- und Zahlungsmittels,

---

[94] Wie *Burghard*, S. 28, beschreibt, kann das Wirtschaften auch als ein von der soziologischen Betrachtung abspaltbare Sphäre betrachtet werden und als isolierbare Mensch-Ding-Relation verstanden werden.

[95] Vgl. dazu *Nelles*, S. 380.

[96] Insofern wird davon ausgegangen, dass ein Subjekt nicht im Stande ist, seine Bedürfnisse autonom zu befriedigen. Produktion und Konsum können nicht zugleich von ihm selbst bewältigt werden, so dass es zur Interaktion kommt und somit zum sozialen Phänomen. Vgl. dazu *Burghard*, S. 47.

[97] So auch *Winkel*, S. 110, siehe dazu auch *Luhmann*, Soziologische Aufklärung, Bd. 1: Aufsätze zur Theorie sozialer Systeme, S. 207.

[98] Zum ganzen *Burghard*, S. 45 ff. *Nelles*, S. 380, spricht zwar nur von einem Bedürfnis, beschreibt in der Sache aber das gleiche Phänomen.

[99] Vgl. dazu *Nelles*, S. 380.

[100] So *Nelles*, S. 380. SK-*Samson*, § 263 Rn 113 (Stand: 1996) nennt diese Eigenschaft die „Tauscheignung".

Wertmessers und Wertspeichers zugeschrieben.[101] Da es als universelles Tauschmittel in modernen Gesellschaften fungiert, lässt sich jedes Vermögensobjekt wirtschaftlich anhand eines Geldwertes beschreiben, so dass ihm eine – abstrakt betrachtet – *geldmäßige Quantifizierbarkeit* innewohnt. Es handelt sich insofern um eine qualitative Eigenschaft des Vermögensobjektes, wie die Tauschbarkeit, an die sie auch untrennbar gekoppelt ist. Dem können nur alle auf wirtschaftlicher Tauschbarkeit fundierten Vermögenslehren zustimmen.

Es wird aber des Öfteren darüber hinaus bei den wirtschaftlich begründeten Vermögenslehren zusätzlich von einem notwendigen *Marktwert* der Vermögensobjekte ausgegangen.[102] Dabei wird die Eigenschaft eines Objektes, für einen konkreten Tausch in Frage zu kommen, angesprochen, weil es bei einem oder mehreren nachfragenden Subjekten einen konkreten Bedarf befriedigen kann. Daraus ergibt sich der *relative* oder *konkrete Tauschwert*, der zugleich einen *konkreten Geldwert* hervorruft.[103]

Entgegen dem abstrakten, eine qualitative Eigenschaft des Vermögensobjektes beschreibenden Geldwert ist der quantitative und logisch nachrangige[104] *konkrete Geldwert* eines Objektes, den *Samson* auch als Werthöhe bezeichnet,[105] nicht bei jedem wirtschaftlich *tauschbaren* Objekt gegeben. Dass ein Objekt einen konkreten, in einer bestimmten Geldhöhe darstellbaren Tauschwert hat, bedeutet freilich nicht, dass es Gegenstand eines konkreten Tauschaktes sein *muss*. Es bedeutet nur, dass der Wert intersubjektiv – idealtypisch zwischen Anbieter und Nachfragendem (auf dem Markt) – und nicht nur nach den Vorstellungen des hypothetisch anbietenden oder nachfragenden Subjektes festgelegt wird. Dies ist auch die Bedeutung des im Schrifttum des Öfteren als Zusammenfassung dieser wirtschaftlichen Überlegungen postulierten notwendigen objektiven *Marktwertes* eines Vermögensobjektes.[106]

---

[101] Vgl. *Kutsch/Wiswede*, S. 96; *Nelles*, S. 379; *Reinhold*, S. 60. LK-*Schünemann*, § 266, Rn 134, spricht von der *homogenen Ertragskategorie des Geldes*.

[102] Vgl. nur LK-*Tiedemann*, § 263 Rn 126.

[103] So *Nelles*, S. 381 (Hervorhebung im Text), *Niggli*, S. 114, spricht plastisch von einem *Tauschwert hier und heute*.

[104] Dazu *Nelles*, S. 382.

[105] Vgl. SK-*Samson*, § 263 Rn 113 (Stand: 1996). Zum Ganzen *Nelles*, S. 380 ff.; *Niggli*, S. 119.

[106] Es ist daher nicht richtig, dass ein Marktwert nur dann objektiv ist, wenn ein vernünftiger Dritter diesen für angemessen erachtet, wie SK-*Hoyer*, § 263 Rn 117, zu verstehen gibt. Selbst sein soge-

Zwischen diesen zwei Alternativen bewegen sich nun auch die wirtschaftlich fundierten Vermögenslehren. So meint *Otto* als Vertreter der personalen Vermögenslehre, dass Objekte mit Affektionswert (d.h. solche, die nur Bedürfnisse des Nutznießers befriedigen)[107] Bestandteil des Vermögens seien,[108] und für *Niggli* als Vertreter einer juristisch-ökonomischen Vermögenslehre genügt es, wenn ein Gut einen abstrakten Geldwert hat, also gegen Geld übertragen werden könnte.[109] Des Weiteren meint *Nelles*, Vertreterin der integrierten Vermögenslehren, wie auch schon *Otto*, dass es ausreiche, wenn ein Objekt Gegenstand eines Rechtsgeschäfts „Tausch gegen Geld" sein könnte.[110] Dagegen müssen nach *Arzt/Weber*, Vertreter einer juristisch-ökonomischen Vermittlungslehre, die Vermögensobjekte im strafrechtlichen Sinne einen Marktpreis erlangen[111] oder muss nach *Tiedemann*, der sich einem integrierten Vermögensbegriff nahe sieht, der Wert dieser Vermögensobjekte aus ihrem Marktpreis folgen, der aus Angebot und Nachfrage entsteht und die Knappheit des Gutes widerspiegelt.[112]

Dadurch gelangt man zu dem aus systematischer Perspektive zunächst etwas enttäuschenden Befund, dass nicht die Möglichkeit besteht, die notwendigen Merkmale zur Konstitution des Vermögensobjektbegriffes einheitlich einer Vermögenslehre zuzuordnen. Selbst die Einteilung in juristisch und wirtschaftlich fundierte Lehren ist dabei wenig hilfreich, zumal die modernen juristischen Vermögenslehren ebenfalls darauf abstellen, dass die übertragbaren Vermögensgüter lediglich einen

---

nannter intersubjektiv-juristischer Vermögensbegriff (SK, § 263 Rn 117) ist daher sowohl objektiv wie auch wirtschaftlich begründet, weil er zum einen den Wert des Vermögensobjektes nicht nur dem Willen eines Subjektes unterliegen lässt, sondern in einer sozialen Interaktion objektiviert und zum anderen dabei insofern eine wirtschaftliche Interaktion zugrunde legt, als er eine Tauschwertbestimmung zwischen einem nachfragenden und einem anbietenden Subjekt beschreibt, d.h. einen Markt entstehen lässt.

[107] Vgl. dazu *Nelles*, S. 381.

[108] Vgl. *Otto*, Struktur, S. 66 ff.; *ders.*, BT, § 38 Rn 7, § 51 Rn 54.

[109] Vgl. *Niggli*, S. 68.

[110] Vgl. *Nelles*, S. 435 ff.

[111] Dass die wirtschaftlich fundierten Vermögenslehren vornehmlich auf den Marktwert abstellen, ist zwar des Öfteren aufgrund nicht eindeutiger Begrifflichkeiten wie einem *fassbaren wirtschaftlichen Wert* (vgl. *Rengier*, BT I, S. 207, so auch LK-*Lackner* 10. Aufl., § 263 Rn 142) nicht genau zu erkennen, bildet aber das entscheidende Kriterium zur Unterscheidung zwischen Vermögens- und Eigentumsdelikten (bzw. Vermögensdelikten i.e.S. und i.w.S.). So etwa bei *Rengier*, BT I, § 1 Rn 2; *Wessels/Hillenkamp*, BT II, § 1.

[112] Vgl. LK-Tiedemann, § 263 Rn 126 u.ö., so auch Vor § 263 Rn 32.

abstrakten Geldwert haben müssen und keinen konkreten Marktwert voraussetzen.[113]

Dennoch lässt sich ein – wenn auch bescheidener – gemeinsamer Nenner aller Vermögenslehren in der notwendigen Übertrag- bzw. Tauschbarkeit erkennen. Für das hiesige Vorhaben ist dies aber nicht von Nachteil, da sich der notwendige Marktwert nach allen Vermögenslehren als eine stets mit dem Vermögensbegriff kompatible Eigenschaft begreifen lässt. Erfüllen die Unternehmensgeheimnisse stets diese zusätzliche Eigenschaft des Marktwertes werden sie von allen Vermögenslehren als Vermögensobjekte bezeichnet.

6. Unternehmensgeheimnisse und wirtschaftlicher Wert

Im Prinzip steht die Tauschbarkeit bzw. Übertragbarkeit sämtlicher Unternehmensgeheimnisse außer Frage, da sie sich auf Informationen beziehen, die immer von einem Subjekt zum anderen gelangen können. Darin besteht auch der wesentliche Grund der Geheimhaltung, d.h. der Abschirmung einer Information gegenüber Dritten.[114]

Komplexer gestaltet sich die Bewertung der Unternehmensgeheimnisse hinsichtlich des konkreten Tausch- bzw. Marktwertes und dem daraus resultierenden konkreten Geldwert. Denn Unternehmensgeheimnisse können zwar eine Nachfrage erfahren (und gerade deswegen geheimgehalten werden), aber sie werden meist nicht angeboten. Noch weiter kann sogar aus einer wirtschaftlichen Überlegung heraus behauptet werden, dass sie oft gerade deswegen geheimgehalten werden, weil dieser Zustand wirtschaftlich vernünftiger ist, als ihr Angebot auf dem Markt. So wird etwa ein be-

[113] Vgl. *Kindhäuser*, BT II, § 26 Rn 23; *Kindhäuser/Nikolaus*, Jura 2006, 193 (198) bzw. *Pawlik*, S. 260.

[114] Hinsichtlich der juristischen Komponente der Vermögenslehren ist diese Tauschbarkeit oder Verschiebbarkeit nicht für alle Lehren ausreichend. Sie muss sich in der anspruchsvollsten Auffassung integriert in die Rechtsordnung durch ein zivilrechtlich konstituiertes Herrschaftsmodell begründen lassen (vgl. *Hefendehl*, Vermögensgefährdung, S. 117). Eine problematische Situation ergibt sich daher nur bei illegalen Geheimnissen, die noch näher zu betrachten sind (siehe unten Vierter Teil B). Alle weiteren Unternehmensgeheimnisse sind durch die gesamte Rechtsordnung hinweg, bis hin zur Strafrechtsordnung (etwa die §§ 17 UWG), rechtlich in einer monopolartigen Herrschaftsposition dem jeweiligen Unternehmen zuerkannt.

stimmtes Know-how nicht patentiert, weil der zu erreichende Preis auf dem Markt (Lizenzgebühren) nicht hinreichend hoch ist im Vergleich etwa zu dem wirtschaftlichen Nutzen, der aus der betriebsinternen Anwendung entsteht, oder der Anwendung bei einer Dienstleistung unter Geheimhaltung der einschlägigen Information. Dies würde bedeuten, dass das Unternehmen diesem Vermögensobjekt einen höheren Wert beimisst, als ihn der Markt in Form eines Preises zahlen würde. Mangels Übereinstimung zwischen dem Wert, den das geheimhaltende Unternehmen dem Know-how beimisst, und dem Wert, den die Summe aller Kunden hergeben können, entsteht daher kein Markt i.S. des (fiktiven) wirtschaftlichen Ortes, an dem sich durch Zusammentreffen von Angebot und Nachfrage der Preis bildet. Wiederum gründet jedoch diese Betrachtungsweise auf einem Missverständnis vom Begriff des Markt- oder konkreten Tauschwertes. Denn wenn durch diese Begriffe nur die Intersubjektivität bei der Bestimmung der Werthöhe zum Ausdruck kommen soll, bedarf es nur der *Möglichkeit,* den Markt und den daraus resultierenden konkreten Tauschwert hypothetisch zu ermitteln: *Sollte* das Unternehmen eine geheimgehaltene Information anbieten, würde ein Markt entstehen, der einen bestimmten Preis (in Geldsumme quantifizierter Tauschwert) zahlen würde. Nur wenn bei diesem hypothetischen Angebot keine Nachfrage bestünde, müsste der Vermögenscharakter des Geheimnisses verneint werden, weil dann der Marktwert gleich Null wäre.

Dies gilt übrigens nicht nur für das Know-how, sondern auch für negative Geheimnisse. Sollten diese angeboten werden und dabei eine Nachfrage entstehen, handelt es sich um Vermögensobjekte, sollte dagegen niemand an ihnen Interesse haben, daher keine Nachfrage existieren, wäre der Marktwert gleich Null.[115] Freilich besteht hinsichtlich eines negativen Geheimnisses eine geringere Angebotswahrscheinlichkeit, da der Preis im Prinzip den gesamten, zu erwartenden Schaden übersteigen müßte, um ein Anbieten sinnvoll erscheinen zu lassen; grundsätzlich ist diese Alternative aber durchaus möglich. Bei beiden Geheimnisarten ist es daher für ihren

[115] Ein solches Objekt hätte nur dieses Ergebnis der marktbezogenen Wertlosigkeit mangels Nachfrage mit den Objekten mit Affektionswert gemeinsam. Es handelt sich aber deswegen nicht um ein solches Objekt, weil es auch keine Bedürfnisse des Geheimhaltenden befriedigt.

Vermögenscharakter irrelevant, welchen Wert ihnen das Unternehmen beimisst, allein ausschlaggebend ist, welchen Wert anhand eines Preises der Markt hergibt.

Zusammenfassend kann festgehalten werden, dass nach einer wirtschaftlich begründeten Vermögenslehre für die Bezeichnung eines Unternehmensgeheimnisses als Vermögensobjekt entscheidend ist, ob bei einem hypothetischen Angebot eine Nachfrage existiert.[116] Dass das Objekt tatsächlich nicht angeboten wird, ist irrelevant.

Somit erweisen sich die Unternehmensgeheimnisse stets als Vermögensgegenstände und zwar nicht nur für die Lehren, die einen Marktwert verlangen, sondern auch für die wirtschaftlich oder sogar juristisch begründeten Lehren, die nur eine Tauschbarkeit bzw. eine Übertragbarkeit verlangen.[117]

Geht man davon aus, dass ein Unternehmen im Konkurrenzkampf nach Wettbewerbsvorteilen strebt, ist es nur noch eine im konkreten Fall zu prüfende Frage, ob ein Unternehmen zu dem Mittel des Erwerbs fremder geheimer Informationen greifen möchte, um diesen Bedarf zu befriedigen. Der Bezeichnung der Unternehmensgeheimnisse als Vermögensobjekte steht daher grundsätzlich weder eine wirtschaftliche Überlegung der wirtschaftlich begründeten Vermögenslehren noch eine juristische seitens der modernen juristischen Vermögenslehren entgegen.

Setzt man die dargestellte wirtschaftliche Eigenschaft mit der wettbewerblich begriffskonstituierenden Eigenschaft aller Unternehmensgeheimnisse in Verbindung, kommt der notwendige Vermögenscharakter dieser Geheimnisse ebenfalls zum Ausdruck. Muss das begriffsnotwendige Geheimhaltungsinteresse darin bestehen, dass eine negative Auswirkung auf den Konkurrenzkampf vermieden werden möchte, dann impliziert dies stets eine für Mitbewerber hinsichtlich des Konkurrenzkampfes nützliche Information. Es besteht daher immer eine Nachfrage und es han-

[116] Allgemein zur Bestimmung des Vermögenscharakters anhand der Nachfrage *Waßmer*, S. 117.

[117] Interessant ist hier die Auswirkung der *marktbezogenen* Betrachtungsweise im Vergleich zur wirtschaftlich oder juristisch *nicht marktbezogenen* . Ein Privatgeheimnis, das z.B. aus Schamgefühl Dritten vorenthalten wird, ist durchaus übertragbar und somit sowohl nach wirtschaftlich nicht marktbezogenem, wie auch juristischem Vermögensverständnis als Vermögensobjekt zu verstehen. Dagegen ist es nach der wirtschaftlich-marktbezogenen Vermögenslehre nicht immer ein Vermögensobjekt, da dieses Geheimnis unter Umständen niemanden interessieren kann und daher keine Nachfrage besteht. Ein solches Geheimnis ist in den Händen des Geheimhaltenden kein knappes Gut und hat daher auch keinen hypothetischen Marktwert.

delt sich wegen der exklusiven Kenntnis immer um ein knappes Gut. Damit sind die wirtschaftlichen Bedingungen für die Bezeichnung als Vermögensobjekt erfüllt. Eine *konkrete* Werthöhe, die sich aus dem *tatsächlichen* Zusammenspiel von Angebot und Nachfrage ergibt, muss nicht bestehen.[118] Mit anderen Worten impliziert das begriffsnotwendige Geheimhaltungsinteresse bereits die Vermögenseigenschaft des Unternehmensgeheimnisses.

7. Die Vermögensgefährdungsstruktur der Tatbestände zum Schutz von Unternehmensgeheimnissen

7.1. Allgemeine Darstellung des Problems

Die bisherige Bestimmung des Vermögenscharakters der Unternehmensgeheimnisse hat noch nicht klargestellt, welche Konsequenzen daraus für die Rechtsgutsbestimmung zu ziehen sind. Denn schon die Unterscheidung zwischen beiden Begriffen macht es erforderlich, sie voneinander abzugrenzen und zugleich mögliche Verbindungen zwischen ihnen aufzudecken. Erst dann kann deutlich bestimmt werden, ob und insbesondere wie der Handlungsobjektbegriff die Rechtsgutsbestimmung beeinflusst, ferner, auf einer konkreteren Ebene, in welchem Verhältnis ein Handlungsobjekt mit Vermögenscharakter zum Vermögen als Rechtsgut steht und schließlich, noch konkreter, darausfolgend wie sich aus einer Handlung, die sich an einem vermögenswerten Unternehmensgeheimnis vollzieht, eine abstrakte Vermögensgefährdung ergeben kann.

Daher sollen zunächst einige Erkenntnisse zur Rechtsgutsgefährdungsstruktur und deren Verhältnis zum Handlungsobjekt gewonnen werden, die einer Unterscheidung zwischen den Einteilungen in Verletzung/Gefährdung und in Erfolg/Tätigkeit bedürfen, um anschließend diese Klarstellungen auf den Unternehmensgeheimnisschutz anzuwenden. Auf diesem Weg kann der Versuch unternommen werden, das Postulat

---

[118] Oft erstreckt sich die Geheimhaltung auch auf den Umstand der Existenz des Geheimnisses, so dass in diesen Fällen eine Übereinstimmung zwischen den „Marktpartnern" ohnehin nicht möglich ist.

der h.M. eines Unternehmensgeheimnisschutzes in Form eines Vermögensgefährdungsdelikts nachzuvollziehen.

Wie schon die Bestimmung des Vermögenscharakters sämtlicher Unternehmensgeheimnisse, bereitet auch die Frage nach der Vereinbarkeit der Deliktsstruktur mit dem Vermögensschutz auf Rechtsgutsebene nicht geringe Schwierigkeiten. Diese ergeben sich nicht wie beim strafrechtlichen Vermögensbegriff aus der Fülle an unterschiedlichen Positionen, die im Schrifttum vorgetragen werden, sondern eher aus einem Mangel an Auseinandersetzung mit der spezifischen Struktur des Vermögensgefährdungsdelikts. Insbesondere der Betrugstatbestand, der als Modell zur Abgrenzung zwischen Vermögensgefährdungs- und –verletzungsstrukturen bei der sogenannten „schadensgleichen Gefährdung" herangezogen wird, ist beim Unternehmensgeheimnisschutz wenig hilfreich, da sich jene Diskussion verständlicherweise nur mit unmittelbar an die Schädigung grenzenden Konstellationen befasst und somit den weit darüber hinausreichenden abstrakten Vermögensgefährdungsbereich nicht näher beleuchtet. Desgleichen könnte erwogen werden, die umfangreiche Diskussion um die allgemeine Rechtsgutsbestimmung im Wirtschaftstrafrecht heranzuziehen, zumal dort die Positionen, die grundsätzlich kollektive Rechtsgüter verneinen, meist auf eine Vermögensgefährdungsstruktur abstellen. Doch bemühen sich diese Auffassungen eher um die Begründung der mehr oder weniger flächendeckenden Ablehnung kollektiver Rechtsgüter als um die Begründung des dabei ersatzweise herangezogenen vorgelagerten Vermögensschutzes. Die Diskussion lässt des Öfteren eine nähere und auch genauso vehemente Begründung der abstrakten Gefährdungsstruktur vermissen. Man kann daher bei diesen Auffassungen in gewisser Weise von einer Auffangfunktion des Rechtsguts Vermögen sprechen, die aber die Gefahr in sich birgt, in einen inflationären Gebrauch der Vermögensgefährdungsstruktur zu fallen und damit letztendlich diese Struktur bei der notwendigen Anpassung auf sehr heterogene Tatbestände nur sehr diffus und konturlos zu beschreiben.[119]

[119] Dazu näher unten Dritter Teil A. II. 7.5 ff.

Anhand der folgenden Analyse soll belegt werden, dass beim Unternehmensgeheimnisschutz zwar keine Positionen bezogen werden, die nur von einem kollektiven Rechtsgut ausgehen, dennoch, wohl wegen des wirtschaftlichen Hintergrunds der Tatbestände und in der eben beschriebenen Tendenz, eine durchgehende Vermögensgefährdungsstruktur postuliert wird, die aber nicht zutreffend ist, sondern einen wirtschaftlichen Sachverhalt beschreibt, der nur durch eine genaue Aufarbeitung ihrer spezifischen wettbewerblichen Eigenschaften eine in sich konsistente und präzise Rechtsgutsbestimmung ermöglicht.

7.2. Klarstellende Aspekte zur Bestimmung der Gefährdungsstruktur und deren Anwendung auf den Unternehmensgeheimnisschutz

a) Die Abgrenzung des Handlungsobjekt- vom Rechtsgutbegriff

Am einfachsten scheint die Klärung des Begriffes des Handlungsobjekts. Zum Teil wird er auch als Tat- oder Angriffsobjekt bezeichnet,[120] doch sowohl die Übereinstimmung dieser Begriffe wie auch ihre Bedeutung sind, soweit ersichtlich, nicht strittig.[121] Diese Begriffe bezeichnen allesamt den im Tatbestand genannten bzw. bei der Umschreibung der Handlung vorausgesetzten Gegenstand[122] oder den Gegenstand, an dem sich die verbrecherische Handlung tatbestandsgemäß vollzieht.[123] Dabei kann dieser reale Gegenstand sowohl körperlicher wie auch unkörperlicher Natur sein,[124] so dass Geheimnisse uneingeschränkt unter die Kategorie der Handlungsobjekte fallen. Lediglich die Differenzierung *Jakobs* ist in diesem Kontext interessant, der als Oberbegriff den des „Verhaltensobjekts" vorschlägt, da er als Angriffsobjekt nur die vom Recht nicht negativ bewerteten Handlungsobjekte versteht. Bezogen auf

---

[120] Vgl. dazu *Amelung*, S. 198; *Jakobs*, AT, 2. Abschn. Rn 6; *Müssig*, S. 10. So auch LK-*Tiedemann*, § 263 Rn 142, bei der Behandlung der Unternehmensgeheimnisse. Undifferenzierte Verwendung dieser Begriffe etwa bei *Roxin* AT I, § 2 Rn 65 oder *Hefendehl*, Kollektive Rechtsgüter, S. 39 f.

[121] *Hassemer*, S. 18, meint sogar, es handle sich um „das einzige nicht kontroverse Ergebnis der knapp 140jährigen Problemgeschichte" um den Rechtsgutsbegriff. A.A. *Anastasopoulou*, S. 54.

[122] *Müssig*, S. 10

[123] *Amelung*, S. 99 f.

[124] Vgl. *Graul*, S. 25; *Jescheck/Weigend*, AT, S. 260. Auf körperliche Gegenstände reduziert *Blei*, AT, § 23 III 2; Maurach/*Zipf*, AT I, § 19 Rn 12, 14.

die hier einschlägigen Tatbestände meint er, dass es im Falle des Verrats von Geheimnissen eigentlich um die Produktion unerwünschter Information ginge, so dass nur der erstere Begriff richtig sei.[125]

Da sich die tatbestandsmäßigen Handlungen bei vollendeten Tatbeständen (mitteilen, verschaffen, sichern und verwerten) nicht auf die Geheimniseigenschaft selbst beziehen,[126] kann *Tiedemann* zugestimmt werden, wenn er als Handlungsobjekte die Informationen selbst identifiziert.[127] *Jakobs* akzentuiert diese unmittelbare Bezugnahme auf die Information, indem er weiter gehend meint, dass beim Geheimnisverrat eine *Produktion unerwünschter Informationen* zu Stande kommt.[128]

Dabei ist aber nicht zu verkennen, dass die Vermögenseigenschaft der Unternehmensgeheimnisse nicht vollständig wiedergegeben wird, wenn nicht ihre Geheimniseigenschaft berücksichtigt wird, da sonst entweder nicht die Werthaltigkeit der durch die Geheimhaltung implizierten exklusiven Kenntnis von der Information – bzw. wirtschaftlich ausgedrückt die *Knappheit* – berücksichtigt wird oder die durch die Geheimhaltung zum Ausdruck gebrachte Vermeidung des vermögensgefährdenden Potentials der Information.

Schließlich kann das Handlungsobjekt mit dem Rechtsgut wörtlich identisch sein, obwohl sie begrifflich auseinander zu halten sind.[129] *Sieber* bringt diese Differenzierung dadurch zum Ausdruck, dass er beim Handlungsobjekt auf die Betrachtung des rein äußerlichen Verlaufs der inkriminierten Handlung ohne Rücksicht auf die Normwidrigkeit abstellt und demzufolge das Rechtsgut – rein formell betrachtet – als die durch die Norm geschützte Funktionseinheit versteht.[130] Aus dem tiefgründigen Diskussionsmaterial der Literatur ließen sich auch andere Beschreibungen die-

---

[125] Vgl. *Jakobs*, AT, 2. Abschn. Rn. 6.

[126] Es wird nicht die Geheimniseigenschaft einer Information *gesichert, mitgeteilt* oder *verwertet*, sondern die Information selbst. Sogar das Mitteilen setzt lediglich eine Erweiterung des Eingeweihtenkreises voraus und nicht notwendigerweise eine Erreichung der Offenkundigkeit und somit der Ausschaltung der Geheimniseigenschaft.

[127] LK-*Tiedemann*, § 263 Rn 142; *ders.* GmbH-StrR, § 85 Rn 2.

[128] *Jakobs*, AT, 2. Abschn., Rn. 6.

[129] *Müssig*, S. 10, bezeichnet diese begriffliche Differenzierung und mögliche sprachliche Übereinstimmung als „theoretisches Allgemeingut jeder Rechtsgutslehre".

[130] Vgl. *Sieber*, Computerkriminalität, S. 256 f. So auch *Hoyer*, S. 36; *Jakobs*, AT, 2. Abschn. Rn 15 (S. 41), *Otto*, AT, § 1 Rn 32; SK-*Rudolphi*, Vor § 1 Rn 8; *ders.* FS-Honig, S. 163; *Tiedemann*, Tatbestandsfunktionen, S. 115 f.

ses Schutzobjektes der Strafnorm aufzählen.[131] Eine genaue Betrachtung der ihnen zugrunde liegenden Rechtsgutsauffassung ist aber bei der kritischen Würdigung des Verständnisses des Vermögensschutzes durch Unternehmensgeheimnistatbestände nicht notwendig. Das Vermögen als legitimes Rechtsgut strafrechtlicher Gesetzgebung wird von keiner Auffassung in Frage gestellt. Als gegebenes Schutzobjekt gehört es unumstritten dem „idealen Schutzkatalog" an,[132] so dass die systemkritische Potenz des Rechtsgutbegriffs hier nicht von besonderer Bedeutung ist. Die Frage nach der Legitimierbarkeit des Vorfeldschutzes des Vermögens mittels der Unternehmensgeheimnistatbestände wäre daher hier im Zusammenhang mit der Betrachtung der Deliktsstruktur zu analysieren.[133] Um sich aber kritisch über einen Befund äußern zu können, bedürfen beide Legitimationsgesichtspunkte der systemimmanenten Funktion des Rechtsgutsbegriffs.[134] Um zu ergründen, welches konkrete Rechtsgut in Betracht kommt, muss auf die allgemeinen Regeln der Gesetzesinterpretation zurückgegriffen werden. Zu berücksichtigen ist der Vorschlag *Nelles'*, nur unzweifelhafte – nicht wiederum anhand des Rechtsguts zu bestimmende – Merkmale der Norm heranzuziehen[135] und derjenige *Hefendehls,* nur die Auslegungsgrundsätze heranzuziehen, für die das geschützte Rechtsgut selbst nicht benötigt wird[136] (d.h. die teleologische Auslegung), um methodisch nicht dem Zirkelschluss zu erliegen,

---

[131] So wird der Schutzzweck der Straftatbestände auch in Zusammenhang gebracht mit werthaften Zuständen (*Frisch*, FS-Stree/Wessels, S. 70); sozial wertvoll erkannte Lebensgütern (S/S-*Lenckner/Eisele*, Vorbem §§ 13 ff. Rn 9); Gegenständen, die der Mensch zu seiner freien Selbstverwirklichung braucht (*Marx*, S. 62); werthaften Eigenschaften, die einer Beeinträchtigung oder Aufhebung zugänglich sind (*Hefendehl*, Kollektive Rechtsgüter, S. 32); Gegebenheiten oder Zwecksetzungen, die für die freie Entfaltung des Einzelnen, die Verwirklichung seiner Grundrechte und das Funktionieren eines auf dieser Zielvorstellung aufbauenden staatlichen Systems notwendig sind (*Roxin*, AT 1, § 2 Rn 7); Eigenschaften von Personen, Sachen oder Institutionen, die eine rechtlich anerkannte freie und gleiche Teilnahme am sozialen Leben ermöglichen und absichern (*Kindhäuser*, BT II, § 1 Rn 8); strafrechtlich schutzbedürftiges menschliches Interesse (NK-*Hassemer/Neumann*, Vor § 1 Rn 144).

[132] *Hassemer*, S. 23 f.

[133] Grundsätzlich wird diese auf die Deliktsstruktur bezogene Analyse bei der Legitimationsfrage in letzter Zeit im Schrifttum in den Vordergrund gerückt, nicht ohne dabei zugleich die Leistungsfähigkeit systemkritischer Rechtsgutslehren in Frage zu stellen. Vgl. dazu *Frisch* in Hefendehl/von Hirsch/Wohlers (Hrsg.), Die Rechtsgutstheorie, S. 227 ff.

[134] Entgegen der systemkritischen Funktion des Rechtsgutes wird diese dogmatisch-hermeneutische Funktion trotz ihrer Bezeichnung als „kleinere Münze" (*Gössel*, FS-Oehler, S. 102, der ihre genaue Bestimmung aber als lohnenswert versteht) im Schrifttum nicht angefochten. Für das Wirtschaftsstrafrecht zuletzt *Tiedemann*, WStR BT Einf. Rn 9 ff.

[135] Vgl. *Nelles*, S. 209.

[136] Vgl. *Hefendehl*, Kollektive Rechtsgüter, S. 25.

dass das Rechtsgut als Mittel der Auslegung und zugleich als Auslegungsprodukt fungiert. Aber als Konkretisierung der logisch-systematischen Auslegung kann auch hier die Ermittlung einer in Bezug auf das Rechtsgut kohärenten Deliktstruktur von Nutzen sein.

Es bedarf daher zunächst der Klärung, ob der Bezugspunkt der Analyse das Vermögen sein darf. Nur so kann eine sichere Kritik an der dem Tatbestand zugrunde liegenden Kriminalpolitik durchgeführt und auch die weitere Auslegung der Tatbestände am Rechtsgut orientiert werden.

Unter einer weitestgehend formellen Betrachtungsweise ist die Unterscheidung zwischen ideellen und realen Rechtsgutsbegriffen von Interesse. Denn im Gegensatz zu den Rechtsgutsbegriffen, die von einem realen, d.h. kausal veränderbaren Objekt ausgehen, ist bei einem ideellen Rechtsgutsbegriff der Unterschied zum Handlungsobjekt ganz offensichtlich.[137] Denn bei einem solchen Rechtsgutsverständnis – etwa i.S. eines rechtlich geschützten abstrakten Wertes der Sozialordnung[138] bzw. i.S. eines objektiven Wertes[139] oder eines ideellen Achtungsanspruches[140] – liegt nach *Jescheck/Weigend* der Erfolgsunwert der Tat in der realen Beeinträchtigung des Handlungsobjektes, das Rechtsgut ist dagegen dem Zugriff des Täters eigentlich entzogen und kann nicht wirklich „verletzt" werden. Rechtsgut und Handlungsobjekt sind wie Idee und Erscheinung aufeinander bezogen.[141] Da aber nach ganz h.M. die Aufgabe des Strafrechts darin gesehen wird, Rechtsgüter vor Verletzungen und Gefährdungen durch menschliches Verhalten zu schützen,[142] und dies im eigentlichen Sinne nur bei einem realen Gegenstand oder Sachverhalt, nicht aber bei Ideen

---

[137] Zur Charakterisierung des realen und ideellen Rechtsgutsbegriffs eingehend *Graul*, S. 57 ff.; *Hefendehl*, Kollektive Rechtsgüter, S. 27 ff., der zusätzlich zutreffend hervorhebt, dass vergeistigte Gegenstände Teilmengen der Realität seien und daher die „Vergeistigung" des „Rechtsguts" nicht mit dessen Idealisierung gleichzusetzen sei.

[138] *Jescheck/Weigend*, AT, S. 257.

[139] *Blei*, AT, § 24 II.

[140] *Schmidhäuser*, AT 2/30, S. 37; *ders.* Studienbuch AT 5/26 und 27, S. 84.

[141] Vgl. *Jescheck/Weigend*, AT, S. 260. Ähnlich schon die klassische Darstellung *von Liszts*, ZStW 1886, 663 (674 f.), der auf die selbstgestellte Frage, ob das Rechtsgut ein Begriff oder ein Ding sei, anhand des Rechtsguts Eigentum antwortet, dass es weder ein Mensch noch eine Sache sei, sondern das Recht unter dem Gesichtspunkt des Zweckgedankens, mithin ein Begriff. Dies gelte ferner für alle Rechtsgüter ohne Ausnahme. Der Begriff als solcher sei unsterblich, mithin auch unverletzlich.

[142] Vgl. etwa *Roxin*, AT I, § 2 Rn 67; AK-*Hassemer*, Vor § 1 Rn 246 m.z.N.

oder Begriffen möglich ist,[143] rekurriert diese Rechtsgutauffassung auf den Begriff des Rechtsgutobjektes, der als kausal veränderbarer Gegenstand das Rechtsgut verkörpert.[144] Diese Lösung entschärft freilich nicht die Unzulänglichkeiten dieser Auffassung, die schon *Keßler* in Auseinandersetzung mit *von Liszt* dadurch aufdeckte, dass er treffend darauf hinwies, Gesetze würden nicht zum Schutze von Begriffen, sondern von Realitäten erlassen.[145] Insbesondere *Amelung* hat später in eingehender Auseinandersetzung mit diesem Rechtsgutverständnis dargestellt, dass bei einer solchen Betrachtung Rechtsgüter keine Schutzbedürftigkeit vor menschlichen Handlungen aufweisen.[146] Stimmt man der bereits beschriebenen Aufgabe des Strafrechts zu, Rechtsgüter vor Verletzungen und Gefährdungen durch menschliches Verhalten zu schützen, dann verliert es geradezu seinen Sinn, wenn das Rechtsgut als nicht verletzbares ideelles Gebilde verstanden wird.

Trotz der Einführung des bei einer realen Rechtsgutsauffassung unnötigen Rechtsgutsobjektbegriffes[147] besteht zwischen diesen entgegengesetzten Rechtsgutauffassungen dahingehend Einigkeit, dass das Handlungsobjekt von sämtlichen Rechtsgutbegriffen zu unterscheiden ist. So versteht auch *Schmidhäuser* als Vertreter einer ideellen Rechtsgutauffassung unter Tat- oder Handlungsobjekt „den Menschen oder Gegenstand, auf den sich die konkrete Tat bezieht, ohne dass man vom Rechtsgutobjekt sprechen könnte".[148] Bei den Brandstiftungsdelikten etwa stellen die inbrandgesetzten Räumlichkeiten lediglich die Handlungsobjekte dar und nicht die geschützten Rechtsgutobjekte im ideellen Rechtsgutsinn oder die geschützten Rechtsgüter im realen Rechtsgutsinn. Mit *Schulenburg* ist daher zusammenfassend zu erkennen, dass das Handlungsobjekt anders als das Rechtsgutobjekt nicht notwendigerweise

---

[143] Zum Verständnis der durchaus bei ideellen Rechtsgütern möglichen Missachtung oder Zuwiderhandlung als eine „Verletzung" lediglich im übertragenen Sinne und zur Unmöglichkeit ihrer Gefährdung näher *Graul*, S. 58 f.

[144] *Jescheck/Weigend*, AT, S. 234.

[145] Vgl. *Keßler*, GS 1887, 94 (126 f.)

[146] Vgl. *Amelung*, S. 106, 175, 199, 344; kritisch zu diesem Rechtsgutsverständnis auch *Gössel*, FS-Oehler, 102; *Graul*, S. 55 ff.; *Hefendehl*, Kollektive Rechtsgüter, S. 28 ff.; *Kargl*, ARSP 1996, 485 (492); Nun auch *Roxin*, AT I, § 2 Rn 66; für eine zusammenfassende Darstellung der Kritik am ideellen Rechtsgutsbegriffs, *Anastasopoulou*, S. 24 ff.

[147] Vgl. *Schulenburg* in Hefendehl/von Hirsch/Wohlers (Hrsg.), Die Rechtsgutstheorie, S. 249.

[148] *Schmidthäuser*, StudB AT 5/30, S. 85.

die Konkretisierung des Rechtsguts darstellt.[149] Aber auch wenn dies bei einem konkreten Tatbestand der Fall ist, bleibt es dabei, dass diese beiden Kategorien auseinander zu halten sind. Dies ist auch daran zu erkennen, dass ein bestimmtes Handlungsobjekt dem Schutze unterschiedlicher Rechtsgüter dienen kann. Eine nachteilige Veränderung einer fremden (vermögenswerten) Sache kann daher das Vermögen (etwa nach § 266 StGB), aber auch, je nach tatbestandsmäßiger Beschreibung, das Eigentum (§ 303 StGB), Leib und Leben von Menschen (etwa nach § 306 StGB), oder das Vertrauen oder die Zuverlässigkeit des Rechts- und Beweisverkehrs gefährden (etwa nach § 268 StGB); die Aussage einer falschen Information kann die Ehre verletzten (etwa § 185 StGB) oder die Rechtspflege gefährden (etwa nach § 153 StGB).

Dies bedeutet für den Unternehmensgeheimnisschutz, dass die Identifizierung dieser immateriellen Gegenstände als Handlungsobjekte mit Vermögenscharakter nicht die Deutung des geschützten Rechtsguts bzw. der geschützten Rechtsgüter präjudiziert. Wie *Sieber* und *Hefendehl* zutreffend hervorheben, ist letztendlich die Wahl des Handlungsobjektes für einen bestimmten Tatbestand eher eine Frage der Gesetzgebungstechnik. Dabei stehen grundsätzlich drei Alternativen zur Verfügung. Einmal kann das Rechtsgut zur Tatbestandsbeschreibung verwandt werden und ist dann mit dem Handlungsobjekt identisch sein (formale und inhaltliche Übereinstimmung), wie es z.B. beim Betrug hinsichtlich des Vermögens der Fall ist. Ferner können beide lediglich inhaltlich übereinstimmen, wie es bei den Tötungsdelikten im Rahmen der Unterscheidung zwischen Mensch als Handlungsobjekt und menschlichem Leben als Rechtsgut der Fall ist. Schließlich können weder eine formale noch eine inhaltliche Identität von Rechtsgut und Handlungsobjekt vorliegen, wie es bei den Brandstiftungsdelikten der Fall ist.[150] In diesem Fall *vermittelt* das Handlungsobjekt nur den Angriff auf das Rechtsgut.[151]

[149] *Schulenburg* in Hefendehl/von Hirsch/Wohlers (Hrsg.), Die Rechtsgutstheorie, S. 250.
[150] Vgl. *Sieber*, Computerkriminalität, S. 255; *Hefendehl*, Kollektive Rechtsgüter, S. 40.
[151] Vgl. dazu *Jakobs*, AT, 2. Abschn. Rn 6; *Radtke*, S. 72 ff.

b) Die Abgrenzung zwischen den Einteilungen in Tätigkeits-/Erfolgsdelikte und Gefährdungs-/Verletzungsdelikte

Gemeinhin wird der Begriff des Erfolgsdeliktes von dem (schlichten) Tätigkeitsdelikt dahingehend unterschieden, dass bei jenem im gesetzlichen Tatbestand der Eintritt eines von der Handlung raum-zeitlich oder zumindest gedanklich (logisch-begrifflich) abgrenzbaren Effekts/Sachverhalts vorausgesetzt wird, der mit der Handlung durch eine Kausalkette verbunden ist, dagegen bei diesem die Handlung als solche den tatbestandsmäßigen Schlusspunkt bildet.[152] Für die Abgrenzung beider Deliktskategorien reicht die Betrachtung der Veränderung in der Außenwelt nicht aus, da die tatbestandsmäßige Handlung bekanntlich selbst als eine solche Veränderung der Außenwelt gedeutet werden kann.[153] Entscheidend für die Bezeichnung als Erfolg ist nur das Ereignis, das sich im Anschluss an den Vollzug der Handlung entwickelt.[154] *Kindhäuser* spricht daher treffend von einem verhaltensunabhängigen Ereignis.[155] Tödlich schießen ist eben ein anderer Erfolg als der Tod einer Person, auch wenn sie bei angesetztem Kopfschuss zeitlich kaum abgrenzbar sind. Daher ist ein Tötungsdelikt oder ein Körperverletzungsdelikt stets ein Erfolgsdelikt und entgegen *Roxin* nicht von der Gestaltung des Einzelfalles abhängig.[156] Irrelevant ist auch, ob die tatbestandsmäßige Handlung (bzw. Handlungen) selbst eine Kausalkette von Außenweltereignissen voraussetzen. Dies ist nur eine Frage der mehr oder weniger komplex gestalteten Tathandlung(en) durch den Gesetzgeber.[157] Nach der realen Rechtsgutauffassung kann diese Unterscheidung zwischen Erfolg und schlichter Tätigkeit sowohl auf das Handlungsobjekt wie auch auf das Rechtsgut bezogen werden. Wenn ersteres der Fall ist,[158] muss der Tatbestand nicht nur ein

---

[152] Vgl. statt vieler *Graul*, S. 20, m.w.N. Kritisch *T. Walter*, GA 2001, 131 (132 f.), der die Existenz von schlichten Tätigkeitsdelikten bestreitet.
[153] Vgl. nur *Roxin*, AT I, § 10 Rn 104.
[154] Vgl. schon *Amelung*, S. 211.
[155] *Kindhäuser*, Gefährdung, S. 145.
[156] Vgl. *Roxin*, AT I, § 10 Rn 104.
[157] Daher auch nicht zutreffend *T. Walter*, GA 2001, 131 (132 f.), der für die Bezeichnung als Erfolgsdelikt lediglich auf die (mögliche) Existenz einer Kausalkette an Ereignissen zur Vollendung der tatbestandsmäßigen Handlung abstellt und nicht auf den über diese hinausreichenden Erfolg.
[158] So grundlegend *Amelung*, S. 212; ferner *Anastasopoulou*, S. 55 ff.; *Hefendehl*, Kollektive Rechtsgüter, S. 40; *Jakobs*, AT, 6. Abschn. Rn 86; *Kindhäuser*, Gefährdung, S. 145; *Kuhlen*, in von Hirsch/Seelmann/Wohlers, (Hrsg.) Mediating Principles, S. 148 Fn 3; *Schulenburg*, in Hefendehl/von

Handlungsobjekt erwähnen, sondern der Erfolg auch stets in einer durch die inkriminierte Handlung kausal verursachten Veränderung des Handlungsobjektes bestehen.[159] Bei der Anwendung des Tätigkeitsdeliktsbegriffs auf die Handlungsobjektebene kann auch gänzlich von einem Handlungsobjekt abgesehen werden, wenn die Handlung völlig ohne Bezugnahme auf ein materielles oder immaterielles Objekt auskommt. So etwa beim unerlaubten Entfernen vom Unfallort (§ 142 StGB) oder nach *Amelung* bei den echten Unterlassungsdelikten.[160]

Bezieht man dagegen die Unterscheidung zwischen Erfolgs- und Tätigkeitsdelikt auf das Rechtsgut,[161] sind mit einer verbreiteten Auffassung die konkreten Gefährdungs- und Verletzungsdelikte immer als Erfolgsdelikte zu verstehen,[162] dagegen abstrakte Gefährdungsdelikte stets als Tätigkeitsdelikte.[163]

Es ist daher zu erkennen, dass je nach Betrachtungsperspektive sowohl Handlungsobjekt als auch Rechtsgut taugliche Bezugsobjekte der Unterscheidung zwischen Erfolgs- und Tätigkeitsdelikten sein können. Dagegen prägt die Differenzierung zwischen Gefährdungs- und Verletzungsdelikten dermaßen den Rechtsgutbegriff,[164] dass er nie ausschließlich für das Handlungsobjekt reserviert ist. Eine Beschreibung der Handlungsobjektebene anhand des Gefährdungs- bzw. Verletzungsbegriffes würde auch nicht immer greifen, da sich zum einen tatbestandsmäßige Handlungen nicht immer auf Handlungsobjekte beziehen (z.B. das unerlaubte Entfernen vom

---

Hirsch/Wohlers (Hrsg.), Die Rechtsgutstheorie, S. 252; wohl auch *Zieschang*, S. 202 f. Der Sache nach auch *Graul*, 108 f., die terminologisch für die Handlungsobjektsebene die Begriffe der Verletzungs- und Gefährdungs-Erfolgsdelikte im formellen Sinne und für die Rechtsgutsebene die der Verletzungs- und Gefährdungs-Erfolgsdelikte im materiellen Sinne verwendet.

[159] Dies ergibt sich schon aus der Definition des Handlungsobjektes als das durch die Handlung tangierte Objekt. Andere durch den Tatbestand vorausgesetzte Veränderungen der Außenwelt, die nicht vom Täter ausgehen, gehören dann nicht dem so verstandenen Erfolg an. So etwa die durch einen Dritten durchgeführte Gegenleistung, bei den qualifizierten Tatbeständen gegen Entgelt.

[160] *Amelung*, S. 200.

[161] So etwa T/*Fischer*, Vor § 13 Rn 13a; *Haft*, AT, Anhang V, Erfolgsdelikte; *Krey*, AT I, Rn 190; L/*Kühl*, Vor § 13 Rn 32; B/W/*Mitsch*, AT, § 8 Rn 32 f.; *Roxin* AT I, § 11 Rn 147 ff.

[162] Dass der Eintritt einer konkreten Gefahr ein Erfolg i.S. eines Gefahrerfolgs ist, ist allgemein anerkannt. Vgl. nur *Roxin*, AT I, § 11 Rn 147 oder *Graul*, S. 24, m.w.z.N.

[163] Die Möglichkeit der Gefährdung ist bei abstrakten Gefährdungsdelikten nur das gesetzgeberische Motiv, die tatbestandsmäßige Handlung muss diese nicht auslösen.

[164] Nochmals kann auf die allgemeinen Zielsetzung des Strafrechts als Rechtsgüterschutz vor Verletzungen und Gefährdungen durch menschliches Verhalten hingewiesen werden. Vgl. ferner die Nachweise aus dem älteren Schrifttum bei *Amelung*, S.211 Fn. 178.

Unfallort) und in diesen Fällen diese weder verletzt noch gefährdet werden können. Zum anderen muss auch bei einem Vollzug der Handlung das Handlungsobjekt nicht notwendigerweise nachteilig verändert werden, wie es der Verletzungsbegriff voraussetzt. Es kann sich das Resultat der Veränderung der Außenwelt durch die Handlung hinsichtlich des Handlungsobjekts neutral auswirken (z.B. das Inverkehrbringen von Falschgeld), es ist aber auch möglich, dass die Handlung das Handlungsobjekt erst herstellen muss (z.B. die Geldfälschung).

Bei der weiteren Verwendung dieser Begriffe ist dem Handlungsobjekt als Bezugsobjekt des Tätigkeits- bzw. Erfolgsbegriffes Vorzug zu gewähren, weil sonst bei der Anwendung auf das Rechtsgut kein selbstständiger Begriff für die Beschreibung der Relation zwischen Handlung und (etwaigem) Handlungsobjekt zur Verfügung steht.[165] Dies ist insbesondere beim Unternehmensgeheimnisschutz von Nachteil, da dort bei unveränderter Rechtsgutgefährdungsstruktur – so zumindest die h.M. – die äußere Auswirkung der Handlung auf die Unternehmensgeheimnisse (Handlungsobjekte) variieren kann: Mal werden informationsdynamische Tatbestände, die eine Verbreitung oder einen Zuwachs der Information bzw. eine Verringerung ihrer Knappheit voraussetzen, mal informationsstatische Tatbestände aufgestellt, die dies nicht verlangen.

Gleichzeitig ist am Beispiel des Unternehmensgeheimnisschutzes – wie schon am klassischen der Brandstiftung – zu erkennen, dass es jedenfalls abzulehnen ist, gleichzeitig den Erfolgs- und Tätigkeitsdeliktsbegriff auf Rechtsgut und Handlungsobjekt anzuwenden, da die Handlung unterschiedliche Auswirkungen auf Rechtsgut und Handlungsobjekt haben kann.[166]

---

[165] So auch *Kindhäuser*, Gefährdung, S. 145.

[166] Dabei ist in der Strafrechtsordnung nicht nur die Kombination Handlungsobjekt-Erfolgsdelikte und Rechtsgutgefährdungsdelikte zu erkennen, sondern auch Tätigkeits- und Verletzungskombinationen. Sieht man mit der h.M. im Hausfriedensbruch eine Verletzung des Hausrechtes, so bedarf es dafür nur einer Tätigkeit, insb. bei der Tatbestandsalternative des Verweilens.

c) Anwendung der untersuchten Begrifflichkeiten auf die Tatbestände zum Schutz von Unternehmensgeheimnissen

In der begrifflichen Untersuchung wurde bereits beschrieben, dass die Offenbarung eines Geheimnisses – im Gegensatz zur Information selbst – stets eine Einbuße an Substanz und Qualität desselben bedeutet und andererseits auch immer eine Veränderung des Zustandes der Informationsverteilung bedeutet.[167] Daher stellt der Informationsfluss das zentrale Erfolgsmoment der normativen Erfassung der Unternehmensgeheimnisse dar. Diesbezüglich lassen sich alle tatbestandsmäßigen Handlungen in zwei Kategorien einordnen. Zum einen existieren tatbestandsdynamische Tatbestände, die einen Informationsfluss zum Täter oder einem Dritten beschreiben. Dazu gehören die tatbestandsmäßigen Handlungen des *Mitteilens* (bzw. Offenbarens) und des *Sichverschaffens*. Zum anderen wird der Unternehmensgeheimnisschutz aber auch durch informationsstatische Tatbestände hergestellt, d.h. durch Handlungen, die keinen Informationsfluss voraussetzen und den Informationsverteilungszustand nicht tangieren. Dazu gehören die tatbestandsmäßigen Handlungen des *Sicherns*,[168] des *Verwertens*[169] und die *Versuchtatbestände* aus § 19 UWG.

Eindeutig stellen daher die informationsdynamischen Tatbestandsalternativen Erfolgsdelikte dar, denn sie setzen nicht nur einen einfachen Informationsfluss voraus, wie es bei einer normalen Kommunikation der Fall ist, sondern müssen darüber hinaus eine Veränderung des Zustandes der Informationsverteilung (eventuell sogar eine Verringerung der Knappheit) verursachen und die Kontrollmöglichkeit des Geheimhaltenden verringern. Die informationsstatischen Tatbestände stellen daher im Prinzip Tätigkeitsdelikte dar, weil die beiden erwähnten Erfolge nicht eintreten müssen, sondern nur die Handlung vorgenommen werden muss. Hinsichtlich der Handlungsalternative des Verwertens wurde bereits dargelegt, dass nur eine Eignung der Handlung zur Erlangung des Vermögensvorteils oder der Vermögensverschiebung

[167] Eine Vernichtung der Information und damit des Geheimnisses beim Geheimhaltenden ist ebenfalls denkbar, doch dies ist eine eher seltene Handlungsmöglichkeit, die außerdem nicht durch die Geheimnisschutztatbestände vorgesehen ist.

[168] Diese Tatbestandsalternative setzt eine vorherige Kenntnis voraus. Dazu näher oben Zweiter Teil II. 2.1.

[169] Der Begriff des Verwertens umfasst in den einschlägigen Tatbeständen nicht das *Mitteilen gegen Entgelt*, wie bereits oben Zweiter Teil II. 2.1. dargelegt wurde.

(je nach Auffassung) gegeben sein muss, d.h. dieser Erfolg für eine vollendete Handlung nicht einzutreten braucht. Eine Ausnahme stellt die Mischform der Tathandlung des Sicherns dar, die in § 17 Abs. 2 Nr. 1 UWG die Anwendung technischer Mittel, die Herstellung einer verkörperten Wiedergabe des Geheimnisses oder die Wegnahme einer Sache, in der das Geheimnis verkörpert ist, verlangt. Obwohl diese Beschreibungen nur die *Modi Operandi* bei der tatbestandsmäßigen Handlung beschreiben, kann man teilweise von einem Tätigkeitsdelikt sprechen, da tatsächlich die Verwendung der technischen Mittel (Nr. 1 a) keine Außenwelterfolge nach vollendeter Tathandlung voraussetzen und die Wegnahme (Nr. 1 c) erst abgeschlossen ist, wenn neuer Gewahrsam begründet wurde. Dagegen stellt die hergestellte Verkörperung (Nr. 1 b) eine Veränderung der Außenwelt nach vollendeter Handlung dar. Daraus ergibt sich eine nicht besonders einfache Einteilung der Unternehmensgeheimnistatbestände. Im hiesigen Kontext ist aber von besonderer Bedeutung, dass die Erfolgsdeliktsalternativen nach h.M. durchgehend einen Rechtsgüterschutz vor abstrakten Gefährdungen herstellen sollen.

7.3. Rechtsgut des Unternehmensgeheimnisschutzes und Gefährdungsdeliktsstruktur

a) Zur allgemeinen Vermögensgefährdungsstruktur

aa) Zur Struktur und Bewertungsmethode des Vermögensschadens

Grundsätzlich ist nach h.L. der Vermögensschaden durch die wirtschaftliche Veränderung, die die Täterhandlung im Opfervermögen bewirkt, gegeben.[170] Dabei geht die h.M., wie schon bei der Bestimmung des Vermögensobjektcharakters eines Gegenstandes zur Ermittlung des Vermögensschadens, nur konsequent vor, wenn sie sich dafür grundsätzlich am objektiven Geldwert des Objektes anhand seines Marktwertes orientiert.[171] Und zwar bezieht sie diese Bewertungsmethode sowohl

---

[170] Vgl. nur *Samson*, JA 1989, 510 (510).

[171] Vgl. dazu nur LK-*Tiedemann*, § 263 Rn 126, 158 f. Anders z.T. die Mindermeinung, wenn sie zwar den Vermögensschaden als eine nicht durch ein Äquivalent kompensierte Vermögensminderung

auf das dem Vermögen schon angehörende und es negativ verändernde Vermögensobjekt, wie auch auf das Vermögensobjekt, das zum Vermögen hinzukommt und es positiv verändert. Für die Verrechnung dieser entgegengesetzten Vermögensveränderungen wendet die h.M. eine Saldierung an, bei der ausnahmsweise eine individualisierende Sichtweise mitberücksichtigt werden kann, sofern unter marktmäßiger Bewertung Leistung und Gegenleistung an sich ausgewogen, aber individuelle (wirtschaftliche) Zwecksetzungen für die konkrete Bewertung der Veränderung im Gesamtvermögen notwendig sind. Ob und inwiefern hier stets eine rechnerische Festlegung eines bestimmten Geldwertes sinnvoll bzw. notwendig ist, ist auch innerhalb der h.L. strittig, kann hier jedoch dahinstehen.[172] Denn wird durch diese Handlung nur ein Vermögensgegenstand aus dem Opfervermögen betroffen, ohne dass diese negative Veränderung durch eine positive in Form einer Gegenleistung (zumindest teilweise) kompensiert wird, kommt es zu keiner Saldierung und es bedarf für die h.L. grundsätzlich keiner Korrektur des Marktpreises anhand individueller Zwecksetzungen. Der Vermögensschaden entspricht dann der durch die tatbestandsmäßige Handlung verursachten Wertminderung eines Vermögensobjektes.

bb) Zur Struktur und Bewertungsmethode der Vermögensgefährdung

Eine Gefährdung des Rechtsguts Vermögen als der Schädigung vorgelagerter Zustand besteht in der Gefahr einer Wertminderung des Marktwertes des durch die tatbestandsmäßige Handlung betroffenen Vermögensobjektes. Mit *Hefendehl* setzen Vermögensschaden und -gefährdung *per definitionem* die vorherige Existenz eines Vermögensbestandteiles voraus.[173] Diese wenig polemische Feststellung für die im Rahmen des Betrugs zu prüfende „schadensgleiche Vermögensgefährdung" ist auch für die abstrakte Vermögensgefährdung zutreffend. Bei dieser Vermögensgefährdungsstruktur muss die tatbestandsmäßige Handlung nach allgemeinem Verständnis

---

versteht, aber davon ausgeht, dass der wirtschaftliche Wert von Leistung und Gegenleistung grundsätzlich keine Rolle spielt und keine Verrechnung stattfinde (*Kindhäuser*, BT II, § 27 Rn 74 f.)

[172] Vgl. dazu LK-*Tiedemann*, § 263 Rn 158 f. einerseits, S/S-*Cramer*, § 263 Rn 108 oder LK-*Lackner* (10. Aufl.), § 263 Rn 229 andererseits.

[173] MüKo-*Hefendehl*, § 263 Rn 293; *ders.*, Vermögensgefährdung, S. 83; *ders.* in Schünemann (Hrsg.), Strafrechtssystem und Betrug, S. 188.

nur eine typischerweise gefährliche Handlung darstellen, die zwar das gesetzgeberische Motiv für die Typifizierung darstellt, aber nicht verlangt, dass die tatbestandsmäßige Handlung tatsächlich das Rechtsgut in Mitleidenschaft zieht (Verletzung oder konkrete Gefährdung).[174] Die Gefahrensituation des Gutes als realem Zustand ist keine Tatbestandsvoraussetzung.[175] Mit *Tiedemann* ist aber festzuhalten, dass sich das abstrakte Gefährdungsdelikt unzweifelhaft begrifflich am *Rechtsgut* orientiert, dessen Standort jedoch außerhalb des Tatbestandes belassen und nur durch die generelle gesetzliche Festlegung der Gefährdungsindizien kenntlich gemacht wird.[176] Diese Tatbestandsstruktur verhindert daher nicht, sich abstrakt-gedanklich mit der Zielrichtung der Gefährlichkeit auseinanderzusetzen, denn auch eine konkret nichts weiteres verursachende gefährliche Handlung bedarf dennoch eines verletzungstauglichen Bezugsobjektes. Sonst ginge die Relationsnotwendigkeit einer Beschreibung der „Gefahr oder Gefährlichkeit für" gänzlich, d.h. auch begrifflich, verloren. Die Möglichkeit dieser mentalen Antizipation bedeutet, dass auch bei einer abstrakten Vermögensgefährdung zu erkennen sein muss, auf was sich das Schädigungspotential der abstrakten tatbestandsmäßigen Handlung bei der Realisierung (wenn auch über andere Handlungen vermittelt) auswirken soll.

Wenn sich daher die „schadensgleiche Gefährdung" des Vermögens auf einen Vermögensbestandteil zu beziehen hat, dann muss gleiches für das Bezugsobjekt einer abstrakt gefährdenden Handlung gelten. Denn eine – bildlich gesprochen – noch nicht schädigende Gefährdung stellt hinsichtlich der – den Betrug erfüllenden – schadensgleichen Gefährdung nur ein Kontinuum hin zum gleichen Bezugsobjekt dar.[177]

---

[174] Nach allgemeiner, wohl vorherrschenden Auffassung, ist es auch irrelevant, ob dies abschließend durch den Gesetzgeber durchgeführt oder dem Richter überlassen wird, solange es nicht der Feststellung eines real gefährlichen Zustands bedarf. Dazu schon *Gallas*, FS-Heinitz, S. 174 f., 183; ferner *Hirsch*, FS-Arth. Kaufmann, S. 550 Fn 550.

[175] Vgl. zum Ganzen, *Zieschang*, S. 23 ff., der in Übereinstimmung mit *Hirsch*, FS-Arth. Kaufmann, S. 545, 550, 558, die Bezeichnung des abstrakten Gefährlichkeitsdelikts bevorzugt, um die exklusive Bezugnahme auf die Eigenschaft der Handlung zu beschreiben (vgl. *Zieschang*, S. 53, 172).

[176] Vgl. *Tiedemann*, Tatbestandsfunktionen, S. 117 (Hervorhebung im Text).

[177] Vgl. zum Ganzen, *Hefendehl*, Vermögensgefährdung, S. 129 f., insb. zur missverständlichen Bezeichnung der schadensgleichen Vermögensgefährdung, die hier nur ihrer Üblichkeit halber übernommen wird.

cc) Die Ausklammerung des Vermögenszuwachses sowohl bei konkreter als auch bei abstrakter Vermögensgefährdung

Die traditionelle Einteilung der nicht das Rechtsgut verletzten Tatbestände in *konkrete* und *abstrakte* Gefährdungsdelikte bedeutet daher nur, dass die erste Beschreibung durch die tatbestandsmäßige Handlung zu realisieren ist, die zweite dagegen nicht. Sie bedeutet aber nicht, dass die erste Beschreibung hinsichtlich des Rechtsgutes als Bezugsobjekt im Vergleich zur zweiten präziser zu bestimmen wäre. Deshalb bezieht sich eine abstrakt vermögensgefährdende Handlung in gleicher Weise auf das Vermögen wie eine konkrete Vermögensgefährdung (als ein von der Handlung zu trennender Zustand) und nicht etwa auf eine zukünftige Entwicklung des Vermögens i.S. eines *möglichen Vermögenszuwachses*. Denn dies würde schon die Verlagerung des Auswirkungspotentials der Handlung auf ein anderes Bezugsobjekt bedeuten, das freilich auch für die Aufstellung eines strafrechtlichen Verbots erwogen werden kann, aber dann nicht als eine abstrakte Vermögensgefährdung[178] beschrieben werden sollte, sondern als eine abstrakte Vermögens*zuwachs*gefährdung. Der Versuch, diese unterschiedlichen Begriffe zusammenzuführen, wurde in der Strafrechtslehre bereits unternommen, namentlich durch die dynamische Vermögenslehre,[179] doch zu Recht als verfehlt abgelehnt. Denn dadurch werden die Bewertungsschwankungen – eine jeder wirtschaftlich-realistischen Betrachtungsweise notwendige Variable – mit den Zuordnungsveränderungen von Vermögensobjekten zu verschiedenen Vermögenssubjekten je nach Entwicklung des Wirtschaftsverkehrs auf unzulässige Weise vermengt.[180] Dass solche Erwartungen des „Haben-Könnens“[181] im Bereich der möglichen Bezeichnung einer Exspektanz als Vermögensbestandteil zu thematisieren sind, hat *Hefendehl* zutreffend hervorgehoben[182] und soll unten hinsichtlich des Unternehmensgeheimnisschutzes näher thematisiert werden.

---

[178] Wohl besser abstrakte Vermögensgefährlichkeit, da es *nur* um die typische Auswirkung der Handlung geht. Hier soll die herkömmliche Bezeichnung beibehalten werden, weil sie im Schrifttum nicht (mehr) zweideutig, sondern im hier dargestellten Sinn ausgelegt wird.
[179] Vgl. *Eser*, GA 1962, S. 289 (289 ff.).
[180] Eingehend dazu *Nelles*, S. 414 ff.
[181] *Eser*, GA 1962, 289 (296).
[182] Vgl. *Hefendehl*, Vermögensgefährdung, S. 115.

Des Weiteren besagt die notwendig präzise Bestimmung eines Vermögensbestandteiles, dem sich die Schädigung oder die Gefährdung zuordnen lässt, freilich noch nicht, dass bei Vermögensgefährdungstatbeständen das Handlungsobjekt den zu schädigenden Vermögensbestandteil darstellen muss. Folgt man der Auffassung der h.M. ist dies z.B. nicht der Fall bei der Vermögensgefährdungsalternative der Verleumdung (§ 187 Alt. 3 StGB). Die Frage, ob die Vermögensgefährdungsstruktur dieser Tatbestandsalternative nachvollziehbar ist, und insbesondere die abstrakte Überlegung, an welchem Vermögensbestandteil sich eine etwaige Rechtsgutsverletzung vollziehen müsste, mag dahinstehen. Entscheidend ist, dass die h.M. dadurch die Möglichkeit zum Ausdruck bringt, dass ein Handlungsobjekt (unwahre Tatsachen), das eindeutig nicht zum Opfervermögen gezählt werden kann, eine Vermögensgefährdung verursachen kann. Nach den bereits beschriebenen Aufteilungsmöglichkeiten der Tatbestände hinsichtlich der Relation zwischen Rechtsgut und Handlungsobjekt handelt es sich um ein Handlungsobjekt, bei dem weder eine formale noch inhaltliche Übereinstimmung mit dem Rechtgut besteht, da das Handlungsobjekt lediglich den Angriff auf das Rechtsgut vermittelt.[183]

Hinsichtlich des Unternehmensgeheimnisschutzes sei vorweggenommen, dass es insofern nicht diese Konstellation beschreibt, als der grundsätzliche Vermögenscharakter des Handlungsobjektes gegeben ist. Da etwa im Gegensatz zum Betrugstatbestand das „Vermögen“ im Unternehmensgeheimnisschutz nicht erwähnt wird, aber das Unternehmensgeheimnis als spezifisches Vermögensobjekt eine Konkretisierung dieses Rechtsgutes darstellt, besteht keine *formale*, sondern höchstens eine *inhaltliche* Übereinstimmung.

[183] Vgl. dazu oben Dritter Teil A. II. 7.2. a).

b) Zur Gefährdungsstruktur beim Unternehmensgeheimnisschutz

aa) Die Gefährdung des Vermögens durch die Minderung des Vermögenswertes des Unternehmensgeheimnisses

Geheimnisse verlieren wie körperliche Gegenstände auch ihren Wert zunächst einmal eindeutig durch ihre Vernichtung. Wie aber im begrifflichen Bereich dargestellt, handelt es sich dabei nicht nur um eine eher unrealistische Möglichkeit, sondern auch (wohl nicht zuletzt deswegen) um eine nicht tatbestandsmäßige.

Geheimnisschutz wird sowohl faktisch wie auch normativ betrieben, damit sich die geschützte Information nicht verbreitet. Dieser Informationsfluss kann sich sowohl in einer Vereitelung von Vermarktungschancen auswirken, die als Verlust einer Gewinnchance unten thematisiert wird, wie auch in einem Substanzverlust in Form einer Minderung des Vermögenswertes.[184] Bedient man sich nämlich bei der Bestimmung der Marktwertveränderung des Modells des Marktgleichgewichtspreises, ist – wenn auch nur in einem idealisierten Sinn und unter *Ceteris-paribus*-Bedingungen – davon auszugehen, dass sowohl Angebotssteigerungen bei gleichbleibender Nachfrage wie auch Nachfragesenkungen bei gleichbleibendem Angebot zu einer Senkung des Gleichgewichtspreises führen.[185] Dieses Modell ist hier insofern hilfreich, als bei Unternehmensgeheimnissen ein Informationsfluss hin zu den Nachfragern dazu führen kann, dass wegen der Bedarfsbefriedigung die Nachfrage sinkt und somit auch der Preis bzw. der Marktwert der Information.[186] Ebenfalls kann ein Informationsfluss hin zu den Konkurrenten dazu führen, dass das Angebot dieser Information steigt und somit der Preis bzw. der Marktwert der Information sinkt. Diese Annahme ist bei Unternehmensgeheimnissen auch realistisch, weil sie hinsichtlich der Angebotsseite auf einer Monopolposition und hinsichtlich der Nachfrageseite angesichts der Spezifizität des Tauschobjektes auf einer wohl eher gerin-

---

[184] Dies freilich aus einer abstrakten bzw. rein wirtschafttheoretischen Betrachtungsweise, d.h. (noch) ohne Bezugnahme auf die realistischen Auswirkungen auf tatsächliche Nutzungsmöglichkeiten.

[185] Vgl. *Streissler/Streissler*, Kap I Rn 170 f.

[186] Dies kann bis hin zu dem Punkt gelangen, dass keine potentiellen Marktpartner eines geheimhaltenden Unternehmens mehr existieren, mit anderen Worten keine Nachfrage besteht und nach h.M. dieses Geheimnis seinen Vermögenscharakter verliert.

gen potentiellen Kundschaft basiert. Es wird sich meist um einen sehr spezifischen und zugleich kleinen Markt handeln,[187] der sich zusätzlich wegen der leichten Multiplizierbarkeit der geheimen Information auf ein in seinem Wert sehr sensibles Tauschobjekt bezieht.

Ein Informationsfluss *kann* sich daher auf den Marktwert (Preis) eines Unternehmensgeheimnisses negativ auswirken, *muss* er aber aus einem weiteren Grund nicht. Denn die Informationsverteilung auf dem relevanten Markt kann unverändert bleiben, wenn sich der Informationsfluss jenseits des Marktes abspielt. Daraus ergibt sich, dass tatbestandsmäßige Handlungen grundsätzlich *per se* keine Marktwertminderung bzw. Preissenkung verursachen: Bei informationsdynamischen Tatbestandsalternativen *kann* dies der Fall sein, bei informationsstatischen ist dies nie der Fall. Die Tatbestände zum Unternehmensgeheimnisschutz beschreiben daher eine Handlung, die hinsichtlich des Vermögenswerts der Unternehmensgeheimnisse nur eine Vermögensgefährdung darstellt.

Ferner ist in dieser modellhaften Betrachtung zu beachten, dass auch bei einer Verbreitung auf dem Markt nicht notwendigerweise eine Vermögensverletzung kraft Verringerung des Vermögenswertes des Unternehmensgeheimnisses entsteht. Dafür müßte sich diese Verbreitung zwingend auf die Nachfrageseite richten,[188] denn nur in diesem Fall könnte der Informationsbedarf schwinden und dadurch zwangsläufig und unmittelbar der Marktwert des Unternehmensgeheimnisses sinken. Richtet sich die Verbreitung dagegen auf die Angebotsseite,[189] so bedarf es stets einer Entscheidung der Konkurrenten, um sich in diese Rolle zu versetzen. An einem Beispiel dargestellt: Ein Presseunternehmen möchte nach einer geheimen Recherche auf der

---

[187] Bei Märkten von Massenwaren wird sicherlich ein neuer Anbieter oder die Verringerung um einen Nachfragenden den Wert des Tauschobjekts nicht beeinflussen.

[188] Damit sollen potentielle Marktpartner in Form von Konsumenten gemeint sein, deren Bedarf endgültig durch die Erlangung der Information gedeckt werden kann, und die nicht anschließend diese Information ihrerseits anbieten. Dies schließt aber weder andere Unternehmen aus, die etwa die Information betriebsintern verwenden können, noch solche Unternehmen, die in allem anderen Konkurrenten des geheimhaltenden Unternehmens sind.

[189] Hier kommen nur Konkurrenten des geheimhaltenden Unternehmens in Frage, d.h. Marktteilnehmer, deren Konkurrenzverhältnis mit dem geheimhaltenden Unternehmen sich auf die geheime Information in Form einer Ware oder in anderer Weise erstreckt, d.h. die die Information zwar begehren, deren Endbedarf aber im weiteren Angebot liegt.

Titelseite der Zeitung eine skandalöse Information veröffentlichen. Wenn zuvor aber ihr Leserkreis auf anderem Wege davon erfährt, wird sich die Veröffentlichung dieser Information nicht auf den Umsatz (Verkauf von Zeitungsexemplaren) auswirken. Der Wert dieser Information ist auf Null gesunken. Wenn dagegen die konkurrierenden Presseunternehmen – etwa durch Verrat – an diese Information gelangen, wird sich dadurch nicht *zwangsläufig* der Wert der Information verringern, da diese sich erst für die (eventuell wettbewerbsrechtswidrige!) Veröffentlichung entscheiden müssen.

Gleiches gilt für ein patentierbares Know-how. Wenn sich das Unternehmen für die Geheimhaltung entscheidet, geht der Marktwert des Know-hows verloren, sobald alle möglichen Lizenznehmer dieses Know-how beherrschen. Erlangt dagegen ein Konkurrent Kenntnis von dem (noch nicht patentierten) Know-how, verringert sich der Wert nur, wenn dieser sich für die Patentierung entscheidet.

Ein Unternehmensgeheimnis kann ferner auch nur eine betriebsinterne Anwendung finden, d.h. keinen Marktbezug haben und daraus einen (Teil)Wert beziehen. Es handelt sich dann um ein Geheimnis, das als Produktionsmittel fungiert. Jegliche Verbreitung der geheimgehaltenen Information, d.h. auch solche auf dem Markt, ist aber hinsichtlich dieses Nutzens des Geheimnisses insofern irrelevant, als die Information durch diesen Informationsfluss nicht an Substanz bzw. Nutzungspotential verliert. Aufgrund der Verbreitung kann selbstverständlich ein Wettbewerbsvorsprung verloren gehen, dieser müsste aber anschließend einer Gesamtvermögensminderung zugeordnet werden, die nicht mit dem hier betrachteten Vermögenswert des Unternehmensgeheimnisses identisch ist.

Dies zeigt, dass die Deliktstruktur, mit Ausnahme des auf die Nachfrage gerichteten Informationsflusses, gleichsam nur in zweierlei Hinsicht rechtsgutsgefährdend ist: Zum einen aus Sicht des Informationsadressaten, da weder der Täter noch der durch ihn Informierte im Stande sein muss, das Rechtsgut selbst zu verletzen, zum anderen, weil auch im Falle eines verletzungsfähigen Informationsadressaten die Rechtsgutsverletzung meist von einer selbstständigen Entscheidung eines Dritten abhängt.

In diesem Fall stellen die Unternehmensgeheimnistatbestände – wie etwa § 306a StGB – sogenannte *doppelte Gefährdungsdelikte* dar.[190]

Hinsichtlich der Frage, welche der im Schrifttum herausgearbeiteten Kategorien der Gefährdungsdelikte die Tatbestände zum Unternehmensgeheimnisschutz angehören, scheinen keine Bedenken bezüglich der bisherigen Bezeichnung als abstrakte Gefährdungsdelikte zu bestehen. Denn es bedarf beim Unternehmensgeheimnisschutz nur eines typischerweise gefährlichen Verhaltens, das zwar das gesetzgeberische Motiv zur Tatbestandsaufstellung ist, aber keiner weiteren konkreten Prüfung der Gefährdung des Rechtsgutes Vermögen.

bb) Zwischenergebnis und weiteres Vorgehen

Aus der begrifflichen und strukturellen Klarstellung der allgemeinen Vermögensgefährdungsstruktur hat sich bei einer Anwendung auf den Unternehmensgeheimnisschutz eine relativ komplexe konkrete Deliktsstruktur ergeben, wenn man dem Postulat der h.M. folgen möchte, der zufolge die Tatbestände zum Unternehmensgeheimnisschutz abstrakte Gefährdungsdelikte gegen das Vermögen beschreiben.

Eine differenzierte Betrachtung dieses Ergebnisses unter Berücksichtigung der diversen bereits oben systematisierten Geheimnisformen, die hier einschlägig sind, wird aber darüber hinaus anschließend zeigen, dass es sich nicht nur um eine ungewöhnlich komplexe konkrete Deliktsstruktur handelt, sondern um eine in sich nicht schlüssige Betrachtungsweise, die es erforderlich macht, von der Auffassung der Vermögensgefährdungsstruktur beim Unternehmensgeheimnisschutz abzuweichen.

---

[190] Vgl. zu diesem Begriff *Graul*, S. 115. Damit soll ein Tatbestand beschrieben werden, der nur bei Realisierung zweier sukzessiver Gefahrenquellen eine schädigende Auswirkung haben könnte.

7.4. Erste Schwäche dieser Auffassung: Bei Herbeiführung eines nachteiligen Erfolgs keine Verletzung des Rechtsguts Vermögen

a) Allgemeines

Allgemein ist zu erkennen, dass die Veränderung der Außenwelt bei Erfolgsdelikten nicht notwendigerweise eine nachteilige Veränderung, *scil.* einen Schaden am Handlungsobjekt bedeuten muss. Dies ist zwar oft der Fall, wie etwa bei der Inbrandsetzung oder Zerstörung einer Räumlichkeit bei den Brandstiftungsdelikten nach den §§ 306 ff. StGB. So liegt es aber dann nicht notwendigerweise, wenn das Handlungsobjekt erst durch die Handlung hergestellt wird, wie bei der Geldfälschung nach § 146 StGB. Ähnliches geschieht bei den informationsdynamischen Tatbestandsvarianten des Unternehmensgeheimnisschutzes: Der Verrat oder das Verschaffen jenseits des Marktes verringert nicht den Vermögenswert der Information.[191] Es bedarf dafür, wie gezeigt, einer weiteren Handlung eines Dritten (Veräußerung, Veröffentlichung, etc.).

Andererseits ist aber allgemein davon auszugehen, dass in den Fällen, in denen das Handlungsobjekt zugleich eine Konkretisierung des Rechtsgutes darstellt, ein schädigender Erfolg (am Handlungsobjekt) stets eine Verletzung (des Rechtsgutes) nach sich zieht. So ist die Ermordung von Herrn Müller ein schädigender Erfolg, der gleichzeitig das Rechtsgut Leben verletzt; Erfolgs- und Verletzungsdelikt fallen in diesen Fällen notwendigerweise zusammen. Oder im Bereich der Vermögensdelikte ist die täuschungsbedingte Herausgabe eines Vermögensgegenstandes ein schädigender Erfolg, der gleichzeitig das Rechtsgut Vermögen verletzt.

Wenn man jedoch eine realistische Betrachtung des wirtschaftlich zugrunde liegenden Phänomens durchführt, kann diese notwendige Verbindung beim Unterneh-

[191] Es ist auch nicht von der Verringerung der Knappheit zu sprechen, da dies auf die Nachfrager bezogen werden muss und dies beim Informationsfluss außerhalb des Marktes nicht der Fall ist. Die Verringerung der Kontrollmöglichkeit über die Information bedeutet ebenfalls *per se* keine Verringerung des Marktwertes.

mensgeheimnisschutz nicht aufrecht erhalten werden, so dass der durch die h.M. postulierte Vermögensschutz in Begründungsschwierigkeiten gerät.[192]

Obwohl oben der strafrechtliche Vermögenscharakter aller Unternehmensgeheimnisse festgestellt wurde, ist deutlich zu erkennen, dass das entscheidende Gesamtvermögensschädigungspotential vieler Unternehmensgeheimnisse nicht im Verlust ihres hypothetischen Marktwertes liegt. Nicht nur, weil es für das geheimhaltende Unternehmen wirtschaftlich nicht vernünftig erscheint, diese zu veräußern, sondern auch, weil sie ganz offensichtlich nicht deswegen geheimgehalten werden und somit darin nicht der Schutzzweck der Tatbestände liegen kann, möchte man die Rechtsgutsbestimmung in einen minimalen Einklang mit der Interessenlage des Opfers bringen.

b) Unternehmensgeheimnisse mit tatsächlichem Marktbezug

Eine Teilmenge der offensiven Geheimnisse[193] kann vernünftigerweise auf dem Markt Anwendung finden, wie etwa ein geheimes Know-how, das bei einer Dienstleistung angewendet wird, oder eine Software, die nach der vollständigen Entwicklung als Ware angeboten werden soll und zu diesen Zwecken auch (vorläufig) geheimgehalten wird. Besorgt sich der Kunde das Geheimnis, ohne den Marktpreis zu zahlen, etwa durch einen Geheimnisverrat, besteht eine Schädigung des Geheimnisses wegen der Verringerung seiner Knappheit, die auch die Verletzung des Rechtsgutes Gesamtvermögen darstellt.[194] In diesem Fall erscheint die Vermögensgefährdungsstruktur nach der h.M. völlig kohärent, da sich auch bei der Vorstellung der Schädigung des Vermögenswertes des Unternehmensgeheimnisses daraus die Verletzung des Rechtsgutes Gesamtvermögen ergibt.

---

[192] Dass die h.M ein abstraktes Gefährdungsdelikt postuliert, dass im konkreten Fall keiner Auswirkung auf das Rechtsgut bedarf, dies aber nicht der abstrakt-gedanklichen Vorstellung der (notwendigerweise) möglichen Verletzung durch das Schädigungspotentials der Gefährdungshandlung entgegensteht, wurde oben Dritter Teil A. II. 7.3. bb) bereits beschrieben.

[193] Zu dieser und den weiteren klassifizierenden Bezeichnungen der Unternehmensgeheimnisse siehe oben Erster Teil E.

[194] Es sei nochmals darauf hingewiesen, dass sich die Schädigung hier nicht auf die durch den Informationsfluss verlorene Gewinnexspektanz bezieht. Es geht hier um den durch die besondere Sensibilität bedingten Substanzverlust des Geheimnisses selbst. Die Frage des vermögensschädigenden Verlustes einer Exspektanz soll unten Dritter Teil A. II. 7.6. untersucht werden.

c) Unternehmensgeheimnisse ohne tatsächlichen Marktbezug

Ein Teil der offensiven Geheimnisse werden aber nur unternehmensintern angewendet, wie etwa Kalkulationslisten, Kundenlisten bzw. -daten, Absatz- oder Investitionsplanungen, interne Bilanzen, und nicht wegen der Vermarktungsmöglichkeiten geheimgehalten, sondern um einen Wettbewerbsvorsprung gegenüber Konkurrenten zu sichern. Bei defensiven Geheimnissen ist dies ausnahmslos der Fall, sei es, dass sie negative Geheimnisse – gar solche, die über Illegales berichten – oder neutrale Geheimnisse – wie etwa Informationen über Bezugsquellen oder Personalpolitik – darstellen. Verursacht nun eine tatbestandsmäßige Handlung einen schädigenden Erfolg hinsichtlich dieser Unternehmensgeheimnisse, etwa weil alle Konkurrenten oder Kunden hinreichend informiert werden, dann ist nicht notwendigerweise eine Verletzung des Vermögens gegeben. Dazu bedarf es noch einer Entscheidung der Marktteilnehmer zuungunsten des Unternehmens. Bezogen auf die doppelte Gefährdungsstruktur bedarf es noch der Aktivierung des zweiten Gefährdungsmoments.

d) Ergebnis zur Beziehung zwischen vermögenswertes Handlungsobjekt und Rechtsgut Vermögen

Verknüpft man nun diese Erkenntnisse hinsichtlich der nicht marktbezogenen Unternehmensgeheimnisse mit den allgemeinen Überlegungen zur Beziehung zwischen schädigendem Erfolg hinsichtlich des Handlungsobjektes und Rechtsgutverletzung, so kann die h.M. eigentlich keine inhaltliche Übereinstimmung zwischen Handlungsobjekt und Rechtsgut erkennen, obwohl beide Vermögenscharakter haben. Es muss sich um ein Handlungsobjekt handeln, das trotz seines Vermögenscharakters lediglich die Rechtsgutsverletzung bzw. -gefährdung vermittelt.

Diese Auffassung eines Vermögensdelikts beim Unternehmensgeheimnisschutz bringt zum Ausdruck, dass es nicht ausreicht, dass ein inhaltlich mit dem Rechtsgut identisches Handlungsobjekt *gegeben* ist. Es muss auch die *Funktion* ausüben, der Vermögensgegenstand zu sein, das den für die Verletzung des Rechtsgutes relevanten Schaden erfahren kann.

Das Paradoxe an der Auffassung kann durch diese *funktionale* Konstruktion freilich überwunden werden, es bildet sich aber daraus eine höchst komplexe und zumindest unübliche Deliktsstruktur. Es ist nämlich eine Unterscheidung zu treffen zwischen schädigenden tatbestandsmäßigen Handlungen, die sie auf tatsächlich marktbezogene Unternehmensgeheimnisse richten, und identischen Handlungen, die sich auf nicht tatsächlich marktbezogene Unternehmensgeheimnisse richten: Im ersten Fall entsteht eine Rechtsgutsverletzung, im zweiten lediglich eine Gefährdung. Da ferner Unternehmensgeheimnisse eventuell sowohl unternehmensintern (ein Know-how, das im eigenen Produktionsprozess angewendet wird) wie auch marktbezogen (das Know-how wird z.B. gleichzeitig im Rahmen einer Dienstleistung anderen Unternehmen angeboten) angewendet werden können, wäre bei schädigender Einwirkung auf das Handlungsobjekt gleichzeitig eine Gefährdungs- wie auch eine Schädigungsfunktion zu erkennen.

Abgesehen von der theoretischen Möglichkeit dieser Konstruktion ist, soweit ersichtlich, kein anderes Vermögensdelikt zu erkennen, das bei einer Schädigung eines Vermögensbestandteils zugleich nur eine Gefährdung des Rechtsguts Vermögen beschreibt.

Schließlich ist bei einer solchen Auffassung nach allgemeinen Regeln der Vermögensverletzung bzw. –gefährdung notwendig, einen weiteren Vermögensgegenstand zu identifizieren, an dem sich der rechtsgutsverletzende Erfolg vollzieht bzw. vollziehen kann. Auch in dieser Hinsicht gibt es Bedenken, die nun zu untersuchen sind.

7.5. Zweite Schwäche dieser Auffassung: Der Korrekturversuch der ersten Schwäche bezieht die Gefährdung nicht auf einen Vermögensbestandteil

Bei Unternehmensgeheimnissen, die nicht sinnvollerweise durch die Gefährdung ihres Marktwertverlustes das Vermögen gefährden, ist eine alternative Gefährdungsstruktur zu ermitteln, um weiterhin am Vermögensschutz festhalten und so die eben dargestellte Schwäche überwinden zu können. Diese Gefährdungsstruktur muss sich notwendigerweise aus der Gefährdung eines anderen Vermögensbestandteils ergeben. Diese vermittelte Vermögensgefährdungsstruktur soll nun in den einschlägigen

Bereichen angewendet werden, d.h auf offensive Unternehmensgeheimnisse, die keinen unmittelbaren Marktbezug haben, sondern als Produktionsmittel fungieren, und auf des gesamten Bereich defensiver Geheimnisse. Es wird sich zeigen, dass diese Vermittlung weitgehend scheitert, weil sich die angebliche Vermögensgefährdungsstruktur gar nicht auf Vermögensobjekte des Unternehmens richtet.

a) Die vermögensgefährdende Struktur offensiver Geheimnisse mit unternehmensinterner Anwendung (Produktionsmittel) und die Gefährdung einer Exspektanz

aa) Darstellung des Problems

Dass die Anwendung von Wissen im Produktionsprozess i.w.S. von höchster Bedeutung für den Unternehmenserfolg sein kann, vor allem, wenn dieses Wissen begehrt ist, den Konkurrenten aber vorenthalten wird, steht außer Frage. Wenn eine geheime Information unternehmensintern zur Förderung des Unternehmenserfolgs beiträgt, dieser in der Gewinnmaximierung besteht und sich der Unternehmensgewinn aus der Differenz zwischen Umsatz (Erlös) und Kosten ergibt, dann kann das positive Unternehmensgeheimnis idealtypisch sowohl bei der Kostensenkung wie auch bei der Umsatzförderung einschlägig sein.

Von besonderer Bedeutung ist die Auswirkung auf den Umsatz, da eine kostensenkende Funktion des Geheimnisses nicht verloren geht, wenn ein Konkurrenzunternehmen dieses nachahmt.[195] Dagegen verleiht die Nachahmung der internen Anwendung zur Umsatzförderung seitens eines Konkurrenten die Möglichkeit, zu gleichen Qualitäts- oder Preisvorteilen in seinem Produktangebot zu gelangen.[196] Dem geheimhaltenden Unternehmen drohen im Outputbereich mengen- oder preismäßige Einbußen, wenn es deswegen zu weniger Geschäftsabschlüssen oder zu niedrigeren Preisen kommt.

---

[195] Es geht dann nur ein sogenannter Anbieterwettbewerbsvorteil verloren.

[196] Wodurch ein sogenannter Kundennutzenwettbewerbsvorteil bzw. Kundenkostenwettbewerbsvorteil zu Stande kommen kann.

Es kann daher durch die tatbestandsmäßige Handlung, die einen Konkurrenten als Adressaten hat, durchaus zu einer Umsatzvereitelung kommen, die grundsätzlich im Vermögensstrafrecht als Verlust einer *Gewinnchance* bei der Behandlung der vermögenswerten Exspektanz thematisiert wird.[197]

bb) Die Anwendung der Exspektanz auf den Unternehmensgeheimnisschutz aus strafrechtlicher Sicht

Die strafrechtliche Literatur und Rechtsprechung erkennt immer dann eine Exspektanz als Vermögensbestandteil an, wenn ein Vermögenszuwachs mit hinreichender Wahrscheinlichkeit zu erwarten und die Gewinnaussicht realisierbar ist, wobei die Aussicht eine solche Gewissheit erlangt haben muss, dass sie nach der Verkehrsauffassung einen messbaren Vermögenswert besitzt.[198] Diese auf rein faktischer Basis sehr unbestimmten Kriterien der Wahrscheinlichkeit und der Verkehrsauffassung[199] werden bei der Begründung der Exspektanz *normativ konkretisiert* durch ein rechtlich geregeltes Verfahren oder eine sonstwie normative Basis und durch die (prozessuale) Feststellbarkeit der Geschädigten[200] oder enger durch einen rechtlichen

[197] Anzumerken ist, dass sich die tatbestandsmäßige Handlung eigentlich nie an Exspektanzen vollzieht, da es nicht um die *Aussicht auf ein vermögenswertes Geheimnis* geht. Wie bereits dargelegt, muss das Unternehmensgeheimnis *qua definitionem* existent und effektiv (zur Beeinträchtigung des Konkurrenzkampfes des Unternehmens geeignet) sein und gewinnt daraus schon einen Marktwert, der ihn zu einem Vermögensobjekt macht (dazu näher oben Dritter Teil A. II. 6.). Es bedarf für seine Bezeichnung als Vermögensobjekt des Unternehmens keiner „Entwicklung zum Vollwert". Selbst das naheliegende Beispiel eines Forschungsvorhabens, das sich noch im Anfangsstadium seiner Entwicklung befindet, ist nicht als eine Vermögensexspektanz zu bezeichnen, da es erst ein Unternehmensgeheimnis darstellt, wenn seine Tangierung geeignet ist, den Konkurrenzkampf zuungunsten des Unternehmens zu verändern. Zu diesem Zeitpunkt hat es wie jedes andere Vermögensobjekt notwendigerweise schon einen Marktwert, unabhängig davon, ob die erfolgreiche Entwicklung diesen Wert erhöhen kann. Diese Unternehmensgeheimniseigenschaft verdeutlicht nochmals die nur vermittelnde Funktion der Unternehmensgeheimnisse im hiesigen Zusammenhang.

[198] Vgl. zur Beschreibung der h.L. nur LK-*Tiedemann*, § 263 Rn 135 m.N. aus der Rechtsprechung und die eingehende Kritik bei *Hefendehl*, Vermögensgefährdung, S. 25 ff.

[199] Auf dieser eher unbestimmten faktischen Basis möchten etwa S/S-*Cramer/Perron*, § 263 Rn 87a, unlautere weil täuschende Verhaltensweisen als Erwerbschance ohne Vermögenswert nicht als Betrug deuten.

[200] Vgl. LK-*Tiedemann*, § 263 Rn 135.

Schutz der Realisierung der Exspektanz gegenüber dem Täter[201] oder noch enger durch die Möglichkeit eines rechtswirksamen Tauschgeschäfts.[202]

Hefendehl hat, ebenfalls auf normativer Basis, die notwendigen Kriterien für die Existenz einer Vermögensexspektanz präziser entwickelt:[203] Erstens muss der Inhaber einer vermögenswerten Exspektanz mit rechtlich anerkannten Möglichkeiten externe Störfaktoren bei der Entwicklung zum Vollwert unterbinden können. Das scheint bei der hier analysierten Geheimnisverletzung gegeben zu sein, da das geheimhaltende Unternehmen durchaus die durch die tatbestandsmäßige Handlung veränderte ursprüngliche Marktsituation wiederherstellen kann, indem es einen Unterlassungs- oder Beseitigungsanspruch entweder nach § 8 UWG oder nach § 1004 BGB geltend macht.[204] Auch die weitere Voraussetzung, dass der potentielle Exspektanzinhaber sein Vorhaben in der Außenwelt zum Ausdruck gebracht hat, wäre gegeben, da dafür das Angebot einer Ware oder Dienstleistung wohl ausreichen dürfte. Jedoch müßte eine Vermögensexspektanz an der dritten Voraussetzung scheitern, dass sich derjenige, von dem das Exspektanzobjekt erlangt werden soll, von seiner Verpflichtung nicht mehr sanktionslos lösen kann. Denn es besteht überhaupt keine Verpflichtung seitens des potentiellen Marktpartners – weder eine sanktionslose noch eine sanktionsbewährte -, von der er sich zu lösen hätte.[205] Das ge-

---

[201] Vgl. NK-*Kindhäuser*, § 263 Rn 245; ähnlich LK-*Schünemann*, § 266 Rn 135: „rechtlich realisierbare, ökonomisch bewertbare und im Verhältnis zum Täter rechtlich geschützte Position".

[202] Vgl. SK-*Hoyer*, § 263 Rn 122.

[203] Vgl. dazu *Hefendehl*, Vermögensgefährdung, S. 117; *ders.* zusammenfassend in *Schünemann* (Hrsg.), Strafrechtssystem und Betrug, S. 231 und zuletzt MüKo-*Hefendehl*, § 263 Rn 349 ff.

[204] Vgl. dazu Hefermehl/Köhler/*Bornkamm*, § 8 Rn. 1.1. ff. und 1.4. ff.

[205] Es sei auch darauf hingewiesen, dass im Schrifttum dennoch eine Vermögensexspektanz angenommen wird, wenn sich ein Gewinnverlust aus einem niedrigeren Preis als dem Marktpreis einer Dienstleistung oder Ware (täuschungsbedingt) ergibt (sogenannte Marktexspektanz, vgl. statt vieler LK-*Tiedemann*, § 263 Rn 136). Die Geheimnisverletzung kann durchaus auch eine Marktexspektanz vereiteln, ist aber nur dann strukturell vergleichbar, wenn die Geheimnisverletzung (etwa bei der Preisverhandlung) den Preis eines Unternehmensgeheimnisses sinken läßt. Wirkt sich nämlich die Geheimnisverletzung auf eine andere Ware aus, ist die direkte Verknüpfung der tatbestandsmäßigen Handlung und der Vereitelung der Marktexspektanz, wie es die h.M. bei dieser Fallgruppe verlangt, nicht gegeben. In diesem Fall kann aber wohl nur sehr selten von einer Starrheit und Homogenität des Geheimnismarktes die Rede sein (vgl. dazu eingehend *Hefendehl*, Vermögensgefährdung, S. 249 ff.); dieser Fall ist ohnehin keine auf einen anderen Vermögensgegenstand *vermittelte* Rechtsgutsverletzung, wie hier zu prüfen ist.

heimhaltende Unternehmen hat diesbezüglich wohl eine Exspektanz, diese stellt aber keine Vermögensexspektanz i.S. eines Vermögensbestandteils dar.[206]

cc) Die Anwendung der Exspektanz aus wettbewerbsrechtlicher Sicht

Auch wettbewerbsrechtlich läßt sich diese Schlussfolgerung herleiten. In einer freien Marktwirtschaft definiert sich der Wettbewerb als zweiseitiges Phänomen, das aus einem grundsätzlich freien Wettbewerbsverhältnis und einem ebenfalls grundsätzlich freien Austauschverhältnis besteht. Daher ist es für die Wettbewerbsordnung wesentlich, dass einerseits kein Mitbewerber eine gesicherte Position erhält, sondern sich statt dessen im Konkurrenzkampf ständig behaupten muss, und andererseits, dass Marktteilnehmer nicht zu Geschäftsabschlüssen gezwungen werden, sondern ihre Marktpartner frei wählen können.[207] Da hier nur ein Grund besteht, rechtlich das geschädigte Horizontalverhältnis zwischen den Mitbewerbern zu korrigieren, dies aber nicht die grundsätzliche Freiheit im Vertikalverhältnis zu potentiellen Marktpartnern betrifft, fehlt es an einem eigenständigen Grund, die entgangenen Geschäftsabschlüsse rechtlich abzusichern ohne wettbewerbssystemwidrig vorzugehen. Denn der Nachfrager hat in keiner Weise unlauter gehandelt oder für eine fremde unlautere Wettbewerbshandlung einzustehen.

Schließlich könnte man meinen, dass die Anwendbarkeit der Schadensersatzregelung nach § 9 UWG bei der dargestellten Konstellation die notwendige rechtliche Basis zur Sicherung der Exspektanz herstellen könnte. Doch ist dies nicht nur mit den engen Erfordernissen *Hefendehls* unvereinbar,[208] sondern auch mit denen, die schon eine *gegenüber dem Täter* existente normative Basis zur Durchsetzung der Exspektanz verlangen.[209] Betrachtet man nämlich die Voraussetzungen für die An-

---

[206] So auch für § 299 StGB, *Vogel*, FS-Weber, S. 405, wenn er bei einem vermögensstrafrechtlichen Regelungsmodell der Wirtschaftskorruption dem nicht zum Zuge gekommenen Wettbewerber keine Vermögensexspektanz zuerkennt, weil in der Privatwirtschaft Abschlussfreiheit bestehe; ferner auch für § 299 StGB, *Pragal*, ZIS 2006, 63 (66).

[207] Vgl. dazu nur Hefermehl/*Köhler*/Bornkamm, Einl Rn 1.8 ff.

[208] Denn die Sanktion i.w.S. betrifft nicht denjenigen, von dem das Exspektanzobjekt erlangt werden soll.

[209] So etwa NK-*Kindhäuser*, § 263 Rn 245; ähnlich LK-*Schünemann*, § 266 Rn 135 und wohl auch LK-*Tiedemann*, § 263 Rn 135, insb. angesichts der Referenz auf das UWG beim Kundenstamm; dazu gleich im Text.

wendbarkeit des § 9 UWG, dann ist nach *Köhler* gemäß § 252 BGB zwar auch ein entgangener Gewinn zu entschädigen, doch fällt in aller Regel dieser Nachweis im Wettbewerbsrecht wegen der Vielzahl von Faktoren, die das Marktgeschehen beherrschen, sehr schwer. Nur bei bestimmten „mitbewerberbezogenen“ Wettbewerbsverstößen – wie z.B. einem (erfolgreichen) Boykottaufruf – lasse sich der Nachweis des Gewinnentgangs relativ leicht führen.[210] Jedoch entsprechen die möglichen Fälle einer nachahmenden unternehmensinternen Anwendung fremden Know-hows nicht einer solch zielgerichteten produktionsbezogenen Behinderungshandlung. Abgesehen von direkt in absatzfördernde Handlungen umsetzbaren unternehmensinternen Geheimnissen wie Kundenlisten[211] sind hier Konstellationen gegeben, die erst der Einfügung der Information in den Arbeitsprozess bedürfen, um sich absatzfördernd oder kostensenkend auszuwirken, so dass die Beziehung zu einem spezifischen Endprodukt des Unternehmens, als unmittelbare Ursache des entgangen Gewinns, meist nicht eindeutig gegeben ist.

Dies zeigt sich auch deutlich, wenn man die unlautere Handlung unter dem spezifischen Gesichtspunkt des Leistungsschutzes betrachtet. Die hier einschlägigen Unternehmensgeheimnisverletzungen sind des Öfteren unter den Tatbestand des § 4 Nr. 9 UWG subsumierbar. Denn die Anwendung der unlauter erlangten „Kenntnisse oder Unterlagen“ bezieht sich zwar dem Wortlaut nach nur auf Waren oder Dienstleistungen, d.h. auf das Output des Unternehmens, was nicht den hier meist auf Arbeitsvorgänge gerichteten Geheimnissen entspricht. Es wird aber gemeinhin dieser Begriff auch analog auf Leistungs- und Arbeitsergebnisse aller Art angewendet.[212] Insgesamt sollen die analoge Anwendung des § 4 Abs. 9 c) UWG oder die subsidiäre Anwendung von § 3 UWG nicht ausgeschlossen werden. Vielmehr ist auch hier von Bedeutung, dass sich die Schadensersatzbegründung nicht ohne weiteres aus

---

[210] Hefermehl/Köhler/*Bornkamm*, § 9 Rn 1.35; vgl. auch *Fezer*, WRP 1993, 565 (565); nach *Teplitzky*, 34. Kap. Rn 13, ist die Problematik des Ersatzes des entgangenen Gewinns nicht rechtlicher, sondern tatsächlicher Natur.

[211] Unter Umständen sind hier durchaus die Voraussetzungen der kundenbezogenen Behinderungshandlung des Abwerbens von Kunden nach § 4 Nr. 10 UWG gegeben, wie anschließend im Text dargestellt wird.

[212] Es wird gemeinhin der Bezug im Tatbestand auf Waren und Dienstleistungen analog auf Leistungs- und Arbeitsergebnisse aller Art angewendet, vgl. dazu nur Hefermehl/*Köhler*/Bornkamm, § 4 § 9 Rn 9.21.

diesem spezifischen Tatbestand der Waren- und Dienstleistungsnachahmung auf analoge Konstellationen anwenden läßt, bei denen sich die Auswirkungen der Nachahmung im Arbeitsprozess verflüssigen und nicht mehr deutlich auf ein spezifisches Endprodukt des Unternehmens beziehen lassen, das seinerseits erst den entgangenen Gewinn hergestellt hätte. Zusammenfassend ist, abgesehen von der separat zu prüfenden Konstellation der Abwerbung von Stammkunden, auch nicht eine durchsetzbare rechtliche Absicherung der Exspektanz der gewinnbegründenden Geschäftsabschlüsse durch einen Schadensersatzanspruch bei Verletzung unternehmensintern anwendbarer Unternehmensgeheimnisse herzustellen.

dd) Zwischenergebnis

Es ist daher festzuhalten, dass das geheimhaltende Unternehmen bei der exklusiven Anwendung einer Information sehr realistische Exspektanzen auf gegebenenfalls auch sehr konkrete Vertragsabschlüsse haben kann, diese sind aber in der geltenden Wettbewerbsordnung nicht als rechtlich gesichert zu verstehen, auch dann nicht, wenn sie durch die unlautere Erlangung ihrer Unternehmensgeheimnisse zu Stande kommen. Deshalb kann der Verlust dieser Gewinnchance auch nicht als eine Schädigung einer Vermögensexspektanz gedeutet werden. Abstrakt betrachtet richtet sich die tatbestandsmäßige Handlung nicht strukturell auf die Schädigung eines Vermögensbestandteiles, so dass sie auch nicht als eine Gefährdung des Vermögens verstanden werden kann.

ee) Kundenstamm und Vermögensexspektanz

Bisher wurde aus der Argumentation das Verhältnis zwischen Kundenstamm und Vermögensexspektanz ausgeklammert, weil dieses einer gesonderten Betrachtung bedarf, um die hier einschlägige Konstellation genau zu erfassen. Zunächst einmal ist zu beachten, dass der Verrat oder die Verschaffung einer geheimen Kundenliste eigentlich nicht das geheimnisverletzende Korrelat zu der Wertminderung des Kundenstammes darstellt. Denn die geheime Kundenliste stellt ein hinsichtlich des Kundenstammes unabhängiges Vermögensobjekt dar, eine Tatsache, die auch notwendig

ist, um eine vermittelte Rechtsgutsverletzung bzw. –gefährdung des Kundenstammes erwägen zu können.
Ferner geht es hier nicht um die Frage der Exspektanz eines Kundenstammes. Nach einhelliger Auffassung handelt es sich in solchen Fällen nur um eine Laufkundschaft, die wohl eine Exspektanz zu einer Stammkundschaft begründen kann, aber bei Verlust wegen eines Verrats einer geheimen Kundenliste keinerlei rechtlich anerkannte Durchsetzungsmöglichkeit ihres Fortbestehens kennt und somit keine Vermögensexspektanz begründet.[213]
Es geht vielmehr zunächst um die Frage, ob der Verrat oder das Sichverschaffen einer fremden geheimen Kundenliste einen Vermögenswert der Stammkundschaft selbst gefährden kann. Dafür bedarf es der Anerkennung der Stammkundschaft als eines Vermögensbestandteiles.[214] Aber auch wenn man diesen höchst bedenklichen Weg einschlägt,[215] müßte man mit *Hefendehl* erkennen, dass nur die Schädigung einer „dauerhaften Kundenbeziehung an sich" und nicht das einmalige Eindringen diesen Vermögensbestandteil nachteilig betreffen kann,[216] möchte man tatsächlich die Vermögensschädigung „auch ohne Rückgriff auf die im Einzelfall zu ermittelnde Wahrscheinlichkeit des Gewinns bestimmen".[217] Da ein einmaliges Eindringen noch keine Schädigung begründet, kann nur von einer Gefährdungsituation der Wertminderung des Kundenstamms die Rede sein.
Daraus entsteht aber eine höchst komplexe und zugleich bedenkliche Vermögensgefährdungsstruktur, da ein tatbestandsmäßiger Informationsfluss eine dreifache Vermögensgefährdungsstruktur beschreibt, da das Schädigungspotential trotz tatbestandsmäßiger Handlung aus dreierlei unabhängigen Gründen unverwirklicht bleiben kann: erstens, wenn sich die tatbestandsmäßige Handlung nicht auf einen Kon-

---

[213] Zum Nichtvermögenscharakter der Laufkundschaft vgl. statt aller S/S-*Cramer/Perron*, § 263 Rn 87a. Insofern ist auch der Begriff der *geheimen Kundenliste* mehrdeutig, da sie sich auf Laufkundschaft und auf Stammkundschaft (bzw. auf beides gleichzeitig) beziehen kann.
[214] Diese Konstellation ist insofern anders als die vorherigen, als die Betrachtung der Stammkundschaft als vermögenswerte Exspektanz nach dem oben Erwähnten ausscheidet: Die Stammkundschaft an sich hat sich schon zu einem hinreichenden Vollwert entwickelt; es handelt sich nicht mehr lediglich um Laufkundschaft.
[215] Dazu anschließend im Text.
[216] *Hefendehl*, Vermögensgefährdung, S. 229 ff.
[217] LK-*Tiedemann*, § 263 Rn 135.

kurrenten richtet, zweitens, wenn der Konkurrent sich nicht zu einen Eingriff in eine gefestigte Kundenbeziehung (Stammkundschaft) entscheidet, und drittens, wenn dieser Eingriff nur vereinzelt bleibt, ohne diese Bindung zu beeinträchtigen. Allerdings würde sich diese Vermögensgefährdung tatsächlich auf ein Vermögensobjekt richten.

Einem Teil des Schrifttums folgend ist aber die Vermögenseigenschaft des Kundenstamms schon mangels selbstständiger Übertragbarkeit zu verneinen.[218] Die Stammkunden können frei wählen, mit wem und ob sie Geschäftsbeziehungen in einer für eine Stammkundschaft hinreichend engen Bindung pflegen wollen. Dies kann das anbietende Unternehmen nicht durch einen Kaufvertrag verbindlich festlegen. Daher wird auch handelsbilanzrechtlich der Kundenstamm nur im Rahmen des derivativen *Goodwills* berücksichtigt und dann auch nur als Wert betrachtet, nicht aber als selbstständig aktivierbarer Vermögengenstand verstanden.[219]

Es ist auch fraglich, ob es sinnvoll ist, von einer Nachfrage und demzufolge einem Marktwert hinsichtlich eines separaten (als Vermögensgegenstand) zu betrachtenden Kundenstammes zu sprechen. Denn dies ist nur möglich, wenn das gesamte Unternehmen übernommen wird und dadurch – aus rein wirtschaftlicher Betrachtung – zu erwarten ist, dass der Kunde diese Bindung mit dem ursprünglichen Marktpartner neu herstellt.[220]

Darüber hinaus ist aber zu erwägen, ob unabhängig vom Vermögenscharakter der Stammkundschaft deren Existenz – im Gegensatz zur Laufkundschaft – eine Vermögensexspektanz hinsichtlich des entgangen Gewinns begründet, wenn ein Kunde auf der Grundlage eines Geheimnisverrats abgeworben wurde. Die Zugehörigkeit zur Stammkundschaft des Vermögenspartners würde dann eine normative Begründungskraft entfalten, ohne sie gleichzeitig in den Bereich der Vermögensobjekte zu

---

[218] Vgl. *Otto*, Struktur, S. 47; *D. Geerds*, Wirtschaftsstrafrecht, S. 235.

[219] Die Bewertung des *Goodwill* ergibt sich aus dem Unternehmenswert abzüglich des Substanzwertes und ist nur als derivativer Geschäfts- oder Firmenwert zu aktivieren, d.h. wenn er bei einem Unternehmenskauf tatsächlich erworben wurde(§ 255 Abs. 4 HGB und IAS 38). Der sogenannte originäre, d.h. selbstgeschaffene *Goodwill* eines Unternehmens ist nicht aktivierbar (§ 248 HGB, IAS 38.48)

[220] Ähnliches gilt übrigens für den *Goodwill* selbst, der nicht unabhängig vom Unternehmen übertragen werden kann.

rücken. Ferner würde dies mit der wettbewerbsrechtlichen Deutung der Abwerbung von Kunden als eine klassische Form der gezielten Mitbewerberhinderung, die im neuen UWG unter § 4 Nr. 10 UWG zu subsumieren ist, übereinstimmen: Ausreichend ist eine einmalige Abwerbung, jedoch hinsichtlich einer langfristigen Kundenbeziehung des geschädigten Mitbewerbers. Schließlich ist hier hinsichtlich des Schadensersatzanspruches aus § 9 UWG – entgegen den vorherigen Beispielen unlauterer Wettbewerbshandlungen – eine im Schrifttum anerkannte deutliche Kausalität zwischen der Handlung und dem entgangenen Gewinn, wie auch der Bestimmung der Schadenshöhe, zu erkennen.[221]

ff) Der Verwertungsbegriff aus der Perspektive des strafrechtlichen Vermögensschutzes

Schließlich soll an dieser Stelle nochmals die Bestimmung des Verwertungsbegriffs beim Geheimnisschutz aus der Perspektive des strafrechtlichen Vermögensschutzes betrachtet werden. Es soll untersucht werden, ob der anfangs befürworteten Auffassung uneingeschränkt gefolgt werden kann, die den Verwertungsbegriff so eng zieht, dass die Handlung tatsächlich geeignet sein muss, dem Geheimhaltenden einen Vermögensschaden zu verursachen. Dem kann nicht uneingeschränkt gefolgt werden, denn die Eignung zu einer Vermögensschädigung im strafrechtlichen Sinne ist nur in einem sehr begrenzten Bereich gegeben und über die Geheimnisse mit eindeutigem Marktbezug hinaus sonst nicht festzustellen. Andere Interessen, die bei offensiven Geheimnissen durchaus existieren – etwa an Gewinnchancen –, können aber ebenfalls betroffen sein. Hier ist das entscheidende Kriterium gleichfalls gegeben, dass die Interessenverletzung ihre Ursache in der vorteiligen Verwendung eines Dritten hat, so dass sich die hier vertretene Auffassung weiterhin eindeutig von der weiteren Auffassung abgrenzen ließe, die nur auf den Vorteil des Dritten abstellt. Nur in diesem untechnischen Sinne kann von einer Verwertung *auf Kosten* des – dadurch entsprechend „entreicherten“ – Geheimnisträgers gesprochen werden.[222]

---

[221] Vgl. zum Ganzen nur Hefermehl/*Köhler*/Bornkamm, § 4 Rn 10.41.

[222] So MüKo-*Cierniak*, § 204 Rn 11; T/*Fischer*, § 204 Rn 3; NK-*Jung* (Stand: 1997), § 204 Rn 3; S/S-*Lenckner*, § 204 Rn 5/6; WStR-*Ransiek*, WStR VIII 2 Rn 21; *ders.* Unternehmensstrafrecht,

b) Die vermögensgefährdende Struktur defensiver Geheimnisse

aa) Die auf Exspektanzen vermittelte Gefährdung

Anders als bei offensiven Geheimnissen besteht bei dieser Unternehmensgeheimnisart nur eine Anwendungsmöglichkeit bei wettbewerbseinflussfähigen Dritten (Konkurrenten, Verbraucher, Behörden), so dass ihr Schädigungspotential sich erst durch deren Entscheidung realisiert.

So z.B. wenn ein Unternehmen ein Forschungsvorhaben geheim hält. Die Information darüber findet im geheimhaltenden Unternehmen keine Anwendung, kann aber ein Konkurrenzunternehmen dazu führen, ein gleiches Vorhaben voranzutreiben oder Maßnahmen zu ergreifen, die sich gegen die Entwicklung des zu erwarteten Wettbewerbsvorsprungs richten. Dieses „Wissen, welche wettbewerbsrelevanten Aktivitäten der Konkurrent verbirgt", stellt noch keine Vermögensschädigung dar. Aber auch das darauf begründete, sich auf das geheimhaltende Unternehmen nachteilig auswirkende Vorgehen des Konkurrenten richtet sich nicht auf einen Vermögensbestandteil, weil es nur – wenn auch auf wettbewerbswidrige Weise – einen Gewinnchancen begründenden Wettbewerbsvorteil eliminiert, der keine hinreichende rechtliche Absicherung der entgangenen Geschäfte mit sich bringt. Wenn es sich daher um defensive Geheimnisse ohne negativen Inhalt handelt, unterscheidet sich diese Geheimnisart insofern nicht von den offensiven, unternehmensintern angewendeten Unternehmensgeheimnissen, so dass auch hier eine auf eine Vermögensexspektanz gerichteten Handlung zu verneinen ist.[223]

Ähnlich verhält es sich bei negativen Geheimnissen. Üblicherweise wird sich bei diesen Geheimnissen das Schädigungspotential auf das *Image* des Unternehmens auswirken, das selbst keinen Vermögensbestandteil darstellt, weil es weder als sol-

S. 167 f;; LK-*Schünemann*, § 204 Rn 6; *Tiedemann*, GmbH-StR, § 85 Rn 17; *Niemeyer* in Müller-Gugenberger/Bieneck, § 33 Rn 171. Nicht eindeutig auf einen Vermögensschaden gerichtet M/S/*Maiwald*, BT I, § 29 III Rn 26 und *Kindhäuser* BT I, § 31 Rn 21 und *Otto*, BT, § 34 Rn 42, die nur auf eine *Interessenverletzung* gegenüber dem Rechtsgutträger abstellen.

[223] Hinsichtlich der Möglichkeit eines den entgangenen Gewinn erfassenden Schadensersatzes ist hier auch nicht der Tatbestand des Leistungsschutzes aus § 4 Nr. 9 UWG zu prüfen, weil diese Geheimnisse im Unternehmen lediglich anfallen und daher nicht als Leistungen zu betrachten sind.

ches übertragen werden kann und daher auch keine Nachfrage existiert und daher wiederum kein selbstständiger Marktwert zu erkennen ist, noch als Komponente des *Goodwills* eines Unternehmens die Eigenschaft eines Vermögensobjektes erlangt, weil der *Goodwill*, wie bereits dargestellt, ebenfalls nicht selbstständig veräußerbar ist.

bb) Die auf Vermögensbestandteile vermittelte Gefährdung

Es ist schließlich ein Teilbereich der negativen Geheimnisse zu erkennen, der eine andere Schädigungsstruktur aufweist. Es handelt sich um solche, die direkt mit einer Kostenverursachung verbunden sind (etwa Bußgelder oder Entschädigungen).[224] Es werden dadurch Ausgaben verursacht, die eindeutig Vermögensbestandteile des geheimhaltenden Unternehmens darstellen. Auch hier nimmt das Schädigungspotential nur dann seinen mehr oder weniger unausweichlichen weiteren Verlauf, wenn ein Dritter eine Entscheidung trifft.[225] Die Gefährlichkeit der Handlung bezieht sich strukturell aber hier stets auf Vermögensbestandteile, so dass in solchen Fällen eine gewisse Annäherung zwischen den beiden Extremen, also den positiven marktbezogenen und den negativen, direkt Kosten verursachenden Geheimnissen zu erkennen ist.

c) Konsequenzen der vermittelten Rechtsgutgefährdungsstruktur für die Rechtsgutsauffassung der h.M. und Ausblick

Im Unternehmensgeheimnisschutz sind teilweise Konstellationen zu erkennen, die ihr Schädigungspotential unmittelbar in den Unternehmensgeheimnissen begründen. Es handelt sich um die Extrempunkte der positiven marktbezogenen und der negativen, direkt kostenverursachenden Geheimnisse. Dazwischen befindet sich aber ein

[224] Ob illegale Geheimnisse – genauer Geheimnise über rechtswidrige Tatsachen – den Unternehmensgeheimnisbegriff erfüllen, ist im umstritten. Sie sollen aber hier angesichts der verbreiteten Zustimmung im Schrifttum miteinbezogen werden. Näher dazu unten Vierter Teil B.

[225] Diese kann etwa durch einen Marktteilnehmer (Anzeige eines Mitbewerbers oder Marktpartners) oder einer Behörde hinsichtlich eines Verfahrens getroffen werden oder selbst durch das geheimhaltende Unternehmen, wenn es um freiwillig vorbeugende Zahlungen oder Rückrufaktionen geht. Schon bei diesem Ablaufsstadium kann es notwendig sein, gemäß § 249 Abs. 1 HGB eine Passivierungspflicht in Form von Verbindlichkeitsrückstellungen zu bilanzieren.

weiter Teil von Unternehmensgeheimnissen, die ihr Vermögensschädigungspotential nur über eine vermittelte Gefährdungsstruktur begründen könnten. Die Aktivierung ihres Schädigungspotentials vermag aber nur eine Gewinnerwartung zu vereiteln, die nicht als vermögenswerte Exspektanz im strafrechtlichen Sinne zu deuten ist. Lediglich hinsichtlich der Abwerbung von Stammkunden kraft Geheimnisverrat ist eine Vereitelung einer Vermögensexspektanz zu erwägen. Dies führt dazu, dass die von der h.M. postulierte Vermögensgefährdungsstruktur nicht durchgehend gegeben ist. Vielmehr müsste man in weiten Bereichen des Unternehmensgeheimnisschutzes von einer (abstrakten) reinen *Exspektanzgefährdungsstruktur* oder *Vermögenszuwachsgefährdungsstruktur* sprechen.

Hinsichtlich dieser Gefährdungsstruktur soll aber nicht verkannt werden, dass bei einer faktischen Betrachtung ein Schadenseintritt wahrscheinlicher ist als bei einem auf ein Vermögensobjekt gerichteten tatbestandsmäßig ausgelösten Gefährdungspotential. Wie *Schneider* treffend hervorhebt, greift hier das außerstrafrechtliche Instrumentarium nur schwer, denn die Rückgabe von Wissen kann realistischerweise nicht erzwungen werden und auch die immateriellen Entscheidungen sind nur sehr schwer erkennbar, so dass insbesondere Unterlassungs- und Beseitigungsansprüche ineffektiv sind.[226] Die Existenz unmittelbar vermögensschadensauslösender Handlungen im Anschluss an die tatbestandsmäßigen Handlungen erleichtern daher diese Erkennbarkeit des Ursprungs des Schadens und somit die Anwendung der beschriebenen wettbewerbsrechtlichen Konsequenzen. Dagegen sind tatbestandsmäßige Handlungen, die an prinzipiell freies Marktverhalten anknüpfen, schwer auf jenen Ursprung zurückzuführen oder bei solchen Handlungen, die an unternehmensinterne Organisationsmaßnahmen anknüpfen, schwer nachweisbar, so dass neben der strafrechtlichen Ahndung kaum effektive Abwehrmöglichkeiten vorstellbar sind.

Dennoch ist zu erkennen, dass eindeutig wettbewerbliche Interessen seitens des geheimhaltenden Unternehmens bei diesen Konstellationen involviert sind, sowohl weil sich das Schädigungspotential wettbewerbsbeeinträchtigend auswirkt, wie bereits oben beschrieben wurde, als auch weil sich die Gefährdungsstruktur dann akti-

---

[226] Vgl. dazu *Schneider*, S. 42.

viert, wenn Marktteilnehmer bestimmte wettbewerbsrelevante Entscheidungen treffen. Ob diese wettbewerblichen Interessen zugleich wettbewerbs*rechtlicher* Natur sind, ist noch zu untersuchen, würde aber ermöglichen, eine sicherere Begründung als die vermögensstrafrechtliche für die strafrechtliche Rechtsgutsbestimmung in Erwägung zu ziehen.

7.6. Dritte Schwäche der Auffassung: Marktwert als zutreffendes wirtschaftliches Kriterium bei der Bestimmung des Vermögenscharakters offensiver Unternehmensgeheimnisse?

a) Darstellung des Problems anhand des patentierbaren Know-hows

Wie bereits beschrieben besteht bei offensiven Geheimnissen grundsätzlich die Möglichkeit, diese – mit oder ohne Aufgabe der Geheimniseigenschaft – zu vermarkten oder nur unternehmensintern anzuwenden. Hat das Know-how u.a. einen gewissen Neuheitsgrad, wird nach beiden Alternativen Rechtsschutz gewährt, einerseits durch eine – auch strafrechtlich abgesicherte – Patentierungsmöglichkeit, andererseits durch die strafrechtlich abgesicherte Geheimhaltungsmöglichkeit. Bei der exklusiven unternehmensinternen Nutzungsmöglichkeit erhält ein Vermögensgegenstand in seiner Funktion als Produktionsfaktor strafrechtlichen Schutz. Diesbezüglich stellt sich aus folgenden Gründen die Frage, ob der Marktwert den Vermögenswert dieser marktexternen Funktion treffend wiedergibt. Entscheidet sich ein Unternehmen für die unternehmensinterne Nutzung eines bestimmten Know-hows, so kann diese Entscheidung zum Ausdruck bringen, dass nach der Bewertung des Unternehmens die unternehmensinterne Nutzung gewinnbringender ist als die Vermarktung, z.B. in Form einer Patentierung. Dabei können freilich neben der Vermögenswertsbestimmung des Know-hows bei unternehmensinterner Nutzung andere wirtschaftliche Gründe eine Rolle spielen, wie etwa Risikokalkulationen, Übereinstimmung mit den Unternehmenszielen, den auf einem Markt existenten Handelsbräuchen, etc. Ob all diese Erwägungen aus einer wirtschaftstheoretischen Betrachtungsweise in die Bewertung des Vermögensgutes mit eingebracht werden können oder parallel zu dieser Bewertung in der Entscheidung berücksichtigt werden, kann dahinstehen. Denn entscheidend ist, dass die Bestimmung des Vermögenswertes des Know-hows immer, sei es bei einer Entscheidung zugunsten einer betriebsinternen oder externen Anwendung, unerlässlich ist und dafür eine mehr oder weniger sichere Erwartung ausschlaggebend ist. Wenn sich diese Erwartung hinsichtlich des Beitrags des Know-hows auf den Unternehmenserfolg richtet und dieser in der Gewinnmaximierung liegt, dann liegt es nahe, nur bei einer marktbezogenen Anwendung auf den Marktwert abzustellen, dagegen bei unternehmensinterner Anwendung einen erlössteigernden oder kostensenkenden Beitrag beim Unternehmensgewinn zu ermitteln.

Für eine solche Differenzierung in der Wertbestimmung eines Gegenstandes liefert auch die Mikroökonomie hinreichende Anhaltspunkte, wenn sie zwischen einer Produktionstheorie und einer Preistheorie unterscheidet. Denn die Produktionstheorie ermittelt den Beitrag eines Produktionsmittels zur optimalen Faktorkombination nicht anhand des Zusammentreffens von Angebot und Nachfrage, sondern nach kapitaltheoretischen Kriterien. Demnach ist nämlich der wirtschaftliche Wert eines Objektes anhand des Gegenwartwertes der zu erwartenden zukünftigen Einkommensströme zu bestimmen.[227] Obwohl diese grundsätzliche Diskrepanz zwischen diesen wirtschaftlichen Betrachtungsweisen gegeben ist, kann daraus nicht ohne weiteres gefolgert werden, das die zweite Alternative für das Strafrecht einschlägig ist. Dafür bedarf es erst einer normativen Begründung, die es nun darzustellen gilt.

b) Kein gesetzlicher Niederschlag dieser Vermögenswertsbestimmungsdiskrepanz

Diese rein faktische Erkenntnis muss freilich nicht unbedingt normative Berücksichtigung finden, da es in diesem Bereich entscheidend sein kann, mit objektiven, d.h. sicher nachvollziehbaren Bewertungsmethoden zu operieren. Dies ist nicht zuletzt der Grund, warum die h.M. beim strafrechtlichen Vermögensbegriff, wie auch der dazugehörigen Schadensermittlung grundsätzlich auf den Marktwert abstellt.

[227] Vgl. *Siebke* in Vahlens Großes Wirtschaftslexikon, S. 2227, Stichwort: Vermögen.

Belege dieser Nichtberücksichtigung höherer unternehmensinterner Wertbestimmungen des unternehmensintern angewendeten Know-hows liefert zum einen das Bilanzrecht und zum anderen das Arbeitnehmererfindungsgesetz.

Das Bilanzrecht ermöglicht unter engen Voraussetzungen die Aktivierung immaterieller Vermögensgüter. Hier einschlägig sind die selbstständigen, entgeltlich erworbenen immateriellen Vermögensgüter als Teil des Anlagevermögens (§ 247 Abs. 2 HGB), da dort vorausgesetzt wird, dass sie dazu bestimmt sind, dauerhaft dem Geschäftsbetrieb zu dienen.[228] Diese immateriellen Vermögensgüter – z.B. ein erworbenes geheimes Know-how –[229] müssen nach ihren Anschaffungskosten (§ 253 HGB) aktiviert werden. Darunter versteht das Gesetz Aufwendungen, die geleistet werden, um einen Vermögensgegenstand zu erwerben und ihn in einen betriebsinternen Zustand zu versetzen, soweit sie dem Vermögensgegenstand einzeln zugeordnet werden können. Daher ist auch hier – trotz der unternehmensinternen Anwendung – der gezahlte (Markt)Preis und somit das Bewertungskriterium der h.M. einschlägig.

Darüber hinaus sind nach internationaler Rechtslegung gemäß IAS 38 neben entgeltlich erworbenen (38.25-32) auch selbst hergestellte (38.33-43) immaterielle Vermögensgüter (*intangible assets*) unter Umständen aktivierbar[230] und müssen gemäß den Herstellungskosten angesetzt werden (38.28). So sind Entwicklungsleistungen zu aktivieren, wie z.B. Entwicklung, Konstruktion und Tests von Prototypen vor Produktions- bzw. Nutzungsbeginn, die Entwicklung von Werkzeugen unter Verwendung neuer Technologien, die Entwicklung, Konstruktion und der Betrieb einer Pilotanlage, die für eine kommerzielle Nutzung ungeeignet ist (38.59.). All diesen Ausgaben stellen wiederum gezahlte (Markt)Preise für Materialeinzelkosten, Lohnkosten, Transportkosten etc. dar, so dass auch hier – bei unternehmensintern anzu-

---

[228] Für selbst hergestelltes Know-how besteht nach § 248 Abs. 2 HGB ein Bilanzierungsverbot.

[229] Zur Bilanzierbarkeit von Unternehmensgeheimnissen eingehend *K. von Gamm*, S. 137 ff. und zu den Möglichkeiten für einen effektiven Schutz bei Bilanzierung insb. 267 ff.

[230] Immaterielle Vermögenswerte werden im IAS 38.8. definiert als nicht monetäre Vermögenswerte ohne physische Substanz, die selbständig identifizierbar sind und über die das Unternehmen die Kontrolle und Verfügungsmacht besitzt. Weitere Ansatzvoraussetzungen für einen immateriellen Vermögenswert sind: Der zukünftige Nutzen muss wahrscheinlich sein und die Kosten müssen zuverlässig ermittelbar sein (21). Explizit von der Aktivierung ausgeschlossen sind u.a. Forschungskosten, Kundenlisten und selbst erzeugter Geschäfts- und Firmenwert (*Goodwill*).

wendendem Know-how –[231] das Bewertungskriterium des Marktwertes der h.M. einschlägig ist.

Ähnliches ist hinsichtlich der Vergütung für eine Arbeitnehmererfindung nach dem Arbeitnehmergesetz zu erkennen. Gelangt ein Arbeitnehmer zu einer sogenannten Diensterfindung, steht ihm nicht die Möglichkeit zu, diese ohne weiteres zu patentieren. Das Arbeitnehmererfindungsgesetz sieht einen Anspruch des Arbeitgebers auf diese im Rahmen der Arbeitstätigkeit und auf Grundlage der Erfahrungen oder Tätigkeiten im Unternehmen gemachten Erfindung vor. Der Arbeitgeber muss die Erfindung als Patent oder Gebrauchsmuster anmelden, es sei denn, er bevorzugt die Behandlung der Diensterfindung als Betriebsgeheimnis (§ 13 Abs. 2 Nr. 3 i.V.m. § 17 ArbEG).[232] Der entstandene Interessenkonflikt zwischen Erfinder und Arbeitgeber wird dadurch geschlichtet, dass sowohl bei Veröffentlichung wie auch bei Geheimhaltung dem Arbeitnehmer ein Vergütungsanspruch entsteht, dessen Berechnung nach einem in Richtlinien[233] detailliert geregelten System zu ermitteln ist.[234] Für den Fall der betrieblichen Verwertung der Diensterfindung gelten mehrere Bemessungsmethoden (RL Nrn. 3-13). Praktische Bedeutung haben aber nur die Methode der *Lizenzanalogie* und die Methode des *erfassbaren betrieblichen Nutzens.* Die Methode der Lizenzanalogie[235] wird in der Praxis regelmäßig dann zugrundege-

---

[231] Dass nach internationaler Rechtslegung geheimes Know-how durchaus bilanzierbar ist, zeigt schon die Erwähnung der *Geheimverfahren* in IAS30.119.

[232] Diesbezüglich heben *Bartenbach/Volz*, GRUR 1982, 133 (141), zutreffend hervor, dass der Arbeitgeber im Regelfall zu dieser Entscheidung gelangt, weil er von der Geheimhaltung mehr wirtschaftliche Vorteile erwartet.

[233] Es handelt sich um die durch Gesetzesauftrag des § 11 ArbEG erlassenen „Richtlinien für die Vergütung von Arbeitnehmererfindungen im privaten Dienst" vom 20. 7. 1959.

[234] Zusammenfassend wird die Vergütung durch zwei Faktoren bestimmt, nämlich den Erfindungswert, also den Preis, den der Arbeitgeber einem freien Erfinder bzw. freien Lizenzgeber für die Diensterfindung zahlen würde (RL Nrn. 3-29), und den sogenannten Anteilsfaktor, mit dem die Stellung des Arbeitnehmers und die betrieblichen Beiträge am Zustandekommen der Erfindung gegeneinander abgewogen werden (RL Nrn. 30-36). Die Vergütung wird sodann durch Multiplikation des Erfindungswertes mit dem Anteilsfaktor berechnet (RL Nr. 39). Letzteres ist notwendig, um der Tatsache Rechnung zu tragen, dass der angestellte Erfinder im Gegensatz zum freien Erfinder keinerlei wirtschaftliches Risiko trägt und weitgehend von den Mitteln und Erfahrungen des Betriebes Gebrauch machen kann.

[235] Bei der Lizenzanalogie (RL Nrn. 6-11) wird der Vergleich zum (ausschließlichen) Lizenzvertrag mit einem (freien) Lizenzgeber gezogen (vgl. RL Nr. 6). Es wird also geprüft, welchen Lizenzsatz der Arbeitgeber einem freien Erfinder/Lizenzgeber für die Überlassung eines (ausschließlichen) Nutzungsrechtes zahlen müßte und würde. Im Regelfall ist dies keine Stücklizenz, sondern ein bestimmter Prozentsatz (Lizenzsatz) vom Nettoumsatz (vgl. RL Nr. 7).

legt, wenn mit der Diensterfindung Umsatzgeschäfte verbunden sind, während die Methode des erfassbaren betrieblichen Nutzens insbesondere dann zum Tragen kommt, wenn sich die Diensterfindung nur innerbetrieblich auswirkt, ohne sich in Verkaufsprodukten niederzuschlagen. Zweck beider Kalkulationsformen ist es, den Erfindungswert in der Form zu ermitteln, dass man zu dem Preis gelangt, den der Arbeitgeber einem freien Erfinder bzw. freien Lizenzgeber für die Diensterfindung zahlen würde.[236] Hinsichtlich des zu ermittelnden Erfindungswertes ist mit *Reimer/Schade/Schippel* zu betonen, dass dieser Begriff nicht etwa dazu verleiten darf, darunter den „wirklichen" volkswirtschaftlichen Wert der Erfindung zu verstehen oder auch nur den Wert, den die Erfindung voraussichtlich dem Betrieb einbringen wird.[237] Es handelt sich vielmehr um einen korrigierten hypothetischen Marktpreis. Eine erste Korrektur bestimmt den „erfassbaren Nutzen" nicht allein danach, was das Unternehmen insgesamt einspart; vielmehr ist Maßstab nur der Nutzen, der sich im Verhältnis zum anderweitigen Stand der Technik ergibt. Der Nutzen der Erfindung, der das Unternehmen erst bis zum gegenwärtigen Stand der Technik bringt, ist nicht zu berücksichtigen.[238] Nach der zweiten Korrektur können gemäß einem strengen Kausalitätsgrundsatz nur solche Ersparnisse bei der Ermittlung der wirtschaftlichen Vorteile zu den Erträgen hinzugezählt werden, die tatsächlich eingetreten sind. Nicht vergütungspflichtig sind zukünftige Erträge, und zwar auch dann nicht, wenn sie wahrscheinlich sind.[239]

Dies zeigt schon, dass der normativ relevante Wert nicht dem eigentlichen unternehmensintern relevanten Wert entspricht. Letzterer kann nämlich weder den realen Stand der Technik des Unternehmens, noch alle objektiv, aber nicht betriebswirt-

---

[236] Vgl. *Reimer/Schade/Schippel*, § 11 Erläut. RL Nr. 12 Rn 1. Insofern gibt es keinen Unterschied in der Zielsetzung der Methoden der Lizenzanalogie und des erfassbaren betrieblichen Nutzens, und sie sollten nach *Gaul*, S. 97, auch zu den gleichen Vergütungsergebnis führen.

[237] *Reimer/Schade/Schippel*, § 11 Erläut. RL Nr. 2 Rn 2.

[238] Dass nicht der vollständige Erfindungswert zu vergüten ist, darf dagegen nicht als Korrektur verstanden werden, weil er nur dem wirtschaftlich realen Umstand Rechnung trägt, dass kein Unternehmen bereit wäre, einem freien Erfinder die gesamte Ersparnis, die es mit Hilfe der Erfindung erzielt (sog. Bruttoersparnis), als Entgelt zu überlassen, sondern immer nur einen Bruchteil des Nutzens, der Ergebnis der Multiplikation mit einem Umrechungsfaktor ist. Zum Ganzen vgl. etwa *Bartenbach/Volz*, RL Nr. 12 Rn 59; *Volmer/Gaul*, § 9 Rn 466; *Reimer/Schade/Schippel*, § 11 Erläut. RL 12 Rn 7.

[239] Vgl. nur *Bartenbach/Volz*, RL Nr. 12 Rn 45.

schaftlich zu erwartenden Erträge unberücksichtigt lassen Dies zeigt zugleich, dass der für das Arbeitnehmererfindungsgesetz maßgebliche Wert sich aufgrund der zu tätigenden Korrekturen unter dem unternehmensinternen Wert befindet.

c) Darstellung der Vermögenswertsbestimmungsdiskrepanz aus betriebswirtschaftlicher Sicht

Die grundsätzliche Unterscheidung der Vermögenswertsbestimmungsmethoden ist auch aus betriebswirtschaftlicher Betrachtungsweise zu erkennen. Denn die Entscheidung eines Unternehmens – im Sinne eines Opportunitätskostengedankens – orientiert sich in diesem Fall nicht an den Bewertungsregeln der externen Rechnungslegung, sondern vielmehr an denen der internen Rechnungslegung.[240] Die externe Rechnungslegung richtet sich an unternehmensexterne Adressaten, seien es Eigentümer oder Gläubiger des Unternehmens, der Fiskus oder das allgemeine Publikum als mögliche Investoren. Der Regelungsbedarf für Rechnungslegungs-Informationen, den der Gesetzgeber und andere normsetzende Institutionen wahrnehmen, ergibt sich daraus, dass diese Adressaten keinen detaillierten Einblick in die wirtschaftlich relevanten Vorgänge im Unternehmen haben, aber dennoch sichere Daten zur Wahrung ihrer Interessen benötigen. Geht es aber darum, ein realwirtschaftliches Phänomen objektiv durch das Unternehmen selbst zu bewerten, ist die externe Rechnungslegung untauglich, weil sie nicht bedingungslos realwirtschaftliche Prozesse für einen unternehmensinternen Adressaten, etwa das Management, wiedergibt. Das Management bedarf für die bestmögliche Erreichung der Unternehmensziele erfolgsorientierter Informationen, die es in die Lage versetzen, die güterwirtschaftlichen Prozesse zu steuern. Solche Informationen werden durch interne Unternehmensrechnung (*Management Accounting*) meist im Controllingbereich des Unternehmens bereitgestellt.[241] Nach *Jahnke* soll die interne Unternehmensrechnung das Wirtschaftsgeschehen (insbesondere die betrieblichen Zustände und Prozesse) innerhalb des Unternehmens und zwischen dem Unternehmen und

[240] Für eine instruktive Gegenüberstellung beider Rechnungswesen siehe *Wöhe*, S. 809 ff.
[241] Nach *Schierenbeck*, S. 635., kann die interne Rechnungslegung damit viel stärker als das externe Rechnungswesen instrumental für die Zwecke der Unternehmensführung eingesetzt werden.

seiner Außenwelt in monetären Größen abbilden.[242] Bei der Frage nach der optimalen Anwendung eines bestimmten Know-hows ist daher die interne Rechnungslegung als Planungsrechnung von viel größerer Hilfe als die in dieser Hinsicht eine Vergangenheitsrechnung darstellende externe Rechnungslegung.[243]

Daraus ergibt sich, dass das für die externe Rechnungslegung fundamentale Realisationsprinzip als Konkretisierung des Vorsichtsprinzips mit Wertobergrenzen operiert (Anschaffungs- oder Herstellungskosten), die für eine unternehmensinterne Entscheidungstreffung auf Grundlage so weit wie möglich realistischer Gewinnerwartungen nicht immer tauglich ist. Ganz im Gegenteil ist die interne Rechnungslegung nicht nur eine völlig freiwillige Veranstaltung,[244] sondern auch in ihrer Ausgestaltung durch keinerlei sachfremde äußerliche Vorschriften eingeschränkt.[245] Eine prospektive Entscheidung des Managements kann im Grunde genommen – auch bei einem vorsichtigen Vorgehen – nicht bei diesen Werten stehen bleiben, sondern muss – sofern die Herstellung oder Anschaffung des betriebsintern anzuwendenden Geheimnisses Erfolgsaussicht hat – eine höhere Bewertung ansetzen.

Zusammenfassend kann daher festgehalten werden, dass sowohl die mikroökonomische und betriebswirtschaftliche Betrachtung als auch der Vergleich mit dem gesetzlich festgelegten Vermögenswert zeigen, dass trotz der am Marktwert orientierten, außerstrafrechtlichen Erfassung des Vermögenswertes von Unternehmensgeheimnissen das Unternehmen sich bei der internen Entscheidung zugunsten der Geheimhaltung (Opportunitätskostengedanke) zum einen nicht am Marktwert der Geheimnisse orientiert und zum anderen diesbezüglich tendenziell einen höheren Wert ermittelt. Diese vom Marktwert abweichende Werthöhenbestimmung und insbesondere die Anwendung einer zu den außerstrafrechtlichen Regelungen diskrepanten Wertbestimmungsmethode sind Ausdruck eines rechtlich einwandfreien Vorgehens des Unternehmens, das letztendlich durch den Geheimnisschutz eine (straf)rechtliche Anerkennung findet. Wie sich dies auf die Auffassung eines Vermögens-

[242] Vgl. zum Ganzen *Jahnke* in Becker (Hrsg.), Einführung in die Betriebswirtschaftslehre; 76 f.
[243] Vgl. dazu *Wöhe*, S. 809.
[244] *Wöhe*, S. 811.
[245] *Schierenbeck*, S. 635.

deliktes beim Unternehmensgeheimnisschutz auswirkt, ist anschließend zu untersuchen.

7.7. Konsequenzen der diskrepanten Vermögenswertsbestimmung für die Rechtsgutauffassung der h.M.

Möchte nun die h.M. – angesichts der außerstrafrechtlichen Behandlung des geheimen Know-hows und auch angesichts der bei anderen Vermögensstraftatbeständen einschlägigen Vermögenswertsbestimmung – am Marktwert festhalten, um dadurch nicht den sicheren Boden einer anerkannten objektiven Wertbestimmungsmethode zu verlassen, muss sie bei dem Postulat eines Vermögensgefährdungsdelikts notwendigerweise in Schwierigkeiten geraten. Denn allen Tatbeständen zum Unternehmensgeheimnisschutz ist – schon als Teilmenge des Geheimnisschutzes – die Missachtung der Dispositionsbefugnis über bestimmte geheime Informationen als besonderes „Erfolgsmoment"[246] gemein. Dass eine wirtschaftlich wertvolle Information *als* Geheimnis strafrechtlich geschützt wird, besagt schon, dass die Willenserklärung des Geheimhaltenden entscheidender Bestandteil des Unrechtsgehalts sein muss. Dies deutet aber zunächst nur auf den Schutz der Dispositionsbefugnis über vermögenswerte Gegenstände hin.[247] Möchte daher eine Auffassung nicht auf eine rein auf subjektiven Motiven begründete Dispositionsbefugnis abstellen, hat sie einen inhärenten – vom Willen des Geheimhaltenden unabhängigen – Vermögenswertschaden in der Verletzung dieser Dispositionsbefugnis bei der Bestimmung des Rechtsguts zu erkennen. Um dabei das Spezifische des Geheimnisschutzes nicht zu vernachlässigen, hat sie die durch die Geheimhaltung (Willenserklärung) zum Ausdruck gebrachte objektive Wertbestimmung bei der Schutzzweckbestimmung zu berücksichtigen. Alles andere würde das Ergebnis der Schutzzweckbestimmung entweder in einen reinen Schutz der subjektiven Dispositionsbefugnis oder in einen

[246] Hier nicht im Sinne eines Erfolgsdelikts verstanden, sondern im untechnischen Sinne, d.h. auch Tatbestände erfassend, die nur eine Tätigkeit beschreiben. Dazu näher oben Dritter Teil A. II. 7.2. c).

[247] So auch die Rechtsgutsbestimmung bei SK-*Hoyer*, § 204 Rn 4, der hinsichtlich des dort geregelten Unternehmensgeheimnisschutz „nicht schon das Vermögen selbst, sondern das Verfügungsrecht über vermögenswerte Informationen" als geschützt sieht.

das entscheidende Moment der Geheimhaltung missachtenden Schutz verkommen lassen.

Um es konkret anhand eines vermögensstrafrechtlichen Musters zu beschreiben: Obwohl es sich um ein abstraktes Vermögensgefährdungsdelikt handelt, muss die Handlung abstrakt betrachtet im Stande sein, bei bestimmter konkreter Realisierung auch das Rechtsgut zu verletzten. Wie bereits oben beschrieben bedeutet abstrakte Gefährdung oder abstrakte Gefährlichkeit zwar keine Auswirkung der konkreten Handlung in Richtung Rechtsgut, aber stets eine abstrakte Beschreibbarkeit des möglichen Verlaufs einer tatbestandsmäßigen Handlung hin zur Rechtsgutverletzung. Dies bedeutet beim Vermögensschutz nach h.M. grundsätzlich den Marktwert eines Vermögensgegenstandes (als Repräsentant des Gesamtvermögens) zu verringern, es sei denn, die Handlung wirkt sich zugleich kompensierend aus. Diese, die Rechtsgutverletzung auschließende Kompensierung müsste nach h.M. beim Geheimnisschutz bedeuten, dass etwa mittels einer Patentierung die gesamten Lizenzgebühren dem Opfervermögen zukommen. Dies würde aber geradezu die Missachtung des Geheimhaltungswillens bedeuten und damit den Sinn der Geheimnisschutztatbestände verkennen. Dies könnte nur vermieden werden, wenn nur die vollständige Kompensation auf den nach objektiven Maßstäben kalkulierten und in Geldsummen ausgedrückten Beitrag zum Unternehmenserfolg (Gewinnmaximierung), d.h. den zu erwartenden Ertrag dieses Produktionsmittels, die Rechtsgutverletzung verhindern könnte. Nur dann könnte die h.M. von einem mit dem Geheimhaltungsschutz kohärenten Vermögensdelikt sprechen.

Nochmals ist zu betonen, dass die den Geheimhaltungswille missachtende, aber zugleich irgendeinen Vermögenswert kompensierende Handlung *im konkreten Fall* dennoch hinsichtlich der Kompensation irrelevant und daher tatbestandsmäßig ist, weil es sich um ein abstraktes Gefährdungsdelikt handelt, bei dem keine Prüfung der tatsächlichen Auswirkungen der Handlung zu berücksichtigen ist. Abstrakt betrachtet kann diese kompensierende Missachtung des Geheimhaltungswillens nur dann vernachlässigt werden, wenn die Tatbestände dem Schutz der reinen Dispositionsbefugnis dienen. Soll es sich aber um Vermögensschutz durch Geheimnisschutz im strengen Sinne handeln, ist eine marktwertkompensierende Handlung ungenügend, aber eine den unternehmensintern objektiv ermittelten Vermögenswert kompensierende Handlung ausreichend, um die Verletzung der konkreten Rechtsgutsgestaltung zu vermeiden.

Da aber kein Grund ersichtlich ist, letztere Deutung vorzuziehen, nicht nur weil die h.M. selbst nicht einen solchen Bewertungsmethodenwechsel zu erkennen gibt, sondern auch weil sie tatsächlich die Vermögenswertsbestimmung mit erheblichen Unsicherheiten versehen würde, erscheint es angebracht, den Schutzzweck des Unternehmensgeheimnisschutzes zunächst in der reinen Dispositionsbefugnis über die geheimgehaltenen Information zu sehen.

7.8. Schlußfolgerung: Die Vorzugswürdigkeit der Deutung des strafrechtlichen Unternehmensgeheimnisschutzes als Schutz der Dispositionsbefugnis des Unternehmens über wettbewerbsrelevante Geheimnisse und weitere Konkretisierungsperspektiven

Die eben erwogene Umformulierung des Rechtsgutes ermöglicht, die Schwächen der h.M. zu beheben, die im Schutz von Unternehmensgeheimnissen Vermögensgefährdungsdelikte sieht. Zum einen ist ein Erfolg stets unabhängig seiner nachteiligen oder nicht nachteiligen Auswirkung immer eine Verletzung des Rechtsgutes, da er stets unbefugt, d.h. gegen den Geheimhaltungswillen des Unternehmens erfolgt. Ferner ist bei der über das Unternehmensgeheimnis vermittelten Einwirkung auf eine Exspektanz oder der Erwartung eines Vermögenszuwachses ein hinreichendes Fundament gegeben, um die formelle Dispositionsbefugnis als Rechtsgut zu deuten. Wenn man schließlich eine von der Bewertung des Objektes unabhängige schlichte Dispositionsbefugnis als geschützt betrachtet, entsteht auch nicht das Dilemma, bei einer direkten Gefährdung des Wertes des Unternehmensgeheimnisses entweder von der herkömmlichen Bewertungsmethode abzuweichen oder aber die Bewertungsintention des Geheimhaltenden bei der Wertbestimmung zu mißachten.

Dennoch ist zu erkennen, dass man dadurch zu einem völlig entmaterialisierten Rechtsgut gelangt, wie es schon hinsichtlich des allen Geheimnistatbeständen gemeinen Schutzzwecksubstrats beschrieben wurde.[248] Ein solcher Schutz der informationellen Dispositionsbefugnis würde jedoch die oben herausgearbeiteten Unterschiede zu allen weiteren anwendbaren Geheimnisvorschriften unbeachtet lassen. Da diese Unterschiede wettbewerblich erklärbar sind, wie noch gezeigt werden soll, ist eine auf diesen Aspekt gestützte Konkretisierung des Rechtsguts beim Unternehmensgeheimnisschutz zu erwägen.

Dies kommt auch deshalb in Betracht, weil sich eine Betrachtungsweise anhand der wettbewerbsrechtlichen Deutung des Schutzzwecks des Unternehmensgeheimnisschutzes als ein Schutz des Interesses des Wettbewerbers an seiner wettbewerblichen Entfaltungsfreiheit vor unlauteren Wettbewerbshandlungen[249] angesichts der wettbewerblichen Begründung der Unternehmensgeheimnisse geradezu zur materiellen Ausfüllung der bisher erkannten informationellen Dispositionsbefugnis anbietet.[250]

Trotz dieser naheliegenden Deckungsgleichheit darf die konkrete Rechtsgutsbestimmung des UWG nicht ohne weiteres für die strafrechtliche Rechtsgutsbestimmung der Tatbestände zum Unternehmensgeheimnisschutz übernommen werden. Vielmehr bedarf es für die Abstimmung auf der Schutzzweckebene der Feststellung einer Kongruenz zwischen dem konkreten wettbewerbsrechtlichen und dem strafrechtlichen Schutz von Unternehmensgeheimnissen. Dafür soll anschließend die wettbewerbsrechtliche Natur des straftatbestandsmäßigen Schutzes von Unternehmensgeheimnissen untersucht werden, um feststellen zu können, inwiefern dieser eine Konkretisierung des allgemeinen wettbewerbsrechtlichen Verbots unlauterer Wettbewerbshandlungen darstellt.

---

[248] Näher dazu oben Zweiter Teil D. VI.

[249] Vgl. nur Hefermehl/*Köhler*/Bornkamm, § 1 Rn 7, § 3 Rn 53.

[250] Anzumerken ist auch, dass hinsichtlich der Straftaten gegen den Wettbewerb des 26. Abschnitts des StGB gemeinhin von einer wettbewersrechtskonformen Auslegung ausgegangen wird. So heißt es in BT-Drs. 13/5584, S. 15: „Bei der Interpretation der einzelnen Tatbestandsmerkmale sind daher nach wie vor die Regelungen des UWG zu berücksichtigen“. Für Tatbestände, die weiterhin dem UWG angehören, sollte daher gleiches gelten. Grundlegend dazu *Tiedemann*, FS-Müller-Dietz, S. 915 ff.

II. Die wettbewerbsrechtliche Fundierung der Rechtsgutsbestimmung bei den Straftatbeständen zum Unternehmensgeheimnisschutz anhand ihrer Betrachtung als Bestandteil des Regelungssystems des UWG

1. Allgemeines

Hinsichtlich der nun im neuen UWG ausdrücklich erwähnten Schutzzwecktrias (Schutz der Mitbewerber, der sonstigen Marktteilnehmer, insbesondere der Verbraucher, und der Allgemeinheit)[251] sind bei einer solchen sowohl straf- als auch wettbewerbsrechtlich relevanten Handlung eindeutig die Interessen des geheim haltenden Mitbewerbers betroffen.[252] Nach *Köhler* ist dieser wettbewerbsrechtliche Geheimnisschutz Ausdruck des geschützten Interesses der Mitbewerber an ihrer wettbewerblichen Entfaltungsfreiheit.[253] Zum Teil wird auch auf das Interesse der Allgemeinheit an der Wettbewerbsordnung abgestellt,[254] jedoch ohne den Vorrang des individuellen Interessenschutzes in irgendeiner Weise zu beeinträchtigen. Insgesamt soll die Bestimmung des wettbewerbsrechtlichen Schutzgutes des gesamten Gesetzes und deren Konkretisierung bei den Beispieltatbeständen keine besonderen Auslegungsschwierigkeiten bereiten.[255] Es darf aber nicht unerwähnt bleiben, dass es für den wettbewerbsrechtlichen Schutzzweck stets konstitutiv ist, vor unlauteren Wettbewerbshandlungen zu schützen, weil es das entscheidende Merkmal zur Abgrenzung zum allgemeinen Deliktsrecht darstellt.[256] Um zu erwägen, ob der strafrechtliche Schutz überhaupt eine solch verhaltensbezogene Schutzrichtung einschlagen

[251] Vgl. dazu Begr. RegE UWG zu § 1, BT-Drs. 15/1487, S. 15 f. und statt vieler *Köhler/Bornkamm/Henning-Bodewig*, WRP 2002, 1317 (1324).
[252] Vgl. *Beater*, § 1 Rn 7 ff. insb. 11, § 18 Rn 3; Harte/Henning/*Harte-Bavendamm*, § 17 Rn 4 f.; Hefermehl/*Köhler*/Bornkamm, § 1 Rn 7, § 17 Rn 4; Fezer/*Rengier*, Lauterkeitsrecht II, § 17 Rn 4.
[253] Hefermehl/*Köhler*/Bornkamm, § 1 Rn 7, § 3 Rn 53; so auch HK-WettbR/*Klippel/Brämer*, § 1 Rn 9; *Fezer*, Lauterkeitsrecht I, § 1 Rn 38 spricht von der wirtschaftlichen Handlungsfreiheit oder in § 3 von der Wettbewerbsfreiheit der anbietenden Wirtschaft (Rn 92) oder im Parallelprozess der Anbieter (Rn 93); Ähnlich auf die Handlungsfreiheit in der wirtschaftlichen Betätigung abstellend etwa die auf die ungestörte Ausübung des Gewerbetriebes als Interesse des betroffenen Unternehmens gerichtete Rechtsgutsbestimmung *O.-F. v. Gamm*, 50. Kap Rn 11.
[254] Vgl. Harte/Henning/*Harte-Bavendamm*, § 17 Rn 5; Hefermehl/*Köhler*/Bornkamm, § 17 Rn 4; Fezer/*Rengier*, Lauterkeitsrecht II, § 17 Rn 4.
[255] Vgl. nur Harte/Henning/*Schünemann*, § 1 Rn 3 m.z.N.
[256] Vgl. statt aller Hefermehl/*Köhler*/Bornkamm, § 2 Rn 3.

kann, eventuell auch nur in vorverlagerter Form des Schutzes vor der Gefahr solcher Handlungen (durch den Straftäter oder einen Dritten), bedarf es zunächst der Klärung, ob die tatbestandsmäßigen Handlungen nach den §§ 17 ff. stets unlautere Wettbewerbshandlungen darstellen. Denn nur so ist der gesamte Sinnzusammenhang des Schutzzweckes aus dem Wettbewerbsrecht in die strafrechtliche Vorschrift zu integrieren.

Bei einer flüchtigen Betrachtung sowohl des Inhalts wie auch der Strukturierung des gesamten UWG liegt es zwar nahe, alle Tatbestände des Gesetzes als Verstöße gegen die Generalklausel im Sinne einer *Fundamentalnorm*[257] des UWG zu verstehen, doch müsste dies bedeuten, dass alle Straftatbestände zum Unternehmensgeheimnisschutz unlautere Wettbewerbshandlungen darstellen.

Meist wird aber in den Kommentierungen zum UWG der interne Zusammenhang zwischen dem wettbewerbsrechtlichen und dem strafrechtlichen Teil nicht näher beleuchtet.[258] Allgemeinen Aussagen, die z.B. die § 17 ff. zu dem Kernbereich wettbewerblichen Unrechts zählen,[259] kann zwar zugestimmt werden, dennoch besagen sie wenig über die genaue Beziehung zwischen diesen Typifizierungen, d.h. dem wettbewerbs*rechtlichen* Charakter der Straftatbestände. Wenn aber *Harte-Bavendamm* oder *W. Schünemann* bei den §§ 17 ff. von *besonders krassen Fällen* unlauteren Wettbewerbshandelns[260] sprechen, wird wohl zumindest tendenziell von einem Genus-Spezies-Verhältnis zwischen dem weit gefassten wettbewerbsrechtlichen Tatbestand der Generalklausel[261] und den Straftatbeständen zum Unternehmensgeheimnisschutz ausgegangen. Meist werden aber nicht ganz eindeutige Positionen zu dieser Frage bezogen. So, wenn etwa *Emmerich* davon ausgeht, dass das generelle Verbot unlauterer Wettbewerbshandlung (§ 3) durch die Straftatbestände (§§ 16 bis 19) ergänzt wird, denn es bleibt unklar, ob dies eine *Spezifizierung* oder

257 So *Fezer*, Lauterkeitsrecht I, § 3 Rn 48 (Hervorhebung nicht im Text).

258 Oder wie bei *Boesche*, Wettbewerbsrecht 2005, der gar den gesamten strafrechtlichen Bereich nicht erwähnt.

259 Vgl. *Fezer*, WRP 2001, 989 (995).

260 Vgl. Harte/Henning/*Harte-Bavendamm*, § 17 Rn 43 (Hervorhebung nicht im Text) bzw. Harte/Henning/*Schünemann*, § 3 Rn 24, der aber den gesetzlichen Begriff der Wettbewerbshandlung vermeidet und hier ausnahmsweise von krassen Fällen unlauteren *Wettbewerbsverhaltens* spricht.

261 *W. Schünemann*, WRP 2004, 925 (927), spricht von einem *selbständigen Verbotstatbestand.*

Erweiterung bedeutet.[262] Ähnliches gilt für die Auffassung *W. Schünemanns*, die Straftatbestände des UWG ließen sich „auch nach ihrer Substanz (...) weitgehend in einen sachlichen Zusammenhang mit § 3 bringen".[263] Dagegen sind vereinzelt eindeutige Stellungnahmen zu erkennen, die sich gegen die völlige Übereinstimmung straf- und wettbewerbsrechtlicher Tatbestände zum Unternehmensgeheimnisschutz äußern. So hat schon *Kraßer* zum UWG a.F. die – nicht weiter begründete – Auffassung vertreten, dass ein solches Zusammentreffen nicht zwangsläufig sei.[264]

Aus strafrechtlicher Perspektive wird der Unternehmensgeheimnisschutz meist auch nicht wettbewerbsrechtlich kontextualisiert.[265] Ausnahmen stellen die systematischen Darstellungen der Straftatbestände aus dem UWG dar, wie sie *Otto* und *Tiedemann* bezüglich des UWG a.F. bilden, bei denen eine Gruppe, die unlautere Verhaltensweisen im Wirtschaftsverkehr durch Irreführung des Publikums (§§ 4, 6, 6c UWG a.F.), von einer anderen Gruppe, die unlautere Wettbewerbshandlungen gegen einzelne Mitbewerber beschreibt und den Unternehmensgeheimnisschutz erfaßt (§ 15 und §§ 17 ff. UWG a.F), unterschieden wird.[266]

Um über diese allgemeinen Aussagen hinaus zu gelangen, ist zu prüfen, ob die Straftatbestände zum Unternehmensgeheimnisschutz stets unter den Tatbestand der Generalklausel subsumierbar sind. Dafür müssten sie Wettbewerbshandlungen darstellen, die das Unlauterkeitsprädikat und das der hinreichenden Erheblichkeit erfüllen.

---

[262] Vgl. *Emmerich*, S. 35. Seine Systematisierung des Gesetzes (S. 90) spricht eher für die Spezifizierungsalternative, da die § 17 ff. - neben den Tatbeständen des § 4 Nr. 7 bis 10 – uneingeschränkt unter die Fallgruppe der unlauteren Wettbewerbshandlungen gegen Interessen der Mitbewerber eingegliedert werden.

[263] Hart/Henning/*Schünemann*, UWG § 3 Rn 24. Anschließend (§ 3 Rn 28) führt er allerdings fort: „Im Übrigen spricht manches dafür, die Straftatbestände der § 17 ff. nur dann zugleich als unlautere Wettbewerbshandlungen nach § 3 zu qualifizieren, wenn sie in der tatbestandlichen Handlungsvariante „zu Zwecken des Wettbewerbs" verwirklicht werden". Ferner ebenfalls zweifelnd, *Götting*, § 13 Rn 3: „Ferner dürfte gleichzeitig eine Unlauterkeit im Sinne der Generalklausel des § 3 vorliegen".

[264] Vgl. *Kraßer*, GRUR 1977, 177 (178).

[265] In genauere Verbindung zum Wettbewerbsrecht werden meist nur die Tatbestände aus dem 26. Abschnitt gebracht. Vgl. dazu etwa die eingehenden Darstellungen in den Vorbemerkungen zu den §§ 298 ff. bei LK-*Tiedemann* und NK-*Dannecker*.

[266] Vgl. UWG/GK-*Otto*, Vor § 4 Rn 10 f.; *Tiedemann*, Wirtschaftstrafrecht und Wirtschaftskriminalität II, S. 34; *ders.* ZStW 1974, 909 (1020).

2. Wettbewerbshandlung

2.1. Bestimmung des Täterkreises

Die Generalklausel aus § 3 – und dadurch auch der Beispielkatalog aus den §§ 4-7 – beschreibt nach der Legaldefinition aus § 2 Abs. 1 Nr. 1 einen Jedermanns-Tatbestand. Damit eine Wettbewerbshandlung zu Stande kommt, muss die Handlung zwar mit einem bestimmten Ziel versehen sein, kann aber durch irgendeine Person durchgeführt werden. Das für die Handlung notwendige *Wettbewerbsförderungsziel* kann sich auch auf ein fremdes Unternehmen beziehen, so dass der Täter nicht selbst ein Unternehmer sein muss.[267] Täter (*scil.* Verletzer) und Begünstigter können auseinanderfallen, nur letzterer muss ein Unternehmer sein.[268] Die strafrechtlichen Tatbestände sind dadurch ausnahmslos erfaßt. Dass sie beim Schutz von Innen als Sonderdelikte konzipiert sind, steht der wettbewerbsrechtlichen Täterbestimmung daher nicht entgegen.[269]

[267] Vgl. *Fezer*, Lauterkeitsrecht I, § 3 Rn 17; Harte/Henning/*Keller*, § 2 Rn 15; Hefermehl/*Köhler*/Bornkamm, § 2 Rn 13 und insb. 47; *Lettl*, S. 32. Zum UWG a.F. Baumbach/*Hefermehl* 22. Aufl., UWG Einl Rn 215; *Köhler/Piper*, UWG, Einf Rn 212. A.A. wohl *Emmerich*, S. 33, 46.

[268] Obwohl es über den hier angesprochenen Problembereich hinausreicht, sei vermerkt, dass nach dem neuen UWG der erstrebte Vorteil nicht mehr in einer Wechselbeziehung zum Nachteil eines Unternehmens stehen muss. Der Verzicht auf das Vorliegen eines Wettbewerbsverhältnisses als Anwendungsvoraussetzung des Verbots des unlauteren Wettbewerbs ist nach *Fezer*, Lauterkeitsrecht I, § 2 Rn 29, eine wesentliche Rechtsänderung der UWG-Reform gegenüber der bisherigen Rechtslage.

[269] Im Falle eines „Beschäftigten" (§ 17 Abs. 1 UWG) oder auch des „dem öffentlichen Dienst besonders Verpflichteten" (§ 203 StGB), „Geschäftsführers" (§ 85 GmbHG) oder der „Mitglieder des Vorstands" (§ 404 AktG) wird wohl in der Regel eher eine *Handlung zugunsten eines fremden Unternehmens* anzunehmen sein. Der Sonderdeliktscharakter kann aber in einer entgegengesetzten Richtung, d.h. des Straftatbestands hin zum Wettbewerbrecht, einen interessanten Einfluss ausüben. Ist diese Einschränkung nämlich viktimodogmatisch begründet, stellt sich die Frage, ob dies nicht auch bei der wettbewerbsrechtlichen Geheimnisverletzung über die §§ 17 ff. hinaus zu berücksichtigen ist. Da das UWG keinen ausdrücklichen unabhängigen wettbewerbsrechtlichen Geheimnisschutz kennt, wird grundsätzlich davon ausgegangen, dass diesbezüglich die §§ 17 ff. keine Sperrwirkung ausüben, aber die in den §§ 17 ff. zum Ausdruck kommenden Wertungen des Gesetzgebers zu beachten sind (vgl. nur *Emmerich*, S. 177), so dass zu erwägen wäre, ob nicht auch dort Einschränkungen des Schutzes auf Selbstschutzgedanken des Geheimhaltenden geboten sind.

2.2. Die Bedeutung des ungeschriebenen Merkmals des Handelns im geschäftlichen Verkehr

a) Allgemeine Darstellung

Obwohl dieses Merkmal im neuen UWG nicht mehr erwähnt wird, ist nach allgemeiner Meinung das Vorliegen einer Handlung im geschäftlichen Verkehr das zentrale Abgrenzungskriterium zum bürgerlichen Deliktsrecht.[270] Unter Handlung im geschäftlichen Verkehr wird jede wirtschaftliche Tätigkeit auf *dem Markt* verstanden, die der Förderung eines eigenen oder fremden Geschäftszwecks zu dienen bestimmt ist. Durch sie muss die *Teilnahme am Erwerbsleben* zum Ausdruck kommen.[271] Gemäß dieser Darstellung möchte *Beater* zwischen zwei unterschiedlichen Problemen unterscheiden: der Frage nach der *geschäftlichen bzw. nichtgeschäftlichen* Tätigkeit einerseits und dem Handeln *im Verkehr* andererseits.[272] Die Unterscheidung ist deswegen relevant, weil sie geeignet ist, den *genauen Grund* darzustellen, aus dem die typischen Handlungen der privaten, der amtlichen und der innerbetrieblichen Betätigung nicht dem geschäftlichen Verkehr zuzuordnen sind. So wird eine rein private oder amtliche Tätigkeit nicht vom Wettbewerbsrecht erfasst, weil sie keine Teilnahme am Erwerbsleben darstellt. Eine innerbetriebliche Handlung fällt ebenfalls nicht unter das Wettbewerbsrecht, da sie zwar eine Teilnahme am Erwerbsleben impliziert, aber keinen Marktbezug hat.[273]

---

[270] Vgl. statt vieler *Fezer*, Lauterkeitsrecht I, § 2 Rn 16.

[271] So *Fezer*, Lauterkeitsrecht I, § 2 Rn 18 (Hervorhebung nicht im Text).

[272] Vgl. *Beater*, § 11 Rn 6 ff. (Hervorhebung nicht im Text).

[273] Diese Aufgliederung des Handelns im geschäftlichen Verkehr ist im Schrifttum zum Wettbewerbsrecht durchaus nicht üblich, so wenn z.B. Hefermehl/*Köhler*/Bornkamm, § 2 Rn 6 ff., zwischen Unternehmensbezug und Marktbezug unterscheidet und nur anhand des letzten Begriffes das Handeln im geschäftlichen Verkehr beschreiben möchte und daher durch diesen Marktbezug die Abgrenzung sowohl der privaten als auch der hoheitlichen und betriebsinternen Handlungen durchführt. Meist werden aber im Schrifttum keine Unterscheidungen durchgeführt und lediglich die Bereiche des privaten, hoheitlichen und betriebsinternen Handelns als Beispiele nicht geschäftlichen Handelns aufgeführt.

b) Anwendung auf die Straftatbestände zum Unternehmensgeheimnisschutz

Man könnte meinen, der Unternehmensgeheimnisbegriff berge schon in sich die notwendigen Voraussetzungen, um das auf ihn bezogene straftatbestandsmäßige Verhalten als ein im wirtschaftlichen Verkehr stattfindendes zu bezeichnen. Dies gründet sich zum einen darauf, dass es auch strafrechtlich geschützte *Privat-* und *Staats*geheimnisse gibt, die vom Unternehmensgeheimnisschutz unterschieden werden müssen. Zum anderen stellen *betriebsinterne* Geheimnisse ohne jegliche Relevanz für das Wettbewerbsgeschehen keine Unternehmensgeheimnisse im strafrechtlichen Sinne dar. Diese Annahme ist aber nicht richtig, zumal auch ein geschäftlicher Verkehr hinsichtlich von Privatgeheimnissen, Staatsgeheimnissen oder betriebsinternen Geheimnissen existieren kann. Es ist auch deshalb nur eine verbale Scheinübereinstimmung, weil das relevante Kriterium aus der Perspektive des Täters und nicht aus Interessen des „Opfers" heraus entstehen muss.

aa) Informationsdynamische Tatbestände des Mitteilens und des Sichverschaffens

Möchte man nun feststellen, ob eine straftatbestandsmäßige Handlung ein Handeln mit Unternehmensgeheimnissen im geschäftlichen Verkehr darstellt, ist bei Tatbeständen, die einen Informationsfluss beschreiben (unabhängig davon, ob sie einen Schutz von Innen oder von Außen gewähren), eine Prüfung anhand der von *Beater* vorgeschlagenen Komponenten nützlich: Zum einen kann die Positionierung der geheimen Information (das Informationsoutput) hinsichtlich des Marktbezuges in Frage kommen. Zum anderen kann aber auch die Herkunft der geheimen Information für den Täter (das Informationsinput) als Ausdruck einer Teilnahme am Erwerbsleben relevant sein.

aaa) Die Teilnahme am Erwerbsleben und das wettbewerbsrelevante Input der Information

Das Informationsinput kann beim Täter für die Bewertung als Teilnahme am Erwerbsleben auf zweierlei Weise relevant sein: Die straftatbestandsmäßige Handlung selbst kann einerseits aus einem Input bestehen, wenn es sich um Angriffe von Außen handelt (Sichverschaffen). In diesen Fällen ist es strafrechtlich irrelevant, ob dieser Input Ausdruck einer Erwerbstätigkeit i.w.S. ist oder nicht. So kann auch ein durch die schlechte finanzielle Lage eines Unternehmers besorgter Familienangehöriger Unternehmensgeheimnisse ausspionieren oder dies veranlassen und daher rein private Zwecke verfolgen. Auch eine Behörde oder ein ausländischer Nachrichtendienst kann aus Zwecken der nationalen Sicherheit oder anderen politischen Gründen Unternehmen ausspionieren, ohne dadurch am Erwerbsleben teilzunehmen. Es sind daher durch § 17 Abs. 2 Nr. 1 bzw. 2 oder die darauf bezogenen Varianten aus § 19 nicht nur Spionage*unternehmen* erfasst. Der strafrechtliche Schutz von Unternehmensgeheimnissen reicht über den wettbewerbsrechtlichen Schutz des UWG hinaus.

Das Input kann andererseits auch in einer der straftatbestandsmäßigen Handlung vorgelagerten Weise relevant sein. So sind die Angriffe von Innen nur dann strafbar, wenn sie in Ausübung einer beruflichen (§ 17 Abs. 1 bzw. 19; § 203 StGB) Sonderposition erfolgen. So ist zum Beispiel die Mitteilung eines Unternehmensgeheimnisses durch einen Angestellten, die sich auf ein Geheimnis seines Unternehmens bezieht, oder durch einen Rechtsanwalt bezüglich seines Mandanten (§ 203 Abs. 1 Nr. 3 StGB) nur straftatbestandsmäßig, sofern die Information in *Ausübung ihrer Berufe* erlangt wurde, nicht aber, wenn sie diese etwa im Supermarkt mitgehört haben. Gleiches gilt für die Versuchshandlung des Bereiterklärens oder des Erbietens aus § 19 Abs. 2.

Demgegenüber ist der Ursprung der Information aus wettbewerbsrechtlicher Sicht unbeachtlich, wichtig ist hier lediglich das erwerbsmäßige Auftreten des Täters. So erfüllt die Veröffentlichung eines Buches mit Unternehmensgeheimnissen eines Dritten den wettbewerbsrechtlichen Tatbestand auch, wenn diese auf privater Beziehung zum Unternehmer basiert. Ob die Form der Erlangung der Geheimnisse tatbestandsmäßig ist, hängt zwar auch von ihrer Unlauterkeit ab, spricht jedoch nicht gegen eine ebenfalls notwendige Erwerbsmäßigkeit des Handelns. In dieser Hinsicht ist daher der wettbewerbsrechtliche Schutz weiter gefasst und die Straftatbestände in vollem Umfang in diesen Schutz von Unternehmensgeheimnissen einzuordnen.

bbb) Der Marktbezug oder das wettbewerbsrelevante Output der Information

Damit das Output der Information strafrechtlich relevant ist, muss es sich um eine unbefugte Weitergabe handeln. Bei dieser ist prinzipiell irrelevant, wohin die Information gelangt. Mit anderen Worten bedarf die tatbestandsmäßige Handlung selbst keines unmittelbaren Marktbezuges. Daher kann es sein, dass die Handlung straf-, aber nicht wettbewerbstatbestandsmäßig ist, dann nämlich, wenn dieses Output entweder nur innerbetrieblicher oder privater Natur ist[274] oder an politische Instanzen gerichtet ist.

Das schlichte Mitteilen des § 17 Abs. 1 kann sich in allen Alternativen des Täterkreises auf eine Handlung privater Natur beziehen, so zum Beispiel, wenn ein Angestellter seinem Psychologen ein wertvolles Unternehmensgeheimnis, das ihm als privilegiertem Angestelltem eines Unternehmens anvertraut wurde, im Rahmen der Behandlung offenbart (tatbestandsmäßige Absicht des Handelns aus Eigennutz). Gleiches gilt für die Versuchshandlung des Bereiterklärens oder des Erbietens aus § 19 Abs. 2.

§ 17 Abs. 1 UWG ist auch anwendbar, wenn sich die Maßnahme der Geheimhaltung wettbewerbsrelevanter Informationen auf (z.B. unsichere) innerbetriebliche Stellen erstreckt. Wird das Unternehmensgeheimnis durch eingeweihte Angestellte wider ihre Geheimhaltungspflicht intern weitergegeben, handeln sie straf-, aber nicht wettbewerbstatbestandsmäßig nach § 17 Abs. 1. Die wettbewerbsrechtlich relevante Frage, wann eine betriebsinterne Maßnahme schon dem Grenzbereich einer Vorberei-

[274] Würde man dem Aufbauschema *Beaters* genau folgen, wäre die private Handlung erst unter dem Gesichtspunkt nichtgeschäftlicher Tätigkeit zu analysieren. Da aber eine private Handlung ebenfalls keinen Marktbezug aufweisen kann, bedarf es eigentlich einer doppelten Prüfung.

tungshandlung zur Außenwirkung zuzuordnen ist,[275] ist im Bereich der beschriebenen betriebsinternen Unternehmensgeheimnisse nicht relevant, sofern die Geheimhaltung der Information nicht für eine *künftige Mitteilung* an den Markt konzipiert ist. Ähnliche Beispiele lassen sich auch für §§ 18 und 19 bilden, bei denen es gleichfalls um eine Mitteilung, ein Erbieten und ein Verleiten auf innerbetrieblicher Basis gehen kann, die straf-, aber nicht wettbewerbstatbestandsmäßig sind.[276] Im Schutzbereich vor Angriffen von Außen kann der Informationsfluss ebenfalls ohne weiteres an privat Handelnde gelangen. Etwa wenn jemand besorgt um die finanzielle Lage eines Familienangehörigen dessen Unternehmen ausspioniert oder dazu verleitet, um Kenntnis der Unternehmensgeheimnisse zu erlangen (tatbestandsmäßige Absicht des Handelns aus Eigennutz).

bb) Informationsstatische Tatbestände des Verwertens und des Sicherns

Bei Straftatbeständen, die das *Verwerten* oder das *Sichern* verbieten (unabhängig davon, ob sie einen Schutz von Innen oder von Außen gewähren), ist die gleiche Prüfung durchzuführen. Soweit diese Handlungen Ausdruck der Teilnahme am Erwerbsleben und zugleich der Förderung des Absatzes oder Bezuges von Waren oder Dienstleistungen sind, erfüllen sie das ungeschriebene Merkmal des Handelns im geschäftlichen Verkehr des allgemeinen wettbewerbsrechtlichen Verbots. Dies ist aber bei den einschlägigen Tatbeständen nicht zwingend, da sowohl bei der engen Fassung des *Verwertens* i.S. einer Handlung, die einen Vermögensvorteil bezweckt und zugleich eine Schädigungseignung aufweist,[277] als auch bei einem *Sichern* rein private oder betriebsinterne Handlungen stattfinden können. Gleiches gilt auch hier

---

[275] Vgl. etwa Hefermehl/*Köhler*/Bornkamm, § 2 Rn 15.

[276] Hinsichtlich dieser organisationsinternen Mitteilung bietet § 203 Abs. 2 StGB ein Paradebeispiel einer Handlung ohne Marktbezug, bei der ein bestimmtes marktfremdes Output der Information geradezu zwingend ist. Denn die zwischenbehördliche Mitteilung von Einzelangaben eines anderen (z.B. Unternehmensgeheimnisse) ist nur dann nicht tatbestandsmäßig, wenn sie für Aufgaben der öffentlichen Verwaltung bekanntgegeben wird und das Gesetz dies nicht untersagt. Alle weiteren vom Markt abgeschirmt stattfindenden Handlungen in diesem behördlichen Bereich können durchaus strafbar sein.

[277] Dazu eingehend oben Erster Teil E. V.

für die Versuchshandlungen aus § 19. Daher ist diesbezüglich der strafrechtliche Schutz ebenfalls weiter gefasst als der wettbewerbsrechtliche.

c) Zwischenergebnis

Das allen wettbewerbsrechtlichen Tatbeständen innewohnende Merkmal des Handelns im geschäftlichen Verkehr ist nicht zugleich ein ungeschriebenes Merkmal der Straftatbestände. Obwohl sie sich auf ein durch Wettbewerbsrelevanz definiertes Handlungsobjekt beziehen, ist diese Eigenschaft der Handlung in keinen der vielfältigen Schutzformen des Strafrechts ein unerlässlicher Bestandteil der Tatbestände.

2.3. Die Bedeutung des Förderungsziels

a) Allgemeines

Auch wenn das wirtschaftliche Handeln Ausdruck einer Teilnahme am Erwerbsleben ist und sich auf den Markt auswirkt, kann es verschiedene wirtschaftliche Ziele verfolgen, die nicht dem Wettbewerbsrecht unterfallen. Um eine Wettbewerbshandlung darzustellen, muss ein Handeln nach § 2 Abs. 1 Nr. 1 ein Wettbewerbsförderungsziel verfolgen.

Inwieweit dieses Ziel i.S. einer der Handlung objektiv innewohnenden Tendenz zu verstehen ist oder aber die Handlung zusätzlich subjektiv von der Absicht zu einer solchen Förderung getragen werden muss, ist sowohl bei dem UWG a.F. als auch bei dem neuen UWG strittig.[278] Wichtig ist in erster Linie, dass der Verstoß gegen das wettbewerbsrechtliche Verbot viel enger gefasst ist als der strafrechtliche Verstoß, da eine strafrechtliche Handlung *ohne ein solches Ziel* – sowohl hinsichtlich des objektiven als auch des subjektiven Aspekts – tatbestandsmäßig sein kann.

---

[278] Für die rein objektive Deutung etwa *Emmerich*, S.36 ff., insb. 45 f.; *Fezer*, Lauterkeitsrecht I, § 2 Rn 31 f., 38 ff.; *Götting*, § 5 Rn 11; für eine sowohl objektive als auch subjektive Deutung etwa Harte/Henning/*Keller*, § 2 Rn 30 u.ö. insb. 38 f.; Hefermehl/*Köhler*/Bornkamm, § 2 Rn 22 ff., *Lettl*, S.88 f.

b) Die objektive Betrachtung

Die Handlung muss objektiv geeignet sein, den Absatz oder Bezug des eigenen oder fremden Unternehmens zu fördern. Nur dann kann sie Auswirkungen auf den Wettbewerb haben.[279] Die bloße Absicht als Wunschvorstellung reicht daher nach keiner Auffassung aus.

Dass es sich dabei nur um ein *Förderungs*ziel handeln muss, stellt eine der wichtigsten Innovationen des neuen UWG dar.[280] Die Wettbewerbshandlung muss, anders als in der alten Fassung des UWG, nicht mehr das negative Element einer Nachteilszufügung aufweisen, sondern kann sich ausschließlich auf die Förderung des Wettbewerbs eines Unternehmens richten. Daher ist auch keine Wechselwirkung zwischen der Förderungseigenschaft der Handlung hinsichtlich des begünstigten Wettbewerbers und ihrer schädlichen Auswirkung auf einen Mitbewerber notwendig. Daraus ergibt sich weiter, dass nicht mehr zwingend ein konkretes Wettbewerbsverhältnis zwischen den involvierten Unternehmen bestehen muss.[281] Dieses Novum des Lauterkeitsrechts ist jedoch für den Unternehmensgeheimnisschutz insofern irrelevant, als es diesbezüglich nach wie vor dabei bleibt, dass eine Realisierung der wettbewerbsrelevanten Eigenschaft eines jeden Unternehmensgeheimnis stets gleichzeitig einen Förderungs- wie auch Nachteilzufügungseffekt haben muss.[282]

Die Beispiele zum geschäftlichen Handeln als Merkmal der Wettbewerbshandlung haben aber schon gezeigt, dass es für die straftatbestandsmäßige Handlung nicht notwendig ist, dass sie objektiv wettbewerbsfördernd ausgerichtet ist, da sie nicht einmal einen Marktbezug haben muss und sich gänzlich im privaten Bereich abspielen kann.[283]

---

[279] Hefermehl/*Köhler*/Bornkamm, § 2 Rn 23.

[280] So etwa *Fezer*, Lauterkeitsrecht I, § 2 Rn 29; vgl. auch Harte/Henning/*Keller*, § 2 Rn 32.

[281] Vgl. statt vieler eingehend *Fezer*, Lauterkeitsrecht I, § 2 Rn 29.

[282] Dazu oben Erster Teil D, IV., 3.

[283] Daher kann die wettbewerbsrechtliche Ausrichtung der §§ 17 ff. nicht schon deswegen verneint werden, weil sie im subjektiven Bereich nicht ausschließlich zu Zwecken des Wettbewerbs durchgeführt werden muss, wie etwa *Lampe*, HWiStR, Stichwort: Geheimnisverrat, S. 2, postuliert, da dies einer Begründung zugunsten einer subjektiven Auffassung des Wettbewerbsförderungsziels bedarf, die zu den Straftatbeständen nicht geliefert wird und von weiten Teilen des wettbewerbsrechtlichen Schrifttums zum neuen UWG bestritten wird. Dagegen ist die wettbewerbsrechtliche Fundierung der §§ 17 ff. bei Verneinung der objektiv wettbewerbsfördernden Ausrichtung der Tatbestände hinreichend in Frage gestellt.

Dennoch wäre angesichts der wettbewerbsgefährdenden Eigenschaft des durch die Handlung tangierten Unternehmensgeheimnisses zu erwägen, ob im Falle einer Handlung im geschäftlichen Verkehr nicht stets eine – zumindest in der Zielrichtung – objektiv wettbewerbsfördernde Handlung stattfindet. Dann würde sich die objektive Wettbewerbsförderungszielrichtung im Bereich der Tatbestände zum Schutze von Unternehmensgeheimnissen als ein nicht selbstständiges Merkmal erweisen.

Bei den informationsdynamischen Tatbeständen ist ausreichende Bedingung zur Herstellung einer Wettbewerbsförderungsrichtung, dass das Unternehmensgeheimnis auf den Markt gelangt. Denn auch wenn dabei die Förderung des Allgemeininteresses bezweckt wird, z.B. um auf Gefahren für Verbraucher hinzuweisen,[284] bedeutet das Gelangen der Information auf den Markt stets eine Aktivierung des immanenten Schädigungs- und Förderungspotentials hinsichtlich des geheimhaltenden Unternehmens bzw. des Konkurrenten.

Ein wesentlicher Unterschied zu anderen Kontrollverlusten über die geheime Information, etwa hin zu einem fremden privaten Bereich, ergibt sich daraus, dass die Möglichkeit einer Nachteilszufügung nicht nur „abstrakt-möglich“ ist, sondern durch den Marktbezug „konkret-gegeben“ ist.

Anders ist es dagegen bei den informationsstatischen Tatbeständen, die meist an sich keinen Marktbezug haben, aber des Öfteren im Rahmen einer marktbezogenen Aktivität stattfinden. Da *Sichern* oder *Verwerten* auch bei einer marktbezogenen Zwecksetzung nicht voraussetzt, dass die Information auf den Markt gelangt, ist es nicht zwingend, dass das Unternehmensgeheimnis sein Schädigungs- bzw. gleichzeitiges Förderungspotential aktiviert. Entgegen den informationsdynamischen Tatbeständen kann dieses Potential „abstrakt- möglich“ bleiben und muss nicht „konkret-gegeben“ sein.

[284] Vgl. Hefermehl/*Köhler*/Bornkamm, §2 Rn 41.

c) Die subjektive Betrachtung

Eine subjektive Deutung dieses Wettbewerbsförderungsziels verlangt immer zusätzlich zur objektiven Eignung als Eigenschaft die *Absicht* einer solchen Förderung. Dies wurde unter dem UWG a.F. mit dem Handeln zu Zwecken des Wettbewerbs identifiziert. Eine solche Absicht ist weit zu verstehen, so dass sie schon gegeben ist, wenn zumindest *auch* Wettbewerbszwecke verfolgt werden, sofern nur die wettbewerbliche Zielsetzung nicht als völlig nebensächlich hinter andere Beweggründe zurücktritt.[285]

Im Gegensatz zu den rein objektiven Deutungen der Wettbewerbshandlung ist es nach dieser Ansicht entscheidend, ob der Handelnde als *wettbewerblicher Akteur* auftreten möchte.[286] Auch wenn es für die betroffenen Marktteilnehmer unerheblich sein mag, ob sie aus wettbewerblichen oder sonstigen Belangen beeinträchtigt werden, ohne jene Motivation – sei es, dass sie nicht nachgewiesen werden konnte, sei es, dass keine Vermutung für sie spricht – sei die Handlung nicht als Wettbewerbshandlung zu bezeichnen.[287]

Die wichtigste Vermutung betrifft die typischerweise absatzfördernden, eigenen wirtschaftlichen Interessen dienenden Maßnahmen Gewerbetreibender.[288] Dagegen soll die Vermutungsregel nicht bei der Förderung fremden Wettbewerbs eingreifen.[289]

All diese handlungs- oder täterbezogenen Eigenschaften sind aber nicht Voraussetzung der Straftatbestände. Selbst der Umstand, dass der Vorsatz des Täters die Kenntnis der wettbewerbsrelevanten (*scil.* -fördernden) Eigenschaft des Geheimnisses erfassen muss, reicht für die Aufstellung einer Vermutungsregel nicht aus. Wie nämlich *Köhler* hervorhebt, deutet das bloße Bewusstsein des Handelnden, eigenen oder fremden Wettbewerb zu fördern, zwar meist auf eine Förderungsabsicht hin, schließt aber nicht aus, dass vorrangig aus anderen Gründen gehandelt wird.[290] So

[285] Vgl. statt vieler *Lettl*, S. 39, m.N. aus der Rechtsprechung.
[286] So Harte/Hennig/*Keller*, §2 Rn 40.
[287] Vgl. Harte/Henning/*Keller*, a.a.O.
[288] So die ständige Rechtsprechung zu § 1 UWG a.F.; vgl. etwa BGHZ 136, 111, 117 = GRUR 1997, 916 (Makler-Privatangebot).
[289] Vgl. Harte/Henning/*Keller*, § 2 Rn 42 und 49.
[290] Hefermehl/*Köhler*/Bornkamm, § 2 Rn 25.

z.B., wenn der Handlung weltanschauliche, religiöse oder familiäre Anliegen zu Grunde liegen und daher das tatbestandsmäßige Absichtsmerkmal des Handelns aus Eigennutz erfüllt wird.

Diese wettbewerbsrechtliche Deutung der Unternehmensgeheimnisverletzung ist strafrechtlich geradezu festgeschrieben: Neben dem (bedingten) Vorsatz muss der Täter mit einer tatbestandsmäßigen Absicht gehandelt haben, die insbesondere wegen der Alternativen des Handelns aus Eigen- oder Fremdnutz kaum sinnvolle Absichten unberücksichtigt läßt.[291] Die §§ 17 ff. sind daher so konzipiert, dass bei jeglicher objektiver Ausrichtung der Handlung, d.h. auch bei solchen, die Ausdruck der Teilnahme am geschäftlichen Verkehr sind und einen Marktbezug haben, eine Förderungsabsicht ausbleiben kann und dennoch der Tatbestand erfüllt ist.

2.4. Zwischenergebnis zur Erfüllung des Wettbewerbshandlungsbegriffs

Die zentrale Erkenntnis in diesem Bereich der Untersuchung hinsichtlich einer etwaigen Übereinstimmung zwischen straf- und wettbewerbsrechtlichen Tatbeständen zum Unternehmensgeheimnisschutz liegt darin, dass die Straftatbestände nicht durchgehend eine Wettbewerbshandlung im Sinne des § 2 Abs. 1 Nr. 1 seiten des Täters voraussetzen und deshalb nicht als Spezifizierung der Generalklausel aus § 3 verstanden werden können. Grund dieser Abweichung ist zunächst, dass der strafrechtliche Täter nicht notwendigerweise im geschäftlichen Verkehr handeln muss. Tut er dies, ist seine informationsdynamische Handlung, d.h. das Mitteilen oder das Sichverschaffen, jedoch – wegen der Aktivierung des wettbewerblichen Schädigungspotentials durch die Plazierung des Unternehmensgeheimnisses auf dem Markt – immer objektiv wettbewerbsfördernd ausgerichtet. Dagegen ist dies hinsichtlich der informationsstatischen Handlungen des Verwertens und des Sicherns nicht stets der Fall, auch wenn diese Handlungen im Rahmen einer marktbezogenen Aktivität stattfinden. Soweit zusätzlich eine subjektive Ausrichtung der Handlung auf eine Wettbewerbsförderung hin verlangt wird, kann die Eigenschaft einer Wettbewerbshandlung trotz des Stattfindens im geschäftlichen Verkehr ausbleiben.

[291] Vgl. dazu näher oben Zweiter Teil C, I, 2.

Es ist daher *Emmerich* darin nicht zuzustimmen, dass der Anwendungsbereich des UWG sich grundsätzlich auf Wettbewerbshandlungen beschränkt.[292] Auch die Beschreibung *Bornkamms*, das UWG stelle daher *der Sache nach nur noch Wettbewerbshandlungen unter Strafe,* ist ungenau, da die §§ 17 ff. entgegen seiner Darstellung gerade nicht immer ein Handeln zu Zwecken des Wettbewerbs voraussetzen.[293]

3. *Unlautere* Handlung

3.1. Allgemeine Darstellung der Unlauterkeit

Der Begriff der Unlauterkeit löst den des Verstoßes gegen die guten Sitten des UWG a.F. ab. Dadurch war aber keine inhaltliche Änderung beabsichtigt,[294] sondern nur eine Art doppelter „Modernisierung" im Sinne einer verbesserten „Kompatibilität mit dem Gemeinschaftsrecht"[295] und die Aufgabe des antiquierten Begriffs der guten Sitten, der den Wettbewerber unnötig mit dem „Makel der Unsittlichkeit" belastete.[296]

Ferner hat der Gesetzgeber, wie schon im UWG a.F. hinsichtlich der guten Sitten, den Begriff der Unlauterkeit nicht im Gesetz definiert.[297] Er hat aber nun diesen Begriff anhand eines Beispielkatalogs in § 4 UWG erläutert.[298]

---

[292] Vgl. *Emmerich*, S. 35.

[293] Vgl. Hefermehl/*Köhler*/Bornkamm, § 16 Rn 6 (Hervorhebung nicht im Text).

[294] Vgl. *Emmerich*, S. 78; *Henning-Bodewig*, GRUR Int 2004, 183 (185); *ders.* GRUR 2004, 713 (714); *Köhler*, NJW 2004, 2121, 2122; *Sack*, BB 2003, 1073; *Schünemann*, WRP 2004, 925 (926, 929 f.).

[295] Vgl. Begr. RegE BT-Drs. 15/1487, S. 16 (zu § 1); kritisch zu diesem Argument *Sack*, BB 2003, 1073 ff., 1074.

[296] Begr. RegE BT-Drs. 15/1487, S. 16 (zu § 1); gegen diese antiquierte Interpretation des Begriffs der Sittenwidrigkeit, *Sack*, BB 2003, 1073; *Emmerich*, S. 78 mit Fußn. 66.

[297] Dagegen liefert die Gesetzesbegründung (Begr. BT-Drs. 15/1487, S. 16) eine Definition in Anlehnung an Art. 10bis PVÜ: „Unlauter sind alle Handlungen, die den anständigen Gepflogenheiten in Handel, Gewerbe, Handwerk oder selbstständiger beruflicher Tätigkeit zuwiderlaufen".

[298] Begr., BT-Drs. 15/1487, S. 16. Diese Konkretisierungsfunktion (so Hefermehl/*Köhler*/Bornkamm, § 3 Rn 6) bewirkt, dass die Generalklausel aus § 3 nach *Henning-Bodewig*, GRUR 2004, 713 (716), nur noch „subsidiären" Charakter hat. Somit kommt eine (originäre) Beurteilung auf ihrer Grundlage erst in Betracht, wenn eine Wettbewerbshandlung nicht unter § 4 subsumiert werden kann. Nach *W. Schünemann*, WRP 2004, 925 (927), stellt die Generalklausel sogar einen Auffangtatbestand nur für Extrem- und Evidenzfälle dar. *Ohly*, GRUR 2004, 889 (897), meint, die Generalklausel werde dadurch von der Königsnorm zu einem Auffangtatbestand.

In der Literatur ist die Auffassung weit verbreitet, der Begriff Unlauterkeit müsse „wettbewerbsfunktional“ ausgelegt werden.[299] Diese Auslegung schließt nun jedwede außerrechtlichen Maßstäbe für die Auslegung des Begriffes aus, wie das allgemeine Sittengesetz oder die Sozialethik, wie außerrechtliche Normen, wie Konventionalnormen.[300] Ferner werden im Schrifttum die subjektiven Erfordernisse, entgegen der Rechtsprechung und einem Teil der Literatur zur Sittenwidrigkeit im alten UWG,[301] verneint. Dies wird damit begründet, dass es zwar Fallgruppen gebe, in denen sich das Urteil der Unlauterkeit letztlich auf den „bösen Willen“ des Täters stütze, allgemein die Gesetzmäßigkeiten des Wettbewerbsystems letztlich aber von der Willensrichtung des Täters unabhängig seien. Das bedeute, dass auf die zusätzliche Prüfung der Kenntnis der die Unlauterkeit begründenden Umstände seitens des Täters zu verzichten sei. [302]

Die Lauterkeitsprüfung lässt sich nach *Emmerich* folgendermaßen positiv begründen: „Maßstab darf (...) allein das durch das UWG und unsere Rechtsordnung in ihrer Gesamtheit konstituierte *System unverfälschten Wettbewerbs* sein, aus dem die Maßstäbe für die Beurteilung der Unlauterkeit von Wettbewerbshandlungen abzuleiten sind, unlauterer deshalb, weil sie in besonders schwerwiegender Weise mit den Gesetzmäßigkeiten und der Funktionsweise eines solchen Systems unverfälschten Wettbewerbs unvereinbar sind und die *deshalb* eine so schwerwiegende Störung der Wettbewerbsordnung darstellen, dass ein Eingreifen des Gesetzes erforderlich wird. Dafür dürfte in erster Linie von den Beispieltatbeständen der §§ 4 bis 7 UWG auszugehen sein“.[303]

---

[299] Vgl. *Emmerich*, S. 75 ff.; *Götting*, § 6 Rn 4 f; *Henning-Bodewig*, GRUR 2004, 713 (716); *W. Schünemann*, WRP 2004, 925 (930 f.); Harte/Henning/*Schünemann*, § 3 Rn. 113 ff.; wohl auch Hefermehl/*Köhler*/Bornkamm, § 3 Rn 41; bereits zum UWG a.F., *Beater*, § 12 Rn 19 ff.; *Sack*, GRUR 1975, 297 (301); GK/UWG-*Schünemann*, Einl Rn D 37 ff.; *ders.*, Wettbewerbsrecht, S. 46 ff.

[300] Zum Ganzen eingehend *Emmerich*, Unlauterer Wettbewerb, S. 65 ff.

[301] Vgl. etwa BGHZ 117, 115, 117 f. = GRUR 1992, 448 (449) und Köhler/*Piper* Einf Rn 294; *Teplitzky*, Kap 5 Rn 15.

[302] Vgl. *Emmerich*, S. 84, f; *Fezer*, Lauterkeitsrecht I, § 3 Rn 81, 86; *Henning-Bodewig*; GRUR 2004, 713 (716); Hefermehl/*Köhler*/Bornkamm, § 3 Rn 41; Harte/Henning/*Schünemann*; § 3 Rn 219 ff; so auch schon zur Sittenwidrigkeit im UWG a.F. Baumbach/*Hefermehl*, 22. Aufl., Einl Rn 128; UWG/GK-*Schünemann*, Einl Rn D 122 ff; *Sack* WRP 1985, 1 (12); *ders.* WRP 2005, 531 (532 f.).

[303] *Emmerich*, S. 76 (Hervorhebung im Text).

3.2. Unlauterkeitsprädikat und Straftatbestände aus den §§ 17 ff.

Wie bereits anfangs angedeutet, meint *W. Schünemann*, jedes straftatbestandsmäßige Handeln sei als unlauter zu charakterisieren: „Weil die Wettbewerbsordnung selbstverständlich – ökonomisch ausgedrückt – *keine Delinquenzrenten* durch kriminelles, noch dazu gegen sie selber gerichtetes Verhalten und damit extreme Wettbewerbsverfälschungen gutheißen kann, will sie sich in ihrer Zielsetzung (vgl. § 1) nicht schon durch innere Widersprüche ad absurdum führen.“[304]

Zwar relativiert *W. Schünemann* diese Aussage anschließend in dem Sinne, dass manches dafür spreche, die §§ 17 ff. nur dann als unlautere Wettbewerbshandlungen nach § 3 zu qualifizieren, wenn sie in der tatbestandlichen Handlungsvariante „zu Zwecken des Wettbewerbs“ verwirklicht werden.[305] Dennoch ist dieser Auffassung in ihrer Generalisierung aus den bereits erörterten Gründen nicht zu folgen: Nicht jede straftatbestandsmäßige stellt eine Wettbewerbshandlung dar. Ist die Handlungsform jedoch gegeben, kann die Unlauterkeit der Handlung aus folgenden Gründen stets bejaht werden.

Die objektive Wettbewerbsrelevanz des Unternehmensgeheimnisses führt dazu, dass eine straftatbestandsmäßige Wettbewerbshandlung unabhängig vom Willen des Geheimhaltenden, d.h. auch im Falle seiner Zustimmung, geeignet ist, das Unternehmen in seinem Konkurrenzkampf zu beeinträchtigen. Objektiv betrachtet ist sie in ihren *Auswirkungen* immer wettbewerbsrelevant. Maßgeblich für ihre Unlauterkeit ist aber immer, dass sich diese Bewertung zunächst einmal auf die Handlung selbst bezieht und nicht auf ihre Auswirkungen und dass sie des Weiteren gerade *gegen den Willen* des Unternehmens durchgeführt wird. Denn die (straf)rechtliche Wettbewerbsordnung erklärt – hinsichtlich eines schon als (wettbewerblich) schutzwürdig gewerteten Geheimhaltungsinteresses – zur Bestimmung des rechtswidrigen Umgangs mit der Information ausschließlich den Willen des Geheimnisinhabers für maßgeblich. Die Missachtung dieses Willens im wettbewerbsrelevanten Kontext ist das das Verbot auslösende Moment. Es ist daher auch nicht – entgegen einigen zumindest undeutlichen Auffassungen – die Absicht oder die Handlungsmodalität aus-

---

[304] Harte/Henning/*Schünemann*, § 3 Rn 26 (Hervorhebung im Text).
[305] Harte/Henning/*Schünemann*, § 3 Rn 28.

schlaggebend.[306] Diese Eigenschaft der Handlung, gegen den Willen des Geheimhaltenden stattzufinden, ist in den Straftatbeständen des UWG mit dem Merkmal der Unbefugtheit ausgedrückt. Die Unbefugtheit der Handlung i.S. der Missachtung des Geheimhaltungswillens in den §§ 17 ff.[307] ist das konkrete Äquivalent zur Unlauterkeit in den §§ 3 und 4.

Zu der gleichen Folgerung könnte man gelangen, wenn sich die §§ 17 ff. ausnahmslos unter einen oder mehrere Beispieltatbestände unlauterer Handlungen des § 4 subsumieren ließen. Diese Erklärung liefert *Köhler,* wenn er meint, dass die tatbeständsmäßigen Handlungen aus den §§ 17 ff. allesamt unter den Rechtsbruchtatbestand aus § 4 Nr. 11 subsumierbar seien, dies aber nur, soweit sie Wettbewerbshandlungen i.S. des Abs. 1 Nr. 1 darstellen.[308] Denn nach *Köhler* fungieren diese Strafvorschriften als Marktverhaltensregelungen,[309] so wie es seit dem neuen UWG der Rechtsbruchtatbestand ausdrücklich verlangt und es im UWG a.F. seit der Wende der Rechtsprechung durch die Abgasemissionenentscheidung schon der Fall war. In dieser Entscheidung hat der BGH unter einer Marktverhaltensregelungen lediglich Normen verstanden, die „zumindest sekundäre Schutzfunktion zu Gunsten des Wettbewerbs“ haben.[310]

---

[306] Daher kann auch Harte/Henning/*Schünemann*, § 3 Rn 28, durch den Umstand eines Handelns zu Zwecken des Wettbewerbs seine Zweifel hinsichtlich der Unlauterkeit eines Verstoßes gegen die §§ 17 ff. nicht zutreffend ausräumen. Auch bei einer allgemeinen Bewertung der Spionagehandlung aus § 17 Abs. 2 Nr. 1 als unlauter, wie etwa bei Harte/Henning/*Harte-Bavendamm*, § 17 Rn 44, muss klargestellt werden, dass damit nicht lediglich der Eingriff von Außen des *Sichverschaffens* oder von Innen des *Sicherns* gemeint ist, sondern jeweils nur ihre unbefugte, d.h. den Willen des Geheimhaltenden missachtende Durchführung.

[307] Die Unbefugtheit spricht auch rechtfertigende Situationen an, die aber hier nicht einschlägig sind, weil sie eine tatbestandsmäßige Handlung voraussetzen.

[308] Vgl. Hefermehl/*Köhler*/Bornkamm, § 3 Rn 11.173. So auch, jedoch undifferenziert, Harte/Henning/*Schünemann*, § 3 Rn 25; mit Einschränkung auf straftatbestandsmäßige Wettbewerbshandlungen dagegen Harte/Henning/*Harte-Bavendamm*, § 17 Rn 44; § 18 Rn 11; § 19 Rn 6 (jeweils auch unter Heranziehung des § 4 Nr. 10).

[309] So auch *Nordemann*, Rn 1692, 1725; wohl auch Harte/Henning/*v. Jagow*, § 4 Rn 45.

[310] Vgl. zu dieser Wende und der Abkehr zur Differenzierung zwischen wertneutralen und wertbezogenen Normen BGHZ 144, 225,267 = GRUR 2000, 1076 (Abgasemissionen), sowie Hefermehl/*Köhler*/Bornkamm, § 3 Rn 11.1 und 11.5; *Köhler*, NJW 2002, 2761; eingehend auch Fezer/ *Götting*, Lauterkeitsrecht I, § 4-11 Rn 2 ff. und 9 ff. Kritisch zur neuen Rechtslage, *Emmerich*, S. 420 ff. Es handelt sich bei dieser Betrachtungsweise angesichts des Versuches, den Wettbewerbsbezug des strafrechtlichen Schutzzweckes zu konkretisieren, indem bereits eine primäre oder sekundäre Schutzfunktion zu Gunsten des Wettbewerbs zur Begründung herangezogen wird, nicht um einen Zirkelschluss, weil sich letztere Deutung auf das wettbewerbsrechtliche Schutzgut bezieht.

3.3. Zwischenergebnis hinsichtlich der Unlauterkeit der durch die §§ 17 ff. erfassten Handlungen

Entgegen *W. Schünemann* sind Straftatbestände der §§ 17 ff. nicht ohne weiteres mit dem „Unlauterkeitsprädikat“ zu belegen.[311], weil die straftatbestandsmäßigen Handlungen nicht stets zu Zwecken des Wettbewerbs als subjektives Straftatbestandsmerkmal durchgeführt werden müssen, sondern weil sie objektiv nicht stets straftatbestandsmäßige Wettbewerbshandlungen darstellen müssen.

4. Hinreichend zur nicht nur unerheblichen Wettbewerbsbeeinträchtigung geeignete Handlung (Erheblichkeitsschwelle)

4.1. Allgemeines

Die Generalklausel stellt nur unlautere Wettbewerbshandlungen unter Verbot, die zugleich geeignet sind, den Wettbewerb zum Nachteil der Mitbewerber, der Verbraucher oder sonstiger Marktbeteiligter nicht nur unerheblich zu beeinträchtigen.

Im Vergleich zum UWG a.F. hat die Erheblichkeitsschwelle sowohl eine neue Formulierung als auch eine neue systematische Einordnung erhalten, durch die der Inhalt der Verbotsnorm direkt definiert wird. Laut *W. Schünemann* ist die Erheblichkeitsklausel nun ein *integraler Bestandteil jedes wettbewerbsrechtlichen Verbotstatbestandes* geworden.[312] Nach *Köhler* zielt die Neuplazierung der Bagatellklausel nicht mehr darauf ab, „die in der Vergangenheit zutage getretenen Missbräuche bei der Verfolgung von Bagatellverstößen aus finanziellen Gründen (Aufwendungsersatzanspruch!) abzustellen“,[313] sondern auf einen allgemeineren Zweck: „Sie will die Inanspruchnahme des Verletzers und der Gerichte verhindern, weil *an der Verfolgung von Bagatellfällen kein schutzwürdiges Interesse* besteht.“[314]

---

[311] *W. Schünemann*, WRP 2004, 925 (927).

[312] Vgl. *W. Schünemann*, WRP 2004, 925 (925), Hervorhebung nicht im Text; ähnlich *Fezer*, Lauterkeitsrecht I, § 3 Rn 33.

[313] *W. Schünemann*, WRP 2004, 925 (926), weist auf den Gedanken einer drohende Überlastung der Justiz im Sinne der überkommenen Sentenz "minima non curat praetor" hin.

[314] Vgl. Hefermehl/*Köhler*/Bornkamm, § 3 Rn 48 (Hervorhebung im Text). Ferner *Köhler*, GRUR 2005, 1 (2).

Da für den Unternehmensgeheimnisbegriff eine gewisse wirtschaftliche Bedeutung des Geheimnisses, nämlich eine wettbewerbliche, zur Begründung des Merkmals des objektiven Geheimhaltungsinteresses, notwendig ist, könnte darin eine Parallele zu den Tatbeständen des Lauterkeitsrechts erkannt werden, zumal beide materiellrechtliche Klauseln darstellen.

Bei einem Vergleich beider Klauseln werden aber erhebliche Unterschiede deutlich. Zunächst ist evident, dass die wettbewerbsrechtliche Klausel im Gesetz festgeschrieben ist, wohingegen die strafrechtliche ein strafrechtsdogmatisches Konstrukt darstellt. Außerdem stellt erstere ein selbstständiges Tatbestandsmerkmal dar, während die zweite nur zum Verständnis des objektiven Interesses als Eigenschaft des Tatbestandsmerkmals des Handlungsobjekts notwendig ist. Der wohl wichtigste Unterschied ergibt sich aber aus der bereits oben aufgeführten Eigenschaft der strafrechtlichen Erheblichkeitsformel, die darin besteht, dass die strafrechtliche Formel keine Bagatellklausel im eigentlichen Sinne darstellt. Sie bezweckt nämlich gar nicht, aus dem Bereich der wettbewerbsrelevanten Geheimnisse solche auszuscheiden zu lassen, die nur einen geringen Einfluss ausüben oder ausüben können. Die strafrechtliche Formel möchte vielmehr ein Kriterium festlegen, nach dem die wirtschaftliche Qualität der geheimen Information zu bestimmen ist. Ob dabei die Wettbewerbsfähigkeit oder -position erheblich oder wenig beeinflusst wird, spielt keine Rolle, eine schlichte Eignung zur positiven bzw. negativen Beeinflussung des Wettbewerbs reicht aus.

Dies ist *expressis verbis* bei den wettbewerbsrechtlichen Tatbeständen nicht der Fall. Dort bedarf es einer *nicht nur unerheblichen* Beeinträchtigungseignung, d.h. einer echten Bagatell- oder Erheblichkeitsklausel. Daher ist die eingangs angenommene materiellrechtliche Gemeinsamkeit der Klauseln wegen ihrer unterschiedlichen Funktionen (Begründungsgedanke/Bagatellgedanke) zu relativieren.[315]

---

[315] Dass es bei der strafrechtsdogmatischen Wettbewerbsrelevanz nicht sinnvoll ist, zugleich auf eine „erhebliche" Wettbewerbsrelevanz abzustellen, weil die beabsichtigte Bestimmung der abstrakten Begrifflichkeit dadurch von einem ohnehin schon auf diesem Niveau schwer durchzuführenden Vorhaben in ein kasuistisch geprägtes kaum realisierbares Unterfangen verwandelt wird, wurde bereits oben Erster Teil D. IV. 6. dargelegt.

4.2. Anwendung der Erheblichkeitsschwelle auf die Tatbestände aus den §§ 17 ff.

Im Ergebnis verlangt die wettbewerbsrechtliche Klausel mehr von dem Sachverhalt als die strafrechtliche. Dies ist auch dann der Fall, wenn es sich um eine Wettbewerbshandlung handelt, denn eine Wettbewerbshandlung kann sich auf ein (zur Beeinträchtigung erheblich oder unerheblich geeignetes) Unternehmensgeheimnis richten, bei der Würdigung sämtlicher tatsächlicher Umstände aber nur geeignet sein, den Wettbewerb in unerheblicher Weise zu beeinträchtigen. In diesem Fall ist die Handlung nicht wettbewerbstatbestandsmäßig, aber durchaus straftatbestandsmäßig. Anhand der quantifizierbaren Kriterien für die Annahme einer Unerheblichkeit von *W. Schünemann* lassen sich auch genügend Fälle solcher Art bilden. Die Kriterien des erzielten Wettbewerbsvorteils, der Anzahl der in ihren schutzwürdigen Interessen nachteilig berührten Marktteilnehmer und der Marktstärke eines Unternehmens[316] können allesamt bei einer Wettbewerbshandlung gemäß den §§ 17 ff. von so geringer Quantität sein, dass sie nur eine unerhebliche Auswirkung auf die in § 3 erwähnten Interessen ausüben. So, wenn ein Angestellter eines marktführenden Unternehmens einem marginalen Konkurrenten die genauen Geschäftsbedingungen für einen unwichtigen Kunden einmalig mitteilt. Ist der daraus einerseits entgangene bzw. andererseits erhaltene Gewinn sehr gering, handelt es sich hierbei um eine unlautere Wettbewerbshandlung, die geeignet ist, den Wettbewerb zum Nachteil des Mitbewerbers nur unerheblich zu benachteiligen. Der strafrechtliche Tatbestand aus § 17 Abs. 1 Nr. 1 ist aber erfüllt. Daher ist auch entgegen *W. Schünemann* keine tatbestandsimmanente Erheblichkeit bei den Straftaten zum Unternehmensgeheimnisschutz zu erkennen. Man kann mit ihm im Prinzip dahingehend übereinstimmen, dass es einen Wertungswiderspruch darstellt, Wettbewerbshandlungen unterhalb der Bagatellschwelle trotz Unlauterkeit privatrechtlich zwar noch als zulässig zu betrachten, sie aber mangels strafrechtlicher Relevanz der Bagatellschwelle gleichwohl als strafbare Handlungen auszuweisen.[317] Dies ist aber eher eine kriminalpolitische Frage, die womöglich eine versäumte Anpassung der Straftatbestände aus § 17 ff.

[316] Vgl. Harte/Henning/*Schünemann*, § 3 Rn 249 ff. m.w.N.
[317] Harte/Henning/*Schünemann*, § 3 Rn 262.

bei Einführung des neuen UWG aufdeckt, daraus läßt sich aber kein strafrechtsdogmatisch ungeschriebenes Merkmal der Strafbarkeit deduzieren.[318]

4.3. Zwischenergebnis hinsichtlich der hinreichenden Erheblichkeit der durch die §§ 17 ff. erfassten Handlungen

Eine strafrechtliche Wettbewerbshandlung ist zwar immer als unlauter zu bezeichnen und übertrifft auch sicherlich des Öfteren die notwendige Erheblichkeitsschwelle, um einen wettbewerbsrechtlichen Tatbestand zu erfüllen, zwingend ist dies aber nicht. Bei der Prüfung dieses letzten Merkmals des allgemeinen wettbewerbsrechtlichen Verbots aus § 3 UWG ist daher im Vergleich zum strafrechtlichen Unternehmensgeheimnisschutz – neben der Nichterforderlichkeit einer Wettbewerbshandlung – eine zweite Inkongruenz der beiden Regelungsbereiche zu erkennen.

Dies darf aber nicht darüber hinwegtäuschen, dass die Erheblichkeit zwar konstitutiv für das wettbewerbsrechtliche Verbot ist, aber den Begriff der unlauteren Wettbewerbshandlung nicht einschränkt.

5. Ergebnis zur Reichweite der Übereinstimmung zwischen dem wettbewerbsrechtlichen und dem strafrechtlichen Schutzzweck beim Geheimnisschutz

5.1. Zum strafrechtlichen Schutz vor unlauteren Wettbewerbshandlungen gegen die wettbewerbliche Entfaltungsfreiheit des geheimhaltenden Unternehmens

Die Gegenüberstellung des straftatbestandsmäßigen Verhaltens aus den §§ 17 ff. und des allgemeinen wettbewerbstatbestandsmäßigen Verhaltens aus § 3 zeigt, dass

[318] Eine immanente Erheblichkeit der Straftatbestände lässt sich auch nicht angesichts der von Hefermehl/*Köhler*/Bornkamm, § 4 Rn 68, postulierten durchgehend abstrakten Erheblichkeit vieler Beispieltatbestände aus § 4 UWG (die daher nicht einer konkreten Prüfung dieser Eigenschaft bedürften) entnehmen. Die straftatbestandsmäßigen Handlungen sind zwar oft Ausdrucksformen der erheblichkeitsimmanenten Tatbestände des ergänzenden Leistungsschutzes nach § 4 Nr. 9 oder der gezielten Behinderung nach § 4 Nr. 10. Sie müssen aber oft auch für ihre wettbewerbsrechtliche Erfassung unter den abstrakten Tatbestand aus § 4 Nr. 11 subsumiert werden, der hinsichtlich seiner Erheblichkeitsimmanenz immer von Fall zu Fall zu prüfen ist.

diese sich nicht stets decken bzw. die Straftatbestände aus den §§ 17 ff. nicht stets eine Konkretisierung des allgemeinen wettbewerbsrechtlichen Verbots aus § 3 UWG darstellen. Der strafrechtliche Schutz von Unternehmensgeheimnissen im UWG wird, im Gegensatz zu allen weiteren nichtstrafrechtlichen Vorschriften dieses Gesetzes, nicht durch das Verbot unlauterer Wettbewerbshandlungen hergestellt. Dies liegt grundsätzlich daran, dass die straftatbestandsmäßige Handlung nicht notwendigerweise eine Wettbewerbshandlung im Sinne des § 2 Abs. 1 Nr. 1 darstellt. Ist dies aber der Fall, erfüllt die straftatbestandsmäßige Handlung stets das qualitative Unlauterkeitsprädikat des UWG, nicht aber das quantitative der Erheblichkeit.

5.2. Zum vorverlagerten strafrechtlichen Schutz vor unlauteren Wettbewerbshandlungen gegen die wettbewerbliche Entfaltungsfreiheit des geheimhaltenden Unternehmens

Es stellt sich schließlich die Frage, ob beim Unternehmensgeheimnisschutz ein vorverlagerter strafrechtlicher Schutz bezüglich des wettbewerbsrechtlichen zu erkennen ist, da in diesem Fall weiterhin von einem identischen – lediglich auf Geheimnisschutz konkretisierten – Schutzgut zu reden wäre.

Dagegen könnte aber schon die Erkenntnis sprechen, dass der Gesetzgeber im wettbewerbsrechtlichen Verbot eine Erheblichkeitsschwelle vorgesehen hat, die er dagegen nicht im strafrechtlichen aufstellt hat. Wie bereits erwähnt, mag dies zu kritisieren sein, es betrifft aber eigentlich nur die konkrete tatbestandsmäßige Beschreibung aus den §§ 3 und 4, nicht aber den Schutzzweck des Gesetzes, der schon in § 1 ohne diese Restriktion festgeschrieben ist. Die wettbewerbliche Entfaltungsfreiheit des Mitbewerbers als konkrete Erscheinungsform des Schutzzwecks der Norm wird daher nicht tangiert.

Dennoch ist – zumindest aus kriminalpolitischer Sicht – angesichts des Ultima-Ratio-Prinzips eine quantitative Anpassungsnotwendigkeit bei der Statuierung des neuen UWG übersehen worden, möchte man das UWG in seiner internen Struktur zwischen wettbewerbsrechtlichen und – im Schutzzweck identisch ausgerichteten – strafrechtlichen Verboten in hinreichender Weise kohärent ausgestalten.

Hinsichtlich des vorverlagerten Schutzes i.S. einer nicht notwendigen Verletzung des Rechtsguts, sondern des Ausreichens einer Gefährdung, kann diese sowohl darin gesehen werden, dass im Anschluß an die tatbestandsmäßigen Handlungen typischerweise (erhebliche) unlautere Wettbewerbshandlungen ansetzen, als auch darin, dass die tatbestandsmäßige Handlung selbst typischerweise diese wettbewerbsrechtlichen Eigenschaften erfüllt.

Dem steht aber die Statuierung von Absichtsmerkmalen mit überschießender Innentendenz in den §§ 17 ff. UWG entgegen.[319] Gerade weil das Gesetz ausdrücklich diese in jegliche Richtung weisenden Absichten vorsieht, kann nicht mehr die Rede davon sein, dass durch die Straftatbestände zum Unternehmensgeheimnisschutz nur Handlungen erfasst werden, die *typischerweise* unlautere Wettbewerbshandlungen statuieren. Gleiches gilt hinsichtlich der Deutung als *typischerweise* unlautere Wettbewerbshandlungen der an die straftatbestandsmäßigen möglicherweise anknüpfenden Handlungen Dritter. Und zwar nicht nur aus dem eben erwähnten Grund, dass die straftatbestandsmäßigen Handlungen ausdrücklich andere Bereiche erfassen sollen – etwa staatspolitische oder rein private -, sondern insbesondere, weil zum einen schon § 17 Abs. 2 Nr. 2 UWG Anschlußhandlungen (Geheimnishehlerei) beschreibt, die alle möglichen „Innentendenzen" aufweisen können, und zum anderen die wohl des Öfteren gewerblich angebotenen oder sogar typischerweise aus gewerblichen Gründen erfragten Spionagehandlungen aus § 19 UWG eben auch aus reinem Eigennutz durchgeführt werden können.

Es ist daher festzuhalten, dass der strafrechtliche Unternehmensgeheimnisschutz nicht vor unlauteren Wettbewerbshandlungen (gegen die wettbewerbliche Entfaltungsfreiheit des geheimhaltenden Unternehmen) schützen soll, so merkwürdig diese Abweichung auch angesichts der angeblich das gesamte UWG bestimmenden Generalklausel aus § 3 UWG erscheinen mag.

---

[319] So auch zuletzt *Noak*, wistra 2006, 245 (245 ff.).

5.3. Zum strafrechtlichen Schutz der wettbewerblichen Entfaltungsfreiheit des geheimhaltenden Unternehmens

Die Strafvorschriften aus den §§ 17 ff. UWG können dennoch mit einem Teilbereich der wettbewerbsrechtlichen Materie übereinstimmen und ihren Sinn im Schutz der wettbewerblichen Entfaltungsfreiheit – jedoch vor jeglicher (lediglich unbefugter) Handlung – haben. Dass nämlich solche Handlungen stets als abstrakt (typischerweise) gefährlich zu deuten sind, steht außer Frage, unabhängig davon, ob zusätzlich eine unlautere Wettbewerbshandlung erwogen werden könnte. Denn ein Informationsfluss bedeutet schon einen Kontrollverlust über die wettbewerblich relevante Information, der diese Gefahr hinreichend begründet. Diese straftatbestandsmäßigen Handlungen stellen dann aber nicht eine Verletzung des Rechtsguts dar, weil es sich hier nicht um die allgemeine Handlungsfreiheit über eine bestimmte Information handelt, wie es bei den anderen Geheimnisschutztatbeständen der Fall ist, sondern eine Verletzung, die sich auf einen bestimmten Handlungsbereich – den Konkurrenzkampf – bezieht, der mit der tatbestandsmäßigen Handlung nicht notwendigerweise erreicht wird.

Eine solche im Vergleich zu den restlichen Geheimnisschutztatbeständen stärker inhaltlich ausgefüllte Rechtsgutsbestimmung trägt auch den bereits herausgearbeiteten Unterschieden zwischen den strafrechtlichen Geheimnisschutzbereichen Rechnung.[320] Zum einen bleibt der wesentliche Unterschied im objektiven Geheimhaltungsinteresse nicht auf der Ebene des Geheimnisbegriffs isoliert. Denn die wesentliche Differenzierung, die hinsichtlich des Geheimnisses als Handlungsobjekt der Tatbestände besteht und die sich daraus ergibt, dass das objektive Geheimhaltungsinteresse bei den restlichen Geheimnisschutztatbeständen entgegen dem Unternehmensgeheimnisschutz keine stark begriffskonstituierende Funktion ausübt, sondern höchstens eine Bagatellklausel darstellt,[321] wird auch auf Rechtsgutsebene hergestellt.

Ferner wird auch durch eine solche wettbewerbliche Rechtsgutsbestimmung einem zweiten wichtiger Unterschied zwischen dem Unternehmensgeheimnisschutz und

[320] Vgl. dazu oben Zeiter Teil D, VI.

[321] Dazu näher oben Zweiter Teil D, III, 1.5., aaa).

den restlichen Geheimnisschutzvorschriften Rechnung getragen. Der Schutz vor Angriffen von Außen im restlichen Geheimnisschutz verlangt vom Geheimhaltenden gewisse Selbstschutzmaßnahmen, damit der Eingriff auf die geheimgehaltene Information als hinreichend unrechtsbegründend verstanden wird.[322] Dagegen ist im UWG der Angriff von Außen immer hinreichend unrechtsbegründend und stellt keine viktimodogmatischen Ansprüche an den Geheimhaltenden. Zur Begründung dieser unterschiedlichen Gestaltung des Schutzes kann zum einen der bereits erwähnte Unterschied in der objektiven Interessenlage des Geheimhaltenden herangezogen werden. Zum anderen kann auch der soziale Kontext, in dem die hier gegenübergesetzten Geheimnisbereiche entstehen und sich abspielen, zur Begründung dieses unterschiedlichen Schutzes beitragen.

Der rechtspolitisch leitende Gesichtspunkt beim restlichen Privatgeheimnisschutz i.w.S. besteht in der menschlichen Notwendigkeit einer Sphäre, in der die Person alle sozialen Rollen ablegen, sich weitmöglichst aus der sozialen Interaktion zurückziehen kann und stellt daher ein Kriterium dar, unter dem private Freiheit und gesellschaftliche oder staatliche Kontrolle gegeneinander abzugrenzen sind.[323] Auf einen Begriff gebracht wird dem „right to be left alone“ Schutz gewährt.[324] Naturgemäß möchte der Geheimhaltende die betroffenen Informationen für sich behalten oder nur in einem engen sozialen Kontext kommunizieren. Dagegen ist dieser leitende Gesichtspunkt nicht beim Unternehmensgeheimnisschutz zu erkennen. Ganz im Gegenteil handelt es sich hier um einen Bereich sehr intensiver gesellschaftlicher Interaktion („Konkurrentenkampf“), in dem sich des Öfteren geheimgehaltene Informationen in wirtschaftlich dynamischen Prozessen „in Bewegung befinden“ und den Kontakt von mehreren Personen mit der Informationen voraussetzen, sei es weil sie mitgeteilt werden müssen (offensive Geheimnisse), um sinnvollerweise angewendet zu werden, sei es weil sie aus Prozessen entstehen, die mehrere Personen involvieren (defensive Geheimnisse). Unter diesen Umständen möchte der Gesetzgeber nicht über den Geheimhaltungswillen hinaus zusätzliche Schutzmaßnahmen

---

[322] Dazu näher oben Zeiter Teil D, VI, 2.

[323] Vgl dazu *B. Schünemann*, ZStW 1978, 11 (28 ff.).

[324] Dazu etwa *Haft*, BT, S. 70.

verlangen. Das Unternehmen soll, so weit wie möglich, ungestört mit den Informationen oder den diese generierenden Prozessen umgehen und sie gestalten können. Der Unterschied zwischen einem weitreichenden Verwertungsverbot der geheimgehaltenen Information in den restlichen Geheimnisschutztatbeständen und dem begrenzten Verwertungsverbot im UWG beim Schutz von Innen wird ebenfalls bei der Rechtsgutsbestimmung berücksichtigt. Bei einer wettbewerb(srecht)lich materialisierten Handlungsfreiheit können ihr andere Interessen (insb. des Arbeitnehmers nach Beendigung des Arbeitsverhältnisses) entgegenstehen, so dass es möglich ist, eine Abwägung der widerstreitenden Interessen durchzuführen. Dies ist auch in der tatbestandsmäßigen Beschreibung festgeschrieben, wenn nur die unbefugte Verwertung während des Dienstverhältnisses verboten wird (§ 17 Abs. 1 UWG) und insofern das wettbewerbliche Geheimhaltungsinteresse zurücktritt.[325] Wenn dagegen der strafrechtliche Schutz schon vorher, nämlich bei der rein formellen Dispositionsfreiheit, ansetzt, ist diese Abwägung mangels einer spezifischen materiellen Begründung des Geheimhaltungsinteresses nicht mehr geboten.

5.4. Zum strafrechtlichen Schutz vor Gefährdung der wettbewerblichen Entfaltungsfreiheit des geheimhaltenden Unternehmens

Dass es sich dabei lediglich um eine Gefährdung der wettbewerblichen Entfaltungsfreiheit handelt, zeigt schließlich eine strukturelle Übereinstimmung mit dem allgemeinen wettbewerbsrechtlichen Verbot aus § 3 UWG. Denn dort werden unlautere Wettbewerbshandlungen verboten, die *geeignet* sind, die Interessen der Mitbewerber, der Verbraucher und der sonstigen Marktteilnehmer am Schutz vor unlauteren Wettbewerbshandlungen zu beeinträchtigen. Einer tatsächlichen Schädigung oder Verletzung bedarf es nicht, wie es beim strafrechtlichen Unternehmensgeheimnisschutz der Fall ist. Genau betrachtet ist dies auch die einzig praktikable Anbindung des Unternehmensgeheimnisschutzes an das allgemeine wettbewerbsrechtliche Ver-

[325] Wenn im Gesellschaftsstrafrecht die Geheimnisverwertung durch hohe Angestellte über das Dienstverhältnis hinaus verboten wird, dann hat sich die gesetzlich festgeschriebene Abwägung der widerstreitenden Interessen wegen der Sensibilität der Information zugunsten des Unternehmens entschieden.

bot. Die zusätzliche Voraussetzung einer unlauteren Wettbewerbshandlung würde zwangsläufig eine Verletzung der wettbewerblichen Entfaltungsfreiheit und somit des relevanten Schutzinteresses mit sich ziehen, da eine Wettbewerbshandlung stets das wettbewerbliche Schädigungspotential jedes Unternehmensgeheimnisses aktiviert und das dazugehörige Rechtsgut verletzt. In Einklang mit dem allgemeinen Interessenschutz der Mitbewerber vor Gefährdungen verlagert das Lauterkeitsrecht den Schutz auch bei Unternehmensgeheimnissen vor, nimmt aber dabei zwangsläufig in Kauf, dass die Straftatbestände, angesichts ihrer Absichtsmerkmale, nicht zugleich auf die Verhinderung unlauterer Wettbewerbshandlungen gerichtet sind.

B. Der Schutz kollektiver Rechtsgüter

I. Allgemeines

Im Unterschied zum Schutz eines individuellen Rechtsguts bei den Tatbeständen zum Unternehmensgeheimnisschutz ist zum Schutz eines kollektiven Rechtsguts eine relativ einheitliche Auffassung im Schrifttum zu erkennen: Geschützt sei – neben den (Vermögens)Interessen des Mitbewerbers – der Wettbewerb als Institution[326] oder in Gestalt seiner Lauterkeit.[327] Dabei handelt es sich immer um einen Rechtsgüterschutz, der dem individuellen des Geheimhaltenden gleich- oder nachrangig ist, d.h. keinesfalls den alleinigen Schutzzweck der Tatbestände ausmacht.[328] Ferner ist zu erkennen, dass einerseits von dem Schutz der Fairness oder Lauterkeit des Wettbewerbs gesprochen wird und anderseits vom Schutz des Wettbewerbs als Institution die Rede ist. Diese unterschiedlichen Deutungen sollten nicht überbewer-

---

[326] Vgl. E/K-*Diemer*, U 43, § 17 Rn 2; *Nestoruk*, S. 113 f.; UWG/GK-*Otto*, § 17 Rn 6; *Rupp*, WRP 1985, 675 (675); *Tuffner*, S. 77; so wohl auch *Arians*, S. 344 f..

[327] Vgl. HWSt-*Ebert-Weidenfeller*, III 3 Rn 62; W/J-*Möhrenschlager*, 13. Kap Rn 4; *Tiedemann*, WStR AT, Rn 18.

[328] Entgegen der Behauptung *Arians'*, S. 343, wurde dies auch nicht bei Baumbach/*Hefermehl*, 22. Aufl. postuliert. Sein Verweis bezieht sich nämlich auf die allgemeinen, der gesamten Regelungsmaterie des UWG zugeordneten Erläuterungen, die rein wettbewerbsrechtlicher Natur sind und nicht spezifisch auf die §§ 17 ff., wo ein individueller, auf das Unternehmen gerichteter Vermögensschutz („Geschäftsvermögen") vertreten wird, der mit einem der Allgemeinheit dienenden Schutz des freien und lauteren Wettbewerbs konkurriert (vgl. *Baumbach/Hefermehl*, 22. Aufl., Vor §§ 17-20a UWG).

tet werden. Denn es ist nicht ersichtlich, dass dadurch der gemeinhin anerkannte Unterschied zwischen GWB und UWG zum Ausdruck gebracht werden soll: Jenes Gesetz schützt den Wettbewerb als Institution (i.S. eines Steuerungs- und Machtbegrenzungsmittels bei der volkswirtschaftlichen Güterverteilung)[329], um die Freiheit des wettbewerblichen Handelns zu sichern, dieses Gesetz die Lauterkeit des Wettbewerbs und dadurch in erster Linie den einzelnen Wettbewerber davor, dass ein Konkurrent mit unlauteren Mitteln Vorsprünge erlangt; jenes Gesetz ist für das „Ob", dieses für das „Wie" des Wettbewerbs zuständig.[330] Da nämlich durch den Unternehmensgeheimnisschutz geradezu ein faktisches Informationsmonopol strafrechtlich gesichert wird, liegt es nahe, nicht den Gesichtspunkt der Wettbewerbsbeschränkung, sondern den der Lauterkeit des Wettbewerbsschutzes beim Unternehmensgeheimnisschutz heranzuziehen.[331] Ferner wurde schon zum UWG a.F. die Erkenntnis entwickelt, dass beide Gesetze keine unterschiedlichen, sondern eher übereinstimmende Schutzzwecke besitzen, nämlich den *Schutz des Wettbewerbs* im Allgemeininteresse und im Interesse der Marktteilnehmer, was als ein Institutionenschutz bezeichnet werden kann. Der Schutz des freien und der Schutz des lauteren Wettbewerbs bilden dementsprechend keine Gegensätze.[332] Nach *Fezer* verfestigt sich zunehmend die Erkenntnis, dass die Gesamtheit der Schutzzwecke der beiden gesetzlichen Säulen des Wettbewerbsrechts eine notwendige Brücke zwischen den beiden Wettbewerbsgesetzen des UWG und GWB schlägt.[333] Zu einer ähnlichen Schlussfolgerung für die Systematisierung der Straftaten gegen den Wettbewerb des 26. Abschnitts des StGB gelangt auch *Tiedemann*. Obwohl er § 298 StGB eher dem institutionellen Wettbewerbschutz und § 299 StGB eher dem Lauterkeitsaspekt zuordnet, spricht er von einer allgemein nicht rein durchführbaren Dualität von Wettbewerbsbeschränkungen und Unlauterkeit des Wettbewerbs.[334]

---

[329] Grundlegend *Tiedemann*, Kartellverstöße, S. 105 m.N.
[330] Vgl. statt vieler *Wolf*, WRP 1995, 543 (543).
[331] Dies zu betonen ist wohl für die Tatbestände des Lauterkeitsrechts überfällig, wohl aber nicht im gleichen Maße hinsichtlich des Unternehmensgeheimnisschutzes in anderen Gesetzen.
[332] Vgl. zum Ganzen Hefermehl/*Köhler*/Bornkamm, Einl UWG 6.11.
[333] *Fezer*, Lauterkeitsecht I, § 1 Rn 44.
[334] Vgl. LK-*Tiedemann*, Vor § 298 Rn 5, 10; *ders.*, Wirtschaftsstrafrecht und Wirtschaftskriminalität II, S. 33 f. Für eine scharfe Trennung beider Bereiche etwa *Lüderssen*, in Dahs (Hrsg.), Kriminelle

II. Der Schutz der Lauterkeit des Wettbewerbs als Individualschutz

Hinsichtlich des individuellen oder kollektiven Rechtsgüterschutzes ist aus wettbewerbsrechtlicher Perspektive zu beachten, dass das Lauterkeitsrecht unmittelbar nach seiner Entstehung einen Wandel in seinen Funktionen und Strukturen von einem rein individualen zu einem sozialen Recht erfahren hat,[335] der notwendigerweise den Gehalt wettbewerblichen Unrechts verändert hat.[336] Die wettbewerbsrechtliche Entwicklung hat den Konkurrentenschutz vom einzigen zum wichtigen Schutzzweck gemacht.[337] In der Entwicklung von einem Verhaltensrecht der Mitbewerber zu einem Marktverhaltensrecht aller Marktbeteiligten haben in Form einer gesetzlich festgeschriebenen „Schutzzwecktrias" neben dem Schutz der Interessen der Mitbewerber gleichrangig die wettbewerblichen Interessen der Verbraucher und der Allgemeinheit in das Lauterkeitsrecht Eingang gefunden.[338]

Fezer betont aber zugleich,[339] dass schon *Ulmer* deutlich sah, dass die Wettbewerbswidrigkeit bald die Interessen aller Mitbewerber berühre, bald in die Sphäre des ein-

---

Kartelle, S. 53 f.; HWSt-*Achenbach*, III 1 Rn 1. Keine Unterscheidung im Rechtsgutsbereich dagegen bei *Bannenberg*, S. 22 und 25.

[335] Das UWG von 1896, Vorläufer des fast ein Jahrhundert geltenden UWG von 1909, verfolgte nach der Begründung zum Ersten Entwurf das begrenzte Ziel, gegen „gewisse Mittel, welche moralisch verwerflich, wenngleich vom Gesetz bisher nicht verboten sind" Abhilfe zu schaffen, wenn die Mittel „zu dem Zwecke angewendet werden, um unberechtigte Vorteile gegenüber den Konkurrenten zu gewinnen" (zitiert nach *Fezer*, WRP 2001, S. 989 [996]), während das neue UWG ausdrücklich von einer Schutzzwecktrias (Schutz der Mitbewerber, der sonstigen Marktteilnehmer, insb. der Verbraucher und der Allgemeinheit) ausgeht.

[336] Vgl. *Fezer*, WRP 1993, 565 (569 f.).

[337] *Beater*, § 17 Rn 7. Nach *Fezer*, WRP 1993, 565 (570), sei es vornehmlich *Ulmer*, Wandlungen und Aufgaben im Wettbewerbsrecht, GRUR 1937, 769 (772), gewesen, der Anfang der 30er Jahre dem Gedanken zum Durchbruch verhalf, dass das Wettbewerbsrecht nicht allein dem Schutz der einzelnen Mitbewerbers oder der Gesamtheit der Mitbewerber dient, sondern dass die Bekämpfung unlauteren Wettbewerbs auch im Interesse der Allgemeinheit liegt. Ferner sei es der Verdienst von *Hefermehl*, Der Anwendungsbereich des Wettbewerbsrechts, FS-Nipperdey, 1955, S. 283 ff., gewesen, die rechtstheoretischen Folgerungen aus dem Wandel der Schutzrichtung des Wettbewerbsrechts gezogen zu haben. Seine Lehre vom Interessenschutz im Wettbewerbsrecht geht dahin, dass das Kennzeichen des unlauteren Wettbewerbs nicht in der Verletzung eines subjektiven Rechts oder Rechtsguts, sondern in dem Verstoß gegen objektive Verhaltensnormen liege. Die Institution des Wettbewerbs als einer selbständigen Ordnungseinheit des sozialen Lebens sei das übergeordnete Schutzgut des gesamten Wettbewerbsrechts.

[338] Kritisch zu dieser Deutung des Ursprungs des Lauterkeitsrechts als Konkurrentenschutz, *Emmerich*, S. 25. Zur Schutzzwecktrias zusammenfassend, *Köhler*, NJW 2004, 2121 (2121); *Henning-Bodewig*, GRUR 2004, 713 (715).

[339] Vgl. *Fezer*, WRP 1993, 565 (570).

zelnen eingreife.[340] Um zu einem richtigen Verständnis des Wettbewerbsrechts zu gelangen, hat *Hefermehl* deshalb zutreffend für notwendig gehalten, bei der Anwendung der wettbewerbsrechtlichen Vorschriften auf „die individual- und sozialrechtlichen Funktionselemente“ zu achten.[341] Diese Aufteilung kann für das auf zwei Straftatbestandskomplexe reduzierte neue UWG weiterhin Geltung beanspruchen.[342] Wenn aber weiterhin der Schutz von Interessen der Mitbewerber im Lauterkeitsrecht selbstständige Bedeutung hat und dazu zweifelsohne der Geheimnisschutz als ureigene Materie des UWG zu zählen ist, bedarf es aus wettbewerbsrechtlicher Betrachtungsweise einer besonderen Begründung, um dabei auch einen selbstständigen und nicht nur über die Interessen des betroffenen Mitbewerber vermittelten Schutz von Allgemeininteressen beim Geheimnisschutz zu erkennen.

III. Der Schutz der Lauterkeit des Wettbewerbs als Kollektivschutz

Der Wortlaut des § 1 Satz 2 UWG zeigt unmissverständlich, dass das Gesetz nur einen Schutz der Allgemeininteressen am unverfälschten Wettbewerbs kennt, so dass alle weiteren Interessen belanglos sind.[343] Interessen, die auch noch so gravierend und für die Allgemeinheit bedeutsam sind, sollen unter dem neuen UWG und entgegen einer keineswegs unangefochtenen Handhabungspraxis des § 1 UWG a.F. nun im Lauterkeitsrecht unberücksichtigt bleiben.[344] Die Generalklausel aus § 3 ist nach *W. Schünemann* daher keine Transportnorm für die Geltendmachung wettbewerbsfremder Werte (wie z.B. der Pietät oder der Volksgesundheit)[345]. Wie *Köhler* es ausdrückt, „geht es nicht an, Anliegen etwa des Schutzes der Rechtspflege, des Arbeitnehmerschutzes, des Umweltschutzes, des Tierschutzes usw. mit dem Instrumentarium des Wettbewerbsrecht durchzusetzen, soweit nicht der Wettbewerb als

---

[340] Vgl. *Ulmer*, Sinnzusammenhänge im modernen Wettbewerbsrecht, Berlin, 1932, S. 20.
[341] Vgl. Baumbach/*Hefermehl*, 22.Aufl., Einl. UWG Rn. 43.
[342] Siehe dazu die im Text zu Fn. 264 dargestellten Systematisierungen von *Otto* und *Tiedemann* und ferner *Tiedemann*, FS-Müller-Diez, S. 907.
[343] Vgl. statt aller *Emmerich*, S. 29 f.; ferner BT-Drs. 15/1487, S. 15 f.
[344] Vehement kritisch dazu *Fezer*, Lauterkeitsrecht I, § 1 Rn 46 ff.
[345] Harte/Henning/*Schünemann*, § 1 Rn 54.

solcher betroffen ist. Das UWG hat den Wettbewerb zu schützen. Andere Gesetze haben andere Schutzzwecke".[346]

Bezogen auf den Geheimnisschutz bedeutet dies, dass aus einer wettbewerbsrechtlichen Betrachtungsweise der Schutzzweck sich sowohl aus der Sichtweise des individuellen Interesses wie auch der Allgemeinheit nur auf tatsächlich wettbewerbsverfälschende Auswirkungen der Tatbestände stützen kann. Insbesondere gesamtvolkswirtschaftliche Interessen, wie die internationale Wettbewerbsfähigkeit der Volkswirtschaft[347] oder der Ansporn von Technologieentwicklung[348] oder politische Interessen in Form der nationalen Sicherheit, die durch staatlich unterstützte Wirtschaftsspionage gefährdet werden,[349] können den wettbewerbsrechtlichen Schutzzweck der Norm nicht begründen. Denn die Verletzung dieser Allgemeininteressen beeinträchtigt weder die wettbewerbliche Entfaltungsfreiheit des betroffenen Unternehmens, noch wettbewerbliche Interessen anderer Marktteilnehmer oder das Interesse der Allgemeinheit an einem unverfälschten Wettbewerb. Das Wettbewerbssystem ist dann nur als ein Instrument zur Erreichung externer sozialer Effekte oder als ein Szenario, auf dem sich diese abspielen, zu verstehen. Diese Erwägungen können als *ratio legis* sogar das wichtigere Fundament der Aufstellung der Straftatbestände sein, wie es auch bei den sukzessiven Gesetzesänderungen des Öfteren der Fall war,[350] es handelt sich aber nicht mehr um den Schutz des lauteren Wettbewerbs als eigenständiges Rechtsgut.

Ein solches restriktives Verständnis der einschlägigen Allgemeininteressen im Lauterkeitsrecht impliziert aber nicht, dass sie letztendlich stets mit den Interessen der Marktteilnehmer, d.h. dem Individualschutz zusammenfallen, wie es *W. Schüne-*

---

[346] Hefermehl/*Köhler*/Bornkamm, § 1 Rn 36.

[347] Vgl. dazu etwa *Metzler*, S. 190, der in den Regelungen des strafrechtlichen Geheimnisschutzes wichtige Bestandteile der „rechtlichen Infrastruktur" eines modernen Industriestaates sieht, die fundamental für die Gewährleistung eines für die wirtschaftliche Aktivität günstigen Standorts seien.

[348] Mit Harte/Henning/*Harte-Bavendamm*, Vor §§ 17-19 Rn 5, kann man in diesem Ansporn auch die Ermöglichung eines „vorstoßenden Wettbewerbs im Allgemeininteresse" erkennen. Ob dies aber noch mit dem „Allgemeininteresse an einem unverfälschten Wettbewerb", wie es das UWG verlangt, zu tun hat, ist zu bezweifeln.

[349] Darin sei der Sinn der Einführung des Absichtsmerkmals „Handeln zugunsten eines Dritten" durch das 2. WiKG zu sehen und z.T. auch die Einführung der Ausspähungshandlungen während des Kalten Krieges.

[350] Dazu näher oben Zweiter Teil B.

mann beschreibt.[351] Dies könnte zwar noch hinsichtlich des Interesses anderer Mitbewerber angenommen werden, die in einem konkreten Wettbewerbsverhältnis mit dem unlauter handelnden Unternehmen stehen, da dadurch auch ihre Wettbewerbsposition verschlechtert werden könnte. Wenn man aber auf das Interesse aller Unternehmen an der Funktionstüchtigkeit des Wettbewerbs als wesentliche Institution einer Marktwirtschaft abstellt (es ist von einer sogenannten Sogwirkung und korrumpierender Nachahmungseffekte in der Wirtschaft die Rede)[352] oder gar der Allgemeinheit, dessen Mitglieder potentielle Mitbewerber darstellen, gelangt man auf eine Rechtsgutsebene, die nicht mehr auf individuelle Interessen reduzierbar ist. Sie erfüllt vielmehr die anerkannten Eigenschaften der Nicht-Ausschließbarkeit von der Nutzung, der Nicht-Rivalität des Konsums[353] oder der Nicht-Distributivität eines jeden kollektiven Rechtsguts.[354]

IV. Die Schwierigkeiten bei der Begründung eines auf kollektiven Interessen begründeten Schutzes des unlauteren Wettbewerbs bei Verletzung von Unternehmensgeheimnissen

Dass die beschriebenen kollektiven Interessen an der Verhinderung von unlauteren Wettbewerbshandlungen, die sich an Unternehmensgeheimnissen vollziehen, existieren, ist nicht zu bestreiten. Die tatbestandsmäßigen Beschreibungen der §§ 17 ff. sehen auch Handlungsformen vor, die ein solches Schädigungspotential aufweisen. Ausdrücklich sind aber auch andere Tatbestandsalternativen vorgesehen, die nicht dieses Potential aufweisen, sondern auf andere – wenn auch ebenfalls kollektive –

351 Vgl. Harte/Henning/*Schünemann*, § 1 Rn 65 m.w.N.; so auch *Fezer*, Lauterkeitsrecht I, § 1 Rn 41.

352 So etwa *Arians*, S. 344; *Lampe*, HdWW Bd. 9, Stichwort: Wirtschaftstrafrecht, S. 312 f.; *Tiedemann*, Gutachten C 21, 25 und 64.

353 An einem freien und lauteren Wettbewerb kann jeder teilnehmen, und die Nutzung dieser Möglichkeit schließt nicht die eines anderen aus. Allgemein zu diesen Eigenschaften *Hefendehl*, Kollektive Rechtsgüter, S. 19, 111 ff.

354 Der freie und lautere Wettbewerb kann weder normativ noch faktisch geteilt und den Individuen in Anteilen zugeordnet werden (wie es z.B. bei der wettbewerblichen Entfaltungsfreiheit der Fall ist); vgl. im Allgemeinen zur Nicht-Distributivität *Anastasopoulou*, S. 29 m.N. und im Besonderen zum Wettbewerb eingehend dazu *Kohlhoff*, S. 147 f.

Interessen gerichtet sind, die eben nicht wettbewerblicher Natur sind. Daraus lässt sich daher nur eine schwache Rechtsgutsbegründung herleiten.

Nun wird aber im Schrifttum des Öfteren die Existenz eines kollektiven Rechtsgutes anhand der Gestaltung der Strafverfolgungsinitiative als ein relatives Antragsdelikts begründet.[355] Lässt man einmal unbeachtet, dass diese strafprozessuale Bestimmung, die nur Prozessvoraussetzung ist, nicht die Erfüllung des Tatbestandes bestimmt und daher wenig Rückschlüsse auf die Rechtsgutsbestimmung des Tatbestands zulässt, ist zu bezweifeln, dass sich im konkreten Fall des Unternehmensgeheimnisschutzes anhand dieser Bestimmung ein kollektives Interesse an der Funktionstüchtigkeit (Fairness oder Lauterkeit) des Wettbewerbs begründen ließe.

Betrachtet man zunächst die Grundkonstellation, d.h. die Verfolgung nur bei Strafantrag, ist allgemein anzunehmen, dass eine auf den Verletzten reduzierte Initiative an der Strafverfolgung eher gegen ein kollektives Rechtsgut spricht, wenn sich dies hinsichtlich des konkreten Rechtsguts als dysfunktional für dessen Schutz erweist.[356] Dies ist auch beim Unternehmensgeheimnisschutz der Fall. Hinsichtlich des individuellen Rechtsguts der wettbewerblichen Entfaltungsfreiheit ist nicht nur eine freie Entscheidung über die Geheimhaltung einer Information funktional, sondern angesichts des hohen Verbreitungsrisikos und dadurch des Eintritts oder der Intensivierung des Schadens bei der Einleitung eines Strafverfahrens auch eine nachträgliche Dispositionsbefugnis über die Strafverfolgung. Darauf deutet auch die konkrete Bestimmung des Strafantragsberechtigten in den §§ 17 Abs. 5, 18 Abs. 3 und 19 Abs. 4 UWG hin, die entgegen etwa der Bestimmung zu den Straftaten gegen den Wettbewerb in § 301 StGB nicht auf sämtliche Mitbewerber oder die in § 8 Abs. 1, 2 und 4 UWG genannten Verbände und Kammern erweitert wird, sondern nach einhelliger Auffassung dem geheimhaltenden Unternehmen vorbehalten ist.[357]

---

[355] Vgl. statt vieler GK-UWG/*Otto*, § 22 Rn 1.

[356] Wegen der Dysfunktionalität für ein kollektives Rechtsgut wurde diese Rechtsgutsbegründung bei den Privatgeheimnissen i.e.S. bereits verneint, beim Gesellschaftsstrafrecht dagegen befürwortet. Dazu näher oben Zweiter Teil D. III. 1.4. bzw. 2.2.

[357] Vgl. dazu nur Hefermehl/*Köhler*/Bornkamm, § 8 Rn 3.5. *Beater*, § 17 Rn 14., hatte schon zum UWG a.F. den Versuch unternommen, die Wettbewerbsvorgänge nicht „als solche", sondern jeweils im Zusammenhang mit den Schutzinteressen, die für die wettbewerbsrechtliche Zulässigkeit oder Unzulässigkeit maßgeblich sind, darzustellen. Dabei hatte er für die Standortbestimmung der unlauteren Handlungen sowohl materiell-rechtliche wie auch sanktionsrechtliche Kriterien herangezogen

Hinsichtlich des kollektiven Rechtsguts der Funktionstüchtigkeit des freien und lauteren Wettbewerbs ist die Funktionalität der Strafverfolgungsinitiative dagegen nicht gegeben, denn sowohl die objektiven wie auch subjektiven Auswirkungen auf den Wettbewerb (d.h. die tatsächliche Veränderung im Konkurrenzkampf einerseits und das Vertrauen in die „Spielregeln" des Wettbewerbs andererseits) betreffen nicht nur den Geheimhaltenden, sondern die Allgemeinheit.[358]

Das gesamte Bild über die Möglichkeit der Strafverfolgung und ihre Bedeutung für die individuelle und kollektive Schutzkomponente ergibt sich aber erst bei Betrachtung der Möglichkeit der Verfolgung von Amts wegen bei einem besonderen öffentlichen Interesse. Es ist zunächst zu konstatieren, dass diese Form der Strafverfolgungsinitiative den meisten Straftatbeständen zum Schutze individueller Rechtsgüter gemein ist, lediglich der Grund für die Einleitung der Strafverfolgung („besonderes öffentliches Interesse") ist seltener vorzufinden. Dieses Interesse kann auch auf die Verfolgung besonders intensiver Verletzungen oder Gefährdungen individueller Rechtsgüter bezogen sein, wie es etwa in § 230 StGB hinsichtlich der Körperverletzung der Fall ist. Es ist geradezu besonders begründungsbedürftig, wenn man annimmt, dass ein tatbestandsmäßiges Verhalten je nach konkreter Gestaltung sein Gefährdungs- bzw. Verletzungsbezugsobjekt von einem individuellen auf ein kollektives Rechtsgut ändert oder ergänzt.[359] Dies könnte gerade bei Handlungen gegen Unternehmensgeheimnisse der Fall sein. Ist eine Geheimnisverletzung, auch unter Ausschluss der Öffentlichkeit, Objekt eines Strafverfahrens, kann oft nicht mit hinreichender Sicherheit gewährleistet werden, dass nicht Indizien über den Informationsinhalt des Geheimnisses an die Öffentlichkeit (insb. den Konkurrenten) gelan-

---

und den Geheimnisbruch als Paradebeispiel eines aus sanktionsrechtlichen Gründen dem exklusiven Konkurrentenschutz zuzuordnenden Sachverhalts bezeichnet.

[358] Genau betrachtet ist diese Dispositionsbefugnis über die strafprozessuale Aufklärung und Sanktion des Konflikts auch für das individuelle Interesse anderer Mitbewerber an ihrer wettbewerblichen Entfaltungsfreiheit dysfunktional.

[359] Anders verhält es sich bei der Rechtsgutsauffassung zu den Straftaten im Wettbewerb aus dem 26. Abschnitt des StGB. Denn dort wird nach h.M. in erster Linie ein kollektives Rechtsgut vertreten, das durch die Verfolgung von Amts wegen bei besonderem öffentlichen Interesse lediglich verstärkt wird. Vgl. dazu NK-*Dannecker*, § 301 Rn 1; SK-*Rudolphi*, § 301 Rn 1; LK-*Tiedemann*, § 301 Rn 1.

gen.[360] Ferner kann es für das Unternehmen, als besondere Prophylaxe gegen Ausspähungen oder Verrat, von Interesse sein, die Geheimhaltung geheim zu halten, d.h. gar nicht auf die Existenz des Geheimnisses aufmerksam zu machen. Schließlich kann sich auch eine Schadenskomponente daraus ergeben, dass das Unternehmen einen Imageschaden erleidet, weil die Geheimnisverletzung Kontrollschwächen im internen Informationsbereich aufdeckt. All diese spezifischen Umstände des Unternehmensgeheimnisschutzes werden auch meist als Grund für die geringen Anzeigenzahl und die daraus entstehende Dunkelziffer an Straftaten herangezogen.

Soll nun trotz dieser individuellen Interessenlage eine Strafverfolgung eingeleitet werden, obwohl die Möglichkeit einer zwangsweisen Weitergabe von geheimen Unterlagen an die Strafverfolgungsbehörde seitens des geheimhaltenden Unternehmens besteht, kann dies kaum begründet werden, ohne kollektive Schutzinteressen heranzuziehen. Gleichzeitig besteht in diesem Fall auch ein Vorrang dieser (Strafverfolgungs-)Interessen vor denen des geheimhaltenden Unternehmens.

Betrachtet man aber die konkreten Allgemeininteressen, die zur Begründung des besonderen öffentlichen Interesses von der Strafverfolgungsbehörde herangezogen werden können, ergibt sich wieder ein Gesamtbild, das nur eine schwache Begründung für ein wettbewerblich begründetes Kollektivrechtsgut darstellt. Ein Blick auf die in den Richtlinien für das Strafverfahren und das Bußgeldverfahren[361] aufgezählten Gründe bestätigt diese begrenzte Möglichkeit, das kollektive Interesse am Schutze der Lauterkeit des Wettbewerbs über das besondere öffentliche Interesse zu begründen. Die spezifisch auf den Unternehmensgeheimnisschutz Bezug nehmende

[360] Zwar ist hier der Ausschluss der Öffentlichkeit nach § 172 GVG einschlägig, doch ist diese Maßnahme, wie auch die aus Nr. 260b der RiStBV, meist unzureichend. Letztere Vorschrift sieht folgendes vor: Bittet der Verletzte um Geheimhaltung oder stellt er keinen Strafantrag, so sollen Geschäfts- oder Betriebsgeheimnisse in der Sachakte nur insoweit schriftlich festgehalten werden, als dies für das Verfahren unerlässlich ist. Wird Akteneinsicht gewährt, so ist darauf hinzuweisen, dass die Akte Geschäfts- oder Betriebsgeheimnisse enthält; hierüber ist ein Vermerk zu den Akten zu nehmen. Dies gilt sinngemäß bei sonstigen Mitteilungen aus den Akten. Es ist zu prüfen, ob nicht Gründe entgegenstehen, dem Verteidiger die Akten zur Einsichtnahme in seine Geschäftsräume oder in seine Wohnung mitzugeben (§ 147 Abs. 4 StPO). Vor Gewährung von Akteneinsicht an Dritte ist, auch wenn die Voraussetzungen des Absatzes 1 nicht vorliegen, besonders sorgfältig zu prüfen, ob nicht schutzwürdige Interessen des Verletzten entgegenstehen.

[361] Vgl. RiStBV vom 1. 1. 1977 geändert mit Wirkung vom 1. 8. 2006.

Nr. 260a dieser Richtlinie[362] geht davon aus, dass das erwähnte Interesse insbesondere dann anzunehmen ist, wenn der Täter wirtschaftsstrafrechtlich vorbestraft ist, ein erheblicher Schaden droht oder eingetreten ist, die Tat Teil eines gegen mehrere Unternehmen gerichteten Plans zur Ausspähung von Geschäfts- oder Betriebsgeheimnissen ist oder den Verletzten in seiner wirtschaftlichen Existenz bedroht. Ferner kann dieses Interesse an der Verfolgung nur ausnahmsweise verneint werden, wenn ein besonders schwerer Fall (§ 17 Abs. 4 UWG) in Betracht kommt oder – hinsichtlich § 18 UWG – wenn der Täter davon ausgeht, dass das Geheimnis im Ausland verwertet werden soll oder er es selbst im Ausland verwertet.

Es ist zu erkennen, dass der Regelfall des gewerbsmäßigen Handelns (§ 17 Abs. 4) oder der Einbezug in einen weiteren Plan zur Schädigung mehrerer Unternehmen einer Begründung des kollektiven Rechtsguts zum Schutze des lauteren Wettbewerbs zu Gute kommt. Dagegen sind alle weiteren Begründungen eher entweder auf besonders gravierende Verletzungen individueller Interessen oder Verletzung anderer Interessen der Allgemeinheit ausgerichtet.

Schließlich ist bei der Argumentation anhand des besonderen öffentlichen Interesses an der Strafverfolgung zugunsten des kollektiven Rechtsguts des lauteren Wettbewerbs zu bemängeln, dass sie nicht auf die naheliegende – besser: vorgelagerte – Frage nach den Konsequenzen der Zustimmung des Geheimhaltenden über die Tatbestandsverwirklichung (und nicht erst der Strafverfolgung) eingeht. Nach einhelliger Auffassung ist eine Einwilligung von vornherein bei Rechtsgütern ausgeschlossen, deren Verletzung sich gegen die Allgemeinheit richtet.[363]

Auf den Geheimnisschutz bezogen ist zunächst zu erkennen, dass die Einwilligung des Geheimhaltenden schon die Tatbestandsmäßigkeit der Handlung mangels tauglichen Handlungsobjekts eliminiert: Das den Geheimnisbegriff konstituierende

[362] Die Nr. 260 bezieht sich auf alle Straftaten gegen den Wettbewerb und geht davon aus, dass ein öffentliches Interesse an der Strafverfolgung in der Regel zu bejahen ist, wenn eine nicht nur geringfügige Rechtsverletzung vorliegt. Sieht man davon ab, dass eine Rechtsverletzung kein deutlicher Begriff ist, wohl aber als Rechtsgutsverletzung verstanden werden kann, ist diese Bestimmung eher für den Verweis auf die Privatklage nach § 376 i.V.m. § 374 Abs. 1 Nr. 7 StPO einschlägig und hier wenig ergiebig, da für die Verfolgung von Amts wegen ein *besonderes* öffentliches Interesse an der Strafverfolgung notwendig ist.

[363] Vgl. statt aller *Roxin*, AT I, § 13 Rn 33 ff.

Merkmal des Geheimhaltungswillens ist nicht gegeben. Hier geht es aber um die Frage, ob bei einem bestehenden Geheimnis die Einwilligung in das tatbestandsmäßige Verhalten die Beeinträchtigung des Rechtsguts „lauterer Wettbewerb" verhindert. Obwohl es sich um zwei unterschiedliche Strafbarkeitsebenen handelt, sind sie beim Geheimnisschutz unzertrennlich verbunden, da bei einer Einwilligung zum einen das Handlungsobjekt nicht gegeben ist, zum anderen gleichzeitig die Unbefugtheit der Handlung entfällt. Es wurde bereits dargestellt, dass die Unbefugtheit beim strafrechtlichen Verbot das konkretisierte Korrelat zur Unlauterkeit beim wettbewerbsrechtlichen Verbot herstellt. Es kann daher bei Einwilligung des Geheimhaltenden, *scil.* mangelnder Unbefugtheit der Handlung, von unlauterem Wettbewerb nicht die Rede sein. Im Falle des Unternehmensgeheimnisses ist das Unternehmen das alleinige geheimhaltende Subjekt, das beliebig durch seine Vertreter über die Geheimhaltung disponieren kann.

Diese Untrennbarkeit beider Ebenen ist auch nicht mit der üblichen Struktur der Konstellation „Einwilligung in ein kollektives Rechtsgut" vereinbar. Denn bei dem beschriebenen Fall kann überhaupt kein Rechtsgut – weder individueller noch kollektiver Natur – beeinträchtigt werden. Bei individuellen Rechtsgütern ist dies nicht weiter verwunderlich, da der Verletzte über das Rechtsgut disponieren kann, es widerspricht aber der Struktur der kollektiven Rechtsgüter, bei denen die Einwilligung die Auswirkung der Handlung auf das Rechtsgut in keiner Weise verändern kann. Wenn z.B. eine Prozesspartei in den Meineid der anderen einwilligt, ändert dies nichts an der Gefährdung der Rechtspflege.

Diese Besonderheit des Geheimnisschutzes unterscheidet die einschlägigen Tatbestände auch von anderen zum Schutz des lauteren Wettbewerbs. Wenn alle Mitbewerber in eine Bestechung im geschäftlichen Verkehr einwilligen, ist es weiterhin möglich, von einer Beeinträchtigung des lauteren Wettbewerbs als einer Institution, die zugunsten der Allgemeinheit besteht, auszugehen,[364] denn die Einwilligung eliminiert weder den geforderten, angebotenen oder angenommenen Vorteil, noch die Unlauterkeit der Handlung. Dagegen ist beim Unternehmensgeheimnisschutz, wie

[364] Vgl. dazu statt vieler LK-*Tiedemann*, § 299 Rn 47 m.N.

bereits erläutert, weder ein Geheimnis mitgeteilt noch eine unlautere Handlung gegeben, wenn der Geheimhaltende in die Mitteilung einwilligt: Mitteilungen von Informationen sind nicht *per se* unlauter. Die freiwillige Preisgabe einer wertvollen Information, in Form einer Einwilligung in die Erlangung dieser durch einen Dritten, kann zwar von der Allgemeinheit als unsinnig betrachtet werden, sie kann sogar sämtliche Mitbewerber in ihrer Wettbewerbsposition beeinträchtigen, eine Unlauterkeit seitens des „Täters" ist aber in dieser Situation nicht gegeben. Ferner kann durch das Sichverschaffen eines Unternehmensgeheimnisses, in das eingewilligt wurde, ein anderer Staat strategische Informationen gewinnen oder die Volkswirtschaft großen Schaden erleiden. Dabei handelt es sich auch um Interessen, die durchaus Rechtsgüter begründen können, sie sind aber nicht unbedingt wettbewerblicher Natur.

C. Zusammenfassende Schlussbetrachtung zur Rechtsgutsbestimmung beim strafrechtlichen Unternehmensgeheimnisschutz und allgemeiner Ausblick

Der Schutz von Unternehmensgeheimnissen ist auf Rechtsgutsebene nur als Schutz der wettbewerblichen Entfaltungsfreiheit des geheimhaltenden Unternehmens zu verstehen. Es handelt sich dabei um eine eng an der Primärordnung des Wettbewerbsrechts orientierte Deutung. Dabei setzen die Tatbestände der §§ 17 ff. UWG und letztlich alle anderen zum ausdrücklichen oder impliziten Unternehmensgeheimnisschutz keine Verletzung dieser Entfaltungsfreiheit, sondern lediglich eine abstrakte Gefährdung voraus, da sich die Auswirkungen der tatbestandsmäßigen Handlung nicht auf dem Markt abspielen müssen.

Darüber hinaus stellen tatbestandsmäßige Handlungen nicht notwendigerweise unlautere Wettbewerbshandlungen dar, so dass der hauptsächlich im UWG vorgesehene Schutz von Unternehmensgeheimnissen nicht mit dem Schutzzweck des Lauterkeitsrechts insgesamt übereinstimmt. Ferner ist auch nicht von einem durchgehend vorgelagerten Schutz im Sinne von Gefährdungstatbeständen des unlauteren Wett-

bewerbs auszugehen, insofern die Tatbestände zwar in mehreren Tatbestandsalternativen – z.T. auch explizit – darauf ausgerichtet sind, aber eben auch ausdrücklich auf die Gefährdung wettbewerbsexterner Interessen hin konzipiert sind.
Der Unternehmensgeheimnisschutz hat schließlich weder eine Vermögensgefährdungsstruktur noch eine kollektive Rechtsgutstruktur zum Schutze des lauteren Wettbewerbs, so dass die wettbewerbliche Entfaltungsfreiheit als einziges Rechtsgut der Tatbestände zum Unternehmensgeheimnisschutz zu verstehen ist.
Insgesamt sollten bei Straftatbeständen, die vornehmlich das Auftreten von Unternehmen im Wettbewerb beschreiben, die dabei gegebenen wettbewerblichen Eigenheiten einer genaueren strafrechtsdogmatischen Betrachtung unterzogen werden. Dieses Defizit ist nämlich nicht nur beim Unternehmensgeheimnisschutz zu erkennen – *Maiwald* etwa postuliert, dass das UWG nur Angriffe gegen das Vermögen straft –,[365] sondern auch, obwohl abgeschwächt, bei den Straftaten gegen den Wettbewerb des StGB. Dort wird zwar richtigerweise auf den Schutz des freien bzw. des lauteren Wettbewerbs abgestellt, aber bei der Bestechlichkeit und Bestechung im geschäftlichen Verkehr (§ 299 StGB) wird von der h.M ebenfalls eine abstrakte Gefährdung des Vermögens der Mitbewerber angenommen.[366]
Diese grundsätzlichen Mängel sind dann auch besonders deutlich den Auffassungen vorzuwerfen, die vorweg davon ausgehen, dass es sich nur um Vorfeldschutz des Vermögens handele und dass hinter der „Konstruktion des Wettbewerbs nichts stehe", wie es *Arzt* drastisch ausdrückt.[367] Diese weit verbreitete Vereinfachung bei der Rechtsgutsbestimmung zieht sich wie ein roter Faden durch sämtliche Straftatbestände wettbewerblicher Natur.[368] Nur am Rande sei auch die geschäftliche Ver-

---

365 M/S/*Maiwald*, BT I, § 41 Rn 19.
366 Vgl. *Blessing* in Müller-Gugenberger/Bieneck (Hrsg.), WStR, § 52 Rn 41; HWSt-*Ebert-Weidenfeller*, Kap III 2 Rn 2; NK-*Dannecker*, § 299 Rn 5; *Duttge*, JURA 2006, 15 (21); T/*Fischer*, § 299 Rn 2; S/S-*Heine*, § 299 Rn 2; L/*Kühl*, § 299 Rn 1; M/S/*Maiwald*, BT II § 68 Rn 2; UWG/GK-*Otto*, § 12 Rn 5; LK-*Tiedemann*, § 299 Rn 6. Zuletzt nur für ein kollektives Rechtsgut der Lauterkeit, *Vormbaum*, FS- F.-C. Schröder, S. 652.
367 Vgl. *Arzt/Weber*, § 49 Rn 52. Grundlegende Kritik dazu bei *Tiedemann*, FS-Müller-Diez, S. 905 ff.
368 Vgl. etwa *Ransiek*, StV 1996, 446 (453), der bei § 299 StGB von einem diffusen *öffentlichen* Schutzgut „Eindämmung des Schmiergeldunwesens" spricht. Vgl. ferner zu § 298 StGB *Lüderssen* in Dahs (Hrsg.), Kriminelle Kartelle, S. 55 ff.; *ders.* BB 1996, 2525 (2527); *ders.* StV 1997, 318 (320 f.); *Oldings*, S. 127; Lüderssen folgend *Stächelin*, S. 309 f.

leumdung nach § 15 UWG a.F. in diesem Kontext erwähnt. Dieser Tatbestand – und auch die Kreditverleumdungsalternative des § 187 StGB, wenn man eine Übereinstimmung im Rechtsgutsbereich beider Tatbestände annimmt – kann wegen des Schutzes eines individuellen Interesses des Unternehmens in einem wettbewerblichen Kontext als dem Unternehmensgeheimnisschutz naheliegend verstanden werden. Auch dort hat das Schrifttum in unzulänglicher Weise teilweise einen Schutz des Vermögens angenommen, obwohl keine deutliche Vermögensgefährdungsstruktur zu erkennen ist. Repräsentativ dafür ist die Argumentation *Lampes,* wenn er meint, dass das Verständnis der Kreditverleumdung als Vermögensdelikt aus der Definition des Kredits als „Vertrauen in die zukünftige Erfüllung vermögensrechtlicher Verpflichtungen" folge und dieses Vertrauen ein *Vermögensgut* sei. Eine Begründung für diese Annahme sieht *Lampe* darin, dass dieses Vertrauen Grundlage dafür sei, dass ein Betrieb sich das von ihm benötigte Kapital auf dem Markt verschaffen kann. Ferner würde das Fehlen dieses Vertrauens (des Vermögensguts) das Ausbleiben der Finanzierungsmittel oder deren Zurverfügungsstellung zu erschwerten Bedingungen mit sich ziehen, wodurch das Vermögen (bereits) geschädigt sei.[369] Eine dermaßen verschwommene Vermögensgefährdungsstruktur ist kaum vorstellbar, mithin bei genauer Betrachtung nicht nachvollziehbar. Die genaue Darstellung aller in ihr implizierten Unzulänglichkeiten kann hier nicht geleistet werden, sie sind aber bei einer flüchtigen Anwendung der hier zum Geheimnisschutz durchgeführten Analyse zum Vermögensschutz leicht zu erkennen.[370] Abstrakte Vermögensgefährdung bedeutet nicht, wie auch bei allen anderen abstrakten Gefährdungsdelikten, unpräzise Vermögensgefährdung. Bezeichnend für einen undifferenzierten Umgang mit diesem Begriff sind die Ausführungen *Maiwalds* zu § 299 StGB, wenn er meint, dass es dort um den Schutz der Mitbewerber gehe und – da dieser Schutz deren Vermögen „betreffe" – § 299 StGB als Delikt des „abstrakten Vermögensschutzes"

[369] Vgl. *Lampe*, FS-Oehler, S. 284.

[370] Es muss aber ebenfalls darauf hingedeutet werden, dass auch andere Auffassungen zu § 15 UWG a.F. vertreten wurden, wie etwa bei UWG-GK/*Messer*, § 15 Rn 7, der den wirtschaftlichen Ruf des Betriebs als geschützt betrachtet. Mit dem Wegfall dieses Tatbestands ist aber nun bei seinem Äquivalent in § 187 StGB eine absolut h.M. zugunsten des Vermögensschutzes zu konstatieren. Vgl. dazu statt aller S/S-*Lenckner*, § 187 Rn 1, m.w.z.N.

anzusehen sei; abstrakt sei der Schutz deshalb, weil ein konkreter Vermögensschaden nicht festgestellt werden müsse.[371] Dass nämlich eine Straftat das Vermögen des Opfers „betreffen" kann, besagt noch nichts über das geschützte Rechtsgut. Das führt dann auch zu begrifflichen Ungenauigkeiten, wenn etwa der Zweck des Tatbestandes als *abstrakter Vermögensschutz* anstatt als *abstraktes Gefährdungsdelikt gegen das Vermögen* beschrieben wird. Dadurch liegt dann auch das Verständnis nahe, der Schutz sei abstrakt im Sinne von diffus oder unpräzise. Letzteres ist nicht der Fall, da auch bei abstrakten Gefährdungsdelikten die Gefährdungsstruktur abstrakt hinreichend genau beschreibbar sein muss, was dann wiederum bei einer genauen Prüfung zeigt, dass Straftatbestände mit wettbewerblichem Bezug nicht stets auf das Opfervermögen zielen.

[371] M/S/*Maiwald*, BT II, § 68 Rn 2.

Vierter Teil: Auswirkungen der Rechtsgutsbestimmung auf denstrafrechtlichen Schutz von Unternehmensgeheimnissen am Beispiel zweier Kernprobleme der §§ 17 ff.

A. Die zeitliche Reichweite des tatbestandsmäßigen Verrats von Unternehmensgeheimnisse durch Beschäftigte nach § 17 Abs. 1 (*de lege ferenda*)

I. Allgemeines

Die zeitliche Spanne, in der eine Person, die in einem Unternehmen beschäftigt ist, einen Geheimnisverrat begehen kann, begrenzt sich auf die rechtliche Dauer ihres Arbeitsverhältnisses (§ 17 Abs. 1) mit der Folge, dass sie nach diesem Verhältnis sogar die wichtigsten auf redlichem Wege erlangten Wirtschaftsgeheimnisse mitteilen oder verwerten kann, ohne sich strafbar zu machen. Dies ist die Rechtslage seit der Entstehung des Tatbestandes und lässt eigentlich keinen interpretatorischen Spielraum zu.[1] Der Gesetzgeber hat durch eine klare Formel das Interesse des Beschäftigten an der Ausnutzung der erlangten Kenntnisse, Fertigkeiten und Erfahrungen nach einem Wechsel seines Arbeitsplatzes gegenüber dem wirtschaftlichen Interesse des Betriebsinhabers an der Exklusivität der geheimen Information privilegiert. Dabei wird aber meist übersehen, dass der Gesetzgeber im Unterschied zu anderen Geheimnisschutzbestimmungen, die einem Unternehmen zu Gute kommen,[2] im UWG dem Beschäftigten die Verwertung legitim erlangter Geheimnisse während des Arbeitsverhältnisses nicht strafrechtlich verbietet. Dies ergibt sich daraus, dass im UWG das Verwertungsverbot nur in § 17 Abs. 2 Nr. 2 vorgesehen wird, das zwar auch den Beschäftigten während der Geltungsdauer des Arbeitsverhältnisses erfasst, aber nur Anschlusshandlungen an einen Angriff von Außen, *scil.* ein unbefugtes

[1] Zu Bemühungen in dieser Hinsicht siehe oben Zweiter Teil C. I. 1.5.
[2] Vgl. etwa § 85 GmbHG und näher oben Zweiter Teil D. III. 2.4.

Verschaffen des Geheimnisses,[3] beschreibt. In diesen Fällen käme nur eine Untreue nach § 266 StGB in Frage, die aber schon wegen dem engeren Täterkreis und dem Verletzungscharakter der Tatbestände hier des Öfteren nicht greift.
Warum diese Besonderheit des Geheimnisschutzes im UWG im Schrifttum gemeinhin nicht thematisiert und durch die Offenbarungs- und Verwertungsproblematik nach Beendigung des Arbeitsverhältnisses völlig überschattet wird, ist angesichts des nicht minderwertigen Schädigungspotentials für das Unternehmen nicht verständlich.

II. Lösungsmodelle

Es lassen sich kaum Stimmen im Schrifttum finden, die die Lösung aus § 17 Abs. 1 als adäquat empfinden,[4] so dass diverse Reformvorschläge formuliert werden, die zeitlich begrenzte oder unbegrenzte tatbestandliche Handlungen nach Beendung des Dienstverhältnisses vorsehen. Eine erste Variante wird von *Kissling* vorgeschlagen und fußt auf einer Angleichung der Situation des Geheimnisschutzes mit dem Patentschutz unter der Prämisse, dass der Geheimnisschutz im UWG nur eine Ergänzung des Patentschutzrechtes sei.[5] Diese Auffassung wird aber deswegen abgelehnt, weil der Schutz von Patenten gerade als eine Art Kompensation für die der Allgemeinheit nützliche Veröffentlichung bestimmter Informationen verstanden wird. Dies sei bei Geheimnissen gerade nicht der Fall, da die Monopolisierung des Wissens eher den allgemeinen Fortschritt behindere.[6] Außerdem wird festgestellt, dass eine der Anmeldung der Erfindung vergleichbare zeitliche Fixierung, wie sie im Patentierungsverfahren festgelegt wird, bei der Entstehung des Geheimnisses gar nicht möglich sei.[7]

---

[3] Genau betrachtet ist ein sehr begrenzter Schutz vor Angriffen von Innen vorgesehen, wenn die unbefugte Sicherung befugt erlangter Geheimnisse ebenfalls bestraft wird.
[4] Grundsätzlich gegen die Erweiterung des Tatbestands äußert sich jedoch *Tuffner*, S. 86 ff.
[5] Vgl. dazu *Kissling*, S. 141 ff.
[6] So *Tuffner*, S. 89.
[7] So *Arians*, S. 402.

Eine zeitlich unbeschränkte Formel wurde bereits von *Kohlrausch* vertreten, der die Ausweitung des Tatbestandes ohne zeitliche Fixierung auf der Existenz einer gesetzlichen oder vertraglichen Pflicht fundierte.[8] Ähnlich begründete *Eb. Schmidt* die Strafbarkeit mit einer Zuwiderhandlung gegen eine Rechtspflicht, die zusätzlich das Interesse des Unternehmers an der Erhaltung der ihm eigentümlichen Wettbewerbsfähigkeit gefährden oder verletzen muss.[9] Schließlich konstruiert *Arians* seine Auffassung durch einen Vergleich mit dem Recht des Eigentümers, der Unberechtigte von Einwirkungen auf sein Eigentum ausschließen kann. Dieses Prinzip müsse auch für den Unternehmer in Bezug auf seine Unternehmensgeheimnisse gelten.[10] Nach der gesetzlichen Güterordnung sei die Verwertung eines Geheimnisses demjenigen zugewiesen, der aufgrund bestimmter Unternehmensverfassungen als der Berechtigte anzusehen sei und nicht dem Arbeitnehmer, der infolge eines bestimmten Arbeitsprozesses zum „Mitwisser" eines Wirtschaftsgeheimnisses geworden sei.[11]
Diesen einseitigen Lösungen steht die differenziertere Lösung des AE gegenüber,[12] die schon bei der tatbestandlichen Fixierung sowohl die Interessen des Arbeitnehmers wie auch des Arbeitgebers erwähnt und berücksichtigt. Als Grundprinzip der Bestimmung existiert zwar ebenfalls keine zeitliche Begrenzung für den Verrat von Geheimnissen. Es wird aber hinsichtlich der Verwertungshandlung dahingehend differenziert, dass der Arbeiter im Falle einer vertraglichen Verschwiegenheitspflicht das Geheimnis zeitlich unbegrenzt verwerten kann, wenn sein berufliches Fortkommen dadurch gefördert wird und kein überwiegendes Interesse des Unternehmens entgegensteht. Dagegen besteht bei einer gesetzlichen Geheimhaltungspflicht ein zeitlich unbegrenztes Verwertungsverbot.

---

[8] Vgl. *Kohlrausch*, ZStW 1930, 30 (71).
[9] Vgl. dazu *Eb. Schmidt*, 36. DJT, Bd 1, S. 101.
[10] *Arians*, S. 401 ff.
[11] So *Arians*, S. 402 ff.
[12] Vgl. § 180 Abs. 1 und 2 AE.

III. Stellungnahme

Der Behauptung *Arians*, dass der Arbeiter nur „Mitwisser“ der Unternehmensgeheimnisse sei, die im Arbeitsprozess entstehen, ist nicht zuzustimmen. Dies ist bei Informationen, die in seinem Arbeitsbereich entstehen, besonders dann nicht der Fall, wenn man die heutzutage oft geforderte Innovationsinitiative der Arbeitnehmer in vielen Unternehmensbereichen betrachtet. Ferner wäre die gesamte Regelung der Arbeitnehmererfindungen,[13] die u.a. eine Vergütungspflicht des Arbeitgebers auch bei Geheimhaltung der Erfindung vorsieht,[14] sinnlos. Aber auch bei bereits bestehenden Informationen überschattet die Gleichstellung mit dem traditionellen Eigentum die Aspekte des Unternehmensgeheimnisses, die bei körperlichen Gegenständen nur selten gegeben sind, hier aber wesentliche Eigenschaften darstellen. Ein Unternehmer kann zwar über die Informationen verfügen, sie aber im Arbeitsprozess oft nicht ohne den „Mitwisser“ (Arbeitnehmer) verwenden, wie *Krüger* zu Recht feststellt,[15] ohne diesen kann der Unternehmer den Inhalt der Information sogar oft gar nicht verstehen. Ebenfalls geht es an der Sache vorbei, wenn „Fakten, die dem Unternehmen eigentümliche Wettbewerbspositionen ausmachen“ den uneingeschränkt zu verwertenden Informationen des Arbeitnehmers gegenübergestellt werden.[16] Denn gerade aus der Überschneidung beider Bereiche entsteht der hier zu lösende Interessenkonflikt. Eine einseitige Lösung zugunsten der Interessen des Arbeitgebers würde die ausschließlich oder hauptsächlich mit wettbewerbsrelevanten Informationen beschäftigten Angestellten daran hindern, einen ihren spezialisierten Kenntnissen und Fähigkeiten entsprechenden Arbeitswechsel vorzunehmen. Es wäre für einen Arbeitgeber wohl kaum sinnvoll, einen höchstspezialisierten Bewerber zu beschäftigen, dem es strafrechtlich verboten ist, wichtige Arbeitsbeiträge zu leisten, zu denen er – vielleicht sogar ausschließlich – fähig ist.

---

[13] Die freilich eine besonders relevante Informationsherstellung seitens des Arbeitnehmers bedeuten.
[14] Dazu näher oben Zweiter Teil D. III. 1.2.
[15] Vgl. dazu *Krüger*, S. 68.
[16] So aber *Arians*, S. 402.

Deshalb ist der auf einer Interessenabwägung beruhende Vorschlag des AE in weiten Bereichen vorzugswürdig. Zunächst ist dem AE darin zuzustimmen, dass eine Offenbarung des Geheimnisses grundsätzlich verboten sein muss, unabhängig davon, ob die Verschwiegenheitspflicht sich auf eine gesetzliche oder nur auf eine vertragliche Grundlage stützt. Es ist nämlich kein hinreichendes entgegenstehendes Interesse des Arbeitnehmers zu erkennen, dass es zu schützen gäbe. Die wettbewerbliche Entfaltungsfreiheit des Unternehmens bleibt dagegen auch nach dem Ausscheiden des Arbeitnehmers bestehen und wird in ihrer Intensität, wie bei einem Verrat während des Arbeitsverhältnisses, tangiert. Genauso verhält es sich mit den Vermögensinteressen des Unternehmens, die ebenfalls nicht abnehmen, nur weil der Arbeitnehmer aus dem Arbeitsverhältnis ausgeschieden ist.

Die Verwertungshandlung tangiert zwar sowohl während wie auch nach dem Ausscheiden des Arbeitsnehmers ebenfalls das geschützte Rechtsgut. Hier kann aber, im Unterschied zur reinen Offenbarung, ein Sinnbezug der Handlung gegeben sein, der ein gewichtiges und legitimes Interesse des Arbeitnehmers darstellt und durch das AE treffend als „die Förderung des beruflichen Fortkommens" des Arbeitnehmers bezeichnet wird. Da im hiesigen Fall diese Förderung aus einem wettbewerbsrelevanten Wissen entsteht, ist in den meisten Fällen auch ein wettbewerblicher Konflikt angesprochen, weil der Arbeitnehmer, entweder durch die Gründung eines neuen Unternehmens oder der Eingliederung in ein bereits existentes, zum Konkurrenten wird.

Hinsichtlich dieses Teilaspekts des sogenannten Erlaubnistatbestands ist jedoch zu bemängeln, dass nur *Verwertungshandlungen* erfasst werden. Denn nach dem in dieser Untersuchung Dargelegten wird dieser Begriff im Strafrecht meist auf offensive Geheimnisse begrenzt, da eine gleichzeitige „Entreicherung" des Unternehmens möglich sein muss – auch wenn sie in einem untechnischen Sinne verwendet wird, d.h. nicht auf eine notwendige Vermögensverletzung gerichtet ist.[17] Dies stellt aber nur einen Teilbereich von Unternehmensgeheimnissen dar. Auch defensive Geheimnisse (selbst negative Geheimnisse) können für die Förderung des beruflichen Fort-

---

[17] Vgl. dazu oben Erster Teil E. V. und Dritter Teil A. II. 7.5. ff).

kommens des Arbeitnehmers von Bedeutung sein. Man denke nur an Arbeitnehmer, die sich mit der Entwicklung von Sicherheitsmaßnahmen in der Produktion beschäftigten. Dabei ergeben sich nicht nur positive Erkenntnisse für das Unternehmen, sondern der Arbeitnehmer erlangt auch eine berufliche Erfahrung aus empirischen Sicherheitsrisiken oder Schäden, die stattgefunden haben. Um in diesem Informationsbereich ebenfalls eine Interessenabwägung durchführen zu können, ist der Begriff der *Verwendung* von Geheimnissen für das berufliche Fortkommen angebracht.[18]

Zu bemängeln ist darüberhinaus, dass die Kommentierung des AE die Offenbarung zu beruflichen Zwecken als Unterfall der Verwertung dem Erlaubnistatbestand zuordnet, wodurch sie wieder nur die Mitteilung offensiver Geheimnisse meinen kann.[19] Die legitimen beruflichen Interessen eines Arbeitnehmers können aber auch in einem Bereich liegen, in dem Dritte anhand ihrer Erfahrung geschult oder ausgebildet werden sollen, wobei es unverständlich wäre, wenn sie nur bestimmte positive Erfahrungen mitteilen könnten, nicht aber negative, die nicht notwendigerweise eine höhere Wettbewerbsrelevanz haben.

Als einen zweiten Teilaspekt des Erlaubnistatbestands erwähnt das AE das Interesse des früheren Arbeitgebers (an der Geheimhaltung der Information), das es mit dem Berufsinteresse des Arbeitnehmers abzuwägen gilt. Überwiegt das Interesse des Arbeitgebers, ist die Verwertung des Geheimnisses ebenfalls verboten.

Diesem Aspekt als Grenze der Verwertungsinteressen des ausgeschiedenen Arbeitnehmers ist ebenfalls zuzustimmen, denn es vervollständigt nur die wettbewerb(srecht)liche Konfliktsituation zwischen zwei Konkurrenten. Er muss aber dann auch wettbewerbsrechtlich verstanden werden und nicht etwa als eine Tangierung der Vermögensinteressen des Arbeitgebers. Sollte bei den wirtschaftlichen Interessen direkt die Verhinderung von Vermögensverlusten gemeint sein, stellt dieser zweite Aspekt des Erlaubnistatbestands ein eher absolutes Recht dar, dessen Tangie-

[18] Es ist dann kohärent, in den Erlaubnistatbestand eine Verwertungshandlung – besser Verwendungshandlung – zu integrieren, die sich auf die Offenbarung des Geheimnisses bezieht, wie es bei der Kommentierung zum AE, S. 53, der Fall ist.

[19] Ferner sollte wegen des ausdrücklichen absoluten Verbots der Offenbarungshandlung eine klarstellende gesetzliche Regelung *expresis verbis* vorgesehen werden.

rung einer besonderen Begründung bedarf; sollten damit nur die Gewinnchancen gemeint sein, dann stellt sich die Frage, auf welcher Rechtsgrundlage der Arbeitgeber sein Interesse begründen könnte.

Dagegen beschreibt das wettbewerbsrechtliche Interesse des Arbeitgebers treffend den Gegenpol zu den wettbewerbsrechtlichen Interessen des Arbeitnehmers. Diese Interessenlage ist nicht nur wegen ihrer Gleichartigkeit besser abzuwägen, sondern bereits in der Wettbewerbsdogmatik und Rechtsprechung weitreichend konkretisiert worden. So ist es dem ausscheidenden Arbeitnehmer nach heutiger Auffassung, auch ohne vertragliches Verbot für die Verwertung oder Mitteilung der legitim erworbenen Geheimnisse, nicht in jedem Fall möglich, diese Handlungen durchzuführen. *Harte-Bavendamm* weist nach, dass die einschlägige Rechtsprechung eher dem Wortlaut nach als im Ergebnis die Geheimhaltungsinteressen nur auf einen Kern mit ganz besonderem Ausnahmecharakter zurückdrängt.[20] Vielmehr ist schon in den Entscheidungen zu erkennen, dass sie gleichsam sehr konkret prüfen, welche tatsächliche Bedeutung die Verwertung für das berufliche Fortkommen des Arbeitnehmers und das Geheimnis für den Betrieb hat. So wurde in der „Industrieböden"-Entscheidung berücksichtigt, dass es sich um zentrale Betriebsgeheimnisse handelte und der ausgeschiedene Angestellte eine besonders hochbezahlte Position ausgefüllt, jedoch zur Begründung des Betriebsgeheimnisses nichts beigetragen hatte und dass das Beschäftigungsverhältnis nur von relativ kurzer Dauer gewesen war.[21] In der „Stapel-Automat"-Entscheidung war von Bedeutung, dass der frühere Angestellte schon während der Vertragsdauer begonnen hatte, unter Verwendung eines Betriebsgeheimnisses und unter Verleitung anderer Mitarbeiter zum Vertragsbruch einen für einen späteren eigenen Kunden bestimmten Prototyp einer Maschine zu konstruieren und herstellen zu lassen.[22] In der Entscheidung „Anreißgerät" wurde sogar im Hinblick auf eine vom Arbeitnehmer selbst provozierte Kündigung mit

[20] Vgl. Harte/Hennig/*Harte-Bavendamm*, § 17 Rn 46 ff.
[21] BGH GRUR 1963, 367, 369.
[22] BGH GRUR 1983, 179, 181.

dem Zwecke der Geheimnisverwertung eine Verlängerung der Geltung des Dienstverhältnisses angenommen.[23]

Die wettbewerbsrechtliche Fundierung wird beim strafrechtlichen Verbot nicht ohne weiteres übernommen. Die dargelegten wettbewerbsrechtlichen Beispiele führen auch bei fehlender vertraglicher Grundlage zur Geheimhaltungspflicht. In dieser Situation wäre aber nach geltender Rechtslage eigentlich die Strafbarkeit immer zu verneinen. Für die Abwägung der Verwertung bei einer vertraglichen Geheimhaltungspflicht können diese Erwägungen aber von Bedeutung sein, sodass die an und für sich eher vage Konstruktion des Erlaubnistatbestands festere Anhaltspunkte erhält, doch weiterhin den konkreten Umständen der Wettbewerbssituation Rechnung tragen kann und sich besser in die Bestimmtheitsvoraussetzungen eines strafrechtlichen Verbots einfügt.

Schließlich ist hervorzuheben, dass das AE die Verwertung legitim erhaltener Geheimnisse während der Geltungsdauer des Arbeitsverhältnisses entgegen der jetzigen Rechtslage nach § 17 Abs. 1 ausnahmslos verbietet. Dazu findet sich keine Ausführung in der Kommentierung des AE, die Regelung aber zu begrüßen, weil sie nur eine Konsequenz der Treuepflicht des Arbeitnehmers während des Arbeitverhältnisses darstellt, die auch in der jetzigen Regelung im UWG nicht begründbar ist und insofern nur einen Widerspruch beseitigt.

B. Der strafrechtliche Schutz sogenannter illegaler Unternehmensgeheimnisse

I. Zum Begriff

Der Begriff des illegalen oder rechtswidrigen Geheimnisses ist missverständlich. Denn eigentlich bezieht er sich auf den Sachverhalt, bei dem die Geheimhaltung verboten ist oder – anders ausgedrückt – bei dem Offenbarungspflichten missachtet werden. Exemplarisch dafür sind die Offenbarungspflichten, die bei Insolvenzstraf-

[23] BGH GRUR 1955, 402, 404 f.

taten – so beim Bankrott (§ 283 Abs. 1 StGB) oder bei der Verletzung von Buchführungspflichten (§ 283b Abs. 1 Nr. 2 StGB) – oder beim Subventionsbetrug (ins. § 264 Abs. 1 Nr. 3 StGB) beschriebenen werden. Exemplarisch dafür ist das Bilanzstrafrecht (insb. § 283b Abs. 1 Nr. 2 StGB) oder der Subventionsbetrug (insb. § 264 Abs. 1 Nr. 3 StGB). Diese Betrachtungsweise aus Sicht des rechtswidrigen Handelns des geheimhaltenden Unternehmens soll hier nicht weiter verfolgt werden, weil das kein Problem der Geheimnisverletzung darstellt, d.h. keine Form des Unternehmensgeheimnisschutzes beschreibt.

Die hier einschlägige Konstellation bezieht sich auf die Geheimnisverletzung, wenn diese einen rechtswidrigen Sachverhalt verbirgt, d.h. eine Situation, die eigentlich durch die übliche Bezeichnung als illegales Geheimnis nicht treffend beschrieben wird.

Bei einer solchen Konstellation stellt sich aus strafrechtlicher Sicht die Frage, ob der Geheimnisverletzende eventuell gerechtfertigt oder bereits tatbestandslos handelt. Die erste Alternative bedeutet, dass durch eine Interessenabwägung stets die Gestaltung des konkreten Falls für eine Antwort zugrunde zu legen ist, so dass eine Strafbarkeit nicht grundsätzlich ausgeschlossen werden kann. Die zweite Alternative dagegen verneint die Strafbarkeit sämtlicher tatbestandsmäßiger Handlungen, unabhängig von ihrer Gestaltung im konkreten Fall, sei es, weil kein tatbestandsmäßiges Handlungsobjekt betroffen ist, sei es, weil keine Rechtsgutsbeeinträchtigung stattfindet.

II. Argumente für den tatbestandsmäßigen Schutz „illegaler Unternehmensgeheimnisse“

Ein Teil des Schrifttums stimmt der Tatbestandsmäßigkeit der Verletzung von illegalen Geheimnissen mit dem Argument zu, der Arbeitnehmer sei weder Sittenrichter noch Kontrollorgan gegenüber dem Arbeitgeber.[24] Diese lapidare Aussage überzeugt

[24] Vgl. UWG/GK-*Otto*, § 17 Rn 16, *ders.* wistra 1988, 125 (126); So auch *Callmann*, § 17 Rn 3; *Reimer/v. Gamm*, Kap. 50 Rn 20; Piper/*Ohly*, § 17 Rn 12.

aber schon deshalb nicht, weil die Frage nach der Reichweite des Schutzes von Unternehmensgeheimnissen nicht nur die Konfliktlage bei Arbeitsverhältnissen betrifft, sondern auch andere Sachverhalte, denen keine arbeitsrechtliche (§ 18) bzw. überhaupt keine vertragliche (§ 17 Abs. 2) Beziehung zu Grunde liegt. Darüber hinaus sind die tatbestandlichen Handlungen auch beim angesprochenen Geheimnisverrat keineswegs notwendigerweise auf Veröffentlichung der Information ausgerichtet, so dass bei Handlungen, die keine Wiederherstellung der „Sittlichkeit" beabsichtigen, dieses Argument ohnehin nicht greift. Aber auch wenn es sich um eine Anzeige- oder Aufklärungsabsicht seitens eines Angestellten handelt, mutet diese Argumentation sehr unzeitgemäß an, da die Notwendigkeit einer Stärkung und demzufolge eines Schutzes des anschließend im Text näher zu erläuternden „Whistleblowings" nicht nur die wirtschaftsethische, sondern auch die juristische Debatte zunehmend dominiert. Ob es sich bei der fehlenden Strafbarkeit in solchen Fällen nicht nur um eine kriminalpolitische Notwendigkeit handelt, sondern dies auch nach der jetzigen Rechtslage strafrechtsdogmatisch begründbar ist, soll nun dargestellt werden. Dass aber lapidare Aussagen, meist aus dem älteren Schrifttum, wie die von *Schramm*, durch Geheimnisverletzungen dürfe der Geschäftsfrieden nicht gestört werden und der Arbeitnehmer, der die unlauteren Handlungen seines Arbeitsgebers nicht mitanzusehen können glaubt, eben seine Stellung kündigen müsse,[25] nach Wirtschaftsskandalen wie Enron oder WorldCom, die maßgeblich durch Whistleblowing aufgedeckt werden konnten, keinen Sinn mehr machen, falls sie überhaupt einmal einen gemacht haben, ist evident.[26]

Für die strafrechtsdogmatische Bestimmung der jetzigen Rechtslage sind dagegen die systematischen Überlegungen über die Tatbestandsmäßigkeit von Unternehmensgeheimnissen über rechtswidrige Tatsachen von größerer Bedeutung. Zum ei-

---

[25] *Schramm*, Betriebsspionage und Geheimnisverrat, S. 7, zitiert durch *Schafheutle*, S. 87. Die vorherige Fußnote zeigt, dass diese Argumentationslinie durchaus nicht der Vergangenheit angehört.

[26] Nach *Berndt/Hoppler*, BB 2005, 2623 (2626), sind die Kosten des Enron- und Worldcom-Zusammenbruches auf insgesamt 64 Mrd. US-Dollar geschätzt worden, was im Ergebnis zu einer Verminderung des Gross Domestic Produkt (GDP) der USA von 0,67 % innerhalb von 24 Monaten geführt hat. Nach anderen Berechnungen haben allein die fünf Bilanzskandale um Enron, Worldcom, Qwest, Tyco und Global Crossing 2002 zu einer verringerten Marktkapitalisierung und damit Vermögensminderung von rund 460 Mrd. US-Dollar geführt.

nen geht es darum, einen übereinstimmenden Vergleich mit dem Schutz „illegaler Geheimnisse" in anderen Regelungen herzustellen, insbesondere denen zum Schutz der Privatgeheimnisse in § 203 StGB und des Landesverrats in § 97a StGB, bei denen rechtswidrige Vorgänge und Zustände geschützt werden.[27] Zum anderen wird auch auf eine interne Kohärenz des Geheimnisbegriffes selbst hingewiesen: Das geheimniskonstituierende objektive Interesse bestehe insofern auch bei Geheimnissen illegaler Natur, als ihre Offenbarung einen Schaden mit sich bringen und die Wettbewerbsfähigkeit beeinträchtigen könne.[28]
Darüber hinaus wird hervorgehoben, dass eine Bejahung des Schutzes illegaler Geheimnisse nur auf Tatbestandsebene erfolge und nicht notwendigerweise eine Bestrafung nach sich ziehe, da die Rechtswidrigkeit der Tat eventuell verneint werden könne.[29]

III. Zu den Argumenten gegen den tatbestandsmäßigen Schutz „illegaler Unternehmensgeheimnisse"

Die Argumentationen gegen eine tatbestandsmäßige Erfassung „illegaler Unternehmensgeheimnisse" laufen allesamt auf den Gesichtspunkt des *Selbstwiderspruchs der Rechtsordnung*[30] hinaus, d.h. die grundlegende Feststellung, dass rechtswidrige Zustände geahndet werden müssen und nicht geschützt werden sollten. Als gesetzliche Anerkennung dieser Maxime beim Geheimnisschutz wird auch meist die Legaldefinition des Staatsgeheimnisses (§§ 93 ff. StGB) herangezogen, die sich nicht auf illegale Geheimnisse bezieht. Um jedoch dieser Argumentation interne Kohärenz zu verleihen, muss sie auf solche Sachverhalte reduziert werden, bei denen die Geheimnisverletzung mit einem „Anzeige- bzw. Aufdeckungsziel" erfolgt. Denn lediglich bei der Veröffentlichung oder der gezielten Weitergabe der geheimen rechts-

---

[27] Auch werde ein aus rechtswidrigen Vorgängen oder Zuständen entstandener Besitzstand im Bereich der §§ 242 und 263 StGB geschützt. So *Tiedemann*, GmbH-StR., § 85 Rn 13.
[28] Vgl. dazu *Tiedemann*, GmbH-StR., § 85 Rn 13.
[29] Vgl. dazu *Geilen*, KK zum AktG, § 404 Rn 42; *Kohlmann*, Verantwortlichkeit, Rn 134.
[30] Vgl. dazu RAG JW 1931, 490; ähnlich LAG Berlin BB 1970, 710; Schafheutle, S. 87 f. Dazu eingehend *Rützel*, GRUR 1995, 557 (558).

widrigen Information wird durch die Tatbestandslosigkeit ein Widerspruch in der Rechtsordnung vermieden. Erfasst man dagegen auch Tatbestandsalternativen, wie das Verwerten oder Mitteilen zum Eigennutz (etwa Bereicherungsabsicht), die die Rechtswidrigkeit nicht aufdecken, sondern lediglich perpetuieren oder gar intensiver fortsetzten, gerät die Argumentation der „Vermeidung des Selbstwiderspruches der Rechtsordnung“ selbst in einen Widerspruch: Die Tatbestandslosigkeit fördert geradezu die Perpetuierung oder Intensivierung des rechtswidrigen Zustandes.[31]

Ferner wird auch die Tatbestandsmäßigkeit der Handlungen, die sich auf Geheimnisse mit rechtwidrigem Inhalt beziehen, auf Grundlage eines juristisch begründeten Vermögensbegriffs verneint. Da insgesamt übertragbare Gegenstände, die nicht der Person rechtlich zugeordnet sind, nicht dem Vermögen zuzuordnen sind, könnten illegale Geheimnisse nicht als Bestandteil des Vermögens verstanden werden, weil sie nicht rechtlich geschützt seien.[32] Sieht man einmal davon ab, dass hier weder einer rein juristischen Vermögenslehre noch dem Vermögensschutz beim Unternehmensgeheimnisschutz gefolgt wird, ist an dieser Position zu bemängeln, dass sie hinsichtlich der Ausklammerung des Geheimnisses über rechtswidrige Zustände zirkulär ist. Denn es geht gerade darum, den (straf)rechtlichen Schutz dieser Geheimnisse durch die §§ 17 ff. UWG zu begründen, wobei nicht davon ausgegangen werden darf, dass sie nicht durch diese Vorschriften geschützt werden. Eigentlich scheint sich diese Argumentation auf die durch das Geheimnis geschützten rechtswidrigen Sachverhalte zu beziehen, die es freilich nach keiner Auffassung zu schützten gilt; ob aber die Informationen darüber zu schützen sind ist, zu begründen. Diese Begründung bleibt diese Auffassung schuldig.

---

[31] KKAktG-*Geilen*, § 404 Rn 42, meint zu Recht, dass diesem von der Rechtsordnung nicht zu billigenden Umstand durch eine definitorische Lösung nicht Rechnung getragen werden könne und besser mit der Erwägung von Rechtfertigungs- oder Schuldausschließungsgründen im konkreten Fall bewältigt werde.

[32] Vgl. zum Ganzen *Kindhäuser*, BT II, §26 Rn 10; NK-*Kindhäuser*, § 263 Rn 29; *Kindhäuser/ Nikolaus*, JuS 2006, 193 (198) und spezifisch zum Unternehmensgeheimnisschutz NK-*Kindhäuser*, § 263 Rn 235.

IV. Stellungnahme

Zunächst scheint kein klares Ergebnis aus dem begrifflichen Vergleich zu anderen Geheimnisschutzregelungen gewonnen werden zu können. Denn die spezifischen normativen Geheimnisbegriffe werden – sei es durch das Schrifttum oder ausdrücklich durch den Gesetzgeber – teilweise als Inbegriff, teilweise aber auch unter Ausklammerung von Informationen über illegale Zustände oder Handlungen konzipiert. So wird im Schrifttum einhellig der Privatgeheimnisbegriff i.e.S. (§ 203 StGB) als ein solcher verstanden, der auch illegale Tatsachen umfasst, so dass grundsätzlich eine Offenbarung tatbestandsmäßig ist und erst unter Erwägung von Rechtfertigungsgründen kein strafrechtliches Unrecht darstellen kann. Dagegen hat der Gesetzgeber hinsichtlich staatlich relevanter Geheimnisse in § 93 Abs. 2 StGB zunächst der Einbeziehung bestimmter gravierend rechtswidriger Tatsachen in den *Staatsgeheimnisbegriff* ausdrücklich eine Absage erteilt.[33] Es werden aber wegen der Begrenzung des herausgenommenen Geheimbereichs dennoch Informationen über rechtswidrige Tatsachen erfasst. Ferner wird diese Tatbestandslosigkeit bestimmter Handlungen, die sich an Geheimnissen vollziehen, die keine Staatsgeheimnisse darstellen, dadurch konterkariert, dass in § 97a StGB bestimmte Handlungen[34] dennoch als Landesverrat nach § 94 StGB strafbar sind, obwohl sich die Handlungen auf diese „illegalen Geheimnisse" aus § 93Abs. 2 StGB beziehen.[35] Dort werden diese Geheimnisse aber konsequenterweise nicht als Staatsgeheimnisse bezeichnet.

Der Vergleich dieser beiden Begriffsbildungen in unterschiedlichen Straftatbeständen zum Geheimnisschutz ergibt zunächst ein uneinheitliches Bild, da zum einen der Privatgeheimnisbegriff i.e.S. ausschließlich anhand des Geheimhaltungsinteresses des Betroffenen , d.h. letztendlich nur unter Berücksichtigung des Rechtsguts, be-

[33] Das Gesetz spricht von Tatsachen, die gegen die freiheitliche demokratische Grundordnung oder gegen die Geheimhaltungspflicht gegenüber den Vertragsparteien der Bundesrepublik Deutschland bei zwischenstaatlich vereinbarten Rüstungsabkommen verstoßen.

[34] Das Gesetz spricht von einer Mitteilung an eine fremde Macht oder einem ihrer Mittelsmänner und der dadurch herbeigeführten Gefahr eines schweren Nachteils für die äußere Sicherheit der Bundesrepublik Deutschland.

[35] Dies werde durch die Auffassung übersehen, die von einer tatbestandlichen Ausklammerung illegaler Unternehmensgeheimnisse, wie es bei Staatsgeheimnissen der Fall ist, ausgeht. So KKAktG-*Geilen*, § 404 Rn 43; *Kohlmann*, Rn 134 Fn. 204; *Tiedemann*, GmbH-StR, § 85 Rn 13.

stimmt wird. Zum anderen fließen bei staatlichen Geheimmissen zum Teil gegenläufige schützenswerte Allgemeininteressen – an der Aufdeckung bestimmter Verstöße gegen die freiheitlich demokratische Grundordnung oder bestimmte Abkommen – in den Staatsgeheimnisbegriff ein, zum Teil wird die begriffliche Festlegung dadurch unterlaufen, dass bestimmte Verhaltensweisen dennoch (und mit gleicher Konsequenz) für strafbar erklärt werden und dadurch dem Rechtsgut der äußeren Sicherheit wieder Vorrang verliehen wird.

Aus diesem eher uneinheitlichen Bild ließe sich nur schließen, dass für die abstrakt-begriffliche Bestimmung eines spezifischen normativen Geheimnisbegriffs in der Rechtsordnung nach konkreten Abwägungen vorgegangen wird. Desgleichen ist aber auch zu erkennen, dass das Schrifttum bei fehlender gesetzlicher Regelung davon ausgeht, dass der normative Geheimnisbegriff rechtswidrige Tatsachen erfasst. Denn beim Privatgeheimnisschutz i.e.S. wird die Abwägung widerstreitender Interessen nicht in den Geheimnisbegriff verlagert, sondern der Bestimmung der Rechtswidrigkeit überlassen.[36] Um rechtswidrige Tatsachen ausklammern zu können, erscheint es daher notwendig, dass der Gesetzgeber wie beim Staatsgeheimnisschutz eine ausdrückliche Bestimmung vorsieht, die genau beschreibt, welche rechtswidrigen Tatsachen nicht mehr den normativen Geheimnisbegriff erfüllen können.

Dies ist beim Unternehmensgeheimnisschutz nicht gegeben, so dass diese systematische Erwägung für die Tatbestandsmäßigkeit „illegaler Unternehmensgeheimnisse“ spricht.

Die zweite intrasystematische Erwägung spricht im Prinzip auch für diese Lösung, zumal nicht zu bestreiten ist, dass bei einer tatbestandsmäßigen Handlung stets das individuelle Interesse des Geheimhaltenden an der Vermeidung der nachteiligen Beeinflussung des Konkurrenzkampfes (objektives Geheimhaltungsinteresse als wesentliches Merkmal des Geheimnisbegriffs) zu erkennen ist.

Dieser Gesichtpunkt richtet die Betrachtung aber schon auf einen entscheidenden Gesichtspunkt, der eine weitere interne Kohärenz des Unternehmensgeheimnis-

[36] Gleiches gilt bei dem auch Geheimnisse über rechtswidrige Tatsachen erfassenden § 201 StGB und wohl nach h.M. im Geheimnisschutz des Gesellschaftsstrafrechts.

schutzes verfolgt. So richtig es auch ist, dass das objektive Interesse nicht weiter normativiert werden sollte, weil es nur der präziseren Erfassung des Handlungsobjekts dient und nicht der Bestimmung des Unrechtsgehalts der Tatbestände, ist doch nicht zu verkennen, dass auf dieser Ebene eine kohärente Argumentation anhand der Rechtsgutsbestimmung nicht außer Acht gelassen werden darf.

Der strafrechtliche Schutz der wettbewerblichen Entfaltungsfreiheit spielt sich, wie es schon die h.M. zum strafrechtlichen Vermögensschutz postuliert, nicht in einem rechtsfreien Raum ab. Der Wettbewerb ist vielmehr zur Sicherung seiner Freiheit (hauptsächlich im GWB) und Lauterkeit (hauptsächlich im UWG) durchgehend normiert.

Geheimnisse, die einen unlauteren Wettbewerbsvorsprung sichern sollen – etwa aus einer Straftat i.S.d. § 298 oder § 299 StGB -, können nur als Ausdruck einer unlauteren wettbewerblichen Entfaltungsfreiheit verstanden werden, sind dann aber nicht mit dem geschützten Rechtsgut in Einklang zu bringen.

Insofern ist in einem „integrierten" (normativ-ökonomischen) strafrechtlichen Wettbewerbsschutzgedanken eine Tatbestandslosigkeit der Geheimnisverletzung zu erkennen, die keiner ausdrücklichen Klausel wie beim Staatsgeheimnisschutz bedarf. Die Ausklammerung des Schutzes von „illegalen" Geheimnissen kann bei den Tatbeständen aus den §§ 94 ff. StGB nicht aus dem Rechtsgut der äußeren Sicherheit hergeleitet werden, da diese durch die tatbestandsmäßige Handlung (abstrakt) gefährdet wird; diese Ausklammerung kann dagegen beim Unternehmensgeheimnisschutz aus dem Rechtsgut selbst gewonnen werden.

Diese Auffassung ist der begrifflichen Lösung jedoch dahingehend unterlegen, dass sie nicht schon die tatbestandsmäßigen Handlungen, die die Aufdeckung des rechtwidrigen Zustand verfolgen, von denen unterscheidet, die nur eine Perpetuierung oder sogar eine Intensivierung des rechtswidrigen Zustands verfolgen.

V. Auswirkungen auf das Whistleblowing

1. Darstellung des Phänomens des Whistleblowings

Nach *Deiseroth* läßt sich das Whistleblowing anhand folgender wesentlicher Merkmale beschreiben: Zunächst muss eine brisante Enthüllung vorliegen („revealing wrongdoing“); ferner bedarf es eines „Alarmschlagens“ („going outside“), sei es in Form eines internen oder eines externen Whistleblowings; darüber hinaus darf der Whistleblower nicht primär aus eigennützigen Motiven handeln („serving the public interest“); schließlich muss der Whistleblower in Kauf nehmen, dass das Alarmschlagen mit erheblichen Risiken und/oder Nachteilen für seine berufliche Karriere oder seine persönliche Existenz (oder die von Angehörigen, etc.) verbunden ist („risking retaliation“).[37] Die Übersetzung des Begriffs als „Hinweisgeber“ ist daher dem negativ geprägten des „Verpfeifers“ vorzuziehen. Man kann zwar sicherlich in Deutschland nicht von einer derart uneingeschränkt positiven Bewertung des Whistleblowers in der öffentlichen Meinung sprechen, wie es in USA der Fall ist, wo das Nachrichtenmagazin „Time“ das Jahr 2002 zum „Year of the Whistle-Blowers“ ausgerufen und den drei Whistleblowern Cynthia Cooper (WorldCom), Coleen Rowley (FBI) und Sherron Wattkins (Enron) gemeinsam den Titel „Persons of the Year“ verliehen hat.[38] Doch scheint die früher in Deutschland existierende negative Sicht des Whistleblowers als Denunziant eher der Vergangenheit anzugehören.[39]

Für die rechtliche Erfassung dieses Phänomens sind mit *Berndt/Hoppler* drei Merkmale von Bedeutung:[40] Erstens muss es sich bei Whistleblowern um Personen einer Organisation – typischerweise eines Unternehmens – handeln, die unmittelbar selbst in das Organisationsgeschehen eingebunden (z.B. Mitarbeiter) oder mit der Organisation verbunden sind (z.B. Kunden, Lieferanten) und insofern *Insider* – nicht Mittä-

---

[37] Vgl. *Deiseroth*, Betrifft Justiz 2004, 296 (296 f.), *ders.* in Bundeszentrale für politische Bildung 2004, Zivilcourage am Arbeitsplatz – Whistleblowing, 124 (124), abrufbar unter: http://www.bpb.de/files/7NTX8Y.pdf.

[38] Vgl. Time 28.12.2002/6.1.2003, S. 36 f.

[39] Noch skeptisch zu dieser Überwindung Reiter, RIW 2005, 168 (172).

[40] Vgl. *Berndt/Hoppler*, BB 2005, 2623 (2624 f.)

ter – sind. Daher fallen die bloße Verbreitung von Gerüchten oder die Weitergabe von (angeblichen) Informationen aus dritter Hand regelmäßig nicht unter den Begriff. Dies ermöglicht die Abgrenzung zu einem sozialethisch missbilligten Denunziantentum.[41]

Zweitens muss die betreffende Person illegale, unmoralische oder illegitime Praktiken von gleichfalls der Organisation angehörenden Personen erkennen. Die weite Fassung des Merkmals ist nach *Berndt/Hoppler* deswegen notwendig, weil durch eine Begrenzung auf tatsächlich nachweisbare illegale Praktiken anderer Organisationsmitglieder das Whistleblowing ins Leere liefe. Denn oft ist schon die Frage, wann eine Handlung illegal ist, für (potentielle) Whistleblower nur schwer einzuschätzen, handelt es sich doch häufig nicht um auch für Laien offensichtliche Vergehen (etwa der beobachtete Griff in die Kasse), sondern – gerade in Bereichen wie der Geldwäsche oder der Jahresabschlussstellung – um Vorgänge, bei denen der Grad zwischen (noch) zulässiger Sachverhaltsgestaltung und (bereits) deliktischer Handlung ein sehr schmaler ist. Maßgeblich kann insofern nur sein, dass dem Whistleblower begründete Zweifel an der Rechtmäßigkeit bestimmter Handlungsweisen kommen.

Drittens ist ein entscheidendes Merkmal des Whistleblowings, wem gegenüber das Organisationsmitglied seine Informationen vermittelt. Typischerweise spreche man von Whistleblowing erst dann, wenn die Informationen nicht mehr über den üblichen Dienstweg weitergegeben werden. Es müsse sich um Personen oder Institutionen handeln, die grundsätzlich zum einen das Vertrauen des Whistleblowers genießen und zum anderen prinzipiell dazu in der Lage sind, den Verdacht auf illegale Handlungen zu untersuchen und festgestelltes deliktisches Handeln zu unterbinden. Es kommen daher sowohl Enthüllungen über die Medien an die Öffentlichkeit wie auch Mitteilungen in einem geregelten Verfahren in Frage, die zum einen an Einrichtungen einer unternehmensinternen Whistleblowingstelle (etwa das Audit Committee), zum anderen an dafür vom Unternehmen benannte externe Stellen (z.B. eine durch die entsprechende Branche gegründete Selbstregulierungsorganisation) ge-

---

[41] Zu den unterschiedlichen Bedeutungen dieses Begriff und den Gründen der Inbezugsetzung zum Whistleblowing, *Bannenberg*, S. 378 ff.

richtet werden. Die Gründe für die Mitteilung seien derart vielschichtig – etwa Misstrauen in den Vorgesetzten, Sorge um die Allgemein- oder Unternehmenswohl oder schlicht Geltungsbedürfnis –, dass sie letztlich für die Einordnung irrelevant seien, weil das Ergründen der Motive eines Whistleblowers jedenfalls kaum justiziabel sei.

2. Kriminalpolitische Bedeutung des Whistleblowings

Im Schrifttum wird das Whistleblowing zunehmend als eine Möglichkeit beschrieben, die Gefahr von Verstößen gegen rechtliche Vorschriften zu verringern und die Chancen der Aufdeckung (wirtschafts)krimineller Handlungen zu vergrößern.[42] Bei Straftaten, die große soziale Schäden anrichten (Umweltschäden, massive Gesundheitsschäden, Schädigung fiskalischer Interessen, etc.), werden oft hinreichende Indizien in der Organisation oder in dessen Umfeld vor der (rechtswidrigen) Handlung signalisiert. Dass diese an die Öffentlichkeit oder an die Strafverfolgungsbehörden gelangen, hängt dann meist maßgeblich von der Bereitschaft der Insider ab, diese Vermittlungsaufgabe zu übernehmen. Bei Straftaten, die keine oder nur schwer erkennbare externe Anzeichen liefern und oft lange Zeit unentdeckt bleiben sowie trotz Erkennung hinsichtlich der Bestimmung der Beteiligten schwer nachweisbar sind, gilt ähnliches. Denn die Strafverfolgungsbehörde ist auch dann oft auf die Mitarbeit der Insider angewiesen.

Wenn diese Insider weder unmittelbare Opfer darstellen noch durch das Strafverfahren als Angeklagte betroffen sind, ist angesichts des hohen personalen Konfliktpotentials meist nur auf die Zivilcourage der Insider zu hoffen. Anders gestaltet sich die Situation freilich, wenn in der Rechtsordnung zunächst einmal die negativen Folgen der Mitteilung und darüber hinaus konkrete Anreize zur Bereitwilligkeit geschaffen werden.

Dies ist insbesondere in den USA der Fall. *Deiseroth* erkennt als wichtigen Strukturunterschied zwischen der Rechtsordnung dieses Staates und Deutschlands die

[42] Vgl. nur *Berndt/Hoppler*, BB 2005, 2623 (2623). Für weitere mögliche Konfliktlagen mit reichlichen realen Fällen, vgl. *Deiseroth*, Bundeszentrale für politische Bildung 2004, Zivilcourage am Arbeitsplatz – Whistleblowing, 124 (125 ff.). Eingehend zur Korruptionsaufdeckung, *Bannenberg*, S. 375 ff.

sogenannten „private law enforcement"-Konzepte, die eine große Bereitschaft des US-Gesetzgebers zeigen, die Aufdeckung von Gesetzesverstößen nicht allein den Verfolgungsbehörden und anderen staatlichen Stellen zu überlassen, sondern verstärkt die Bürger an der Strafverfolgung und Gesetzesdurchsetzung zu beteiligen und sie für Informationen zu belohnen.[43] Exemplarisch dafür sei der *Federal False Claims Act*, der Regelungen zum Schutz und zur Förderung von Whistleblowing enthält, in dem die in eigenem und zugleich im Namen des Staates klagende Privatperson im Erfolgsfalle einen bestimmten Anteil der Schadensersatz- oder Strafsumme erhält. Darüber hinaus enthält der in den USA anlässlich der aufsehenerregenden Bilanzskandale der Jahre 2001 und 2002, allen voran Enron und WorldCom, erlassene *Sarbanes-Oxley Act* Bestimmungen zum Schutz von Whistleblowern: Arbeitnehmer, die der Securities Exchange Commission (SEC) Hinweise auf Verstöße ihres Unternehmens gegen US-Bundesgesetze liefern, werden vor Repressalien durch ihre Arbeitgeber geschützt und können wegen rechtswidriger Kündigung oder Belästigung klagen. Arbeitgeber dürfen einen Mitarbeiter nicht entlassen, degradieren, suspendieren, bedrohen, belästigen oder anderweitig diskriminieren, weil dieser Mitarbeiter sich in einer gesetzlich geschützten Weise verhält, die dazu bestimmt ist, Verstöße gegen Bundesgesetze aufzudecken oder Unterstützung bei diesbezüglichen Untersuchungen zu leisten. Vor solchen Maßnahmen geschützt sind Mitarbeiter, die Informationen liefern oder anderweitig bei Untersuchungen helfen oder ein Verfahren bezüglich einer angeblichen Verletzung anstrengen, dort als Zeuge aussagen oder teilnehmen oder anderweitig hierzu beitragen.[44]

Dass die Einführung solcher staatlicher Vorschriften in Deutschland zu bedeutsamen Verhaltensänderungen führen wird, ist nicht selbstverständlich.[45] *Deiseroth* meint, dass die Herausbildung und Entwicklung einer verantwortungsethisch begründeten zivilgesellschaftlichen „Kultur des Whistleblowings" von ähnlich großer Bedeutung

---

[43] Vgl. zum Ganzen und anderen Klageformen *Deiseroth*, Betrifft Justiz 2004, 296 (298 f.).

[44] Vgl. zum Whistleblowingschutz und –anreiz im Sarbanes-Oxley Act, *Reiter*, RIW 2005, 168 ff. Für eine zusammenfassende Darstellung des Sarbanes-Oxley Act, siehe *Strauch*, NZG 2003, 953 ff., und für eine strafrechtsdogmatische und kriminalpolitische Analyse des Gesetzes *Hefendehl*, JZ 2004, 18 ff.

[45] Für eine Bestandsaufnahme der anwendbaren Vorschriften verfassungs-, beamten- und arbeitrechtlicher Art siehe *Deiseroth*, Betrifft Justiz 2004, 296 (299 f.).

sei.[46] Denn immer noch werde Whistleblowern vorgeworfen, sie missachteten ihre arbeitsvertraglichen Pflichten, die sich aus dem Direktionsrecht des Arbeitgebers ergeben. Oder es wird behauptet, einem Arbeitgeber sei nicht zuzumuten, mit einem Mitarbeiter weiter zusammen zu arbeiten, der sich illoyal verhalte und damit das unabdingbare Vertrauensverhältnis zu seinem Arbeitgeber zerstöre.[47]

3. Das Whistleblowing im Rahmen der Compliance und dessen kriminalpolitische Implikationen

Ein interessanter Mechanismus zur Überwindung des Interessenkonflikts zwischen Whistleblower und Arbeitgeber ist in Compliance-Systemen[48] als Bestandteil der Corporate Governance[49] zu erkennen. Damit nämlich ein solches System effektiv funktioniert, reicht die Aufstellung eines Verhaltenscodex oder eine weitere Information und Schulung des Managements und insgesamt der Arbeitnehmerseite nicht aus, sondern es bedarf einer Flankierung durch interne oder externe Whistleblowinginstanzen.

Die Aufstellung eines solchen Meldeweges für die Weitergabe von Informationen über etwaige Regelverstöße sowie die Benennung zuständiger Instanzen kommt einerseits der Unternehmensführung zu Gute. Denn es liegt in ihrem Interesse, über ein Frühwarnsystem zu verfügen, das auf interne Missstände im Unternehmen hindeutet. Wie *Berndt/Hoppler* zutreffend erkennen, verfügt das Management hinsichtlich unternehmensinterner Risiken, die sich aus der unmittelbaren wirtschaftlichen Betätigung ergeben, etwa strategische Entscheidungen (Investitionsrisiken, Produktionsausfallrisiken), über verlässliche Quantifizierungsmöglichkeiten durch ein adäquates Risikomanagement (Versicherungen, Haftungsregelungen, Reservebildun-

[46] *Deiseroth*, Betrifft Justiz 2004, 296 (306).

[47] *Deiseroth*, Betrifft Justiz 2004, 296 (304).

[48] Ein solches System ist darauf ausgerichtet, organisatorische Maßnahmen des Unternehmens zu gestalten, die es ermöglichen, dass sowohl das Unternehmen als auch die für das Unternehmen Handelnden alle Anforderungen beachten, die sich aus den wesentlichen unternehmensspezifischen Regelungen ergeben. Vgl. dazu eingehend *Bürkle*, DB 2004, 2158 (2160 ff.).

[49] Dieser Begriff bezeichnet das Zusammenspiel aus Gesetzen, Verordnungen und freiwilligen Praktiken im Privatsektor, die es ermöglichen, ein Unternehmen verantwortungsbewusst und effizient zu führen. Vgl. dazu *Berndt/Hoppler*, BB 2005, 2623 (2627).

gen, etc.). Dagegen ist dies bei Risiken, die nicht betriebswirtschaftlicher, sondern wirtschaftskrimineller Natur sind, nicht der Fall. Investoren können betriebswirtschaftliche Risiken mittragen, wirtschaftskriminelle aber nicht.[50] Die Aufstellung von Whistleblowinginstanzen kann aber darüber hinaus auch der Erfüllung der Managementaufgaben dienlich sein, weil sie vermeidet, dass Insider sich direkt an die Öffentlichkeit wenden und dadurch kaum kontrollierbare Kosten für das Unternehmen verursachen (Imageschaden, Haftung, Geldbußen, etc.).

Die Aufstellung von Whistleblowinginstanzen kommt andererseits auch dem Whistleblower zu Gute, insofern sie ein sicheres – anonymes oder durch Geheimnispflichten flankiertes –[51] und legitimiertes Verfahren zur Aufdeckung von Rechtswidrigkeiten ermöglicht. Dabei bemerken *Berndt/Hoppler*, dass eine unternehmensexterne Selbstregulierungsinstitution für die Übernahme dieser Funktion geeigneter ist als ein unternehmensinternes Audit Committee, wie es etwa der *Sarbanes-Oxley Act* befürwortet, oder ein unternehmensinterner Compliance-Officer. Einerseits gewährt sie dem Whistleblower eine neutrale Instanz, andererseits stellt sie eine Form kostengünstigeren Outsourcings für das Unternehmen dar. Schließlich erscheint auch eine staatliche Regulierung von Whistleblowing-Verfahren keineswegs zwingend, zumal die Unternehmen aus den erwähnten Gründen ein bedeutendes Eigeninteresse an einem geordneten Whistleblowing-Verfahren haben.[52]

Schließlich wird das Allgemeininteresse an der Prävention und Repression von Wirtschaftstraftaten nicht durch arbeitsrechtliche Konsequenzen für den Whistleblower konterkariert. Dadurch bedarf es keiner „Helden“ mehr, die ihre berufliche Entwicklung aufs Spiel setzen, so dass das Whistleblowing für ein breiteres Spektrum an Insidern attraktiv werden kann.

Hefendehl hat zuletzt dem Verhinderungspotential von Wirtschaftskriminalität durch ein effektives Compliance-System eine grundsätzliche Absage erteilt. Dies begrün-

[50] Vgl. zum Ganzen *Berndt/Hoppler*, BB 2005, 2623 (2626).

[51] Etwa durch Whistleblowing-Helplines, wie sie auch von der Europäischen Kommission (vgl. Mitteilung der Kommission an den Rat, das Europäische Parlament und den Europäischen Wirtschafts- und Sozialausschuss vom 28.6.2003, S. 20) im Hinblick auf die Korruptionsbekämpfung ausdrücklich empfohlen wird. Ferner kann der Compliance Officer als unmittelbarer Adressat des Whistleblowings durchaus den Täterkreis des § 203 Abs. 1 Nr. 2 StGB erfüllen.

[52] Zum Ganzen, *Berndt/Hoppler*, BB 2005, 2623 (2628).

det er aber damit, dass Business-Ethics-Programme für die Verhinderung von Wirtschaftskriminalität nutzlos seien.[53] Nur am Rande und nicht als Aufgabe der Compliance wird dabei die Rolle des Whistleblowings thematisiert und nur als eine „Forcierung" bezeichnet, die eine „gänzlich unangebrachte Euphorie" verursache. Eine wechselseitige und sich möglicherweise aufschaukelnde Kontrolle, bei der die Grenzen zwischen delinquentem und sozial bzw. unternehmerisch störendem Verhalten verschwimmen, scheine eine „Culture of Control" als Schreckensbild hervorzubringen.[54]

So sehr man die Skepsis an den selbstregulierten Versuchen der Stärkung einer Wirtschaftsethik mit dem Ziel der Verhinderung von Wirtschaftskriminalität teilen kann, entspricht die Charakterisierung eines Schreckenbildes bei der Beschreibung der Initiativen zur Förderung des Whistleblowings weder ihrer realen Dimension noch ihrer idealen Funktion als Bestandteil eines Compliance-Systems. Dass diese Mechanismen andererseits eine „Kultur der Zivilcourage" fördern könnten, erscheint ebenfalls überzogen. Es ist aber nicht ersichtlich wie aus einem geregelten Whistleblowingssystem, in dem etwa einem Angestellten ein vertraulicher Zugang zu einem Compliance Officer oder einer externen Stelle gewährt wird[55], eine aufschaukelnde Kontrolle bewirken könnte, die bis hin zu einer Kontrollkultur gelangen könnte. Dies gilt insbesondere unter Beachtung der Tatsache, dass ein solches System bei unbegründeten Vorwürfen keinerlei nützliche Konsequenzen für den Denunzianten mit sich bringt, wie es bei einer direkten und unregulierten Veröffentlichung, etwa über die Massenmedien, der Fall ist.

Wenn der Einführung eines Businness-Ethics-Programms eine Scheinheiligkeit attestiert wird, weil gerade wegen der Funktionsweise eines Unternehmens bzw. der Wirtschaftsdelinquenz keine positiven Folgen an den entscheidenden Stellen zu erwarten sind, dann ist ein solcher Widerspruch beim Whistleblowing nicht zu erken-

---

[53] *Hefendehl*, JZ 2006, 119 (121 ff.). So auch *B. Schünemann* in Hefendehl, Kriminologische und dogmatische Fundamente, kriminalpolitischer Impetus, S. 349, 361.

[54] *Hefendehl*, JZ 2006, 119 (120)

[55] Zu den Gestaltungsmöglichkeiten vgl. *Bürkle*, DB 2004, 2158 (2160 f.).

nen. Denn hier sind die bereits oben beschriebenen deutlichen Vorteile und genuinen Interessen des Unternehmens an der kanalisierten Mitteilung zu erkennen.

4. Zusammenfassung und strafrechtsdogmatische Deutung des Whistleblowing insbesondere in einem Compliance-System

Die Beseitigung von (straf)rechtlichen Hindernissen für hilfsbereite Insider stellt eine minimale Voraussetzung zur Förderung des Whistleblowings dar. Diesbezüglich kann eine whistleblowing-freundliche strafrechtsdogmatische Deutung der Problematik der Strafbarkeit der Mitteilung von Geheimnissen über rechtswidrige Tatsachen im Unternehmensbereich dann einen Beitrag leisten, wenn von einer Tatbestandslosigkeit der Mitteilung solcher Geheimnisse ausgegangen wird. Die Verlagerung auf die Rechtswidrigkeitsebene bedeutet zumindest kein gutes Signal für aufklärungsfähige und –willige Insider, denen neben arbeitsrechtlichen Konsequenzen womöglich auch ein höherer strafprozessualer Verteidigungsaufwand zugemutet wird.

Das Verständnis der Mitteilung von Geheimnissen über rechtswidrige Tatsachen als nicht rechtsgutsverletzende bzw. –gefährdende Handlung kann in dieser Hinsicht einen bescheidenen Beitrag zur Stärkung des Whistleblowings liefern und der Aufdeckung von Straftaten dienlich sein.

Die Einführung eines Compliance-Systems, in dem das Unternehmen interne oder noch besser externe Whistleblowinginstanzen aufstellt, ist für die Beurteilung der Mitteilung solcher Geheimnisse als tatbestandslose Handlung besonders hilfreich. Es bedarf dann nämlich nicht mehr eines Rückgriffs auf die Rechtsgutsbestimmung, die nach der Auffassung der h.M. als Vermögensschutz nicht eindeutig greift. Nach dem hier vertretenen Schutz der wettbewerblichen Entfaltungsfreiheit – d.h. im Sinne des Wettbewerbsrecht – ist zwar eindeutig keine Rechtsgutsgefährdung möglich, nach der verbreiteten Auffassung des Vermögensschutzes ist dies dagegen nicht leicht zu begründen, da weder die geheimgehaltene Information, sondern der ihr zugrunde liegende Sachverhalt rechtswidrig ist, noch der darauf begründete Vermögensvorteil stets ohne weiteres nur auf den rechtswidrigen Sachverhalt zurückzuführen ist, so dass durchaus eine Rechtsgutgefährdung formulierbar wäre.

Bei einer institutionalisierten Whistleblowinginstanz innerhalb oder außerhalb des Unternehmens besteht dagegen bereits eine Zustimmung des Unternehmens zu sämtlichen Mitteilungen, so dass die Tatbestandsmäßigkeit schon deshalb entfällt, weil sich die Handlung mangels Geheimhaltungswillen nicht auf ein Geheimnis bezieht.

Resümee

1. Die Analyse des allgemeinsprachlichen Geheimnisbegriffs deutet bereits auf notwendige Konsequenzen bei der juristischen Begriffsbestimmung des Unternehmensgeheimnisbegriffs hin (Erster Teil A).

Zunächst einmal ist zu erkennen, dass der Relationscharakter des Geheimnisses und die Eigenschaft eines relativen Begriffs eine Dreieckbeziehung beschreiben, in der zumindest ein Geheimhaltender und ein Nichteingeweihter existieren müssen, sodass der Geheimnisbegriff im subjektiven Bereich nicht notwendigerweise weitere zahlenmäßige Einschränkungen verlangt. Die Bestimmung der Betrachtungsperspektive des Phänomens ist entscheidend. Der Geheimhaltungswille ist dagegen ein unerlässliches Merkmal des Geheimnisbegriffs. Wird von diesem Merkmal abgesehen oder dieser Wille nur fingiert, entsteht ein normativierter und deshalb begründungsbedürftiger Geheimnisbegriff.

Darüber hinaus zeigt die potentielle Ubiquität der geheimgehaltenen Information, dass beim Geheimnisschutz der Verlust der Information nicht entscheidend ist, sondern vielmehr eine direkt mit der Geheimhaltung verknüpfte Konsequenz des Verlustes der Dispositionsfreiheit über die Kenntnis oder Zeitpunkt und Umstände der Kenntnis seitens Dritter. In der Regel geht dem Geheimhaltenden durch eine Geheimnisverletzung die Information nicht verloren.

Schließlich zeigt schon der allgemeinsprachliche Unternehmensgeheimnisbegriff, dass er verschiedene Lebens- bzw. Sozialbereiche abdecken kann und der Begriff entscheidend auf die Interessen des Geheimhaltenden abstellt.

2. Die üblichen Merkmale des juristischen Begriffs des Unternehmensgeheimnisses sind allesamt zutreffend, bedürfen aber einiger Präzisierungen. (Erster Teil D).

2.1. So ist die Betriebsbezogenheit wenig aussagekräftig, entscheidender ist, bei Konfliktsituationen das genau zu schützende Interesse zu bestimmen. Dieses Merkmal ist nur für die genaue Bestimmung des geheimhaltenden Subjekts hilfreich.

2.2. Bei dem Merkmal des begrenzten Personenkreises ist dem zahlenmäßigen Kriterium eine endgültige Absage zu erteilen. Stellt man besser auf die Unzugänglichkeit der Information ab, ist dieses Merkmal durch eine viktimodogmatische Erweiterung zu vervollständigen: Rechtswidrige Aufhebungen von Schranken, die der Geheimhaltende aufgestellt hat, eliminieren nicht den Geheimnisbegriff. Nur so ist der Unternehmensgeheimnisbegriff im Stande, besonders schutzbedürftige Situationen zu erfassen und zu vermeiden, dass das Verbot sukzessiver Verratshandlungen meist ins Leere läuft. Diese dem Begriff inhärente viktimodogmatische Komponente ist nicht mit der von Außen an den Begriff herangetragenen Strafbarkeitseinengung der notwendigen Selbstschutzmaßnahmen für einen Geheimnisschutz zu verwechseln.

2.3. Der Geheimhaltungswille ist grundsätzlich zu verlangen. Eine von diesem Merkmal absehende Normativierung des Geheimnisbegriffs lässt sich nur dann auf viktimodogmatische Erwägungen stützen, wenn dem Unternehmer bei Unkenntnis der Information Selbstschutzmaßnahmen abverlangt werden können. Auch diese Voraussetzung des Schutzes reicht aber nicht über das Begriffsmerkmal des Geheimhaltungswillens hinaus, sodass es sich auch hier nicht um solche viktimodogmatischen Erwägungen handelt, die nicht mit der Bekundung des Geheimhaltungswillens identisch sind, sondern dem strafrechtlichen Schutz von Außen herangetragen werden.

Diese Wertung ist nicht mit der Tatsachenfrage nach der Kenntnis dieser Umstände zu verwechseln, sodass auch keine Tangierung des *in dubio pro reo* –Grundsatz entsteht.

2.4. Das objektive Geheimhaltungsinteresse ist das materiell wichtigste Merkmal des (straf)rechtlichen Geheimnisbegriffs und bezieht sich exklusiv auf die Vermeidung eines unerwünschten Einflusses des Geheimnisses auf den Wettbewerb des geheimhaltenden Unternehmens. Diese wettbewerbliche Eigenschaft des Unternehmensgeheimnisses ermöglicht es zwar, andere Interessen – sowohl andere wirtschaftliche Interessen als auch andere legitime Zielsetzungen – des Unternehmens aus dem Begriff auszuklammern. Da es sich aber zunächst nur auf die Bestimmung eines objektiven Auswirkungspotentials des Geheimhaltungsobjektes der Tatbestände zum Unternehmensgeheimnisschutz bezieht, ist hier nur eine faktische Betrachtungsweise des Wettbewerbsphänomens angebracht.

3. Die Systematisierungsmöglichkeiten der unterschiedlichen Erscheinungsformen der Unternehmensgeheimnisse wurden bisher, trotz ihres Erklärungspotentials für verschiedene strafrechtliche Aspekte, weitestgehend vernachlässigt. Neben der Einteilung in Geheimnisse über positive, negative und „neutrale“ Informationen erweist sich die Unterscheidung zwischen offensiven und defensiven Geheimnissen als besonders hilfreich. Die erste Kategorie eröffnet dem Geheimhaltenden Handlungsalternativen im Wettbewerb, bei der zweiten ist dies nicht der Fall, sondern es entstehen Angriffsmöglichkeiten für Konkurrenten (Erster Teil E).

4. Daraus ergibt sich auch eine Präzisierung zum Verwertungsbegriff, der beim Geheimnisschutz besonders bedeutsam, in seiner Reichweite aber zugleich sehr umstritten ist. Sowohl, wenn man bei diesem Begriff auf die Absicht abstellen möchte, einen notwendigen Vermögensvorteil aus der geheimgehaltenen Information zu gewinnen, als auch, wenn man zusätzlich verlangt, dass dies auf Kosten des Geheimhaltenden geschieht, kann der Verwertungsbegriff nur bestimmte offensive Geheimnisse erfassen. Diese Einengung des Verwertungsbegriffs auf eine „Entreicherung“ des Geheimhaltenden ist insofern zutreffend, als sie es ermöglicht, eine klare Abgrenzung zu anderen strafrechtlich geahnten Nutzungsmöglichkeiten zu ziehen, entspricht aber nicht einem Vermögensschaden im strafrechtlichen Sinn, sodass nur im untechnischen Sinne von einer „Entreicherung“ gesprochen werden kann (Erster Teil E und Dritter Teil A 7.).

5. Die Betrachtung des gesamten strafrechtlichen Schutzes von Unternehmensgeheimnissen zeigt, dass das UWG zwar die zentralen Vorschriften aufstellt, aber sowohl der Schutz von Unternehmensgeheimnissen als auch von unternehmensbezogenen Geheimnissen ohne die notwendige Wettbewerbsrelevanz insgesamt viel weiter reicht.

5.1. Hinsichtlich der Tatbestände aus dem UWG ist in einer historischen Betrachtung zunächst zu konstatieren, dass sie eine sehr heterogene Entwicklung erfahren haben, die die verschiedensten kriminalpolitischen – selbst außerwirtschaftlichen – Gesichtspunkte berücksichtigt hat. Daher waren die Reformen an den Vorschriften nicht immer von genuin wettbewerbsrechtlichen Erwägungen getragen.

Die jetzigen Tatbestände gewähren einen umfangreichen Schutz, der beim Geheimnisverrat sowohl Organmitglieder des Gesellschaftsrechts wie auch Erfinder im Sinne des ArbEG erfasst, ferner bei den Handlungsformen auch Unterlassungsmodalitäten und bei der Unbefugtheit eine Voraussetzung der Tatbestandsmäßigkeit beschreibt sowie schließlich sehr diverse und weite subjektive Absichtsmerkmale vorsieht, die kaum noch eine sinnvolle Funktion ausüben können. Bei diesem Schutz von Innen sieht das UWG kein Verwertungsverbot vor. Die Ausspähung von Unternehmensgeheimnissen reduziert sich auf bestimmte *Modi Operandi* des Täters, ohne dadurch Selbstschutzmaßnahmen zu beschreiben, die dem Geheimhaltenden auferlegt werden könnten. Insofern kennt das UWG beim Schutz von Außen keine den wesentlichen Merkmalen des Geheimnisbegriff entsprechenden zusätzlichen viktimodogmatischen Elemente. Die zweiaktige Struktur der sogenannten Geheimnishehlerei ist u.a. deswegen höchst komplex, weil sie an beiden Stellen vielfältige Absichtsmerkmale vorsieht, die bei den beiden Handlungskomplexen nicht identisch sein müssen. Der Schutz des technischen Know-hows in der sogenannten Vorlagenfreibeuterei ist zum Teil zu eng gefasst, weil sie kommerzielles – und gleichfalls schutzbedürftiges – Know-how nicht erfasst und zum Teil zu weit, weil sie nicht nur auf materielle Geheimnisse abstellt. Der Versuch der Beteiligung hat sich stets als eine strafrechtsdogmatisch schwer erfassbare Bestimmung erwiesen. Dies hat sich durch geringfügige, aber schwer verständliche Änderungen seit dem UWG 2004 verschärft (Zweiter Teil B und C).

5.2. Der in vielfältigen Aspekten erweiterte Schutz – sowohl des Unternehmensgeheimnisschutzes, als auch anderer unternehmensbezogener Geheimnisse – durch die Tatbestände jenseits des UWG lassen wichtige strukturelle Unterschiede erkennen (Zweiter Teil D).

a) Hinsichtlich des Schutzes von Innen ist eine bedeutsame Erweiterung des Täterkreises im Vergleich zum UWG zu erkennen, da er sich auch auf den externen Kommunikationsbereich erstreckt. Des Weiteren ist im Bereich der strafrechtlich verbotenen Handlungen geradezu eine Sonderstellung des UWG zu erkennen, die darin besteht, dass praktisch keine Verwertungshandlung sowohl während als auch nach dem Anstellungsverhältnis vorgesehen ist, wohingegen die Rechtsordnung ansonsten einen umfangreichen Verwertungsverbot beim Geheimnisschutz von Innen vorsieht. Ferner ist außerhalb des UWG z.T. zu erkennen, dass Unternehmensgeheimnisse auch zum Schutz kollektiver Rechtsgüter aufgestellt werden, trotz der Verfügungsbefugnis des Betroffenen über die Einleitung der Strafverfolgung . Die Verfolgung ist, entgegen dem UWG, nie von Amts wegen vorgesehen.
b) Die Einschränkung des Geheimnisschutzes von Außen im UWG auf wettbewerbsrelevante Geheimnisse stellt hinsichtlich aller weiteren Geheimnisschutztatbestände eine Besonderheit dar. Denn im Übrigen kennt die Rechtsordnung keinerlei Begrenzung auf schutzwürdige Informationsinhalte. Kompensierend wirkt sich dagegen die allgemein vorgesehene Voraussetzung bestimmter Selbstschutzmaßnahmen des Geheimhaltenden aus, die im UWG nicht verlangt werden. Wie auch hinsichtlich des Schutzes von Innen sind die im subjektiven Tatbestand notwendigen Absichtsmerkmale aus dem UWG sonst in der Rechtsordnung nicht wieder zu finden, bewirken aber wegen ihrer Heterogenität keine praktische Eingrenzung des weiten Geheimnisschutz von Außen im UWG. Auch die Vorverlagerung aus § 19 kennt kein Äquivalent im sonstigen Geheimnisschutz. Der Geheimnisschutz von Außen ist daher im UWG materieller und nicht nur wie bei den übrigen Strafvorschriften formeller Natur.

6. Hinsichtlich der Rechtsgutsbestimmung zeigt eine eingehende Betrachtung des durch die h.M. postulierten Vermögensschutzes vor abstrakten Gefährdungen folgende Inkonsistenzen (Dritter Teil A II): Es ist zwar festzustellen, dass alle Unternehmensgeheimnisse als Handlungsobjekte Vermögensobjekte im strafrechtlichen Sinne darstellen, weil sie eine Nachfrage erfahren. Eine Gefährdung des Rechtsguts

Vermögens kommt aber deswegen nicht zu Stande, weil bei einer nachteiligen Einwirkung auf diese Vermögensobjekte nicht notwendigerweise eine Verletzung des Rechtsguts Vermögen entsteht. Ferner ist eine Vermögensgefährdungsstruktur nicht gegeben, weil bei einer über die Unternehmensgeheimnisse vermittelten Gefährdung sich diese meist nicht auf Vermögensgegenstände bezieht, sondern auf nicht vermögenswerte Exspektanzen. Schließlich kann diese Auffassung anhand der geläufigen Vermögenswertbestimmungsmethode des Marktwertes nicht der objektiven Wertbestimmung durch das Unternehmen bei der Entscheidung zur Geheimhaltung Rechnung tragen. Möchte sie an dieser Bewertungsmethode festhalten, wie es außerstrafrechtlich beim Unternehmensgeheimnisschutz der Fall ist und für das strafrechtliche Verbot auch geboten erscheint, muss sie das maßgebliche Merkmal des Geheimhaltungswillens vernachlässigen und somit den Geheimnisschutzzweck als Schutz des Geheimhaltungswillens aufgeben.

7. Es erscheint daher sinnvoller, zunächst auf die formelle Dispositionsfreiheit über vermögenswerte Geheimnisse abzustellen. Diese lässt sich dann in einem weiteren Schritt wettbewerbsrechtlich materialisieren. Die Analyse des wettbewerbsrechtlichen Charakters des strafrechtlichen Unternehmensgeheimnisschutzes zeigt aber, dass dieser nicht stets hinreichend erhebliche unlautere Wettbewerbshandlungen i.S. der Generalklausel aus § 3 UWG verbietet, sodass sich der strafrechtliche Rechtsgüterschutz nur auf die wettbewerbliche Entfaltungsfreiheit des Unternehmens reduziert. Dabei handelt es sich um einen auf die Gefährdung des Rechtsgutes vorverlagerten Schutz (Dritter Teil A III).

8. Die kollektive Komponente dieses wettbewerbsrechtlich bestimmten Rechtsguts ist deswegen nicht zu erkennen, weil sich das begriffskonstituierende Merkmal des Geheimhaltungswillens schon entscheidend auf die Disposition über das Rechtsgut auswirkt, die bei kollektiven Rechtsgütern allgemein nicht anerkannt wird (Dritter Teil B).

9. Es ist insgesamt bei der Rechtsgutsbestimmung zu erkennen, dass es im modernen Wirtschaftsleben durchaus möglich und darüber hinaus notwendig ist, beim strafrechtlichen Schutz von Unternehmensinteressen differenziert vorzugehen und nicht pauschal stets auf den Vermögensschutz abzustellen. Wettbewerbliche Interessen des Unternehmens sind mit den Vermögensinteressen nicht identisch, wie die Primärordnung des Lauterkeitsrechts bereits hinreichend konkretisiert hat (Dritter Teil C).

10. Erwägungen zur Erweiterung der zeitlichen Reichweite des Geheimnisverrats durch Beschäftigte über das Ende des Arbeitsverhältnisses hinaus müssen stets einer Interessenabwägung Rechnung tragen, die wettbewerblicher Natur ist. Das Interesse des Arbeitnehmers an seiner beruflichen Entwicklung ist nach Beendigung des Arbeitsverhältnisses nur dann zu berücksichtigen, wenn es sich um eine Verwertungshandlung handelt, die gegen eine vertragliche Verschwiegenheitspflicht verstoßen könnte. Das Interesse des Arbeitnehmers hieran gilt es mit gewichtigen wettbewerblichen Interessen des Unternehmens abzuwägen. Dies bezieht die Lösung auf die nach Beendigung des Arbeitsverhältnisses zu Stande gekommene Konkurrenzsituation zwischen Arbeitnehmer und Arbeitgeber und ermöglicht es, wettbewerbsrechtlich konkretisierte Anhaltspunkte zur Abwägung heranzuziehen (Vierter Teil A).

11. Hinsichtlich der Frage, ob die Offenbarung so genannter „illegaler Geheimnisse“ bereits die Tatbestandsmäßigkeit oder nur die Rechtswidrigkeit der Handlung entfallen lässt, ist die erste Alternative zu befürworten, da in diesem Fall bereits keine Rechtsgutverletzung bzw. -gefährdung möglich ist, insofern sich das Rechtsgut der wettbewerblichen Entfaltungsfreiheit nicht in einem rechtsfreien Raum abspielt und bereits auf unlauterem Wege erlangte Wettbewerbsvorsprünge ausklammert. Auch wenn traditionell auf den Vermögensschutz abgestellt wird, kann insbesondere die Aufstellung eines Compliance-Systems im Unternehmen dafür sorgen, dass das kriminalpolitisch durchaus wünschenswerte Phänomen des Whistleblowings gestärkt

wird. Denn in diesem Fall ist die Handlung deswegen nicht tatbestandsmäßig, weil es sich um eine befugte Offenbarung handelt und somit die Geheimniseigenschaft des Handlungsobjektes entfällt (Vierter Teil B).

Literaturverzeichnis

Achenbach, Hans, Das Gesetz zur Bekämpfung der Wirtschaftskriminalität, NJW 1986, S. 1835 ff.

Achenbach, Hans/Ransiek, Andreas (Hrsg.) Handbuch Wirtschaftsstrafrecht, Heidelberg 2004 (zit.: WStR-*Bearbeiter*).

Achenbach, Hans/Schröder, Christian, Straflosigkeit des Offenbarens und Verwertens von Angaben über Millionenkredite (§§ 55a, 55b i.V.m. § 14 KWG)?, ZBB 2005, 135 ff.

Ahrens, Claus, Die Verwertung persönlichkeitsrechtlicher Positionen, Ansatz einer Systembildung, Würzburg 2002.

Alternativkommentar eines Strafgesetzbuches, Besonderer Teil: Straftaten gegen die Wirtschaft, Lampe, Lenckner, Stree, Tiedemann, Weber (Hrsg.) Tübingen 1977 (zit.: AE).

Alternativkommentar zum Strafgesetzbuch, Band 1, Wassermann (Hrsg.), Neuwied 1990, (zit.: AK-*Bearbeiter*).

Amelung, Knut, Rechtsgüterschutz und Schutz der Gesellschaft: Untersuchungen zum Inhalt und zum Anwendungsbereich eines Strafrechtsprinzips auf dogmengeschichtlicher Grundlage, Frankfurt a.M. 1972.

Amelunxen, Clemens, Spionage und Sabotage im Betrieb: die Abwehraufgaben des Werkschutzes und ihre Rechtsgrundlagen, Heidelberg 1977.

Anastasopoulou, Ioanna, Deliktstypen zum Schutz kollektiver Rechtgüter, München 2005.

André, Gutachten über die Frage, ob es ratsam ist, das Strafgesetzbuch dahin zu ergänzen, daß der Verrat von Geschäfts- und Fabrikgeheimnissen als Vergehen strafbar ist, in: Verhandlungen des 19. Deutschen Juristentages, Band I, S. 71 ff., Berlin und Leipzig 1988 (zit.: Verhandlungen des 19. DJT Bd. 1).

Arians, Knut, Der strafrechtliche Schutz des Geschäfts- und Betriebsgeheimnisses in der Bundesrepublik Deutschland in Oehler (Hrsg.) Der strafrechtliche Schutz des Geschäfts- und Betriebsgeheimnisses in den Ländern der Europäischen Gemeinschaft sowie in Österreich und der Schweiz, Band 1, S. 309 ff., Köln 1978.

Arzt, Gunther, Der strafrechtliche Schutz der Intimsphäre: vom zivilrechtlichen Persönlichkeitsschutz aus betrachtet, Tübingen 1970.

Arzt, Gunther/Weber, Ulrich, Strafrecht, Besonderer Teil, Lehrbuch, Bielefeld 2000 (zit.: BT).

Assmann, Heinz-Dieter/Schneider, Uwe, (Hrsg.), Wertpapierhandelsgesetz, Kommentar, 4. Aufl., Köln 2006 (zit.: *Bearbeiter* in Assmann/Schneider, WpHG).

Bannenberg, Britta, Korruption und ihre strafrechtliche Kontrolle: eine kriminologisch-strafrechtliche Analyse, Neuwied 2002.

Bartenbach, Kurt/Volz, Franz-Eugen, Arbeitnehmererfindervergütung: Kommentar zu den amtlichen Richtlinien für die Vergütung von Arbeitnehmererfindungen, 2. Aufl., Köln, Berlin, Bonn, München 1999

Bartenbach, Kurt /Volz, Franz-Eugen, Betriebsgeheime Diensterfindung und ihre Vergütung gemäß § 17 ArbEG, GRUR 1982, S. 133 ff.

Baumann, Jürgen/Weber, Ulrich/Mitsch, Wolfgang, Strafrecht, Allgemeiner Teil, Lehrbuch, 11. Aufl., Bielefeld 2003 (zit.: B/W/Mitsch, AT).

Baumbach, Adolf/Hefermehl, Wolfgang, Wettbewerbsrecht: Gesetz gegen den unlauteren Wettbewerb, Zugabeverordnung, Rabattgesetz und Nebengesetze, 22. Aufl., München 2001.

Baumbach, Adolf/Hueck, Alfred, GmbH-Gesetz: Gesetz betreffend die Gesellschaften mit beschränkter Haftung.18. Aufl., München 2006 (zit.: Baumbach/ Hueck-*Bearbeiter*).

Beater, Axel, Unlauterer Wettbewerb, München 2002.

Beckhusen, Michael, in Derleder/Knops/Bamberger, Handbuch zum Deutschen und europäischen Bankrecht, Berlin, Heidelberg 2004.

Behm, Andreas, Juristische Personen als Schutzobjekte von § 203 StGB, Kiel 1985.

Benkard, Georg/Bruchhausen, Klaus Dietrich, Patentgesetz, Gebrauchsmustergesetz, 10. Aufl., München 2006.

Berndt, Thomas/Hoppler, Ivo, Whistleblowing – ein integraler Bestandteil effektiver Governance, BB 2005, 2623 ff.

Beuter, Claudia, Die Kommerzialisierung des Persönlichkeitsrechts, Konstanz 2000

Bindschedler, Georges, Der strafrechtliche Schutz wirtschaftlicher Geheimnisse, Bern, 1981.

Binding, Karl, Lehrbuch des gemeinen deutschen Strafrechts Band 1, Nachdruck des. 2. Aufl., Leipzig 1902.

Blei, Hermann, Strafrecht, Band 1, Straftaten gegen die Person, gegen die Sittenordnung und gegen das Vermögen, 10. Aufl., München 1996 (zit.: BT).

Ders., Strafschutzbedürfnis und Auslegung, in Roxin (Hrsg.) Festschrift für Heinrich Henkel zum 70. Geburtstag, Berlin 1974.

Ders., Strafrecht Allgemeiner Teil, Studienbuch, 18. Aufl., 1983 (zit.: AT).
Bockelmann, Paul, Der Unrechtsgehalt des Betruges in Bockelmann (Hrsg.) Festschrift für Eduard Kohlrausch zum 70. Geburtstag, Berlin 1944.
Ders., Die Behandlung unvollkommener Verbindlichkeiten im Vermögensstrafrecht, in Engisch (Hrsg.) Festschrift für Edmund Mezger zum 70. Geburtstag, München 1954.
Ders., Strafrecht, Besonderer Teil, BT 2, München 1977 (zit.: BT 2).
Boesche, Katharina Vera, Wettbewerbsrecht, Heidelberg 2005.
Bommer, Felix, Grenzen des strafrechtlichen Vermögensschutzes bei rechts- und sittenwidrigen Geschäften, Bern 1996.
Brammsen, Joerg, in Kragler/Otto, Schützen Sie Ihr Unternehmen: vor unlauterem Wettbewerb, vor Medienattacken, vor Wirtschaftsspionage, Landsberg/Lech, 1991 (zit.: Schützen Sie Ihr Unternehmen).
Breitfeld, Anja, Regelungen zum Schutz von betrieblichen Know-how – die Sicherung von Geschäfts- und Betriebsgeheimnissen, BB 2005, S. 154 ff.
Bruchner, Helmut, Bankrecht-Handbuch, Schimansky/Bunte/Lwowsi, , 2. Aufl., München 2001.
Bruns, Hans-Jürgen, Die Befreiung des Strafrechts vom zivilistischen Denken: Beiträge zu einer selbständigen, spezifisch strafrechtlichen Auslegungs- und Begriffsbildungsmethodik, Berlin 1938.
Ders., Gilt die Rechtsordnung auch für und gegen Verbrecher untereinander? in Engisch (Hrsg.), Festschrift für Eduard Mezger zum 70. Geburtstag, München 1954.
Bullinger, Martin, Wettbewerbsgefährdung durch präventive Wirtschaftsaufsicht, NJW 1978, 2121 ff. ff.
Bürgers, Tobias, Das Anlegerschutzverbesserungsgesetz, BKR 2004, S. 424 ff.
Burghard, Anton, Allgemeine Wirtschaftssoziologie: eine Einführung, München 1974.
Burgstaller, in Ruppe (Hrsg.), Geheimnisschutz im Wirtschaftsleben, Wien 1980 (zit.: Geheimnisschutz).
Bürkle, Jürgen, Weitergabe von Informationen über Fehlverhalten in Unternehmen (Whistleblowing) und Steuerung auftretender Probleme durch ein Compliance-System, DB 2004, 2158 ff.
Callmann, Rudolf, Bedarf das Betriebsgeheimnis eines verstärkten Schutzes? Gutachten für den 36. Deutschen Juristentag, Band 2, S. 464 ff., Berlin, Leipzig 1932 (zit.: 36. DJT, Bd 2).

Ders., Der unlautere Wettbewerb: Kommentar zum Gesetz gegen den unlauteren Wettbewerb mit Notverordnung vom 9. März 1932 und zu den materiellrechtlichen Vorschriften des Gesetzes zum Schutze der Warenbezeichnungen, 2. Aufl.. Mannheim 1932.

Canaris, Claus-Wilhelm, Bankvertragsrecht, Band 1, 3. Aufl., Berlin New York 1988.

Dannecker, Gerhard, Der Schutz von Geschäfts- und Betriebsgeheimnissen, BB 1987, S. 1616 ff.

Daub, Jan, Die Verletzung von Unternehmensgeheimnissen im deutschen und US-amerikanischen Rech, Sinzheim, 1996.

Degen, Fabrikspionage und Geheimnisverrat, in Verein deutscher Chemiker. Fachgruppe für gewerblichen Rechtsschutz., GRUR 1927, S. 586 ff.

Ders., Fabrikspionage und Geheimnisverrat, MuW 1927, S. 28 ff.

Deiseroth, Dieter, Whistleblower-Schutz – Rechtsvergleichende Anmerkungen zur Situation in den USA und in Deutschland, Betrifft Justiz 2004, 296 ff.

Ders., Zivilcourage am Arbeitsplatz – „Whistleblowing", in Bundeszentrale für politische Bildung 2004.

Depenheuer, Frank, Zulässigkeit und Grenzen der Verwertung von Unternehmensgeheimnissen durch den Arbeitnehmer, MittDPatAnw 1997, S. 1 ff.

Diekmann Hans/Sustmann, Marco, Gesetz zur Verbesserung des Anlegerschutzes (Anlegerschutzgesetz – AnSVG), NZG 2004, S. 929 ff.

Druey, *Jean Nicolas*, Das Fabrikationsgeheimnis – faktisches Gut oder Rechtsgut, ZSR 1973, S. 451 ff. (zit.: Fabrikationsgeheimnis)

Ders., Geheimsphäre des Unternehmens: Grundfragen des Persönlichkeitsrechts auf Geheimsphäre, untersucht mit dem Blick auf einen Sonderfall, Basel, Stuttgart 1977 (zit.: Geheimsphäre)

Ders., Information als Gegenstand des Rechts: Entwurf einer Grundlegung, Zürich 1995 (zit.: Information).

Duttge, Gunnar, Strafrechtliche Rätsel – Zur Bedeutung der Rechtsgutslehre für Einwilligung und Gesetzeskonkurrenz, JURA 2006, 15 ff

Egli, Heinz, Grundformen der Wirtschaftskriminalität: Fallanalysen aus der Schweiz und der Bundesrepublik Deutschland, Heidelberg, 1985.

Eidam, *Gerd*, Unternehmen und Strafe: Vorsorge- und Krisenmanagement, 2. Aufl., Köln 2005.

Emmerich, *Volker*, Unlauterer Wettbewerb: ein Studienbuch, 7. Aufl., München 2004.

Erbs, Georg/Kohlhaas, Max, Strafrechtliche Nebengesetze mit Straf- und Bußgeldvorschriften des Wirtschafts- und Verwaltungsrechts, 158. ergänz. Lieferung, August 2005 (zit.: E/K-*Bearbeiter*).

Eser, Albin, Die Beeinträchtigung der wirtschaftlichen Bewegungsfreiheit als Betrugsschaden, GA 1962, S. 289 ff.

Fezer, Karl-Heinz, Schadensersatz und subjektives Recht im Wettbewerbsrecht, WRP 1993, S. 565 ff.

Ders., Modernisierung des deutschen Rechts gegen den unlauteren Wettbewerb auf der Grundlage einer Europäisierung des Wettbewerbsrecht, WRP 2001, S. 989 ff.

Ders., Lauterkeitsrecht: Kommentar zum Gesetz gegen den unlauteren Wettbewerb (UWG), München 2005 (zit.: Fezer/*Bearbeiter*, Lauterkeitsrecht I oder II).

Fikentscher, Wolfgang/Heinemann, Andreas, Schuldrecht, 10. Aufl., Berlin 2006.

Fikentscher, Wolfgang, Wirtschaftsrecht, Band 2, Deutsches Wirtschaftsrecht, München, 1983 (zit.: Wirtschaftsrecht Bd II).

Fischer, Wilhelm, Die feindliche Handels- und Industriespionage und der wirtschaftliche Landesverrat, Stuttgart 1922.

Forkel, Hans, Zur Übertragbarkeit geheimer Kenntnisse, in Hubmann/Hübner (Hrsg.) Festschrift für Schnorr von Carolsfeld zum 70. Geburtstag, Köln, Berlin, Bonn, München 1972.

Freudenstein, Über den Schutz gewerblicher technischer Geheimnisse durch die Gesetzgebung, GA 1884, S. 265 ff.

Friedlaender, Eugen, Der strafrechtliche Schutz des Geschäfts- und Betriebsgeheimnisses, Berlin 1903.

Frisch, Wolfgang, An den Grenzen des Strafrechts, in Küper (Hrsg.) Festschrift für Walter Stree und Johannes Wessels zum 70. Geburtstag, Heidelberg 1993, S. 69 ff. (zit.: Die Rechtsgutstheorie).

Ders., Rechtsgut, Recht, Deliktsstruktur und Zurechnung im Rahmen der Legitimation staatlichen Strafens, in Hefendehl/v. Hirsch/Wohlers (Hrsg.), Die Rechtsgutstheorie: Legitimationsbasis des Strafrechts oder dogmatisches Glasperlenspiel?, Baden-Baden 2003, S. 215 ff.

Fritsche, Klaus-Dieter, Wirtschaftsspionage – Der Schutz der deutschen Wirtschaft vor Ausspähung und Know-how Abfluß, Kriminalistik 2001, 472 ff.

Gallas, Wilhelm, Der Betrug als Vermögensdelikt, in Bockelmann/Gallas (Hrsg.) Festschrift für Eberhard Schmidt zum 70. Geburtstag, Göttingen 1961.

Ders., Der Schutz der Persönlichkeit im Entwurf eine Strafgesetzbuches (E 1962), ZStW 1963, 16 ff.
Ders., Abstrakte und konkrete Gefährdung, in Lüttger (Hrsg.), Festschrift für Ernst Heinitz zum 70. Geburtstag, Berlin 1972 S. 174 ff.
Gamm, Kevin v., Betriebsgeheimnisse und bilanzrechtliche Publizität, Köln 1998.
Gamm, Otto-Friedrich v., Gesetz gegen den unlauteren Wettbewerb, 3., erw. Aufl., Köln, Berlin, Bonn, München 1993.
Gaul, Dieter, Die Durchsetzung des Schutzes eines betriebsgeheimen Know-how, WRP 1988, S. 215 ff.
Ders., Die Arbeitnehmererfindung, Technik – EDV – Design, 2. Aufl., Köln 1990.
Geerds, Detlev, Wirtschaftsstrafrecht und Vermögensschutz, Lübeck 1990.
Gerland, Heinrich, Deutsches Reichsstrafrecht: ein Lehrbuch., 2. Aufl., Berlin 1932.
Gloy, Wolfgang, Handbuch des Wettbewerbsrechts, 3. Aufl., München 2005 (zit.: HdBWettbR/*Bearbeiter*).
Godin, Hans v., Wettbewerbsrecht: Kommentar zum Gesetz gegen den unlauteren Wettbewerb nebst Warenzeichenverletzungen, Zugabeverordnung und Rabattgesetz, 2. Aufl., Berlin 1974.
Godin, Hans v./Hoth, Jürgen, Wettbewerbsrecht, Kommentar zum Gesetz gegen den unlauteren Wettbewerb unter Berücksichtigung der zivilrechtlichen Verletzungshandlung, Berlin 1957.
Gola, Peter/Schomerus, Rudolf, Bundesdatenschutzgesetz, Kommentar, 8. Aufl., München 2005.
Gössel, Karl Heinz, Das Rechtsgut als ungeschriebenes strafbarkeitseinschränkendes Tatbestandsmerkmal – Zugleich ein Versuch über das Verhältnis von Rechtsgut, Tatbestand und Norm, in Herzberg (Hrsg.) Festschrift für Dietrich Oehler zum 70. Geburtstag, Köln 1985.
Ders., Strafrecht, Besonderer Teil, Band: 2, Straftaten gegen materielle Rechtsgüter des Individuums, Heidelberg, 1996 (zit.: BT II).
Gössel, Karl Heinz/Dölling, Dieter, Straftaten gegen Persönlichkeits- und Gemeinschaftswerte, 2. Aufl., 2004.
Götting, Horst-Peter, Persönlichkeitsrechte als Vermögensrechte, Tübingen 1995.
Ders., Wettbewerbsrecht: das neue UWG, München 2005.
Graul, Eva, Abstrakte Gefährdungsdelikte und Präsumtion im Strafrecht, Berlin 1991.
Grebing, Die Strafbarkeit der progressiven Kundenwerbung und der Wirtschaftsspionage im Entwurf zur Änderung des UWG, wistra 1984, S. 169 ff.

Haft, Fritjof, Das Zweite Gesetz zur Bekämpfung der Wirtschaftskriminalität, NStZ 1987, S. 6 ff.

Ders., Strafrecht, besonderer Teil: die wichtigsten Tatbestände des besonderen Teiles des Strafgesetzbuches, 7. Aufl., München 1998.

Ders., Strafrecht, allgemeiner Teil: eine Einführung für Anfangssemester, 9. Aufl., München 2004.

Haft, Fritjof/Schwoerer, Max, Bestechung im internationalen Geschäftsverkehr, in Hoyer (Hrsg.) Festschrift für F.-C. Schroeder zum 70. Geburtstag, München 2006.

Handbuch Multimediarecht, Hoeren/Sieber (Hrsg.), Loseblatt-Ausg., München 2001 (zit.: *Bearbeiter* in Hoeren/Sieber, HdB Multimediarecht).

Hardwig, Werner, Beiträge zur Lehre des Betrugs, GA 1956, 17 ff.

Harte-Bavendamm, Henning/Hennig-Boweding, Frauke, Gesetz gegen den unlauteren Wettbewerb (UWG): mit Preisangabenverordnung, München 2004 (zit.: Harte/Hennig/*Bearbeiter*).

Hassemer, Winfried, Theorie und Soziologie des Verbrechens: Ansätze zu einer praxisorientierten Rechtsgutslehre, Frankfurt a.M., 1973.

Hauck, Ernst, Wirtschaftsgeheimnisse – Informationseigentum kraft richterlicher Rechtsbildung?: zum Konflikt zwischen Freiheit, Eigentum und Öffentlichkeit, Berlin, 1987.

Hefendehl, Roland, Vermögensgefährdung und Exspektanzen: das vom Zivilrecht konstituierte und vom Bilanzrecht konkretisierte Herrschaftsprinzip als Grundlage des strafrechtlichen Vermögensbegriffs, Berlin, 1994 (zit.: Vermögensgefährdung).

Ders., Vermögensgefährdung und Exspektanzen als Prüfsteine eines normativ-ökonomischen Vermögensbegriffs, in Schünemann (Hrsg.), Strafrechtssystem und Betrug, S. 185 ff., Herbolzheim 2002.

Ders., Kollektive Rechtsgüter im Strafrecht, Köln, Berlin, Bonn, München 2002.

Ders., Enron, Worldcom und die Folgen: Das Wirtschaftsstrafrecht zwischen kriminalpolitischen Erwartungen und dogmatischen Erfordernissen, JZ 2004, S. 18 ff.

Ders., Corporate Governance und Business Ethics: Scheinberuhigung oder Alternativen bei der Bekämpfung der Wirtschaftskriminalität?, JZ 2006, S. 119 ff.

Ders., Kommentierung des § 404 AktG in Spindler/Stilz (Hrsg.), Aktiengesetzkommentar, Band II, München 2007, S. 1310 ff. (zit.: AktG).

Hefermehl, Wolfgang, Der Anwendungsbereich des Wettbewerbsrechts, in Dietz (Hrsg.) Festschrift für Hans Carl Nipperdey zum 60. Geburtstag, München 1955, S. 283 ff.

Hefermehl, Wolfgang/Köhler, Helmut/Bornkamm, Joachim, Wettbewerbsrecht: Gesetz gegen den unlauteren Wettbewerb, Preisangabenverordnung. – 24. Aufl. des von Adolf Baumbach begründeten Kommentars, München 2006.

Heidelberger Kommentar zum Wettbewerbsrecht, Ekey/Klippel/Kotthoff/Meckel/ Plaß (Hrsg.), 2. Aufl., Heidelberg 2005 (zit.: *Bearbeiter* in Ekey/Klippel/ Kotthoff/Meckel/Plaß, HKW).

Heinitz, Ernst, Anmerkung zum Urteil des BGH v. 20.02.1968, JR 1968, 387 f.;

Hellmann, Uwe/Beckemper, Katharina, Wirtschaftsstrafrecht: Studienbuch, Stuttgart 2004.

Henning-Bodewig, Frauke, Das neue Gesetz gegen den unlauteren Wettbewerb, GRUR 2004, S. 713 ff.

Dies., Richtlinienvorschlag über unlautere Geschäftspraktiken und UWG-Reform, GRUR Int 2004, 183 ff.

Hild, Thilo Lars, Grenzen einer strafrechtlichen Regulierung des Kapitalmarktes: eine kriminalrechtliche Untersuchung von Börsengängen und Aktienhandel in Deutschland und den USA, Frankfurt a.M., Berlin, Bern, Wien 2004.

Hilgendorf, Eric, Grundfälle zum Computerstrafrecht, JuS 1996, S. 509 ff.; S. 702 ff.; S. 890 ff.; S. 1082 ff.

Hirsch, Hans Joachim, Gefahr und Gefährlichkeit in Haft (Hrsg.), Festschrift für Arthur Kaufmann, Heidelberg 1993, S. 545 ff..

Höft, Straf- und Ordnungswidrigkeitenrecht im Bundesdatenschutzgesetz, Köln, 1986.

Holzborn, Timo/Israel, Alexander, Das Anlegerschutzgesetz – Die Veränderungen im WpHG, VerKProspG und BörsG und ihre Auswirkungen in der Praxis, WM 2004, S. 1948 ff.

Honsell, Heinrich, Der Geheimnisschutz im Zivilrecht in Ruppe (Hrsg.), Geheimnisschutz im Wirtschaftsleben, Wien 1980, S. 46 ff. (zit.: Geheimnisschutz).

Hoyer, Andreas, Die Eignungsdelikte, Berlin 1987.

Immenga, Ulrich/Mestmäcker, Ernst-Joachim, Kommentar zum Gesetz gegen Wettbewerbsbeschränkungen, 3. Aufl., München 2001 (zit.: *Bearbeiter* in Immenga/Mestmäcker, GWB).

Jahnke, Hermann, Interne Unternehmensrechnung und Controlling, in Einführung in die Betriebswirtschaftslehre Becker (Hrsg.), Berlin, Heidelberg 2006.

Jakobs, Günther, Strafrecht, Allgemeiner Teil: die Grundlagen und die Zurechnungslehre, Lehrbuch, 2. Aufl., Berlin, New York, 1993 (zit.: AT)

Jescheck, Hans-Heinrich/Weigend, Thomas, Lehrbuch des Strafrechts: allgemeiner Teil, 5. Aufl., Berlin 1996 (zit.; AT)..

Joecks, Wolfgang, Strafgesetzbuch: Studienkommentar, 6. Aufl., München 2005 (zit.: StGB).

Jung, Heike, Der strafrechtliche Schutz des Arztgeheimnisses im deutschen und französischen Recht, in Luecke (Hrsg.) in Gedächtnisschrift Constantinesco, Köln 1983.

Kargl, Walter, Der strafrechtliche Vermögensbegriff als Problem der Rechtseinheit, JA 2001, S. 714 ff.

Kattanek, Wolfgang, Die Verletzung des Rechtes am gesprochenen Wort durch das Mithören anderer Personen, Hamburg 2000.

Katz, Gutachten über die Frage, ob es ratsam ist, das Strafgesetzbuch dahin zu ergänzen, daß der Verrat von Geschäfts- und Fabrik, in: Verhandlungen des 19. Deutschen Juristentages, Band I, S. 256 ff., Berlin und Leipzig, 1988 (zit.: Verhandlungen des 19. DJT Bd. 3).

Kersting, Mark Oliver, Schutz des Wirtschaftsgeheimnisses im Zivilprozeß: eine rechtsvergleichende Untersuchung anhand der Federal Rules of Civil Procedure und der ZPO, Bielefeld 1995.

Keßler, R., Rechtsgut, oder rechtlich geschütztes Interesse, oder subjektives Recht?, Ein Beitrage zur Lehre vom Objecte des Verbrechens, GS 1887, S. 94 ff.

Kienapfel, Diethelm, Privatsphäre und Strafrecht, Frankfurt a. M., 1969 (zit.: Privatsphäre).

Kindhäuser, Urs, Gefährdung als Straftat. Rechtstheoretische Untersuchungen zur Dogmatik der abstrakten und konkreten Gefährdungsdelikte, Frankfurt a.M., 1989.

Ders., Strafrecht, Besonderer Teil, Teilband 2, Vermögensdelikte, Baden-Baden, 2002 (zit.: Strafrecht BT, Teil I).

Ders., Lehrbuch des Strafrechts, Besonderer Teil II, Straftaten gegen Vermögensrechte, 4. Aufl., Baden-Baden, 2005 (zit.: Lehrbuch BT II).

Ders., Strafgesetzbuch: Lehr- und Praxiskommentar, 3. Aufl., Baden-Baden 2006 (zit.: StGB-LPK).

Kindhäuser, Urs/Nikolaus, Sonia, Der Tatbestand des Betrugs, JuS 2006, S. 193 ff. (Teil I), S. 293 ff. (Teil II).

Kissling, Der nach § 17 UWG strafbare Verrat von Wirtschaftsgeheimnissen, rechts- und wirtschaftswissenschaftliche Dissertation, Tübingen 1957.

Kloepfer, Michael, Informationsrecht, München 2002.

Klug, Ulrich, in Gadow/Barz/Fischer, Aktiengesetz: Großkommentar, 2. Aufl., Berlin 1965 (Zit.: Großkommentar).

Kluge, Friedrich, Etymologisches Wörterbuch der deutschen Sprache, 24. Aufl., Berlin 2002.

Kohler, Josef, Der unlautere Wettbewerb, Berlin, Leipzig 1914.

Kohler, Michael Martin, Das Verbrechen des unlauteren Wettbewerbs , Breslau 1901.

Köhler, Helmut, Wettbewerbsverstoß durch rechtswidrigen Marktzutritt?, GRUR 2001, S. 777 ff.

Ders., Wettbewerbsrecht im Wandel: Die neue Rechtsprechung zum Tatbestand des Rechtsbruchs NJW 2002, S. 2761 ff.

Ders., Das neue UWG NJW 2004, S. 2121 ff.

Ders., Die „Bagatellklausel" in § 3 UWG, GRUR 2005, S. 2 ff.

Köhler, Helmut/Bornkamm, Joachim/Henning-Bodewig, Frauke, Vorschlag für eine Richtlinie zum Lauterkeitsrecht und eine UWG-Reform, WRP 2002, S. 1317 ff.

Kohlhoff, Christian, Kartellstrafrecht und Kollektivstrafe: die Begründung eines Kartellkollektivstrafrechts im deutschen Recht – zugleich eine Untersuchung zur grundsätzlichen Bedeutung der kollektiven Dimension im Strafrecht, Berlin 2003.

Kohlmann, Günther, Die strafrechtliche Verantwortlichkeit des GmbH-Geschäftsführers, Heidelberg, 1990.

Kohlrausch, Eduard, Industriespionage, ZStW 1930, 30 ff.

Kölner Kommentar zum Aktiengesetz, Band 3, Zöllner (Hrsg.), 5. Lieferung, Köln 1989 (zit.: KKAktG-*Bearbeiter*).

Köstlin, Reinhold, Abhandlungen aus dem Strafrechte, Tübingen 1858.

Kragler, *Peter*, in Otto/Kragler (Hrsg.), Schützen Sie Ihr Unternehmen: vor unlauterem Wettbewerb, vor Medienattacken, vor Wirtschaftsspionage, Landsberg/ Lech, 1991. (zit.: Schützen Sie Ihr Unternehmen).

Ders., Schutz des geheimen Know-how: rechtliche Grundlagen und Maßnahmenkatalog, Landsberg/Lech, 1987 (zit.: Know-how).

Ders., Wirtschaftsspionage: Schutz des Wirtschaftsgeheimnisses, Band 2, Strafrechtlicher Bereich, Stuttgart, 1982 (zit.: Wirtschaftspionage).

Kraßer, Rudolf, Der Schutz des Know-how nach deutschem Recht, GRUR 1970, S. 587 ff.

Ders., Grundlagen des zivilrechtlichen Schutzes von Geschäfts- und Betriebsgeheimnissen sowie von Know-How, GRUR, 1977, S. 177 ff.

Krey, Volker, Deutsches Strafrecht, Allgemeiner Teil, Band 1 Grundlagen, Stuttgart 2002 (zit.: AT I).

Ders., Strafrecht, Besonderer Teil ohne Vermögensdelikte, 12. Aufl., Stuttgart 2002 (zit.: BT I).

Krey, Volker/Hellmann, Volker, Strafrecht, Besonderer Teil, Band 2 Vermögensdelikte.14. Aufl., Stuttgart 2005 (zit.: BT II).

Krüger, Hans-Ulrich, Der strafrechtliche Schutz des Geschäfts- und Betriebsgeheimnisses im Wettbewerbsrecht: eine Untersuchung zum derzeitigen und künftigen Rechtszustand, Frankfurt a.M., 1984.

Kuhlen, Lothar, Rechtsgüter und neuartige Deliktstypen in von Hirsch/Seelmann/Wohlers, Mediating Principles. Begrenzungsprinzipien bei der Strafbegründung, Baden-Baden 2006, S. 148 ff.,

Kümpel, Siegfried, Bank- und Kapitalmarktrecht, 3. Aufl., Köln 2004.

Küper, Wilfried, Strafrecht, Besonderer Teil: Definitionen mit Erläuterungen, 6. Aufl., Heidelberg 2005. (zit.: BT).

Küpper, Georg, Delikte gegen Rechtsgüter der Person und Gemeinschaft, 3. Aufl, Berlin, Heidelberg, 2006 (zit.: BT I).

Kuthe, Thorsten, Änderungen des Kapitalmarktstrafrechts durch das Anlegerschutzverbesserungsgesetz, ZIP 2004, S. 883 ff.

Kutsch Thomas /Wiswede Günter, Wirtschaftssoziologie: Grundlegung, Hauptgebiete, Zusammenschau, Stuttgart 1986.

Labsch, Karl Heinz, Untreue (§ 266 StGB): Grenzen und Möglichkeiten einer neuen Deutung, Lübeck 1983.

Lackner, Karl/Kühl, Christian, Strafgesetzbuch: mit Erläuterungen, 25. neu bearb. Aufl., München, Beck, 2004 (zit.: L/*Kühl*).

Lampe, Ernst-Joachim, Eigentumsschutz im künftigen Strafrecht, in Müller-Dietz (Hrsg.), Strafrechtsdogmatik und Kriminologie, S. 87 ff., Köln, Berlin, Bonn, München 1971.

Ders., Der strafrechtliche Schutz des Know-How gegen Veruntreuung durch den Vertragspartner (§§ 18, 20 UWG), BB 1977, S. 1477 ff.

Ders., in Müller-Dietz (Hrsg.), Strafrechtsdogmatik und Kriminologie, S. 87 ff.

Ders., Anmerkung zum Urteil des OLG Celle v. 11. 4. 1989, JR 1990, S. 346 ff.

Ders. Art.: Geheimnisverrat, Wirtschaftsspionage, Know-how-Verletzung in Krekeler/Tiedemann/Ulsenheimer/Weinmann (Hrsg.), Handwörterbuch des Wirtschafts- und Steuerstrafrechts, Stand: Mai 1990 (zit.: HWiStR).

Ders., Kreditverleumdung, in Herzberg (Hrsg.) Festschrift für Oehler zum 70. Geburtstag, Köln 1985.

Ders., Stichwort: Wirtschaftstrafrecht, in Albers (Hrsg.) Handwörterbuch der Wirtschaftswissenschaft, Stuttgart 1982 (zit.: HdWW Bd. 9).

Ders., Empfiehlt es sich, einen allgemeinen Tatbestand der Betriebsspionage in das Strafgesetzbuch aufzunehmen?, Gutachten zur 11. Arbeitstagung der Sachverständigenkommission zur Bekämpfung der Wirtschaftskriminalität, Band 11 der Tagungsberichte, Bonn 1976 (zit.: Gutachten).

Leipziger Kommentar zum Strafgesetzbuch, Großkommentar, 11. Aufl., Jähnke/ Laufhütte/Odersky (Hrsg.), Berlin, New York, 2000 (zit.: LK-*Bearbeiter*).

Lenckner, Theodor, Zur „Verletzung der Vertraulichkeit des Wortes“: § 201 StGB nach dem 25. Strafrechtsänderungsgesetz, in Arzt (Hrsg.) Festschrift für Jürgen Baumann zum 70. Geburtstag, Bielefeld 1992.

Lettl, Tobias, Das neue UWG, München 2004.

Lindemann, Jan Henning, in Kommentar zu KWG und Ausführungsvorschriften, Boos/Fischer/Schulte-Mattler (Hrsg.), 2. Aufl., München 2004.

Liszt, Franz v., Rechtsgut und Handlungsbegriff im bindingschen Handbuche. Ein kritischer Beitrag zur juristischen Methodenlehre, ZStW 1886, S. 663 ff.

Ders., Der Begriff des militärischen Geheimnisses, Festschrift für Brunner zum 70. Geburtstag ,Weimar 1910, S. 207 ff.

Liszt, Franz v./Schmidt, Eberhard, Lehrbuch des deutschen Strafrechts, 25. Aufl., Berlin 1927.

Lüderssen, Klaus, Strafrechtliche Intervention im System des Wettbewerbs – kritische Betrachtung de lege ferenda in Dahs (Hrsg.), Kriminelle Kartelle, Baden-Baden 1998, S. 55 ff.

Ders., Ein Prokrustes Bett für ungleiche Zwillinge, BB 1996, S. 2525 ff.

Ders., Die Symbiose von Markt und Staat aus einander dividiert durch Strafrecht, StV 1997, S. 318 ff.

Luhmann, Niklas, Soziologische Aufklärung, Bd. 1: Aufsätze zur Theorie sozialer Systeme, 7. Aufl., Wiesbaden 2005.

Lukes, Rudolf/Vieweg, Klaus/Hauck, Ernst, Schutz von Betriebs- und Geschäftsgeheimnissen in ausgewählten EG-Staaten: Grundlagen und Grenzen der behördlichen Verwendung, Berlin 1986.

Lutter, Marcus, Information und Vertraulichkeit im Aufsichtsrat, 2. Aufl., Köln, Berlin, Bonn, München 1984.

Lutter, Markus/Hommelhoff, Peter, GmbH-Gesetz: Kommentar, 16. Köln 2004. (zit.: Bearbeiter in Lutter/Hommelhoff, GmbHG).

Lutz-Ingold, Martin, Immaterielle Güter in der externen Rechnungslegung – Grundsätze und Vorschriften zur Bilanzierung nach HGB, DRS und IAS/IFRS, Wiesbaden 2005.

Maas, Hans-Heinrich, Information und Geheimnis im Zivilrecht: eine rechtshistorische und rechtsvergleichende Kritik der privaten und der gewerblichen Geheimsphäre, Stuttgart 1970.

Marx, Michael, Zur Definition des Begriffs „Rechtsgut“: Prolegomena einer materialen Verbrechenslehre, Köln 1972.

Maurach, Reinhard/Schroeder, Friedrich-Christian/Maiwald, Manfred Strafrecht Besonderer Teil, Teilband 1, 9. Aufl., Heidelberg 2003 (zit.: M/S/Maiwald BT I)

Maurach, Reinhard/Zipf, Heinz, Strafrecht Allgemeiner Teil, Teilband 1, 8. Aufl., Heidelberg, 1992 (zit.: AT I)

Meili, Tobias, Der Schutz von Know-how nach schweizerischem und internationalem Recht – Anpassungsbedarf aufgrund des TRIPS-Abkommens?, Bern 2000.

Merkel, Adolf, Kriminalistische Abhandlungen II, Leipzig 1867

Metzler, Richard, Konsequenzen neuartiger Erscheinungsformen des wirtschaftlichen Wettbewerbes für den strafrechtlichen Schutz von Geschäfts- und Betriebsgeheimnissen im Rahmen der §§ 17ff UWG, München, 1990.

Meurer, Dieter, Die Bekämpfung der Computerkriminalität in de Bundesrepublik Deutschland, in Leser (Hrsg.) Festschrift für Zentaro Kitagawa zum 60. Geburtstag, S. 975 ff.

Meyer, Klaus/Möhrenschlager, Manfred, Möglichkeiten des Straf- und Ordnungswidrigkeitenrechts zur Bekämpfung unlauteren Wettbewerbs, WiVerf 1982, S. 21 ff.

Michalowski, Sabine, Schutz der Vertraulichkeit strafrechtlich relevanter Patienteninformationen, ZStW 1997, S. 519 ff.

Michalski, Lutz/Dannecker, Gerhard, Kommentar zum Gesetz betreffend die Gesellschaften mit beschränkter Haftung (GmbH-Gesetz), Band 2, München 2002.

Mitsch, Wolfgang, Strenge Akzessorietät der Teilnahme und andere Merkwürdigkeiten im neuen § 19 UWG, wistra 2004, S. 161 ff.

Möhrenschlager, Manfred, Ergänzender Nachtrag zu: Die Strafbarkeit der progressiven Kundenwerbung und der Wirtschaftsspionage im Entwurf zur Änderung des UWG, wistra 1984, S. 171 f.

Ders., Das neue Computerstrafrecht, wistra 1986, S. 128 ff.

Möhring, Rudolf, Betriebs- und Geschäftsgeheimnisse in wettbewerb- und kartellrechtlicher Sicht, in Dietz (Hrsg.), Festschrift für Hans Carl Nipperdey zum 70. Geburtstag, München 1965.

Münchener Kommentar zum Aktiengesetz, Band VI, Geßler/Hefermehl/Eckhardt/Kropff, (Hrsg.), München, Stand: Februar 1994 (zit.: MüKoAktG-*Bearbeiter*).

Münchener Kommentar zum Handelsgesetzbuch, Schmidt (Hrsg.), Band 4, München 2001. (zit.: MükoHGB-*Bearbeiter*).

Münchener Kommentar zum Strafgesetzbuch, Joecks/Miebach (Hrsg.), Band 3: §§ 185 – 262 StGB, München 2003 und Band 4: §§ 263 – 358, §§ 1 – 8, 105, 106, München 2006 (zit.: MüKo-*Bearbeiter*).

Müller, Urs, Die Zwangsvollstreckung in Immaterialgüter, Zürich 1978.

Müller-Gugenberger, Christian/Bieneck, Klaus (Hrsg.) Wirtschaftsstrafrecht: Handbuch des Wirtschaftsstraf- und Ordnungswidrigkeitenrechts, 4. Aufl., Köln 2006 (zit.: *Bearbeiter* in Müller-Gugenberger/Bieneck, WStR).

Müller, Rudolf/Wabnitz, Heinz-Bernd/Janovsky, Thomas, Wirtschaftskriminalität: eine Darstellung der typischen Erscheinungsformen mit praktischen Hinweisen zur Bekämpfung, 4. Aufl., München, 1997.

Münker, Reiner, Das reformierte UWG im Überblick – Die Sicht der Praxis, BB 2004, S. 1689 ff.

Müssig, Bernd, Schutz abstrakter Rechtsgüter und abstrakter Rechtsgüterschutz, Frankfurt a.M., Berlin, Bern, New York, Paris, Wien 1994.

Nastelzki, Karl, Der Schutz des Betriebsgeheimnisses, GRUR 1957, S. 1 ff.

Nathusius, Ingo, Wirtschaftsspionage – Der Versuch sachlicher Analyse eines häufig dämonisierten Phänomens, Kriminalistik, 2001, 242 ff.

Ders., Wirtschaftsspionage, Gefahren, Strukturen und Bekämpfung, Heidelberg 2001.

Nelles, Ursula, Untreue zum Nachteil von Gesellschaften: zugleich ein Beitrag zur Struktur des Vermögensbegriffs als Beziehungsbegriff, Berlin 1991.

Nestoruk, Igor, Strafrechtliche Aspekte des unlauteren Wettbewerbs, Heidelberg 2003.

Niedermair, Harald, Verletzung von Privatgeheimnissen im Interesse des Patienten, in: Roxin/Schroth (Hrsg.), Medizinstrafrecht: im Spannungsfeld von Medizin, Ethik und Strafrecht, 2. Aufl., Stuttgart 2001.

Niggli, Marcel Alexander, Das Verhältnis von Eigentum, Vermögen und Schaden nach schweizerischem Recht: dargelegt am Beispiel der Sachbeschädigung nach geltendem Recht und dem Entwurf von 1991, Zürich 1992.

Noak, Torsten, Wettbewerbsneutrale Absichten und § 17 UWG, wistra 2006, S. 245 ff.

Nomos-Kommentar zum Strafgesetzbuch, Neumann (Hrsg.), Baden-Baden 2003 (zit.: NK-Bearbeiter).

Nordemann, Axel/Nordemann, Jan-Bernd/Nordemann, Wilhelm, Wettbewerbsrecht und Markenrecht, 10. Aufl., Baden-Baden 2004.

Oehler, Dietrich, Verrat von Wirtschaftsgeheimnissen, Jahrbuch des Landesamtes für Forschung, 1969.

Ders., (Hrsg.) Der strafrechtliche Schutz des Geschäfts- und Betriebsgeheimnisses in den Ländern der Europäischen Gemeinschaft sowie in Österreich, Band 1, Köln 1978.

Ohly, Ansgar, Das neue UWG – Mehr Freiheit für den Wettbewerb?, GRUR 2004, S. 897 ff.

Ortloff, Jb. f. Gesetzgebung, Verwaltung und Volkswirtschaft im Dt. Reich, Bd. 7 (1883),

Otto, Harro, Die Struktur des strafrechtlichen Vermögensschutzes, Berlin 1970.

Ders., Verrat von Betriebs- und Geschäftsgeheimnissen, §17 UWG, wistra, 1988, S.125 ff.

Ders., Der Wegnahmebegriff in §§ 242, 289, 168, 274 Abs. 1 Nr. 3 StGB, § 17 Abs. 2 Nr. 1 c UWG, Jura 1992, S. 666 ff.

Ders., Der Mißbrauch von Insider-Informationen als abstraktes Gefährdungsdelikt in Schünemann (Hrsg.) Bausteine des europäischen Wirtschaftsstrafrechts, Madrid-Symposium, Berlin 1994 (zit.: Madrid-Symposium).

Ders., Aktienstrafrecht, Sonderausgabe der Kommentierung der §§ 399 bis 410 AktG aus: Aktiengesetz, Großkommentar, 4. Aufl., Berlin, 1997 (zit.: Aktienstrafrecht).

Ders., Strafrechtliche Konsequenzen aus der Ermöglichung der Kenntnisnahme von Bankgeheimnissen in einem öffentlich-rechtlichen Kreditinstitut durch Wartungs- und Servicepersonal eines Computer-Netzwerkes, wistra 1999, S. 201 ff.

Ders., Grundkurs Strafrecht, Die einzelnen Delikte, 7. Aufl., Berlin, 2005 (zit.: BT).

Palandt, Otto, Bürgerliches Gesetzbuch, 65. Aufl., München 2006. (zit.: Palandt/ *Bearbeiter*).

Park, Tido, Kapitalmarkt-Strafrecht: Handkommentar, Baden-Baden 2004 (zit.: Bearbeiter in Park, Kapitalmarktstrafrecht).

Pawlik, Michael, Das unerlaubte Verhalten beim Betrug, Köln 1999.

Perron, Walter, Anmerkung zum Urteil des BGH v. 23. 3. 2001, StR 488/00, JZ 2002, S. 50 ff.

Petersen, Jens, Das Bankgeheimnis zwischen Individualschutz und Institutionsschutz, Tübingen 2005.

Pfeiffer, Gerd, Das strafrechtliche Schmiergeldverbot, in Erdmann (Hrsg.), Festschrift für Otto Friedrich Frhr. von Gamm zum 70. Geburtstag, Köln 1990, S. 134 ff (zit.: FS-v. Gamm).

Ders., Die geschäftliche Verleumdung nach § 15 UWG, in Westermann (Hrsg.), Festschrift für Karlheinz Quark, Berlin, New York 1991 (zit.: FS-Quark).

Ders., Der strafrechtliche Verrat von Betriebs- und Geschäftsgeheimnissen nach § 17 UWG, in Bruchhausen (Hrsg.), Festschrift für Rudolf Nirk zum 70. Geburtstag, 1992, S. 861 ff. (zit.: FS-Nirk).

Pfister, Bernhard, Das technische Geheimnis (Know how) als Vermögensrecht, München 1974.

Piper, Henning, Ohly, Ansgar, Gesetz gegen den unlauteren Wettbewerb, von Köhler und Piper begründete Kommentar, 4. Aufl., München 2006.

Platzer, Michael, Der Schutz des Unternehmensgeheimnisses in den Mitgliedstaaten der Europäischen Wirtschaftsgemeinschaft, München, Diss., 1966.

Ploch-Kumpf, Ute, Der Schutz von Unternehmensgeheimnissen im Zivilprozeß unter besonderer Berücksichtigung ihrer Bedeutung in der Gesamtrechtsordnung, Frankfurt a.M. 1996.

Poth, Hartwig, Wahrung von Betriebsgeheimnissen durch Arbeitnehmer, MittDPatAnw 1981, S. 114 ff.

Pragal, Oliver, § 299 StGB – keine Straftat gegen den Wettbewerb!, ZIS 2006, S. 63 ff.

Preisendanz, Holger, Strafgesetzbuch: Lehrkommentar mit Erläuterungen und Beispielen, 30. Aufl., Berlin 1978.

Radtke, Henning, Die Dogmatik der Brandstiftungsdelikte – Zugleich ein Beitrag zur Lehre von den gemeingefährlichen Delikten, Berlin 1998.

Raiser, Thomas, Recht der Kapitalgesellschaften: ein Handbuch für Praxis und Wissenschaft 4. Aufl., München 2006

Ransiek, Andreas, Unternehmensstrafrecht: Strafrecht, Verfassungsrecht, Regelungsalternativen, Heidelberg 1996.

Ders., Strafrecht und Korruption – Zum Gutachten C für den 61. Deutschen Juristentag, StV 1996, S. 446 ff.

Reiman, Thomas, Einige Überlegungen zur Offenkundigkeit im Rahmen von §§ 17 ff. UWG und von § 3 PatG, GRUR 1998, S. 298 ff.

Reimer, Eduard/Schade, Hans/Schippel, Helmut, Das Recht der Arbeitnehmererfindung, Kommentar zum Gesetz über Arbeitnehmererfindungen und deren Vergütungsrichtlinien , 7. Aufl., Berlin 2000.

Reimer/v. Gamm, Wettbewerbs- und Warenzeichenrecht, Band II Wettbewerbsrecht, 4. Aufl., Köln, Berlin, Bonn, München, 1972.

Reinbothe, Jörg, Der Regierungsentwurf zur UWG-Novelle, WRP 1982, S. 387 ff.

Reinhold, Gerd/Buß, Eugen, Wirtschaftsoziologie, 2. Aufl., München 1997.

Reiter, Christian, RIW 2005, Schutz des Whistleblowers nach dem Sarbanes-Oxley Act im Rechtsvergleich und im internationalen Arbeitsrecht, RIW 2005, S. 168 ff.

Rengier, Rudolf, Strafrecht, Besonderer Teil, Band 1, Vermögensdelikte, 8. Aufl., München, 2006. (zit.: BT I).

Richardi, Reinhard, Kommentar zum Betriebsverfassungsgesetz mit Wahlordnungskommentar, 10. Aufl., München 2006.

Ringier, Walter, Der strafrechtliche Schutz der Fabrikations- und Geschäftsgeheimnisse, Bern 1923.

Rissing-van Saan, Ruth, Privatsphäre und Datenverarbeitung, Ein strafrechtlicher Beitrag zum Datenschutz, Bochum, Diss., 1978.

Rittner, Fritz, Wettbewerbs- und Kartellrecht: eine systematische Darstellung für Studium und Praxis, 3. Aufl., Heidelberg 1989.

Ders., Wirtschaftsrecht: ein Lehrbuch, 3. Aufl., Heidelberg 2004.

Rogall, Klaus, Die Verletzung von Privatgeheimnissen (203 StGB), NStZ 1983, S. 1 ff.

Ders., Beleidigung und Indiskretion, in Weigend (Hrsg.) Festschrift für Hans-Joachim Hirsch zum 70. Geburtstag, Berlin 1999.

Ders., OLG Köln, NStZ 1983, 412 (413).

Rosenthal, Alfred, Das Gesetz gegen den unlauteren Wettbewerb, 7. Aufl., Berlin 1928.

Rosenthal, Alfred/Leffmann, Ernst, Gesetz gegen den unlauteren Wettbewerb, 9. Aufl., Berlin, Frankfurt 1969.

Roth, Günter/Altmeppen, Holger, Kommentar zum Gesetz betreffend die Gesellschaften mit beschränkter Haftung, 5. Aufl., München 2005.

Rowedder, Heinz /Schmidt-Leithoff, Christian, Kommentar zum Gesetz betreffend die Gesellschaften mit beschränkter Haftung, Kommentar, 4. Aufl., München 2002.

Roxin, Claus, Strafverfahrensrecht: ein Studienbuch, 25. Aufl., München 1998.

Ders., Strafrecht Allgemeiner Teil Band 2: Besondere Erscheinungsformen der Straftat. München 2003. (zit.: AT II).

Ders., Strafrecht Allgemeiner Teil, Band 1: Grundlagen: der Aufbau de Verbrechenslehre, , 4. Aufl., München 2006 (zit.: AT I)

Rudolphi, Hans-Joachim, Die verschiedenen Aspekte des Rechtsgutsbegriffes", in Festschrift für Richard Honig zum 80. Geburtstag, Göttingen 1970.

Rüpke, Giselher, Der verfassungsrechtliche Schutz der Privatheit: zugleich ein Versuch pragmatischen Grundrechtsverständnisses, Baden-Baden 1976.

Rupp, Wolfgang, Strafrechtlicher Schutz von Computersoft- und Orgware nach §§ 17 ff. UWG unter Berücksichtigung der Reformentwürfe zum UWG, WPR 1985, S. 676 ff.

Rützel, Stefan, Illegale Unternehmensgeheimnisse?, GRUR 1995, S. 557 ff..

Sack, Rolf, Die lückenfüllende Funktion der Sittenwidrigkeitsklausel, WRP 1985, S. 1 ff.

Ders., Regierungsentwurf einer UWG-Novelle – ausgewählte Probleme, BB 2003, 1073 ff., 1074.

Ders., Die lückenfüllende Funktion der Generalklausel des § 3 UWG, WRP 2005, S. 531 ff.

Samson, Erich, Grundprinzipien des strafrechtlichen Vermögensbegriff, JA 1989, S. 510 ff.

Sauter, Das Berufsgeheimnis und sein strafrechtlicher Schutz (§ 300 StGB), Breslau, 1910.

Ders., Das Berufsgeheimnis und sein strafrechtlicher Schutz, Str. Abh. H. 123 (1919), S. 1,

Schaffland, Hans-Jürgen/Wiltfang, Noeme, Bundesdatenschutzgesetz: (BDSG), ergänzbarer Kommentar nebst einschlägigen Rechtsvorschriften, Berlin, Loseblattausg., Lieferung März 2001-April 2002 (zit.: BDSG-Kommentar).

Schafheutle, Klaus, Wirtschaftsspionage und Wirtschaftsverrat im deutschen und schweizerischen Strafrecht, Freiburg i. Br., Diss., 1972.

Schierenbeck, Henner, Gründzüge der Betriebswirtschaftslehre, 12. Aufl., Gießen 1996.

Schlüchter, Ellen, Zweites Gesetz zur Bekämpfung der Wirtschaftskriminalität: Kommentar mit einer kriminologischen Einführung, Heidelberg 1987.

Dies., Zweckentfremdung von Geldspielgeräten durch Computermanipulation, NStZ 1988, S. 53 ff.

Schmid, Pirmin, Zur Strafbarkeit des „Hackens", S. 122 ff., Diss. Konstanz 2000.

Schmidhäuser, Eberhard, Der Unrechtstatbestand, in Bockelmann (Hrsg.), Festschrift für Karl Engisch zum 70. Geburtstag, , Frankfurt a.M., 1969.

Ders., Strafrecht, Besonderer Teil: Grundriß, 2. Aufl., Tübingen 1983. (zit.: BT).

Ders., Strafrecht, Allgemeiner Teil: Studienbuch 2. Aufl., Tübingen 1984 (zit.: AT).

Schmidt, Eberhard, Bedarf das Betriebsgeheimnis eines verstärkten Schutzes? Gutachten für den 36. Deutschen Juristentag, Band 2, S. 480 ff., Berlin, Leipzig, 1931 (zit.: 36. DJT, Bd 1).

Ders., Brennende Fragen des ärztlichen Berufsgeheimnisses, München 1951.

Ders., Der Arzt im Strafrecht, Leipzig 1939.

Ders., Berufsgeheimnis und Steuerrecht, JZ 1951, S. 213ff.

Ders., Ärztliche Schweigepflicht und Zeugnisverweigerungsrecht im Bereiche der Sozialgerichtsbarkeit, NJW 1962, S. 1745 ff.

Schmitz, Roland, Verletzung der Vertraulichkeit des Wortes, § 201 StGB, JA 1995, S. 478 ff.

Ders., Verletzung von (Privat)geheimnissen – Der Tatbestand des § 203 StGB, JA 1996, S. 772 ff.

Schmucker, Heinz/Bühler, Christoph, Anmerkung zum Urteil des LG Freiburg, Beschl. Vom 17. 4. 1990, NStZ 1991, S. 343 ff.

Schneider, Martin, Schutz des Unternehmensgeheimnisses vor unbefugter Verwertung – Eine rechtssystematische Untersuchung, Bamberg 1989.

Schönke, Adolf/Schröder, Horst, Strafgesetzbuch: Kommentar, 26. Aufl., München 2006 (zit.: S/S-*Bearbeiter*).

von Stebut, Dietrich, Geheimnisschutz und Verschwiegenheitspflicht im Aktienrecht, Köln 1972.

Ders., Gesetzliche Vorschriften gegen den Missbrauch von Insiderinformationen, DB 1974, Bd 1, S. 613 ff.

Schulenburg, Johanna, Dogmatische Zusammenhänge von Rechtsgut, Deliktsstruktur und objektiver Zurechnung, in Hefendehl/von Hirsch/Wohlers (Hrsg.), Die Rechtsgutstheorie: Legitimationsbasis des Strafrechts oder dogmatisches Glasperlenspiel?, Baden-Baden 2003, S. 249 ff. (zit.: Die Rechtsgutstheorie).

Schulze-Heiming, Ingeborg, Der strafrechtliche Schutz der Computerdaten gegen die Angriffsformen der Spionage, Sabotage und des Zeitdiebstahls, Münster 1995.

Schünemann, Bernd, Der strafrechtliche Schutz der Privatsphäre, ZStW 1978, S. 11 ff.

Ders., Einige vorläufige Bemerkungen zur Bedeutung des viktimologischen Ansatzes in der Strafrechtsdogmatik, in Schneider (Hrsg.) Das Verbrechensopfer in der Strafrechtspflege, Berlin, 1982.

Ders., Die Zukunft der Viktimo-Dogmatik, in Zeidler (Hrsg.), Festschrift für Hans-Joachim Faller, München 1984.

Ders., Zur Stellung des Opfers im System der Strafrechtspflege, NStZ 1986, S. 193 ff.

Ders., Das System des strafrechtlichen Unrechts: Rechtsgutbegriff und Viktimodogmatik als Brücke zwischen dem System des Allgemeinen und dem Besonderen Teil, in Schünemann (Hrsg.) Strafrechtssystem und Betrug, Herbolzheim 2002, S. 51 ff.

Ders., Brennpunkte des Strafrechts in der entwickelten Industriegesellschaft, in Hefendehl (Hrsg.) Kriminologische und dogmatische Fundamente, kriminalpolitischer Impetus, Symposium für Bernd Schünemann zum 60. Geburtstag, Köln 2005, S. 349 ff.

Schünemann, Wolfgang, Wettbewerbsrecht: UWG, RabattG, ZugabeVO und PreisangabenVO – unter Berücksichtigung des GWB, München, Wien 1989.

Ders., „Unlauterkeit" in den Generalklauseln und Interessenabwägung nach neuem UWG, WRP 2004, S. 959 ff.

Ders., Generalklausel und Regelbeispiele, JZ 2005, S. 271 ff.

Schwintowski, Hans-Peter/Schäfer, Frank, Bankrecht: commercial banking, investment banking, 2. Aufl., Köln, Berlin, Bonn, München 2004.

Sieber, Ulrich, Computerkriminalität und Strafrecht, 2. um einen Nachtrag ergänzte Aufl., Köln, 1980.

Ders., Informationsrecht und Recht der Informationstechnik, NJW 1989, S. 2569 ff.

Ders., Rechtsinformatik und Informationsrecht – Herausforderungen und Zukunftsperspektiven an der Schnittstelle von Informatik und Recht, Jura 1993, S. 561 ff.

Ders., Computerkriminalität und Informationsstrafrecht – Entwicklung in der internationalen Informations- und Risikogesellschaft, CR 1995, S. 100 ff.

Siebke, Jürgen, in Vahlens Großes Wirtschaftslexikon 2. Band, 2.Aufl., München 1993, Stichwort: Vermögen.

Simitis, Spiros, (Hrsg.) Bundesdatenschutzgesetz, 6. Aufl., Baden-Baden 2006 (zit.: Bearbeiter in Simitis, BDSG).

Stächelin, Gregor, Strafgesetzgebung und Verfassungsstaat – normative und empirische materielle und prozedurale Aspekte der Legitimation unter Berücksichtigung neuerer Strafgesetzgebungspraxis, Berlin 1998.

Stadtmüller, Ralph, Schutzbereich und Schutzgegenstände des Rechts am Unternehmen: ein Beitrag zur Konkretisierung des deliktsrechtlichen Unternehmensschutzes, München, 1985.

Stratenwerth, Günter, Strafrecht, Allgemeiner Teil, Band: 1 Die Straftat. 4. neu bearb. Aufl., Köln, Berlin, Bonn, München 2000 (zit.: AT I).

Strauch, Mark, Der Sarbanes-Oxley Act und die Entwicklungen im US-Aufsichtsrecht, NZG 2003, 953 ff.

Streissler, Erich/Streissler, Monika, Grundzüge der Volkswirtschaftslehre für Juristen, 3. Aufl. Wien 1994.

Stürner, Rolf, Die gewerbliche Geheimsphäre im Zivilprozeß, JZ 1985, S. 453 ff.

Suppert, Hartmut, Studien zur Notwehr und „notwehrähnlichen Lage“, Bonn 1973.

Systematischer Kommentar zum Strafgesetzbuch, Rudolphi/Horn/Samson (Hrsg.), Frankfurt am Main, Berlin, 6. Aufl., 1994, 25. Lieferung, Loseblatt-Ausg. (zit.: SK-*Bearbeiter*).

Taeger, Jürgen, Die Offenbarung von Betriebs- und Geschäftsgeheimnissen, Baden-Baden 1987.

Teplitzky, Otto, Wettbewerbsrechtliche Ansprüche und Verfahren: Unterlassung – Beseitigung – Schadensersatz; Anspruchsdurchsetzung und Anspruchsabwehr, 8. Aufl.., Köln, Berlin, Bonn, München 2002.

Tetzner, Heinrich, Gesetz gegen den unlauteren Wettbewerb, 2. Aufl., Köln, 1957.

Teufel, Verrat von Wirtschaftsgeheimnissen, Archiv für Kriminologie 1978, S. 129 ff.

Thiele, Cedrik Lars Burkard, Die Anwendung steuer- und bilanzrechtlicher Bewertungsmaßstäbe zur Ermittlung des strafrechtlichen Vermögensschaden, Baden-Baden 2001.

Thyssen, Gabriele, Der strafrechtliche Schutz des Geschäfts- und Betriebsgeheimnisses in den USA unter besonderer Berücksichtigung des Bundesrechts und des Rechts des Staates New York, Frankfurt a.M., Diss., 1990.

Tiedemann, Klaus, Tatbestandsfunktionen im Nebenstrafrecht – Untersuchungen zu einem rechtsstaatlichen Tatbestandsbegriff, entwickelt am Problem des Wirtschaftsrechts, Tübingen 1969 (zit.: Tatbestandsfunktionen).

Ders., Neue Monographien zum Besonderen Teil des Strafrechts (Literaturbericht), JurA 1970, S. 258 ff.

Ders., Welche strafrechtlichen Mittel empfehlen sich für eine wirksamere Bekämpfung der Wirtschaftskriminalität?, Gutachten C zum 49. Deutschen Juristentag, S. 106 ff., München 1972 (zit.: Gutachten).

Ders., Literaturbericht zum Wettbewerbs(straf)recht, ZStW 1974, S. 990 ff.

Ders., Kartellverstöße und Strafrecht, Köln, Berlin, Bonn, München 1976 (zit.: Kartellverstöße).

Ders., Wettbewerb und Strafrecht, Heidelberg 1976.

Ders., Wirtschaftsstrafrecht und Wirtschaftskriminalität 1, Allgemeiner Teil, Hamburg 1976 (zit.: Wirtschaftsstrafrecht und Wirtschaftskriminalität AT).

Ders., Wirtschaftsstrafrecht und Wirtschaftskriminalität 2, Besonderer Teil, Hamburg 1976 (zit.: Wirtschaftsstrafrecht und Wirtschaftskriminalität BT).

Ders., Rechtsnatur und strafrechtliche Bedeutung von technischem know how, in Ficker (Hrsg.) Festschrift für Ernst von Caemmerer zum 70. Geburtstag, S. 643 ff., Tübingen 1978 (zit.: FS-v. Caemmerer).

Ders., Datenübermittlung als Straftatbestand, NJW 1981, S. 945 ff.

Ders., Literaturbericht zum Nebenstrafrecht und Ordnungswidrigkeitenrecht, Buchbesprechung zu Oehler (Hrsg.) Der strafrechtliche Schutz des Geschäfts- und Betriebsgeheimnisses in den Ländern der Europäischen Gemeinschaft sowie in Österreich und der Schweiz, ZStW 94 (1982) S. 299 ff.

Ders., Literaturbericht zum Nebenstrafrecht und Ordnungswidrigkeitenrecht, Buchbesprechung zu v. Stebut, Geheimnisschutz und Verschwiegenheitspflicht im Aktienrecht, ZStW 94 (1982) S. 319 ff.

Ders., Die Bekämpfung der Wirtschaftskriminalität durch den Gesetzgeber – Ein Überblick aus Anlaß des Inkrafttretens des 2. WiKG am1. 8. 1986, JZ 1986, S. 865 ff.

Ders., Wirtschaftsstrafrecht –Einführung und Übersicht, JuS 1989, S. 689 ff.

Ders., Wettbewerb als Rechtsgut des Strafrechts, in Britz (Hrsg.) Festschrift für Müller-Dietz zum 70. Geburtstag, München 2001, S. 905 ff.

Ders., GmbH-Strafrecht, Sonderausgabe aus Scholz, Kommentar zum GmbH-Gesetz, 4. Aufl., Köln, 2002 (zit.: GmbH-StR.).

Ders., Die strafrechtliche Verschwiegenheitspflicht des Bankiers, in Hirsch (Hrsg.) Festschrift für Günter Kohlmann zum 70. Geburtstag, S. 307 ff., Köln 2003.

Ders., Neue Aspekte zum strafrechtlichen Schutz des Bankgeheimnisses, NJW 2003, 2213 ff.

Ders., Wirtschaftsstrafrecht, Einführung und Allgemeiner Teil, mit wichtigen Rechtstexten, Köln, Berlin, München 2004 (zit.: WStR AT).

Ders., Strafrechtliche Bemerkungen zur den Schutzgesetzen bei Verletzung von Bankgeheimnissen, ZIP 204, S. 294 ff.

Ders., Strafbarkeit des Offenbarens und Verwertens von Bundesbankangaben nach §§ 55a, 55b KWG, ZBB 2005, S. 190 ff.

Ders., Wirtschaftsstrafrecht, Besonderer Teil; mit wichtigen Gesetzes- und Verordnungstexten, Köln, Berlin, München 2006 (zit.: WStR BT).

Tiedemann, Klaus/Sasse, Christoph, Delinquenzprophylaxe, Kreditsicherung und Datenschutz in der Wirtschaft, Köln, Berlin, Bonn, München 1973.

Tinnefeld, Marie-Theresa /Ehmann, Eugen/Gerling, Rainer, Einführung in das Datenschutzrecht: Datenschutz und Informationsfreiheit in europäischer Sicht, 4. Aufl., München, Wien, Oldenburg 2005.

Többens, Hans, Wirtschaftsspionage und Konkurrenzausspähung in Deutschland, NStZ 2000, S. 505 ff.

Ders., Die Straftaten nach dem Gesetz gegen den unlauteren Wettbewerb (§§ 16 – 19 UWG), WRP 2005, S. 552 ff.

Troller, Alois/Troller, Patrick, Kurzlehrbuch des Immaterialgüterrechts: Patentrecht, Markenrecht, Urheberrecht, Muster- und Modellrecht, Wettbewerbsrecht, Firmenrecht, 3. Aufl., Basel, Frankfurt a.M., 1989.

Tröndle, Herbert/Fischer, Thomas, Strafgesetzbuch und Nebengesetze, 53. neu bearb. Aufl., München 2006 (zit.: T/*Fischer*).

Tuffner, Martin, Der strafrechtliche Schutz von Wirtschaftsgeheimnissen im Staatsschutzrecht und Wettbewerbsrecht, Erlangen-Nürnberg, Diss., 1978.

Ulmer, Eugen, Sinnzusammenhänge im modernen Wettbewerbsrecht, Berlin 1932.

Ders., Wandlungen und Aufgaben im Wettbewerbsrecht, GRUR 1937, 769 (772),

Ulsenheimer, Klaus, Zur Strafbarkeit des Mißbrauchs von Insider-Informationen, NJW 1975, S. 1999 ff.

UWG Großkommentar, Jacobs/Lindacher/Teplitzky (Hrsg.), Berlin Losebl.-Ausg. Stand: 1.5. 1991 (zit.: UWG/GK-*Bearbeiter*).

Vogel, Joachim, Wirtschaftskorruption und Strafrecht, in Heinrich (Hrsg.) Festschrift für Ulrich Weber zum 70. Geburtstag, Bielefeld 2004.

Volmer, Bernhard/Gaul, Dieter, Kommentar zum Arbeitnehmererfindungsgesetz, 2. Aufl., München 1983.

Vormbaum, Thomas, Probleme der Korruption im geschäftlichen Verkehr, in Hoyer (Hrsg.) Festschrift für F.-C. Schroeder zum 70. Geburtstag, München 2006

Wabnitz, Heinz-Bernd/Janowski, Thomas, Handbuch des Wirtschafts- und Steuerstrafrechts, 3. neu bearb. Aufl., München 2007 (zit.: W/J-*Bearbeiter*).

Walter, Tonio, § 298 StGB und die Lehre von den Deliktstypen, GA 2001, S. 131 ff.

Weber, Ulrich, Das Zweite Gesetz zur Bekämpfung der Wirtschaftskriminalität (2. WiKG), NStZ 1986, S. 481 ff.

Wessels, Johannes/Hettinger, Michael, Strafrecht, Besonderer Teil, Band 1, Straftaten gegen Persönlichkeits- und Gemeinschaftswerte, 29. Aufl., Heidelberg 2005 (zit.: BT Teil I).

Wessels, Johannes/Hillenkamp, Thomas, Strafrecht, Besonderer Teil, Band 2, Straftaten gegen Vermögenswerte, 27. Aufl., Heidelberg 2004. (zit.: BT II).

Wiebe, Andreas, Information als Naturkraft – Immaterialgüterecht in der Informationsgesellschaft, GRUR 1994, S. 233 ff.

Winkel, Harald, Einführung in die Wirtschaftswissenschaften, Paderborn 1980.

Wöhe, Günter/Döring, Ulrich, Einführung in die Allgemeine Betriebswirtschaftslehre, 22. Aufl., München 2005.

Wolf, Dieter, Das Recht gegen WRP 1995, S. 543 ff.

Wolff, Heinrich Amadeus, Der verfassungsrechtliche Schutz der Betriebs- und Geschäftsgeheimnisse, NJW 1997, S. 98 ff.

Zieschang, Frank, Die Gefährdungsdelikte, Berlin 1998.

Ziouvas, Dimitris, Das neue Kapitalmarktstrafrecht – Europäisierung und Legitimation, Köln 2006.

Zybon, Adolf, Wirtschaftskriminalität als gesamtwirtschaftliches Problem, München 1972.

FSC
www.fsc.org
MIX
Papier | Fördert
gute Waldnutzung
FSC® C083411

Kolibri 360 GmbH
Ferdinand-Jühlke-Straße 7
99095 Erfurt, Deutschland
produktsicherheit@kolibri360.de